CHINA MARITIME LAW
CASES

最高人民法院民四庭
大连海事大学法学院
大连海事大学海法研究院

组织编写

中国海事案例裁判要旨通纂
综合卷

司玉琢 王彦君 关正义 主编
张 波 执行主编

⑤

北京大学出版社
PEKING UNIVERSITY PRESS

编纂人员简介

主　编

司玉琢　大连海事大学原校长、教授、博士生导师，国际海事委员会(CMI)提名委员会委员，中国海事仲裁委员会、中国海商法协会顾问，交通运输部法律专家咨询委员会成员，中国香港城市大学、日本青山学院大学客座教授，北京大学海商法研究中心顾问，武汉大学、吉林大学、对外经济贸易大学等高校兼职教授。长期从事海商法教学和科研工作，《中华人民共和国海商法》主要起草人之一，《中国海商法研究》主编。

王彦君　1982年获北京大学法学院法学学士，2001年获美国天普大学法学硕士。先后在加拿大多伦多大学、英国伦敦大学进修国际商法，在最高人民法院从事涉外商事及海事海商审判工作多年，最高人民法院民四庭原副庭长（正厅级）、一级高级法官。中国海商法协会副主席、中国海事仲裁委员会副主任、国家法官学院兼职教授、北京大学海商法研究中心研究员。组织了海事诉讼特别程序法以及海上保险合同、无正本提单放货、船舶碰撞、海事赔偿责任限制、油污民事赔偿责任、货运代理、船舶扣押与拍卖等司法解释的起草工作。此外，还作为中方专家组成员，参加了1974年《海上旅客及其行李运输雅典公约》《国际燃油污染损害民事责任公约》等国际条约草案的谈判工作。

关正义　1982年毕业于吉林大学法律系，1998年和2005年分别获得大连海事大学法学硕士和博士学位。原任辽宁省高级人民法院审判员（正厅级），大连海事法院常务副院长；现任大连海事大学特聘教授、博士生导师，中国海事仲裁委员会仲裁员，辽宁省海商法研究会常务副会长。曾获首届全国审判业务专家和首届辽宁省中青年法律专家称号。著有《民法视野中的海商法制度》《扣押船舶法律制度研究》，编著《英汉海事词典》《海事诉讼文书样本与范例》等作品。发表《海事法与海商法的联系与区别——兼论海商法学的建立与发展》《论海事强制令的独立属性与功能》《对港口货物保管合同中的物权转移与代替交付的认识》《建立我国民事诉讼禁令制度的思考》等数十篇学术论文。

执行主编

侯　伟　海事卷执行主编。1977年生,湖北安陆人,法学博士,武汉海事法院环境资源审判庭负责人。1998年大学毕业后进入武汉海事法院工作,先后从事书记员、审判员工作,历任立案监督庭负责人、南京法庭副庭长、宜昌法庭副庭长,审理了多起重大疑难海事海商案件。在国内外发表多篇学术论文,在法国出版专著一部,主持或参加中国法学会、中国海商法协会多个重大课题,担任法国 SCAPEL 海商法、运输法杂志编委会成员,多次参加国际学术会议并作大会发言。

李晓枫　船舶船员卷执行主编。1982年生,山东烟台人,法学博士,中国外运长航集团法律顾问。2000年至2007年于大连海事大学攻读海商法,2007年硕士毕业考入宁波海事法院,先后分配至舟山庭、海商庭从事审判工作,主审数百起海事、海商纠纷。2011年年底担任中国租船有限公司法律与风险控制部法律顾问,2013年5月调入中国外运长航集团法律部。在职期间攻读大连海事大学国际法学博士,取得博士学位。在《法学杂志》《法律适用》《国际经济法学刊》《中国海商法研究》等CSSCI刊物、核心期刊上发表多篇学术论文。

张　虎　海上保险卷执行主编。1984年生,华东政法大学国际法学院讲师、博士后,大连海事大学法学博士,日照仲裁委员会仲裁员。曾任日照钢铁控股集团有限公司涉外法务经理、五矿营口中板有限责任公司法律事务部部长。主持部级项目4项,在 *Marine Pollution Bulletin*、《中国社会科学报》《政治与法律》《法学杂志》等核心刊物发表文章20余篇。

陈敬根　海上货物运输卷执行主编。1973年生,法学博士,上海大学法学院副教授、副编审,上海大学ADR与仲裁研究院副秘书长,《产权法治研究》编辑部主任;上海研究院副研究员;中国行为法学会粤港澳台联络处副秘书长,中国国际经济贸易法学研究会理事,中国法学会法学期刊研究会理事,上海法学会自贸区法治研究会理事、航空法研究会理事。主持国家社科基金项目1项、省部级项目7项。发表学术论文26篇。

张　波　综合卷执行主编。甘肃政法学院法学学士、中国政法大学法学硕士、香港城市大学法律硕士,青岛海事法院石岛法庭副庭长。审理海事海商案件逾千件;多次获得嘉奖、荣立个人二三等功,被评为山东省法院先进个人、山东省直机关优秀党员;撰写的裁判文书、调研报告获山东省法院一等奖,相关案例入选最高人民法院"一带一路"典型案例;撰写的论文获中国审判理论研究会海事海商专业委员会2016年年会一等奖;在《涉外商事海事审判指导》《山东审判》《海大法律评论》等发表多篇文章;曾在美国哥伦比亚大学学习并访问多国法院与国际组织。

编　委(以姓氏笔画为序)
付本超　山东省高级人民法院民四庭副庭长
邬先江　宁波海事法院副院长
许绍田　天津海事法院副院长
许俊强　厦门海事法院宁德法庭庭长
孙　光　大连海事法院海商庭庭长
李守芹　青岛海事法院副院长
初北平　大连海事大学法学院院长
荚振坤　上海海事法院副院长
钟　莉　武汉海事法院副院长
侯树杰　大连海事法院副院长
黄伟青　广州海事法院副院长
常中彦　辽宁省高级人民法院民事审判第三庭庭长
简万成　海口海事法院副院长

凡 例

一、分卷情况

《中国海事案例裁判要旨通纂》根据学科体系共分为五卷:海事卷、船舶船员卷、海上保险卷、海上货物运输卷和综合卷。

二、本书结构

1. 章节设置:本书以学科体系为依据,对各卷法律实务问题进行章节划分。
2. 案例结构:本书收录的案例一般由"裁判要旨""基本案情""法院查明事实""法院裁判"等部分构成。

三、本书案例来源

最高人民法院、各地海事法院及上诉审高级人民法院裁判文书。

四、案例选择

由于案例裁判时所依据的法律时有修改,本书尽可能选取在图书出版之前的新法背景下仍然具有指导价值的案例。但是,为保持裁判原貌,案例裁判所依据的法律仍保持与裁判当时一致。

五、裁判要旨编号

收入本书的裁判要旨以学科体系为依据进行编排,以便读者查找。示范如下:

编号	编号含义
No. HS-1.1-1	海事卷,第1.1项标题下,第一个裁判要旨。
No. CB-1.1-1	船舶船员卷,第1.1项标题下,第一个裁判要旨。
No. HX-1.1-1	海上保险卷,第1.1项标题下,第一个裁判要旨。
No. HY-1.1.1-1	海上货物运输卷,第1.1.1项标题下,第一个裁判要旨。
No. ZH-1.1.1-1	综合卷,第1.1.1项标题下,第一个裁判要旨。

六、案例索引

为方便读者查询案例,本书设置了案例索引。

七、主题词索引

为方便读者按主题查询、阅读,本书设置了主题词索引。

总目录

序言　贺　荣 ··· 1
要目 ·· 3
CONTENTS ··· 9
详目 ··· 17

1. 海事担保合同纠纷 ····································· 001
2. 港口作业纠纷 ·· 013
3. 港口货物保管合同纠纷 ································ 040
4. 海运集装箱保管合同纠纷 ···························· 058
5. 港口、航道疏浚合同纠纷 ···························· 062
6. 船坞建造合同纠纷 ···································· 083
7. 海上工程合同纠纷 ···································· 095
8. 海上拖航合同纠纷 ···································· 128
9. 海上打捞合同纠纷 ···································· 141
10. 非法留置船舶侵权损害纠纷 ······················· 143
11. 海上货运代理合同纠纷 ····························· 149
12. 其他海事纠纷 ··· 367
13. 海事案件的管辖与仲裁 ····························· 381
14. 申请财产保全错误损害赔偿纠纷 ·················· 429
15. 申请海事赔偿责任限制 ····························· 450

案例索引 ·· 465
主题词索引 ··· 471
后记 ··· 479

序言

贺荣（最高人民法院副院长）

　　为了适应海上运输和对外贸易事业发展的需要，1984年11月14日第六届全国人大代表大会常务委员会第八次会议通过了《关于在沿海港口城市设立海事法院的决定》，设立了大连、天津、青岛、上海、武汉、广州六家海事法院。之后，最高人民法院根据工作需要，先后于海口、厦门、宁波、北海增设四家海事法院。为了方便当事人诉讼，各海事法院根据自身情况，先后设立了包括三沙法庭在内的39个派出法庭，辐射范围涵盖北起黑龙江南至南海诸岛由我国管辖的全部港口、水域和岛礁。截至2014年年底，全国10家海事法院共受理各类海事案件247 761件，审结执结237 857件，结案标的额人民币1 460多亿元；其中审结执结涉外、涉港澳台海事案件66 564件，涉及70多个国家和地区。目前我国已经成为世界上设立海事审判机构最多、受理海事案件数量最多的国家。

　　经过30多年海事司法实践，我国已经积累了较为丰富的海事司法经验，这是我国建设国际海事司法中心，保障国家海洋强国战略实施的基础。为贯彻党的十八大三中全会精神，进一步深化司法公开，最高人民法院全面推进审判流程公开、裁判文书公开、执行信息公开，以增进公众对司法的了解、信赖和监督。在大数据时代背景下，如何将浩如烟海的裁判文书进行收集、分类、整理以及提炼，以方便公众查询，成为今后改进和完善司法公开制度的重要课题。北京大学出版社组织编撰的这套《中国海事案例裁判要旨通纂》，对598个具有典型意义的海事案件进行分类整理，并归纳裁判要旨，这对于总结我国海事司法实践经验，推动海商法理论与实务研究具有积极意义。搜集整理30多年的海事案例工程浩大，编者遇到了很多困难，案例的完整性有待进一步提高。编者采用案例非常注重典型意义，但有些案件的裁判观点随着理论与实践的发展，目前已经有所改变；有些观点还存在分歧。法律是稳定的，但不是一成不变。对于法律观点的争论永远存在，要辩证地看待这个问题。广大读者正是通过对这些案例的慎思明辨，才能全面地了解我国海事审判理论与实践的发展历程。

　　案例的编撰是一个长期系统的过程，但我们已经迈出了艰难的一步，并取得了阶段性成果。在此，我谨对《中国海事案例裁判要旨通纂》的面世表示祝贺，也希望这一工作持之以恒，形成精品，成为我国海事司法实践和海事法律理论研究的重要参考资料。

2016年10月16日

要 目

1. 海事担保合同纠纷 ··· 001
   1.1 申请人为先予执行而超额提供担保的损失负担 ······················· 001
   1.2 船东互保协会承担担保责任后的追偿权 ······························· 003
   1.3 企业法人分支机构对外提供担保的责任承担 ··························· 008

2. 港口作业纠纷 ·· 013
   2.1 港口经营人对货物灭失的赔偿责任 ······································· 013
   2.2 码头作业公司及理货公司的装箱、理货义务 ··························· 022
   2.3 港口经营人收款后开具发票的义务 ······································· 027
   2.4 货主主张港口经营人货损侵权的举证责任 ······························ 029
   2.5 承运人对港口经营人的义务 ··· 035

3. 港口货物保管合同纠纷 ·· 040
   3.1 仓储货物的保管人错交货物的违约责任 ······························· 040
   3.2 仓储保管人未凭提货单放货的责任 ······································· 043
   3.3 仓储保管人对于保管货物灭失的责任 ···································· 047
   3.4 外贸代理作为寄存人时保管人向货主交货的法律责任 ·············· 049

4. 海运集装箱保管合同纠纷 ·· 058
   4.1 码头公司保管被强制打捞上岸的沉船载运集装箱的费用承担 ····· 058

5. 港口、航道疏浚合同纠纷 ··· 062
   5.1 疏浚工程合同受让人的义务 ··· 062
   5.2 港口疏浚合同下倾倒废物的责任 ··· 065
   5.3 港口疏浚工程款的支付 ·· 069
   5.4 港池航道水深测量资质的认定 ·· 072
   5.5 借用有资质的建筑施工企业的名义签订建设工程施工合同的法律后果 ······ 078

6. 船坞建造合同纠纷 ·· 083
   6.1 船坞建造合同项下发包人不予答复对于工程结算的法律效力 ····· 083
   6.2 发包人停工的法律责任 ·· 088

7. 海上工程合同纠纷 …… 095
7.1 海上爆破工程分包的法律后果 …… 095
7.2 无效转包工程施工合同的后果 …… 099
7.3 无施工资质进行海洋工程施工后请求工程款的权利 …… 106
7.4 港口工程合同项下拖欠工程款的违约责任 …… 110
7.5 供应、安装深水网箱发生漂移致损的责任 …… 112
7.6 长江大桥经营管理者对于桥区航标维护费的责任 …… 117
7.7 海上吊装合同项下的违约责任 …… 124

8. 海上拖航合同纠纷 …… 128
8.1 被拖方的付费义务 …… 128
8.2 拖航合同项下承拖方与被拖方的权利与义务 …… 133

9. 海上打捞合同纠纷 …… 141
9.1 沉船所有人支付打捞费及看管费的义务 …… 141

10. 非法留置船舶侵权损害纠纷 …… 143
10.1 非法留置船舶的认定及其责任 …… 143

11. 海上货运代理合同纠纷 …… 149
11.1 委托人的识别 …… 149
11.1.1 海上货运代理合同下委托人的识别 …… 149
11.1.2 进口货运代理的委托人的识别 …… 153
11.1.3 以不同地点注册的公司名称办理委托事项时对委托人的确定 …… 155
11.1.4 对于货主是否委托人的认定 …… 161
11.1.5 公司人格混同的认定及委托人的责任 …… 167
11.1.6 事实上存在货运代理合同关系的委托人的确定及其责任 …… 172
11.1.7 依照交易习惯确定货运代理合同委托人的身份及垫付费用的承担 …… 175
11.1.8 个人以他人名义从事委托活动的责任认定 …… 180
11.1.9 受托人以自己名义对外委托的责任承担 …… 184
11.1.10 外国公司代表机构委托货运代理的责任承担 …… 188
11.1.11 作为委托人的企业法人工作人员超越职权行为的效力 …… 192
11.1.12 FOB 条件下对货运代理关系中的委托人的认定 …… 194
11.2 委托人支付垫付费用的义务 …… 198
11.2.1 委托人对于货运代理垫付目的港费用的偿还义务 …… 198
11.2.2 委托人对货运代理垫付费用的支付义务 …… 201

11.2.3 FOB 价格下,作为国内卖方的委托人对货运代理的付款义务 …… 203
11.2.4 委托人是否应向货运代理支付目的港的垫付费用 …… 205
11.2.5 支票收条对于能否证明委托人付款的作用 …… 209
11.2.6 委托人向货运代理的员工付款的法律后果 …… 211
11.2.7 对账单对委托人已付款项的法律效力 …… 213
11.2.8 海运发票的证明力及作为委托人的个人独资企业的股东责任 …… 215
11.2.9 委托人对货运代理垫付仓储费用的偿还义务 …… 217
11.2.10 货运代理垫付的承运人加收海运费的负担 …… 226
11.2.11 约定垫付费用支付条件的法律后果 …… 230
11.2.12 货运代理的报酬 …… 235
11.2.13 保证人对货运代理合同项下垫付款、滞纳金的担保责任 …… 238
11.2.14 货运代理垫付港杂费的认定与负担 …… 243
11.3 委托人的过错责任 …… 248
11.3.1 委托人过错导致的费用的承担 …… 248
11.3.2 委托人导致删单重报和退税迟延的责任 …… 252
11.3.3 委托人提供错误报关资料的法律后果 …… 255
11.4 委托人的权利 …… 257
11.4.1 委托人向承运人主张返还滞箱费的权利 …… 257
11.4.2 对货运代理的职员起诉导致时效中断 …… 259
11.5 货运代理的义务 …… 262
11.5.1 货运代理是否负有要求承运人签发提单的义务 …… 262
11.5.2 FOB 条件下货运代理对托运人交付提单的义务 …… 268
11.5.3 身兼国内卖方和买方的货运代理交付提单的义务 …… 272
11.5.4 货运代理对托运人放货保函真伪的审查义务 …… 275
11.5.5 托运人的货运代理的危险告知义务 …… 279
11.5.6 受托人以自己名义委托第三人的货运代理合同的效力 …… 284
11.5.7 货运代理在接受概括委托后承担内陆运输的义务 …… 289
11.5.8 货运代理委托他人装箱导致货损的责任 …… 292
11.5.9 货运代理转委托的他人报关错误致货主退税损失的法律责任 …… 295
11.6 货运代理违反交付单证义务的责任 …… 300
11.6.1 货运代理未及时向委托人交付报关文件的法律责任 …… 300
11.6.2 货运代理拒绝向委托人交付提单的法律责任 …… 303
11.6.3 货运代理擅自抵押提单的责任 …… 305
11.6.4 货运代理过错导致提单被抢的法律责任 …… 307
11.6.5 货运代理转交未登记备案的国外无船承运人提单的责任 …… 312
11.6.6 发货人的货运代理同时作为承运人的签单代理签发提单的法律责任 …… 318
11.7 货运代理的过错责任 …… 321
11.7.1 有偿货运代理未及时告知航次取消的过错责任 …… 321

11.7.2 货运代理合同项下货运代理未尽通知义务的过错责任 ……………… 326
11.7.3 货运代理错将货物订舱运至不同国家的同名港口的责任 …………… 328
11.7.4 货运代理违反向受托人的报告和通知义务的法律后果 ……………… 330
11.7.5 货运代理未办理保险对委托人的责任 ………………………………… 334
11.7.6 订舱受托人错误拼箱的责任 …………………………………………… 338
11.7.7 代理过错致集装箱被盗的责任 ………………………………………… 341
11.7.8 货运代理超越职权垫付费用的法律后果 ……………………………… 344
11.7.9 委托人对货运代理转委托未备案无船承运人运输的责任 …………… 347
11.8 货运代理的权利 …………………………………………………………… 351
11.8.1 货运代理索要滞纳金的权利 …………………………………………… 351
11.8.2 货运代理追索合理必要的垫付滞箱费的权利 ………………………… 353
11.8.3 货运代理主张垫付费用的必要性与合理性 …………………………… 355
11.8.4 货运代理不应对承运人原因造成的迟延承担责任 …………………… 358
11.8.5 货运代理无须承担承运人更改航线的责任 …………………………… 359
11.8.6 货运代理主张费用的诉讼时效中断 …………………………………… 363

12. 其他海事纠纷 ……………………………………………………………… 367
12.1 渔船船东互换捕捞许可证的法律后果 …………………………………… 367
12.2 债权人主张恶意串通转让船舶股份合同无效的主体资格 ……………… 370
12.3 不当使用不合格渔业船舶材料引起的产品质量侵权责任 ……………… 372
12.4 收货人的进口报关、提货等业务的转受托人对承运人的船舶代理
　　　支付滞箱费的义务 ………………………………………………………… 374
12.5 侵害提单质押权的权利后果 ……………………………………………… 377

13. 海事案件的管辖与仲裁 …………………………………………………… 381
13.1 海事法院受理案件范围 …………………………………………………… 381
13.1.1 海上货运代理合同纠纷的管辖 ………………………………………… 381
13.1.2 海上作业工程纠纷的管辖 ……………………………………………… 382
13.1.3 航道疏浚合同纠纷的管辖 ……………………………………………… 384
13.1.4 海事法院管辖的船舶物料或备品纠纷的范畴 ………………………… 385
13.1.5 船舶租用合同纠纷的管辖 ……………………………………………… 386
13.1.6 船舶买卖合同纠纷的管辖 ……………………………………………… 387
13.1.7 造船专用设备定作合同纠纷的管辖 …………………………………… 388
13.2 管辖权 ……………………………………………………………………… 389
13.2.1 船舶碰撞纠纷的管辖 …………………………………………………… 389
13.2.1.1 在台湾海峡发生的船舶碰撞事故的管辖 …………………………… 389
13.2.1.2 对船舶碰撞损害赔偿进行协议管辖的效力 ………………………… 390
13.2.2 船舶保险合同纠纷管辖 ………………………………………………… 392

13.2.3 提单背面管辖条款对代位求偿的保险人的效力 ……………… 393
　　13.2.4 保赔险纠纷的管辖 …………………………………………… 394
　　13.2.5 提单管辖权条款的效力 ……………………………………… 396
　　13.2.6 无单放货纠纷的管辖 ………………………………………… 401
13.3 仲裁 …………………………………………………………………… 402
　　13.3.1 港口疏浚合同当事人约定可由仲裁机构裁决的效力………… 402
　　13.3.2 航次租船合同中的仲裁条款的效力 ………………………… 403
　　13.3.3 船舶建造合同仲裁条款对口头承诺的效力 ………………… 405
　　13.3.4 船东互保协会规则中的仲裁条款的效力 …………………… 407
　　13.3.5 仲裁条款有效时的一事不再理原则 ………………………… 411
　　13.3.6 提单背面条款同时选择仲裁和诉讼的条款的效力 ………… 412
13.4 国外仲裁裁决的承认与执行 ………………………………………… 415
　　13.4.1 对申请执行国外仲裁裁决具有管辖权的"被执行财产所在地法院"的
　　　　　含义 …………………………………………………………… 415
　　13.4.2 申请执行国外仲裁裁决的期限 ……………………………… 418
　　13.4.3 伦敦仲裁短员仲裁裁决的承认与执行 ……………………… 421

14. 申请财产保全错误损害赔偿纠纷 ………………………………………… 429
　14.1 诉讼请求被驳回后对诉前财产保全错误的认定 …………………… 429
　14.2 诉讼请求被驳回后导致诉前申请扣船错误的法律责任 …………… 433
　14.3 诉讼中申请冻结存款后撤诉的赔偿责任 …………………………… 436
　14.4 诉前超额申请冻结银行存款的赔偿责任 …………………………… 441
　14.5 为索要船舶修理费扣押船舶的不构成保全错误 …………………… 443
　14.6 诉前扣押船舶错误的损失认定 ……………………………………… 445
　14.7 错误申请查封船载货物的责任 ……………………………………… 447

15. 申请海事赔偿责任限制 …………………………………………………… 450
　15.1 多式联运合同项下沿海运输的承运人申请海事赔偿责任 ………… 450

案例索引 …………………………………………………………………………… 465
主题词索引 ………………………………………………………………………… 471
后记 ………………………………………………………………………………… 477

CONTENTS

1. MARITIME SECURITY ··· 001

   1.1 Bearing of the Loss Arising from Security Exceeding the Amount of Subject Provided by Applicant for Pre-enforcement of Lien ·························· 001
   1.2 Right of Subrogation of the Shipowners Mutual Protection and Indemnity Association after Undertaking Guarantee Liability ···························· 003
   1.3 Liability of a Corporation for Guarantee Provided by the Branch of IT ········· 008

2. PORT OPERATIONS ··· 013

   2.1 Port Operator's Liability for Cargo Damage ································ 013
   2.2 Loading and Tally Obligations of Terminal Handling Company and Tally Company ·· 022
   2.3 Obligation of Port Operator to Issue Invoice After Receiving Payments ······ 027
   2.4 Burden of Proof for Cargo Owner to Claim Cargo Damage Against Port Operator Based on Tort ··· 029
   2.5 Carrier's Obligation to Port Operator ····································· 035

3. CONTRACT OF CUSTODY OF CARGO AT PORT ································ 040

   3.1 Warehouse Keeper's Liability for Breach of Contract for Incorrect Delivery of Cargo ··· 040
   3.2 Warehouse Keeper's Liability for Delivering Cargo Without Surrender of Delivery Order ··· 043
   3.3 Warehouse Keeper's Liability for Loss of Warehoused Cargo ················ 047
   3.4 Warehouse Keeper's Liability for Delivery of Cargo to Cargo Owner on the Condition that the Foreign Trade Agent Being the Depositor of such Cargo ·· 049

4. CONTRACT OF DEPOSIT OF SHIPPING CONTAINERS ·························· 058

   4.1 Responsibility for Costs of the Storage of Containers Compulsorily Salvaged from Sunken Ship ·· 058

5. CONTRACT OF DREDGING ··· 062

   5.1 Obligations of Assignee of Dredging Contract ················· 062
   5.2 Liability for Dumping Wastes Under Dredging Contract ·········· 065
   5.3 Payments for Projects Under Dredging Contract ·················· 069
   5.4 Determination for Qualification for Sounding of Depth of Water for Dock Basin and Channels ··· 072
   5.5 Legal Consequence of Borrowing the Name of Qualified Construction Enterprise to Conclude Construction Contract ····················· 078

6. CONTRACT OF CONSTRUCTION OF DOCKYARD ············· 083

   6.1 Legal Consequence of the Owner's Failure to Reply to the Builder's Notification of Valuation of Construction Work Under Contract of Construction of Dockyard ··· 083
   6.2 The Owner's Liability for Suspension of Construction ············· 088

7. CONTRACT OF MARINE CONSTRUCTION PROJECTS ········ 095

   7.1 Legal Consequence for Subcontracting Explosion Project at Sea ···· 095
   7.2 Consequence of Invalid Subcontracting Construction Contract to Another Party ·· 099
   7.3 Right of Claiming for Payment After Conducting Offshore Construction Without Licensing Qualification ····································· 106
   7.4 Liability for Default in Payment Under Contract of Port Construction ··········· 110
   7.5 Liability for Damage Caused by Drifting of Deep Water Sea Cases Supplied and Installed by the Vendor ······························· 112
   7.6 Liability of the Operator and Manager of Yangtze River Bridge for Maintenance Cost of Navigation Marks in Bridge Areas ··· 117
   7.7 Liability for Breach of Contract of Hoisting at Sea ················· 124

8. CONTRACT OF TUG AND TOWAGE ······························ 128

   8.1 Obligation of the Hirer to Pay ······································ 128
   8.2 Rights and Obligations of the Tugowner and the Hirer Under Contract of Tug and Towage ·· 133

9. CONTRACT OF SALVAGE ·· 141

   9.1 Obligation of Owner of Sunken Ship to Pay Salvage Charges and Maintenance Fee ·· 141

CONTENTS

10. DAMAGES DUE FOR ILLEGALL RETENTION OF SHIP ·················· 143

   10.1 Identification to and Liability for Illegal Retention of Ship ················ 143

11. CONTRACT OF INTERNATIONAL FREIGHT FORWARDING ················ 149

   11.1 Identification of the Principal ················ 149

   11.1.1 Identification of the Principal Under Contract of International Freight
   Forwarding ················ 149

   11.1.2 Identification of the Principal of Imported Goods Under Contract of
   International Freight Forwarding ················ 153

   11.1.3 Identification of the Principal in Circumstance of Handling Entrusted
   Matters in Name of Company Registered in Different Places ············ 155

   11.1.4 Determination on Whether the Cargo Owner is the Principal ············ 161

   11.1.5 Determination on Mixture of Company Personality and Liability of the
   Principal ················ 167

   11.1.6 Identification of the Principal from *de Facto* Freight Forwarding
   Contractual Relationship ················ 172

   11.1.7 Identification of the Principal Based on Trade Custom and the Principal's
   Liability for Paying Reimbursement ················ 175

   11.1.8 Liability for Individual Conducting Commissioned Activities in
   Other's Name ················ 180

   11.1.9 Liability of the Agent for Entrusting the Third Par in Its Own Name ··· 184

   11.1.10 Liability of the Representative Agency of Foreign Company for
   Assigning International Freight Forwarder ················ 188

   11.1.11 Legal Consequence of the Exceeding-Authority Action Performed by
   Employee of the Principal ················ 192

   11.1.12 Identification of the Principal in International Freight Forwarding
   Relationship Under FOB Term ················ 194

   11.2 Obligation of the Principal to Pay Reimbursement ················ 198

   11.2.1 Obligation of the Principal to Reimburse the Agent for
   Terminal Charges ················ 198

   11.2.2 Obligation of the Principal to Pay Remuneration to the Agent ············ 201

   11.2.3 Obligation of the Principal, as Domestic Seller, to Pay Remuneration to the
   Agent Under FOB Term ················ 203

   11.2.4 Whether the Principal Shall Reimburse the Agent for Terminal
   Charges ················ 205

   11.2.5 Role of Receipt of Cheque in Proving Payment Made by the
   Principal ················ 209

11.2.6 Legal Consequence of Payment to Employee of the Agent Made by the
　　　　Principal ………………………………………………………… 211
11.2.7 Legal Effect of Bank Statement of Payments Made by the Principal …… 213
11.2.8 Probative Value of Shipping Invoice and Liability of the Owner of Sole
　　　　Proprietorship Principal …………………………………………… 215
11.2.9 Obligation of the Principal to Reimburse the Agent for
　　　　Warehousing Charges ……………………………………………… 217
11.2.10 Bearing of Additional Freight Paid to the Carrier by the Agent ……… 226
11.2.11 Legal Consequence of Agreement on Payment Conditions for
　　　　Reimbursing Remuneration ……………………………………… 230
11.2.12 Commission of the Agent ………………………………………… 235
11.2.13 Liability of Guarantor for Providing Guarantee for Reimbursements
　　　　and Overdue Fines Under Freight Forwarding Contract …………… 238
11.2.14 Determination and Bearing of Port Charges Advanced by the
　　　　Freight Forwarder ………………………………………………… 243
11.3 Fault Liability of the Principal ………………………………………… 248
11.3.1 Bearing of Costs Incurred from Negligence of the Principal …………… 248
11.3.2 Liability for Customs Data Deletion and Re-declaration as well as
　　　　Delayed Drawback Caused by the Principal ………………………… 252
11.3.3 Legal Consequence of Inaccurate Customs Clearance Information
　　　　Provided by the Principal ………………………………………… 255
11.4 Rights of the Principal ……………………………………………… 257
11.4.1 Right of the Principal to Claim Against the Carrier for Refunding of
　　　　Container Demurrage ……………………………………………… 257
11.4.2 Suspension of Limitation of Action Due to Filing Lawsuit Against
　　　　Employee of the Freight Forwarder ………………………………… 259
11.5 Obligations of the Freight Forwarder ………………………………… 262
11.5.1 Whether the Freight Forwarder is Obliged to Require the Carrier to Issue
　　　　Bill of Lading ……………………………………………………… 262
11.5.2 Obligation of the Freight Forwarder to Hand over Bill of Lading to the
　　　　Shipper Under FOB Term ………………………………………… 268
11.5.3 Obligation of the Freight Forwarder to Hand over Bill of Lading When
　　　　Acting as Both the Seller and Buyer ………………………………… 272
11.5.4 Obligation of the Freight Forwarder to Examine the Authenticity
　　　　of the Principal's Letter of Indemnity upon Delivery of Cargo ………… 275
11.5.5 Obligation of the Shipper's Freight Forwarder for Disclosure of
　　　　Dangerous Cargo ………………………………………………… 279

11.5.6 Validity of Freight Forwarding Contract under Which the Agent
Entrusts the Third Party in Its Own Name ································ 284
11.5.7 Obligation of the Freight Forwarder to Undertake Inland Transport after
Accepting General Entrustment ·································· 289
11.5.8 Liability for Cargo Damage during Loading Conducted by the Third Party
Entrusted by the Freight Forwarder ································ 292
11.5.9 Liability of the Third Party Sub-entrusted by the Freight Forwarder for
Loss of Tax Return to the Cargo Owner Due to Wrongful Customs
Declaration ·· 295
11.6 Liability of the Freight Forwarder in Violation of the Obligation to
Hand over Documents ··· 300
11.6.1 Liability of the Freight Forwarder for Failure to Hand over Customs
Declaration Document to the Principal in Time ·························· 300
11.6.2 Liability of the Freight Forwarder for Refusing to Hand over Bill of
Lading to the Principal ·· 303
11.6.3 Liability of the Freight Forwarder for Mortgaging/Pledging the Bill of Lading
Without Authorization ··· 305
11.6.4 Liability of the Freight Forwarder for Being Robbed of Bill of Lading ··· 307
11.6.5 Liability of the Freight Forwarder for Forwarding Non-registration Bill of
Lading of Foreign NVOCC ·· 312
11.6.6 Liability of the Freight Forwarder as the Agent of the Shipper for Issuing
Bill of Lading as the Agent of the Carrier ·································· 318
11.7 Fault Liability of the Freight Forwarder ································ 321
11.7.1 Liability of the Paid Freight Forwarder for Failure to Notify the
Cancellation of Voyage in Time ·· 321
11.7.2 Liability of the Freight Forwarder for Failure to Fulfill the Obligation of
Notification ·· 326
11.7.3 Liability of the Freight Forwarder for Incorrectly Booking Space for
Cargo to the Same-Name Destination in Different Country ················ 328
11.7.4 Legal Consequence of the Freight Forwarder for Violating the
Obligation to Report and Notify to the Entrusted Party ···················· 330
11.7.5 Liability of the Freight Forwarder for Failure to Arrange Insurance for the
Cargo of the Principal ·· 334
11.7.6 Liability of the Shipping Agency for Incorrect Loading ················ 338
11.7.7 Liability of the Freight Forwarder for Container Being Stolen from it ······ 341
11.7.8 Legal Consequence of the Freight Forwarder to Make Payments to the
Third Party Without Authority ·· 344

11.7.9 Liability of the Principal for Carriage of Goods by Non-registration NVOCC Sub-entrusted by Its Agent ⋯⋯ 347

11.8 Rights of the Freight Forwarder ⋯⋯ 351

11.8.1 Right of the Freight Forwarder to Claim Overdue Fines ⋯⋯ 351

11.8.2 Right of the Freight Forwarder to Claim Necessary and Reasonable Container Detention Charge Advanced on Behalf of the Principal ⋯⋯ 353

11.8.3 Necessity and Reasonableness of Advance Payments Claimed by the Freight Forwarder ⋯⋯ 355

11.8.4 The Freight Forwarder Shall not Undertake Liability for Delay Caused Due to the Carrier ⋯⋯ 358

11.8.5 The Freight Forwarder Shall not Be Liable for Change of Route by Carrier ⋯⋯ 359

11.8.6 Discontinuance of Limitation of Action for Freight Forwarder Claiming Remuneration ⋯⋯ 363

12. OTHER MARITIME DISPUTES ⋯⋯ 367

12.1 Legal Consequence for Owners of Fishing Boats to Exchange Fishing Licenses with Each Other ⋯⋯ 367

12.2 Subject Qualification of Creditor to Claim Null and Void of Contract of Transference of Shares of the Ship Through Malicious Conspiracy ⋯⋯ 370

12.3 Product Quality Tort Liability for Improper Use of Unqualified Fishing Boat Materials ⋯⋯ 372

12.4 Obligation of the Sub-entrusted Freight Forwarder of the Consignee of Imported Cargo to Pay Container Demurrages to the Agent of the Carrier ⋯⋯ 374

12.5 Consequence for Infringing Pledge Right of Bill of Lading ⋯⋯ 377

13. JURISDICTION AND ARBITRATION FOR MARITIME CASES ⋯⋯ 381

13.1 Scope of Disputes Handled by Maritime Courts ⋯⋯ 381

13.1.1 Jurisdiction over Disputes Arising from Freight Forwarding Contract ⋯⋯ 381

13.1.2 Jurisdiction over Disputes Arising from Construction at Sea ⋯⋯ 382

13.1.3 Jurisdiction over Disputes Arising from Dredging Contract ⋯⋯ 384

13.1.4 Jurisdiction over Disputes Relating to Ship Stores and Spares Subject ⋯⋯ 385

13.1.5 Jurisdiction over Disputes Arising from Charter Parties ⋯⋯ 386

13.1.6 Jurisdiction over Disputes Arising from Sales Contract of Ship ⋯⋯ 387

13.1.7 Jurisdiction over Disputes Arising From Contract of Manufacturing
Tailor-made Special Equipments ·· 388
13.2 Jurisdiction ·· 389
13.2.1 Jurisdiction over Disputes Arising from Ship Collision ····················· 389
13.2.1.1 Jurisdiction over Ship Collision in Taiwan Channel ······················ 389
13.2.1.2 Effect of the Agreement on Jurisdiction over Ship Collision ············ 390
13.2.2 Jurisdiction over Disputes Arising from Ship Insurance Contract ·········· 392
13.2.3 Effect of the Jurisdiction Clause on the Back of Bill of Lading Against
Insurer for Subrogation ·· 393
13.2.4 Jurisdiction over Disputes Relating to Protection and Indemnity
Risks ·· 394
13.2.5 Effect of Jurisdiction Clause on Bill of Lading ···························· 396
13.2.6 Jurisdiction over Disputes Relating to Delivery of Cargo Without Surrender
of Original Bill of Lading ·· 401
13.3 Arbitration ·· 402
13.3.1 Effect of Arbitration Clause Under Dredging Contract ····················· 402
13.3.2 Effect of Arbitration Clause in Voyage Charter Parties ····················· 403
13.3.3 Effect of Oral Arbitration Clause in Shipbuilding Contract ················ 405
13.3.4 Effect of Arbitration Clause in Rules of Shipowner P&I Club ············· 407
13.3.5 Principle of *Res Judicata* When Arbitration Clause is Effective ·········· 411
13.3.6 Effect of the Clause Choosing Arbitration and Lawsuit Concurrently on the
Back of Bill of Lading ·· 412
13.4 Recognition and Enforcement of Foreign Arbitral Awards ····················· 415
13.4.1 Meaning of the "Court of the Location of the Property Subject to
Enforcement" that Has Jurisdiction over Application for
Enforcement of Foreign Arbitral Award ·· 415
13.4.2 Time Limit for Application for Enforcement of Foreign Arbitral
Award ·· 418
13.4.3 Recognition and Enforcement of Arbitral Award Rendered by Truncated
Arbitration Tribunal in London Arbitration ·· 421
14. COMPENSATION FOR WRONGFUL APPLICATION FOR PROPERTY
PRESERVATION ·· 429
14.1 Determination of Wrongful Property Preservation Before Litigation Where
Litigation Claims Being Rejected by Court ·· 429
14.2 Legal Liability for Wrongful Application for Arrest of Ship Before
Litigation Due to the Result of Litigation Claims Being Rejected ············ 433

14.3 Liability for Claims Withdrawn After Application for Freezing of
　　　Deposits ·· 436
14.4 Liability for Application of Freezing Exceeding Amount of Bank
　　　Deposit Before Litigation ·· 441
14.5 Arrest of Ship for Claiming Ship Repair Costs Shall not Constitute
　　　Incorrect Preservation ·· 443
14.6 Determination of Loss for Incorrect Ship Arrest Before Litigation ············ 445
14.7 Liability for Wrongful Application for Cargo Attachment as Carried
　　　Onboard ·· 447

15. APPLICATION OF LIMITATION OF LIABILITY FOR MARITIME CLAIMS ··· 450

15.1 Application for Limitation of Liability for Maritime Claims by a Coastal
　　　Transport Carrier Under Multimodal Transport Contract ························ 450

TABLE OF CASES ·· 465
INDEX ··· 471
AFTERWORD ··· 477

详 目

1. 海事担保合同纠纷 ·· 001

1.1 申请人为先予执行而超额提供担保的损失负担 ································ 001

1 原告宁波太平洋海运有限公司与被告宁波恒富船业(集团)有限公司海事请求担保纠纷案【宁波海事法院(2008)甬海法事初字第53号】················ 001

> **No. ZH-1.1-1** 先予执行的申请人为先予执行向法院提供的担保数额系由法院召集申请人与被申请人协调后确定,虽然被申请人要求申请人提供的担保数额超过其申请先予执行的数额,申请人不得要求被申请人赔偿超额提供担保导致的损失。 001

1.2 船东互保协会承担担保责任后的追偿权·· 003

2 原告中国船东互保协会诉被告广州宏光海运有限公司、深圳市华天海运有限公司海事担保合同纠纷案【广州海事法院(2003)广海法初字第482号】······ 003

> **No. ZH-1.2-1** 船东互保协会作为担保人在履行担保义务后,有权向债务人和反担保人追偿。 003

1.3 企业法人分支机构对外提供担保的责任承担 ···································· 008

3 原告广州长江制衣印染有限公司诉被告广州中远国际航空货运代理有限公司东莞分公司、广州中远国际航空货运代理有限公司保证合同纠纷案【广州海事法院(2004)广海法初字第19号】·· 008

> **No. ZH-1.3-1** 企业法人的分支机构未经法人授权不得提供担保,且未经国家有关主管部门批准或者登记,不得为境外机构向境内债权人提供担保,否则担保合同无效。保证人和债权人应当知道被保证人是外国公司,仍签订保证合同,导致保证合同无效,双方均有过错,企业法人的分支机构应以其独立经营管理的财产对保证无效承担赔偿责任。 008

2. 港口作业纠纷 ·· 013

2.1 港口经营人对货物灭失的赔偿责任 ··· 013

1 原告广东东峰化工燃料有限公司诉被告东莞中谷油脂有限公司港口作业合同纠纷案【广州海事法院(2005)广海法初字第175号】·························· 013

> **No. ZH-2.1-1** 进口货物的货主委托代理人进口货物,但不是提单记载的收货人,也并非报关单载明的收货人与经营人,货物抵达卸货港后,其以自己的名义与码头经营人签订货物中转协议,约定港口经营人为其接卸、中转货物,因输油管损坏导致货物部分灭失。即使货主对该提单项下货物不享有所有权,法院推定其合法占有该提单项下货物,有权依据货物中转协议,请求港口经营人承担赔偿责任。 ………………………………………………………………… 013

> **No. ZH-2.1-2** 货物从货舱卸出后经过港口经营人的输油管进入其储罐,在从港口经营人储罐中转发至其他运输装载工具之前,卸入油管及储罐内的涉案货物由港口经营人掌管,此段期间内发生的货物灭失,系港口经营人对涉案货物保管不善,应由港口经营人承担。按报关时的单价计算的货物价值、向海关交纳的进口关税和进口增值税属于货物灭失的赔偿范围,港口经营人应予赔偿。但货主因输油管损坏而向承运人支付的滞期费不属于可以预见的损失,不应由港口经营人赔偿。 ………………………………………………………… 013

2.2 码头作业公司及理货公司的装箱、理货义务 …………………… 022

2 原告广西柳州市有色冶炼进出口有限责任公司与被告广州港黄埔集装箱公司集装箱港口作业合同纠纷案【广州海事法院(2000)广海法商字第92号】…… 022

> **No. ZH-2.2-1** 码头作业公司进行装箱,报关后又开箱重新装箱,更换铅封号,进行场到场(CY/CY)运输,承运人在起运港接收已经铅封的整箱货物,运至目的港原箱交付收货人,收货人开箱后发现箱内货物并非承运人提单载明的货物。法院认为,依据《中华人民共和国海上国际集装箱运输管理规定》第26条及《中华人民共和国海上国际集装箱运输管理规定实施细则》第70条的规定,委托人负有证明其主张的码头作业公司装箱理货错误导致箱内货物与提单记载不一致的举证义务,以证明货物在目的港交付收货人时集装箱的表面状况是否完好,铅封是否完整,铅封号是否仍为装船时的编号。虽然证据能够证明在收货人开箱时箱内货物与提单记载不符,但没有证明该集装箱的铅封是否完整,铅封号是否仍为装船时的编号,故不能充分证明箱内货物与提单记载不符是码头公司装箱、理货公司理货造成的,法院不支持委托人的索赔请求。 ………………… 022

2.3 港口经营人收款后开具发票的义务 …………………………… 027

3 原告上海海陆联运公司与被告广州海上救助打捞局港口作业合同纠纷案【广州海事法院(2001)广海法深字第37号】…………………………………… 027

> **No. ZH-2.3-1** 港口作业合同当事人不但应按合同的约定享受权利、承担义务,还应履行法律、法规所规定的法定义务,港口经营人在收取装卸作业费后负有向付款方开具发票的法定义务。 ………………………………………… 027

2.4 货主主张港口经营人货损侵权的举证责任 ………………………………… 029

④ 原告海南恒南实业有限公司诉被告广州港务局新港港务公司、第三人五矿国际货运广东公司港口作业纠纷案【广州海事法院(2002)广海法初字第390号】………………………………………………………………………… 029

> **No. ZH-2.4-1** 港口经营人将提单所载的数量相符但在装货过程中规格已混淆的货物卸下,没有过错,货物混淆并非因其卸货作业造成,故不应承担责任。 029

2.5 承运人对港口经营人的义务 ………………………………………………… 035

⑤ 原告江门国际货柜码头有限公司与被告广东高路华电视机有限公司、陈长龙、肖永潮、珠江货柜运输中心、江门国际货运代理有限公司港口作业合同纠纷案【广州海事法院(2002)广海法初字第69号】………………………… 035

> **No. ZH-2.5-1** 因无人提货,承运人为完成运输任务,委托货柜码头卸货并将承运货物存放在货柜码头,与货柜码头形成港口作业合同关系,承运人作为作业委托人,应依约向港口经营人支付装卸、仓储费。 035

> **No. ZH-2.5-2** 作业委托人未在规定期限内处理货物,港口经营人可以按照有关规定将该批货物按无法交付货物处理,是《港口货物作业规则》赋予港口经营人的救济措施,并非强制性规定,在长期无人提货的情况下,也不影响港口经营人向作为作业委托人的承运人收取相关费用。 035

3. 港口货物保管合同纠纷 ……………………………………………………… 040

3.1 仓储货物的保管人错交货物的违约责任 …………………………………… 040

① 原告江苏舜天国际集团有限公司与被告张家港兴菱化工储运有限公司港口作业合同纠纷案【武汉海事法院(2006)武海法商字第404号】…………… 040

> **No. ZH-3.1-1** 仓储保管人向存货人交付保管物是其基本义务,其将保管物交付他人,未履行合同义务,应承担违约责任。 040

> **No. ZH-3.1-2** 违约损失包括全部实际损失及可得利益的损失。存货人的全部实际损失就是涉案货物的实际价值,即 CIF 价格。可得利益是指合同在适当履行以后可以实现和取得的财产利益,但不应超过合同可预见的损失。因仓储保管人违约导致存货人与其委托人之间的进口代理合同不能履行,其可得利益损失即为进口货物的代理费损失,并非货物的市场价格。 040

3.2 仓储保管人未凭提货单放货的责任 ………………………………………… 043

② 中化(深圳)实业有限公司诉珠海中燃石油有限公司货物交付纠纷案【广州海事法院(2005)广海法初字第356号】……………………………………… 043

> **No. ZH-3.2-1** 仓储保管人应凭承运人签发的提货单放货，否则，未凭提货单将货物交付给他人，应向提货单持有人赔偿货物的损失及其利息。 043

3.3 仓储保管人对于保管货物灭失的责任 047

③ 原告江西省五金矿产进出口公司与被告广州港黄埔集装箱公司码头仓储保管合同纠纷案【广州海事法院(2000)广海法商字第 124 号】 047

> **No. ZH-3.3-1** 仓储保管人应妥善保管货物，并应在存货人提货时交付货物，因其过失造成货物灭失，致使存货人不能提取货物，应当承担赔偿责任。 047

3.4 外贸代理作为寄存人时保管人向货主交货的法律责任 049

④ 上诉人中国外运广东有限公司与被上诉人浙江远大进出口有限公司、原审被告中国外运广东有限公司南沙分公司货运代理合同货损赔偿纠纷案【浙江省高级人民法院(2009)浙海终字第 125 号】 049

> **No. ZH-3.4-1** 货物的进口外贸代理作为寄存人将货物交由保管人保管，虽然保管人明知外贸代理系货主的代理，仍负有向外贸代理返还保管物的义务，其未按照作为存货人的外贸代理的指令，将货物交付给货主，违反约定，应对外贸代理承担赔偿责任。 049

4. 海运集装箱保管合同纠纷 058

4.1 码头公司保管被强制打捞上岸的沉船载运集装箱的费用承担 058

① 原告招商港务(深圳)有限公司诉被告阳明海运股份有限公司集装箱堆存纠纷案【广州海事法院(2002)广海法初字第 214 号】 058

> **No. ZH-4.1-1** 沉船载运的落水集装箱被海事局组织强制打捞上岸，堆存于码头公司堆场，是强制打捞工作的继续。码头公司没有约定和法定的义务保管经打捞上岸的沉船载运的集装箱，其为沉船所有人履行义务，构成无因管理。沉船所有人是打捞沉船和落水集装箱的责任主体，应当支付有关打捞、保管和处理等费用。沉船载运的集装箱的所有人或租赁人，既非打捞落水集装箱的责任主体，也非保管集装箱的义务人，不应支付集装箱堆存费。 058

5. 港口、航道疏浚合同纠纷 062

5.1 疏浚工程合同受让人的义务 062

① 原告广州航道局与被告深圳南油(集团)有限公司疏浚工程合同纠纷案【广州海事法院(2000)广海法深字第 49 号】 062

> **No. ZH-5.1-1** 作为疏浚工程合同权利义务的受让人,受让了发包方履行该合同过程中所产生的债务,应依约向施工方支付工程款及其利息。 …… 062

5.2 港口疏浚合同下倾倒废物的责任 …… 065

2 原告广州南沙浩业疏浚工程公司与被告广州海上救助打捞局码头工程合同纠纷案【广州海事法院(2000)广海法商字第63号】 …… 065

> **No. ZH-5.2-1** 主管机关批准的倾倒废弃物的区域距离施工地点超出港口疏浚合同约定的运距,严重影响施工方实现合同的目的,施工方有权解除合同,合同的解除并不影响施工方依据合同向发包方提出索赔。对施工方已经实际进行的施工,发包方应根据双方确定的实际完成的工程量支付相应的工程款。 …… 065

5.3 港口疏浚工程款的支付 …… 069

3 上诉人烟台洪瑞港航工程有限责任公司与被上诉人台州市航宇航道疏浚有限公司港口疏浚合同纠纷案【山东省高级人民法院(2009)鲁民四终字第146号】 …… 069

> **No. ZH-5.3-1** 当事人没有约定开具发票后才有付款的义务,法律亦无开具发票的义务先于付款的义务之规定,不能以未开具发票为由拒付工程款。 …… 069

5.4 港池航道水深测量资质的认定 …… 072

4 原告广东金东海集团有限公司诉被告珠海经济特区华南联合石油有限公司码头疏浚工程合同纠纷案【广州海事法院(2005)广海法初字第340号】 …… 072

> **No. ZH-5.4-1** 建设部建筑市场管理司作为颁发专项证书的机构,有权对勘察单位在从事工程测量工作期间所持有的专项证书由其颁发且处于有效期等事实加以证明。当事人对颁发证书机关的资格有异议,应通过行政程序解决,证书没有通过行政程序撤销,应认定有效。勘察单位持有建设部颁发的专项证书,依照建设部建筑市场管理司的复函,具有海洋专项工程设计(限海洋工程勘察)的资质,故具有测量港池航道水深的资质。勘察单位虽因未取得《测绘资格证》而导致测绘行为违法,测量结果不具有法律效力,但省国土资源厅在复函中并未对勘察单位持有的专项证书进行审查,也未对持有该证书是否具有承接涉案工程的测量资质问题作出认定,法院不以此认定勘察单位没有资质。 …… 072

5.5 借用有资质的建筑施工企业的名义签订建设工程施工合同的法律后果 …… 078

5 上诉人中交烟台环保疏浚有限公司与被上诉人天津宝泰建设有限公司航道疏浚合同纠纷案【天津市高级人民法院(2011)津高民四终字第0162号】 …… 078

> **No. ZH-5.5-1** 没有资质的实际施工人借用有资质的建筑施工企业的名义签订建设工程施工合同,违反法律、行政法规的强制性规定,合同无效。 ……078

> **No. ZH-5.5-2** 建设工程施工合同无效,但建设工程经竣工验收合格,承包人请求参照合同约定支付工程价款的,应予支持。 ……078

> **No. ZH-5.5-3** 实际施工人以发包人为被告主张权利的,发包人只在欠付工程价款范围内对实际施工人承担责任。在总承包人明知实际施工人借用有资质的建筑施工企业名义签订承包合同,并实际施工的情况下,总承包人应对实际施工人支付工程款。 ……078

6. 船坞建造合同纠纷 ……083

6.1 船坞建造合同项下发包人不予答复对于工程结算的法律效力 ……083

1 上诉人宁波振鹤船业有限公司与被上诉人中国人民解放军91414部队船坞建造合同纠纷案【浙江省高级人民法院(2009)浙海终字第3号】……083

> **No. ZH-6.1-1** 船坞建造合同的发包人虽然收到结算清单和工程款发票而未及时答复,但因当事人没有关于不予答复即视为默认的约定,故无法达到最高人民法院《关于审理建设工程施工合同纠纷案件适用法律问题的解释》第20条规定的不予答复即构成默认的法律后果。 ……083

> **No. ZH-6.1-2** 承包人在一审中未申请对工程款进行鉴定,而在二审中提出,一审法院未进行释明以保障当事人的诉讼权利,为查明已完成工程量的价款,二审法院予以准许,并以鉴定结论计算承包人的工程量和报酬。 ……083

6.2 发包人停工的法律责任 ……088

2 上诉人浙江三鑫造船有限公司与被上诉人浙江顺盛建设工程有限公司船坞建造合同纠纷案【浙江省高级人民法院(2009)浙海终字第116号】……088

> **No. ZH-6.2-1** 虽然当事人约定发包人有随时停工的权利,但并未约定停工的期限以及对合同效力的影响,发包人通知停工后长达近一年半之久仍无法确保开工日期,超出了正常或者合理的停工期限,且迟延付款,经承包人催告,发包人在合理期限内仍未履行主要义务,发包人的长期停工及迟延支付合同价款行为符合法定解除条件,承包人有权解除合同。 ……088

> **No. ZH-6.2-2** 发包人虽有停工的权利,但需支付因停工给承包人造成的合理的、不可避免的因暂停施工而直接发生的费用,承包人亦有采取措施减少因停工产生的费用的义务。故承包人在接到发包人停工通知后,应当相应遣散部分人员并按照合同约定终止所有与被暂停工程的施工工作有关的租用协议以减少损失,法院酌定按照1个月的期限支持承包人因停工造成的人员工资及施工机械设备租费。 ……088

7. 海上工程合同纠纷 ………………………………………………… 095

7.1 海上爆破工程分包的法律后果 …………………………………… 095

1 原告(反诉被告)宁波市远东水下工程有限公司与被告(反诉原告)浙江海洋工程有限公司海洋水下工程建设纠纷案【宁波海事法院(2009)甬海法商初字第14号】……………………………………………………………… 095

> **No. ZH-7.1-1** 总承包人将炸礁清礁工程分包给没有建筑业企业资质证书的施工者,并以自己名义向公安机关申报爆破工程审核材料,且未申请领取爆炸物品使用许可证,直接进行爆破作业,违反法律的强制性规定,双方所签订的炸礁清礁工程分包协议书应认定为无效。…………………………………………… 095

> **No. ZH-7.1-2** 建设工程施工合同无效,但建设工程经竣工验收合格,承包人请求参照合同约定支付工程价款的,应予支持。…………………………………… 095

7.2 无效转包工程施工合同的后果 …………………………………… 099

2 原告某某市迅通疏浚工程有限公司与被告某某市某航道疏浚服务有限公司码头建造合同纠纷案【广州海事法院(2011)广海法初字第708号】……………… 099

> **No. ZH-7.2-1** 不具备承包涉案工程的相应资质的承包人挂靠有资质的公司获得工程又转包给分包人施工,其与分包人签订的转包合同属无效合同。虽然转包合同被认定为无效,但对已实际履行经验收合格的部分,承包人应该按照合同及其附件的约定给付分包人相应的工程款。………………………………… 099

7.3 无施工资质进行海洋工程施工后请求工程款的权利 ……………… 106

3 上诉人中港第一航务工程局第二工程公司与被上诉人临沂华光建设机械施工有限责任公司海洋开发利用纠纷案【山东省高级人民法院(2006)鲁民四终字第77号】………………………………………………………………… 106

> **No. ZH-7.3-1** 未取得土石方施工资质签订的施工合同无效,但建设工程经竣工验收合格的,承包人可请求参照合同约定支付工程价款。承包人施工完毕后,发包人制作工程量清单的行为可以认定其认可了承包人的施工质量,发包人应向承包人支付工程款。………………………………………………………… 106

> **No. ZH-7.3-2** 因一审法院以承包人未交纳违约金请求的诉讼费为由未对该部分进行审理,也没有判决发包人承担违约责任,二审法院对该上诉请求不予审理。…… 106

7.4 港口工程合同项下拖欠工程款的违约责任 ………………………… 110

4 原告中港四航局第四工程公司与被告汕尾红海湾东洲港天源投资有限公司港口工程合同工程款纠纷案【广州海事法院(2001)广海法商字第10号】……… 110

No. ZH-7.4-1 港口工程合同工程完工后,双方进行了结算,发包方确认拖欠施工方工程款,承诺了支付期限,并确认了不能按时履行付款义务的违约责任,其没有如期履行,已构成违约,应依约承担违约责任。但根据最高人民法院《关于在审理经济合同纠纷案件中具体适用〈经济合同法〉的若干问题的解答》第9条的规定,违约金的数额一般以不超过合同未履行部分的价款总额为限,法院对超出未履行部分的价款总额的违约金不予支持。 …………………………110

7.5 供应、安装深水网箱发生漂移致损的责任 …………………112

5 上诉人青岛胜邦海水网箱工程技术有限公司与被上诉人山东兴华建设集团有限公司海洋开发利用合同纠纷案【山东省高级人民法院(2008)鲁民四终字第74号】…………………………………………………………………112

No. ZH-7.5-1 当事人签订的《浮式深水网箱供需合同书》是双方自愿签订,系双方真实意思表示,合法有效,当事人应当按照合同约定履行各自的权利义务。供应者向购买者发出涉案网箱验收函,确认网箱已安装完毕,购买者未在合同约定的安装完毕后3日内对网箱质量问题提出异议,应视为验收合格。网箱漂移损坏事故发生在网箱系统质量保证期内,且供应者设计施工的深水网箱的锚泊缓冲系统存在缺陷是致使深水网箱发生飘移的主要原因,故供应者应对事故承担主要赔偿责任。………112

7.6 长江大桥经营管理者对于桥区航标维护费的责任 …………117

6 原告长江南京航道局与被告芜湖长江大桥有限责任公司航道航标养护费纠纷案【武汉海事法院(2007)武海法商字第134号】……………………117

No. ZH-7.6-1 国家部委通知不属于法律、法规,对当事人之间的民事法律关系无强制约束力,更不能因此而限制或者剥夺当事人的诉权。…………117

No. ZH-7.6-2 芜湖长江大桥的经营管理者,应承担相应的义务。股东对出资比例和大桥管理模式的变更,并不能当然使股东变更为大桥的经营管理者,从而否定该企业法人作为芜湖长江大桥合法经营管理者的身份,企业法人仍应承担相应的航标维护义务。…………………………………………………117

No. ZH-7.6-3 桥梁管理单位应依法承担航道部门为减少桥梁建设对航运造成不良影响而付出的成本,与航道管理部门分摊桥区水上航标维护费用。在双方未对维护费用作明确约定,亦无法达成补充协议的情况下,应按照订立合同时履行地的市场价格,确定其向航道管理部门支付的报酬。…………117

7.7 海上吊装合同项下的违约责任 ………………………………124

7 原告(反诉被告)江苏海洋航务打捞有限公司与被告(反诉原告)杭州华新机电工程有限公司海上作业合同纠纷案【武汉海事法院(2007)武海法商字第162号】…………………………………………………………………124

> **No. ZH-7.7-1**　船舶签证和船舶航行日志为记载船舶航行情况的原始资料,属法定的记录文件,在无相反证据证明其虚假的情况下,应认可其真实性。……124

> **No. ZH-7.7-2**　吊装工程合同的承揽方的作业船舶已在工程委托方通知的时间内抵达指定海域锚泊等待吊装作业,委托方未能妥善安排运送货物的船舶抵港装载,应承担作业船舶锚泊等待作业期间的营运损失。营运损失参照交通部《沿海港口水工建筑及装卸机械设备安装工程船舶机械艘(台)班费用定额》有关规定确定。……124

> **No. ZH-7.7-3**　作业工程船迟延进行卸载作业,承揽方应向委托方赔偿其载货船舶的滞期费损失以及载货驳船遭遇大风发生的拖轮费用。……124

8. 海上拖航合同纠纷 ……128

8.1 被拖方的付费义务 ……128

1 原告(反诉被告)舟山市运通船务有限公司与被告(反诉原告)广州市东成船舶有限公司海上拖航合同欠款纠纷案【宁波海事法院(2008)甬海法商初字第303号】……128

> **No. ZH-8.1-1**　被拖方是否是被拖船的船东对拖航合同的效力没有影响,虽非被拖船的船东,但以被拖方的身份与承拖方签订拖航合同并承诺支付拖航费用,该约定对双方均具有约束力,承拖人有权利主张未按约支付的拖航费余额。……128

> **No. ZH-8.1-2**　按照拖航规范躲避海上风浪所致的拖带迟延,承拖人不承担违约责任。但是,因为拖船船长无内河驾驶资格导致被海事部门滞留,承拖人对滞留期间的损失承担违约责任。……128

8.2 拖航合同项下承拖方与被拖方的权利与义务 ……133

2 原告广州海上救助打捞局与被告钜业远东有限公司海上拖航合同纠纷案【广州海事法院(1999)广海法商字第71号】……133

> **No. ZH-8.2-1**　拖航合同约定该合同根据英国法律解释并受其管辖。案件审理过程中,承拖方选择适用中国法律处理本案,被拖方坚持本案应适用英国法律,但其没有在法院指定的时间内提供外国法。法院选择通过聘请中外法律专家的途径查明解决本案争议的相关英国法律,但鉴于被拖方没有在法院指定的时间内预缴中外法律专家提供法律服务的相关费用,法院依法决定适用中国法律处理本案实体争议。……133

> **No. ZH-8.2-2** 承拖方拖轮尚未将浮吊拖抵被拖方指定的目的地便解拖,应视为其未能履行拖航合同完毕,构成违约。被拖方在争议处理过程中曾确认有关费用,要求承拖方对自解拖地至指定目的地报价,但被拖方是基于浮吊事实上被承拖方解拖,为确保浮吊的安全和避免损失的扩大,迫于无奈作出的意思表示。而且被拖方在发给承拖方的传真中,一再坚持承拖方应将浮吊拖抵其指定的目的地,故法院认定被拖方违背真实意愿的意思表示不能认定其已同意变更目的港,被拖方指定的目的地才是合同约定的航次的目的地。 …………………… 133

> **No. ZH-8.2-3** 拖航合同约定被拖方应向承拖方支付的拖航费用是总承包价,在将浮吊拖抵目的地前,承拖方有义务保证浮吊的安全,无权要求被拖方承担为确保浮吊的安全而支出的费用。 …………………… 133

9. 海上打捞合同纠纷 …………………………………………………… 141

9.1 沉船所有人支付打捞费及看管费的义务……………………………… 141

▌原告南通市航务工程有限公司镇海分公司与被告福建省平潭县航运公司海上打捞合同欠款纠纷案【宁波海事法院(2008)甬海法商初字第330号】 …………………………………………………………………… 141

> **No. ZH-9.1-1** 打捞者依约履行沉船打捞义务后,沉船所有人应依约支付打捞费及其自沉船被打捞出水之日起的利息。 …………………… 141

> **No. ZH-9.1-2** 沉船被打捞出水后,沉船所有人未及时取回,打捞者进行了看管,但因沉船失去自航能力,仅须安排数人轮班看管即可,由法院酌定看管费。 …………………………………………………………… 141

10. 非法留置船舶侵权损害纠纷 ……………………………………… 143

10.1 非法留置船舶的认定及其责任 ……………………………………… 143

▌原告(反诉被告)黄石市长运商贸有限公司、赵有宝与被告(反诉原告)黄石市中小企业信用担保有限责任公司、黄石经济技术开发区保安服务公司非法留置船舶侵权损害纠纷案【武汉海事法院(2007)武海法商字第216号】 ……… 143

> **No. ZH-10.1-1** 担保公司为实现担保物权而非法占有船舶、禁止其营运构成非法留置,应当赔偿船舶所有人因船舶停运而遭受的修理费损失、营运损失。 …………………………………………………… 143

11. 海上货运代理合同纠纷 ……………………………………………… 149

11.1 委托人的识别 ………………………………………………………… 149

11.1.1 海上货运代理合同下委托人的识别 ……………………………… 149

1 上诉人上海冉星物流有限公司与被上诉人浙江爱玛鞋业有限公司海上货运代理合同纠纷案【浙江省高级人民法院(2010)浙海终字第102号】 ………… 149

> **No. ZH-11.1.1-1** 货运代理从国内卖方处接收货物后,从事了内陆运输代理业务和海运代理业务,国内卖方否认其为委托人,并提供国外收货人自认为委托人的证据,但未提交国外收货人与货运代理之间的代理合同。法院认定国内卖方与货运代理之间存在合同关系,国内卖方应当向货运代理支付其垫付的费用。 149

11.1.2 进口货运代理的委托人的识别 ……………………………… 153

2 原告中国对外贸易运输总公司浙江省舟山公司与被告宁波市对外经济贸易公司、路已平海上货运代理合同纠纷案【宁波海事法院(2000)甬海商初字第100号】……………………………………………………………… 153

> **No. ZH-11.1.2-1** 提单载明的记名收货人、货物的进口经营人或进口报关单证提供人并不必然是委托货运代理操作进口货运代理事宜的委托人,在有证据证明提单载明的记名收货人、货物的进口经营人或进口报关单证提供人系货主的外贸代理,且货主曾向货运代理支付部分款项的情况下,不能认定外贸代理系货运代理的委托人。 153

11.1.3 以不同地点注册的公司名称办理委托事项时对委托人的确定 ………… 155

3 上诉人青岛华美庄园食品有限公司与被上诉人青岛佳业物流有限公司货运代理合同纠纷案【山东省高级人民法院(2008)鲁民四终字第116号】 ……… 155

> **No. ZH-11.1.3-1** 公司名称应当符合国家有关规定,且公司只能使用一个名称。虽然内地公司声称其为货运代理的委托人,但其仅登记了中文名称而没有登记其声称的英文名称,而委托货运代理为订舱并支付部分费用的为英文名称的公司,货运代理在接受该英文名称公司的委托时有理由相信其接受的是一个非内地企业的订舱委托。因注册在香港地区的公司向货运代理支付过垫付费用,并在银行开户等民事活动中使用了与委托货运代理的英文名称相同的名称,虽文字表述有 LTD 与 LIMITED 之别,但该两词在英文中均表达有限公司同一含义,不影响对其主体资格的认定。 155

11.1.4 对于货主是否委托人的认定 ……………………………… 161

4 上诉人河南省华兴实业有限公司与被上诉人中海集装箱运输青岛有限公司、青岛明佳货运有限公司、周明佳货运代理合同纠纷案【山东省高级人民法院(2006)鲁民四终字第118号】……………………………………… 161

> **No. ZH-11.1.4-1** 虽将货主的货物办理出运,但没有证据证明其办理货物出运事宜是受货主的委托,虽持有落款为货主的两份传真,但传真写明并非致该代理,货主也不认可,没有证据证实货主明知并认可代理为其货物出运的转委托货运代理人,并就出运事宜直接指示该代理。故法院不认定代理与货主之间成立货运代理合同关系,对其要求货主支付垫付费用的请求不予支持。 161

11.1.5 公司人格混同的认定及委托人的责任 …………………… 167

5 上诉人山东青和进出口有限公司与被上诉人青岛信风船务代理有限公司货运代理合同纠纷案【山东省高级人民法院(2007)鲁民四终字第10号】…… 167

> **No. ZH-11.1.5-1** 两个不同的具备法人资格的公司,应仅对各自的债务承担责任。两公司的法定代表人及控股股东虽为夫妻关系,不能得出两公司的意志不能独立。两公司所经营的出口货物种类相同,各自出口的一票货物的目的港相同,一票货物的客户相同、电话、传真、地址、联系人相同的事实,不能认定两公司在资产和财务方面是混同的,也不能认定两公司丧失了公司的独立人格。在没有证据证明两公司有滥用公司独立人格损害债权人利益的行为的情况下,货运代理人要求非委托人的另一公司对其债务承担偿还责任没有事实和法律依据,不予支持。 167

11.1.6 事实上存在货运代理合同关系的委托人的确定及其责任 …………… 172

6 上诉人青岛永乐农业发展有限公司与被上诉人青岛经济技术开发区裕龙国际物流有限公司货运代理合同纠纷案【山东省高级人民法院(2008)鲁民四终字第6号】………………………………………………………………… 172

> **No. ZH-11.1.6-1** 委托人认为货运代理提交的证据材料中其印章是伪造的,于一审提出鉴定申请,并提交了一个用以比对的印章样式。但是,委托人工商登记资料中不同时间内的不同文件上加盖的印章显著不同,法院认定委托人实际使用的公章不止一枚,即使通过鉴定能够证明所提交证据材料中其印章确与其提交的用以比对的印章样式不同,也无法证明货运代理所提交证据材料中委托人的印章必然是伪造的,故法院不同意委托人的鉴定申请。 172

> **No. ZH-11.1.6-2** 出口收汇核销单上虽未填写单位名称和代码,但均加盖了海关的验讫章,核销单的编号与出口报关单上的批准文号一一对应,出口报关单上注明的提单号与货运代理提交的提单完全吻合,说明出口收汇核销单与货物的出口事实密不可分,在没有证据予以推翻的情况下,法院认定委托人与货运代理存在事实上的货运代理关系,应支付货运代理垫付的费用。 172

11.1.7 依照交易惯确定货运代理合同委托人的身份及垫付费用的承担 …… 175

7 上诉人青岛环球国际货运代理有限公司与被上诉人青岛东旺国际物流有限公司货运代理合同纠纷案【山东省高级人民法院(2009)鲁民四终字第89号】… 175

> **No. ZH-11.1.7-1** 委托人在提单签收人自货运代理处签收包括涉案提单在内的4份提单后,向货运代理通过银行转账支付了前3票提单项下的垫付费用,涉案提单项下与前3票业务涉及的货物品名相同,运输始发地、目的地和收货人相同,提单载明的托运人均为委托人,货物订舱出运的整个操作流程相同。虽然委托人否认签收提单人系其工作人员或其代理人,但因同一提单签收人自货运代理处签收了涉案正本提单,又不能证明提单签收人何以有权代表其签收另外3票货物的提单而无权代表其签收涉案提单,法院认定提单签收人也有权代表委托人签收涉案提单,委托人与货运代理之间就本案涉案提单项下货物也存在货运代理合同关系,应当向货运代理支付垫付费用。 175

> **No. ZH-11.1.7-2** 货运代理以美元代垫海运费,主张折合成人民币支付,法院按照其主张权利之日的美元兑人民币汇率中间价折合人民币予以支持。 ······ 175

11.1.8 个人以他人名义从事委托活动的责任认定 ············· 180

⑧ 上诉人王进德、周玉华与被上诉人青岛海发国际货运有限公司货运代理合同纠纷案【山东省高级人民法院(2006)鲁民四终字第4号】············· 180

> **No. ZH-11.1.8-1** 经办人不能证明其有所谓的法人的授权,也未能证明其与法人有任何形式的关联,更未能证明事后其得到法人的追认,虽然经办人以法人名义委托他人从事货代理业务,但未能证明该法人与涉案货物有任何形式的联系或系委托人,法院认定经办人个人应对委托合同关系承担责任,并承担向受托人支付垫付费用的义务。 180

11.1.9 受托人以自己名义对外委托的责任承担 ············· 184

⑨ 上诉人甘肃同焕国际贸易有限公司与被上诉人山东元浦国际物流有限公司货运代理合同纠纷案【山东省高级人民法院(2009)鲁民四终字第16号】······· 184

> **No. ZH-11.1.9-1** 受托人接受委托人的委托后,以自己的名义向第三人委托办理订舱等相关事宜,第三人接受委托后向委托人出具了运杂费发票,法院认定第三人接受委托时知道委托人与受托人之间存在委托关系,受托人对第三人的委托直接约束委托人与第三人,第三人应向委托人主张垫付费用。 184

11.1.10 外国公司代表机构委托货运代理的责任承担 ············· 188

⑩ 上诉人美国戴闻信息技术公司与被上诉人青岛港运达贸易有限公司、美国戴闻信息技术公司上海代表处货运代理合同纠纷案【山东省高级人民法院(2007)鲁民四终字第131号】··················· 188

> **No. ZH-11.1.10-1** 涉外代理合同纠纷,在当事人未协议选择处理合同争议所适用法律的情况下,法院依据最密切联系原则适用合同履行地法律处理实体争议。 188

> **No. ZH-11.1.10-2** 外国公司国内代表处与货运代理签订的代理协议合法有效,因其为外国公司的派出机构,代理协议对外国公司具有约束力。在货运代理依约履行代理义务的情况下,外国公司应依据约定支付代理费及相关费用。外国公司依货运代理的业务经办人的指示将相应款项汇至业务经办人的个人账户,应视为已履行付款义务。 188

11.1.11 作为委托人的企业法人工作人员超越职权行为的效力 ······· 192

⑪ 原告四达(天津)船运服务有限公司与被告太原市清徐环通焦化有限公司、大连万达对外贸易公司货运代理合同纠纷案【天津海事法院(2000)津海法海商初字第17号】············· 192

No. ZH-11.1.11-1 公司业务员在未得到公司明确授权签约的情况下,在公司并非合同当事人的合同上签字,属于个人行为,不能视为代表公司的职务行为,其签署的合同对公司不具有约束力。公司业务员在付款保证书上签名承诺为他人承担保证责任,事先没有公司法定代表人的授权,事后亦未经公司追认,不能产生约束公司的法律后果。 ……………………………………………………………………… 192

11.1.12 FOB 条件下对货运代理关系中的委托人的认定 ………… 194

[12] 上诉人青岛益佳食品进出口有限公司与被上诉人青岛百盛国际货运代理有限公司货运代理合同纠纷案【山东省高级人民法院(2010)鲁民四终字第106号】……………………………………………………… 194

No. ZH-11.1.12-1 原告提交被告作为发货人出运货物的订舱委托书、信用证审核表、发票、装箱单、原产地证书、提单、检验证书、入货通知、指定箱号指示等单据和文件虽为复印件,但被告对此票货物的出运没有异议,结合被告出具的费用明细和应收账款明细,能够证实双方当事人存在货运代理关系,被告欠付原告海运费,本案所涉货物买卖以 FOB 的价格条款成交,并不影响双方当事人对货物存在货运代理关系以及欠款数额的确认。 ……………………………………… 194

11.2 委托人支付垫付费用的义务 ………………………………………… 198

11.2.1 委托人对于货运代理垫付目的港费用的偿还义务 …………… 198

[13] 上诉人宁波天航国际物流有限公司与被上诉人宁波市科技园区新华物流有限公司海上货运代理合同欠款纠纷案【浙江省高级人民法院(2009)浙海终字第126号】………………………………………………………… 198

No. ZH-11.2.1-1 因货物本身不符合当地海关要求而被目的港海关监管部门强制销毁,收货人拒付相关费用,承运人转而向托运人的货运代理收取了目的港产生的必要合理费用,货运代理垫付费用并无不当,作为委托人的托运人应予偿还。 ……………………………………………………………………… 198

11.2.2 委托人对货运代理垫付费用的支付义务 ……………………… 201

[14] 原告浙江中外运有限公司宁波明州分公司与被告宁波华邦船务有限公司海上货运代理合同欠款纠纷案【宁波海事法院(2009)甬海法商初字第90号】…… 201

No. ZH-11.2.2-1 货运代理依约完成代理事项,为委托人垫付款项,委托人应当及时支付垫付的各项费用及代理费,委托人因与他人纠纷导致银行账户被冻结,并不影响其付款义务的履行,其应向货运代理承担逾期付款期间的相应汇率风险及利息损失。 ……………………………………………………………… 201

11.2.3 FOB 价格下,作为国内卖方的委托人对货运代理的付款义务 ………… 203

[15] 原告宁波某某国际货运有限公司与被告宁波市某某对外贸易股份有限公司海上货运代理合同纠纷案【宁波海事法院(2011)甬海法商初字第365号】……… 203

> **No. ZH-11.2.3-1** 国际贸易术语系国际货物买卖合同中关于买卖双方权利义务的约定，只能约束该货物买卖合同的当事人，不能约束该合同以外的第三人；海上货运代理合同当事人的权利义务不应依据委托人与国外买方的货物买卖合同来确定。海运提单上明确记载，委托人为托运人，海运费为预付，故即使委托人与国外买方之间系约定 FOB 价格，委托人仍负有预付海运费的义务。货运代理作为委托人的海运业务代理人，为其办理了出运业务并垫付了相关海运费，符合海上货运代理合同的约定，委托人应予偿还。 …… 203

11.2.4 委托人是否应向货运代理支付目的港的垫付费用 …… 205

⑯ 原告伟航集运（深圳）有限公司诉被告汕头市中润船务代理有限公司货运代理合同纠纷案【广州海事法院（2010）广海法初字第 731 号】…… 205

> **No. ZH-11.2.4-1** 货运代理主张货物在目的港被发现有违禁品而被目的港海关查扣产生的滞箱费、码头操作费和拖车费，应当举证证明该笔费用的合法性和合理性。否则，委托人不应承担责任。 …… 205

11.2.5 支票收条对于能否证明委托人付款的作用 …… 209

⑰ 上诉人平邑展望实业有限公司与被上诉人厦门联合物流有限公司青岛分公司货运代理合同纠纷案【山东省高级人民法院（2007）鲁民四终字第 19 号】…… 209

> **No. ZH-11.2.5-1** 被告否认在法院特快专递收件人签名处签名的自然人为其职员，但未提供证据证明，视为法院已合法将开庭传票送达被告，可依法缺席审理并判决。 …… 209

> **No. ZH-11.2.5-2** 货运代理虽收到他人支票的收条，并不足以证明货运代理已收取委托人支付的部分海运费，委托人应向货运代理支付垫付款项。 …… 209

11.2.6 委托人向货运代理的员工付款的法律后果 …… 211

⑱ 原告浙江甲国际货运代理有限公司与被告浙江乙国际货运代理有限公司、蒋某海上货运代理合同纠纷案【宁波海事法院（2012）甬海法商初字第 50 号】…… 211

> **No. ZH-11.2.6-1** 委托人向货运代理的业务经办人支付海运费即已履行完毕付款义务，货运代理不应再行主张。 …… 211

11.2.7 对账单对委托人已付款项的法律效力 …… 213

⑲ 原告宁波某某国际贸易运输有限公司与被告绍兴市某某国际货运代理有限公司海上货运代理合同纠纷案【宁波海事法院（2011）甬海法商初字第 234 号】…… 213

> No. ZH-11.2.7-1　按照对账的习惯做法,对账系当事人对在对账日之前发生的业务及费用的核对,对账单上的金额系一方自对账日起应付而未付的款项,在对账日之前支付的款项不应是支付该对账单上的业务。委托人以支付时间早于对账日的电汇凭证为由,主张已向货运代理支付对账单列明的业务所涉的垫付款项,与对账通常做法相悖,法院不予采信。　213

11.2.8 海运发票的证明力及作为委托人的个人独资企业的股东责任　215

[20] 上诉人天津市红桥区宏川物流配货中心、郭健与被上诉人天津市天海货运代理有限公司货运代理合同纠纷案【天津市高级人民法院(2004)津高民四终字第169号】　215

> No. ZH-11.2.8-1　发票虽具有证明款项已付的作用,但货主向境内货代公司支付国际海运费及相关费用时,应持国际运输业专用发票(购付汇联)向外汇指定银行申请,从其外汇账户中支付或者购汇支付,故在未能提供运费支付凭证的情况下,仅持有海运发票不能证明其运费已付。　215

11.2.9 委托人对货运代理垫付仓储费用的偿还义务　217

[21] 上诉人河南神火集团有限公司与被上诉人青岛新中港贸易有限公司货运代理合同纠纷案【山东省高级人民法院(2006)鲁民四终字第120号】　217

> No. ZH-11.2.9-1　与海上运输有关的货运代理合同纠纷,属于最高人民法院规定的海事法院受理案件范围,海事法院对本案有管辖权。当事人未在法定答辩期内提出管辖权异议,对其二审期间提出的管辖权异议,二审法院不予支持。　217

> No. ZH-11.2.9-2　货运代理代为办理了仓储事宜,并垫付了仓储费,委托人应向货运代理支付仓储费及自实际垫付仓储费之日起的利息。　217

11.2.10 货运代理垫付的承运人加收海运费的负担　226

[22] 上诉人克运船务(天津)代理有限公司石家庄分公司与被上诉人厦门速传物流发展股份有限公司青岛分公司、厦门速传物流发展股份有限公司货运代理合同纠纷案【山东省高级人民法院(2009)鲁民四终字第143号】　226

> No. ZH-11.2.10-1　承运人加收海运费,并非货运代理的过错,货运代理为托运人垫付的,应由托运人负担。　226

11.2.11 约定垫付费用支付条件的法律后果　230

[23] 上诉人青岛耿源食品有限公司与被上诉人上海日进泰阳国际货运代理有限公司青岛分公司货运代理合同纠纷案【山东省高级人民法院(2007)鲁民四终字第64号】　230

> **No. ZH-11.2.11-1** 企业 IC 卡是企业的身份证明,应由委托人自己保存,没有证据证明其将企业 IC 卡交付给货运代理且货运代理丢失了企业 IC 卡,因企业 IC 卡丢失导致出运货物迟延到达目的港,造成收货人拒绝提货和拒付货款的责任应由委托人承担,委托人应当向货运代理支付垫付费用,不能适用货运代理协议关于货主的货款到位后再向货运代理支付垫付费用的约定。 …… 230

11.2.12 货运代理的报酬 ………………………………………………………… 235

[24] 上诉人青岛华邦玻璃工业有限公司与被上诉人青岛圣和船务有限公司货运代理合同欠费纠纷案【山东省高级人民法院(2009)鲁民四终字第 87 号】……… 235

> **No. ZH-11.2.12-1** 货运代理需要向相关部门缴纳的费用与其约定向委托人收取的费用差额部分是货运代理应得的代理报酬,委托人应予支付。 …… 235

11.2.13 保证人对货运代理合同项下垫付款、滞纳金的担保责任 …………… 238

[25] 上诉人山东泸河集团有限公司与被上诉人中国外运山东有限公司青岛分公司、山东兴创纸业集团有限公司货运代理合同纠纷案【山东省高级人民法院(2008)鲁民四终字第 3 号】………………………………………………… 238

> **No. ZH-11.2.13-1** 约定保证期间"至主合同失效时止",但未约定主合同的失效条件,故合同的失效从法律意义上应理解为合同权利义务的履行完毕。保证期间"至主合同失效时止"的约定应视为约定不明,保证期间应自主债务履行期届满之日起算。 …… 238

11.2.14 货运代理垫付港杂费的认定与负担 ……………………………………… 243

[26] 上诉人锦程国际物流集团股份有限公司与被上诉人青岛远洋大亚物流有限公司港杂费纠纷案【山东省高级人民法院(2009)鲁民四终字第 111 号】………… 243

> **No. ZH-11.2.14-1** 原告依据与被告形成的债务偿还备忘提起诉讼,该备忘明确了被告欠付港杂费的数额和计划还款时间,故原告不再负有对场站协议履行情况的举证责任。 …… 243

11.3 委托人的过错责任 ………………………………………………………… 248

11.3.1 委托人过错导致的费用的承担 …………………………………………… 248

[27] 原告宁波天航国际物流有限公司与被告宁波恒良国际经贸合作有限公司海上货运代理合同欠款纠纷案【宁波海事法院(2009)甬海法商初字第 118 号】…… 248

> **No. ZH-11.3.1-1** 由于委托人过错,导致出口退运货物在报关时被海关查扣,货运代理垫付海关进口关税、进口增值税及进口货物滞报金,系履行代理义务的行为,并无过错产生额外费用,委托人应予偿还。 …… 248

㉘ 原告宁波凯州国际物流有限公司与被告宁波英煌国际货运代理有限公司海上货运代理合同纠纷案【宁波海事法院(2011)甬海法商初字第8号】 ········· 250

> **No. ZH-11.3.1-2** 由于货物被海关查验出违禁品而滞港,货代代理按约定垫付了因此产生的滞箱费、滞港费,委托人应按货运代理协议约定予以偿还。 250

11.3.2 委托人导致删单重报和退税迟延的责任 ·············· 252

㉙ 上诉人山东昌邑美尔雅巾被有限责任公司与被上诉人天津振华物流集团有限公司青岛分公司、天津振华物流集团有限公司货运代理合同纠纷案【山东省高级人民法院(2007)鲁民四终字第78号】 ·············· 252

> **No. ZH-11.3.2-1** 委托人作为退税主体迟至临近期限截止日才将删单重报手续邮寄给其货运代理,导致在期限截止前不能办理完毕删单重报手续,这一行为导致的法律结果应由其自负。而且,委托人可以申请税务部门延长退税期限而不申请,该不作为导致其最终不能办理退税,相应的损失应由其自行承担,法院不支持其向货运代理索赔。 252

11.3.3 委托人提供错误报关资料的法律后果 ·············· 255

㉚ 原告天津开发区津海贸易有限公司与被告北京双卉新华园艺有限公司海运委托代理合同纠纷案【天津海事法院(2005)津海法商初字第248—253号】 ········· 255

> **No. ZH-11.3.3-1** 委托人提供的编码有误导致无法通关,货物未能按时装船出运,并非货运代理过错所致。货运代理安排的货物陆运途遭遇长达十几个小时的堵车导致未能按时装船出运,属于不可预见的意外事件,货运代理可以据此免责,委托人不得以此拒付货运代理垫付的费用。 255

11.4 委托人的权利 ·············· 257

11.4.1 委托人向承运人主张返还滞箱费的权利 ·············· 257

㉛ 原告宁波海田国际货运有限公司与被告东方海外货柜航运(中国)有限公司宁波分公司、第三人宁波外运国际货运代理有限公司海事海商纠纷案【宁波海事法院(2009)甬海法商初字第199号】 ·············· 257

> **No. ZH-11.4.1-1** 《中华人民共和国海商法》第86条并非强制性规定,关于费用和风险的承担,参与业务的各方当事人之间另有约定的,应从其约定,受托人依据代理合同及结算协议向委托人收取其垫付的滞箱费与《中华人民共和国海商法》第86条规定并不冲突。但是返还滞箱费的请求系合同纠纷,被告并无侵权行为,原告经法院释明仍以侵权之诉主张滞箱费,法院不予支持。 257

11.4.2 对货运代理的职员起诉导致时效中断 ………………………… 259

32 上诉人福建省晋江市五一鞋业有限公司与被上诉人陈祥智货运代理合同纠纷案【福建省高级人民法院(2010)闽民终字第469号】 ……………… 259

> **No. ZH-11.4.2-1** 当事人向法院提交起诉状或者口头起诉的,诉讼时效从提交起诉状或者口头起诉之日起中断。当事人起诉债务人的公司职员,效力及于公司,可以产生对公司的诉讼时效中断的法律效力。 259

> **No. ZH-11.4.2-2** 在一审庭审辩论终结前并未提出诉讼时效抗辩,在二审中主张超过诉讼时效的,法院不予支持。 259

11.5 货运代理的义务 ……………………………………………………… 262

11.5.1 货运代理是否负有要求承运人签发提单的义务 ……………… 262

33 上诉人兰溪市方兴包装制品厂与被上诉人埃彼穆勒环球(上海)有限公司宁波分公司海上货运代理合同纠纷案【浙江省高级人民法院(2009)浙海终字第89号】 …………………………………………………………………… 262

> **No. ZH-11.5.1-1** 托运人委托货运代理时仅要求订舱,并未明确要求货运代理取得提单,在承运人未签发提单的情况下,货运代理将承运人签发的货物收据交付给托运人,托运人未提出异议,货运代理并无过错,不应承担责任。 262

11.5.2 FOB条件下货运代理对托运人交付提单的义务 ……………… 268

34 上诉人杭州大东南高科包装有限公司与被上诉人浙江致远物流有限公司海上货运代理合同纠纷案【浙江省高级人民法院(2010)浙海终字第116号】 … 268

> **No. ZH-11.5.2-1** 货运代理作为受托人,应当为委托人的利益考虑,完成交付提单的事务。即使在FOB条件下,货运代理向托运人交付提单的义务也不能因承运人系由收货人指定当然免除,但因托运人指定的转受托人拒不交付的原因导致不能取得提单,不能由货运代理承担责任。 268

11.5.3 身兼国内卖方和买方的货运代理交付提单的义务 …………… 272

35 原告温州高科汽车电器有限公司与被告深圳市宝加捷国际货代有限公司、宁波宏泰国际货运代理有限公司海上货运代理合同违约赔偿纠纷案【宁波海事法院(2009)甬海法商初字第70号】 ……………………………………… 272

> **No. ZH-11.5.3-1** 货运代理企业在接受国外买方委托承运人订舱后,又接受国内卖方委托办理报关报检等事宜,应当优先向交付货物且提单载明为托运人的国内卖方转交正本提单,除非交付货物的托运人有相反指示。货运代理在收到承运人寄交的涉案正本提单后,未经国内卖方同意而擅自立即向国外买方转交提单,应予赔偿国内卖方因此而未能收回货款的损失。 272

11.5.4 货运代理对托运人放货保函真伪的审查义务 ······························ 275

36 原告杭州新业进出口有限公司与被告宁波外代新华国际货运有限公司、蒋春华海上货运代理合同违约赔偿纠纷案【宁波海事法院(2009)甬海法商初字第217号】 ······························ 275

No. ZH-11.5.4-1 货运代理对托运人的印章真伪只需尽到谨慎的注意义务即可,其并无实质性的审查义务,其在保函上盖章亦系应承运人要求对承运人的保证,并无其他实质性意义。托运人的经办人员提供的放货保函上的托运人印章虽与工商登记不一致,但一般人难以发现,货运代理以此向承运人发出更改提单的指示,已经尽到货运代理人的一般谨慎义务,并不存在过错,对因此造成的损失不应承担责任。 275

11.5.5 托运人的货运代理的危险告知义务 ······························ 279

37 原告广东某某化工科技有限公司与被告广州某某国际货运代理有限公司、广东某某物流服务有限公司、陈某某、杨某某海上货运代理合同纠纷案【广州海事法院(2011)广海法初字第395号】 ······························ 279

No. ZH-11.5.5-1 托运人托运危险货物,应当依照有关海上危险货物运输的规定,妥善包装,作出危险品标志和标签,并将其正式名称和性质以及应当采取的预防危害措施书面通知承运人。货运代理作为托运人的货运代理人,应当代托运人履行前述义务,并且货运代理作为专业的货运代理人对货物性质应当知悉,即使其不清楚涉案货物是否属于危险货物,在向船公司订舱时也应进行如实申报,但其没有履行该义务,在办理货运代理事务中存在过错,导致涉案货物退运,应向托运人赔偿货物退运的损失。托运人在知道涉案货物被船公司拒载之后,应当及时办理退运手续,但没有及时办理涉案货物的进口报关手续,导致损失扩大,应自行承担扩大的损失。 279

11.5.6 受托人以自己名义委托第三人的货运代理合同的效力 ······························ 284

38 上诉人苍山县东珍食品有限公司与被上诉人青岛富士船务有限公司货运代理合同纠纷案【山东省高级人民法院(2006)鲁民四终字第67号】 ······························ 284

No. ZH-11.5.6-1 委托人未举证证明在订立货运代理合同时货运代理知道委托人与货主之间的代理关系,故委托人与货运代理之间的货运代理合同不能直接约束货主,委托人仍应向货运代理支付垫付费用。 284

11.5.7 货运代理在接受概括委托后承担内陆运输的义务 ······························ 289

39 原告宁波某某进出口有限公司与被告宁波某某国际有限公司海上货运代理合同纠纷案【宁波海事法院(2012)甬海法商初字第45号】 ······························ 289

> No. ZH-11.5.7-1　货运代理接受委托人的概括委托从事集装箱货物内陆运输，在该运输合同法律关系下，货运代理负有按约将货物完成内陆运输完好交付海上运输的义务，故其应对内陆区段发生的盗窃行为对委托人承担赔偿责任，被盗货物价值，应当以公安机关认定的盗窃价值为准。如有退赃款项，应从赔偿款中扣除。　　289

11.5.8　货运代理委托他人装箱导致货损的责任 …………………………… 292

40 上诉人天津中外运集装箱发展有限公司与被上诉人中泰捷诚（天津）货运代理有限公司货运代理合同纠纷案【天津市高级人民法院（2011）津高民四终字第 0188 号】 ………………………… 292

> No. ZH-11.5.8-1　货运代理委托第三人对货物进行装箱，第三人作为承办集装箱堆存、拆装箱、修箱、验箱的专业公司，应从自己专业技术的角度对涉案货物如何安全装箱提出可行的装箱方案，但其装箱操作方法不当，是造成货物损坏的主要原因，对货物损坏负有主要责任。货运代理提供的集装箱体仅略大于涉案货物，亦限制了装箱方式，增加了装箱风险，对货物损坏应承担次要责任。　　292

> No. ZH-11.5.8-2　受损货物为专用产品，委托鉴定机构对受损货物进行评估，各方当事人可能会就受损货物的评估、更换零件、维修及各项费用问题多次磋商，亦将影响货物起运时间，势必造成损失扩大。故货主于事故发生后，在与货运代理及第三人就货物维修及赔偿问题协商未果的情况下，将受损货物运回原生产厂家维修具有现实性和可行性，亦无不妥。当事人应当遵循公平原则确定各方的权利和义务。　　292

11.5.9　货运代理转委托的他人报关错误致货主退税损失的法律责任 ………… 295

41 上诉人天津美设国际货运代理有限公司与被上诉人上海超鸿国际货物运输代理有限公司货运代理合同纠纷案【天津市高级人民法院（2011）津高民四终字第 182 号】 ………………………… 295

> No. ZH-11.5.9-1　在货运代理合同履行中，货运代理将其中报关的业务转托报关行实际办理，向委托人出具了包括报关费的费用确认单，法院认定货运代理为受托人，负有正确履行涉案货物出口运输的报关义务，并应承担报关事务中产生的风险。报关行是货运代理处理委托事务中与之订立合同的第三人，委托人明知具体办理报关业务的是报关行，但没有证据表明其同意受托人转委托，委托人也没有就报关事务直接指示报关行，货运代理与报关行之间的关系不能直接约束委托人。　　295

> No. ZH-11.5.9-2　货运代理委托的报关行误将货物退关删单，导致货主未能办理出口退税，补交了相应的税款，该损失不属于货运代理在订立合同时不能预见的损失，货运代理应向委托人赔偿。　　295

11.6 货运代理违反交付单证义务的责任 …………………………………… 300

11.6.1 货运代理未及时向委托人交付报关文件的法律责任 ………………… 300

42 上诉人厦门市金远东货运代理有限公司、厦门市金远东货运代理有限公司宁波分公司与被上诉人上海恒邦国际贸易有限公司海上货运代理合同违约赔偿纠纷案【浙江省高级人民法院(2009)浙海终字第8号】………………… 300

> **No. ZH-11.6.1-1** 货运代理主张提单载明的托运人以外的人为委托人,但未提交与对方的货运代理协议亦无证据证明系对方指令将提单托运人记载为第三方,法院对其主张不予支持。 …… 300

> **No. ZH-11.6.1-2** 货运代理未及时将包括核销单在内的报关文件退回委托人,致委托人在已完成收汇的情况下无法退税,应当承担由此造成的退税损失。 …… 300

11.6.2 货运代理拒绝向委托人交付提单的法律责任 ………………………… 303

43 原告上海顺航进出口有限公司与被告义乌市伟航进出口贸易有限公司、欧伟、欧丽青海上货运代理合同纠纷案【宁波海事法院(2007)甬海法商初字第389号】……………………………………………………………………… 303

> **No. ZH-11.6.2-1** 货运代理作为受托人,应当依约履行义务,其因与他人债务纠纷,未能取得涉案提单并交给委托人,构成违约。委托人为减少损失,向法院申请海事强制令以取得提单,其所交纳的海事强制令申请费为合理支出费用,货运代理应予赔偿。 …… 303

> **No. ZH-11.6.2-2** 公司被吊销营业执照后,其主体资格仍存续,可以独立承担法律责任。债权人无法证明公司股东滥用公司法人独立地位和股东有限责任,逃避债务,严重损害公司债权人利益的,公司股东无须承担连带赔偿责任。 …… 303

11.6.3 货运代理擅自抵押提单的责任 ………………………………………… 305

44 原告张晓霞、张乔霞与被告徐向军海上货运代理合同违约赔偿纠纷案【宁波海事法院(2009)甬海法商初字第14号】……………………………… 305

> **No. ZH-11.6.3-1** 以未经合法工商登记注册的公司的名义对外经营,其民事责任应由实际从事相应活动的个人承担。货运代理将应交付给委托人的提单擅自抵押给他人,应赔偿相应的损失。 …… 305

11.6.4 货运代理过错导致提单被抢的法律责任 ……………………………… 307

45 上诉人青岛安捷顺国际物流有限公司与被上诉人金乡县盛达万吨冷藏有限责任公司货运代理合同纠纷案【山东省高级人民法院(2007)鲁民四终字第59号】………………………………………………………………………… 307

No. ZH-11.6.4-1 货运代理在履行货运代理合同时指定他人转递提单过程中,提单在转递人手中被抢,致使产生的目的港滞港费、滞箱费和利息损失,系货运代理履行代理义务不当造成的,且损失的发生与履行行为不当之间具有因果关系,货运代理应向其合同相对方的委托人承担赔偿责任。 ……………… 307

No. ZH-11.6.4-2 收货人出具证明表示在银行保函有效期内拒绝支付货款,委托人未收到货款;同时,收货人将滞港费、滞箱费等单据原件递送给委托人,并与委托人达成损失抵顶货款的协议,法院据此认定收货人目的港发生的费用已经转化为委托人的实际损失,委托人不必先行向收货人支付费用损失后才能向货运代理主张相关损失。 ……………… 307

11.6.5 货运代理转交未登记备案的国外无船承运人提单的责任 ………… 312

46 上诉人天津裕佳昌国际货运有限公司与被上诉人威海锦源纺织有限公司货运代理合同纠纷案【山东省高级人民法院(2009)鲁民四终字第81号】 ………… 312

No. ZH-11.6.5-1 货运代理在货物装船后向发货人转交未在境内登记备案的国外无船承运人签发的提单,委托人收到提单并未提出异议,国外无船承运人合法存在。法院认定,即使涉案提单未在我国交通部登记备案,提单所证明的运输关系成立有效。货物到达目的港,货运代理已向委托人告知货物到达目的港和收货人不提货的信息,但委托人未积极处理货物,放任货物在目的港存放,直至查询不到货物下落,即使存在后期货物损失也是委托人自身扩大的损失,货运代理完成了货物出运的代理义务,并无过错,不应向委托人承担货物损害赔偿责任。 ……………… 312

11.6.6 发货人的货运代理同时作为承运人的签单代理签发提单的法律责任 …… 318

47 上诉人上海爱意特国际物流有限公司宁波分公司与被上诉人宁波市鄞州金宁家具用品厂海上货运代理合同纠纷案【浙江省高级人民法院(2009)浙海终字第127号】 ………… 318

No. ZH-11.6.6-1 发货人的货运代理同时又作为承运人的签单代理签发提单,在FOB价格下,应在提单中将实际向其交付货物的发货人记载为托运人并向发货人交付提单,其未征得发货人同意擅自向他人签发了他人为托运人的提单,侵害了发货人的权利,应当赔偿发货人遭受的无法收回货款的损失。 ……………… 318

11.7 货运代理的过错责任 ……………………………………………… 321

11.7.1 有偿货运代理未及时告知航次取消的过错责任 ………………… 321

48 上诉人宁波天然国际贸易有限公司与被上诉人天津泛艺国际货运代理服务有限公司宁波分公司货运代理合同纠纷案【浙江省高级人民法院(2009)浙海终字第73号】 ………… 321

No. ZH-11.7.1-1 预订航次因船舶故障而被承运人取消,延期至下年度,作为有偿委托合同受托人的货运代理,得知后未及时通知/告知作为委托人的货主,有违货运代理的谨慎处理义务,导致货主使用当年度的纺织品出口配额进行出口报关后,又使用了受让的下年度出口配额,对委托人的配额损失存有一定错过,法院酌定其按照商务部配额招标价赔偿货主一次出口配额的损失。 ……………… 321

11.7.2 货运代理合同项下货运代理未尽通知义务的过错责任 …………………… 326

49 原告宁波外运国际集装箱货运有限公司与被告厦门高煦有限公司海上货运代理合同纠纷案【宁波海事法院(2002)甬海商初字第611号】……………… 326

No. ZH-11.7.2-1 委托人没有提前准备好货物，货运代理明知货物晚到而未提前通知相关作业部门，也没有及时向船公司申请加载，导致货物没有装上预订的船舶，货运代理没有尽到妥善处理委托事务，存在代理过错，应对因此给委托人造成的损失承担主要责任，委托人自负次要责任，各自按责任比例分摊因货物没有出运而发生的退关费和回运费等额外费用。 326

11.7.3 货运代理错将货物订舱运至不同国家的同名港口的责任 ……………… 328

50 原告宁波市某某机械有限公司与被告宁波某某国际货运代理有限公司海上货运代理合同纠纷案【宁波海事法院(2012)甬海法商初字第177号】……… 328

No. ZH-11.7.3-1 货运代理作为专门从事海运代理、具有海运领域内专业知识的企业，应当知道并且确实明知不同的国家存在两个不同的同名港口，必须谨慎履行其职责，采取明确无误的方式确定目的港，以避免错运目的港的情况发生。货运代理明知不同的国家存在两个同名港口，但未能举证证明其已经询问过委托人是运往哪个国家的港口或已经得到委托人的明确指示，在委托人在托单中明确收货人地址为巴拿马的情况下即擅自决定将货物发往墨西哥，对于其过错造成的改港费损失应予赔偿，但对于承运人运输责任期间的货物损失，不负赔偿责任。 328

11.7.4 货运代理违反向受托人的报告和通知义务的法律后果 …………………… 330

(51) 原告通城县盈立进出口有限责任公司诉被告飞越国际物流(深圳)有限公司货运代理合同纠纷案【广州海事法院(2011)广海法初字第112号】………… 330

No. ZH-11.7.4-1 货运代理接受委托人的委托订舱，应谨慎选择承运人，及时将订舱情况如实向委托人报告，并转交订舱后取得的资料，且应按委托人的要求，向承运人转达先不要放货，等其收回货款后出具了保函才放货的指示，否则，违反了善良管理人的注意义务，因而导致委托人无法通过货运代理向承运人要求控制货物，致使货款没有收回，违反委托合同义务，存在过错。故作为有偿委托合同项下的货运代理，应向委托人承担赔偿责任。 330

11.7.5 货运代理未办理保险对委托人的责任 ……………………………………… 334

(52) 原告广东山源米业有限公司诉被告广州市堃恒货运代理有限公司货运代理合同纠纷案【广州海事法院(2005)广海法初字第180号】…………………… 334

> **No. ZH-11.7.5-1** 虽然托运委托书没有直接表明委托人委托货运代理办理货物保险手续,但托运人声明栏载明代为保险并载有货价、险种、费率等项目,而委托书记载的运杂费金额之后附注"含保险",可以认定委托人有委托货运代理办理货物保险的意思。货运代理虽称需进一步明确何种保险,但未立即作出拒绝之通知,而加章确认并以传真方式将之传送给委托人,法院据此认定委托人委托货运代理办理货物保险手续。货运代理作为受托人未对货物投保,可以认定受托人有过错,应赔偿相应的损失。 ……334

> **No. ZH-11.7.5-2** 委托人作为卖方未与买受人在买卖合同中约定交付地点,因标的物需要运输,故委托人将标的物交付给第一承运人后,标的物毁损的风险由买受人承担,即使因货运代理未办理保险,因作为委托人的卖方已将所有权转移至买受人,风险也已转移,其并无损失,无权向货运代理主张赔偿责任。 ……334

11.7.6 订舱受托人错误拼箱的责任 ……338

53 上诉人包头俏牌果仁有限责任公司与被上诉人青岛明恺实业有限公司货运代理合同纠纷案【山东省高级人民法院(2007)鲁民四终字第53号】 ……338

> **No. ZH-11.7.6-1** 货物订舱的受托人在发现货物拼错箱后,自愿以书面形式向委托人表示愿意承担货物拼错箱而造成的损失,应对货物因拼错箱而造成的损失承担责任。 ……338

> **No. ZH-11.7.6-2** 作为货物出运和回运的受托人,在货物回运后掌管相关单据,在明知货物为食品且和高挥发性化学品错拼装在一个集装箱内的情况下,应当及时将提货手续交付给委托人并协助其提货,但是其没有将提货手续及时交付给委托人,对该批货物的损失承担主要责任。委托人在货物回运后,对货物可能产生的损失已经预见,即使受托人未及时履行交付货物的提货手续,也应当积极联系提取货物进行定损和防止损失的扩大,但其未及时减损,对货物的损失承担次要责任。 ……338

11.7.7 代理过错致集装箱被盗的责任 ……341

54 上诉人青岛平安达运输有限公司与被上诉人源诚(青岛)国际货运有限公司货运代理合同纠纷案【山东省高级人民法院(2006)鲁民四终字第74号】 ……341

> **No. ZH-11.7.7-1** 有偿的委托合同关系下,受托人在履行委托合同时,未尽到注意义务,导致集装箱在受托人运送期间被盗,造成集装箱被破坏,箱内所有部件均被拆除,受托人有过错,应向委托人承担损害赔偿责任。 ……341

> **No. ZH-11.7.7-2** 在推定集装箱全损的情况下,法院参照《国际集装箱超期使用费计收办法》的相关规定及市场同类货物的全损和灭失标准确定损失。 ……341

11.7.8 货运代理超越职权垫付费用的法律后果 ········· 344

55 原告杭州海陆物流有限公司宁波分公司与被告上海瀚威国际货运代理有限公司温州分公司海上货运代理合同欠款纠纷案【宁波海事法院(2008)甬海法温商初字第7号】········· 344

> **No. ZH-11.7.8-1** 海上货物运输合同履行过程中,承运人单方面提高运价的,作为托运人的货运代理,应尽善良管理人的义务,未经托运人同意,不得违背托运人的指示,擅自变更运费约定。货运代理超越代理权擅自支付,未经委托人追认,应自行承担责任。 344

11.7.9 委托人对货运代理转委托未备案无船承运人运输的责任 ········· 347

56 上诉人青岛市平度惠德蔬菜有限公司与被上诉人青岛锦海润达国际货运代理有限公司货运代理合同纠纷案【山东省高级人民法院(2007)鲁民四终字第92号】········· 347

> **No. ZH-11.7.9-1** 货运代理人承担民事责任的前提是其在履行代理义务中有过错,且对委托人造成损失。即使货运代理人未经委托人同意,委托无船承运人运输,且提单未备案,但货物实际已出运,收货人收到了货物,委托人通过付汇信用证收到了货款,对于委托人提出的免费堆存20天的要求,货运代理人已经向承运人提出,承运人亦作出了承诺,法院认定货运代理已经履行了作为货运代理人的义务,委托人不能证明其损失,法院对其要求货运代理人承担其在目的港的损失或额外支出的请求不予支持。 347

11.8 货运代理的权利 ········· 351

11.8.1 货运代理索要滞纳金的权利 ········· 351

57 原告天津港集船务代理有限公司与被告甘肃亚盛国际货运有限公司天津分公司货运代理合同纠纷案【天津海事法院(2005)津海法商初字第228号】··· 351

> **No. ZH-11.8.1-1** 当事人约定超期付款滞纳金为每天1%,属于其真实意思表示,既不违反我国民事法律,也不损害社会公共利益和他人利益,属于合法有效条款。在超期付款滞纳金已远远超过本金的情况下,货运代理只请求与本金相当的超期付款滞纳金,法院予以支持。 351

11.8.2 货运代理追索合理必要的垫付滞箱费的权利 ········· 353

58 上诉人浙江德科物流有限公司与被上诉人宁波天时利国际货运代理有限公司海上货运代理合同纠纷案【浙江省高级人民法院(2011)浙海终字第121号】········· 353

> **No. ZH-11.8.2-1** 因托运人的原因导致货物无法出关,集装箱被退回堆场,其订舱代理已告知退箱地点以及滞箱费的标准,已尽到合同的附随义务,订舱代理对产生的滞箱费无须承担责任。 353

> **No. ZH-11.8.2-2** 集装箱滞留影响船公司对集装箱的管理和收益,由此产生的损失与集装箱本身价值无关。根据港口行业惯例以超期累进的方式计算滞箱费,有惩罚的性质,托运人与承运人有合约约定,仍属违约金,根据约定的标准,对于订舱代理代托运人向承运人支付的没有明显偏高的滞箱费,托运人应当予以偿还。　　　　　　　　　　　　　　　　　　　　　　　353

11.8.3 货运代理主张垫付费用的必要性与合理性 …………………… 355

[59] 上诉人宁波元亨物流有限公司与被上诉人义乌市辉运饰品有限公司海上货运代理合同纠纷案【浙江省高级人民法院(2011)浙海终字第65号】……… 355

> **No. ZH-11.8.3-1** 货运代理向委托人主张垫付费用应当承担举证责任,重复报关费、查验费、放空费、停空费等费用均非海上货运代理合同中必然发生的费用,货运代理没有证据证明其已垫付并且系合理的必要的费用,无权向委托人主张。　　　　　　　　　　　　　　　　　　　　　　　355

> **No. ZH-11.8.3-2** 货运代理与委托人未对报酬进行明确约定,亦没有证据证明报酬符合双方交易习惯或合同履行地的市场行业惯例,货运代理无权向委托人主张报酬。　　　　　　　　　　　　　　　　　　　　　　　355

11.8.4 货运代理不应对承运人原因造成的迟延承担责任 …………… 358

[60] 上诉人招远市大鹏石材有限公司与被上诉人青岛中远国际货运有限公司烟台分公司货运代理合同纠纷案【山东省高级人民法院(2008)鲁民四终字第35号】…………………………………………………………………… 358

> **No. ZH-11.8.4-1** 货运代理是委托人货物出运的代理人而非承运人,货物的依约交付是货物运输合同关系中承运人的义务,即使发生迟延交付货物的情形,在没有证据证明代理人有过错的情况下,并不免除委托人向货运代理支付相关费用的义务。　　　　　　　　　　　　　　　　　　　　358

11.8.5 货运代理无须承担承运人更改航线的责任 …………………… 359

[61] 上诉人宁波海曙巨鲸进出口有限公司、杨行祖与被上诉人宁波外运国际货运代理有限公司、原审被告杨行江海上货运代理合同纠纷案【浙江省高级人民法院(2009)浙海终字第50号】………………………………………… 359

> **No. ZH-11.8.5-1** 货运代理人为委托人安排货物出运并垫付了运输过程中产生的相应费用。货物出运后,委托人向货运代理人出具运费确认及保证函,确认涉案两份提单项下的海运费和内陆运费,请求货运代理人代为垫付,委托人应向货运代理人支付垫付款。　　　　　　　　　　　　　　　　　　359

> **No. ZH-11.8.5-2** 货运代理人虽负有依委托人指示代为办理订舱、报关等合同义务,但其并非承运人,对货物的船期安排及运输过程无法直接掌控,对于船舶更改航线等损失无须承担赔偿责任。　　　　　　　　　　　　　　359

11.8.6 货运代理主张费用的诉讼时效中断 …………………………………… 363

[62] 上诉人天津轻工业品进出口公司与被上诉人天津万联国际货运有限公司货运代理合同纠纷案【天津市高级人民法院(2005)津高民四终字第0074号】………………………………………………………………………… 363

> **No. ZH-11.8.6-1** 当事人在一审过程中将"海运费"更改为"陆运费",但当事人之间法律关系的性质并未发生变化,且当事人依据双方之间的委托关系向对方主张垫付费用的实体权利亦未发生实质性变化,不属于变更诉讼请求。 …… 363

> **No. ZH-11.8.6-2** 当事人未在民事诉讼法规定的期限内就管辖权问题提出异议,而在二审期间提出,不属于二审的审理范围,二审法院不予审理。 …… 363

> **No. ZH-11.8.6-3** 货运代理在费用数额确定后,开具发票并将发票交予委托人的行为,应视为行使请求权,构成诉讼时效中断。 …………………… 363

12. 其他海事纠纷 ………………………………………………………………… 367

12.1 渔船船东互换捕捞许可证的法律后果 ……………………………………… 367

[1] 上诉人李毕汉、林盛雷与被上诉人林亚松及原审第三人李绍国、第三人舟山市海洋与渔业局海事海商纠纷案【浙江省高级人民法院(2009)浙海终字第99号】 ………………………………………………………………………… 367

> **No. ZH-12.1-1** 当事人跨渔区转让渔船及捕捞许可证,因无法办理过户而互换证书,导致船舶证书被有关国家主管机关扣留,该行为非法,应由有关行政主管部门进行查处,是否应返还不应由民事法律调整。各方基于捕捞证书而领取的柴油补助款存在的差价,应在实际领取人之间清算。 …………………… 367

12.2 债权人主张恶意串通转让船舶股份合同无效的主体资格 ……………… 370

[2] 上诉人陈文炳与被上诉人胡科君、陈立波海事海商纠纷案【浙江省高级人民法院(2010)浙海终字第145号】 ……………………………………………… 370

> **No. ZH-12.2-1** 为逃避债务,船舶股东恶意串通,欠款股东将其对船舶的股份转让给其他股东,债权人主张船舶股份转让合同无效,其与股份转让合同有法律上的直接利害关系,具有原告的主体资格,所涉纠纷海事法院应当审理。 …… 370

12.3 不当使用不合格渔业船舶材料引起的产品质量侵权责任 ……………… 372

[3] 原告金海、李静与洪国旗海事海商纠纷案【宁波海事法院(2011)甬海法台商初字第53号】 …………………………………………………………………… 372

No. ZH-12.3-1 船东购得钢管之后,在明知该钢管没有规范、正确标示的产品质量证明书的情况下,不提请渔业船舶检验机构对涉案钢管进行检验,擅自制作、更换渔船吊杆,导致雇员死亡事故,船东对事故负有较大的过错。钢管的销售者,在购进钢管时疏于检查验收,出售钢管时,未对钢管不具备制作渔船吊杆品质作出说明,也未提供规范、正确标示的钢管质量证明书,同时又不能指明涉案钢管的生产者和供货者,也应承担相应的责任。因此,由船东、销售方共同分担因渔业船舶材料引起的产品质量侵权责任。 …………………………………………………… 372

12.4 收货人的进口报关、提货等业务的转受托人对承运人的船舶代理支付滞箱费的义务 ……………………………………………………………… 374

④ 原告宁波海丰国际船舶代理有限公司与被告宁波外运国际集装箱货运有限公司其他海商合同纠纷案【宁波海事法院(2007)甬海法商初字第184号】……… 374

No. ZH-12.4-1 收货人的进口报关、提货等业务的转受托人从承运人的船舶代理处领取涉案货物提货单和集装箱设备交接单后,船舶代理已无权再对涉案货物及集装箱另行开出提货单证交由他人提货,故收货人的进口报关、提货等业务的转受托人从领单之日起即负有及时提箱、还箱的义务,其未能及时提箱、还箱,应承担由此导致的滞箱费。 …………………………………………………… 374

No. ZH-12.4-2 船舶代理在被告知收货人弃货时,应当知道货物进口报关、提货等业务的转受托人在收货人弃货后已失去再行报关提货的基础,应采取适当的措施防止损失扩大,而不应消极地等待直至诉讼时效临近届满时提起诉讼。船舶代理向海关咨询弃货事宜后的集装箱损失属于其未采取适当措施导致的扩大损失,应自行承担。 …………………………………………………… 375

12.5 侵害提单质押权的权利后果 ……………………………………………… 377

⑤ 原告中国银行股份有限公司丽水市分行与被告浙江缙云康华工具有限公司、福州闽丰国际物流有限公司海事海商纠纷案【宁波海事法院(2009)甬海法事初字第56号】……………………………………………………………… 377

No. ZH-12.5-1 托运人将提单质押给银行后,却出具保函指示承运人无单放货,损害了质权人的利益,应承担相应的责任。质权人在质权不能得到实现时,可以选择分别或共同起诉出质人和出质债权的债务人,而且可以选择违约或侵权之诉。 …………………………………………………… 377

No. ZH-12.5-2 无船承运人作为出质债权的债务人,未凭提单放货,违反了海上货物运输合同项下的义务,应承担相应的责任。以上违约行为不影响无船承运人主张诉讼时效抗辩。 …………………………………………………… 377

13. 海事案件的管辖与仲裁 ··· 381

13.1 海事法院受理案件范围 ·· 381

13.1.1 海上货运代理合同纠纷的管辖 ·································· 381

❶ 上诉人福州宜兰港贸易有限公司与被上诉人连云港宇众国际货运代理有限公司货运代理合同纠纷管辖权异议案【福建省高级人民法院(2011)闽民终字第573号】··· 381

> **No. ZH-13.1.1-1**　与海上或者通海水域的船舶运输有关的货运代理合同纠纷应由海事法院专门管辖,可由当事人协议选择的原告所在地海事法院管辖。 381

13.1.2 海上作业工程纠纷的管辖 ······································ 382

❷ 上诉人厦门市晋辉疏浚工程有限公司与被上诉人广州市顺宏疏浚运输有限公司管辖权异议案【福建省高级人民法院(2011)闽民终字第236号】········ 382

> **No. ZH-13.1.2-1**　利用船舶在海上进行填海造地及内湾护岸工程的吹填砂所引起的纠纷属于海上作业工程,属于海事海商纠纷,应由海事法院专门管辖,可由施工地的海事法院管辖。 382

13.1.3 航道疏浚合同纠纷的管辖 ······································ 384

❸ 上诉人周宏标与被上诉人福建省湄洲湾港口管理局航道疏浚合同纠纷管辖权异议案【福建省高级人民法院(2011)闽民终字第664号】 ············· 384

> **No. ZH-13.1.3-1**　航道疏浚合同纠纷属于海事法院专门管辖,可由合同履行地、被告住所地海事法院管辖。 384

13.1.4 海事法院管辖的船舶物料或备品纠纷的范畴 ············· 385

❹ 上诉人闽东丛贸船舶实业有限公司与被上诉人苏州大方特种车股份有限公司买卖合同纠纷管辖权异议案【福建省高级人民法院(2011)闽民终字第71号】 ··· 385

> **No. ZH-13.1.4-1**　用于装卸船上运输的动力平板运输车并不属于船舶物料或备品的范畴,由此引起的迟延交付买卖的动力平板运输车的纠纷不属于海商海事纠纷,不属于海事法院管辖的范围。 385

13.1.5 船舶租用合同纠纷的管辖 ······································ 386

❺ 上诉人广东华怡(集团)建筑工程有限公司与被上诉人刘红权船舶租用合同纠纷管辖权异议案【福建省高级人民法院(2010)闽民终字第689号】 ········ 386

> **No. ZH-13.1.5-1** 船舶租用合同纠纷由海事法院专门管辖,可由交船港海事法院管辖。 ………… 386

13.1.6 船舶买卖合同纠纷的管辖 …………………………………… 387

6 黄志坤与王保凤管辖权异议纠纷上诉案【福建省高级人民法院(2010)闽民终字第 688 号】 ………………………………………………………………… 387

> **No. ZH-13.1.6-1** 当事人基于船舶买卖协议书中有关石油补贴款条款的约定主张返还石油补贴款,并不是对海洋与渔业局发放石油补贴款这一具体行为有异议,不是行政争议,属于船舶买卖合同纠纷,可由被告住所地海事法院管辖。 ………… 387

13.1.7 造船专用设备定作合同纠纷的管辖 ……………………………… 388

7 福建新胜海船业有限公司管辖异议上诉案【福建省高级人民法院(2010)闽民终字第 525 号】 ……………………………………………………………… 388

> **No. ZH-13.1.7-1** 船厂与供应商签订定作合同,定作一台 MS 门式起重机用于船体分段的拼装及船体分段翻身,以及其他船用设备和构件的吊运和吊装,定作物为造船专用设备,当事人主张相关违约损失,属海事法院专门管辖范围,可由合同履行地即加工行为地的海事法院管辖。 ………………………………… 388

13.2 管辖权 ………………………………………………………………… 389

13.2.1 船舶碰撞纠纷的管辖 …………………………………………… 389

13.2.1.1 在台湾海峡发生的船舶碰撞事故的管辖 ……………………… 389

8 上诉人南京远洋运输股份有限公司与被上诉人蓬莱京鲁渔业有限公司船舶碰撞纠纷案【福建省高级人民法院(2011)闽民终字第 652 号】 ………… 389

> **No. ZH-13.2.1-1** 船舶碰撞纠纷属于海事法院专门管辖的案件。碰撞事故发生地在台湾海峡,属于厦门海事法院管辖范围,案涉纠纷应当由厦门海事法院管辖。 ………………………………………………………………… 389

13.2.1.2 对船舶碰撞损害赔偿进行协议管辖的效力 ………………… 390

9 上诉人防城港碧海之星海运有限公司、林立灯与被上诉人文登玖阳航运有限公司船舶碰撞损害赔偿纠纷管辖异议案【福建省高级人民法院(2010)闽民终字第 715 号】 ……………………………………………………………… 390

> **No. ZH-13.2.1-2** 当事人双方可以就船舶碰撞事故引起的纠纷约定管辖法院,选择碰撞发生地的海事法院进行管辖的约定有效。 ………………… 390

13.2.2 船舶保险合同纠纷管辖 ………………………………………… 392

⑩ 中国人民财产保险股份有限公司武汉市硚口支公司管辖异议上诉案【福建省高级人民法院(2010)闽民终字第 154 号】·················· 392

> **No. ZH-13.2.2-1** 因船舶保险合同纠纷提起的诉讼,可由保险标的物船舶的登记注册地海事法院管辖。 392

13.2.3 提单背面管辖条款对代位求偿的保险人的效力·················· 393

⑪ 中国平安财产保险股份有限公司福建分公司与磐泰有限公司管辖权异议纠纷案【福建省高级人民法院(2010)闽民终字第 663 号】·················· 393

> **No. ZH-13.2.3-1** 海上保险合同代位求偿纠纷中,保险人并非提单列明的当事人,提单的背面条款不是其真实意思表示,在其未明确表示接受提单背面管辖条款的情况下,提单中的管辖条款对保险人不具有法律上的约束力。 393

13.2.4 保赔险纠纷的管辖 ·················· 394

⑫ 中华联合财产保险股份有限公司广东分公司管辖异议上诉案【福建省高级人民法院(2010)闽民终字第 579 号】·················· 394

> **No. ZH-13.2.4-1** 双方当事人将船舶险与保赔险纳入同一保单一并承保,保单涉及不同的险别范畴,当事人双方对承运货物能否获得保险赔付发生争议。本案保险标的应为承运人对第三方依法应负的损害赔偿责任而非运输工具,保险标的物不是船舶,不能以船籍港所在地确定管辖法院,而应由事故发生地或被告住所地的海事法院管辖。因两个以上海事法院均有管辖权,原告未作出选定,为充分保障当事人的诉权,法院不移送管辖而驳回起诉,由原告自行择地而诉。 394

13.2.5 提单管辖权条款的效力 ·················· 396

⑬ International Freight Lines Limited 管辖异议上诉案【福建省高级人民法院(2010)闽民终字第 106 号】·················· 396

> **No. ZH-13.2.5-1** 货运代理企业以承运人名义向委托人签发提单,但没有披露实际承运人和使用实际承运人的提单,委托人对实际承运人提单的内容事先并不知晓,且实际承运人提单中约定的管辖地点并非委托人所能预见,故实际承运人提单正面中的管辖条款对委托人不发生效力。 396

⑭ 厦门华商经纬物流有限公司管辖异议案【福建省高级人民法院(2010)闽民终字第 386 号】·················· 397

> **No. ZH-13.2.5-2** 我国民事诉讼法规定的涉外合同或者涉外财产权益纠纷的当事人,可以用书面协议选择与争议有实际联系的地点的法院管辖。与争议有实际联系的地点的法院是指原告所在地、被告所在地、标的物所在地、运输始发地、目的地、合同履行地、合同签订地等。提单正面载明"由香港法院管辖",但未证明香港系与争议有实际联系的地点,不应视为有效的管辖条款。 397

⑮ A. P. 穆勒-马士基有限公司海上货物运输合同管辖权异议纠纷上诉案【福建省高级人民法院(2010)闽民终字第 467 号】·········· 398

> **No. ZH-13.2.5-3** 涉外合同或者涉外财产权益纠纷的当事人,可以用书面协议选择与争议有实际联系的地点的法院管辖。所谓"与争议有实际联系的地点",是指原告所在地、被告所在地、标的物所在地、运输始发地、目的地、合同履行地、合同签订地等。提单背面条款载明"与本提单有关的所有索赔和纠纷,应由英国伦敦高等法院管辖",因英国伦敦与上述地点均无任何联系,并不是与争议有实际联系的地点,违反了《中华人民共和国民事诉讼法》的相关规定,属于无效条款,对原告不具有约束力。 398

⑯ 鹏达船务有限公司管辖异议上诉案【福建省高级人民法院(2010)闽民终字第 450 号】·········· 399

> **No. ZH-13.2.5-4** 海上货物运输合同纠纷,承运人与提单持有人之间的权利义务关系应当适用提单的约定。虽然提单约定"如发生诉讼或仲裁,双方同意由承运人主要营业地香港的法院进行审理",但该管辖条款的约定系承运人事先以较小的字体印制在背面,且未尽到足够的提醒义务;提单持有人取得提单后,已无法更改提单,事实上排除了其作为提单关系人对争议解决方式的选择权,提单管辖条款成为承运人单方的意思表示;提单持有人在海事法院提起诉讼,表明其不认可该提单管辖条款的约定,该提单管辖条款的约定对提单持有人不具有约束力,可由运输始发地海事法院管辖。 399

13.2.6 无单放货纠纷的管辖 ·········· 401

⑰ Sun Cargo Container Line Ltd. 管辖异议上诉案【福建省高级人民法院(2010)闽民终字第 464 号】·········· 401

> **No. ZH-13.2.6-1** 正本提单持有人可以选择以侵权之诉起诉承运人无单放货。无单放货的侵权行为实施虽然不在我国境内,但正本提单持有人在中国,其因无单放货行为丧失对提单项下货物的控制权,并由此产生损失,侵权损害结果发生于中国,故可由侵权结果发生地的海事法院管辖。 401

13.3 仲裁 ·········· 402

13.3.1 港口疏浚合同当事人约定可由仲裁机构裁决的效力 ·········· 402

⑱ 中交一航局管辖异议上诉案【福建省高级人民法院(2011)闽民终字第 819 号】·········· 402

> **No. ZH-13.3.1-1** 当事人的合同条款仅约定发生争议可由仲裁机构裁决,而非必须由仲裁机构裁决,原告选择诉讼作为争议解决方式,说明其放弃了仲裁的意愿,可由港口疏浚合同履行地的海事法院管辖。 402

13.3.2 航次租船合同中的仲裁条款的效力 ·············· 403

[19] 上诉人上海优利兴国际货运代理有限公司与被上诉人厦门耀中亚太贸易有限公司租船合同纠纷管辖权异议案【福建省高级人民法院(2011)闽民终字第818号】 ·············· 403

> **No. ZH-13.3.2-1** 航次租船合同的仲裁条款约定"如有仲裁,在香港并且适用英国法",但并未约定合同引发的争议明确选择仲裁作为唯一的解决方式,也即未排除包括诉讼在内的其他解决方式,故原告可选择在被告住所地海事法院进行诉讼。 ·············· 403

13.3.3 船舶建造合同仲裁条款对口头承诺的效力 ·············· 405

[20] 上诉人闽东丛贸船舶实业有限公司与被上诉人天津市港海船务有限公司船舶建造合同纠纷案【福建省高级人民法院(2011)闽民终字第69号】 ·············· 405

> **No. ZH-13.3.3-1** 虽然口头承诺与货船建造合同有关联性,但无证据证明口头承诺是书面货船建造合同的补充协议,或该口头承诺受书面货船建造合同的约束,故不论书面货船建造合同中约定的仲裁条款是否有效,因口头承诺引起的争议均不受书面合同的约束,也不受书面合同中仲裁条款的约束,口头承诺履行地的海事法院有管辖权。 ·············· 405

13.3.4 船东互保协会规则中的仲裁条款的效力 ·············· 407

[21] 原告浙江省乐清市运鸿海运有限公司与船东责任互保协会(卢森堡)等管辖权异议案【厦门海事法院(2003)厦海法商初字第217号】 ·············· 407

> **No. ZH-13.3.4-1** 我国民事诉讼法规定的管辖权异议时间,系针对不同法院之间管辖异议的时间限定。对仲裁与诉讼之间管辖权异议的提出时间,应适用我国仲裁法的规定,即仲裁协议之当事人对法院管辖提出异议的时间应在首次开庭之前。 ·············· 407

13.3.5 仲裁条款有效时的一事不再理原则 ·············· 411

[22] 余学强管辖权异议上诉案【福建省高级人民法院(2010)闽民终字第629号】 ·············· 411

> **No. ZH-13.3.5-1** 船舶承包合同中的仲裁条款已经被中国海事仲裁委员会和海事法院认定为有效,当事人再另行到其他海事法院申请确认仲裁条款无效的,不予受理。 ·············· 411

13.3.6 提单背面条款同时选择仲裁和诉讼的条款的效力 ·············· 412

[23] 申请人铁行渣华有限公司、铁行渣华(香港)有限公司与被申请人华兴海运(中国)有限公司申请确认提单仲裁条款无效案【广州海事法院(2000)广海法事字第037号】 ·············· 412

> **No. ZH-13.3.6-1** 确定仲裁协议效力的准据法的基本原则是,首先应适用当事人约定的准据法,如当事人未约定准据法,则应适用仲裁地的法律。当事人确定适用中国法律认定仲裁协议效力的,法院适用中国法律。 …… 412

> **No. ZH-13.3.6-2** 在管辖权条款中,当事人既约定进行仲裁又约定进行诉讼,该仲裁协议应认定无效。因提单的背面条款对仲裁委员会没有约定,当事人事后又未达成补充协议,法院认定该条中关于仲裁程序选择的协议无效。 …… 412

13.4 国外仲裁裁决的承认与执行 …… 415

13.4.1 对申请执行国外仲裁裁决具有管辖权的"被执行财产所在地法院"的含义 …… 415

■24 不动产船舶控股公司申请执行外国仲裁裁决案【福建省高级人民法院(2011)闽民终字第511号】 …… 415

> **No. ZH-13.4.1-1** 当事人申请执行国外仲裁裁决的,被执行的财产所在地或者被执行人住所地海事法院均有管辖权。"被执行的财产"即凡属于被执行人所有的财产,包括有形财物、货币、有价证券以及其他无形财产。作为伦敦仲裁裁决争议下财产保全的标的物的建造船舶属于"被执行的财产"的范围,其所在地的海事法院据此有执行外国仲裁裁决的管辖权。 …… 415

13.4.2 申请执行国外仲裁裁决的期限 …… 418

■25 申请人塞浦路斯瓦塞斯航运有限公司申请承认英国伦敦仲裁裁决案【天津海事法院(2004)津海法确字第1号】 …… 418

> **No. ZH-13.4.2-1** 申请承认与执行外国仲裁裁决的,应在我国民事诉讼法规定的申请执行期间内提出,逾期法院不予承认和执行。当事人申请法院撤销仲裁裁决的案件的审理和相关法院的裁决并不导致申请承认和执行仲裁裁决的期限的中断或延长。因双方当事人均为法人,申请人超过6个月后,才申请承认与执行外国仲裁裁决,超过了我国民事诉讼法规定的执行期限,法院不予承认与执行。 …… 418

13.4.3 伦敦仲裁短员仲裁裁决的承认与执行 …… 421

■26 马绍尔群岛第一投资公司申请执行英国伦敦临时仲裁庭仲裁裁决案【厦门海事法院(2006)厦海法认字第1号】 …… 421

> **No. ZH-13.4.3-1** 当事人的选择权协议中的仲裁条款约定,因选择权协议产生的或与之有关的任何争议应由3名仲裁员适用英国法和1996年英国《仲裁法》、LMAA规则进行仲裁。1996年英国《仲裁法》既没有授权也没有禁止由所谓的缺员仲裁庭作出决定,没有关于解决和处理所谓的缺员仲裁庭的规定。英国法原则要求仲裁员必须全程参与仲裁程序,故LMAA规则第8条第(e)项适用于仲裁案件的事实条件是仲裁庭的每一名仲裁员都全程参与了仲裁程序。只有在此前提下,才存在LMAA规则下可以由多数仲裁员作出裁决、裁定和命令的情形,没有这个事实作为前提,仲裁庭的多数成员就不具有上述权力。仲裁庭虽由3名仲裁员组成,但是仲裁员之一并未参与仲裁的全过程,没有参与仲裁裁决的全部审议,仲裁庭的仲裁程序与当事人约定的仲裁协议不符,也与仲裁地英国的法律相违背,故我国法院不予承认和执行所涉仲裁裁决。 421

14. 申请财产保全错误损害赔偿纠纷 …………………………………… 429

14.1 诉讼请求被驳回后对诉前财产保全错误的认定 …………………… 429

1 原告广州市卓兴贸易有限公司与被告中海发展股份有限公司货轮公司财产保全损害赔偿纠纷案【广州海事法院(2006)广海法初字第146号】………… 429

> **No. ZH-14.1-1** 海事请求人申请财产保全后,未提供证据证明被申请人不能清偿债务,无权要求承担赔偿责任,导致诉讼请求被驳回,其在条件未成就时申请海事请求保全,行使权利不当,申请海事请求保全错误,应对因此给被申请人造成的损失承担赔偿责任。 429

> **No. ZH-14.1-2** 冻结银行账户存款并非冻结账户,在账户资金满足法院裁定要求的情况下,账户仍可以正常使用,且账户被冻结后,仍可通过其他账户对外开展业务,故海事请求人申请冻结被申请人银行账户存款的行为并不影响被申请人开展正常的进出口贸易活动。被申请人在账户存款被冻结后,主动中止与他人签订的委托代理进口协议,其主张因此少收可收取的进口代理服务附加费的损失与海事请求人申请海事请求保全没有因果关系,海事请求人不应赔偿。土地和房产价值随市场波动,即使申请人以土地和房产作抵押,银行也未必按土地和房产的评估价值全额发放贷款,被申请人未提供证据证明融资损失已实际发生或必然发生,其主张土地和房产被查封后无法以土地和房产作抵押向银行申请贷款而产生融资损失没有事实和法律依据,不予支持。 429

14.2 诉讼请求被驳回后导致诉前申请扣船错误的法律责任 …………… 433

2 上诉人滕瑞彬与被上诉人毕秀岳海事保全损害赔偿纠纷案【山东省高级人民法院(2007)鲁民四终字第95号】………………………………………… 433

> **No. ZH-14.2-1** 当事人不能提供船舶所有权证书,但法院在其经营船舶期间扣押该轮是事实,当事人对该船舶所享有的财产损益应予保护,包括因扣船行为而发生的看船费用、修船费用及扣押期间的保养维持费用。因无船舶渔业捕捞许可证,船舶作业损失不予支持。 433

> **No. ZH-14.2-2**　当事人申请扣押船舶后,被法院判决败诉,构成错误扣船,被扣押船舶当事人有权索赔损失。　……433

14.3　诉讼中申请冻结存款后撤诉的赔偿责任　……………………………… 436

3　上诉人浙江前程石化股份有限公司、上诉人江苏省江海粮油贸易公司张家港储运部因错误申请海事请求保全损害赔偿纠纷案【浙江省高级人民法院(2011)浙海终字第64号】…………………………………………………… 436

> **No. ZH-14.3-1**　在没有明确证据证明损失的情况下申请保全,长时间冻结他人巨额资金,随后又撤回其重复提起的诉讼,主观过错明显,应当按照冻结期内同期银行贷款利率赔偿被冻结资金企业的损失。　……………………… 436

14.4　诉前超额申请冻结银行存款的赔偿责任　……………………………… 441

4　原告惠阳恒辉染厂有限公司与被告深圳市蛇口益荣船务有限公司财产保全损害赔偿纠纷案【广州海事法院(2001)广海法初字第206号】………… 441

> **No. ZH-14.4-1**　申请人请求诉前保全的财产价值高于被申请人根据生效裁判文书实际应承担的数额,由此造成被申请人损失的,应当承担赔偿责任。　……………………………………………………………………… 441

> **No. ZH-14.4-2**　企业的流动资金是企业正常运作时必需的,当其流动资金短缺或周转困难时,企业通常会向银行贷款,被申请人可要求错误申请保全的申请人赔偿冻结期间超额冻结存款的银行同期贷款利息,但应扣除银行照常按活期存款利率支付的利息。　……………………………………………… 441

> **No. ZH-14.4-3**　被申请人提出管辖权异议,并对驳回管辖权异议的裁定提出上诉,是在诉讼中正当行使其诉讼权利,管辖权异议期间的超额冻结存款的损失应由错误申请保全的申请人承担。　………………………………… 441

14.5　为索要船舶修理费扣押船舶的不构成保全错误　……………………… 443

5　原告海南信海轮船公司与被告中山市金辉船舶修造厂有限公司扣押船舶损害赔偿纠纷案【广州海事法院(2000)广海法商字第89号】……………… 443

> **No. ZH-14.5-1**　申请人对被申请人具有船舶修理费的请求权,其通过财产保全措施扣押被申请人的船舶,以维护其合法权益,符合民事诉讼法有关财产保全的规定,其申请扣押船舶没有错误,不应承担保全错误的赔偿责任。　……… 443

14.6 诉前扣押船舶错误的损失认定 ………………………………………… 445

⑥ 原告中国船舶燃料供应上海公司与被告深圳市嘉航船舶与海洋工程设备有限公司错误申请扣押船舶损害赔偿纠纷案【广州海事法院(2000)广海法深字第 31 号】………………………………………… 445

> **No. ZH-14.6-1** 船舶因拖欠修理费被诉前扣押,申请人以扣押船舶错误造成其船期损失为由主张赔偿,其应承担相应的举证责任,在未证明船舶因扣押造成船期损失的情况下,其索赔请求不应予以支持。 445

> **No. ZH-14.6-2** 被申请人为了使其被扣押的船舶获得释放,向法院提交的担保金存于法院指定的银行账户中,担保金及其利息仍属于被申请人,被申请人不会遭受利息损失,对其该部分损失,不予支持。 445

14.7 错误申请查封船载货物的责任 ………………………………………… 447

⑦ 原告深圳市粤能船务有限公司与被告深圳市粤顺石化有限公司船载货物损害赔偿纠纷案【广州海事法院(2001)广海法初字第 90 号】………… 447

> **No. ZH-14.7-1** 申请人因与其贸易对方的纠纷,申请法院查封船舶运载的已不属于其所有的货物,以致船舶被滞留并被强行改港卸货,显属不当,应赔偿给承运人(航次租船合同出租人)造成的经济损失。 447

> **No. ZH-14.7-2** 在法院查封船载货物过程中,因载货船舶违反船舶进出港口的规定,未经申报擅自进港、油类记录簿未按规范记录,以致被主管机关扣留船舶证件,并被罚款,与侵权人申请查封货物没有必然的联系,应由承运人自行承担。 447

15. 申请海事赔偿责任限制 ………………………………………… 450

15.1 多式联运合同项下沿海运输的承运人申请海事赔偿责任 ……………… 450

① 烟台集洋集装箱货运有限责任公司申请海事赔偿责任限制案【青岛海事法院(2001)青海法海事初字第 49 号】………………………………… 450

> **No. ZH-15.1-1** 海事法院审理海事赔偿责任限制申请案件,应适用《中华人民共和国民事诉讼法》第一审普通程序的有关规定,并以民事判决的形式作出裁决结果。 450

> **No. ZH-15.1-2** 《中华人民共和国海商法》第四章仅调整国际海上货物运输,审理沿海运输的承运人是否对托运人的货损承担责任时不能适用《中华人民共和国海商法》第四章的有关规定。 450

> **No. ZH-15.1-3** 作为规定海事赔偿责任限制制度的《中华人民共和国海商法》第十一章,适用于所有海上运输引起的责任限制纠纷,国内沿海运输的责任人也有权享受海事赔偿责任限制,但依照《中华人民共和国海商法》第 210 条第 2 款的规定,其责任限额适用我国交通主管部门制定的特别规定予以确定。 450

> **No. ZH-15.1-4** 多式联运合同项下的承运人接受委托后,将沿海运输区段的运输交由船舶所有人运输,从事了与沉没船舶营运有关的行为,因船舶沉没,其对托运人承担了货物灭失的责任,可作为船舶经营人依法享受海事赔偿责任限制。 450

> **No. ZH-15.1-5** 依照《中华人民共和国海商法》第212条规定的"一次事故一个限额"的原则,只要船舶所有人、船舶经营人等责任人中的任何一人按照法定的赔偿限额在海事法院设立海事赔偿责任限制基金,均构成对因船舶沉没引起的向所有可能因此承担责任的人提出的赔偿请求进行限制而需设立的基金的总额,该基金应视为因船舶沉没事故可以提出海事赔偿责任限制申请的所有当事人各自设立的基金。故虽然船舶经营人没有实际在任何法院设立海事赔偿责任限制基金,但因船舶所有人已经设立海事赔偿责任限制基金,故从法律上应视为船舶经营人也已设立该责任限制基金,针对船舶经营人的债权应在责任限制范围内从船舶所有人已在海事法院设立的基金中按照法律规定的基金分配方法受偿,再由船舶所有人和经营人根据内部法律关系予以追偿。 450

> **No. ZH-15.1-6** 向法院请求限制海事赔偿责任应该受到诉讼时效制度的约束。《中华人民共和国海事诉讼特别程序法》作为程序法可对申请设立责任限制基金的期间进行规定,不能对有关诉讼时效作出规定。依照《中华人民共和国民法通则》中有关诉讼时效的规定,并考虑海事赔偿责任限制制度的特殊性,法院酌情认定,申请海事赔偿责任限制的诉讼时效应为两年,从申请人被依法裁决(包括仲裁裁决)承担有关海事赔偿责任时起算;但由于申请责任限制并不当然构成对责任的承认,故自引起海事赔偿请求的事故发生之日起,当事人即可以申请责任限制。 451

案例索引 …………………………………………………………………… 465
主题词索引 ………………………………………………………………… 471
后记 ………………………………………………………………………… 477

1. 海事担保合同纠纷

1.1 申请人为先予执行而超额提供担保的损失负担

1 原告宁波太平洋海运有限公司与被告宁波恒富船业(集团)有限公司海事请求担保纠纷案

案例来源:宁波海事法院(2008)甬海法事初字第53号

主题词:先予执行　申请担保　损失负担

> **裁判要旨**
>
> **No. ZH-1.1-1**　先予执行的申请人为先予执行向法院提供的担保数额系由法院召集申请人与被申请人协调后确定,虽然被申请人要求申请人提供的担保数额超过其申请先予执行的数额,申请人不得要求被申请人赔偿超额提供担保导致的损失。

一、基本案情

原告:宁波太平洋海运有限公司(以下简称太平洋海运)

被告:宁波恒富船业(集团)有限公司(以下简称恒富船业)

原告太平洋海运起诉称:2007年6月,被告恒富船业以原告拖欠修理费为由,行使留置权,拒绝交付修理的"拓展6"轮。原告于2007年6月26日向法院提起诉讼[(2007)甬海法商初字第199号],并于同月27日申请法院先予执行,被告要求原告提供1400万元的担保,为此原告不得不与宁波市北仑煤炭运销有限公司(以下简称煤炭公司)签订了《委托担保合同》,该公司为原告提供了其在宁波银行股份有限公司定期存款1200万元担保,委托王继存、陈素梅分别向法院提供了担保额度为200万元的房产及车辆担保。现该案经浙江省高级人民法院终审判决,已经发生法律效力,原告支付给被告的2 455 881元及利息已自动履行,被告提出的1 400万元担保额度已超过其应享有的债权1 278万元(庭审中变更为1 178万元),导致原告损失315万元,故提起诉讼,对被告提出的担保标的超出部分承担侵权责任,赔偿原告经济损失315万元。

被告恒富船业辩称:本案原告是(2007)甬海法商初字第199号案的先予执行的申请人,被告是被请求人,本案非海事请求担保纠纷,不适用《中华人民共和国海事诉讼特别程序法》第78条的规定;根据该法第75条、第76条的规定,担保方式和数额由海事法院决定,被告不存在过错;担保人非专门的担保公司或金融机构,不能收取担保费用,违反《贷款通则》的规定是变相借贷行为,且两公司的股东一致,没有实际损失,故原告诉请315万元损失不应支持。

二、法院查明事实

宁波海事法院认定下列事实：

2007年6月，被告恒富船业以原告太平洋海运拖欠修理费为由，行使留置权，拒绝交付修理完毕的原告太平洋海运所有的"拓展6"轮。原告太平洋海运于2007年6月26日向宁波海事法院提起诉讼[（2007）甬海法商初字第199号]，要求被告恒富船业立即放行"拓展6"轮，并赔偿船期损失、返还多收取的修理费等1600万元，并于同月27日申请宁波海事法院先予执行。宁波海事法院在审查原告太平洋海运先予执行申请过程中，召集原、被告双方进行协调，被告恒富船业同意在原告太平洋海运向法院提供1400万元担保后，不再留置船舶。宁波海事法院在收到原告提供的1400万元（其中现金银行存折1200万元、价值200万元的房产和车辆）担保后，准许原告太平洋海运的先予执行申请，并于同月27日下达（2007）甬海法商初字第199号民事裁定，被告恒富船业在收到宁波海事法院先予执行的民事裁定后释放了"拓展6"轮。被告恒富船业于同年8月6日提出反诉，要求原告支付船舶修理费12 539 802元。原告为了申请先予执行，与案外人煤炭公司签订了《委托担保合同》，该公司为原告太平洋海运提供了其在宁波银行股份有限公司现金存款1200万元的担保（委托担保合同约定担保费用按每月担保额的1.5%计算），委托王继存、陈素梅分别向宁波海事法院提供了担保额度为200万元的房产及车辆担保。（2007）甬海法商初字第199号船舶修理合同纠纷案，经浙江省高级人民法院终审判决，已经发生法律效力，太平洋海运应支付给恒富船业船舶修理费5 855 881元及利息，而恒富船业亦应支付给太平洋海运340万元船期损失及利息，两者相抵后太平洋海运支付恒富船业2 455 881元及利息。该案终审判决生效后，太平洋海运自动履行了判决确定的义务，实际支付270万元（包括利息）。宁波海事法院于2008年12月9日解除了为原告太平洋海运提供担保的银行存款及房产、车辆的冻结与查封。原告太平洋海运以被告恒富船业提出的1400万元担保金额已远超过其应享有的债权，导致原告为提供担保而支付的费用损失315万元为由，诉至宁波海事法院，要求被告恒富船业予以赔偿。

宁波海事法院另认定，原告太平洋海运按《委托担保合同》约定向煤炭公司支付315万元担保费用。原告太平洋海运与煤炭公司的股东均为王继存、陈素梅两人。

三、法院裁判

宁波海事法院认为，根据《中华人民共和国民事诉讼法》（1991年）第96条和《中华人民共和国海事诉讼特别程序法》第78条的规定，申请人申请财产保全错误，或海事请求人请求担保数额过高，导致被请求人损失的，应当承担赔偿责任。在宁波海事法院审理的（2007）甬海商法初字第199号一案中，太平洋海运与恒富船业因船舶修理合同纠纷，恒富船业留置太平洋海运"拓展6"轮，太平洋海运申请宁波海事法院先予执行释放"拓展6"轮,宁波海事法院在审查太平洋海运先予执行申请时,要求申请人太平洋海运提供担保,虽然担保金额1 400万元是经宁波海事法院召集双方当事人协调后确定,但该1 400万元的性质是太平洋海运为了申请法院先予执行而提供的担保。《中华人民共和国民事诉讼法》(1991年)第98条第2款规定:"人民法院可以责令申请人提供担保,申请人不提供担保的,驳回申请……"故太平洋海运如不提供担保,在恒富船业享有法定留置权的情况下,宁波海事法院不会准许太平洋海运先予执行申请。恒富船业在(2007)甬海商法初字第199号案中,既不是财产保全的申请人,也不是海事请求保全的申请人,不符合《中华人民共和国民事诉讼法》(1991年)第96条和《中华人民共和国海事诉讼特别程序法》第78条规定的情形,故本案中,原告认为被告要求担保金额超过其实际应享受的债权成其为提供担保而造成的损失,而向被告主张赔偿,事实和理由均不充分,不予支持。

综上,依照《中华人民共和国民事诉讼法》第64条第1款的规定,判决如下:
驳回原告宁波太平洋海运有限公司的诉讼请求。

1.2 船东互保协会承担担保责任后的追偿权

2 原告中国船东互保协会诉被告广州宏光海运有限公司、深圳市华天海运有限公司海事担保合同纠纷案

案例来源:广州海事法院(2003)广海法初字第482号
主题词:船东互保协会 担保责任 追偿权

裁判要旨

No. ZH-1.2-1 船东互保协会作为担保人在履行担保义务后,有权向债务人和反担保人追偿。

一、基本案情

原告:中国船东互保协会(以下简称船东协会)
被告:广州宏光海运有限公司(以下简称宏光公司)
被告:深圳市华天海运有限公司(以下简称华天公司)
原告船东协会诉称:2002年12月23日,华天公司与南通中远船务工程有限公司签订修船合同,委托南通中远船务工程有限公司修理"华地"轮。合同约定,船离厂时双方谈定修理账并支付50%的修船款,余下50%修船款在船出厂后3个月内全部付清,但在船离厂前应提供船东协会出示的有效担保。12月31日,宏光公司向船东协会提供反担保函,承诺若船东协会由于为华天公司向南通中远船务工程有限公司提供担保而承担付款责任,则无条件立刻向船东协会赔偿其所有损失。华天公司也向船东协

会提供了反担保。在此基础上，船东协会应华天公司的请求于 2003 年 1 月 6 日向南通中远船务工程有限公司提供了担保。此后，南通中远船务工程有限公司因向华天公司索款未果，而要求船东协会承担担保责任。船东协会于 2003 年 7 月 23 日支付了人民币 73 万元的修船余款。基于船东协会对华天公司的追偿权和宏光公司的反担保，华天公司和宏光公司应当对船东协会的上述损失承担连带付款责任，请求法院判令二被告连带清偿修船余款人民币 73 万元及其约定的利息损失，判令二被告共同承担本案诉讼费用及船东协会为本案诉讼所支付的有关费用共计人民币 2 万元。

被告宏光公司辩称：船东协会主张的宏光公司提供反担保一事缺乏有效证据证明，船东协会提供的证据相互矛盾。

被告华天公司辩称：

（1）华天公司既非"华地"轮修船义务人，又非"华地"轮修船受益人，依法不应承担"华地"轮的修船费用；

（2）签署修船合同和向船东协会出具反担保的行为，不是华天公司的真实意思表示，是由于华天公司控股股东不当利用控股地位而作出的，依法对华天公司没有约束力。

请求法院驳回船东协会对华天公司的诉讼请求。

二、法院查明事实

2002 年 12 月 23 日，华天公司与南通中远船务工程有限公司签订"华地"轮修船合同，该合同第 5 条载明："五、工程付款：船到厂后船方已付人民币 36 万元预付修船款到厂。船离厂时双方谈定标题轮修理账并支付 50% 的总修船款，余下 50% 的修船款在船出厂后 3 个月内全部付清。并在船离厂之前由贵司提供船东协会出示的有效担保。"合同写明签约单位为华天公司和南通中远船务工程有限公司，同时盖有华天公司的公章、南通中远船务工程有限公司的合同专用章以及南通中远船务工程有限公司经营部的章。该合同注明南通中远船务工程有限公司的传真号码为（0513）35292××。华天公司提供的"华地"轮修船合同系传真件，该传真件抬头写明"PHONE NO.：0086755837552××"，华天公司在庭审质证时承认该传真号码系华天公司搬迁前使用的号码。

中国银行南通分行出具的贷记通知记载：2002 年 11 月 26 日，HUATIAN MARINE SHIPPING LIMITED 向 COSCO（NANTONG）SHIPYARD CO.，LTD 汇款 43353.49 美元。

2003 年 1 月 3 日，宏光公司向南通中远船务工程有限公司支付"华地轮"修船款人民币 46 万元。

1 月 6 日，船东协会向中远南通船务工程有限公司出具担保函，为华天公司所欠修船款提供保证，保证金额为人民币 82 万元。

华天公司于 1 月 3 日就"'华地'轮因搁浅于中远南通船厂修船，就修船费余款支付事"向船东协会出具了一份反担保函，承诺："1. 以我司所有、经营、管理的全部船舶在贵协会可以获得的赔款向贵协会作出担保……一旦贵协会因出具上述担保而被要求付款超出我方可获得的赔款,我方将在贵协会提出要求的任何时候向贵协会补偿其所付出的赔款……3. 在不妨碍上述有关规定的前提下,如果我方违反了前述条款1的规定而使贵协会产生了,或尽管协会无此义务但仍选择产生/发生了这种责任、损失、损害、各种费用或手续费,则:(1) 贵协会将有权要求我方立即支付赔款以解除上述责任,补偿及支付各种费用或手续费,(2) 一旦我方违反前款规定未能马上向协会支付赔款,我方将另行支付给协会该赔款支付前这段时间的利息。利率为高于中国银行3个月美元定期存款利率两个百分点,该利率以中国银行每月第一天公布的利率为准。"

上述事实有当事人共同确认的证据和庭审陈述证明,法院予以确认。

关于"华地"轮修船合同的履行情况。船东协会提供"华地"轮完工协议、授权书、发票以证明该轮的维修完工结账的事实。两被告认为没有原件可供核对,真实性无法确认。华天公司同时认为,其中授权书的抬头是南通船厂经营部。法院认为,尽管船东协会没能在举证期限内提供这些证据的原件供核对,但这些证据抬头中南通中远船务工程有限公司的传真号码与"华地"轮修船合同的记载相同,该传真内容可以与"华地"轮修船合同等证据相互印证,在没有相反证据的情况下,应予采信。两被告提出异议,但没有相反证据,不予支持。据此,可以认定"华地"轮总修船款为人民币155万元,其中修船余款人民币73万元应在2003年4月7日前付清。另外,南通中远船务工程有限公司的传真确认同时盖有该公司印章和马卫东的签字,该印章表明该公司的英文名称为"COSCO (NANTONG) SHIPYARD CO., LTD"。

关于南通中远船务工程有限公司的名称问题。"华地"轮修船合同所载明的签约单位是中远南通船务工程有限公司,所盖印章为南通中远船务工程有限公司,据此,可以推定当事人所使用的该两个名称均指南通中远船务工程有限公司。华天公司出具的授权书所指的"南通船厂"、华天公司和宏光公司分别出具的两份反担保函所指的"中远南通船厂",根据涉案"华地"轮修理工程由南通中远船务工程有限公司承担的事实及其修理时间,可以认定这两个名称也是指南通中远船务工程有限公司。

关于宏光公司是否提供反担保的事实。船东协会为证明宏光公司为其提供了反担保,提供了一份宏光公司出具的反担保函传真件、华天公司致船东协会的函件和宏光公司与船东协会之间的往来函件。宏光公司认为,反担保函没有原件,而且该反担保函由华天公司转交给船东协会不合常理,宏光公司与船东协会往来函件的真实性无法确认。华天公司认为,虽然华天公司致船东协会函件中邓跃进的签名属实,但是,上述证据没有原件可供核对,可能是伪造的,宏光公司与船东协会往来函件上传真号码在传真当时,华天公司已经不再使用。法院认为,宏光公司与船东协会间往来函件的真实性无法确认,华天公司致船东协会的函件有华天公司总经理邓跃进的签名、华天公司的传真号码,没有证据表明该传真件是伪造的,其真实性可以确认。但综合这些证据无法证明宏光公司同意提供反担保,法院将结合其他事实予以认定。另外,在华天公司邓跃进发给船东协会的函件和华天公司出具的授权书文件的抬头均有"HUA-

TIAN MARINE SHIPPING LIMITED"字样,在没有相反证据的情况下,可推定该名称系华天公司的英文名称。

关于船东协会是否履行了担保责任的问题。船东协会认为其已经根据南通中远船务工程有限公司的要求承担了保证责任,并提供南通中远船务工程有限公司的要求付款函和付款凭证作为证据。两被告均认为其真实性无法确定。法院认为,要求付款函的内容可以相互印证,与本案其他证据也可以相互印证,函件有南通中远船务工程有限公司的传真号码,马卫东的签字也与"华地"轮完工协议、授权书、发票上马卫东的签字一致,因此,在没有相反证据的情况下,要求付款函的真实性可以确认。据此,可以认定南通中远船务工程有限公司要求船东协会承担保证责任,船东协会于2003年7月23日履行保证义务,支付了"华地"轮修船余款人民币730 000元。

华天公司认为其不是"华地"轮的修船义务人,也不是受益人,不应承担修船款,并主张签订"华地"轮修船合同和出具反担保函是由于受广州宏光实业有限公司控股被迫所为,不是华天公司的真实意思表示,为此提交了17份证据,即华天公司提交的证据3至证据19。船东协会认为这些证据与本案无关。宏光公司对华天公司主张没有修理"华地"轮的义务表示异议,且认为这些证据与本案无关,已经由其他法院另案受理,为此宏光公司提交了民事起诉状、深圳市中级人民法院(2003)深中法民二初字第468号通知书和深圳市中级人民法院第0131729号传票。法院认为,华天公司认为广州宏光实业有限公司利用控股优势控制华天公司签订了"华地"轮修船合同和出具反担保函,从而推论签订涉案合同和出具反担保函均不是其真实意思表示的主张缺乏法律依据,广州宏光实业有限公司是否利用控股优势损害华天公司的利益不在本案审理范围之内,事实上,深圳市中级人民法院已经立案受理,本案不予审理。涉案修船合同已经成立、生效,根据合同相对性原理,不论华天公司是否"华地"轮的修船义务人、受益人,作为该合同当事人,均应当履行该合同义务,因此,华天公司是否"华地"轮的修船义务人、受益人与本案无关,不予审理。

2003年9月15日,船东协会就本案纠纷向广州海事法院申请支付令。9月18日,广州海事法院向宏光公司发出(2003)广海法督字第5-2号支付令,要求宏光公司给付船东协会人民币730 000元。9月23日,宏光公司提出书面异议:(1)主债务人是华天公司,修船余款未经主债务人确认,数额不能确定;(2)宏光公司和船东协会签订反担保函前已经约定,船东协会应先向主债务人主张权利,而船东协会并未向主债务人主张权利,据此请求裁定终结督促程序。广州海事法院于9月24日作出(2003)广海法督字第5-3号民事裁定,裁定终结督促程序。

三、法院裁判

本案是一宗海事担保合同纠纷。涉案修船合同由华天公司和南通中远船务工程有限公司签订,该合同并未违反法律规定,依法成立、生效。华天公司和南通中远船务工程有限公司均应依约履行。船东协会为华天公司履行该合同提供了担保函,该担保函合法有效,船东协会应当按照担保函的规定履行其义务。在船东协会履行保证义务支付修船余款人民币 730 000 元后,依法有权请求债务人和反担保人予以赔偿。

华天公司在其出具的反担保函中承诺以其可从船东协会获得的赔款为船东协会的涉案担保提供反担保,船东协会因出具涉案担保承担的责任超过上述可得赔款的,由华天公司实际支付给船东协会。本案中没有证据显示华天公司可以从船东协会处获得任何赔款。华天公司作为债务人,在船东协会承担了保证责任后,依据《中华人民共和国担保法》第 31 条关于"保证人承担保证责任后,有权向债务人追偿"的规定,应当向保证人船东协会全额清偿修船余款。

船东协会主张宏光公司向其提供了反担保函,宏光公司以缺乏有效证据证明为由提出异议。鉴于宏光公司对(2003)广海法督字第 5-2 号支付令提出书面异议时已经明确表示宏光公司曾就本案修船余款问题向船东协会提供了反担保函,并且对船东协会申请支付令时所提交的反担保函传真件没有表示异议,在没有相反证据的情况下,船东协会所提供的反担保函传真件可以采信,宏光公司与船东协会的往来函件和宏光公司出具的反担保函之间可以相互印证,也可以采信。据此,可以认定宏光公司向船东协会提供了反担保,船东协会在向南通中远船务工程有限公司承担了保证责任后,可以要求宏光公司承担反担保责任。

宏光公司在其出具的反担保函中承诺,在船东协会因出具涉案担保函而产生责任时,宏光公司将全额支付该责任下的赔款以解除船东协会的担保责任,同时还承诺,如果宏光公司违反了上述约定,而使船东协会产生了,或尽管船东协会无此义务但仍选择产生/发生了这种责任、损失、损害、各种费用或手续费,则船东协会有权要求宏光公司立即支付赔款以解除上述责任,补偿及支付各种费用或手续费,一旦宏光公司不能马上向船东协会支付赔款,宏光公司将另行支付给船东协会该赔款支付前这段时间的利息,利率为高于中国银行 3 个月美元定期存款利率 2 个百分点,该利率以中国银行每月第一天公布的利率为准。根据宏光公司的上述承诺,船东协会承担保证责任后无须先行起诉华天公司就可直接要求宏光公司付款,即宏光公司与华天公司就修船余款承担连带责任,因此,宏光公司向船东协会提供的保证是连带责任保证。

船东协会履行保证责任后,华天公司成为船东协会的债务人,宏光公司是连带责任保证人。根据《中华人民共和国担保法》第 18 条第 2 款的规定:"连带责任保证的债务人在主合同规定的债务履行期限届满前没有履行债务的,债权人可以要求债务人履行债务,也可以要求保证人在其保证范围内承担保证责任。"船东协会有权要求华天公司和宏光公司清偿该修船余款。华天公司是债务人,应当清偿该修船余款,宏光公司向船东协会承诺就该修船余款与华天公司承担连带责任,因此,华天公司和宏光公司应当就修船余款人民币 730 000 元承担连带清偿责任。

华天公司和宏光公司出具的反担保函均承诺,如未能依约支付赔款的,应"另行支付给船东协会该赔款支付前这段时间的利息,利率为高于中国银行 3 个月美元定期存款利率两个百分点,该利率以中国银行每月第一天公布的利率为准"。该承诺并未违反法律规定,船东协会有权据此向两被告请求利息损失。两被告应当自 2003 年 7 月 23 日起依约向船东协会赔偿利息损失。

船东协会请求两被告赔偿其为本案支出的有关费用损失,但没有提供任何证据,不予支持。

综上,依照《中华人民共和国担保法》第 18 条第 2 款、第 31 条的规定,判决如下:

(1) 被告宏光公司和被告华天公司连带向原告船东协会支付人民币 730 000 元及其自 2003 年 7 月 23 日起至本判决确定的付款之日止按照高于中国银行 2003 年 7 月 1 日公布的 3 个月美元定期存款利率两个百分点的利率计算的利息;

(2) 驳回原告船东协会的其他诉讼请求。

1.3 企业法人分支机构对外提供担保的责任承担

3 原告广州长江制衣印染有限公司诉被告广州中远国际航空货运代理有限公司东莞分公司、广州中远国际航空货运代理有限公司保证合同纠纷案
案例来源:广州海事法院(2004)广海法初字第 19 号
主题词:企业法人分支机构 对外担保 赔偿责任

裁判要旨

No. ZH-1.3-1 企业法人的分支机构未经法人授权不得提供担保,且未经国家有关主管部门批准或者登记,不得为境外机构向境内债权人提供担保,否则担保合同无效。保证人和债权人应当知道被保证人是外国公司,仍签订保证合同,导致保证合同无效,双方均有过错,企业法人的分支机构应以其独立经营管理的财产对保证无效承担赔偿责任。①

一、基本案情

原告:广州长江制衣印染有限公司(以下简称制衣公司)
被告:广州中远国际航空货运代理有限公司东莞分公司(以下简称东莞公司)

---

① 因法律法规修改,公司担保制度发生新变化,具体如下:《中华人民共和国公司法》第 16 条第 1 款规定:"公司向其他企业投资或者为他人提供担保,依照公司章程的规定,由董事会或者股东会、股东大会决议;公司章程对投资或者担保的总额及单项投资或者担保的数额有限额规定的,不得超过规定的限额。"国家外汇管理局《关于发布〈跨境担保外汇管理规定〉的通知》第 6 条规定:"外汇局对内保外贷和外保内贷实行登记管理。境内机构办理内保外贷业务,应按本规定要求办理内保外贷登记;经外汇局登记的内保外贷,发生担保履约的,担保人可自行办理;担保履约后应按本规定要求办理对外债权登记。境内机构办理外保内贷业务,应符合本规定明确的相关条件;经外汇局登记的外保内贷,债权人可自行办理与担保履约相关的收款;担保履约后境内债务人应按本规定要求办理外债登记手续。"第 7 条规定:"境内机构提供或接受其他形式跨境担保,应符合相关外汇管理规定。"

被告:广州中远国际航空货运代理有限公司(以下简称中远空运)

原告制衣公司诉称:东莞公司为制衣公司运输一个货柜(集装箱)价值120 000美元的货物给客户陈氏(德国)有限公司(陈林海)(以下简称陈氏公司)。2002年10月25日,东莞公司向制衣公司出具一份保函,承诺:上述货物已到德国码头,陈氏公司未付款,经陈氏公司要求、制衣公司同意,陈氏公司先付此柜部分货款人民币800 000元给东莞公司,由东莞公司转付给制衣公司,制衣公司收到此款后,同意东莞公司将提单转交陈氏公司,担保方如果未收到此人民币800 000元的货款而私自转交提单,须在7天内把此柜货款120 000美元归还制衣公司,如果超过时间归还,则按日5%计算违约金。陈氏公司收到提单后至今未付剩余货款,给制衣公司造成人民币196 000元货款及其利息的损失。2002年11月,制衣公司向东莞市人民法院起诉两被告,要求其承担保证责任。2003年5月16日,东莞市人民法院(2003)东民二初字第220号民事判决书以东莞公司未经其总公司中远空运授权为由,认定涉案保证合同为无效合同,驳回了制衣公司的诉讼请求。制衣公司因涉案保证合同被认定无效而受到巨大经济损失,东莞公司对涉案保证合同无效存在过错,应当承担赔偿责任,中远空运作为东莞公司的总公司监管不力,存在过错,依法应承担连带赔偿责任。据此,请求判令两被告连带赔偿因过错给制衣公司造成的经济损失人民币196 000元及其自2002年10月12日起至清偿之日止的利息,判令两被告承担本案诉讼费用。

原告制衣公司在举证期限内提供了如下证据:

(1)中远空运和东莞公司的工商登记资料;

(2)经东莞市公证处公证的中外运集装箱运输有限公司提单复印件;

(3)经东莞市公证处公证的担保书复印件;

(4)东莞市人民法院(2003)东民二初字第220号民事判决书;

(5)制衣公司内部财务结算总结。

被告东莞公司、中远空运辩称:

(1)制衣公司的诉讼请求经法院驳回后,又以同样的事实及理由提出相同的诉讼请求,违反"一事不再理"原则;

(2)根据《中华人民共和国担保法》有关规定,东莞公司的保证是一般保证,在未起诉买方并经依法强制执行仍不能清偿之前,制衣公司要求东莞公司承担保证责任不符合法律规定;

(3)东莞公司保证责任的保证期间已经经过,依据担保法的规定,保证责任已经免除;

(4)保证无效的责任在东莞公司,制衣公司起诉中远空运违反规定;

(5)东莞公司已经按照约定将人民币800 000元的货款转交给制衣公司,担保的事实已经不再存在,且制衣公司没有举证证明陈氏公司未向其支付余款;

(6)制衣公司已将担保书归还东莞公司,保证责任已经解除。

据此请求驳回制衣公司的起诉。

二、法院查明事实

制衣公司委托东莞公司为其运输一个货柜货物给客户陈氏公司,货柜号为 WS-DU4905980。东莞公司将该货柜货物交给中外运集装箱运输有限公司运输,中外运集装箱运输有限公司于 2002 年 10 月 1 日签发了编号为 SNLEU250005035A 的提单。货物运抵目的港德国汉堡后,由于陈氏公司未付款,涉案提单仍在制衣公司处。制衣公司在涉案提单上手书"请贵司收到陈氏公司货款后才能放提单,否则,须承担此柜货 120 000 美元的还款责任"。东莞公司对此加盖业务专用章,落款时间为 2002 年 10 月 25 日。

10 月 25 日,东莞公司又向制衣公司出具了一份担保书,担保书记载:兹有制衣公司运单号:SNLEU250005035A,柜号 WSDU4905980,共价值 120 000 美元。由于货已到德国码头,客户陈氏公司未付款,现经客户陈氏公司的要求,收款人制衣公司的同意,收货人陈氏公司先付此柜款其中人民币 800 000 元给东莞公司,转给付货人制衣公司。制衣公司收到此款后,同意东莞公司将提单转交给陈氏公司。但保证方必须在收到此柜货款人民币 800 000 元后才能交出提单给陈氏公司。如果未收到此人民币 800 000 元私自转交提单,保证方须在 7 天内把此柜总值 120 000 美元的货款归还制衣公司,如超过此时间归还,即要按每日 5% 计算违约金。之后,制衣公司将提单正本交给东莞公司。

10 月 26 日和 30 日,东莞公司分两次向制衣公司汇款人民币 800 000 元(扣除手续费人民币 50 元,实付人民币 799 950 元)。11 月 8 日,制衣公司在收到上述款项后,向东莞公司出具了收据,并将涉案担保书原件归还东莞公司。制衣公司在归还涉案担保书原件之前,复印了一份涉案担保书,并把复印件交东莞市公证处公证。东莞市公证处为涉案担保书复印件所作的(2002)东证内字第 2501 号公证书记载:"兹证明前面的影印件与原件相符。原件上的东莞公司业务专用章属实。"

2003 年,制衣公司向东莞市人民法院起诉东莞公司和中远空运,要求其承担保证责任。东莞市人民法院就该案所作的(2003)东民二初字第 220 号民事判决书认为:"东莞公司未经法人中远空运授权与制衣公司订立保证合同,该保证合同依法应认定为无效合同,制衣公司依据该无效合同要求东莞公司和中远空运承担担保责任,于法无据,不予支持。由于制衣公司未主张无效合同的过错赔偿责任,故不予处理,制衣公司可另行提起诉讼。"据此,法院驳回了制衣公司的诉讼请求。该判决书现已生效。

另查明,中远空运具有法人资格,东莞公司不具有法人资格,东莞公司是中远空运的分公司。

制衣公司提供了一份其内部财务结算总结,以证明其因涉案保证合同无效遭受了人民币 196 000 元的损失。两被告认为,该内部财务结算总结系制衣公司单方制作,未经两被告确认,不具有证明力,制衣公司不能提供证据证明陈氏公司并未支付剩余货款,应当承担举证不能的责任,应当认定制衣公司没有遭受损失。法院认为,制衣公提供的该证据是制衣公司的内部文件，未经第三方确认，证明力不足，不予确认。

被告东莞公司提交了一份陈氏公司致制衣公司的函件复印件以证明涉案货物存在质量问题，周海平在该复印件上手书"原件于2003-1-18收到并借给东莞中空"。制衣公司认为，该复印件未经制衣公司签字盖章，真实性无法确认，而且该复印件与本案无关。法院认为，东莞公司未提交该复印件的原件，对该复印件的真实性无法确认，且没有证据证明该复印件所提及的货物就是涉案货物，因此，对该复印件不予采信。

两被告主张制衣公司已经将担保书原件归还东莞公司，制衣公司则认为，归还担保书不是其真实意思表示，是因为其他货物在东莞公司的控制之下，受东莞公司的胁迫不得已才归还担保书原件。法院认为，制衣公司主张受东莞公司胁迫才归还担保书，但不能提供证据证明，故对该主张不予采信。

三、法院裁判

广州海事法院认为，东莞市人民法院(2003)东民二初字第220号民事判决书已经生效，该判决书明确记载并未审理涉案保证合同被认定无效后的损害赔偿问题，因此，制衣公司就东莞市人民法院未审理的请求提起诉讼，并非重复起诉，没有违反"一事不再理"原则，两被告认为制衣公司起诉违反"一事不再理"原则的主张与事实不符，不予支持。

本案是一宗保证合同纠纷。东莞公司为陈氏公司对制衣公司所负的债务承担保证责任，由于陈氏公司系外国公司，因此，本案是涉外保证合同纠纷。该合同当事人没有选择处理合同争议所适用的法律，鉴于保证合同当事人东莞公司和制衣公司的住所地均在中国，且担保书是在中国境内出具的，根据最密切联系原则，本案应当适用中华人民共和国法律。

东莞市人民法院(2003)东民二初字第220号民事判决书已经认定涉案保证合同为无效合同，该判决书已经发生法律效力，应当认定涉案保证合同无效。原、被告各方对于涉案保证系一般保证或连带责任保证有异议，两被告同时主张，制衣公司的起诉已经过了保证期间，东莞公司的保证责任已经解除。由于涉案保证合同已经被认定无效，原、被告的上述主张缺乏法律依据，不予支持。

涉案保证合同被认定无效的原因在于东莞公司未经其法人中远空运授权而与制衣公司签订涉案保证合同。广州海事法院认为，我国法律已经明确企业法人的分支机构、职能部门不得为保证人，最高人民法院的司法解释也明确规定了未经国家有关主管部门批准或者登记，为境外机构向境内债权人提供担保的对外担保合同无效。制衣公司和东莞公司作为在我国依法登记成立的企业，应当清楚我国的相关规定，作为涉案保证合同当事人，也应当知道被保证人陈氏公司是外国公司，而仍签订了涉案保证合同，导致涉案保证合同被认定为无效合同，制衣公司和东莞公司双方均有过错。没有证据表明中远空运知道而放任东莞公司未经授权出具担保书，东莞公司作为中远空运的分公司可以独立经营，制衣公司主张中远空运对东莞公司监管不力导致东莞公司出具涉案无效保证合同缺乏依据，中远空运对涉案保证合同无效没有过错。

制衣公司所提供的涉案提单手书部分的落款时间与东莞公司出具的担保书的落款时间均为2002年10月25日，没有证据证明二者出具时间有先后之分，应当认定二者是同时出具的。涉案提单上手书部分记载"收到陈氏公司的货款后才能放提单，否则，须承担此柜货120 000美元的还款责任"，没有明确是收到全部货款或部分货款。担保书对此作了进一步约定，"保证方（即东莞公司）必须在收到此柜货款人民币800 000元后才能交此提单给陈氏公司。如果未收到此人民币800 000元私自转交提单，保证方须在7天内把此柜总值120 000美元的货款归还制衣公司"。因此，应当认定东莞公司收到货款人民币800 000元后即可转交提单。否则，如果认定东莞公司应在收到全部货款后才可转交提单，则涉案提单记载与担保书记载明显矛盾。制衣公司没有异议地接受东莞公司的担保书，并在收到东莞公司汇款人民币800 000元后，将担保书原件归还东莞公司。制衣公司和东莞公司的实际履约行为表明双方一致同意东莞公司收到货款人民币800 000元后即可转交提单，否则，须就全部货物价值120 000美元向制衣公司承担还款责任。据此，应认定东莞公司向制衣公司提供的保证是保证制衣公司收回人民币800 000元货款，在没有收回人民币800 000元而转交提单的情况下，承担偿还120 000美元货款的保证责任。

制衣公司主张由于涉案保证合同被认定为无效造成其剩余货款人民币196 000元的损失。广州海事法院认为，首先，东莞公司只对制衣公司收回人民币800 000元货款承担保证责任，其人民币196 000元货款未能收回与东莞公司的该保证无关；其次，依照涉案担保书的记载，东莞公司只有在未收回人民币800 000元货款而私自转交提单给陈氏公司时才需向制衣公司承担全部货款的还款责任。原、被告均已确认，东莞公司收到人民币800 000元货款后才将提单转交给陈氏公司，因此，制衣公司未能收回余款的损失与东莞公司无关。制衣公司要求东莞公司承担剩余货款损失的主张缺乏依据，不予支持。

根据最高人民法院《关于适用〈中华人民共和国担保法〉若干问题的解释》第17条第4款的规定："企业法人的分支机构提供的保证无效后应当承担赔偿责任的，由分支机构经营管理的财产承担。企业法人有过错的，按照担保法第二十九条的规定处理。"由于东莞公司对制衣公司的请求不负有赔偿责任，中远空运对于涉案保证合同无效没有过错，中远空运无须向制衣公司承担赔偿责任。制衣公司主张中远空运承担连带赔偿责任的请求不能成立，应予驳回。

综上，依照《中华人民共和国担保法》第5条的规定，判决如下：

驳回原告制衣公司的诉讼请求。

2. 港口作业纠纷

2.1 港口经营人对货物灭失的赔偿责任

1 原告广东东峰化工燃料有限公司诉被告东莞中谷油脂有限公司港口作业合同纠纷案
案例来源:广州海事法院(2005)广海法初字第 175 号
主题词:港口经营人　中转储存　港口经营人的责任区间　赔偿范围　可得利益损失

> **裁判要旨**
>
> **No. ZH-2.1-1**　进口货物的货主委托代理人进口货物,但不是提单记载的收货人,也并非报关单载明的收货人与经营人,货物抵达卸货港后,其以自己的名义与码头经营人签订货物中转协议,约定港口经营人为其接卸、中转货物,因输油管损坏导致货物部分灭失。即使货主对该提单项下货物不享有所有权,法院推定其合法占有该提单项下货物,有权依据货物中转协议,请求港口经营人承担赔偿责任。
>
> **No. ZH-2.1-2**　货物从货舱卸出后经过港口经营人的输油管进入其储罐,在从港口经营人储罐中转发至其他运输装载工具之前,卸入油管及储罐内的涉案货物由港口经营人掌管,此段期间内发生的货物灭失,系港口经营人对涉案货物保管不善,应由港口经营人承担。按报关时的单价计算的货物价值、向海关交纳的进口关税和进口增值税属于货物灭失的赔偿范围,港口经营人应予赔偿。但货主因输油管损坏而向承运人支付的滞期费不属于可以预见的损失,不应由港口经营人赔偿。

一、基本案情

原告:广东东峰化工燃料有限公司

被告:东莞中谷油脂有限公司

原告广东东峰化工燃料有限公司诉称:2004 年 8 月,原告与被告签订了《油脂中转协议》,约定被告负责为原告接卸、中转棕榈油 5 000 吨。2004 年 8 月 23 日至 24 日,被告在新沙港进行接收、输送货物时,由于其输油管损坏造成原告货物损失 41.647 吨,并导致船舶滞期 4 小时 20 分钟。原告多次要求被告赔偿,并自愿降低索赔数额,其中将货物损失降为 26.68 吨,赔偿额减至人民币 121 817.68 元(以下所称元在没有注明货币种类时为人民币),将船舶滞期费损失从 1 354.17 美元(7 500 美元/天)减至 902.80 美元(5 000 美元/天),折合人民币 7 484 元,但被告一直拖延未付。被告作为合同一方当事人,未能妥善履行自己的义务,依法应承担违约责任。请求法院判令:被告赔偿原告货物损失 121 817.68 元、滞期费 902.80 美元(折合人民币 7 484 元),并承担本案诉讼费用。

被告东莞中谷油脂有限公司辩称:

(1)原告的货物损失是因中盛粮油工业(东莞)有限公司(以下简称中盛公司)损坏连接油轮和油库的输油管线造成泄漏所致,应由中盛公司对原告承担赔偿责任。

(2)根据中盛公司提交的测算材料,原告货物损失约为 3.7 吨。原告主张的货物损失数量与事实不符。

(3)承运涉案货物的船舶在卸货前便已因码头拥挤发生滞期,原告请求被告赔偿滞期费缺乏事实和法律依据。

(4)SP/DM/HPU-02 号提单项下货物的收货人为中化上海进出口公司,原告不能证明其是该票货物的所有人,无权就该票货物的损失请求赔偿。据此,请求法院驳回原告的全部诉讼请求。

二、法院查明事实

2004 年 6 月 26 日,原告作为买方与新加坡的丰益贸易私人有限公司(Wilmar Trading Pte. Ltd.)签订了销售合同,约定:商品品名为精炼可食用去臭棕榈油,产地为印度尼西亚/马来西亚,数量为 5 000 吨 ±5%,价格为 446 美元,价格条件为 CNF 黄埔,滞期费为每天 7 500 美元,按比例计算,卸货速度为每小时 100 吨,卸货时间从递交准备就绪通知书后 6 小时起算。

2004 年 8 月,原告与被告签订《油脂中转协议》,约定:

(1)经友好协商,被告同意为原告接卸、中转进口 24 度精炼棕榈油 5 000 吨……

(2)被告协助原告将货物卸入被告罐内,按原告要求从被告储罐中转发至其他运输装载工具。

(3)费用负担…… ② 原告负责交纳关税、增值税及海关征收或代征的其他各项费用

……

(5)损耗:汽运损耗千分之一由原告承担,灌桶损耗千分之三由原告承担,船运损耗千分之四由原告承担

……

(7)计量依据。① 中转接油数量以商检岸罐计量为准。② 汽运罐车发运量以被告地磅计量为准。③ 装船发运以被告储罐计量为准……

(8)被告保证在卸船前准备好合格储罐……

2004 年 8 月 26 日,中华人民共和国广州出入境检验检疫局出具的编号为 440100104025800 的重量证书记载:收货人为原告,发货人为国峰企业有限公司,品名为棕榈液油,报检数量为 2 100.000 公吨,提单号为 SP/DM/HPU-01,到货地点为中国新沙,启运地为印度尼西亚,到货日期为 2004 年 8 月 23 日,卸毕日期为 2004 年 8 月 25 日,运输工

具为"云丽莎(VENESSA)"轮,检验日期为2004年8月23日至25日,检验结果为:该轮上述货舱卸出之该票货物重量为2 095.336公吨。编号为440100104025801的重量证书记载:收货人为中化上海进出口公司,发货人为国峰企业有限公司,品名为棕榈液油,报检数量为2 899.931公吨,合同号为04HK31SH572R0024,提单号为SP/DM/HPU-02,到货地点为中国新沙,启运地为印度尼西亚,到货日期为2004年8月23日,卸毕日期为2004年8月25日,运输工具为"云丽莎"轮,检验日期为2004年8月23日至25日,检验结果为该轮上述货舱卸出之该票货物重量为2 893.491公吨。本船次上述舱位所载货物检验结果重量共为4 988.827公吨,共分两份证书(440100104025800、440100104025801)出具。

中国进出口商品检验技术研究所广东分所出具的检验证书记载:申报品名为棕榈液油,船名为"云丽莎",申报重量为4 999.931公吨,罐号为中谷油脂A4、T5号罐,检验结果为上述储罐所载之货物重量为4 947.180公吨,检验时间为2004年8月25日。

2004年8月26日,中华人民共和国新沙海关出具的521220041124506603-A01号海关进口关税专用缴款书和521220041124506603-L02号海关进口增值税专用缴款书均记载:缴款单位为中化上海进出口公司,货物名称为棕榈液油(精炼食用),数量为2 899.931吨,报关单编号为521220041124506603,运输工具为"云丽莎"轮,提单号为SP/DM/HPU-02。海关进口关税专用缴款书和海关进口增值税专用缴款书记载的完税价格分别为10 726 282元、11 691 547.38元,税率分别为9%、13%,税款金额分别为965 365.38元、1 519 914.16元。

2004年9月9日,中华人民共和国新沙海关出具的521220041124506451号海关进口货物报关单记载:进口口岸为新沙海关,进口日期为2004年8月23日,申报日期为2004年8月17日,经营单位为原告,运输工具为"云丽莎"轮,提单号为SP/DM/HPU-01,收货单位为福建华闽进出口有限公司,启运国为印度尼西亚,装货港为杜迈,商品名称为棕榈液油(精炼食用),数量为2 100吨,原产国为印度尼西亚,单价446美元,总价949 200美元。

2004年9月10日,原告致函被告,要求被告赔偿短少41.647吨货物的损失192 212元,滞期4小时20分的滞期费11 228元。

2004年9月14日,被告向中盛公司发出的索赔函记载:因中盛公司在架设输油管线的施工中割断了被告输油管道上的排空管,致使被告在8月23日午夜中转原告棕榈液油时发生跑油事件,造成重大损失。被告还在该函中转述了原告的赔偿要求,并认为损失是由中盛公司造成的,要求中盛公司支付赔款。

2004年9月28日,原告向广州港新沙港务公司支付了145 298元。10月27日,原告向被告支付了229 197.15元。

2005年1月25日,原告委托代理人郑文浩向被告发出律师催告函,自愿将货物损失降为26.68吨,要求被告赔偿货物损失123 135元和船舶滞期费11 228元。

"云丽莎"轮在卸货前已经发生滞期。

港口经营人·中转储存·港口经营人的责任区间·赔偿范围·可得利益损失

经查,中国人民银行公布的 2004 年 8 月 24 日的人民币对美元的交易基准汇价为 100 美元兑换人民币 827.66 元。

对原、被告争议的事实,法院认定如下:

原告为证明货物的装运情况,提供了两份提单复印件(编号分别为 SP/DM/HPU-01 和 SP/DM/HPU-02)。上述两份提单均记载:托运人为丰益贸易私人有限公司,油轮为"云丽莎"轮,航次为 12/04,装货港为印度尼西亚的杜迈,卸货港为中国黄埔,收货人凭指示,通知方为国峰企业有限公司,货物为精炼可食用去臭棕榈油,散装,签发日期为 8 月 11 日。两份提单记载的货物数量分别为 2 100 吨和 2 899.931 吨,装船的 2 100 吨和 2 899.931 吨均为装船的 4 999.931 吨的一部分而没有单独分舱,应装运人的要求已将整船货物分拆出具两套提单。被告提出异议认为,上述两份提单均为复印件,并且不能证明提单项下货物与原告的关系。法院认为,上述两份提单虽然为复印件,但 SP/DM/HPU-01 号提单有 521220041124506451 号海关进口货物报关单、销售合同、重量证书可以印证,SP/DM/HPU-02 号提单有 521220041124506603-A01 号海关进口关税专用缴款书、521220041124506603-L02 号海关进口增值税专用缴款书、销售合同、重量证书可以印证,因此,对两份提单记载的上述内容予以采信。

原告为证明其委托国峰企业有限公司代付货款和费用,提供了原告出具的委托书。该委托书记载:兹委托国峰企业有限公司代为支付原告与丰益贸易私人有限公司签订的有关 5 000 吨 24 度精炼棕榈油进口购销合同项下之货款及相关一切费用。被告提出异议认为,该证据为传真件并且与本案没有关联性。法院认为,原告提供的该委托书属于原告单方陈述,被告不予认可,根据最高人民法院《关于民事诉讼证据的若干规定》第 76 条关于"当事人对自己的主张,只有本人陈述而不能提出其他相关证据的,其主张不予支持。但对方当事人认可的除外"的规定,对原告的该主张不予支持。

原告为证明其对提单项下货物享有所有权,提供了合作协议、购货合同、进出口货物报关单两份、货权证明书、货权转移证明书。中化上海进出口公司作为买方于 2004 年 7 月 13 日与作为卖方的国峰企业有限公司签订的购货合同记载:合同号为 04HK31SH572R0024,货物的名称、数量、价格分别为精炼可食用去臭棕榈油、2 900 吨、每吨 446 美元(价格条件为 CFR 黄埔),5% 的溢短装可接受,装运港为印度尼西亚的杜迈,目的港为中国黄埔,装运期为 2004 年 7 月 15 日至 10 月 15 日。中化上海进出口公司于 2004 年 8 月 11 日与广州盈谷贸易有限公司签订的合作协议记载:协议编号为 04HK31SH572R0024-2,中化上海进出口公司与广州盈谷贸易有限公司约定,由中化上海进出口公司代理广州盈谷贸易有限公司进口指定货物。代理进口货物的名称、数量、价格分别为精炼可食用去臭棕榈油、2 900 吨 ±5%、每吨 446 美元(价格条件为 CNF 中国黄埔),广州盈谷贸易有限公司指定的进口货物供应商为国峰企业有限公司,装运期为 2004 年 7 月 15 日至 10 月 15 日,装运港为印度尼西亚,目的港为中国黄埔。该合作协议上加盖了中化上海进出口公司、广州盈谷贸易有限公司和国峰企业有限公司的印章。521220041124506603 号海关进口货物报关单记载:进口口岸为新沙海关,经营单位为中化上海进出口公司,运输工具为"云丽莎"轮,提单号为SP/DM/HPU-02,收货单位为中化上海进出口公司,起运国为印度尼西亚,装货港为杜迈,商品名称为棕榈液油(精炼食用),数量为2 899.931吨,原产国为印度尼西亚,单价446美元。广州盈谷贸易有限公司出具的货权证明书记载:2004年8月20日由"云丽莎"轮承载进口之4 999.931吨24度精炼棕榈油中,SP/DM/HPU-02号提单项下的货物之实际货权为原告所有。原告发给被告的货权委托书记载:由"云丽莎"轮装载进口的24度精炼棕榈油,按原告与被告所签订的《油脂中转协议》,已于2004年8月24日卸入被告T5罐(2 294.403吨)及A4罐(2 652.777吨),实际入罐数为4 947.18吨(扣除漏油及入罐损耗),以上货物的货权归原告所有,该批货物分别以中化上海进出口公司及原告名义报关,手续已办妥。现为了对外销售的便利原告将以上货物的货权全部转移给广州盈谷贸易有限公司,对外发货以该司的委托书为准。被告提出异议认为,521220041124506603号海关进口货物报关单没有原件,并且其证明SP/DM/HPU-02号提单项下货物的所有权不属于原告。合作协议、购货合同与本案没有关联性。货权证明书不能推翻海关进口货物报关单的证明力。货权转移委托书与本案没有关联性。法院认为:

第一,521220041124506603号海关进口货物报关单有521220041124506603-A01号海关进口关税专用缴款书和521220041124506603-L02号海关进口增值税专用缴款书可以印证,可以确认其真实性。

第二,合作协议及购货合同记载的货物名称、重量、合同编号、装货港、卸货港与4401001 04025801号重量证书可以相互印证,可以证明合作协议及购货合同所记载的货物就是SP/DM/HPU-02号提单项下的货物。

第三,合作协议、购货合同与SP/DM/HPU-02号提单、521220041124506603号海关进口货物报关单可以相互印证,可以证明SP/DM/HPU-02号提单项下的货物是中化上海进出口公司代理广州盈谷贸易有限公司进口的。

第四,货权证明书、货权转移证明书与上述确认的事实可以相互印证,因此,原告提供的上述证据足以证明原告对SP/DM/HPU-02号提单项下的货物享有所有权。

第五,《销售合同》的买方、440100104025800号重量证书记载的收货人、521220041124506451号海关进口货物报关单记载的经营单位均为原告,被告对原告享有SP/DM/HPU-01号提单项下货物的所有权没有提出异议,可以认定原告享有SP/DM/HPU-01号提单项下货物的所有权。

原告为证明其损失是因被告输油管损坏而造成的,提供了被告植物油船靠卸工作记录的复印件。该记录记载:时间为2004年8月23日,客户名称为原告,到货品名为24度棕油,到货数量为5 000吨,所进罐号为T5、A4、T9,船名为"云丽莎",19时30分停靠新沙港,21时接管,0时25分开卸。备注栏记载:20时接通知到江边收油,0时20分试压正常,0时50分起泵压力为3公斤,1时船上管道出故障停卸,1时20分开卸,压力2公斤,起泵压力3.2公斤,2时30分因管道出故障漏油,叫船上停,6时55分第二次开卸,起泵压力为3.5公斤。该记录有中班和夜班值班人员的签名。被告认为该记录没有原件,也未加盖被告公章,需要被告核实。法院认为,该记录中关于"因管道出故障漏油"的记载有被告于2004年9月14日发给中盛公司的索赔函可以印证,据此可以认定被告在协助原告将涉案货物卸入被告储罐的过程中,由于被告的输油管损坏导致涉案货物泄漏。

原告为证明滞期时间,提供了卸货时间明细表。该表记载:港口为中国黄埔新沙5号码头,日期为2004年8月25日,船名为"云丽莎",航次编号为12/04,卸载4999.931吨精炼食用去臭棕榈油,8月18日5时45分到达桂山引航锚地,递交准备就绪通知书,8月24日0时20分开始卸货,0时20分至2时30分继续卸货,2时30分至6时50分由于岸上管线发生泄漏,卸货中止,6时50分至24时恢复并继续卸货。该表加盖了"云丽莎"轮的船章和中粮国际船务代理公司的船务代理章,并有"云丽莎"轮船长的签名。被告对该表的真实性提出异议。法院认为,该卸货时间明细表记载的因被告输油管道泄漏导致卸货中止的时间与植物油船靠卸工作记录的记载可以相互印证,因此,对因被告输油管道泄漏导致卸货中止4小时20分的事实予以采信。

原告为证明滞期费的数额,提供了滞期费计算的传真和丰益贸易私人有限公司的付款通知。滞期费计算的传真记载:"云丽莎"轮,航次12/04,租船合同日期为2004年7月23日,租船人为丰益贸易私人有限公司,船东为MENDSTAR资产公司,装货港为印度尼西亚的杜迈,卸货港为广州黄埔,货物数量为4999.931吨,装卸时间分别为125吨/小时、80吨/小时,滞期费为每天5000美元,按比例计算,收货人为国峰企业有限公司,递交准备就绪通知书的时间为2004年8月18日5时45分,终止卸货的时间为8月25日10时15分,实际卸货时间为6.9375天,允许卸货时间为2.60413072917天,滞期时间为4.3333692708天,滞期费为21666.85美元。丰益贸易私人有限公司的付款通知记载:国峰企业有限公司转交广州溢海贸易有限公司,船名为"云丽莎",租船合同日期为2004年7月23日,货物数量为4999.931吨,卸货港为黄埔,滞期费为21666.85美元。被告对上述证据的真实性和关联性提出异议。法院认为,原告提供的上述证据均为传真件,被告不予认可,原告没有提供其他证据予以印证,因此,对上述证据的真实性不予采信。

原告为证明其支付了滞期费,提供了收款证明。该证明记载:发送人Patrcia Chan Yoke Foong,收件人Alison,发送时间2005年4月28日17时14分,主题东峰(国峰)-40028266,船名"云丽莎",航次12/04,合同号40028266,买方为原告,货物为4999.931吨棕榈油,我们确认收到国峰企业有限公司的下列款项:① 90044472——936600.00美元,收到日期为2004年6月8日;② 90044492——1293369.23美元,收到日期为2004年6月8日;③ 滞期费21666.85美元。被告对该证明的真实性和关联性提出异议。法院认为,该证明为一封电子邮件,没有其他证据可以印证,因此,该证明不足以证明原告或国峰企业有限公司向丰益贸易私人有限公司支付了滞期费21666.85元。

原告为证明涉案货物的税款和进口价格提供了进口关税和进口增值税专用缴款书各两

港口经营人・中转储存・港口经营人的责任区间・赔偿范围・可得利益损失

份。其中,中华人民共和国新沙海关于2004年8月26日出具的521220041124506451-A01号海关进口关税专用缴款书和521220041124506451-L02号海关进口增值税专用缴款书均记载:缴款单位原告(福建华闽进出口有限公司),货物名称棕榈液油(精炼食用),数量2 100吨,报关单编号521220041124506451,运输工具"云丽莎"轮,提单号SP/DM/HPU-01。上述海关进口关税专用缴款书和海关进口增值税专用缴款书记载的完税价格分别为7 871 988元、8 580 466.92元,税率分别为9%、13%,税款金额分别为708 478.92元、1 115 460.70。被告对上述海关进口关税专用缴款书和海关进口增值税专用缴款书的真实性提出异议,对另一份海关进口关税专用缴款书和海关进口增值税专用缴款书的真实性没有异议。法院认为,上述两份海关进口关税专用缴款书和海关进口增值税专用缴款书与两份海关进口货物报关单之间可以相互印证,因此,原告提供的上述证据可以证明涉案货物的税款和进口价格。被告提出的异议,缺乏相应的证据,不予采信。

被告为证明涉案货物的损失数量,提供了中盛公司给被告的两份复函。2004年9月16日的复函记载:

(1)根据被告植物油船靠卸工作记录及码头作业记录,漏油时间为:A:0时50分起泵,1时停泵:10分钟,压力为3Kgf/cm2;B:1时20分起泵,2时30分停泵:70分钟,压力为2Kgf/cm2慢慢升至3Kgf/cm2,以上合计漏油时间为80分钟即4 800秒。

(2)根据化工设计资料可查:管压为3.2Kgf/cm2,管径为DN20mm时,水的流速为1.5~3.0m/s,油的黏度比水大,流速应小于3.0m/s。

(3)油品密度取925Kg/cm3,流速取2.7m/s,则跑油量为:M = 2.7 × 4 800 × 3.14 × 20 × 20/4/1 000 000 × 925 = 3 764.232公斤,即实际跑油量为3.7吨左右。

2004年10月18日的复函记载:中盛公司计算跑油数量取用的数据均比实际数要大,即3.7吨比实际跑油数要大很多。原告提出异议认为,货物卸入被告油罐时是船上的压力和油罐的吸力共同作用,因此,实际跑油数量要大于中盛公司计算的数量。被告在最高人民法院《关于民事诉讼证据的若干规定》第54条第1款规定的期限(即举证期限届满10日前)届满后申请中盛公司出庭作证,法院不予准许。法院认为,上述两份复函属于证人证言,中盛公司未出庭作证,原告又不予认可,根据最高人民法院《关于民事诉讼证据的若干规定》第69条第(五)项关于"无正当理由未出庭作证的证人证言"不能单独作为认定案件事实的依据的规定,对上述两份复函不予采信,涉案货物的损失数量应根据原告提供的重量证书和检验证书予以确定。

三、法院裁判

法院认为,原告与被告签订《油脂中转协议》,约定被告协助原告将涉案货物卸入被告储罐内。在涉案货物卸入被告储罐的过程中,因被告的输油管损坏导致涉案货物泄漏,由此造成原告损失。本案纠纷是因港口卸货过程中发生的事故引起的,因此,本案属于港口作业合同纠纷。该合同是双方当事人真实一致的意思表示,且没有违反我国现行法律、行政法规的强制性规定，应合法有效。该合同对双方当事人具有拘束力，双方当事人应当按照合同约定全面履行自己的义务。

《油脂中转协议》的内容包括协助卸货、仓储、货物中转，据此可以认定该合同属于《中华人民共和国合同法》和其他法律没有明文规定的合同，即无名合同。根据《中华人民共和国合同法》第124条的规定，本案适用该法总则的规定，并可以参照该法分则或者其他法律最相类似的规定处理。

本案中，涉案货物从"云丽莎"轮货舱卸出后，首先经过被告的输油管然后进入被告的储罐，因被告的输油管损坏导致涉案货物泄漏，由此造成涉案货物部分灭失。法院认为，由于被告的输油管属于被告储罐的一部分，因此，被告应当根据《油脂中转协议》的约定，在涉案货物从该轮货舱卸出前准备合格的储罐包括合格的输油管，并协助原告将涉案货物卸入被告储罐内。在原告要求被告将涉案货物从被告储罐中转发至其他运输装载工具之前，卸入被告油管及储罐内的涉案货物由被告掌管，参照《中华人民共和国合同法》第394条第1款关于"储存期间，因保管人保管不善造成仓储物毁损、灭失的，保管人应当承担损害赔偿责任"的规定，被告应当对涉案货物进行妥善保管，因被告的输油管损坏造成涉案货物部分灭失，应认定为被告对涉案货物保管不善，被告应当对涉案货物部分灭失承担损害赔偿责任。根据《中华人民共和国合同法》第121条关于"当事人一方因第三人的原因造成违约的，应当向对方承担违约责任。当事人一方和第三人之间的纠纷，依照法律规定或者按照约定解决"的规定，对被告提出的"涉案货物部分灭失是因中盛公司损坏连接油轮和油库的输油管造成泄漏所致，应由中盛公司对原告承担赔偿责任"的主张，不予支持。

根据本案查明的事实，可以认定《油脂中转协议》约定的被告同意为原告接卸、中转的货物包括SP/DM/HPU-01号和SP/DM/HPU-02号两份提单项下的货物，原告将上述货物交付给了被告，因被告的输油管损坏造成上述货物部分灭失，原告有权依据《油脂中转协议》请求被告承担损害赔偿责任。对被告提出的"SP/DM/HPU-02号提单项下的货物收货人为中化上海进出口公司，原告不能证明其是该票货物的所有人，无权就该票货物的损失请求赔偿"的主张，不予支持，其理由是：

第一，如前所述，原告提供的证据足以证明原告是SP/DM/HPU-02号提单项下货物的所有人。

第二，提单具有货物所有权凭证的功能。但该提单为指示提单，没有记载收货人。

第三，报关单并非货物所有权的凭证，只是货物报关情况的记载，不能作为认定提单项下货物所有人的依据。因此，虽然521220041124506603号海关进口货物报关单记载的收货人是中化上海进出口公司，但不能据此认定中化上海进出口公司是该提单项下货物的所有人。

第四，原告提供的证据证明中化上海进出口公司是该提单项下货物买方的代理人。

第五，被告没有提供相反的证据推翻原告提供的证据，即不能证明该提单项下货物的所有人。

第六,在没有相反证据的情况下,根据原告将上述货物交付给被告的事实,可以推定原告合法占有该提单项下货物,在此情况下,即使原告对该提单项下货物不享有所有权,原告仍然有权依据合同就该提单项下货物的损失请求被告承担赔偿责任。

因被告的输油管损坏导致涉案货物泄漏,由此造成货物部分灭失的数量为:从"云丽莎"轮货舱卸出的货物重量减去从该轮货舱卸出后进入被告储罐的货物重量,再减去合理的损耗(参照灌桶损耗千分之三计算)。根据重量证书的记载,可以认定从该轮货舱卸出的货物重量为4988.827吨;根据检验证书的记载,可以认定从该轮货舱卸后进入被告储罐的货物重量为4947.180公吨。据此计算,涉案货物部分灭失的数量为26.68吨。对被告提出的"根据中盛公司提交的测算材料,涉案货物部分灭失的数量约为3.7吨,原告主张的货物灭失的数量与事实不符"的主张,不予支持,其理由是:

第一,根据被告的陈述,被告的输油管损坏是中盛公司造成的,因此,中盛公司与本案有利害关系,其出具的"测算材料"不能单独作为认定案件事实的依据。

第二,原告提供的重量证书及检验证书是国家授权的检验机构及专业的检验机构出具的鉴定结论,其证明力大于未出庭作证的中盛公司出具的"测算材料"。

关于原告请求被告赔偿的货物损失121817.68元。该赔偿额是按照26.68吨货物计算的,包括按购销合同约定的单价计算的货物价值、向海关交纳的进口关税和进口增值税。法院认为,根据《中华人民共和国合同法》第113条第1款关于"当事人一方不履行合同义务或者履行合同义务不符合约定,给对方造成损失的,损失赔偿额应当相当于因违约所造成的损失……"的规定,按报关时的单价计算的货物价值、向海关交纳的进口关税和进口增值税属于涉案货物灭失的赔偿范围。涉案货物灭失26.68吨,其赔偿额为:

第一,货物价值按报关时的单价446美元计算为11899.28美元,按事故发生之日人民币对美元的汇率8.2766计算,折合人民币98485.58元。

第二,向海关交纳的货物进口关税和进口增值税。由于涉案货物装船时没有单独分舱,承运人就整船货物分拆出具了两份提单。向海关交纳关税和增值税时,两份提单项下货物的进口关税和进口增值税不同。但卸货时原告没有将货物分为两票。鉴于以上情况,按每吨货物的平均进口关税和进口增值税861.86元进行计算较为合理(即以两份提单项下货物交纳的进口关税和进口增值税之和4309219.16元,除以两份提单的货物总重量4999.931吨),据此计算,货物进口关税和进口增值税为22994.42元。经查,原告计算的赔偿额121817.68元是按人民币对美元的汇率8.29计算的,SP/DM/HPU-01号提单项下每吨货物的进口关税和进口增值税高于SP/DM/HPU-02号提单,原告按SP/DM/HPU-01号提单项下每吨货物的关税进行计算。原告没有提供该汇率的依据,且按SP/DM/HPU-01号提单项下每吨货物的进口关税和进口增值税计算明显不合理,因此,对原告计算的赔偿额不予采信。

综上所述,原告请求被告赔偿涉案货物灭失26.68吨的损失,予以支持,但赔偿额应当为121 480元。

关于原告请求被告赔偿的滞期费902.80美元(折合人民币7 484元)。该滞期费是以被告的输油管损坏导致卸货中止的时间4小时20分,乘以每天5 000美元计算的。法院认为,原告的该项请求,没有事实和法律依据,不予支持,其理由是:

第一,根据《中华人民共和国合同法》第113条第1款关于"当事人一方不履行合同义务或者履行合同义务不符合约定,给对方造成损失的,损失赔偿额应当相当于因违约所造成的损失,包括合同履行后可以获得的利益,但不得超过违反合同一方订立合同时预见到或者应当预见到的因违反合同可能造成的损失"的规定,涉案货物灭失的赔偿范围应当受到限定,即不得超过被告订立合同时预见到或应当预见到的因违反合同可能造成的损失。

第二,《油脂中转协议》没有约定滞期费,原告请求的滞期费应当是原告与案外人约定的违约金。没有证据显示被告在签订《油脂中转协议》时被告知该滞期费的情况。因此,该滞期费是被告在签订《油脂中转协议》时不可预见的。

第三,《油脂中转协议》约定被告协助原告将涉案货物卸入被告油罐内,卸货是由原告负责的。"云丽莎"轮在卸货前已经发生滞期,因此,被告的输油管损坏导致卸货中止只是增加了船舶滞期时间,而不是发生船舶滞期的唯一原因。

第四,原告提供的证据不足以证明原告或原告委托国峰企业有限公司向丰益贸易私人有限公司支付了滞期费。

综上,依照《中华人民共和国合同法》第113条第1款的规定,判决如下:

(1) 被告东莞中谷油脂有限公司向原告广东东峰化工燃料有限公司赔偿货物损失121 480元;

(2) 驳回原告广东东峰化工燃料有限公司的其他诉讼请求。

2.2 码头作业公司及理货公司的装箱、理货义务

2 原告广西柳州市有色冶炼进出口有限责任公司与被告广州港黄埔集装箱公司集装箱港口作业合同纠纷案

案例来源:广州海事法院(2000)广海法商字第92号
主题词:港口经营人　装箱理货　铅封更换

> **裁判要旨**
>
> **No. ZH-2.2-1**　码头作业公司进行装箱,报关后又开箱重新装箱,更换铅封号,进行场到场(CY/CY)运输,承运人在起运港接收已经铅封的整箱货物,运至目的港原箱交付收货人,收货人开箱后发现箱内货物并非承运人提单载明的货物。法院认为,依据《中华人民共和国海上国际集装箱运输管理规定》第26条及《中华人民

> 共和国海上国际集装箱运输管理规定实施细则》第70条的规定,委托人负有证明其主张的码头作业公司装箱理货错误导致箱内货物与提单记载不一致的举证义务,以证明货物在目的港交付收货人时集装箱的表面状况是否完好,铅封是否完整,铅封号是否仍为装船时的编号。虽然证据能够证明在收货人开箱时箱内货物与提单记载不符,但没有证明该集装箱的铅封是否完整,铅封号是否仍为装船时的编号,故不能充分证明箱内货物与提单记载不符是码头公司装箱、理货公司理货造成的,法院不支持委托人的索赔请求。

一、基本案情

原告:广西柳州市有色冶炼进出口有限责任公司(以下简称柳州冶炼进出口公司)
被告:广州港黄埔集装箱公司(以下简称黄埔集装箱公司)
被告:中国外轮理货总公司广州分公司(以下简称广州理货公司)

原告柳州冶炼进出口公司诉称:原告的代理人广州市海珠区永通货运服务部(以下简称永通货运服务部)将价值15 400美元的氧化锌交给被告黄埔集装箱公司装箱,被告装箱出错,误将原告的货物装入他人的集装箱,导致原告的货物灭失。广州理货公司在理货时未能发现这一情况,也应对货物的灭失承担相应责任。因货物灭失,原告重新向客户发货,因而造成损失共198 059.87元。请求法院判令:两被告连带赔偿原告的经济损失198 059.87元(滞柜费从2000年2月1日起计算到实际支付之日止),诉讼费用由两被告承担。

被告黄埔集装箱公司辩称:本案的关键问题是铅封号,集装箱运输进行交接及划分责任的事实依据在于箱号和铅封号,原告没有提供在澳大利亚开箱时集装箱的铅封号的证据。因本案所涉货物是经中国香港中转的长途运输,不能排除该集装箱途中被开箱的可能。而被告黄埔集装箱公司接受原告的委托后,把原告的氧化锌配载、装箱并交给了承运人,已完全履行了合同义务。广州理货公司的理货单、黄埔海关的验讫放行单、承运该批货物的"长全"轮出具给被告的出口舱单可以证明装上船的是氧化锌,并未装错货物。因此,原告柳州冶炼进出口公司没有足够的证据证明被告装箱错误,请求法院驳回原告柳州冶炼进出口公司的诉讼请求。

被告广州理货公司答辩称:广州理货公司是受黄埔集装箱公司的委托进行理货,与原告柳州冶炼进出口公司没有书面或口头的委托关系,不是适格被告。广州理货公司于1999年12月17日对编号为TTNU3312931的集装箱进行理货,货物是氧化锌,铅封的号码为63954。而后该箱货物接受海关的检验后封箱,海关验货时,货主应该到场。既然该箱货物经海关和货主共同检验,海关放行,证明被告广州理货公司在理货过程中并无过错。因此,请求法院驳回原告柳州冶炼进出口公司对被告广州理货公司的起诉。

二、法院查明事实

广州海事法院认定以下事实：1999年10月5日，原告柳州冶炼进出口公司与永通货运服务部签订《货运协议》，约定柳州冶炼进出口公司委托永通货运服务部办理其经广州口岸出口货物的卸货、仓储、换箱、订舱、报关等事务。1999年12月6日，原告柳州冶炼进出口公司通过水路将20袋共20吨氧化锌发运给永通船务有限公司，该批货物运至黄埔集装箱码头，被告黄埔集装箱公司在《水路货物运单》上签名盖章签收了上述货物。12月13日，永通船务有限公司与黄埔集装箱公司签订《港口作业委托单》，约定永通船务有限公司委托黄埔集装箱公司对上述20吨氧化锌进行港口作业。黄埔集装箱公司开出《广州港务局港口作业业务发票》，收取包干费530元。庭审中，原告柳州冶炼进出口公司认为包干费已经包括了广州理货公司的理货费用，两被告均未否认。永通船务有限公司于12月5日与黄埔集装箱公司签订的《货载预配清单》记载：提单号CHPBR100308，托运人永通，目的港香港，氧化锌20袋20吨，配装中海CYY的一个20英尺集装箱。黄埔集装箱公司对上述货物进行装箱，广州理货公司进行理货。广州理货公司出具的《装箱理货单》载明：1999年12月17日，集装箱号码TTUN3312931，铅封号63954，提单号CHPBR100308，氧化锌20袋，广州理货公司盖章、理货员游某某签名，黄埔集装箱公司职工陈某某签名。随后，上述货物进行了出口报关，开箱后重新封箱的铅封号为907182。据《码头收据》记载：提单编号为CHPBR100308，承运船名"长全"轮，装货港黄埔，卸货港澳大利亚布里斯班，20袋氧化锌净重20吨，集装箱号TTNU3312931，20'X1，中华人民共和国黄埔集装箱新港海关加盖验讫章及放行章。随后该集装箱货物交由"长全"轮承运，据广州理货公司出具的《装船理货单》记载：船名"长全"轮，编号为TTNU3312931的集装箱铅封完好。中海船务代理有限公司广州公司的《出口舱单》记载：1999年12月22日，"长全"轮从黄埔到布里斯班，提单号为CHPBR100308，运输方式为场到场（CY/CY），集装箱编号为TTNU3312931，铅封号为907182，20袋氧化锌。

以上证据在庭审中经双方互相质证，原告柳州冶炼进出口公司和被告黄埔集装箱公司均未提出异议。被告广州理货公司认为原告柳州冶炼进出口公司并未直接委托其理货，也并未直接付费给广州理货公司，理货单由理货公司与黄埔集装箱公司签名，因此，上述证据不能证明原告柳州冶炼进出口公司与广州理货公司有委托理货的法律关系。依据《中国外轮理货总公司海上国际集装箱理货、理货管理办法》第10条第（3）款的规定：凡需在码头、港口进行装箱的，在装箱前，装箱单位应通知外轮理货公司派理货员在装箱现场，办理集装箱的装箱理货业务。第15条规定，按第10条第（3）款办理，属于在港口、码头堆场……交接集装箱整箱货物的，向托运人或收货人计收费用。因此，合议庭认为，虽然原告柳州冶炼进出口公司并未直接委托被告广州理货公司理货，但黄埔集装箱公司只是通知理货，而黄埔集装箱公司向原告柳州冶炼进出口公司收取的费用中已经包含了理货费。因此，依上述规定及事实，应认定广州理货公司是受原告柳州冶炼进出口公司委托,而非黄埔集装箱公司,原告柳州冶炼进出口公司与广州理货公司事实上存在委托理货合同关系。

2000年1月22日,货物以场到场(CY/CY)的运输方式被运抵澳大利亚布里斯班码头,收货人澳大利亚氧化锌有限公司收取货物,后由海关运输公司运输。据澳大利亚布里斯班海关MSAS环球运输有限公司经理Warren Kerby给澳大利亚石星有限公司的函记载:2000年1月25日货物运抵收货人的堆场,编号为TTNU3321931的集装箱被澳大利亚氧化锌有限公司打开,当时运输方的代表在场,发现箱内装的是唛头为25公斤袋装磷酸三钠,与提单所记载的货物氧化锌不符。澳大利亚石星有限公司委托劳氏代理——布里斯班海运调查及调停人AMSALA有限公司检验了货物,《检验报告》记载:检验日期2000年1月27日,提单号为WIN991224,编号TTNU3312931的集装箱是关闭的但未被锁住,在场的澳大利亚氧化锌有限公司代表Mr. William Manual告知,货柜接收时是被封住的,但不知其封号。货柜被打开后发现是25公斤装的唛头为磷酸三钠的货物,而不是提单所载明的氧化锌。AMSALA有限公司所摄的现场照片显示,编号为TTNU3312931的集装箱所装货物为25公斤装的唛头为磷酸三钠的货物。

2000年1月31日,黄埔集装箱公司给永通船务有限公司发函称:WIN991224提单号项下的TTNU3312931集装箱货物在目的港发生异常之事,要求收货人提供详细资料。2月16日,黄埔集装箱公司向广州中海国际货运代理有限公司商务部发函称:初步分析可能是装错了货物。3月15日,被告黄埔集装箱公司再次发函给永通船务有限公司称:经查核广州理货公司的装箱单,证实编号为TTNU3312931的集装箱并未装错货物。因纠纷的产生,编号为TTNU3312931集装箱滞留于澳大利亚布里斯班,根据澳大利亚石星有限公司向柳州冶炼进出口公司追收滞柜费和保管费的信函及中国海运集团公司悉尼公司提供的滞柜费计收方法记载,产生费用约3 500元。为委托澳大利亚布里斯班海运调查及调停人AMSALA有限公司检验货物,原告柳州冶炼进出口公司支付了435美元的费用。同时原告柳州冶炼进出口公司提交了为处理争议支付的差旅费凭证36份及律师费单据,支出的费用8 000元及律师费7 500元人民币。

被告黄埔集装箱公司对澳大利亚布里斯班海关MSAS环球运输有限公司给澳大利亚石星有限公司的函和布里斯班海运调查及调停人AMSALA有限公司的《检验报告》的真实性并无异议,但被告黄埔集装箱公司认为上述证据没有涉及货物被收货人打开集装箱时的铅封号,不能证明货物在接收时铅封完好。合议庭认为,以上证据可以采信,但上述证据均未提及集装箱的铅封状况及铅封号,没有证明货物在目的港交接时的集装箱状况,尤其是集装箱的铅封是否仍为装船出口舱单上的铅封号。对于费用支出,被告黄埔集装箱公司认为,差旅费凭证不能证明是为处理本案争议而支出,但未提交相反证据,合议庭对被告的主张不予采信。

2000年1月底,原告柳州冶炼进出口公司应澳大利亚石星有限公司的要求重新发货。据原告柳州冶炼进出口公司提交的其出具给澳大利亚的《柳州冶炼进出口公司发票》、1月31日《货物报关单》《出口核销单》均载明货物为氧化锌20吨,总价为15 400

美元。被告黄埔集装箱公司提出柳州冶炼进出口公司发票为复印件不能作为证据。合议庭认为,该发票结合《货物报关单》《出口核销单》足以证明货物的价值为 15 400 美元。

据原告柳州冶炼进出口公司提交的柳州零担货运发票、香港先锋公司海运费发票等付费票据 6 份记载,因重新发货,原告柳州冶炼进出口公司已支出了柳州到黄埔汽车运输费 6 400 元人民币、码头杂费 1 100 元人民币、海运费 950 美元、拖柜费 806.55 美元。被告黄埔集装箱公司提出香港先锋公司海运费发票是复印件,不能作为证据。合议庭认为,不能提供原件且没有其他证据相印证的复印件不能作为认定案件事实的依据,被告黄埔集装箱公司的主张成立,合议庭对海运费发票不予采信。被告黄埔集装箱公司对由黄埔区渔珠综合服务公司开出的码头杂费发票的真实性提出异议,但被告没有提交相应的证据予以反证。因此,合议庭对码头杂费 1 100 元人民币、拖柜费 806.55 美元予以确认。

另查,广州市海珠区永通货运服务部对外经营时通常称永通船务有限公司,或永通船务公司。

三、法院裁判

广州海事法院认为,本案是一宗集装箱港口作业合同纠纷案。

依据《中华人民共和国合同法》第 396 条之规定,原告柳州冶炼进出口公司与永通货运服务部签订的《货运协议》实质为委托合同,委托人柳州冶炼进出口公司委托受托人永通货运服务部处理其货物在广州口岸进出口的卸货、仓储、订舱、报关等事务,该合同合法有效。永通货运服务部作为原告柳州冶炼进出口公司的代理人与被告黄埔集装箱公司签订《港口作业委托单》,约定由被告黄埔集装箱公司为原告柳州冶炼进出口公司的 20 袋 20 吨氧化锌配载、装箱,被告黄埔集装箱公司也实际进行了上述作业。因此,原告柳州冶炼进出口公司与被告黄埔集装箱公司的集装箱港口作业合同法律关系依法成立,对双方当事人均有约束力。被告广州理货公司事实上也是受原告柳州冶炼进出口公司委托,而非黄埔集装箱公司的委托对上述货物在码头进行理货。原告柳州冶炼进出口公司与广州理货公司事实上存在集装箱港口理货合同法律关系,应受法律保护,对双方当事人有约束力。

《装箱理货单》、海关验讫放行的《码头收据》《装船理货单》和《出口舱单》等证实货物在起运港码头交付承运人运输时,编号为 TTNU3312931 的集装箱内装载的是 20 袋 20 吨氧化锌,箱体完好,该集装箱装船时的铅封完整,铅封号为 907182。

上述集装箱货物以场到场(CY/CY)的方式运至澳大利亚布里斯班。依据国务院《中华人民共和国海上国际集装箱运输管理规定》第 26 条的规定:承运人、港口装卸企业对集装箱、集装箱货物的损坏或短缺的责任,交接前由交方承担,交接后由接方承担。第 25 条规定:集装箱交接时,交接双方应当检查箱号、箱体和封志。重箱凭封志和箱体状况交接。交接双方检查箱号、箱体和封志后,应当作出记录,并共同签字确认。

《中华人民共和国海上国际集装箱运输管理规定实施细则》第70条第1款进一步规定:重箱交接标准:箱体完好、箱号清晰,封志完整无误。因为本案货物是场到场(CY/CY)运输,承运人在起运港接收已经铅封的整箱货物,运至目的港原箱交付收货人。因此,本案关键的事实是货物在目的港澳大利亚布里斯班交付收货人时集装箱的表面状况是否完好,铅封是否完整,铅封号是否仍为装船时的编号即907182。对此,原告柳州冶炼进出口公司应承担举证责任。原告柳州冶炼进出口公司提交的澳大利亚布里斯班海关MSAS环球运输有限公司于2000年1月25日出具给澳大利亚石星有限公司的函和澳大利亚布里斯班海运调查及调停人AMSALA有限公司2000年1月28日出具的《检验报告》等,能够证明货物在收货人开箱时箱内货物与提单记载不符,但没有证明该集装箱的铅封是否完整,铅封号是否仍为装船时的编号这一关键事实。因此,原告柳州冶炼进出口公司提交的证据不能充分证明箱内货物与提单记载不符是被告黄埔集装箱公司装箱、广州理货公司理货造成的。合议庭因此认为,被告黄埔集装箱公司和被告广州理货公司的抗辩有理,原告柳州冶炼进出口公司的诉讼请求证据不足,应承担举证不能的法律后果。

据上,依据《中华人民共和国民事诉讼法》第64条第1款的规定,判决如下:驳回原告柳州冶炼进出口公司的诉讼请求。

2.3 港口经营人收款后开具发票的义务

3 原告上海海陆联运公司与被告广州海上救助打捞局港口作业合同纠纷案
案例来源:广州海事法院(2001)广海法深字第37号
主题词:港口经营人　装卸费　发票

> **裁判要旨**
>
> **No. ZH-2.3-1**　港口作业合同当事人不但应按合同的约定享受权利、承担义务,还应履行法律、法规所规定的法定义务,港口经营人在收取装卸作业费后负有向付款方开具发票的法定义务。

一、基本案情

原告:上海海陆联运公司
被告:广州海上救助打捞局
原告上海海陆联运公司诉称:2000年12月3日,原告委托被告吊卸工程设备,双方约定工程款为100 000元。合同签订后,原告于12月4日支付了40 000元,2001年2月16日支付了60 000元,但被告至今未向原告开具发票。请求判令被告给付原告设备吊卸工程款100 000元面额发票1张,并支付原告因本案诉讼而产生的差旅费

2 250 元。

被告广州海上救助打捞局未答辩,也没有提供证据。

被告经传票传唤,没有正当理由未进行证据交换,也不到庭参加诉讼,应视为放弃了对原告提交的证据进行质证和对案件事实抗辩的权利。

二、法院查明事实

广州海事法院认定以下事实:2000 年 12 月 3 日,原、被告签订了《重件吊卸合同》,约定:被告将原告的设备从停靠在大亚湾核电厂码头的"万达"轮上起吊后放置在码头前沿,工程款总计 100 000 元,在签订合同时原告先支付 40 000 元,余款在设备吊卸作业完工前一次性付清。

12 月 4 日,原告支付了 40 000 元。12 月 18 日,被告完成了吊卸作业,原告在工程完工单上签字确认。

由于原告未按约定支付工程余款,被告于 2001 年 2 月 6 日向本院起诉要求原告支付工程余款及滞纳金。2 月 16 日,原告支付了 60 000 元工程余款。2 月 26 日,被告向本院申请撤诉。2 月 19 日,原告发传真给被告催要发票。3 月 2 日,被告发传真给原告称,被告支付了前案的诉讼费 1 170 元,如原告同意承担上述诉讼费,被告将给原告开具发票。由于原告不同意承担前案的诉讼费,被告至今未将发票交付给原告。

原告委托代理人因从上海赶来深圳参加本案诉讼,支出来回飞机票款 2 200 元、住宿费 300 元及其他交通费 206 元。

三、法院裁判

广州海事法院认为,本案为港口作业合同纠纷,原、被告签订《重件吊卸合同》后,不但应按合同的约定享受权利、承担义务,还应履行法律、法规所规定的法定义务。根据《中华人民共和国发票管理办法》第 20 条的规定,销售商品、提供服务以及从事其他经营活动的单位和个人在对外发生经营业务收取款项时,收款方应向付款方开具发票。因此,开具发票是收款方的法定义务。本案被告在履行完港口吊卸作业义务后,享有向原告收取工程款的权利,也负有在收取款项后及时向原告交付发票的法定义务,故原告请求被告给付工程款发票的诉讼请求,应予支持。原告请求被告赔偿其因参加诉讼而支出的差旅费,没有法律依据,不予支持。

综上,依照《中华人民共和国民法通则》第 106 条第 1 款和《中华人民共和国发票管理办法》第 20 条的规定,判决如下:

(1) 被告广州海上救助打捞局给付原告上海海陆联运公司设备吊卸工程款 10 万元面额的发票;

(2) 驳回原告其他诉讼请求。

本案受理费 100 元,由被告负担。

2.4 货主主张港口经营人货损侵权的举证责任

4 原告海南恒南实业有限公司诉被告广州港务局新港港务公司、第三人五矿国际货运广东公司港口作业纠纷案

案例来源:广州海事法院(2002)广海法初字第390号
主题词:港口经营人 货物混淆 举证责任

> **裁判要旨**
>
> **No. ZH-2.4-1** 港口经营人将提单所载的数量相符但在装货过程中规格已混淆的货物卸下,没有过错,货物混淆并非因其卸货作业造成,故不应承担责任。

一、基本案情

原告:海南恒南实业有限公司
被告:广州港务局新港港务公司
第三人:五矿国际货运广东公司(以下简称五矿广东公司)

原告海南恒南实业有限公司诉称:2001年3月30日,原告委托五矿钢铁有限责任公司进口一批优质冷轧卷板。5月15日,该批360卷、净重2554.70吨的货物在乌克兰的敖德萨港装上"泰顺海"轮运往中国黄埔港,通知方为第三人五矿广东公司。6月21日,货物运抵黄埔港,第三人五矿广东公司委托被告开始卸货。因被告在港口作业过程中错误地将原告已经完成进口报关手续并交纳了全部关税的153卷货物卸入保税区仓库,致使原告无法提取货物,造成原告无法履行其于7月18日与顺德市乐从镇上华华钢贸易有限公司(以下简称华钢公司)签订的《工矿产品购销合同》。原告为减少损失,于9月11日将上述153卷冷轧卷板出售给湛江经济技术开发区振海贸易有限公司(以下简称振海公司),造成货物差价损失人民币328 620元。此外,由于货物在保税区内无法进行检验,致使原告超过了依贸易合同向货物卖方香港宝威材料供应有限公司索赔货物短重损失的期限。后经广州出入境检验检疫局检验,该批货物短重52吨,造成原告货物短重损失人民币167 960元。原告的上述损失均是被告在港口作业过程中的错误卸货行为造成的,被告应承担侵权赔偿责任。请求法院判令被告赔偿原告的货物差价损失人民币328 620元及其利息损失人民币17 888元,货物短重损失人民币167 960元及其利息损失人民币9 307元,货物价格认证费人民币2 000元,并承担本案诉讼费用。

被告广州港务局新港港务公司辩称:
(1)依照《中华人民共和国民事诉讼法》的规定,原告无权指定五矿广东公司为第三人。

(2) 原告在起诉状中没有明确对被告提起的是违约之诉还是侵权之诉。从合同的角度讲，原告不是该货物海运提单的当事人，也不是港口作业合同的当事人，原告与被告之间不存在任何合同关系。从侵权角度讲，原告无权提取本案货物。原告与第三人五矿广东公司形式上是代理关系，实际上为货物买卖关系。因此，原告对被告没有诉权。

(3) 原告主张被告将本案 153 卷货物错误卸入保税仓毫无依据，该货物被错运入保税仓，完全是原告自己的过错造成的。据了解，本案 153 卷货物被错运是由于"泰顺海"轮装运的两票不同规格货物被相互替换所造成。该相互替换发生在卸货作业之前，被告在卸货作业中并无过错。而且作业委托人与被告没有约定按规格发货，相反，作为港口作业委托人和提单人的第三人五矿广东公司明确表示可免规格发货，提单和舱单等单证亦没有关于货物规格和运输标志的记载，被告没有义务按规格发货。

(4) 原告仅提供了其签订的买卖合同，没有提供其实际履行该合同的证据，故其请求的货物差价损失不能成立。原告提供的货物重量检验证书上载明的检验日期为 2001 年 7 月 4 日，原告并没有提供其超过索赔期限的相关证据，故原告请求的货物短重损失也不能成立。请求法院驳回原告对被告的诉讼请求。

第三人五矿广东公司述称：原告起诉状中将五矿广东公司列为第三人，不符合《中华人民共和国民事诉讼法》的规定。原告没有将货物卖给振海公司，原告与振海公司签订的《产品购销合同》没有履行，原告请求的货物差价损失根本不存在。原告主张货物因错卸在保税区内无法进行检验，但原告提供的重量检验证书载明的检验日期是 2001 年 8 月 1 日，而当时货物仍存放在保税区内，显然自相矛盾。且第三人五矿广东公司提供的本案货物的重量检验证书载明检验日期为 2001 年 7 月 4 日，这个日期尚未超过原告与货物卖方约定的检验期限。因此，原告请求的货物短重损失也没有依据。

二、法院查明事实

2001 年 3 月 20 日，原告致函五矿钢铁有限责任公司，委托五矿钢铁有限责任公司代理进口一批乌克兰冷轧卷板。4 月 16 日，原告与五矿钢铁有限责任公司签订了一份《代理进口协议书》，约定由五矿钢铁有限责任公司代理原告进口 2 400 吨乌克兰冷轧卷板（可增减 5%），价格为每吨 259.09 美元 C&F FO 中国黄埔。五矿钢铁有限责任公司负责根据原告的进口订货要求同国外供货人签订合同、对外开立信用证和办理代理进口报关、商检等接货手续，原告则向五矿钢铁有限责任公司支付代理手续费，承担合同买方的权利义务，办理提货手续，并支付进口关税、增值税、商检费、港杂费、装卸费、仓储保管费等相关的一切费用。该《代理进口协议书》还对货物的规格及各规格货物的重量作出了具体约定。五矿钢铁有限责任公司接受委托后，与香港的宝威材料供应有限公司签订了货物买卖合同。

5 月 15 日，本案货物在乌克兰的敖德萨港装上"泰顺海"轮，承运人签发了货物运输提单。提单载明的编号为 2 号，收货人为凭指示，通知方为第三人五矿广东公司，卸货港为中国黄埔港,货物为冷轧卷板,净重2554.70吨,除去木制货盘后毛重2591.78吨,共计360卷,运费预付。据该货物的两份装箱单记载,本案货物的规格和数量分别为:0.5×1000MM的货物70卷,0.6×1000MM的货物53卷,0.7×1000MM的货物84卷,0.8×1250MM的货物95卷,0.9×1250MM的货物30卷,1.0×1250MM的货物14卷,1.2×1250MM的货物14卷,总计360卷。该两份装箱单还分别记载了各规格货物的净重和毛重,总的净重和毛重与提单的记载一致,记载的货物买卖合同编号分别为01HKWTJ7209010T043-1号和01HKWTJ7209010T043-2号。据"泰顺海"轮积载图和舱单记载,该轮本航次装运有5票货物,其中本案第2号提单的货物装在第1舱,而与本案冷轧卷板具有相同规格的第3号提单的689卷冷轧卷板分装在第4舱和第5舱,其装箱单亦分别记载了各规格货物的数量、净重和毛重。上述积载图和舱单均只记载了货物的重量、数量、托运人、收货人、通知方等内容,没有货物的规格、唛头的记载。

6月21日,"泰顺海"轮将本案第2号提单的货物运抵黄埔新港,第三人五矿广东公司委托被告卸货和保管货物。6月22日至23日,被告从"泰顺海"轮将第2号提单的货物卸下,并存放在被告的堆场。广州理货公司对该货物进行了理货,据其签发的理货单记载,本案第2号提单的货物卸下的数量为360卷。"泰顺海"轮装运的第3号提单的货物同时卸下,并存放在海关监管的保税区仓库。据广州理货公司的理货单记载,该第3号提单的货物卸下的数量为689卷。但上述广州理货公司的理货单只记载了货物总的数量,没有分别记载货物的规格和各规格货物的数量。

被告出具的有广州理货公司理货员签名的第2号和第3号提单货物的卸货理货单,每份均与广州理货公司出具的理货单相对应,且所记载的货物数量、状况和理货员的签名亦与广州理货公司出具的理货单的记载一致。但被告的卸货理货单记载了货物的规格和各规格货物的数量。根据被告的卸货理货单记载,被告从"泰顺海"轮第1舱卸下的第2号提单的货物,0.5×1000MM的货物131卷,0.6×1000MM的货物62卷,0.7×1000MM的货物87卷,0.8×1000MM的货物80卷,总计360卷,比装箱单记载的上述规格货物的数量多出153卷。没有0.8×1250MM、0.9×1250MM、1.0×1250MM、1.2×1250MM规格的共计153卷货物。而从"泰顺海"轮第4舱和第5舱卸下的第3号提单的货物,其中0.5×1000MM、0.6×1000MM、0.7×1000MM、0.8×1000MM规格的货物比装箱单的记载减少了153卷货物,0.8×1250MM、0.9×1250MM、1.0×1250MM、1.2×1250MM规格的货物则比装箱单的记载多出153卷。

7月20日和24日,第三人五矿广东公司受五矿钢铁有限责任公司的委托,分3单货物分别向中华人民共和国黄埔新港海关办理了本案货物的报关手续。货物报关单记载的货物申报单价均为每吨259.09美元,购买货物的合同编号分别为01HKWTJ7209010T043-1号和01HKWTJ7209010T043-2号。据中华人民共和国黄埔新港海关出具的进口关税专用缴款书和代征增值税专用缴款书记载,缴款单位分别为五矿钢铁有限责任公司(中国石油化工股份有限公司湖北石油分公司)、五矿钢铁有限责任公司(北京盛力峰商贸有限公司)和五矿钢铁有限责任公司(保定市满城县宝山集团有限公司)。本案货物报关完毕后,第三人五矿广东公司与被告办理了货物的提货手续。原告在实际提取货物的过程中,于7月23日发现部分货物的规格不符。经查实,该部分货物与第3号提单的部分货物相混淆,被卸入海关监管的保税区仓库。

本案货物已由原告于2001年7月18日出卖给了华钢公司。据原告与华钢公司签订的《工矿产品购销合同》约定,原告将本案2554.70吨的乌克兰产冷轧卷板和另外2397.30吨冷轧平板卖给华钢公司,交货期为2001年7月19日前,黄埔新港车板交货,单价为每吨人民币3230元。该合同还约定,华钢公司将货款支付给原告的同时,原告须将同等价值的货物交给华钢公司。若由于华钢公司的原因未能在7月29日前付清货款并提完货物,华钢公司应承担在此之后产生的利息和超期堆存费;若由于原告的原因未能按时交货,则原告应承担华钢公司由此产生的一切损失,且华钢公司有权要求退货并保留向原告追索的权利。原告称,因其无法在《工矿产品购销合同》中约定的期限内向华钢公司交付卸入保税区仓库的153卷货物,华钢公司解除了该《工矿产品购销合同》。

后经有关当事人与海关交涉,本案153卷货物被从保税区仓库调换出来。2001年9月11日,原告又与振海公司签订一份《产品购销合同》,约定将本案153卷、共计1095.40吨的乌克兰产冷轧卷板卖给振海公司,单价为每吨人民币2930元,黄埔新港车板交货。同日,五矿钢铁有限责任公司通知第三人五矿广东公司,将954.70吨货物交付给德骏公司,原告亦通知第三人五矿广东公司,德骏公司代原告向五矿钢铁有限责任公司支付了人民币2900000元的货款,请求将954.70吨货物直接交付给德骏公司。后德骏公司委托他人提取了138卷、共计996.71吨货物。

原告委托广州出入境检验检疫局对本案货物的重量进行了检验。据原告提供的载明由广州出入境检验检疫局于2001年9月10日出具的《重量检验证书》记载:本案货物铁皮包装,铁腰子捆扎,共计360卷,2554.70吨,成交合同号分别为01HKWTJ7209010T043-1号和01HKWTJ7209010T043-2号;上述到货,经以校准之衡器全部过取毛重,用抽查皮重计算平均皮重,推算全批净重,得出本案货物实际净重为2502.70吨,比提单记载的货物重量短少52吨;上述货物到货数量与发货单证相符,重量短少是原发货重量不足所致。该《重量检验证书》还载明,本案货物的检验日期为2001年8月1日。

上述证据和事实,原告、被告、第三人五矿广东公司均没有异议,法院予以确认。

原告提供一份编号为01HKWTJ7209010T043号的《货物买卖合同》,主张该合同是五矿钢铁有限责任公司受原告委托向宝威材料供应有限公司购买本案货物的合同。该合同的签订日期为2001年3月28日,约定由五矿钢铁有限责任公司向宝威材料供应有限公司购买乌克兰冷轧卷板2600吨(可增减5%),价格为每吨256美元C&F FO中国黄埔。该合同亦对货物的不同规格及各规格货物的重量作出了约定。该合同还约定,货物在目的港卸货后,货物买方有权向广州出入境检验检疫局申请对货物进行检验,货物的最终重量由地磅确定。如果货物的质量或数量或重量与买卖合同或发票或质量证书不符,买方有权根据广州出入境检验检疫局的检验报告向货物卖方提出索赔。货物重量与提单的记载相比,允许有0.5%的差额,如果货物短重超过允许的差额,买方将获得扣除允许差额后的补偿。检验报告正本应在目的港卸货后35天内通过快递寄送给卖方。被告对该合同的真实性没有异议,但认为原告同时使用另外的买卖合同对货物进行报关,并提供了合同号分别为01HKWTJ7209010T043-1号和01HKWTJ7209010T043-2号的两份《货物买卖合同》。该两份合同亦载明由五矿钢铁有限责任公司与宝威材料供应有限公司于2001年3月28日签订,约定的货物重量分别为1 685吨和800吨(可增减5%),货物单价均为每吨259.09美元C&F FO中国黄埔。该两份合同约定的货物规格与01HKWTJ7209010T043号合同的约定相同,但该两份合同没有关于"检验报告正本应在目的港卸货后35天内通过快递寄送给卖方"的约定。法院认为,被告提供的该两份《货物买卖合同》,与原告提供的报关单、被告提供的货物装箱单等的记载相印证,应予采信。根据原告和被告提供的上述《货物买卖合同》证实,五矿钢铁有限责任公司与宝威材料供应有限公司对本案货物共签订了内容不完全一致的3份《货物买卖合同》。但本案货物报关、申请检验时使用的合同是编号为01HKWTJ7209010T043-1号和01HKWTJ7209010T043-2号的两份合同。

原告为证明本案货物自2001年7月至9月期间的市场价格变化,提供了一份由广东省物价局价格认证中心于2002年7月3日出具的《冷轧钢卷板价格认证报告书》。该报告书以2001年7月15日和9月15日为基准日,根据公开市场价值标准所确定的中国黄埔港的CIF价格,对规格为$0.8 \times 1250mm$、$0.9 \times 1250mm$、$1.0 \times 1250mm$、$1.2 \times 1250mm$的乌克兰冷轧钢卷板的价格及价格变化趋势进行价格认证。认证结论为:$0.8 \times 1250mm$的冷轧钢卷7月中旬的价格为每吨人民币3 450元,9月中旬的价格为每吨人民币3 080元;$0.9 \times 1250mm$的冷轧钢卷7月中旬的价格为每吨人民币3 420元,9月中旬的价格为每吨人民币3 050元;$1.0 \times 1250mm$的冷轧钢卷7月中旬的价格为每吨人民币3 350元,9月中旬的价格为每吨人民币3 000元;$1.2 \times 1250mm$的冷轧钢卷7月中旬的价格为每吨人民币3 300元,9月中旬的价格为每吨人民币2 950元。以上价格为市场中准价,货品批量对价格的影响不超过每吨人民币50元。该价格认证报告书后加盖有广东省物价局价格认证中心的印章,并附有广东省物价局价格认证中心的《价格鉴证机构资质证》,但没有价格认证人员的签名。被告和第三人五矿广东公司均以该价格认证报告书没有鉴定师的签名、没有骑缝章、盖公章一页没有正文为由对其真实性提出异议。法院认为,原告提供了该价格认证报告书原件,该价格认证报告书上盖有出具单位的印章,且被告和第三人五矿广东公司仅以该认证报告书没有鉴定师的签名、没有骑缝章、盖公章一页没有正文为由,否定该价格认证报告书的真实性,缺乏足够的依据。因此,对该价格认证报告书的真实性,即广东省物价局价格认证中心于2002年7月3日出具该价格认证报告书的事实,予以确认。

据被告分别提供的3份《代理进口协议书》和《重要工业品进口登记证明》复印件的记载,五矿钢铁有限责任公司分别于2001年5月30日、6月14日、6月28日与保定市满城县宝山集团有限公司、北京盛力峰商贸有限公司和中国石油化工股份有限公司湖北石油分公司各签订了一份《代理进口协议书》，约定由五矿钢铁有限责任公司分别代理上述 3 公司进口 800 吨、1 400 吨和 285 吨冷轧卷板，并提供有关单证给上述 3 公司报关。上述 3 公司均持有有关主管部门签发的、分别载明有上述货物重量的《重要工业品进口登记证明》。原告认为，上述《代理进口协议书》和《重要工业品进口登记证明》均是复印件，且其中一份所载明的时间在本案货物卸货之后，故对其真实性均不予确认。法院认为，被告提供的上述《代理进口协议书》和《重要工业品进口登记证明》虽然均是复印件，但内容与原告提供的本案货物报关单的记载相互印证，应予采信。根据该《代理进口协议书》和《重要工业品进口登记证明》可以认定，五矿钢铁有限责任公司为使用保定市满城县宝山集团有限公司等 3 公司的《重要工业品进口登记证明》为本案货物报关，又分别与保定市满城县宝山集团有限公司等 3 公司分别签订了《代理进口协议书》。

被告和第三人五矿广东公司为证明原告提供的《重量检验证书》中所载明的检验日期有修改，又分别提供一份载明由广州出入境检验检疫局出具的《重量检验证书》复印件。该检验证书除记载的检验日期为 2001 年 7 月 4 日、签证日期为 2003 年 9 月 10 日外，其他内容与原告提供的《重量检验证书》一致。原告对被告和第三人五矿广东公司提供的该《重量检验证书》不予确认。法院认为，被告和第三人提供的该《重量检验证书》复印件没有提供原件核对，其来源亦无法确定，且该证书载明签证日期为"2003 年 9 月 10 日"，明显与事实不符，故对该《重量检验证书》不予采信。

至于原告提供的其于 2001 年 8 月 7 日致五矿钢铁有限责任公司和第三人五矿广东公司的函，于 2001 年 8 月 30 日致被告的函，被告和第三人五矿广东公司均以没有收到为由不予确认。法院认为，在原告不能提供证据证明被告和第三人五矿广东公司收到上述函件的情况下，对被告和第三人五矿广东公司是否收到上述函件的事实不予认定。

三、法院裁判

本案属于港口作业纠纷。原告以被告在港口作业中因过错造成其损失为由请求被告承担侵权赔偿责任，就应举证证明其损失是由被告的过错行为所直接造成的。

原告委托五矿钢铁有限责任公司代理进口的本案货物，由被告进行卸货作业。本案事实表明，原告第 2 号提单的 153 卷货物与他人第 3 号提单的 153 卷货物发生混淆，本案争议的焦点是该货物混淆是否是因被告的卸货作业所造成的。根据广州理货公司和被告出具的理货单记载，被告从"泰顺海"轮第 1 舱卸下的原告第 2 号提单的货物，数量虽然为提单所载明的 360 卷，但其中 0.5×1 000MM、0.6×1 000MM、0.7×1 000MM 规格的货物加上装箱单中没有的 0.8×1 000MM 规格的货物比装箱单的记载数量多出 153 卷，同时缺少 0.8×1 250MM、0.9×1 250MM、1.0×1 250MM、1.2×1 250MM 规格的共计 153 卷货物。而从"泰顺海"轮第 4 舱和第 5 舱卸下的第 3 号提单的货物则正好相反。证明原告第 2 号提单的货物与他人第 3 号提单的货物在"泰顺海"轮上已发生混淆,该货物混淆显然是在货物装货过程中造成的,并非被告的卸货作业所造成的。且本案货物属于包装和按件捆扎的货物,被告受第三人五矿广东公司的委托对本案货物进行卸货作业,"泰顺海"轮的积载图和舱单均无本案货物规格和各规格货物数量的积载,原告亦没有提供第三人五矿广东公司特别委托被告按照货物规格进行卸货的有关证据。因此,被告将本案第2号提单所载的数量相符但规格已混淆的货物卸下,并没有过错。原告提出本案货物混淆是因被告卸货作业所造成,并应由被告承担责任的主张,缺乏事实和法律依据,不予支持。

因被告对本案货物发生混淆不应承担过错责任,故原告请求被告赔偿被混淆卸入保税区仓库货物的差价损失,没有依据,不予支持。同样,因被告对本案货物发生混淆不应承担过错责任,且广州出入境检验检疫局出具的《重量检验证书》载明本案货物重量短少是因原发货重量不足所致,原告用于报关、检验的本案《货物买卖合同》中亦并无其提交检验报告日期的约定,故原告以其部分货物被错误卸入保税区仓库,致使其无法进行重量检验和对外索赔为由,请求被告赔偿货物重量短少损失,亦没有事实和法律依据,不予支持。

第三人五矿广东公司由本院依法通知参加本案诉讼,且五矿广东公司作为本案第三人参加诉讼,对原告与被告之间的权利义务并无影响,故被告和第三人五矿广东公司对原告在起诉状中列明诉讼第三人提出异议,没有依据,亦不予支持。

综上,依照《中华人民共和国民事诉讼法》第64条第1款的规定,判决如下:

驳回原告海南恒南实业有限公司对被告广州港务局新港港务公司的诉讼请求。

2.5 承运人对港口经营人的义务

5 原告江门国际货柜码头有限公司与被告广东高路华电视机有限公司、陈长龙、肖永潮、珠江货柜运输中心、江门国际货运代理有限公司港口作业合同纠纷案

案例来源:广州海事法院(2002)广海法初字第69号

主题词:港口经营人　无人交付货物　仓储费

裁判要旨

No. ZH-2.5-1　因无人提货,承运人为完成运输任务,委托货柜码头卸货并将承运货物存放在货柜码头,与货柜码头形成港口作业合同关系,承运人作为作业委托人,应依约向港口经营人支付装卸、仓储费。

No. ZH-2.5-2　作业委托人未在规定期限内处理货物,港口经营人可以按照有关规定将该批货物按无法交付货物处理,是《港口货物作业规则》赋予港口经营人的救济措施,并非强制性规定,在长期无人提货的情况下,也不影响港口经营人向作为作业委托人的承运人收取相关费用。

一、基本案情

原告:江门国际货柜码头有限公司(以下简称货柜码头)
被告:广东高路华电视机有限公司(以下简称高路华公司)
被告:陈长龙
被告:肖永潮
被告:珠江货柜运输中心
被告:江门国际货运代理有限公司

原告货柜码头诉称:1997年7月24日至1998年7月18日,由珠江货柜和货代公司承运、江门顺奇贸易发展公司(以下简称顺奇公司)和高路华公司为收货人的多批货物运到货柜码头。经货柜码头多次催促,两收货人拒不提货,截至2001年4月15日,产生码头费用916319元。顺奇公司已被江门市工商局撤销,其股东陈长龙、肖永潮未对公司进行清算。请求判令被告高路华公司、陈长龙、肖永潮连带支付拖欠的码头装卸服务费、仓租费916319元及滞纳金65202元,判令被告珠江货柜对其中945062元承担连带清偿责任,货代公司对其中36459元承担连带清偿责任。

被告高路华公司辩称:本案所涉集装箱货物中,属于高路华公司的只有7个;这些集装箱并非高路华公司存放在货柜码头,高路华公司与货柜码头之间没有合同关系;高路华公司当时已经向货柜码头明确表示7个货柜由其自行处置,而货柜码头直至2001年5月才提起诉讼,已经超过两年的诉讼时效。请求判令驳回货柜码头的诉讼请求。

被告高路华公司在举证期限内没有提供证据。

被告陈长龙、肖永潮没有答辩,在举证期限内没有提供证据。

被告珠江货柜辩称:

(1)根据《中华人民共和国海商法》第86条、《水路货物运输规则》第39条的规定,对进口集装箱货物的有关港口保管费用,货运码头应向收货人收取,与承运人无关。

(2)根据《港口货物作业规则》第38条的规定,涉案集装箱货物在码头超过60天无人提取的,货柜码头应按无法交付货物处理。

(3)从珠江货柜与货柜码头交接货物,到货柜码头起诉,已经超过诉讼时效。请求判令驳回货柜码头的诉讼请求。

被告货代公司辩称:货物到港后,货代公司负责通知收货人领取正本提单报关。货柜码头的集装箱货物码头堆存费,历来都是直接向货主收取的,不应由货代公司负担。请求判令驳回货柜码头的诉讼请求。

二、法院查明事实

广州海事法院经审理查明并确认如下法律事实:

1996年12月23日、1997年1月1日,货柜码头分别与珠江货柜、货代公司(船公司)签订港口作业《费率表》,约定40重箱(载货集装箱)装卸费为420元,堆存费为每天15元。有关收费应自货柜码头向船公司发出月结通知单后15天内由船公司付清。货柜码头将对船公司未能在限期前交清之全部或部分费用收取违约金。违约金应相当于以每月0.3%复息计算的款项,直至船公司付清所有款项为止。《费率表》有效期自1997年1月1日至1997年12月31日止。

1997年12月1日,货柜码头分别与珠江货柜、货代公司(船公司)签订新的港口作业《费率表》,约定40呎重箱堆存费标准为每天17元。装卸费、收费期限和逾期付款的违约金条款不变。有效期自1998年1月1日至12月31日。此后双方未再签订新的《费率表》,收费标准仍按照该《费率表》执行。

1997年7月23日,珠江货柜承运ICSU1280465/94064、ICSU2389682/94063、ICSU1140503/94062、ICSU1221204/94061、ICSU1237617/94065等5个40呎集装箱电视机配件,自香港至高沙,收货人为高路华公司。7月24日,5个集装箱抵达高沙,卸船后存放在货柜码头。

12月23日,珠江货柜承运PRLU4920166/95522、TCPU1080404/95640、TPHU4939862/95638、TPHU5164580/95775、TRLU4394002/95521等5个40呎集装箱电视机配件,自香港至高沙,收货人为顺奇公司。12月24日,5个集装箱抵达高沙,卸船后存放在货柜码头。

12月24日,珠江货柜承运ICSU6916040/95642、ICSU6940411/95645、INAU1298722/95643、TPHU4935960/95641、TRLU4982011/95644等5个40呎集装箱电视机配件,自香港至高沙,收货人为顺奇公司。12月25日,5个集装箱抵达高沙,卸船后存放在货柜码头。

同日,珠江货柜从高路华公司接收3个集装箱出口货物后,将集装箱存放在货柜码头。

12月25日,珠江货柜承运ICSU1132771/96896、ICSU1186551/96897、TRLU5011324/95637、TRLU5242112/95636、TRLU5248677/95639等5个40呎集装箱电视机配件,自香港至高沙,收货人为顺奇公司。12月26日,5个集装箱抵达高沙,卸船后存放在货柜码头。

12月26日,珠江货柜承运ICSU1173343/96892、ICSU1183085/96893、ICSU1198969/96891、ICSU1231049/96824、ICSU1255776/96809等5个40呎集装箱电视机配件,自香港至高沙,收货人为顺奇公司。12月27日,5个集装箱抵达高沙,卸船后存放在货柜码头。

12月27日,珠江货柜承运ICSU1165420/96802、ICSU1224693/96895、ISCU1258184/96804、PRLU4920253/96821、PRLU4920280/96823等5个40呎集装箱电视机配件,自香港至高沙,收货人为顺奇公司。12月28日,5个集装箱抵达高沙,卸船后存放在货柜码头。

12月28日,珠江货柜承运ICSU1163453/96810、ICSU1167470/96822、ICSU1284054/

96899、ICSU1293101/96898、IPHU5404464/96900 等 5 个 40 呎集装箱电视机配件,自香港至高沙,收货人为顺奇公司。12 月 29 日,5 个集装箱抵达高沙,卸船后存放在货柜码头。

12 月 29 日,珠江货柜承运 ICSU1159387/96805、ICSU1248870/96803、ICSU2389445/96801、ICSU4239393/96804 等 4 个 40 呎集装箱电视机配件,自香港至高沙,收货人为顺奇公司。12 月 30 日,4 个集装箱抵达高沙,卸船后存放在货柜码头。

1998 年 7 月 17 日,长晖船务有限公司承运 JMGU8800937/11959、JMGU8801424/11958 等两个 40 呎集装箱电视机配件,自香港至高沙,收货人为高路华公司。货代公司是此次运输的实际承运人。7 月 18 日,两个集装箱抵达高沙,卸船后存放在货柜码头。

2001 年 6 月 21 日,根据货柜码头的申请,江门市蓬江区人民法院裁定查封了本案所涉的 44 个集装箱货物。

在庭审过程中,货柜码头口头提出增加诉讼请求,但没有交纳相应的诉讼费,本案不予审理。

三、法院裁判

本案为港口作业合同纠纷。珠江货柜和货代公司作为海上货物运输合同的承运人,为完成运输任务,委托货柜码头卸货并将承运货物存放在货柜码头,与货柜码头已经形成港口作业合同关系。珠江货柜和货代公司是作业委托人,货柜码头是港口经营人。当事人事先已经对装卸、仓储费率达成协议,珠江货柜和货代公司应该按照实际装卸数量,存放数量、时间,及约定费率支付装卸费、仓储费。珠江货柜卸下的 39 个集装箱装卸费为 16 380 元,截至 2001 年 4 月 15 日,存放的 42 个集装箱仓储费共计 869 284 元;货代公司承运的两个集装箱装卸费为 840 元,截至 2001 年 4 月 15 日仓储费为 33 932 元。货柜码头请求珠江货柜、货代公司支付上述费用有理,予以支持。根据珠江货柜、货代公司与货柜码头签订的《费率表》,上述费用应该在货柜码头发出月结通知单后 15 天内付清,逾期付款应支付违约金。本案中,货柜码头没有举证证明其向珠江货柜、货代公司发出月结通知单的时间,故货柜码头关于珠江货柜、货代公司逾期付款应支付滞纳金的主张,没有事实依据,不予支持。

本案所涉货物的收货人/托运人高路华公司、顺奇公司与珠江货柜、货代公司之间形成海上货物运输合同关系。《中华人民共和国海商法》第 86 条规定,在卸货港收货人迟延或拒绝提取货物的,船长可以将货物卸在仓库或者其他适当场合,由此产生的费用和风险由收货人承担。该条文是对承运人与收货人之间对卸货后货物存放费用与风险的规定,珠江货柜和货代公司依据该规定主张货柜码头应向收货人收取仓储费,混淆了运输合同和仓储合同这两种不同的法律关系,不予支持。《港口货物作业规则》第 38 条第 2 款规定,作业委托人未在规定期限内处理货物,港口经营人可以按照有关规定将该批货物作无法交付货物处理。珠江货柜据此主张货柜码头有义务将货物按无法交付处理。但该规定并非强制性规定,而是赋予港口经营人的救济措施,货柜码头不采取该条规定的处理措施,并无不当。

本案的诉讼时效应适用《中华人民共和国民法通则》的规定,自约定的付款期间届满之日起算。但珠江货柜、货代公司没有举证证明何日为其付款期间届满之日,而且本案所涉货物的仓储自存货之时起,一直延续至货柜码头起诉之时,故其关于货柜码头起诉时已超过诉讼时效的抗辩不能成立。

收货人高路华公司、顺奇公司与货柜码头之间不存在港口作业合同关系,货柜码头主张高路华公司及顺奇公司股东陈长龙、肖永潮支付装卸费、仓储费,没有依据,不予支持。

据上,依照《中华人民共和国民法通则》第106条第1款的规定,判决如下:

(1) 被告珠江货柜运输中心支付原告江门国际货柜码头有限公司装卸费16 380元、仓储费869 284元;

(2) 被告江门国际货运代理有限公司支付原告江门国际货柜码头有限公司装卸费840元、仓储费33 932元;

(3) 驳回原告江门国际货柜码头有限公司的其他诉讼请求。

3. 港口货物保管合同纠纷

3.1 仓储货物的保管人错交货物的违约责任

1 原告江苏舜天国际集团有限公司与被告张家港兴菱化工储运有限公司港口作业合同纠纷案

案例来源:武汉海事法院(2006)武海法商字第404号

主题词:仓储保管人　向他人交货　违约责任　直接损失　间接损失

裁判要旨

No. ZH-3.1-1　仓储保管人向存货人交付保管物是其基本义务,其将保管物交付他人,未履行合同义务,应承担违约责任。

No. ZH-3.1-2　违约损失包括全部实际损失及可得利益的损失。存货人的全部实际损失就是涉案货物的实际价值,即 CIF 价格。可得利益是指合同在适当履行以后可以实现和取得的财产利益,但不应超过合同可预见的损失。因仓储保管人违约导致存货人与其委托人之间的进口代理合同不能履行,其可得利益损失即为进口货物的代理费损失,并非货物的市场价格。

一、基本案情

原告:江苏舜天国际集团有限公司(以下简称舜天集团)

被告:张家港兴菱化工储运有限公司(以下简称兴菱公司)

原告舜天集团诉称:2006年3月8日,我司与被告兴菱公司签订货物装卸仓储合同一份,合同约定我司委托被告兴菱公司代为保管原产于韩国的甲苯2000吨(以实际进罐数量计算),被告兴菱公司凭我司提供的提货凭证发货,提货单必须有原告的财务章和法人章。合同特别声明,被告必须严格按照原告的提货凭证指令发货,如属被告擅自发货造成原告损失,被告必须赔偿原告的全部损失。上述合同签订后,被告于2006年3月31日向原告签发了入库单,实际入库数量为2 031.378吨。原告于2006年6月20日前往被告处提取上述货物时,被告拒不交付货物。被告在没有收到原告提货凭证的情况下,将货物放给了其他方。由于被告的违约行为严重损害了原告的合法权益,原告诉请法院判令被告:向原告交付2 031.378吨甲苯,或照价赔偿原告损失17 266 713元并负担本案的诉讼费用。

被告兴菱公司辩称:为了确定损失、查明事实和分配责任应追加新开乐公司为本案第三人;原告诉求的货物数量及损失额均与事实不符;被告依法不应当承担任何货物交付责任或损失赔偿责任。综上,被告请求法院驳回原告的诉讼请求。

二、法院查明事实

武汉海事法院查明以下事实:

2006年3月3日,新开乐公司与舜天集团及东方经贸公司签订06JS01IMD-001代理进口委托合同,该合同约定:舜天集团代理新开乐公司进口甲苯2000公吨(以外方提单数量为准),单价为每公吨768美元,总额1536000美元,CFR南京,由舜天集团代新开乐公司开具远期信用证,并按CFR价总金额1%收取代理进口手续费;新开乐公司在合同签订后,在舜天集团对外合同签订前,向舜天集团支付开证保证金249万元;新开乐公司应缴纳关税、增值税以及报关、港杂、短驳费等,并在提货时付清货款及仓储费;本合同项下国外卖方为RAYSTAR CORPORATION;舜天集团授权其控股子公司东方经贸公司处理对内、对外的业务洽谈以及合约的签订,合约执行时舜天集团的相关权利和义务由东方经贸公司承受,本合同的国内结算业务部分由东方经贸公司与新开乐公司具体进行。合同签订后,东方经贸公司收到新开乐公司的开证保证金249万元和货款382万元,舜天集团于2006年6月2日向国外卖方RAYSTAR CORPORATION支付货款1 561 377.79美元并收到提单数量为2 033.044公吨的甲苯。

2006年3月8日,舜天集团、兴菱公司及新开乐公司三方签订06XL018号兴菱公司货物装卸仓储合同,约定:经舜天集团、兴菱公司双方协商,舜天集团同意租用兴菱公司储罐及附属设备,特订立本合同;装卸储存货物的品种及数量为甲苯2000吨(以实际进罐数量计算);本合同项下的货物甲苯,其货权为舜天集团所有,对应的外贸合同号为TOL-RSC-060223,兴菱公司利用现有仓储设备替舜天集团代为保管,该批货物为舜天集团替新开乐公司代理进口,对应的代理合同号为06JS01IMD-001;兴菱公司凭舜天集团提供的与样张一致的提货凭证发运货物;合同中特别声明:兴菱公司必须严格按照舜天集团的提货凭证指令发货,如属兴菱公司擅自发货造成舜天集团损失,兴菱公司必须赔偿舜天集团的全部损失。3月31日,兴菱公司收到舜天集团交付保管的甲苯2 031.378公吨并签发了入库单。6月20日,舜天集团向兴菱公司要求提货,兴菱公司告知舜天集团该货物已经发放给新开乐公司,并承诺在2006年7月31日拿出处理方案。

三、法院裁判

武汉海事法院认为,原告舜天集团与被告兴菱公司签订货物装卸仓储合同,约定原告租用被告储罐及附属设备储存涉案甲苯。被告未按照原告的提货凭证指令发货,擅自将货物交付他人,由此造成原告损失,导致纠纷产生,本案属于港口作业合同纠纷。该合同是双方当事人真实一致的意思表示,且没有违反我国现行法律、行政法规的强制性规定,合法有效。该合同对双方当事人具有拘束力,双方当事人应当按照合同约定全面履行自己的义务。

该合同内容包括装卸、仓储、货物中转,据此可以认定该合同属于《中华人民共和国合同法》和其他法律没有明文规定的合同,即无名合同。根据《中华人民共和国合同法》第124条的规定,本案适用该法总则的规定,并可以参照该法分则最相类似的规定处理。

本案中,原、被告双方对于原告储存的甲苯数量(2 031.378公吨)以及被告未按照原告的提货凭证指令发货的事实没有争议。参照《中华人民共和国合同法》关于仓储合同的规定,保管人向储存人交付储存物是保管人的基本义务。被告将涉案货物交付他人,未履行合同义务。根据《中华人民共和国合同法》第107条"当事人一方不履行合同义务或者履行合同义务不符合约定的,应当承担继续履行、采取补救措施或者赔偿损失等违约责任"的规定,被告应承担不履行合同的违约责任。由于涉案货物交付他人已经无法追回,也无法采取补救措施继续履行涉案货物装卸仓储合同,被告应承担赔偿原告损失的违约责任。根据《中华人民共和国合同法》第113条第1款"当事人一方不履行合同义务或者履行合同义务不符合约定,给对方造成损失的,损失赔偿额应当相当于因违约所造成的损失,包括合同履行后可以获得的利益,但不得超过违反合同一方订立合同时预见到或者应当预见到的因违反合同可能造成的损失"的规定,被告承担赔偿责任的标准是完全赔偿原则,也就是说,被告不仅要赔偿原告遭受的全部实际损失,还应包括可得利益的损失。本案中,原告的全部实际损失就是涉案货物的实际价值。涉案货物的提单数量为2 033.044公吨甲苯,按照提单数量该批货物CFR南京价格为1 561 377.79美元,结合本案查明的事实,原告委托被告装卸仓储的货物数量为2 031.378公吨,因此涉案货物的损失为CFR南京价格为1 560 098.304美元。虽然涉案货物放货的对象正是新开乐公司,但是对于进口代理委托合同的委托方新开乐公司而言,作为代理方的原告并未履行该合同,新开乐公司就涉案货物已经向原告支付的开证保证金和部分货款产生于进口代理委托合同,与涉案装卸仓储合同系不同的法律关系,被告认为原告损失应扣除新开乐公司已经支付的保证金和部分货款的主张不能成立。至于可得利益是指合同在适当履行以后可以实现和取得的财产利益。本案中,如果涉案货物装卸仓储合同正常履行,就为原告履行与新开乐公司之间的进口代理合同奠定了基础,因此原告可得利益的损失就是进口货物的代理费损失。原告要求按照市场价格赔偿涉案货物损失,既不符合违约责任的补偿性特征,又与可得利益可预见性原则相悖。从根本上讲违约责任的补偿性就是平等、等价原则的具体体现,也是商品交易关系在法律上的内在要求,一方在违约之后,所承担的赔偿责任应当相当于另一方因此所受到的损失,受害人不能以违约方承担责任而获得其所受损害之外的利益;合同法并不是对违约造成的所有损失都提供补救,而只是从合同的性质出发,对违约方在订约时可以合理预见的损失提供补救,任何不具有可预见性的未来利益不是可得利益。因此,对于原告要求按照市场价格赔偿涉案货物损失的主张,武汉海事法院不予采信。虽然原告与新开乐公司存在代理进口委托合同法律关系,原告是新开乐公司的代理进口人,新开乐公司也是涉案货物装卸仓储合同的一个主体,但是新开乐公司并不享有涉案货物装卸仓储合同中的任何权利,新开乐公司仅仅是在取得仓储货物时应承担缴纳仓储、中转等费用的义务,借此得出原告与新开乐公司在涉案货物装卸仓储合同中存在间接代理关系缺乏依据,武汉海事法院对于被告关于原告舜天集团与实际提货人新开乐公司存在间接代理关系的主张不予采信;根据涉案货物装卸仓储合同约定,如货物发生灭失、大于 0.3% 的损耗、变质、污染等被告应负责赔偿。本案中,被告故意违反合同将涉案货物交付他人,显然涉案货物并不是被告在履行合同中正常的损耗,因此被告无权享受合同约定的 0.3% 损耗标准。虽然被告主张依约应当享有获得包括仓储费用在内的装卸中转包干费的权利,但被告并未就此提起诉讼或反诉,武汉海事法院对此不予审理。依照《中华人民共和国合同法》第 107 条、第 113 条第 1 款、《中华人民共和国民事诉讼法》第 128 条之规定,判决如下:

(1) 被告张家港兴菱化工储运有限公司赔偿原告江苏舜天国际集团有限公司货物损失 1 560 098.304 美元或等值人民币(按照 2006 年 6 月 2 日人民币兑换汇率折算),于本判决生效之日起 10 日内一次付清;

(2) 被告张家港兴菱化工储运有限公司赔偿原告江苏舜天国际集团有限公司进口代理费损失 15 600.98 美元或等值人民币(按照 2006 年 6 月 20 日人民币兑换汇率折算),于本判决生效之日起 10 日内一次付清。

3.2 仓储保管人未凭提货单放货的责任

2 中化(深圳)实业有限公司诉珠海中燃石油有限公司货物交付纠纷案
案例来源:广州海事法院(2005)广海法初字第 356 号
主题词:仓储保管人 未凭提货单交货 赔偿责任

裁判要旨

No. ZH-3.2-1 仓储保管人应凭承运人签发的提货单放货,否则,未凭提货单将货物交付给他人,应向提货单持有人赔偿货物的损失及其利息。

一、基本案情

原告:中化(深圳)实业有限公司

被告:珠海中燃石油有限公司

原告诉称:2005 年 4 月 29 日,原告与中化巴哈马石油有限公司(以下简称巴哈马公司)订立买卖合同,购买 20 000 吨 180CST 燃料油。5 月 6 日,该票货物装载于"科尔玛"轮(M/V OVERSEAS COLMAR)。为接卸上述货物,原告与被告签订协议书,约定被告代海关扣存原告在被告处存储的油品作为税款抵押,当原告未能在规定的时间内缴清税款时,被告有权代海关处理扣存的油品。5 月 11 日,被告通知承运人的代理人珠海市源汉船舶代理有限公司(以下简称源汉船代公司)如何就有关"科尔玛"轮所卸货物制作提货单,其中载明:"中化(深圳)实业有限公司,20 000 吨。"同日,原告收到源汉船代公司签发的编号为 YH93050511001 的提货单。5 月 12 日,"科尔玛"轮向被告交付了包括舱单在内的相关货物文件。5 月 12 日—14 日,被告接卸了本案争议的全部货物,并在卸货记录上签字确认。5 月 25 日,原告交纳了关税、增值税。5 月 26 日,海关在提货单上盖验讫章。当原告完成上述法律手续向被告提示上述提货单要求提取货物时,发现被告已将货物全部放给了其他人。根据 2005 年 5 月 9 日原告与中国船舶燃料有限公司(以下简称船舶燃料公司)订立的买卖合同计算,货物总价款为人民币 56 668 000 元。被告的行为已经构成对原告合法权利的侵害,请求法院判令被告向原告赔偿货物损失人民币 56 668 000 元,以及该款自 2005 年 6 月 29 日至判决确定支付之日止按人民银行同期贷款利率计算的利息,并判令被告承担本案诉讼费用及其他相关法律费用。

被告辩称:原告没有充分的证据证明其目前仍然是本案诉争燃料油的唯一合法所有权人,不具有适格的原告主体资格,无权提起本案诉讼。原告与被告不存在仓储或者保管等合同法律关系,被告没有将诉争燃料油交付给原告的义务。原告已经与广东恒润能源有限公司(以下简称恒润公司)签订协议,将诉争燃料油出售给了恒润公司,且该协议已经实际履行。恒润公司将其从"科尔玛"轮上接驳的燃料油存储于被告的油库,双方签订的代存协议合法有效。被告根据代存协议及恒润公司的指令将燃料油交付给该公司没有任何过错,不应当向原告承担任何责任。原告起诉所陈述的事实不符合客观实际,其诉讼请求没有法律依据,请求法院驳回原告的诉讼请求。

二、法院查明事实

法院认为,在认定原告对涉案货物具有所有权、原告并没有将货物所有权转让给船舶燃料公司或者恒润公司的基础上,可以认定原告与被告存在事实上的托管关系,即被告作为港口作业人和仓储保管人实际接卸和保管属于原告的货物。从货物的占有状态上看,货物从"科尔玛"轮卸入被告的油罐,意味着货物从承运人的占有改为被告的占有,期间不存在恒润公司占有货物的事实。在货物占有状态的改变过程中,并没有发生所有权状态的改变,即被告所称的货物所有权由原告转移给了恒润公司。可见,被告接卸和仓储的是属于原告所有的货物,被告因此与原告之间建立了事实上的货物托管关系,被告因此负有凭货物的权利凭证和原告的指示放货的义务。虽然代存协议确系恒润公司与被告签订,仓储费和港口建设费也是由恒润公司向被告支付,但是,签订代存协议和支付仓储费的行为,并不能改变货物的所有权关系,不能改变货物所有权人与仓储保管人之间事实上的托管关系,也不能免除被告凭货物的权利凭证和原告的指示放货的义务。被告接卸货物在前,与恒润公司签订代存协议在后,表明被告并非根据代存协议接卸和仓储货物,也表明代存协议旨在对仓储费用等事项作出安排。

被告接卸和仓储了属于原告的 20 000 吨燃料油。从被告的代表陈东标接收的有关货物的文件，包括提单和舱单，以及被告的员工潘键发给源汉公司关于如何签发提货单的传真、被告与原告签订的代扣货物协议书等证据，可以认定被告知道或者应当知道该批货物属于原告所有。被告关于潘键的传真属于个人行为的观点，不具有说服力。原告没有派人到现场接卸货物，以及货物被提走后没有向被告主张权利而是向珠海经侦队报诈骗案，并不能说明原告不是货物所有权人，也不能说明原告与被告之间不存在托管关系。

被告凭恒润公司的委托将涉案货物交给了他人。从恒润公司的委托书和发货凭证可以认定，涉案货物已由被告全部放行。被告称 20 000 吨货物中的 5 460.123 吨没有经过被告的油罐储存直接过驳小船运走，该部分货物也是经被告的油管接卸并经被告办理放行手续的，与其他货物的放行在性质上无异。

关于涉案货物的价值和原告的损失：

原告认为：由于被告错误地将货物交给了恒润公司，使原告失去了货物，造成原告的损失 56 668 000 元以及利息，应由被告赔偿。根据原告与船舶燃料公司之间的合同，货物单价的计算方法是：[（新加坡 PLATT'S 提单日 5 天均价 + USD18/MT）× 实际付汇汇率 + 实际关税/提单数］× 1.17 + 15 元/吨。新加坡 PLATT'S 提单日 5 天均价为 256.19 美元。根据原告与巴哈马公司之间的合同规定，付汇日为提单日后 58 天。提单日为 2005 年 5 月 6 日，则实际付汇日为 2005 年 7 月 4 日，当日外汇牌价为 8.2889。原告实际缴纳的关税为 2 723 200.26 元。提单记载货物数量为 20 000 吨。由此计算货物单价为 [（256.19 + 18）× 8.2889 + 2 723 200.26/20 000］× 1.17 + 15 = 2 833.40 元/吨。货物总价款为 2 833.40 元/吨 × 20 000 吨 = 56 668 000 元。

被告认为：原告的请求应以实际损失为准。恒润公司已经向原告支付了货款 10 910 000 元，因此应将该部分款项扣除。

原告反驳认为：原告收取恒润公司的 10 910 000 元还处于不确定的法律状态，因为收货付款确认函没有生效，船舶燃料公司及恒润公司有可能以原告不当得利即无合同和法律依据收取其款项为由主张返还该款项。因此，该部分款项不能从货款中扣除。

合议庭认为：原告计算货物单价和总价有事实依据，可以认定货物总价款为 56 668 000 元。但是，原告已经实际收到恒润公司支付的 10 910 000 元，因此，原告的实际损失应是总价款减去已收的部分款项，即 45 758 000 元。原告关于恒润公司所付 10 910 000 元属其不当得利的主张，不能成立。

三、法院裁判

本案是港口作业、仓储中货物交付产生的纠纷。原告以货物所有权人的身份，对作为货物装卸作业人和仓储保管人的被告提起侵权之诉。被告的放货行为是否违反了相关的法律规定？是否构成对原告的侵权？是否应承担赔偿责任？是本案的主要法律问题。

海上货物运输全流程包括装货、运输、卸货、仓储、交货等环节，各个环节相互联系。除了收货人在船边自提货物或者货物卸在收货人自用的码头，海上运输货物要经过码头卸货和/或仓储的环节，并经码头向收货人交付。码头仓储货物虽然具有仓储合同的性质，但是作为海上货物运输的一个环节，还应遵循海上货物运输的惯常操作。仓储保管人从承运船舶处接收货物，应当理解为受承运人的委托保管货物，因此理当向承运人指示的人交付货物。承运人指示交付的方式通常体现为提货单，也就是说，保管人必须凭承运人或其代理人签发的提货单交付货物。承运人根据提单签发提货单的行为，构成了象征意义上的放货。这种象征意义上的放货必须以保管人凭提货单实际放货才能转化成现实意义上的放货，才能完成准确放行货物的过程。承运人凭提单签发提货单，保管人凭提货单放行货物，两者相辅相成，任何一个方面出现差错都将导致错误的放货，都必须承担错误放货的责任，前者表现为承运人未凭正本提单放货的责任，后者表现为保管人未凭提货单放货的责任。

在国际贸易的进口方通过国内贸易的方式转售货物的情形下，国内贸易合同可以约定由买方负责支付仓储费和其他费用。国内贸易合同的买方，或者在存在连环合同的情况的最后买方，可以与仓储保管人订立仓储协议。该类仓储协议，在订立人最终取得提货凭证的情况下得以完整履行，反之，在订立人最终没有取得提货凭证的情况下，其意义则仅仅是仓储费的安排。仓储协议的订立，不排除仓储保管人凭提货单放行货物的规则的适用，不影响提货凭证记载的收货人和持有人向仓储保管人主张提货的权利。

仓储保管人凭承运人或其代理人签发的提货单放行货物的规则，适用于除船边自提货物和收货人自用码头卸货之外的一切情形，散装液体货物也不例外。只要通过码头中间环节接卸或仓储货物，则无论在放货程序上还是规则上，散装液体货物与其他货物没有区别。

本案中，原告进口货物、取得正本提单、取得承运人的代理人签发的提货单、报关并缴纳关税，有权凭提货单向被告提取涉案货物。被告没有凭提货单将货物交与他人的行为，侵犯了原告的货物所有权，造成了原告的经济损失，应承担对原告的赔偿责任。赔偿范围以原告的实际损失为限，原告已经收到的款项应从货物总价款中扣除。被告的侵权行为还造成原告的利息损失，也应一并赔偿。原告请求的利息从船舶燃料公司依约应向原告支付货款的时间即 2005 年 6 月 29 日起算，该时间是原告本应收到货款但因被告的错误放货行为而未能收到货款的时间，以该时间作为利息起算点合理，应予支持。

根据《中华人民共和国民法通则》第 117 条的规定，判决如下：

被告珠海中燃石油有限公司赔偿原告中化（深圳）实业有限公司 45 758 000 元，以及该款自 2005 年 6 月 29 日起至判决确定支付之日止按中国人民银行同期流动资金贷款利率计算的利息。

3.3 仓储保管人对于保管货物灭失的责任

3 原告江西省五金矿产进出口公司与被告广州港黄埔集装箱公司码头仓储保管合同纠纷案

案例来源：广州海事法院(2000)广海法商字第 124 号

主题词：仓储保管人　向存货人交货不能　赔偿责任

> **裁判要旨**
>
> **No. ZH-3.3-1**　仓储保管人应妥善保管货物，并应在存货人提货时交付货物，因其过失造成货物灭失，致使存货人不能提取货物，应当承担赔偿责任。

一、基本案情

原告：江西省五金矿产进出口公司

被告：广州港黄埔集装箱公司

原告江西省五金矿产进出口公司诉称：1996 年 9 月，原告为从广州口岸出口金属硅，委托江西省永修工业硅厂在上海铁路局永修站发运 60 吨金属硅至广州铁路(集团)公司下元站。被告是运单记载的收货人。被告提取上述货物后，存放于黄埔港仓库。1997 年 4 月 4 日，因原告货物不能按期出口，被告将上述货物转到宏发储运公司仓库。1999 年 1 月，原告派员前往提货时发现该货物灭失。4 月 13 日，被告告知原告上述货物于 1998 年 7 月 28 日被他人凭保函提走。原、被告之间是长期合作关系，原告出口的货物大部分直接发运给被告，由被告代为保管。本案货物金属硅已交给被告保管，原、被告之间仓储保管民事法律关系成立。被告作为仓储保管人因其过失致使货物被人冒领，应负赔偿责任。请求法院判令被告赔偿原告货款损失 636 000 元，赔偿违约金及利息 178 080 元。

被告广州港黄埔集装箱公司辩称：原、被告之间没有任何保管协议，本案是铁路货物运输合同货物交付纠纷，被告是铁路运输承运人之一，被告的保管行为是运输过程中的保管。《中华人民共和国铁路法》规定，收货人应当在货物到达目的地时及时提货。本案所涉货物在 1996 年 9 月到达目的地，原告在 1999 年 1 月才主张提货，已超过《中华人民共和国民法通则》规定的两年诉讼时效。原告提供的汇票委托书、增值税专用发票与本案所涉货物并无直接关联。原告向铁路承运人申报的货物价格为 300 000 元，根据《中华人民共和国铁路法》关于保价运输的规定，最高赔偿不超过保价额。被告是铁路运输企业，即使被告应当赔偿也不应超过保价额。双方没有约定违约金，原告请求赔偿违约金没有依据。综上，请求法院驳回原告的诉讼请求。

二、法院查明事实

广州海事法院认定以下事实：

原告提交两份中国农业银行江西省分行汇票委托书存根，其中一份记载：委托日期1996年7月8日，汇款人为原告，收款人为江西省永修工业硅厂，汇款用途为支付货款，汇款金额为200 000元；另一份记载：委托日期为1996年8月2日，汇款人为原告，收款人为江西省永修工业硅厂，汇款用途为支付货款，汇款金额为436 000元。原告提交的江西省永修工业硅厂开出的6份增值税专用发票记载：交款人为原告，金属硅共60吨，合计金额636 000元。原告提供上述证据以证明其向江西省永修工业硅厂支付636 000元价款购买金属硅60吨，并证明该60吨金属硅就是运单项下的货物。被告认为，原告的上述证据不能证明发票中所指的货物是运单项下的货物。合议庭认为，原告委托银行付款的金额和收款人与发票记载的金额和收取货款的单位吻合，发票记载的货物是60吨金属硅。据此，应认定原告为购买60吨金属硅向卖方江西省永修工业硅厂支付了636 000元货款。发票记载的货物名称、数量与运单记载的货物名称、数量相同，原告支付货款购货的时间与货物托运时间符合逻辑顺序，而且运单中的60吨金属硅由江西省永修工业硅厂办理托运，原告持有该货物的领货凭证。以上事实相互关联，足以证明发票中所指的货物就是本案运单项下的货物。

三、法院裁判

广州海事法院认为，本案是码头仓储保管合同纠纷。原告向江西省永修工业硅厂购买本案所涉货物，委托江西省永修工业硅厂将上述货物发送至被告的铁路专用线，并持有领货凭证，是本案货物的所有人。被告收到原告的货物后，予以保管，原告向被告支付仓储保管费，原、被告之间形成了仓储保管合同民事法律关系。货物运抵下元站后，铁路承运人在运单的"到站交付日期戳"栏加盖了公章，将货物交付给了被告，铁路运输合同已经履行完毕。被告称其受铁路承运人的委托履行运输合同过程中的货物保管、交付义务，但被告未提供支持其主张的证据。被告关于原、被告是铁路运输货物保管、交付关系的主张不成立。被告作为仓储保管人，应妥善保管货物，并应在存货人提货时交付货物。被告因其过失造成货物灭失，致使原告不能提取货物，应当承担赔偿责任。被告应赔偿原告货款损失636 000元及其从原告主张提货之次日起至本判决生效之日止的中国人民银行同期流动资金贷款利率的利息。由于双方没有约定违约金，法律也未规定此类合同的法定违约金，原告请求被告支付违约金没有依据，不予支持。原、被告之间不是铁路运输合同关系，被告不是铁路运输承运人，其无权要求按运单记载的保价运输价格对货物灭失作出赔偿。

根据《中华人民共和国民法通则》第135条关于向人民法院请求保护民事权利的诉讼时效期间为两年的规定，本案诉讼时效期间为两年。因双方未约定货物保管期限，原告随时可要求被告交付货物。时效期间应从原告提货不能知道其权利受到侵害

仓储保管人・向存货人交货不能・赔偿责任

之次日,即1999年1月12日起算。2月5日、4月9日、6月1日、6月25日,原告向被告要求赔偿,4月13日、6月14日及9月9日被告向原告复函承认货物被他人冒领,均构成时效中断。自1999年9月9日时效中断时起诉讼时效期间重新起算,至原告起诉之日未超过两年。被告关于本案诉讼时效已过的主张不成立,不予支持。

依照《中华人民共和国民法通则》第106条第1款、第112条第1款的规定,判决如下:

(1) 被告赔偿原告货物损失636 000元及利息(从1999年1月12日起至本判决生效之日止,按中国人民银行同期流动资金贷款利率计算)。

(2) 驳回原告的其他诉讼请求。

本案受理费16 442元,由原告负担5 072元,被告负担11 370元。本案受理费已由原告预交,本院不另清退,被告应将其负担部分径付原告。

3.4 外贸代理作为寄存人时保管人向货主交货的法律责任

4 上诉人中国外运广东有限公司与被上诉人浙江远大进出口有限公司、原审被告中国外运广东有限公司南沙分公司货运代理合同货损赔偿纠纷案

案例来源:浙江省高级人民法院(2009)浙海终字第125号

主题词:外贸代理　货物保管人　错交货物给货主　赔偿责任

裁判要旨

No. ZH-3.4-1　货物的进口外贸代理作为寄存人将货物交由保管人保管,虽然保管人明知外贸代理系货主的代理,仍负有向外贸代理返还保管物的义务,其未按照作为存货人的外贸代理的指令,将货物交付给货主,违反约定,应对外贸代理承担赔偿责任。

一、基本案情

上诉人(原审被告):中国外运广东有限公司(以下简称中外运广东公司)

被上诉人(原审原告):浙江远大进出口有限公司(以下简称远大公司)

原审被告:中国外运广东有限公司南沙分公司(以下简称中外运南沙分公司)

宁波海事法院审理查明:2007年4月10日,广州远东德兴贸易有限公司(以下简称德兴公司)与远大公司签订代理进口协议,约定:德兴公司委托远大公司与国外客商Shine Well International Group Limited(以下简称Shine Well公司)就购买一批巴布亚新几内亚原木事宜订立进口合同,货物数量为2 000立方米,允许溢短装10%,单价为350美元/立方米;支付方式为即期信用证,2007年5月30日前装船,德兴公司必须于开证前将进口总额10%的开证保证金汇入远大公司账户,远大公司在收到保证金后7个工

作日内开出信用证；付款：先付清货款后提货，如允许分批提货，应先付清拟提部分的货款再提货，保证金只能冲抵最后一批货款，在信用证付款到期前三天以前，德兴公司应把货物的全部款项汇入远大公司账户，如果德兴公司需要远大公司垫付剩余货款，则需要在信用证议付前三天前提出，远大公司若同意根据自身资金情况允许的范围内代为支付国外货款，则期限不超过60天，自远大公司垫付货款到期后，德兴公司仍未把货物的全部款项和第5款所列费用（指货物进口关税、增值税、检验检疫及运输、储存等相关费用）汇入远大公司账户，远大公司有权处理货物，没收保证金，全部损失由德兴公司承担；等等。双方还对合同履行中可能出现的其他事项进行了约定。同日，远大公司与 Shine Well 公司签订了编号为 G09FT7005B 的销售合同，约定远大公司向 Shine Well 公司购买巴布亚新几内亚原木，数量为2 000立方米（允许溢短装10%），单价为350美元/立方米，总金额为700 000美元，支付方式为跟单信用证，双方还对涉案货物的规格、计量、交货方式等其他内容进行了约定。同年4月16日，远大公司申请交通银行宁波分行开具了编号为 LCZF600200700363 的信用证，载明金额为700 000美元，浮动幅度为10%，为此支付了开证申请费5 691元人民币。同日，货物装上"GOLDEN PREMUM"号轮船，承运人签发了 GP/NS-044 号清洁提单，载明：托运人为 KHIDMAT PINTAR SDN BHD，收货人凭指示，通知方为远大公司，货物为巴布亚新几内亚原木341支，2 076.306立方米。同年6月4日，远大公司与中外运南沙分公司签订编号为 G09FT7005 的进口代理报关协议，约定：远大公司委托中外运南沙分公司就 GP/NS-044 号提单下货物报关，货物明细为2 076.306立方米，总金额为726 707.10美元。协议第5条约定由中外运南沙分公司按时办理货物到港后的报关、装卸、报检等进口手续，并承担货物在到港海关放行至按照远大公司发货指令后装车运输前的一切责任，确保报关、装卸、转运、存储、装运过程中货物数量、质量和安全；第7条约定，中外运南沙分公司就涉案货物报关完毕后应将所有报关后的全套单据（包括但不限于海关放行单、报关单、税单、商检单等）原件在海关放行后7个工作日内交给远大公司，由远大公司签收或出具书面收据，中外运南沙分公司不得将上述单据交任何其他单位或个人，除非远大公司另有指令；第8条约定，远大公司另有书面指令是指（必须并且只能）：（1）远大公司交给中外运南沙分公司盖放货专用章并签字的正本出库单，或者（2）远大公司用号码为877233××的传真机直接传真给中外运南沙分公司盖有远大公司放货专用章并签字的出库单，若中外运南沙分公司未按第7条、第8条内容操作，需向远大公司支付总货值10%的违约金，损失大于违约金的按损失予以赔偿；第9条约定，远大公司享有本协议所涉及提单及该提单项下货物的所有权，中外运南沙分公司因本协议持有提单及相关单据，仅为办理本协议规定事项之用，并不表示获得该提单项下的货权。协议中还约定了其他相关事项，但关于远大公司应支付费用一栏为空白。

货物运抵广州南沙港后，2007年6月12日，中外运南沙分公司向海关申报进口。6月22日货物卸到广州南沙经济技术开发区港口开发总公司南伟码头（以下简称南伟码头),由中外运南沙分公司向远大公司出具了入库通知单一份,载明:今收到浙江远大进出口有限公司委托保管货物如下,341 支原木,2 076.306 立方米,存放地点南伟码头……后此货物被人提走。宁波海事法院另查明:2007 年 6 月 25 日,远大公司向海关缴纳了进口货物增值税 725 922.21 元人民币。7 月 19 日远大公司依信用证约定向交通银行宁波分行支付了进口货值及信用证利息合计 736 264.30 美元,同日还支付了进口代付手续费 755.28 美元。

为索赔损失,远大公司诉至宁波海事法院,请求判令中外运南沙分公司与中外运广东公司赔偿:

(1) 货物损失 726 707.10 美元,计 5 496 521.82 元人民币;

(2) 海关增值税 725 922.21 元人民币;

(3) 开证费用 5 691 元人民币;

(4) 进口代付手续费 755.82 美元,计 5 712.64 元人民币;

(5) 开证银行收取的利息 9 557.20 美元,计 72 286.84 元人民币,及因含税货物损失而产生的利息损失 840 029.94 元人民币(远大公司起诉时按年利率 6.75% 自 2007 年 6 月 12 日暂算至 2009 年 6 月 11 日,并要求继续计算至履行全部赔偿义务之日止);

(6) 支付违约金 622 244 元人民币。

上述六项总计为 7 768 408.45 元人民币(上述美元均按 2007 年 7 月 19 日中国人民银行公布的美元兑人民币基准汇率 1:7.5636 折合成人民币)。

二、一审裁判

宁波海事法院根据双方当事人的诉辩意见,对本案的争议焦点归纳并评析如下:

(一) 关于远大公司是否享有本案诉权的问题

中外运南沙分公司及中外运广东公司认为,涉案货物的真正进口商和收货人系案外人德兴公司,而并非远大公司,因此远大公司不是本案适格的诉讼主体,无权就本案所称货物提起索赔。

宁波海事法院经审理认为,根据进口代理报关协议的内容及入库通知单,远大公司与中外运南沙分公司之间建立的法律关系是包括报关、报检、装卸、保管等一系列事务在内的进口货运代理合同关系,该法律关系合法成立,内容不违背法律的强制性规定,其效力也不受远大公司与德兴公司之间的进口代理合同关系的影响。本案纠纷即是因货物保管而起,且明确约定中外运南沙分公司必须凭远大公司指示放货,因此,远大公司作为协议的一方当事人,有权提起本案诉讼。

(二) 关于中外运南沙分公司是否违约及中外运南沙分公司及与中外运广东公司如何承担违约赔偿责任的问题

中外运南沙分公司与中外运广东公司关于货物被提经得远大公司同意的主张,证据不足,不予采信。

中外运南沙分公司与中外运广东公司根据进口代理报关协议关于远大公司应支

付费用的约定为空白的事实主张中外运南沙分公司系无偿为远大公司办理各项事务，且对涉案货物被提不存在故意或重大过失，因而无须承担赔偿责任。而远大公司则主张协议虽未写明远大公司应支付的费用，但双方约定按习惯支付费用。宁波海事法院经审理认为，远大公司一方面在庭审中承认未向中外运南沙分公司支付费用，另一方面又主张中外运南沙分公司系有偿保管货物，双方约定费用按习惯支付，但是未能对习惯形成及其内容举证，因此，依照《中华人民共和国合同法》第366条的规定，认定中外运南沙分公司为无偿保管货物。但是，涉案货物价值巨大，进口代理报关协议对中外运南沙分公司包括货物安全及如何放货等在内的义务进行了明确约定，并约定如有违反，中外运南沙分公司要承担赔偿责任。入库通知单更明确约定了中外运南沙分公司系保管义务方。依据这些约定，中外运南沙分公司清楚地知晓就涉案货物，其对远大公司负有重大义务，但货物却最终未经远大公司许可而被他人提走，中外运南沙分公司作为保管人未能证明其没有重大过失，故应承担违约赔偿责任。中外运南沙分公司系中外运广东公司的分公司，并非独立法人，依照《中华人民共和国公司法》第14条第1款关于分公司不具备法人资格，其民事责任由公司承担的规定，本案的民事赔偿责任应由中外运广东公司承担。

（三）关于远大公司主张的损失及中外运南沙分公司与中外运广东公司的相关抗辩

根据我国民事法律，民事赔偿以赔偿实际损失为原则。据此，宁波海事法院对远大公司主张的损失及中外运南沙分公司与中外运广东公司的相关抗辩分析如下。

1. 涉案货物的进口价格

根据对证据的分析，宁波海事法院认为，远大公司已提供充分的证据证明涉案货物的进口价格为726 707.10美元，予以采信。远大公司主张的美元汇率为其实际向银行支付之日的汇率（1∶7.5636），并无不当，因此，涉案货物进口价格折合人民币后为5 496 521.82元。

2. 开证保证金55万元人民币和涉案货物进口增值税725 922.21元人民币

中外运南沙分公司与中外运广东公司认为，根据代理进口协议的约定，德兴公司必须在信用证开证前将开证保证金55万元人民币汇入远大公司账户，远大公司在收到该保证金后7个工作日内开出信用证；现远大公司已就涉案货物开出了信用证，据此可推定德兴公司已将上述保证金实际支付给了远大公司。此笔款项按代理进口协议应冲抵货款。又根据代理进口协议第5条之约定，德兴公司应在涉案货物报关之前将进口增值税支付给远大公司，现涉案货物已顺利报关，故可据此证明该笔费用已由德兴公司支付给了远大公司。而远大公司主张，其未曾从德兴公司收到这两笔款项。宁波海事法院经审理认为，代理进口协议约定，德兴公司支付开证保证金和进口增值税分别应在开证和报关之前，现远大公司主张德兴公司未支付此两笔款项而远大公司仍办理了开证和委托报关，应由远大公司对约定内容发生变更进行举证，但远大公司未能举证。如果这两笔款项已由德兴公司支付，中外运南沙分公司与中外运广东公司的手中也不可能持有相关凭证,而从远大公司的银行流水账中可以查明德兴公司是否支付了这两笔款项,因此,当中外运南沙分公司与中外运广东公司申请宁波海事法院调查远大公司的银行流水账,宁波海事法院限期远大公司提供,但远大公司未能提供。因此,依照最高人民法院《关于民事诉讼证据的若干规定》第75条的规定,推定德兴公司已向远大公司支付了这两笔款项,远大公司无权再将进口增值税作为一项实际损失提出赔偿,而开证保证金55万元人民币本即为货款之一部分,远大公司既已收悉,亦不存在此项损失,不予保护。

3. 银行开证费5 691元人民币、进口代付手续费755.28美元、信用证下的利息9 557.20美元

中外运南沙分公司与中外运广东公司认为,上述费用均为远大公司正常办理该批货物进口时应当支付的费用,其与中外运南沙分公司的违约行为没有任何因果关系,不属于中外运南沙分公司违约给远大公司造成的损失,远大公司无权就上述费用索赔。宁波海事法院认为,此三笔款项均为远大公司为货物进口所支付的费用,应计入远大公司的实际损失。因此,远大公司主张的证据与理由充分,予以保护。其中美元也按1∶7.5636的美元兑人民币汇率折合成人民币支付,三项费用共计为83 690.47元人民币。

4. 违约金622 244元人民币

远大公司认为,根据涉案进口代理报关协议第8条的约定,中外运南沙分公司与中外运广东公司应赔偿远大公司总货值10%的违约金,即:(货物进口价格5 496 521.82 + 进口增值税725 922.20)×10% = 622 244元人民币。对此,中外运南沙分公司与中外运广东公司认为,根据《中华人民共和国合同法》第114条之规定及涉案《进口代理报关协议》第8条的约定,远大公司只能在赔偿违约金与赔偿实际损失这两种救济方式之间择一而行之,在远大公司已就实际损失提出索赔且索赔的实际损失金额超过违约金的情况下,其无权要求中外运南沙分公司支付违约金。宁波海事法院经审理认为,中外运南沙分公司与中外运广东公司的抗辩意见有理,予以采信,远大公司的该项诉请于法无据,不予支持。

综上,宁波海事法院认为,中外运广东公司应赔偿远大公司的损失为5 030 212.29元人民币。远大公司还诉请按年利率6.75%计算的利息损失,鉴于本案保管系无偿的民事行为,酌情自2007年7月19日(远大公司向银行垫付主要货款之日起)至本判决确定的履行之日止,按同期银行存款利率计算利息。宁波海事法院依照《中华人民共和国民事诉讼法》第64条第1款,《中华人民共和国公司法》第14条第1款,《中华人民共和国合同法》第107条、第114条第1款、第366条、第374条的规定,于2009年8月27日判决:

(1) 中外运广东公司于本判决生效后10日内赔偿远大公司各项损失合计5 030 212.29元人民币及利息(自2007年7月19日至本判决确定的履行之日止,按中国人民银行同期存款利率计算);

(2) 驳回远大公司的其他诉讼请求。如果未按本判决指定的期限履行给付金钱义务,应当依照《中华人民共和国民事诉讼法》第229条之规定,加倍支付迟延履行期间的债务利息。案件受理费66 180元人民币,由远大公司负担19 880元人民币,中外运广东公司负担46 300元人民币;财产保全费5 000元人民币,由中外运广东公司负担。

三、上诉与答辩

中外运广东公司不服原审判决,向浙江省高级人民法院提起上诉称:

(1) 一审法院认定远大公司对涉案纠纷享有诉权证据不足、认定错误。远大公司提交的提单以及入库通知单与本案无关,一审法院错误采信,从而导致错误认定远大公司享有诉权、中外运南沙分公司负有货物保管的义务。

(2) 一审法院认定远大公司与中外运南沙分公司之间建立的进口货运代理合同关系不受远大公司与德兴公司之间的进口代理合同关系的影响错误,从而导致其对远大公司是否享有诉权、中外运南沙分公司是否应当承担违约责任作出错误的认定。远大公司与中外运南沙分公司之间的合同关系应该直接约束中外运南沙分公司和德兴公司。

(3) 在中外运广东公司及中外运南沙分公司已经举证证明其对涉案货物被德兴公司提取没有重大过失的情况下,一审法院还判决该两公司就无偿保管的货物承担违约赔偿责任显属法律适用错误。请求二审法院依法改判,驳回远大公司的诉讼请求。

远大公司答辩称:

(1) 远大公司在本案中依法享有诉权。

(2) 进口代理报关协议不受进口代理合同约束。

(3) 进口代理报关协议是有偿的保管合同,中外运南沙分公司与中外运广东公司应承担赔偿责任。中外运广东公司上诉的事实和理由不能成立,请求二审法院驳回上诉,维持原判。

中外运南沙分公司庭审中陈述同意中外运广东公司的上诉请求与理由。

四、二审裁判

浙江省高级人民法院经审理查明:各方当事人对原审判决认定的事实无异议,浙江省高级人民法院予以确认。另查明:远大公司提交的两份提单上载明的装船日期为2007年4月10日,中外运南沙分公司与中外运广东公司一审提交的提单上则载明2007年5月28日装船。

根据各方当事人的上诉请求和理由以及答辩意见,本案二审争议的焦点为:一是远大公司对涉案纠纷是否享有诉权;二是中外运南沙分公司是否构成违约以及是否由中外运广东公司承担相应民事赔偿责任。对于浙江省高级人民法院归纳的争议焦点,各方当事人均无异议。

针对上述争议焦点,浙江省高级人民法院分析认定如下:

(一) 远大公司对涉案纠纷是否享有诉权

本案中,中外运南沙分公司于2007年6月22日将货物卸到南伟码头,并向远大公司出具了入库通知单一份,载明:今收到远大公司委托保管货物如下,341支原木,2 076.306立方米,存放地点南伟码头……同时,根据双方此前签订的进口代理报关协议,远大公司与中外运南沙分公司之间建立的法律关系是包括报关、报检、装卸、保管等一系列事务在内的进口货运代理合同关系。虽然远大公司与德兴公司之间存在进口代理合同关系,但本案纠纷系因涉案货物保管而起,且进口代理报关协议明确约定中外运南沙分公司必须凭远大公司指示放货。因此,远大公司作为进口代理报关协议的一方当事人,主张中外运南沙分公司违反保管义务而提起本案诉讼,主体适格。中外运广东公司关于涉案货物的真正进口商和收货人系德兴公司,故远大公司不是本案适格的诉讼主体的上诉理由不能成立。

(二) 中外运南沙分公司是否构成违约以及是否由中外运广东公司承担相应民事赔偿责任

本案中,虽然远大公司提交的提单及入库通知单上均载明"原木341支,2 076.306立方米",而双方提交的海关进口货物报关单上则均载明"原木366支,2 076.306立方米"。中外运南沙分公司与中外运广东公司亦据此主张远大公司提交的提单及入库通知单指向的货物与本案无涉。浙江省高级人民法院认为,我国海关在实践中对原木进口均按立方米来计税,涉案原木也是按照立方米征税。而且,远大公司提交的提单及入库通知单与海关进口货物报关单上记载的原木数量均为2 076.306立方米。虽然中外运南沙分公司与中外运广东公司主张341支原木系另外一批货物,但不能提供证据证明2007年6月22日中外运南沙分公司还为远大公司保管了另外一批数量也为2 076.306立方米的原木,故中外运南沙分公司与中外运广东公司关于远大公司提交的提单及入库通知单指向的货物与本案无涉的主张不能成立。可以认定本案货物即为原木341支,2 076.306立方米,为中外运南沙分公司在南沙码头保管。同时,涉案《进口代理报关协议》第5条约定,中外运南沙分公司应按时办理货物到港后的报关、装卸、报检等进口手续,并承担货物在到港海关放行至按照远大公司发货指令后装车运输前的一切责任,确保报关、装卸、转运、存储、装运过程中货物数量、质量和安全。第9条则约定,远大公司享有本协议所涉及提单及该提单项下货物的所有权。此外还约定如有违反,中外运南沙分公司要承担赔偿责任。据上,涉案进口代理报关协议对中外运南沙分公司包括货物安全及如何放货等在内的义务进行了明确约定。入库通知单更明确约定了中外运南沙分公司系保管义务方,对涉案货物负有保管义务。因此,中外运南沙分公司应当审慎履行对涉案货物的保管义务,并严格依照远大公司的书面指令行事。但是,涉案货物最终被德兴公司提走,一审中中外运南沙分公司对德兴公司提走货物并无异议但主张德兴公司提货已经远大公司同意。然而,中外运南沙分公司与中外运广东公司一审提交的2007年6月22日德兴公司出具的请求码头放货函及中外运南沙分公司同日向远大公司的征询函,均与进口代理报关协议的明确约定不符。而且,中外运南沙分公司不能提交进口代理报关协议明确约定的远大公司同意放货的书面指令,也未能提供远大公司同意将货物交付德兴公司的其他证据。因此,中外运南沙分公司与中外运广东公司关于德兴公司提货经过远大公司同意的主张不能成立。中外运南沙分公司还主张德兴公司为涉案货物实际进口人及所有人,根据《中华人民共和国合同法》第402条的规定,可以直接将货物交给德兴公司。浙江省高级人民法院认为,根据《中华人民共和国合同法》第373条第1款"第三人对保管物主张权利的,除依法对保管物采取保全或者执行的以外,保管人应当履行向寄存人返还保管物的义务"的规定,即使德兴公司为涉案货物的实际进口人及所有人,中外运南沙分公司亦应对寄存人即远大公司负有返还保管物的义务。而且,《中华人民共和国合同法》第402条规定,受托人以自己的名义,在委托人的授权范围内与第三人订立的合同,第三人在订立合同时知道受托人与委托人之间的代理关系的,该合同直接约束委托人和第三人,但有确切证据证明该合同只约束受托人和第三人的除外。本案中,即使中外运南沙分公司主张的其作为第三人,在与远大公司订立进口代理报关协议时知道远大公司与德兴公司的外贸代理关系,但是根据涉案《进口代理报关协议》对双方当事人权利义务的约定,也可以认为远大公司提供了确切证据证明本案合同只约束远大公司和中外运南沙分公司,中外运南沙分公司亦不能据此免除向远大公司的交付义务。据上,中外运南沙分公司在未经远大公司同意的情况下将涉案货物交由德兴公司提走,有违进口代理报关协议的约定义务已经构成违约。

另外,涉案进口代理报关协议关于远大公司应支付费用的约定为空白,远大公司亦未提供双方约定费用按习惯支付及有偿保管证据,故原审判决根据《中华人民共和国合同法》第366条"寄存人应当按照约定向保管人支付保管费。当事人对保管费没有约定或者约定不明确,依照本法第六十一条的规定仍不能确定的,保管是无偿的"的规定,认定中外运南沙分公司系无偿办理各项事务,并无不当。浙江省高级人民法院认为,虽然《中华人民共和国合同法》第374条规定,保管期间,因保管人保管不善造成保管物毁损、灭失的,保管人应当承担损害赔偿责任,但保管是无偿的,保管人证明自己没有重大过失的,不承担损害赔偿责任。但在《进口代理报关协议》明确约定中外运南沙分公司保管义务的情况下,中外运南沙分公司径行把货物交付德兴公司,即可以认定中外运南沙分公司为重大过失,故应承担相应责任。因此,宁波海事法院基于中外运南沙分公司系中外运广东公司的分公司而判令中外运广东公司承担本案赔偿责任,法律依据充分,亦无不当。

此外,远大公司在本案中的经济损失,宁波海事法院认定包括货物的进口价格、银行开证费、进口代付手续费以及信用证项下的利息等各项损失合计5 030 212.29元人民币。中外运广东公司上诉状中对此并无异议,浙江省高级人民法院予以确认,不再评述。

综上,浙江省高级人民法院认为,中外运南沙分公司在代办涉案货物进口报关、保管等业务时,违反了进口代理报关协议的明确约定,在没有远大公司同意的书面指令下,将货物交付他人,已经构成违约,应当承担相应的赔偿责任。因中外运南沙分公司系中外运广东公司的分公司,并非独立法人,故本案的赔偿责任应由中外运广东公司承担,需向远大公司赔付各项损失合计 5 030 212.29 元人民币及相应利息。中外运广东公司的上诉请求与理由不能成立,浙江省高级人民法院不予支持。原审判决认定事实清楚,适用法律正确,实体处理恰当。依照《中华人民共和国民事诉讼法》第 153 条第 1 款第(一)项之规定,判决如下:

驳回上诉,维持原判。

4. 海运集装箱保管合同纠纷

4.1 码头公司保管被强制打捞上岸的沉船载运集装箱的费用承担

1 原告招商港务(深圳)有限公司诉被告阳明海运股份有限公司集装箱堆存纠纷案
案例来源:广州海事法院(2002)广海法初字第214号
主题词:沉船所有人　强制打捞　沉没集装箱　堆存费　无因管理　承运人

> **裁判要旨**
>
> **No. ZH-4.1-1** 沉船载运的落水集装箱被海事局组织强制打捞上岸,堆存于码头公司堆场,是强制打捞工作的继续。码头公司没有约定和法定的义务保管经打捞上岸的沉船载运的集装箱,其为沉船所有人履行义务,构成无因管理。沉船所有人是打捞沉船和落水集装箱的责任主体,应当支付有关打捞、保管和处理等费用。沉船载运的集装箱的所有人或租赁人,既非打捞落水集装箱的责任主体,也非保管集装箱的义务人,不应支付集装箱堆存费。

一、基本案情

原告:招商港务(深圳)有限公司
被告:阳明海运股份有限公司

原告招商港务(深圳)有限公司诉称:2001年12月11日,被告所有的40只集装箱随"东运419"轮在深圳蛇口水域沉没。在深圳海事局的组织下,上述集装箱被东莞市建华疏浚打捞航务工程有限公司(以下简称建华公司)打捞上岸,经原告装卸后堆存于原告的堆场。至2002年4月27日,上述集装箱共发生卸船费20 000元、码头费(包括港务费、港口建设费、装船费)9 240元及堆存费146 725元,共计175 965元。请求法院判令被告支付上述费用。

被告阳明海运股份有限公司辩称:
(1) 原、被告之间不存在保管合同或其他任何合同关系,被告不是涉案货物的寄存人,没有义务向原告支付保管费等费用;
(2) 产生上述费用的是装于集装箱内的货物,集装箱仅是货物的包装;
(3) 涉案的40只集装箱中,属于被告所有的仅仅是27只20英尺集装箱,另外11只20英尺集装箱为被告所租用,2只40英尺集装箱与被告无关;
(4) 原告主张的卸船费、堆存费及码头费数额不合理。

二、法院查明事实

2001年12月11日,广东省东莞市水上运输总公司石龙水上运输公司(以下简称石龙公司)所有的"东运419"轮在深圳蛇口港水域附近发生沉船事故,43只载货集装箱全部落入海中,在深圳海事局组织打捞下,其中的38只20英尺和2只40英尺的集装箱被打捞上岸并一直堆放在原告的堆场。38只20英尺的集装箱由被告转委托石龙公司承运,其中27只集装箱属被告所有,另外11只集装箱由被告向其他公司租赁。有关装满货物的20英尺集装箱(重箱)的码头堆存费按每天25元计算,免费堆存期为5天,上述38只20英尺集装箱自打捞之日起至2002年4月27日止的堆存费为125 725元。

对有争议的事实,认定如下:

1. 关于卸船费

原告为证明其主张的卸船费(将集装箱从打捞船上卸至原告堆场的费用),提供了《中华人民共和国交通部港口收费规则(外贸部分)》。该规则第39条规定:"集装箱在港口的装卸作业,按'外贸进出口集装箱装卸包干费、国际过境集装箱港口包干费率表'(表5)的规定,向船方计收集装箱装卸包干费。集装箱装卸包干作业包括:(一)进口重箱:将重箱的一般加固拆除,从船上卸到堆场,分类堆存,从堆场装上货方卡车或送往港方本码头集装箱货运站(仓库),然后将空箱从货方卡车卸到堆场或从港方本码头集装箱货运站(仓库)送回堆场……(三)进口空箱:将空箱的一般加固拆除,从船上卸到堆场,分类堆存……"表5记载:装卸一般货物的20英尺的集装箱装卸包干费,每箱为370元;20英尺的空箱装卸包干费,每箱为255.8元。

原告提供的交通部、国家计委《关于调整外贸港口收费规定和标准的通知》载明:集装箱装卸包干费在现行《中华人民共和国交通部港口收费规则(外贸部分)》规定的标准的基础上提高15%。该规定自2002年1月1日起执行。

原告根据上述证据主张按进口重箱的集装箱港口包干费并在此基础上提高15%,即按每箱425.5元计算卸船费。

被告认为,集装箱装卸包干费的作业内容表明,原告主张集装箱装卸包干费与作业内容不符。另外,关于集装箱装卸包干费收费标准提高15%的通知是自2002年1月1日起执行。本案中该项费用发生在2001年12月,所以收费标准不应提高15%。

法院认为,原告主张卸船费的作业内容与《中华人民共和国交通部港口收费规则(外贸部分)》中关于进口空箱装卸包干费的作业内容的规定是一致的,因此卸船费应按进口空箱的装卸包干费的计费标准,即每箱255.8元计算。发生该笔费用时,集装箱装卸包干费收费标准提高15%的通知尚未执行,应仍按原标准计算。因此,38只20英尺集装箱发生的卸船费为9 720.4元。

2. 关于港口建设费

原告为证明其所主张的港口建设费,提供了交通部、财政部发布的《港口建设费征收办法实施细则》,该细则第3条规定:港口建设费的义务缴费人为托运人(或其代理人)或收货人(或其代理人)。第4条第1款规定:港口建设费的征收管理工作由交通部负责。经交通部批准的开放口岸港口所在地的港务局(或相应管理机构)为港口建设费的代征单位。受交通部委托,负责归口管理代征港口征收工作的单位为代管单位。第6条第(三)项规定:国际20英尺集装箱港口建设费,每箱按80元计征。

被告认为,原告没有提供证据证明其是港口建设费的代收单位,其无权收取港口建设费。

法院认为,原告既非代征单位,也没有提供证据证明其受有关单位委托代收港口建设费,其无权主张港口建设费。被告的质证意见予以采纳。

3. 关于港务费

原告为证明其所主张的港务费,提供了《中华人民共和国交通部港口收费规则(外贸部分)》。该规则第30条规定:经由港口吞吐的外贸进出口货物的集装箱,按"外贸进出口货物港务费率表"(表3)的规定,以进口或出口分别征收一次货物港务费。第31条规定:经由港口吞吐的外贸进出口货物和集装箱,先由负责维护防波堤、进港航道、锚地等港口公共基础设施的港务管理部门(港务局)按表3的规定征收货物港务费,然后向码头所属单位(租用单位或使用单位)返回50%,用于码头及其前沿水域的维护。表3规定:装载一般货物的20英尺集装箱、商品箱的进口港务费为40元。

被告认为,有权利主张货物港务费的是港务局,而不是原告。法院认为,根据《中华人民共和国交通部港口收费规则(外贸部分)》的规定,港务局是征收港务费的法定机构,被告无权主张港务费。

4. 关于装船费

原告为证明集装箱被提走时可能发生的装船费用提供了《中华人民共和国交通部港口收费规则(外贸部分)》。该规则第44条规定:集装箱装卸包干作业范围以外的装卸汽车、火车、驳船(不包括拆、加固),按"汽车、火车、驳船的集装箱装卸费及集装箱搬移、翻装费率表"(表6)的规定计收装卸费。表6规定:装卸一般货物的20英尺集装箱的火车、驳船的装卸费,每箱次70.2元。

被告认为,是否装船是原告假设的,因此原告主张的装船费是不确定发生的费用。

法院认为,集装箱目前仍堆存在原告的堆场,并没有被提走。集装箱将以什么方式被提走或处理是不确定的,因此集装箱被提走或处理时是否发生费用以及发生什么项目的费用也是不确定的。

另案查明:2001年12月14日,深圳海事局向石龙公司发出的《限期打捞通知书》载明:因石龙公司所有的"东运419"轮沉没于航道内,部分落水集装箱下落不明,严重妨害了深圳西部水域的安全。根据《中华人民共和国海上交通安全法》第40条的规定,责令石龙公司于12月15日前,采取有效措施,清除打捞沉船及落水集装箱。

三、法院裁判

本案是一宗集装箱堆存纠纷案件。

沉船所有人·强制打捞·沉没集装箱·堆存费·无因管理·承运人

"东运419"轮沉船事故发生后,沉船及落水集装箱对事故发生地及附近水域的航行安全产生了很大威胁,深圳海事局为消除沉船及落水集装箱可能给航行安全带来的危害,责令石龙公司限期清除打捞沉船和落水集装箱。在石龙公司拒不全面履行清除打捞义务的情况下,深圳海事局组织了有关单位进行强制打捞工作。而落水集装箱被打捞上岸,堆存于原告的堆场,是强制打捞工作的继续。

根据《中华人民共和国打捞沉船管理办法》第2条、第5条、第8条第3款的规定,清除打捞影响航行安全的沉船,包括沉船本体、船上器物以及货物的责任主体是船舶所有人;沉船所有人应当偿还有关打捞、保管和处理等费用。因此,沉船所有人石龙公司是打捞沉船和落水集装箱的责任主体,其应支付打捞以及打捞后的保管所产生的费用。本案中,石龙公司接受被告的转委托进行运输,对其承运的集装箱负妥善保管、照料之责。原告没有约定和法定的义务保管经打捞上岸的上述集装箱,原告保管上述集装箱的行为实际上履行了石龙公司应履行的义务,其行为构成无因管理。但被告虽是38只集装箱的所有人或租赁人,由于其既非打捞落水集装箱的责任主体,也非保管集装箱的义务人,原告要求被告支付集装箱堆存费等费用,缺乏依据,不予支持。

根据《中华人民共和国合同法》第60条第1款、《中华人民共和国海商法》第22条的规定,判决如下:

(1) 被告向原告支付港口停泊费和电费共计7 519.59元。
(2) 原告关于港口停泊费和电费的海事请求不具有船舶优先权。

沉船所有人・强制打捞・沉没集装箱・堆存费・无因管理・承运人

5. 港口、航道疏浚合同纠纷

5.1 疏浚工程合同受让人的义务

1 原告广州航道局与被告深圳南油(集团)有限公司疏浚工程合同纠纷案
案例来源:广州海事法院(2000)广海法深字第 49 号
主题词:疏浚工程合同的受让人　发包方　施工方　债务转让

裁判要旨

No. ZH-5.1-1　作为疏浚工程合同权利义务的受让人,受让了发包方履行该合同过程中所产生的债务,应依约向施工方支付工程款及其利息。

一、基本案情

原告:广州航道局

被告:深圳南油(集团)有限公司

原告广州航道局诉称:1994 年 5 月 29 日,原告下属企业广州航道局第一疏浚工程公司(以下简称疏浚公司)与深圳海港城实业发展有限公司(以下简称海港城公司)签订《妈湾港集装箱码头疏浚工程合同》及补充协议。合同签订后,疏浚公司履行了合同并于 1997 年 2 月 25 日与海港城公司签订了疏浚工程结算书和奖金结算书,该两份结算书明确海港城公司尚欠疏浚公司 7 935 145.5 元工程款,200 000 元奖金款。1997 年 3 月 8 日,疏浚公司与被告签订协议书,一致同意由被告承担海港城公司对疏浚公司的债务。1998 年 7 月 13 日至 1999 年 6 月 30 日原告多次致函被告,要求支付欠款,被告支付了 200 000 元,仍拖欠工程款。请求判令被告返还欠款 7 935 145.5 元及其自 1998 年 2 月 5 日起至判决之日止按每日万分之五计算的延期付款违约金。

被告深圳南油(集团)有限公司辩称:三方协议明确约定,由被告承担海港城公司的权利义务,被告由此取得合同主体资格。同时还约定,"双方严格遵守合同的规定,以确保合同顺利履行",这说明在被告成为合同主体时尚未履行完毕,原、被告双方互有权利、义务。被告取得的是合同项下的权利义务,而非海港城公司对原告的债务。原告与海港城公司签订的结算书没有得到被告的确认,是在被告不知情的情况下签订的。原告诉称的合同并未竣工,未办理竣工验收手续。而根据合同的规定,海港城公司应在竣工后 18 个月后付款。因此,即使被告承担债务,也无义务付款,更谈不上利息。与海港城公司签订合同的疏浚公司不具有法人资格,而且深圳市建设局规定,施工方应须确认施工资质。原告不是合适的合同主体,根据《深圳经济特区施工企业管理规定》第 6 条的规定,外地施工企业在深圳承接单项工程应向市主管部门申请单项工程许可,原告作为一家外地施工单位在没有取得该疏浚工程单项许可的情况下,与被告签订疏浚合同承揽该工程,违反了深圳市的地方性法规。因此原告不具备合同主体资格。请求驳回原告的诉讼请求。

二、法院查明事实

广州海事法院认定以下事实:

1994年5月25日,疏浚公司与海港城公司签订《妈湾港集装箱码头疏浚工程合同》,约定:疏浚公司承担深圳妈湾港集装箱码头5—7号泊位的疏浚工程;疏浚公司的绞吸式挖泥船及其配套设备应于1994年5月20日前进场,1994年10月15日前完工,因不可抗力因素的影响,工期顺延;付款方式为,疏浚公司的船舶进场后,每月向海港城公司报送施工进度表,海港城公司按疏浚公司实际完成工程量的50%支付进度款,工期竣工后18个月,海港城公司向疏浚公司支付剩余部分的工程款,付款期最长不得超过两个月,逾期付款则按每日万分之五的利率追加利息。5月28日,双方签订补充协议,约定:海港城公司要求疏浚公司在整个施工过程中,根据海港城公司的要求,疏浚公司对施工方案作出三方面的调整,为此,海港城公司同意向疏浚公司支付总额为400 000元的款项作为疏浚公司有关费用的补偿及对疏浚公司现场施工人员的奖励。1997年2月25日,疏浚公司与海港城公司签订"妈湾港集装箱码头疏浚工程结算书",记载,因各方面原因,工程顺延至1996年8月4日竣工,疏浚工程总量经双方及监理单位核实签认,经计算,海港城公司尚欠疏浚公司工程款总额7 935 145.5元。疏浚公司妈湾项目经理部、海港城公司及作为监理单位的深圳南油港口仓储发展有限公司工程部于1996年11月21日盖章确认的"妈湾港5—7号泊位清淤工程量结算汇总表"用作工程结算书的附件。该汇总表以打印方式记载了工程名称、范围、工程量,打印的耙吸区工程量为763 510立方米,绞吸区工程量为753 757立方米,打印的工程量18个栏目,有5处经修改,手写经修改的工程量,所确定的耙吸区工程量为760 909立方米,绞吸区工程量为739 460立方米。1997年2月25日,疏浚公司与海港城公司签订"深圳妈湾港集装箱码头疏浚工程奖金结算书",记载,根据工程合同,海港城公司应向疏浚公司支付400 000元作为疏浚公司有关费用的补偿及对现场施工人员的奖金,在施工期间,海港城公司已支付了200 000元,尚须支付200 000元。

3月8日,疏浚公司、海港城公司及被告共同签订了协议书,约定:自协议签订之日起,由被告承担《妈湾港集装箱码头疏浚工程合同》及补充协议中海港城公司的所有权利义务,与此同时,海港城公司与疏浚公司在上述合同项下的权利义务关系解除;原、被告应严格遵守合同的规定,以确保合同顺利履行。

1998年7月13日,疏浚公司以穗道浚一财字〔1998〕075号《关于催收工程款的函》,要求被告清还工程款7 935 145.5元及工程奖金200 000元。8月5日,被告以南油集团函〔1998〕050号《关于催收工程款的复函》答复疏浚公司,称:"关于替原业主深圳海港城实业发展有限公司承担工程款一事,因该项目正在招商,资金未能到位,近期支付相当困难。为尽快解决拖欠问题，建议贵司考虑我司以房产作价抵偿。"12月5日，疏浚公司函复被告，不接受以房产作价抵工程款的建议。

在庭审中，原告确认已收到被告支付的200 000元；被告代理人表示不清楚疏浚工程合同、补充协议中所使用的海港城公司印章的真实性，也不知道工程合同和补充协议的真伪；因工程结算书缺乏具体的价目构成，被告否认其真实性；因结算书的形式不对，否认奖金结算书的真实性；被告确认疏浚公司、海港城公司及被告签订的协议书及被告关于催收工程款的复函的真实性，不确认疏浚公司关于催收工程款的函及疏浚公司关于催收工程款意见的函的真实性。

因被告在第一次公开开庭审理过程中提出疏浚公司的施工资格问题，在广州海事法院进行的第二次开庭审理中，原告提交了广州市工商行政管理局于1999年3月25日核发的疏浚公司的营业执照副本，核准的经营范围是"主营码头、港池及航道疏浚，整治吹填造地工程"。该副本中的批注说明，原发照日期为1986年5月3日。原告还提交了国家建设部于1999年8月16日向原告核发的建筑业企业资质证书、国家建设部于1990年2月21日向原告核发的施工企业资质等级证书。原告的建筑业企业资质证书记载，原发证日期为1995年10月27日，原告的资质等级为航道工程施工一级企业，承包工程范围为可承担各类疏浚等工程。施工企业资质等级证书记载，原告的资质等级为航道工程施工一级。被告对上述证据未提出异议。

对原告提交的证据，广州海事法院认为，原告提交了疏浚工程合同、补充协议的原件，被告对原告提交的三方协议予以确认，而三方协议的内容就是为处理疏浚工程合同和补充协议的权利义务而签订的，被告在诉讼过程中称，不清楚合同和协议中所使用的海港城公司的印章的真实性，是背离相关事实的，也是极不负责任的，疏浚工程合同及补充协议的真实性应予确认。原告提交了工程结算书和奖金结算书的原件，被告于1998年8月5日发出的《关于催收工程款的复函》并未否认疏浚公司催收工程款的函中所提及的工程款、奖金的数额，而工程款、奖金的数额是根据上述两份结算书所确立的，可以认定，被告于1998年8月5日发出《关于催收工程款的复函》时是清楚该两份结算书的具体情况的。

三、法院裁判

广州海事法院认为，本案是原告所属公司因履行工程合同而未收到工程款、被告作为工程合同的受让人拒不付款而引起的纠纷。

作为合同权利义务的受让人，被告既然受让海港城公司与疏浚公司签订的合同，也就应承受海港城公司在履行该合同过程中所产生的债务。将合同义务与因合同而产生的债务割裂开来，是缺乏法律依据的。在三方协议签订之前，海港城公司已与疏浚公司签订了工程结算书，双方共同确认工程合同所约定的工程已经竣工，也核算了实际工程量，并据此确认了海港城公司应支付的及尚欠的工程款。既然三方协议明确约定由被告承担海港城公司在疏浚工程合同及补充协议中的权利义务，在无证据证明两份结算书是以

疏浚工程合同的受让人·发包方·施工方·债务转让

非法方式编造的情况下,被告就应承担两份结算书中所确认的海港城公司的债务。

从协议中所使用的"双方应严格遵守合同的规定,以确保合同顺利履行"的字眼来看,并不能得出合同所约定的工程尚未竣工的结论。相反,两份结算书明确写明,合同约定的工程于 1996 年 8 月 4 日竣工,被告未对此提供任何反证。被告关于工程未竣工的主张,广州海事法院不予支持。在海港城公司与疏浚公司确定工程结算书、奖金结算书时,被告尚未受让疏浚工程合同及补充协议,在这一阶段也就当然无从要求被告对该两结算书进行确认。被告依据三方协议承担对原告的债务,不可能以被告在工程结算时的确认为前提。被告于 1998 年 8 月 5 日发出的《关于催收工程款的复函》,对疏浚公司提出的工程款、奖金数额未提出任何异议,被告在无任何证据的情况下,提出竣工和结算的问题,应不予支持。

被告提及的《深圳经济特区施工企业管理规定》是深圳市人民政府于 1996 年 3 月 5 日以 50 号令发布的,该规定的发布在本案所涉合同签订之后,对本案不适用。原告在签订本案所涉合同时持有国务院主管部门核发的航道工程施工一级资质证书,疏浚公司作为原告下属的非法人企业,对本案所涉合同约定的工程进行施工是合格的,被告提出的疏浚公司的资质问题,不予支持。

原告已履行了合同及补充协议所确定的施工义务,有权收取经合同双方核定的费用,延期付款应支付合同约定的利息。合同约定的工程于 1996 年 8 月 4 日竣工,按合同约定,海港城公司应于 1998 年 2 月 4 日前付清所有款项。因此,被告应向原告支付拖欠的工程款 7 935 145.5 元及其自 1998 年 2 月 5 日起至判决生效之日止每日万分之五所计算的利息。

据此,依照《中华人民共和国民法通则》第 88 条第 1 款的规定,判决如下:

被告应向原告支付所欠的工程款 7 935 145.5 元及其自 1998 年 2 月 5 日起至判决生效之日止每日万分之五所计算的利息。

本案受理费 69 700 元,财产保全申请费 80 520 元,执行费 5 000 元,由被告负担。

5.2　港口疏浚合同下倾倒废物的责任

2 原告广州南沙浩业疏浚工程公司与被告广州海上救助打捞局码头工程合同纠纷案
案例来源:广州海事法院(2000)广海法商字第 63 号
主题词:倾倒废弃物　合同解除　工程款

裁判要旨

No. ZH-5.2-1　主管机关批准的倾倒废弃物的区域距离施工地点超出港口疏浚合同约定的运距,严重影响施工方实现合同的目的,施工方有权解除合同,合同的解除并不影响施工方依据合同向发包方提出索赔。对施工方已经实际进行的施工,发包方应根据双方确定的实际完成的工程量支付相应的工程款。

一、基本案情

原告:广州南沙浩业疏浚工程公司

被告:广州海上救助打捞局

原告广州南沙浩业疏浚工程公司诉称:1998年8月18日,原、被告双方签订《钦州宇海国际食用油、集装箱码头基槽、港池、掉头区清淤、炸礁、清礁工程合同》,被告将该工程发包给原告。同年8月26日,原告的施工人员进驻施工现场,9月5日,原告所有机船、施工设备到施工现场。由于码头业主和被告未及时向钦州港监等部门递交有关材料,致使《航行通告》于同年10月22日才发布。《航行通告》和《废弃物倾倒普通许可证》办妥后,被告又迟迟不批复原告施工。至同年11月28日才通知原告开工,造成原告机船、设备停置损失。

由于被告提供的实际卸泥区的距离比合同约定的倾倒清除物运距超出10.2公里,原告如按原合同履行,将会造成严重亏损。为此原告多次联系被告解决超运距问题,但被告一直不予解决,导致原告被迫中途暂停施工并最终停工退场。根据《中华人民共和国经济合同法》第29条、第31条、第34条第2款第(一)项、第(二)项以及《中华人民共和国民法通则》第106条、第111条、第112条的规定,请求判令被告赔偿原告已完成的工程量工程款、船舶调遣费及船舶待工期间所发生的费用共994260元,扣除被告已支付的52250元,被告尚欠942010元。支付从1998年11月10日起至实际付清所有欠款之日止按年利率8.64%计算的利息。承担本案的诉讼费用及因本案而产生的差旅费、通信费等有关费用。

被告广州海上救助打捞局辩称:根据合同约定,办理许可证应由原告负责。由于原告船舶在其他码头违章作业,导致许可证延期取得,由此造成工程延期开工的后果应由原告承担。关于超运距问题,广西壮族自治区海洋监察大队批准的卸泥区域运距为14公里,比合同约定的运距11公里超出3公里,但超运距不足以导致原告损失,原告不存在单方面终止合同的原因。

原告实际完成的工程量为1200立方米,工程款为12408元,已在被告预付的工程款中扣除。原告主张船舶调遣费,没有提供有哪些船舶从湛江调遣往钦州的事实依据,原告主张船舶待工期间的损失,没有提供船舶为原告所有或由其租赁的证据,没有证明有哪些船舶存在待工的事实。因此,原告请求的船舶调遣费、船舶待工期间的损失均缺乏事实依据,请求判令驳回原告的诉讼请求。

二、法院查明事实

广州海事法院认定以下事实:

1998年8月18日,原、被告双方在北海市签订《钦州宇海国际食用油、集装箱码头基槽、港池、掉头区清淤、炸礁、清礁工程合同》,被告将该工程发包给原告施工。合同约定:原告用于本工程的船机、人员等必须于1998年9月1日前进场。工期为1998年

9月1日起至1999年2月28日止。倾倒清除物运距11公里。原告负责办理与施工有关的手续(含船舶、开挖、炸礁、倾倒淤泥、礁石等),并支付有关费用。关于工程量的确定,双方约定"已完成工程量的核实确认,应由乙方(原告)根据设计图纸计算核定后,向甲方(被告)提出支付月工程进度款申请,经核实确认后作为支付月进度工程进度款依据;在工程开工第一至第六个月,工程进度款按当月完成工作量的65%拨付,余下的35%在开工后的第七个月开始分期拨付,在工程结束前付清"。被告对原告提交的《钦州宇海国际食用油、集装箱码头基槽、港池、掉头区清淤、炸礁、清礁工程合同》的真实性没有异议。合议庭认为原、被告双方签订的合同可以作为定案的依据。

广西壮族自治区海洋监察大队分别于1998年10月15日及26日签发《废弃物倾倒普通许可证》,该许可证实际由被告办理并支付有关费用。《废弃物倾倒普通许可证》上记载:倾倒废弃物的距岸距离为14公里。1998年10月22日,钦州港务监督发布《航行通告》。该《航行通告》实际也由被告办理并支付有关费用。10月27日,原告以工字003号《工程事项联系单》向被告联系开工日期,原告称"《废弃物倾倒普通许可证》及《航行通告》已办妥,具备开工条件。现定于1998年10月29日开工,请复"。10月28日,被告要求原告提供有关测量资料给被告审批后商定开工日期。11月3日,原告称根据"工字003号"联系单的批复,于10月28日向被告提交《测量报告》,再次要求落实具体开工日期。11月25日,被告以交穗救钦〔1998〕021号文通知原告工程施工日期从1998年11月25日起算。原告对此有异议,认为开工日期应是1998年11月28日。12月25日,原告向被告提交工字013号《工程事项联系单》和《钦州宇海码头挖泥工程进度款申请表》,请求被告按工程量1 800立方米支付工程款18 612元。被告确认原告完成的工程量为1 200立方米,本期实际应支付工程进度款8 065元(按65%计算)。在施工过程中,原告发现卸泥区的实际运距超过合同约定的运距后,多次与被告联系,要求解决超运距的问题,被告表示在审核后和业主进行商量再作决定,但最终没有解决超运距问题。1999年1月28日,原告向被告发函,称"所有参加钦州宇海码头挖泥工程的施工船舶自发文七天后开始退场,同时要求被告赔偿因被告方原因造成原告的损失"。由于原、被告无法协商一致解决争议,遂引起本案纠纷。以上证据在庭审中经双方互相质证均未提出异议。合议庭对上述证据证明的事实予以确认。

原告为主张已完成的工程量为1 800立方米,工程款为18 000元,提交了工字013号《工程事项联系单》及《钦州宇海码头挖泥工程进度款申请表》两份证据,被告对该两份证据的真实性没有异议,但对原告主张的1 800立方米的工程量提出异议,认为被告在该两份证据上签字盖章确认原告完成的工程量为1 200立方米,工程款为12 408元。该款在被告预付给原告的工程款中予以抵扣,不存在欠付工程款的事实。合议庭认为,被告对上述两份证据的真实性没有异议,该两份证据可以作为本案的定案依据。没有证据显示原告对被告确认的工程量及相应工程款提出异议,因此应以被告确认的工程量作为原告已完成的工程量,工程款为12 408元。

倾倒废弃物・合同解除・工程款

原告为主张投入施工的船舶("南驳43""南驳45""南浚611""航锋2号")从湛江开往钦州港而产生调遣费用312 127.55元,上述船舶因待工停置产生损失664 133.40元,提交了交通部《疏浚工程概算、预算编制规定》及《疏浚工程船舶艘班费用定额》的计算依据,《工程事项联系单》《钦州宇海国际食用油、集装箱码头挖泥、清礁工程结算报告》及施工记录复印件等证据。被告对原告提交的计算依据及《工程事项联系单》本身的真实性没有异议,但认为原告提交的施工记录是原告单方的记录,对施工记录记载的事实不予确认;原告提交的上述证据不能证明原告船舶从湛江调遣到钦州港的事实,也证明不了有哪些船舶存在待工的事实。合议庭认为,施工记录是原告单方的记录,被告对施工记录记载的事实不予承认,在没有其他证据可以相互印证的情况下,该施工记录不能作为本案认定事实的依据。原告提交的《工程事项联系单》《钦州宇海国际食用油、集装箱码头挖泥、清礁工程结算报告》等证据本身不能证明原告有哪些船舶于1998年9月5日前从湛江调遣往钦州的事实及存在待工的事实。

三、法院裁判

广州海事法院认为,本案是一宗码头工程合同纠纷案件。原、被告双方经协商一致签订的合同没有违反法律规定,是合法有效的。原、被告均应按合同严格履行各自的义务。

被告作为发包方,在工程中明确了工程的项目及倾倒废弃物的运距为11公里,而实际上广西壮族自治区海洋监察大队批准的倾倒废弃物的区域距离施工地点为14公里,超出合同约定的运距。被告提供的倾倒淤泥区运距不符合合同约定,严重影响原告实现合同的目的,对此应承担违约责任。原告作为施工方,有权解除合同。合同的解除并不影响原告依据合同向被告提出索赔。

本案事实表明,原告已经实际进行施工,根据双方确定的实际完成的工程量,被告应向原告支付相应的工程款。原告已收到被告支付的52 250元,该款项应视为被告支付的工程款。被告支付的工程款已经超出了原告实际完成的工程量应收取的工程款,被告并没有拖欠原告的工程款。因此,原告请求被告支付工程款无理,不予支持。原告请求船舶调遣费及船舶待工期间的损失,前提是必须提供证据证明原告有哪些船舶从湛江调往钦州。但原告提供的现有证据不能予以证明,原告对此应承担举证不能的法律后果。据此,应驳回原告关于船舶调遣费及船舶待工期间的损失的诉讼请求。

据上,依照《中华人民共和国民事诉讼法》第64条第1款的规定,判决如下:

驳回原告广州南沙浩业疏浚工程公司的诉讼请求。

本案诉讼费18 765元,由原告广州南沙浩业疏浚工程公司承担。

倾倒废弃物·合同解除·工程款

5.3 港口疏浚工程款的支付

3 上诉人烟台洪瑞港航工程有限责任公司与被上诉人台州市航宇航道疏浚有限公司港口疏浚合同纠纷案

案例来源:山东省高级人民法院(2009)鲁民四终字第 146 号
主题词:港口疏浚合同　债务抵销　工程款支付

> **裁判要旨**
>
> **No. ZH-5.3-1**　当事人没有约定开具发票后才有付款的义务,法律亦无开具发票的义务先于付款的义务之规定,不能以未开具发票为由拒付工程款。

一、基本案情

上诉人(原审被告):烟台洪瑞港航工程有限责任公司(以下简称烟台洪瑞公司)
被上诉人(原审原告):台州市航宇航道疏浚有限公司(以下简称台州航宇公司)
青岛海事法院查明:2007 年 3 月 26 日、2007 年 6 月 2 日、2007 年 8 月 8 日、(另有一次未注明签约时间)烟台洪瑞公司四次租用台州航宇公司所属皖晗山 52 抓斗船配两条自航泥驳(浙椒驳 5 号、东福 17 号);2007 年 12 月 5 日,烟台洪瑞公司租用台州航宇公司所属浙椒驳 5 号、东福 17 号进行挖泥、抛泥、疏浚施工。

合同履行后,2008 年 2 月 22 日,台州航宇公司和烟台洪瑞公司双方签订《皖晗山 52#船组大连工地结算单》,烟台洪瑞公司法定代表人在结算单上签字确认应付费用 953.257 万元。

2008 年 2 月 23 日,台州航宇公司和烟台洪瑞公司双方签订《皖晗山 52#船组大洋船坞工程结算单》,烟台洪瑞公司确认应付费用 28 万元。该结算单记载:以上工程款待业主结算付款后,由烟台洪瑞公司转付台州航宇公司。

2008 年 2 月 22 日,台州航宇公司和烟台洪瑞公司双方签订《皖晗山 52#大连工地折扣费用合计》,烟台洪瑞公司扣除台州航宇公司各项费用 315.894 万元。

2008 年 2 月 23 日,台州航宇公司和烟台洪瑞公司双方签订《皖晗山 52#船组大洋船坞应扣费用》,烟台洪瑞公司扣除台州航宇公司费用 3 000 元。

烟台洪瑞公司提交的 2006 年 10 月 22 日《来福士港池航道维护工程皖晗山 52#工程量计算》最终结算 101000 工程量,2006 年 10 月 23 日《来福士海洋工程有限公司港池、航道维护工程皖晗山 52#施工结算单》工程款合计 1 262 500 元,扣除各项费用后余款合计 521 693.90 元,2006 年 12 月 4 日《泥驳费用计算说明》浙普驳 56 共 156 173.20 元;永航驳共 103 516.40 元;烟渔驳共 110 705.10 元。

烟台洪瑞公司另提交费用表:皖晗山 52 号合计扣除 161 881.40 元、浙椒驳 9 号合计扣除 208 530 元，并注明应扣除各项费用 35 000 元。

二、一审裁判

青岛海事法院认为，台州航宇公司和烟台洪瑞公司双方订立的五份（疏浚、挖泥、抛泥、船舶租用）合同系双方真实意思表示，双方对内容、履约均无异议，五份合同真实有效，双方应严格履行。本案争议的焦点为：双方是否已就涉案合同进行结算；双方就付款条件有无特别约定；烟台洪瑞公司应结付的工程款项及相应利息如何计算。

（1）5 份协议项下的工程项目双方已经结算，烟台洪瑞公司 2008 年 2 月 22 日就《皖晗山 52#船组大连工地结算单》中已确认应付费 953.257 万元，应扣除 315.894 万元。该结算付款无特别注明的付款条件，台州航宇公司作为债权人随时可向债务人烟台洪瑞公司主张付款权利。

烟台洪瑞公司 2008 年 2 月 23 日就皖晗山 52 号船组大洋工程结算中已确认应付费 28 万元，应扣除 3 000 元。双方作出特别约定，工程款待业主结算付款后，由烟台洪瑞公司转付台州航宇公司。该付款条件是对原合同的补充，双方应遵守。故该项目下的工程款须待业主结算后，台州航宇公司方能向烟台洪瑞公司主张权利。

（2）前述烟台洪瑞公司 2008 年 2 月 22 日已确认的工程款具备付款条件，台州航宇公司诉请应予支持；烟台洪瑞公司 2008 年 2 月 23 日已确认的工程款未具备付款条件，台州航宇公司诉请不予支持。

（3）台州航宇公司诉请的工程款数额，台州航宇公司起诉确认烟台洪瑞公司已支付、应扣除的款项计 346.194 万元，故烟台洪瑞公司须对台州航宇公司主张的工程款中，立即支付 607.363 万元。扣除烟台洪瑞公司诉讼中支付的 120 万元，烟台洪瑞公司仍须支付 487.063 万元。

台州航宇公司请求的其他工程款，因未具备付款条件，不予支持。

烟台洪瑞公司称台州航宇公司欠烟台洪瑞公司 35 000 元，虽提交了相应的结算单，但该证据系在本案争议的五份合同之前发生，与本案不具关联性，烟台洪瑞公司又未提出反诉，不予支持。

台州航宇公司诉请的利息损失，因双方未约定具体的付款时间，以台州航宇公司向烟台洪瑞公司明确主张权利，即起诉的次日（2008 年 7 月 30 日）起算至判决确定付款之日止的银行同期贷款利息。

烟台洪瑞公司主张的根据商业惯例，付款时间应以台州航宇公司向烟台洪瑞公司开出付款发票时起算，在台州航宇公司未开出发票前，无权要求支付利息，无事实和法律依据，不予支持。

综上，青岛海事法院依照《中华人民共和国合同法》第 60 条、第 62 条的规定，判决：

（1）烟台洪瑞公司于判决生效之日起 10 日内向台州航宇公司支付工程款 487.063 万元，加自 2008 年 7 月 30 日起至本判决确定付款之日止的银行同期贷款利息；

（2）驳回台州航宇公司对烟台洪瑞公司的其他诉讼请求；案件受理费 56 255 元，由台州航宇公司负担 13 164 元，烟台洪瑞公司负担 43 091 元；财产保全费 5 000 元，由烟台洪瑞公司负担。

三、上诉与答辩

上诉人烟台洪瑞公司不服原审判决，向山东省高级人民法院提起上诉称：

（1）烟台洪瑞公司与台州航宇公司签订挖泥疏浚合同时，台州航宇公司即明知业主单位拖欠工程款的事实，双方商定待业主与烟台洪瑞公司结算工程款后再向台州航宇公司支付工程款。2008 年 2 月 22 日和 23 日，双方签订《皖晗山 52#船组大连工地结算单》和《皖晗山 52#船组大洋船坞工程结算单》，约定工程款待业主结算付款后由烟台洪瑞公司支付给台州航宇公司。上述约定的效力是对签订合同时口头约定的确认，其效力及于全部工程款的支付条件。

（2）原审判决对烟台洪瑞公司抵消 35 000 元债权的主张不予支持是错误的。《中华人民共和国合同法》明确了互负债务的债权人具有主张抵消的权利，但原审判决仅因上述款项是在本案争议之前发生即否定债务抵消权，属于适用法律错误。

（3）台州航宇公司开具税务机关认可的、烟台洪瑞公司能够正常入账的发票是其应当履行的义务，其不履行开具发票的义务，烟台洪瑞公司有权拒付款项。台州航宇公司有权主张付款的时间应以其开出上述发票为据，无权主张利息损失。烟台洪瑞公司请求撤销原审判决，改判驳回台州航宇公司的诉讼请求或发回重审。

被上诉人台州航宇公司答辩称：

（1）本案双方当事人在合同中并没有约定工程款待业主结算付款后再由烟台洪瑞公司支付给台州航宇公司。双方仅就 2008 年 2 月 23 日工程结算单中的 28 万元作了此项约定，烟台洪瑞公司认为这是全部工程款的支付条件没有事实依据。

（2）烟台洪瑞公司主张抵消 35 000 元没有事实和法律依据。烟台洪瑞公司主张用以抵消的债权，债务人不是我公司，而且所谓的债权也没有证据证明。

（3）烟台洪瑞公司主张台州航宇公司先开具发票，烟台洪瑞公司才有付款义务，该主张没有法律依据，双方在合同中也没有约定。台州航宇公司请求维持原审判决。

四、二审裁判

山东省高级人民法院查明的事实与原审判决认定的事实相同。

山东省高级人民法院认为，本案双方当事人争议的焦点问题为：

（1）《皖晗山 52#船组大连工地结算单》所记载的工程款，是否应待业主单位结算付款后再由烟台洪瑞公司向台州航宇公司支付；

（2）烟台洪瑞公司抵消 35 000 元债权的主张应否得到支持；

（3）烟台洪瑞公司履行付款义务是否应以台州航宇公司向其开具发票为条件。

关于第一个焦点问题,双方当事人签订于 2008 年 2 月 23 日的《皖晗山 52#船组大洋船坞工程结算单》确定大洋船坞工程的工程款为 28 万元,同时约定"以上工程款待业主结算付款后,由甲方(烟台洪瑞公司)转交乙方(台州航宇公司)"。该结算单并未涉及《皖晗山 52#船组大连工地结算单》所记载的债务,因此该结算单上关于付款条件的约定不适用于《皖晗山 52#船组大连工地结算单》所确定的债务。烟台洪瑞公司还主张,双方当事人口头约定全部工程欠款待业主结算付款后,再由烟台洪瑞公司转交台州航宇公司,但对此烟台洪瑞公司未能提交证据加以证明。

综上,烟台洪瑞公司关于《皖晗山 52#船组大连工地结算单》所记载的工程款,应待业主单位结算付款后再向台州航宇公司支付的主张没有合同依据,山东省高级人民法院不予支持。

关于第二个焦点问题,烟台洪瑞公司主张其对台州航宇公司有 35 000 元的债权,应当抵消本案所涉工程款中的相等债务。因烟台洪瑞公司所称 35 000 元债权与本案所涉港口疏浚合同无关,且台州航宇公司对上述债权不予认可,烟台洪瑞公司也未对台州航宇公司提起反诉,所以烟台洪瑞公司关于债务抵消的主张不成立,烟台洪瑞公司主张的 35 000 元债权不属于本案审理范围。

关于第三个焦点问题,烟台洪瑞公司主张在台州航宇公司开具发票后其才有付工程款的义务。山东省高级人民法院认为,本案双方当事人对此没有约定,法律亦无开具发票的义务先于付款的义务之规定,烟台洪瑞公司的该项主张没有事实和法律依据,山东省高级人民法院不予支持。

综上,上诉人烟台洪瑞公司的上诉理由均不成立。原审判决认定事实清楚,适用法律正确,应予维持。依照《中华人民共和国民事诉讼法》第 153 条第 1 款第(一)项的规定,判决如下:

驳回上诉,维持原判。

二审案件受理费 56 255 元,由上诉人烟台洪瑞港航工程有限责任公司负担。

本判决为终审判决。

5.4 港池航道水深测量资质的认定

4 原告广东金东海集团有限公司诉被告珠海经济特区华南联合石油有限公司码头疏浚工程合同纠纷案

案例来源:广州海事法院(2005)广海法初字第 340 号
主题词:勘察单位　海洋工程勘察资质　测绘资格证　测量数据　工程量

裁判要旨

No. ZH-5.4-1　建设部建筑市场管理司作为颁发专项证书的机构,有权对勘察单位在从事工程测量工作期间所持有的专项证书由其颁发且处于有效期等事实加以证明。当事人对颁发证书机关的资格有异议,应通过行政程序解决,证书没有通过行政程序撤销,应认定有效。勘察单位持有建设部颁发的专项证书,依照建设部建筑市场管理司的复函,具有海洋专项工程设计(限海洋工程勘察)的资质,故具有测量港池航道水深的资质。勘察单位虽因未取得《测绘资格证》而导致测绘行为违法,测量结果不具有法律效力,但省国土资源厅在复函中并未对勘察单位持有的专项证书进行审查,也未对持有该证书是否具有承接涉案工程的测量资质问题作出认定,法院不以此认定勘察单位没有资质。

一、基本案情

原告:广东金东海集团有限公司

被告:珠海经济特区华南联合石油有限公司

原告广东金东海集团有限公司诉称:2002年3月8日,原、被告双方签订《珠海经济特区华南联合石油有限公司油码头港池及分航道疏浚工程合同》(以下简称《疏浚合同》),该合同约定由原告承担疏浚工程施工,由被告聘请有测量资格的单位对疏浚区域进行浚前和浚后的测量。原告根据被告聘请的国家海洋局南海工程勘察中心(以下简称勘察中心)的测量数据进行施工,发现数据与实际差距甚大。在与被告交涉后,被告只同意由勘察中心进行复测量。但复测结果与初次测量结果相差不大,原告遂要求聘请另外有资质的测量机构进行测量,却遭到被告的反对。原告只好单方面聘请了交通部广州航道局测量勘察分公司(以下简称航道公司)和广东省国土资源厅海测队(以下简称国土厅海测队)进行测量,测量结果证实与被告的浚前图和复测图的数据存在严重误差。与原告聘请的两家测量机构相比,原告至少要多疏浚平均50厘米深的淤泥,即多疏浚59万多立方米的淤泥。原告将两家测量机构的测量结果告知被告,被告仍坚持勘察中心的数据是正确的。原告遂向珠海市国土资源局咨询有关事宜,后该事项被转到广东省国土资源厅(以下简称国土厅)。国土厅复函认定勘察中心未取得《测绘资格证》,其测绘行为属于违法,测量结果不具有法律效力。被告收到该复函后,采用多预付进度款的方式,要求原告继续开工并保证方量误差的事宜在完工后再行结算。但在整个工程完工后,被告只是按照合同的方量结算,并在给付合同的工程款后,拒绝支付误差方量的工程款。后经双方协商,被告只是同意多补给原告200万元工程款,这一提议遭到原告的拒绝。原告认为,被告没有依据合同约定聘请有测量资格的单位进行测量,并坚持以勘察中心的数据作为结算依据,故意违反了合同约定。原告聘请的两家测量机构均具有测量资质,其作出的测量数据能够互相印证,可以作为结算的依据。被告应向原告支付误差方量工程款390.04万元。请求判令被告支付工程款3 900 400元及自2002年9月15日起至应付之日止中国人民银行同期贷款利率计算的利息,并由被告承担本案诉讼费。

被告珠海经济特区华南联合石油有限公司辩称：

（1）被告已经按照合同约定支付了全部工程款，原告无权请求被告支付额外款项。

（2）勘察中心具有测绘资格，国土厅无权审查其资格。

（3）原告单方聘请测量单位的行为不但无效，而且根本违反双方约定。

（4）原告未能按照合同约定和法律规定将工程转包给有资质的公司施工，给被告造成了经济损失，被告保留追究其责任的权利。

（5）对比被告历年来的航道疏浚工程量，原、被告双方签订的合同中确定的工程量和价款是合理的。

（6）原、被告双方签订的合同是通过公开招标而来的，但原告并未在投标时对总工程量提出异议。请求驳回原告的诉讼请求。

2002年2月1日至3日，被告聘请勘察中心对建设于珠海高栏港内8万吨级油码头的港池及分航道进行水深测量，并制作了3份《珠海港华联码头港池航道水深图》。

2002年3月8日，原、被告双方签订《疏浚合同》，该合同约定由原告承担被告建设于珠海高栏港内8万吨级油码头的港池及分航道的疏浚工程，其中，第2条"施工要求"第(1)项约定："根据甲方(即被告)提供的该工程挖泥深度基准面，由甲方约请具有测量资格的单位对需要清挖的区域进行浚前测量，并以此图计算今后的结算工程量和控制施工质量。"第3条"结算工程量"约定："工程验收合格后，以2002年2月份最新测得的浚前图为基础，按照交通部的有关现行验收标准进行验收。"第4条"工程综合单价与结算总价"约定："该工程的综合单价为每立方米6.56元，参考总工程量为907 000立方米，参考工程总价为5 949 920元。"第5条"工期"约定："乙方(原告)收到甲方的开工通知之日60个工作日内完成。"第6条"付款方式"约定："乙方作业船舶进场后十日内甲方预付合同总价15%的工程款给乙方，阶段性工程量完成30%以后，支付合同总价15%的进度款；验收合格后一个月内支付余款。"第7条"竣工验收"约定："竣工验收前，乙方必须先自行检测，认为达到验收标准，则书面报请甲方组织验收。甲方必须在接到报告后十日内组织验收，约请具有测量资格的单位进行浚后测量。"

2002年4月21日，原告聘请航道公司对涉案工程进行了勘察，并制作了《珠海港华联码头港池航道水深图》。

为了对涉案工程进行重新测量，2002年5月20日，原告通知被告派人一起参加测量工作。同日，受原告聘请，国土厅海测队对涉案工程进行了测量，并制作了《珠海港南泾湾八万吨油码头水深图》。

2002年5月23日，原、被告双方签署《疏浚合同》的补充合同，其中载明：工程已于2002年4月10日正式开工。现乙方于2002年5月18日致函甲方，反映因乙方自身资金周转困难，如果按原合同中约定的付款办法，难以按时完成疏浚工程，经双方多次协商，为了解决乙方的资金周转困难并按时完成疏浚工程，使甲方的生产不受影响，双方同意签订本补充协议，作为原合同的修改和补充，将第6条"付款方式"改为"付款方式及双方责任"。并约定补充合同正式签署后 24 小时内甲方向乙方支付 120 万元进度款。

国土厅负责广东省测绘行政管理工作。2002 年 9 月 3 日,国土厅根据珠海市国土资源局《关于提请处理广东省金东海集团有限公司〈请求书〉的意见》,作出国土厅复函,其中答复如下:

(1) 经查,勘察中心未取得国务院测绘主管部门或省测绘行政主管部门颁发的《测绘资格证》。

(2) 依据《中华人民共和国测绘法》《测绘市场管理暂行办法》《广东省测绘管理条例》的有关规定,进入测绘市场承担测绘任务的单位,必须持有国务院测绘行政主管部门或省测绘行政主管部门颁发的《测绘资格证》。

(3) 勘察中心未取得《测绘资格证》,擅自进入测绘市场承揽测绘任务,其测绘行为属于违法,测量结果不具有法律效力。同时,要求珠海市国土资源局对未取得《测绘资格证》,擅自进入测绘市场承揽测绘任务的单位进行查处。但没有证据证明勘察中心收到上述文件并受到处罚。

2002 年 8 月 10 日,原告向被告送达竣工报告,告知其已通过航道公司测量自检,达到施工合同要求,请求被告验收。

2002 年 9 月 15 日,原告致函被告关于实际土方量及增加费用的报告,原告同意以 963 万元进行结算。但没有证据证明被告同意原告这一要求或提出另一解决方案。

被告已按照《疏浚合同》和勘察中心的测量数据计算出来的工程价款支付给原告。

2006 年 3 月 22 日,建设部建筑市场管理司就勘察中心的资质问题作出复函,其中答复如下:

(1) 勘察中心在 2000 年 5 月 29 日至 2002 年 11 月 6 日期间,具有建设部颁发的专项证书(甲级),证书编号 0133,业务范围海洋专项工程设计(限海洋工程勘察)。证书原件已上交。

(2) 根据建设部《关于颁发〈海洋工程勘察资质分级标准〉的通知》的规定,海洋工程勘察主要包括海洋工程测量、海洋岩石勘察和海洋工程环境调查三个分专业。海洋工程测量包括海底地形测量、海底面状况测扫和底床稳定性分析。因此,勘察中心 2002 年 2 月份可以承接珠海港华联码头港池航道水深测量业务。

二、法院查明事实

经庭审质证,原、被告对《疏浚合同》及其补充合同、双方来往函件、勘察中心出具的浚前图、测量图和浚后图、国家测绘局网页和国土厅复函,以及建设部建筑市场管理司的复函的真实性无异议,广州海事法院予以确认。被告虽然对原告单方面聘请的航道公司及国土厅海测队出具的测量图的真实性有异议,但是结合双方来往函件,可以认定被告知道原告聘请航道公司及国土厅海测队对涉案工程进行了测量。根据上述证据及庭审调查可查明以下事实:

2002年2月1日至3日,被告聘请勘察中心对建设于珠海高栏港内8万吨级油码头的港池及分航道进行水深测量,并制作了3份《珠海港华联码头港池航道水深图》。

2002年3月8日,原、被告双方签订《疏浚合同》,该合同约定由原告承担被告建设于珠海高栏港内8万吨级油码头的港池及分航道的疏浚工程,其中,第2条"施工要求"第(1)项约定:"根据甲方(即被告)提供的该工程挖泥深度基准面,由甲方约请具有测量资格的单位对需要清挖的区域进行浚前测量,并以此图计算今后的结算工程量和控制施工质量。"第3条"结算工程量"约定:"工程验收合格后,以2002年2月份最新测得的浚前图为基础,按照交通部的有关现行验收标准进行验收。"第4条"工程综合单价与结算总价"约定:"该工程的综合单价为每立方米6.56元,参考总工程量为907 000立方米,参考工程总价为5 949 920元。"第5条"工期"约定:"乙方(原告)收到甲方的开工通知之日60个工作日内完成。"第6条"付款方式"约定:"乙方作业船舶进场后十日内甲方预付合同总价15%的工程款给乙方,阶段性工程量完成30%以后,支付合同总价15%的进度款;验收合格后一个月内支付余款。"第7条"竣工验收"约定:"竣工验收前,乙方必须先自行检测,认为达到验收标准,则书面报请甲方组织验收。甲方必须在接到报告后十日内组织验收,约请具有测量资格的单位进行浚后测量。"

2002年4月21日,原告聘请航道公司对涉案工程进行了勘察,并制作了《珠海港华联码头港池航道水深图》。

为了对涉案工程进行重新测量,2002年5月20日,原告通知被告派人一起参加测量工作。同日,受原告聘请,国土厅海测队对涉案工程进行了测量,并制作了《珠海港南泾湾八万吨油码头水深图》。

2002年5月23日,原、被告双方签署《疏浚合同》的补充合同,其中载明:工程已于2002年4月10日正式开工。现乙方于2002年5月18日致函甲方,反映因乙方自身资金周转困难,如果按原合同中约定的付款办法,难以按时完成疏浚工程,经双方多次协商,为了解决乙方的资金周转困难并按时完成疏浚工程,使甲方的生产不受影响,双方同意签订本补充协议,作为原合同的修改和补充,将第6条"付款方式"改为"付款方式及双方责任"。并约定补充合同正式签署后24小时内甲方向乙方支付120万元进度款。

国土厅负责广东省测绘行政管理工作。2002年9月3日,国土厅根据珠海市国土资源局《关于提请处理广东省金东海集团有限公司〈请求书〉的意见》,作出国土厅复函,其中答复如下:

(1)经查,勘察中心未取得国务院测绘主管部门或省测绘行政主管部门颁发的《测绘资格证》。

(2)依据《中华人民共和国测绘法》《测绘市场管理暂行办法》《广东省测绘管理条例》的有关规定,进入测绘市场承担测绘任务的单位,必须持有国务院测绘行政主管部门或省测绘行政主管部门颁发的《测绘资格证》。

(3)勘察中心未取得《测绘资格证》,擅自进入测绘市场承揽测绘任务,其测绘行为属于违法,测量结果不具有法律效力。同时,要求珠海市国土资源局对未取得《测绘资格证》,擅自进入测绘市场承揽测绘任务的单位进行查处。但没有证据证明勘察中心收到上述文件并受到处罚。

2002年8月10日,原告向被告送达竣工报告,告知其已通过航道公司测量自检,达到施工合同要求,请求被告验收。

2002年9月15日,原告致函被告关于实际土方量及增加费用的报告,原告同意以963万元进行结算。但没有证据证明被告同意原告这一要求或提出另一解决方案。

被告已按照《疏浚合同》和勘察中心的测量数据计算出来的工程价款支付给原告。

2006年3月22日,建设部建筑市场管理司就勘察中心的资质问题作出复函,其中答复如下:

(1)勘察中心在2000年5月29日至2002年11月6日期间,具有建设部颁发的专项证书(甲级),证书编号0133,业务范围海洋专项工程设计(限海洋工程勘察)。证书原件已上交。

(2)根据建设部《关于颁发〈海洋工程勘察资质分级标准〉的通知》的规定,海洋工程勘察主要包括海洋工程测量、海洋岩石勘察和海洋工程环境调查三个分专业。海洋工程测量包括海底地形测量、海底面状况测扫和底床稳定性分析。因此,勘察中心2002年2月份可以承接珠海港华联码头港池航道水深测量业务。

三、法院裁判

本案是一宗航道疏浚工程合同纠纷。

原、被告签订的《疏浚合同》及其补充合同是双方真实的意思表示,合法有效。

本案的争议主要集中在被告是否违反合同第2条"施工要求"第(1)项的约定,即被告聘请的勘察中心是否具有测量港池航道水深的资质。原告主张勘察中心不具有承接本案工程的测量资质,其主要依据为国土厅复函。被告认为勘察中心具有承接本案工程的测量资质,其主要依据是建设部颁发给勘察中心的专项证书和建设部建筑市场管理司的复函。广州海事法院认为,尽管原告认为建设部建筑市场管理司没有测绘资格的审查、认定资格,其作出的复函没有法律效力,但是无论如何,其作为颁发专项证书的机构,有权对勘察中心在从事本案工程的测量工作期间所持有的专项证书由其颁发且处于有效期等事实加以证明。即勘察中心在承接本案工程的测量过程中,持有的建设部颁发的专项证书处于有效期,具有海洋专项工程设计(限海洋工程勘察)的资质,其在2002年2月份可以承接本案工程的测量业务。虽然根据国土厅复函,勘察中心未取得《测绘资格证》,其测绘行为属于违法,测量结果不具有法律效力,但是,国土厅在复函中并未对勘察中心持有的专项证书进行审查,也未对其持有该证书是否具有承接本案工程的测量资质问题作出认定,故原告主张勘察中心没有资质的证据不充分,不予支持。至于当事人争议中提到的颁发证书机关的资格问题,不是本案要审查的问题,如当事人有异议,应该通过行政程序解决。证书没有通过行政程序撤销,就是

勘察单位・海洋工程勘察资质・测绘资格证・测量数据・工程量

有效的。被告聘请的单位有资质,就符合合同的约定,没有违约。而原告聘请其他单位测量则缺乏合同依据。

原告已经依照合同约定完成了本案工程的疏浚工作,被告也已经依照合同约定付清了工程款项。原告主张按照航道公司和国土厅海测队的测量数据计算工程量,但是根据《疏浚合同》第2条"施工要求"第(1)项的约定,工程量的结算是根据原告聘请的具有测量资格的单位所作出的疏浚图,由于被告聘请的勘察中心具有测量资格,其作出的测量数据应当作为计算依据;又由于航道公司和国土厅海测队是由原告单方面聘请,且测量时间分别为2002年4月21日和5月20日,距离勘察中心测量的时间(2月1日)有一段时间,海底深度可能发生变化,故原告聘请的两家测量机构所作出的测量数据不能作为计算本案工程量的依据。原告据此请求被告支付误差方量工程款390.04万元,理由不充分,应予驳回。

依照《中华人民共和国合同法》第60条、《中华人民共和国民事诉讼法》第64条第1款的规定,判决如下:

驳回原告广东金东海集团有限公司对被告珠海经济特区华南联合石油有限公司的诉讼请求。

5.5 借用有资质的建筑施工企业的名义签订建设工程施工合同的法律后果

5 上诉人中交烟台环保疏浚有限公司与被上诉人天津宝泰建设有限公司航道疏浚合同纠纷案

案例来源:天津市高级人民法院 (2011) 津高民四终字第0162号
主题词:借用航道工程专业承包资质　建设工程施工合同　无效　工程款支付　发包人的连带支付责任

裁判要旨

No. ZH-5.5-1　没有资质的实际施工人借用有资质的建筑施工企业的名义签订建设工程施工合同,违反法律、行政法规的强制性规定,合同无效。

No. ZH-5.5-2　建设工程施工合同无效,但建设工程经竣工验收合格,承包人请求参照合同约定支付工程价款的,应予支持。

No. ZH-5.5-3　实际施工人以发包人为被告主张权利的,发包人只在欠付工程价款范围内对实际施工人承担责任。在总承包人明知实际施工人借用有资质的建筑施工企业名义签订承包合同,并实际施工的情况下,总承包人应对实际施工人支付工程款。

一、基本案情

上诉人（原审被告）：中交烟台环保疏浚有限公司（以下简称烟台疏浚公司）
被上诉人（原审原告）：天津宝泰建设有限公司（以下简称宝泰公司）
原审被告：天津市塘沽区水利工程公司（以下简称塘沽水利公司）

天津海事法院一审查明，案外人天津泰达海洋开发有限公司（以下简称泰达公司）作为发包人将天津滨海休闲旅游区临海新城围海造陆项目南堤南围堤及吹填工程三标段发包给烟台疏浚公司进行施工。2009年初，宝泰公司员工张立忠以塘沽水利公司的名义就该工程施工与烟台疏浚公司进行协商，并持有应烟台疏浚公司要求由塘沽水利公司出具的授权张立忠就涉案工程进行谈判、签订合同和处理与之有关的一切事务的授权委托书，以塘沽水利公司的名义与烟台疏浚公司签订涉案疏浚工程施工合同。约定：工程量为60万立方米，最终工程量以双方共同确认的实际计费工程量为准，工程综合单价为每立方米7.2元，工程总价款为人民币4 320 000元，工程进度款累计支付至合同价的65%时，暂停支付工程款，工程尾款应在烟台疏浚公司与业主结算完毕并收到业主支付的工程尾款且经烟台疏浚公司审计后两个月内支付给塘沽水利公司，塘沽水利公司现场代表为张立忠。后塘沽水利公司与烟台疏浚公司就涉案工程签订施工补充协议，确认涉案工程的工程量变更为67.9万立方米，工程总价款调整为人民币4 888 800元。塘沽水利公司签订涉案合同后未参与工程施工，涉案工程由宝泰公司所属"宝泰8"轮完成，涉案疏浚工程施工合同签订时，宝泰公司不具有航道工程专业承包资质。2010年4月，塘沽水利公司现场代表变更为田立强。涉案工程已经竣工验收合格。烟台疏浚公司按照合同约定陆续向塘沽水利公司支付工程进度款共计3 200 000元，工程进度款系由烟台疏浚公司将银行承兑汇票和转账支票交给施工现场代表张立忠或者田立强等方式支付，宝泰公司认可其收到烟台疏浚公司支付的上述工程款。烟台疏浚公司亦认可仍有1 688 800元工程款未支付。各方当事人为尾款1 688 800元产生争议，宝泰公司因此向天津海事法院提起诉讼，请求判令烟台疏浚公司、塘沽水利公司支付工程款人民币1 688 800元并承担本案诉讼费用。

二、一审裁判

天津海事法院认为，本案为航道疏浚合同纠纷。住房和城乡建设部颁布的《建筑业企业资质等级标准》关于专业承包企业资质等级标准的规定包括航道工程专业承包企业资质等级标准，可见航道疏浚合同属于建设工程施工合同的范畴，此类案件应适用最高人民法院《关于审理建设工程施工合同纠纷案件适用法律问题的解释》进行审理。本案中，塘沽水利公司未实际参与工程施工，而且从宝泰公司、烟台疏浚公司均认可已支付了320万元工程款的事实看，塘沽水利公司未从中获利，工程现场事务处理及工程款的收取均由宝泰公司员工代为完成，工程施工亦实际由宝泰公司完成，因此可以认定塘沽水利公司系出借资质签订涉案疏浚工程施工合同，宝泰公司系借用资质

借用航道工程专业承包资质·建设工程施工合同·无效·工程款支付·发包人的连带支付责任

的实际施工人。依据最高人民法院《关于审理建设工程施工合同纠纷案件适用法律问题的解释》第1条第(二)项和第2条的规定,没有资质的实际施工人借用有资质的建筑施工企业名义签订的建设工程施工合同,应当根据《中华人民共和国合同法》第52条第(五)项的规定,认定无效。建设工程经竣工验收合格,实际施工人有权请求参照合同约定支付工程价款。因此涉案疏浚工程施工合同及补充协议均为无效合同,烟台疏浚公司负有向宝泰公司支付工程款的法定义务。

烟台疏浚公司主张其已按照合同约定的付款比例支付了工程款,工程尾款应在烟台疏浚公司与业主结算完毕并收到业主支付的工程尾款且经烟台疏浚公司审计后两个月内支付。首先,该条款因合同无效而无效;其次,烟台疏浚公司与业主之间的合同除涉案工程项目外,还包括其他工程项目,是否结算以及如何结算存在不确定性,因此该合同条款不构成附条件的支付。烟台疏浚公司应当在涉案疏浚工程施工完毕并经验收合格后,支付全部工程价款。宝泰公司主张塘沽水利公司承担相应的补充责任,但是塘沽水利公司作为出借资质签订合同的人,并非涉案疏浚工程的受益人,因此不具有支付工程价款的义务。

综上,天津海事法院依照《中华人民共和国合同法》第52条第(五)项,最高人民法院《关于审理建设工程施工合同纠纷案件适用法律问题的解释》第1条第(二)项、第2条之规定,判决:

(1)烟台疏浚公司给付宝泰公司工程价款人民币1 688 800元;上述款项应于判决书生效之日起10日内给付。

(2)如果未按本判决指定的期间履行给付金钱义务,应当依照《中华人民共和国民事诉讼法》第229条之规定,加倍支付迟延履行期间的债务利息。

(3)驳回宝泰公司对塘沽水利公司的诉讼请求。

三、上诉与答辩

上诉人烟台疏浚公司不服原审判决,向天津市高级人民法院提起上诉。请求:撤销原审判决,重新审核本案责任的归属,依法判决烟台疏浚公司非本案适格被告,不应对宝泰公司直接承担工程款支付责任。事实和理由:

(1)烟台疏浚公司一直认为施工方为塘沽水利公司,原审法院认为张立忠的授权是按照烟台疏浚公司的要求所出,属于事实不清。

(2)原审法院判令分包合同无效的责任由烟台疏浚公司承担,显失公平,无效合同的后果,应当由造成合同无效的责任方宝泰公司和塘沽水利公司直接承担。另外,依据相关法律规定,如果合同被认定为无效,对当事人取得的非法所得,也应该收缴。

综上,疏浚工程施工合同的签订人是烟台疏浚公司和塘沽水利公司,不存在合同第三方,根据合同相对性原则,烟台疏浚公司不应对宝泰公司承担任何民事责任。

被上诉人宝泰公司答辩称:

(1)原审法院关于分包合同无效的判定,并非基于宝泰公司没有资质,而是基于总包合同中不利于宝泰公司条款的推定。原审法院一再要求烟台疏浚公司提供总包合同但烟台疏浚公司拒不提供，根据证据规则，原审法院推定不利于烟台疏浚公司的请求成立。

（2）给付工程款不是要求烟台疏浚公司承担合同无效的责任，从法律上讲这只是合同无效的法律后果，因为合同无效便是自始无效，建设施工领域施工人付出的是劳务成本，由于劳动成本不能收回，最高人民法院司法解释才规定"合同无效但竣工合格可以支持施工人要求工程款"。

（3）烟台疏浚公司对于开始施工时由宝泰公司施工的情况是明知的，可由宝泰公司提供的证据"银行进账单"得到证明。烟台疏浚公司数次与宝泰公司结算，可知烟台疏浚公司对此属于明知。

（4）宝泰公司在施工期间，于2009年9月10日已经取得了相应资质，并非一直没有资质，即其施工行为已经合法化。烟台疏浚公司认为应当根据上述司法解释第4条的规定收缴宝泰公司的非法所得，没有事实和法律依据。

（5）烟台疏浚公司早已结清工程款，但我方目前没有证据，对此，我方已请求法院调查。烟台疏浚公司拖欠工程款已达两年，应尽快结清。

原审被告塘沽水利公司答辩称，涉案工程已由宝泰公司完成，塘沽水利公司只是出具资质并未参与工程建设，我方为此开具了320万元工程款的发票，但只进账了60万元，其余240万元被张立忠私刻公章挪走，到现在财务账没办法平，我方垫付了所有税金，现在还差8万元税金，是替宝泰公司垫付的。我方不同意一审判决的结果，涉案合同已经履行完毕，且工程质量没问题，不应认定为无效，应继续履行原合同。涉案合同按约完工后，工程款照常应该由我方负责收取，之后再转给宝泰公司。

四、二审裁判

二审审理期间，双方当事人均未提交新证据，天津市高级人民法院对原审判决认定的证据及查明的事实予以确认。天津市高级人民法院认为，本案为航道疏浚合同纠纷。本案的主要争议焦点是：烟台疏浚公司是否应对宝泰公司承担付款义务。

首先，虽然合同约定的施工方为塘沽水利公司，但施工合同的实际施工人为宝泰公司，宝泰公司系借用塘沽水利公司资质进行施工，对该事实各方当事人均无争议。依照最高人民法院《关于审理建设工程施工合同纠纷案件适用法律问题的解释》第1条的规定，没有资质的实际施工人借用有资质的建筑施工企业名义的，应当根据《中华人民共和国合同法》第52条第（五）项的规定，认定无效。原审判决据此认定烟台疏浚公司和塘沽水利公司签订的施工合同为无效合同，符合法律规定，天津市高级人民法院予以支持。

其次，关于施工合同被认定为无效后的工程价款支付问题，依照最高人民法院《关于审理建设工程施工合同纠纷案件适用法律问题的解释》第2条的规定，建设工程施工合同无效，但建设工程经竣工验收合格，承包人请求参照合同约定支付工程价款的，应予支持。结合本案中建设工程经竣工验收合格及双方对工程尾款给付实际已进行约定的事实，对上述司法解释应理解为：承包人请求参照合同约定支付工程价款的，应予支持。至于烟台疏浚公司是否应按施工合同所约定的条款，待烟台疏浚公司与泰达公司结算完毕并收到泰达公司支付的工程尾款且经烟台疏浚公司审计后两个月内再将尾款支付给宝泰公司的问题，天津市高级人民法院认为，烟台疏浚公司何时与泰达公司进行结算，何时接收泰达公司支付的工程尾款，在于烟台疏浚公司与泰达公司签订的总包合同约定。对此，无论是原审法院还是天津市高级人民法院，在审理过程中，都曾明确询问烟台疏浚公司是否提供总包合同，但烟台疏浚公司虽自认拥有该份合同，却拒绝向法庭提供，依照证据规则的规定，应由烟台疏浚公司承担不利的后果。因此，宝泰公司主张烟台疏浚公司立即支付尾款，天津市高级人民法院予以支持。

最后，烟台疏浚公司上诉主张所谓根据合同相对性原则，烟台疏浚公司不应对宝泰公司承担任何民事责任，天津市高级人民法院认为，施工合同的签订人虽为烟台疏浚公司与塘沽水利公司，但塘沽水利公司未实际参与工程施工，且烟台疏浚公司、宝泰公司均认可已支付了320万元工程款，塘沽水利公司未从中获利，工程现场事务处理及工程款的收取亦均由宝泰公司张立忠代为完成，工程施工亦实际由宝泰公司完成，可见烟台疏浚公司对宝泰公司借用塘沽水利公司资质实际进行施工的情况知情。且依照最高人民法院《关于审理建设工程施工合同纠纷案件适用法律问题的解释》第26条第2款的规定，实际施工人以发包人为被告主张权利的……发包人只在欠付工程价款范围内对实际施工人承担责任。烟台疏浚公司应就尾款支付直接对宝泰公司承担责任。因此烟台疏浚公司的上述主张不能成立。

综上，原审判决认定事实清楚，适用法律基本正确。依照《中华人民共和国民事诉讼法》第153条第1款第（一）项之规定，判决如下：

驳回上诉，维持原判。

6. 船坞建造合同纠纷

6.1 船坞建造合同项下发包人不予答复对于工程结算的法律效力

1 上诉人宁波振鹤船业有限公司与被上诉人中国人民解放军91414部队船坞建造合同纠纷案
案例来源:浙江省高级人民法院(2009)浙海终字第3号
主题词:船坞建造合同　发包人　视为默认

> **裁判要旨**
>
> **No. ZH-6.1-1**　船坞建造合同的发包人虽然收到结算清单和工程款发票而未及时答复,但因当事人没有关于不予答复即视为默认的约定,故无法达到最高人民法院《关于审理建设工程施工合同纠纷案件适用法律问题的解释》第20条规定的不予答复即构成默认的法律后果。
>
> **No. ZH-6.1-2**　承包人在一审中未申请对工程款进行鉴定,而在二审中提出,一审法院未进行释明以保障当事人的诉讼权利,为查明已完成工程量的价款,二审法院予以准许,并以鉴定结论计算承包人的工程量和报酬。

一、基本案情

上诉人(原审被告、反诉原告):宁波振鹤船业有限公司(以下简称振鹤公司)
被上诉人(原审原告、反诉被告):中国人民解放军91414部队(以下简称91414部队)
宁波海事法院审理查明:2007年3月12日,91414部队与浙江象山永洁拆船有限公司(2007年11月5日更名为宁波振鹤船业有限公司)签订船坞建造承包合同,约定振鹤公司作为发包人将新建1.5万吨级船坞工程部分发包给91414部队,91414部队作为承包人承包施工图中坞门区域土建安装项目,工程项目范围为坞门、墩柱及基础、门槛基础梁板、围堰、封水、钢筋砼钻孔灌注桩、沉沙池、泵房及水池、施工过程中发生的施工缝中硬质金属止水带等各项工程,坞门钢结构浮门由发包人自负;开工日期以开工报告为准,合同工期日历天数为133天;合同价款一次性包干,每个坞门造价为258万元,不作调整;施工图纸由承包人按发包人的意愿委托代办设计图纸,其中船坞设计费用由承包人自愿承担支付,作为承包该项目工程优惠条件。后振鹤公司聘请宁波交通工程咨询监理有限公司为监理单位,监理单位指派楼龙年为监理工程师。91414部队提供了由大连航务工程设计院(2006年10月更名为大连航务工程设计院有限公司)出具的振鹤公司船坞工程施工图设计,并支付设计费15万元。同年3月22

日,91414部队提交了工程开工报告,监理单位和振鹤公司于3月25日同意开工。开工报告明确了91414部队承建的坞口工程主要包括围堰、坞品大梁、坞墩和集水池。6月20日监理单位出具监理业务联系单,要求91414部队加快施工进度。2007年7月7日,91414部队与振鹤公司又签订补充合同一份,约定工程承包范围为发包人提供施工图中所有船坞区域土建工程项目,工程项目范围为坞门、墩柱及基础、门槛基础梁板、围堰、封水、钢筋砼钻孔灌注桩、电线沟管道、沉沙池、泵房及水池、施工过程中发生的施工缝中硬质金属止水带等,坞门钢结构浮门由发包人自负,接下去做坞门;合同工期日历天270天;合同价款作一次性包干,船坞补充造价为700万元,不作调整;其余条款与建造合同相同。

2007年9月10日,91414部队向监理单位提交了工程(月)付款申请表,附件载明3—8月共完成工程项目19项,完成工程量(含工程保险费4.9万元)共计4 281 444元。监理单位于同日出具意见:"经核对,已做工程量属实,结算按合同执行",并于同年10月15日出具收条证明其已收到91414部队提供的与业主的结算清单原件一份,并注明是月付款申请表,合计金额为4 281 444元。同年9月22日,监理单位出具监理业务联系单通知91414部队,称根据业主通知,因故请暂停施工几天,有关复工事宜,请与业主面商。91414部队接通知后回复,工程已于9月23日全面停工。之后,工程一直未复工,振鹤公司现已将船坞填埋另作他用。在施工期间,91414部队、振鹤公司及监理单位分别于3月21日、9月10日、9月12日对工程进度和款项支付等进行协商。

2007年11月13日,91414部队出具了总额为4 281 444元的工程款发票5张,振鹤公司于次日签字确认收到。2008年1月11日,振鹤公司出具对账单给91414部队,载明截止2007年11月23日,振鹤公司已付工程款和材料款合计375万元。

2008年9月1日,91414部队向宁波海事法院起诉,请求判令振鹤公司支付工程款531 444元及相应利息、船坞设计费150 000元。振鹤公司辩称已多付工程款693 737.60元,并提起反诉请求判令91414部队返还工程款693 737.60元及相应利息。

二、一审裁判

宁波海事法院审理认为:本案争议的焦点是91414部队与振鹤公司在合同终止后的工程款支付问题。91414部队主张双方签订的建造和补充合同标的是一个整体的工程项目,不能分割,91414部队实际履行的是两个合同的工程量。如果一定要分割,补充合同已涵盖了建造合同约定的工程项目,91414部队已完成的工程量也是履行补充合同所必需的,且补充合同第21条约定"本合同签字后,原签订的协议书同时作废",据此也可以认定建造合同已经作废,仅就履行补充合同而言,振鹤公司也应支付91414部队已完成工程量的价款余额。振鹤公司认为,91414部队已完成的工程量应分为两个合同分别结算,据监理工程师的陈述,91414部队提供的已完成工程量统计表中的前13项共计3 805 181.60元为建造合同中约定的工程项目,该合同的包干价为258万元,故91414部队只能按合同约定的价款收取,而15项到19项为补充合同约定的工程项目,包括第20项工程保险费共计476 262.40元。而振鹤公司已支付了375万元,根据合同结算已多付了693 737.60元,该款应退还。在庭审中,振鹤公司陈述其多付的款项系终止合同后给予91414部队的补偿,双方的账目已清,不应再付余款。

建造合同约定的工程承包范围为"施工图中其中坞门区域的土建安装项目",工程项目包括坞门、墩柱及基础、门槛基础梁板、围堰、封水、钢筋砼钻孔灌注桩、沉沙池、泵房及水池、施工过程中发生的施工缝中硬质金属止水带等,其中坞门钢构浮门由发包人自负。补充合同约定的工程承包范围为"施工图中所有船坞区域的土建工程项目",施工范围在前合同上增加了"电线沟管道",并且在工程项目范围中约定,在坞门钢结构浮门由发包人自负后,增加了"接下去做坞门"的字样。结合施工图,可以确认整个船坞建造工程是由坞门区域和坞体区域构成。因此从合同的名称和合同约定的工程承包范围可以认定,91414部队与振鹤公司签订的两份合同构成了振鹤公司发包的新建1.5万吨级船坞的整个土建工程,合同的总价款为包干价958万元,且补充合同中的工程项目范围涵盖了原合同的工程项目,在施工中也应从整个船坞的土建工程做全局布置,故不能再单纯根据一份合同进行结算。振鹤公司终止合同前,91414部队已将已完成工程量统计表提交给振鹤公司,在91414部队出具发票后,振鹤公司仍未对工程量及工程价款结算提出异议。直至在庭审中振鹤公司也未对91414部队提供的工程量及价款提出异议,只是认为应当依两份合同分别结算,故对91414部队已完成的工程量及相应的工程价款均予确认。由于双方确认振鹤公司已支付375万元,故尚有工程余款531 444元未付。振鹤公司拖欠工程余款,显属违约,应承担违约的民事责任,除应支付工程欠款外,还应支付相应的利息。91414部队要求振鹤公司支付工程款余款的主张有理,予以支持。91414部队主张从2007年11月14日出具发票次日起按银行贷款利率支付欠款利息。合同约定最后的付款期限为保修期(工程竣工之日起1周年)满后15天内作一次性付清,但合同已被终止,故该约定已无约束力。而双方又未再对付款期限另行达成协议,故根据振鹤公司出具对账单的时间2008年1月11日,认定振鹤公司至此已认可了91414部队提交的工程价款,确认工程款欠款的利息应从2008年1月12日起按中国人民银行公布的同期贷款利率计算至判决确定的履行之日止。91414部队主张船坞设计费150 000元。合同约定施工图由91414部队代办,其中设计费用由91414部队自愿承担支付,作为承包项目工程优惠条件,由于该项目工程已由91414部队承包,约定的条件已成就,故设计费用应由91414部队自行承担,91414部队的此项主张,理由不足,不予支持。振鹤公司的反诉请求,因已认定振鹤公司尚欠91414部队工程款,故其反诉理由已不再成立,不予支持。

据上,宁波海事法院依据《中华人民共和国民事诉讼法》第64条第1款、《中华人民共和国合同法》第109条的规定,于2008年11月22日判决:

(1)振鹤公司于判决生效后15日内支付91414部队工程款531 444元,并承担自2008年1月12日起至判决确定的履行之日止按中国人民银行公布的同期贷款利率计算的利息;

(2) 驳回91414部队的其余诉讼请求;

(3) 驳回振鹤公司的反诉请求。

如果未按判决指定的期间履行给付金钱义务,应当依照《中华人民共和国民事诉讼法》第229条之规定,加倍支付迟延履行期间的债务利息。本诉案件受理费10 930元,由91414部队负担2 300元,振鹤公司负担8 630元,反诉案件受理费5 570元,由振鹤公司负担。

三、上诉与答辩

振鹤公司不服一审判决,向浙江省高级人民法院提起上诉称:

(1) 原判认定振鹤公司签收工程款发票和监理单位签收工程量统计表的行为已经认可了91414部队主张的工程款数额,这一推定没有事实和法律依据。① 振鹤公司一直对91414部队主张的工程款数额存有异议,从未予以确认,监理单位也仅认可工程量,而未确认工程款。② 即使振鹤公司未提出异议,亦不能推定振鹤公司同意91414部队主张的工程款数额。③ 关于本案工程款的结算方式应遵从合同的约定,由双方办理会签送审计后再行支付余款。④ 本案工程款数额的认定应该按照合同的约定,根据坞门258万元和坞体700万元的包死价分别计算。⑤ 被上诉人91414部队提交的工程量统计表存有重大瑕疵,将部分施工工具的购置费用计入工程款中,故不能作为确认工程款的依据。

(2) 91414部队出具的工程款票据是不涉税的收款收据,不能作为最终结算凭证。

(3) 本案属船坞建造合同欠款纠纷,宁波海事法院对本案没有管辖权,程序有误。请求撤销原判,改判驳回91414部队的诉讼请求,支持振鹤公司的反诉请求。

针对振鹤公司的上诉请求和理由,91414部队答辩称:

(1) 91414部队已实际完成的船坞工程款合计为人民币4 281 444元,振鹤公司的工程监理单位及监理师已签字确认,且振鹤公司在此过程中从未提出异议,仅提出要求按照两份合同分别结算,应当视为已认可该数额。

(2) 原审程序合法。宁波海事法院对本案具有管辖权,振鹤公司在一审中并未提出管辖权异议,其二审提出管辖权异议违反法律规定。请求驳回上诉,维持原判。

四、二审裁判

振鹤公司二审中提出对工程价款进行司法鉴定的申请,其理由是证明工程款数额的举证责任在于91414部队,原判在91414部队举证不足的情况下仍然采信其主张,二审为查明事实需对工程价款进行鉴定。91414部队对此表示反对,其理由是:

(1) 振鹤公司和监理单位已经确认了工程款并收取了发票,故无须进行鉴定;

(2) 振鹤公司一审并未申请鉴定,二审再予鉴定程序不当。

浙江省高级人民法院认为,监理工程师楼龙年已证实并未对工程款进行结算确认,这与其在结算单上"经核对,已做工程量属实,结算按合同执行"的批注相一致,可以确定属实。而振鹤公司原审中亦明确表示工程款的结算总额不当，故原判认定"振鹤公司直至在庭审中也未对91414部队提供的工程量及价款提出异议"与事实不符，应予纠正。虽然振鹤公司收到了结算清单和工程款发票而未及时答复，但最高人民法院《关于审理建设工程施工合同纠纷案件适用法律问题的解释》第20条规定："当事人约定，发包人收到竣工结算文件后，在约定期限内不予答复，视为认可竣工结算文件的，按照约定处理。承包人请求按照竣工结算文件结算工程价款的，应予支持。"从该条文分析，如果当事人事先未在合同中明确约定，则仅凭"不予答复"无法达到默认的法律后果。因此，虽然双方对已完成的工程量无异议，但鉴于合同仅约定了总价而未约定单价，双方又未提供合同预算清单或者工程量预算表，故在工程未全部完工且无法计算已完成总工程量比例的情况下，根据目前证据尚不能计算已完成的工程价款。本案经二审庭审，91414部队仍不能明确其计算工程量单价的依据，原审亦未对此问题向双方进行释明以保障双方当事人的诉讼权利，故浙江省高级人民法院决定对本案工程价款进行鉴定。91414部队不同意鉴定的理由均不能成立，不予采纳。

根据鉴定机构的鉴定结论，91414部队实际完成的工程量的造价为3 100 445元(包含了钢护筒费用140 166元，但不包括围堰槽钢865 847元)。振鹤公司认为鉴定结论基本合理，但钢护筒已被拆除，费用应扣除；水电在合同中已经约定由施工方承担，费用应另行扣除；围堰石粉单价亦应调整；税金应另行扣除。91414部队认为鉴定程序违法，且涉案工程已经填埋，鉴定物已不存在，故鉴定报告没有事实依据；围堰槽钢由振鹤公司拆除并拿走，应当计入总价。浙江省高级人民法院认为，鉴定机构对本案工程造价套用交通部《沿海港口水工建筑工程定额(2004版)》，材料价格按照2007年3—8月《宁波工程造价信息》中的象山及宁波市场平均信息价取定，故在双方对已完成的工程量无异议的情况下，鉴定机构根据相关行业标准进行鉴定并出具的结论并无不当，浙江省高级人民法院对该鉴定结论予以采信。

根据双方当事人的上诉和答辩意见，本案二审审理的焦点是振鹤公司是否已经认可91414部队提出的工程款金额以及上述工程款的数额是否合理。

本案中双方签订了两份建造合同：船坞建造承包合同约定工程承包范围为坞门区域土建安装项目，造价为258万元；补充合同约定工程承包范围为所有船坞区域土建工程项目，接下去做坞门，船坞补充造价为700万元。双方对于船坞总造价为958万元并无异议，原审中双方的主要争议在于91414部队已完成工程量应当按照两份合同分别计算还是作为整体一并结算。由于本案最后结算的依据是鉴定结论，故对如何结算已无实际意义，浙江省高级人民法院不再评述。

根据鉴定结论，91414部队实际完成的工程量为3 100 445元。振鹤公司和91414部队对鉴定结论所提异议均没有合理依据，浙江省高级人民法院不予采纳。据此浙江省高级人民法院认定91414部队完成的工程总价款为3 100 445元，振鹤公司共支付375万元，已经超过该数额，故91414部队的本诉诉讼请求不能成立。对于反诉，由于振鹤公司在一审庭审中陈述其多付的款项系终止合同后给予91414部队的补偿，双方业已结算完毕,其二审中提供的两证人证言亦证实上述事实,且本案系振鹤公司主动终止合同,给予91414部队相应的解约赔偿符合情理,故振鹤公司的反诉请求亦不能成立。

对于原审程序是否违法。经查,振鹤公司在一审中并未提出管辖权异议,应视为其承认和接受了受诉法院的管辖,其二审再行提出异议不应予以采纳。

浙江省高级人民法院认为,本案双方对于解除船坞建造承包合同及补充合同并无异议,因双方均未提出违约赔偿,浙江省高级人民法院对此亦不作审理。由于双方仅约定了工程总价款,故对于91414部队已完工的工程款,91414部队应提供证据以支持其主张,其已提供的证据及鉴定结论均不能支持其主张,应当承担举证不能的不利后果。91414部队已完成的工程款,可依鉴定结论决定。振鹤公司多付部分依其自认属于对91414部队的补偿,故本案双方的本诉、反诉诉讼请求均不能成立。振鹤公司关于其已付清本案工程款的上诉理由成立,予以支持,其余上诉理由于法无据,不予支持。原判认定事实不清,适用法律有误。依照《中华人民共和国民事诉讼法》第153条第1款第(三)项、第64条第1款之规定,判决如下:

(1) 维持(2008)甬海法商初字第243号民事判决第(3)项,即驳回宁波振鹤船业有限公司的反诉请求;

(2) 撤销(2008)甬海法商初字第243号民事判决第(1)、(2)项;

(3) 驳回中国人民解放军91414部队的本诉请求。

6.2 发包人停工的法律责任

2 上诉人浙江三鑫造船有限公司与被上诉人浙江顺盛建设工程有限公司船坞建造合同纠纷案

案例来源:浙江省高级人民法院(2009)浙海终字第116号
主题词:船坞建造合同　发包人的停工权　承包人的解约权　停工损失

裁判要旨

No. ZH-6.2-1　虽然当事人约定发包人有随时停工的权利,但并未约定停工的期限以及对合同效力的影响,发包人通知停工后长达近一年半之久仍无法确保开工日期,超出了正常或者合理的停工期限,且迟延付款,经承包人催告,发包人在合理期限内仍未履行主要义务,发包人的长期停工及迟延支付合同价款行为符合法定解除条件,承包人有权解除合同。

No. ZH-6.2-2　发包人虽有停工的权利,但需支付因停工给承包人造成的合理的、不可避免的因暂停施工而直接发生的费用,承包人亦有采取措施减少因停工产生的费用的义务。故承包人在接到发包人停工通知后,应当相应遣散部分人员并按照合同约定终止所有与被暂停工程的施工工作有关的租用协议以减少损失,法院酌定按照1个月的期限支持承包人因停工造成的人员工资及施工机械设备租费。

一、基本案情

上诉人(原审被告):浙江三鑫造船有限公司(以下简称三鑫公司)

被上诉人(原审原告):浙江顺盛建设工程有限公司(以下简称顺盛公司)

宁波海事法院审理查明:2007年12月21日,顺盛公司与三鑫公司签订《施工合同》一份,约定三鑫公司作为发包人将位于定海区岑港镇丁次村新建4万吨级船坞工程发包给顺盛公司。承包人顺盛公司承包的工程项目范围为船坞基坑开挖、船坞本体钢筋混凝土工程、翼墙工程、围堰工程、吊车梁工程、预埋件制作及安装、减压排水工程及止水帷幕,开工日期2007年12月25日,合同总工期为396日历天,合同总价款暂定45630125元,其中围堰施工作一次性包干,总造价3850000元。《施工合同》的专用条款部分第12条约定,顺盛公司投标报价下浮18%作为工程结算时单价和取费的计算依据;第14条约定,工程进度款按月进度支付,顺盛公司在每月25日前提交月工程量报表,由监理工程师和三鑫公司共同确认工程量并按合同约定计算工程价款,三鑫公司在下月10日前按完成工程量80%支付工程款,留20%为保留金。监理单位为江苏科兴工程建设有限公司,后变更为杭州亚太建设监理咨询有限公司。顺盛公司任命陈强为涉案工程项目部经理。后三鑫公司根据舟山市定海区发展和改革局定发改投资〔2007〕114号批复,调整建设规模,将原4万吨级修船坞调整为15万吨级。2008年4月14日,顺盛公司和三鑫公司签订一份《补充协议》,对船坞围堰工程进行调整,围堰施工总造价变更为5750000元,调增1900000元。合同总工期变更为478日历天,工期自2007年12月25日至2009年4月15日。

2008年1—8月,顺盛公司完成工程款总数9653916元,扣除保留价后为7723132.8元。三鑫公司已先后支付顺盛公司工程款共计7419241元(包括诉讼过程中三鑫公司汇付的900000元)。三鑫公司曾于2008年4月28日通知顺盛公司暂停坞室开挖、运输弃土,并于同年5月19日通知恢复坞室开挖及各项工程;又于2008年7月31日通知暂停坞室开挖、运输弃土工作,之后一直未通知复工。2008年8月至12月,顺盛公司多次发函要求三鑫公司明确停工时间和支付工程款,三鑫公司均未答复。经审查,因停工给顺盛公司造成合理损失461700元,顺盛公司为涉案工程支出库存材料费用计161748元。2008年12月18日,顺盛公司施工项目部出具施工围堰完工报告,临时施工围堰工程于2008年12月中旬经监理单位验收合格。

另查明,顺盛公司的资质为港口与海岸工程专业承包三级,仅具备承建1万吨级及以下船坞船台工程的资质。

顺盛公司遂以三鑫公司拖欠工程款,且长期停工的行为已构成根本性违约为由,于2009年2月17日诉至宁波海事法院,请求判令解除双方之间的《施工合同》,并判令三鑫公司支付尚欠的工程款计3373563元,并从2008年7月1日始按银行同期贷款利率支付利息至清偿完毕(后因三鑫公司在诉讼过程中汇付了90万元,顺盛公司将诉请标的变更为2473563元),以及停工损失费1204250元、库存材料款161748元。

二、一审裁判

宁波海事法院审理认为,本案争议的法律问题主要为涉案合同是否应当解除以及工程款、停工损失及库存材料费用是否应由三鑫公司支付的问题。三鑫公司将新建4万吨级船坞工程(后变更为15万吨级)发包给顺盛公司施工建造,但顺盛公司仅具备承建1万吨级及以下船坞工程的资质,且至今未获得相应资质,顺盛公司系超越资质等级承包工程,违反了我国有关资质管理的法律法规。但根据最高人民法院《关于适用〈中华人民共和国合同法〉若干问题的解释(二)》第14条的规定,违反强制性规定导致合同无效仅适用于违反"效力性强制性规定",因此,在三鑫公司对顺盛公司的资质予以认可且双方对合同效力均无异议的基础上,顺盛公司违反"管理性强制性规定"并不导致合同无效。顺盛公司认为三鑫公司无法按月支付工程款及工程长期停工给顺盛公司造成损失,三鑫公司存在根本性违约,故诉请解除双方的《施工合同》。三鑫公司辩称其有权停工,且其仅迟延支付工程款,不存在根本性违约。双方未约定长时间停工对合同效力的影响,亦未约定因三鑫公司不按期支付工程款产生的法律后果,故应审查工程长期停工及三鑫公司未及时支付工程款是否属于合同法定解除的情形。尽管双方在通用条款12.1条明确了三鑫公司有停工的权利,但三鑫公司的长期停工使顺盛公司无法预见工程进度,已经影响到整个工程的正常进行。三鑫公司的长期停工已使双方订立的合同目的无法实现。此外,三鑫公司未按约支付2008年7—8月间的围堰工程款及其他工程款,顺盛公司在2008年8月至12月间发函催收包括保留价在内的工程款项后,三鑫公司仍不予支付。因此,根据《中华人民共和国合同法》第94条第1款第(三)、(四)项和最高人民法院《关于审理建设工程施工合同纠纷案件适用法律问题的解释》第9条第1款第(一)项的规定,三鑫公司的长期停工及迟延支付合同价款行为符合法定解除条件,顺盛公司诉请解除《施工合同》具备事实和法律依据,予以支持。因合同解除,双方约定的保留价条款不再适用。根据《中华人民共和国合同法》第97条的规定,涉案围堰工程已实际履行并经监理单位验收合格,三鑫公司应支付相应工程款项。涉案船坞工程和其他工程虽未经验收但三鑫公司对该工程质量未提出异议,已实际履行部分亦需由三鑫公司支付相应工程款项。故三鑫公司需支付剩余全部工程款2 234 675元。对顺盛公司提出的利息诉请,按照人民银行同期贷款利率予以保护,利息自顺盛公司完成围堰工程并验收合格之日即2008年12月18日开始计算。对于停工损失,根据《中华人民共和国合同法》第284条的规定,因三鑫公司的原因致使工程中途停建的,三鑫公司需赔偿顺盛公司相关损失和实际费用。因该项赔偿责任有法律明确规定,故顺盛公司关于停工损失的主张,理由充分,对其合理部分461 700元予以支持。对于库存材料损失,双方已经核对,顺盛公司关于库存材料归三鑫公司所有,三鑫公司按实支付库存材料款161 748元的诉求亦予以支持。

综上,宁波海事法院依据《中华人民共和国民事诉讼法》第64条第1款,《中华人民共和国合同法》第94条第1款第(三)、(四)项、第109条、第284条的规定,于2009

船坞建造合同·发包人的停工权·承包人的解约权·停工损失

年 8 月 13 日判决：

（1）解除顺盛公司与三鑫公司签订的《施工合同》及其《补充协议》；

（2）三鑫公司于判决生效后 10 日内支付顺盛公司工程款 2 234 675 元及该款项自 2008 年 12 月 18 日起至判决确定的履行之日止按中国人民银行同期贷款利率计算的利息；

（3）三鑫公司于判决生效后 10 日内支付顺盛公司停工损失 461 700 元、库存材料费用 161 748 元并取得该库存材料所有权；

（4）驳回顺盛公司的其他诉讼请求。

如果未按判决指定的期间履行给付金钱义务,应当依照《中华人民共和国民事诉讼法》第 229 条之规定,加倍支付迟延履行期间的债务利息。案件受理费 38 720 元,由顺盛公司负担 10 980 元,三鑫公司负担 27 740 元。

三、上诉与答辩

三鑫公司不服一审判决,向浙江省高级人民法院提起上诉称：

（1）原判认定工程长期停工已使双方订立合同的目的无法实现而判令解除合同不当。双方《施工合同》已明确三鑫公司有随时停工的权利,且本案工程停工的原因客观存在,故三鑫公司的行为并未违约。

（2）三鑫公司未拖欠工程款。对于合同价款双方并未最终决算,始终处于审核过程,即便依据顺盛公司的决算,未付工程款的数额相对于工程总价可以忽略不计。

（3）三鑫公司充其量承担顺盛公司的停工损失及费用,工程施工仍应由顺盛公司完成,因为工程尚未验收,质量无法保证。

（4）关于工程款及损失计算,原判认定的标外工程一期山体土石方开挖和混凝土凿除的费用 382 500 元实际应为 174 500 元；土石方爆破款 59 693 元不应予以认定；设备租赁费和人员工资等停工损失计算过高。

综上,请求撤销原判,依法改判顺盛公司继续履行《施工合同》及《补充协议》。

针对三鑫公司的上诉请求和理由,顺盛公司答辩称：

（1）三鑫公司称其停工及拖欠工程款的行为不构成根本性违约有悖事实和法律。① 关于停工问题,《施工合同》约定的"停工"仅指工程的暂停,其文义表明停工是短时间的。三鑫公司停工长达一年半,超出了该条款的期限。② 三鑫公司根据工程月报表应在每月 10 日前支付工程进度款,截至 2008 年 8 月,其扣除 20% 保证金后仍拖欠约 160 万元工程款,顺盛公司经数月催讨不得,故三鑫公司的违约行为使顺盛公司无法实现合同目的。

（2）原判对标外一期山体土石方开挖及坞室土石方爆破的工程款认定正确,且有相应证据证实,三鑫公司一审中亦未对上述两项工程款提出异议,二审不应再予审理。

（3）原判认定三鑫公司承担停工的赔偿责任以及金额认定正确。

综上,请求驳回上诉,维持原判。

四、二审裁判

根据双方当事人的上诉和答辩意见,本案二审审理的焦点是:一是三鑫公司是否拖欠工程款及该款项数额;二是顺盛公司是否有权解除双方之间的施工合同;三是原审认定的停工损失数额是否合理。

针对上述争议焦点,浙江省高级人民法院评析如下:

1. 三鑫公司是否拖欠工程款及该款项数额

顺盛公司完成的工程项目主要包括围堰工程、船坞和其他工程、标外工程及坞室土石方爆破工程等。对于围堰工程、船坞和其他工程,2008年1—6月,顺盛公司按月向监理单位杭州亚太建设监理咨询有限公司和业主三鑫公司提交了工程(月)付款申请表,经监理单位审核和三鑫公司确认,1—6月共完成围堰工程3 231 000元、船坞工程及其他工程4 293 050元,合计7 524 050元,故浙江省高级人民法院对上述数额予以认定。顺盛公司提交的7—8月付款申请表显示围堰工程款为1 008 258元、船坞工程款为763 185元,三鑫公司审核认为:暂不计围堰工程款;船坞工程款以34 500立方、每立方18.07元,合计623 415元。虽然顺盛公司曾于2008年7月5日向三鑫公司发函要求将船坞工程款单价从18.07元/立方调整到22.07元/立方,但三鑫公司审核两月报表的时间是2009年1月份,故仍应按照其审核时确定的单价即18.07元计算,原判对此认定不当,应予纠正。对于围堰工程款,原判按照月付款表直接认定为1 008 258元并无不当。

综上,浙江省高级人民法院认定顺盛公司完成的船坞工程及其他工程款合计为:4 293 050+623 415=4 916 465元,围堰工程款合计为:3 231 000+1 008 258=4 239 258元(按照顺盛公司起诉的数额就低认定为4 157 258元)。

对于标外工程,因顺盛公司已在2008年1月份的报表中将标外工程一期山体土石方开挖16 000立方计算在船坞工程款中,三鑫公司审核后计算为13 000立方,单价从18元减为16元。因此,对于该13 000×16=208 000元应当扣除。这也与三鑫公司于2008年2月19日在土石方开挖的联系单中"原山体总方量23 000立方,1月30日已支付13 000立方,其余10 000立方等山体拆除后再支付,每立方价16元计算,海塘拆除和建筑垃圾同意支付750立方"的陈述相一致。对于剩余的土石方工程量及混凝土凿除已经完成的事实三鑫公司并未提出上诉,故浙江省高级人民法院认定上述工程已经实际完工,但对标外工程款数额改为:382 500-208 000=174 500元。

对于坞室土石方爆破工程款计59 693元,顺盛公司二审庭审中亦承认该项目是在工程停工后实施,且该款项除了其自行编写的决算单之外,并无其他证据支持。三鑫公司原审中虽对工程决算单作为证据未提出异议,但并未明确认可该款项,故浙江省高级人民法院认为顺盛公司并无充分证据支持该款项存在的事实,对该款项不予认定。

综上,浙江省高级人民法院认定顺盛公司完成的工程款数额为:4 916 465+

4 157 258 + 174 500 = 9 248 223 元,扣除保留价后为 7 398 578.4 元。三鑫公司在诉讼前仅支付 6 519 241 元(不包括诉讼过程中三鑫公司汇付的 900 000 元),故三鑫公司拖欠工程款共 879 337.4 元的事实成立。

2. 顺盛公司是否有权解除双方之间的施工合同

本案中双方在合同中虽然约定"发包人可以随时书面通知承包人暂停工程的任何一部分或全部",即三鑫公司有停工的权利,但合同并未约定停工的期限以及对合同效力的影响。三鑫公司自 2008 年 7 月 31 日通知顺盛公司停工后,一直未通知复工,对顺盛公司多次要求明确停工时间和支付工程款的来函亦未答复。且三鑫公司虽在原审庭审中称工程可以在 2009 年 12 月前恢复施工,但其至今仍不能保证工程恢复施工的时间。浙江省高级人民法院认为,虽然合同中没有约定停工时间的限制,但如果允许三鑫公司无限期停工且无法预测何时可以恢复施工,显然使得施工合同长期处于不确定状态,使顺盛公司陷于进退无据的局面,有违民事合同的公平原则,故对此应当按照合同法中关于正常的合理时间来考虑。本案合同约定的工期仅为 478 天,而工程停工至今已近一年半之久,显然已经超出了正常或者合理的停工期限,经顺盛公司催告,三鑫公司在合理期限内仍未履行主要义务,故依据《中华人民共和国合同法》第 94 条第(三)项之规定,顺盛公司有权利解除合同。因此,原判认为合同的长期停工影响到整个工程的正常进行,已使双方订立的合同目的无法实现并判令解除合同并无不当。

此外,三鑫公司未按约支付相应工程款达 879 337.4 元(不包括诉讼过程中三鑫公司支付的 90 万元),在顺盛公司发函催收后仍未全额支付。根据最高人民法院《关于审理建设工程施工合同纠纷案件适用法律问题的解释》第 9 条第 1 款第(一)项的规定:"发包人具有下列情形之一,致使承包人无法施工,且在催告的合理期限内仍未履行相应义务,承包人请求解除建设工程施工合同的,应予支持:(一)未按约定支付工程价款的……"故三鑫公司的长期停工及迟延支付合同价款行为符合法定解除条件,顺盛公司解除《施工合同》的请求符合法律规定,应予支持。

三鑫公司二审中认为涉案工程未经验收,质量存在问题,故合同不应解除。浙江省高级人民法院认为,涉案工程因未完工而不可能竣工验收,但对于顺盛公司完工部分应当据实结算工程款,与可否解除合同并不具有关联性。因三鑫公司并未在原审中对工程质量提出异议,二审不再审理,三鑫公司可通过另案解决。

3. 原审认定的停工损失数额是否合理

根据双方合同通用条款第 12 条,三鑫公司有停工的权利,但需支付因停工给顺盛公司造成的合理的、不可避免的因停工而直接发生的费用。同时顺盛公司亦有采取措施减少因停工产生的费用的义务。故顺盛公司在接到三鑫公司停工通知后,应当相应遣散部分人员并按照合同约定"终止所有与被暂停工程的施工工作有关的租用协议"以减少损失。原判对顺盛公司停工造成的人员工资及施工机械设备租费认定过高,应予纠正,浙江省高级人民法院酌定为各保护 1 个月,即分别依据工资清单保护 1 个月的人员工资损失计 126 850 元;依据租赁合同保护 1 个月的设备租赁费计 119 000 元,共计保护停工损失 245 850 元。对于库存材料费用,因双方在原审中已对材料进行核对,原判认定为 161 748 元并无不当。

综上,原判除认定"顺盛公司已完成工程款总数 9 653 916 元,扣除保留价后为 7 723 132.8 元"以及"因停工造成顺盛公司的合理损失计 461 700 元"有误,应为"已完成工程款总数为 9 248 223 元,扣除保留价后为 7 398 578.4 元"以及"因停工造成顺盛公司的合理损失为 245 850 元",其余事实浙江省高级人民法院予以确认。故合同解除后,三鑫公司应当支付顺盛公司工程款:9 248 223 - 7 419 241 = 1 828 982 元,停工合理损失为 245 850 元以及库存材料款 161 748 元。

浙江省高级人民法院认为,本案中顺盛公司和三鑫公司签订的施工合同及补充协议合法有效,但三鑫公司由于自身原因通知顺盛公司停工后,对顺盛公司多次要求明确停工时间和支付工程款的来函未予答复,直至二审亦未保证恢复施工的时间,致使双方订立合同的目的无法实现,故顺盛公司请求解除合同的理由正当。因合同解除,涉案船坞工程款项应当根据顺盛公司实际完成的数额全额支付。三鑫公司关于原判认定顺盛公司完成的工程款数额以及停工损失计算过高的理由成立,浙江省高级人民法院予以采纳;其余上诉理由不能成立,浙江省高级人民法院不予采纳。原判对于顺盛公司已完成的工程款项和停工合理损失计算有误部分,浙江省高级人民法院予以纠正。依照《中华人民共和国民事诉讼法》第 153 条第 1 款第(三)项之规定,判决如下:

(1) 维持宁波海事法院(2009)甬海法舟商初字第 27 号民事判决第(1)、(4)项,即解除顺盛公司与三鑫公司签订的《施工合同》及《补充协议》;驳回顺盛公司的其他诉讼请求;

(2) 撤销宁波海事法院(2009)甬海法舟商初字第 27 号民事判决第(2)、(3)项;

(3) 三鑫公司于本判决送达之日起 10 日内支付顺盛公司工程款计 1 828 982 元及该款项自 2008 年 12 月 18 日起至判决确定的履行之日止按中国人民银行同期贷款利率计算的利息;

(4) 三鑫公司于本判决送达之日起 10 日内支付顺盛公司停工损失 245 850 元、库存材料款 161 748 元并取得该库存材料所有权。

7. 海上工程合同纠纷

7.1 海上爆破工程分包的法律后果

1 原告(反诉被告)宁波市远东水下工程有限公司与被告(反诉原告)浙江海洋工程有限公司海洋水下工程建设纠纷案

案例来源:宁波海事法院(2009)甬海法商初字第14号

主题词:炸礁清礁工程分包合同　无建筑业企业资质　无爆炸物品使用许可证　合同无效

> **裁判要旨**
>
> **No. ZH-7.1-1** 总承包人将炸礁清礁工程分包给没有建筑业企业资质证书的施工者,并以自己名义向公安机关申报爆破工程审核材料,且未申请领取爆炸物品使用许可证,直接进行爆破作业,违反法律的强制性规定,双方所签订的炸礁清礁工程分包协议书应认定为无效。
>
> **No. ZH-7.1-2** 建设工程施工合同无效,但建设工程经竣工验收合格,承包人请求参照合同约定支付工程价款的,应予支持。

一、基本案情

原告(反诉被告):宁波市远东水下工程有限公司

被告(反诉原告):浙江海洋工程有限公司

原告宁波市远东水下工程有限公司起诉称:2004年2月,被告因工程需要,将石狮市伍堡污水处理厂排海管道工程水下管沟炸礁清礁项目分包给原告,双方订立协议书一份,约定:工程水下管沟炸礁清礁项目长度暂按360延长米,实际爆破开挖长度在±10%范围内按总合同价245万元一次包干;工程费在原告施工船舶进场后预付20万元,炸礁工作完成付至合同总价的40%,合同约定内容完成付到合同价的70%,余款待被告整体工程验收合格后一次性付清等。签约后,原告按约施工,然被告在支付391 000元工程款后迟迟不与原告结算工程款,原告多次要求结算工程款,但被告以各种理由推托,至今工程余款尚未结算。特请求判令被告立即结算工程款205.9万元,并按同期中国人民银行基准贷款利率赔偿原告损失299 965元等。庭审中,原告变更诉讼请求为:实际炸礁长度核算为287米,工程款为1 953 162元,扣除被告已付工程款391 000元、应付被告驳船租费144 000元、被告已支付清礁费235 000元,被告实际应支付工程款1 183 162元,并放弃赔付利息损失的诉请。

被告浙江海洋工程有限公司反诉称:2004年2月23日,反诉原告因承建石狮市伍堡污水处理厂排海管道工程所需,将该工程的水下管沟炸礁清礁项目分包给反诉被告施工,双方签订协议书一份,约定了工程名称、工作内容、工程费用、支付方式、双方责任、工程质量及验收、违约责任等条款,反诉被告还提供石狮市伍堡污水处理厂排海管道水下管沟开挖炸礁清礁施工组织方案作为该协议书的附件。反诉被告在其提供的施工组织方案中,就工期、施工组织设计、拟投入的主要机械设备及水下炸礁清礁报价、预算、组价等内容,均作了详细记载。炸礁工程自2004年3月8日开始准备,3月10日开工,至3月27日,专用爆破船不能到达施工现场,反诉被告要求反诉原告将租用的两艘100吨驳船改装成炸礁船后,再转租给反诉被告作为其炸礁船使用。5月20日,反诉被告的"浙甬工钻1008"专用爆破船进场作业,并于7月26日完成炸礁,实际炸礁工作量为132米。但反诉被告未履行协议约定的清礁施工义务,反诉原告出于无奈,于8月将该清礁工作再委托给舟山市普陀渔港疏浚工程公司施工。8月18日清礁工程船"东福168"进场作业,并于9月3日完成清礁工作。反诉原告为此向该公司支付清礁工程款计235 000元。尽管如此,反诉原告还多次要求反诉被告能根据实际所完成的炸礁工程量,以协议条款及其炸礁清礁的报价、预算、组价等为标准,扣除已领取工程款391 000元、租用的两艘100吨驳船租费144 000元等费用进行相应的工程款结算,但反诉被告置之不理。反诉原告据此结算,反诉被告还应返还工程款45 761元。特请求判令反诉被告立即返还工程款45 761元,并承担本案诉讼费。

二、法院查明事实

宁波海事法院认定下列事实:

2004年2月,被告与海天公司签订石狮市伍堡污水处理厂排海管道工程建设工程施工合同,由被告承包该工程。2月23日,被告将该排海管道工程的炸礁清礁项目分包给原告施工,为此,双方签订协议书一份,约定:工程水下管沟炸礁清礁项目长度360米正负10%范围内按总合同价245万元一次包干;工程款在原告施工船舶进场后预付20万元,炸礁工作完成付至合同总价的40%,合同约定内容完成付至合同价的70%,余款待被告整体工程验收合格后一次性付清等。2004年3月5日,被告与海天公司协商对排海管道工程施工平面轴线位置调整,但未提供给原告详细的施工图纸,也未与原告协商施工平面轴线位置调整后的实际炸礁长度。3月10日炸礁工程开工。3月27日,原告因专用爆破船不能抵达施工现场,向被告租用两艘100吨的驳船改装成炸礁船进行炸礁作业。2004年5月20日,原告"浙甬工钻1008"专用爆破工程船进场作业。6月15日,被告又与海天公司协商更改管道局部标高,但更改管道局部标高后,既没有向原告提供新的施工图纸,也没有与原告就影响炸礁清礁长度进行协商。"浙甬工钻1008"船于7月27日完成爆破作业并驶离现场。炸礁长度A1区17米,A2区15米,东南区(坐标点为X2 736 708.19922,Y527 200.108和X2 736 683.945,Y527 317.61)

炸礁清礁工程分包合同·无建筑业企业资质·无爆炸物品使用许可证·合同无效

120米,A3区(坐标点为X6 777.55,Y7 038.14和X6 726.234,Y7 112.079)从4月19日起至5月10日试炸,其中5月2日的工程日志记载累计已完成约50米。另据工程日志记载,被告所属工程船舶在炸礁期间有自行清礁事实。尔后,由于原告未能履行清礁义务,被告于2004年8月初将该清礁作业委托给舟山市普陀渔港疏浚工程公司,该司所属的"东福168"工程船于8月17日进场至9月3日完成清礁作业。同年9月10日,经双方结算,被告应支付清礁工程款计人民币235 000元,其中非礁石段施工长度40米计6 000元,船舶调遣费60 000元。被告已实际支付原告工程款391 000元,原告应支付被告两艘100吨驳船租金144 000元。被告涉案排海管道工程竣工并交付海天公司使用后,至今没有提供炸礁清礁竣工检测、验收报告,以及与海天公司的决算资料,现双方因工程款结算事宜经多次协商未果,诉至宁波海事法院。

另查明,被告已于2002年4月向浙江省建设厅申领了港口与航道工程施工总承包二级的建筑业企业资质证书,其与海天公司所签的承建石狮市伍堡污水处理厂排海管道工程合同,将其中的炸礁清礁工程分包给原告,但原告一直未申领建筑业企业资质证书,涉案炸礁清礁工程系被告于2004年3月8日向福建省石狮市公安局提交爆破材料申请报告,并提供了原告职员的《爆破工程技术人员安全作业证》等证件,公安机关虽于3月23日经审核同意爆破作业,但被告未按《中华人民共和国民用爆炸物品管理条例》第27条的规定申请领取《爆炸物品使用许可证》,而直接进行爆破作业。被告也没有提供在开工前应办妥的《水上水下施工作业许可证》《航行通告》《海洋倾倒许可证》。

三、法院裁判

宁波海事法院认为,《中华人民共和国建筑法》第26条规定:"承包建筑工程的单位应当持有依法取得的资质证书,并在其资质等级许可的业务范围内承揽工程。禁止建筑施工企业超越本企业资质等级许可的业务范围或者以任何形式用其他建筑施工企业的名义承揽工程。禁止建筑施工企业以任何形式允许其他单位或者个人使用本企业的资质证书、营业执照,以本企业的名义承揽工程。"第29条第3款规定:"禁止总承包单位将工程分包给不具备相应资质条件的单位。禁止分包单位将其承包的工程再分包。"《中华人民共和国民用爆炸物品管理条例》第27条规定:使用爆破器材的单位,必须经上级主管部门审查同意,并持说明使用爆破器材地点、品名、数量、用途、四邻距离的文件和安全操作规程,向所在地县、市公安局申请领取《爆炸物品使用许可证》,方准使用。

根据最高人民法院《关于审理建设工程施工合同纠纷案件适用法律问题的解释》第1条的规定:"建设工程施工合同具有下列情形之一的,应当根据合同法第五十二条第(五)项的规定,认定无效:(一)承包人未取得建筑施工企业资质或者超越资质等级的;(二)没有资质的实际施工人借用有资质的建筑施工企业名义的……"根据《中华人民共和国合同法》第52条第（五）项"违反法律、行政法规强制性规定"的合同无效的规定。本案中，被告作为排海管道工程总承包单位，虽有资质证书，但其将炸礁清礁工程分包给没有建筑业企业资质证书的原告，并以自己名义向公安机关申报爆破工程审核材料，且又未按《中华人民共和国民用爆炸物品管理条例》第27条的规定申请领取《爆炸物品使用许可证》，而直接进行爆破作业。故该情形违反法律的强制性规定，双方所签订的炸礁清礁工程分包协议书应认定为无效。

最高人民法院《关于审理建设工程施工合同纠纷案件适用法律问题的解释》第2条规定，建设工程施工合同无效，但建设工程经竣工验收合格，承包人请求参照合同约定支付工程价款的，应予支持。本案中，被告与海天公司对排海管道工程作了两次施工平面轴线位置调整和更改管道局部标高后，对所影响的炸礁清礁长度，既没有提供新的详细施工图纸，也没有就调整和更改后炸礁清礁长度与原告协商一致；双方在炸礁清礁施工期间又没有及时对工程进行验收并签字确认，涉案排海管道工程竣工并交付海天公司使用后，被告至今没有提供炸礁清礁的竣工检测、验收报告，以及与海天公司相关的决算资料，由此引起的炸礁清礁工程款结算纠纷，原、被告双方均有过错。宁波海事法院根据原、被告现有证据，酌情确认实际炸礁长度A1区17米、A2区15米、A3区50米、东南区120米，并参照协议约定的6 806元/米结算工程款计1 374 812元，扣除被告已垫付的实际清礁工程款235 000元，但其中非礁石段施工长度40米计6 000元，不应计入由原告负担的清礁款中，故应扣清礁垫付款为229 000元；原告另应支付被告两艘100吨驳船租金144 000元，被告已付工程款391 000元，抵扣后被告尚应支付原告工程款610 812元。至于被告反诉所主张的原告另应支付清礁船往返调遣费173 993元诉请，因被告与舟山市普陀渔港疏浚工程公司所签清礁施工协议和结算单中船舶调遣费均为60 000元，且已包含在清礁垫付款229 000元中，故被告该项反诉请求无事实和法律依据，宁波海事法院不予采纳。

综上，原告本诉和被告反诉有理部分，宁波海事法院予以支持。依照《中华人民共和国民事诉讼法》第64条第1款、《中华人民共和国建筑法》第26条、第29条第3款、《中华人民共和国合同法》第52条第（五）项、《中华人民共和国民用爆炸物品管理条例》第27条，最高人民法院《关于审理建设工程施工合同纠纷案件适用法律问题的解释》第1条第（一）项和第（二）项、第2条的规定，判决如下：

（1）被告浙江海洋工程有限公司应在本判决生效之日起10日内一次性支付原告宁波市远东水下工程有限公司工程款610 812元；

（2）驳回原告宁波市远东水下工程有限公司其他诉讼请求；

（3）驳回被告浙江海洋工程有限公司反诉诉讼请求。

7.2 无效转包工程施工合同的后果

2 原告某某市迅通疏浚工程有限公司与被告某某市某航道疏浚服务有限公司码头建造合同纠纷案

案例来源:广州海事法院(2011)广海法初字第 708 号
主题词:码头建造合同　建筑业企业资质挂靠　工程转包　无效

> **裁判要旨**
>
> **No. ZH-7.2-1**　不具备承包涉案工程的相应资质的承包人挂靠有资质的公司获得工程又转包给分包人施工,其与分包人签订的转包合同属无效合同。虽然转包合同被认定为无效,但对已实际履行经验收合格的部分,承包人应该按照合同及其附件的约定给付分包人相应的工程款。

一、基本案情

原告:某某市迅通疏浚工程有限公司
被告:某某市某航道疏浚服务有限公司

原告某某市迅通疏浚工程有限公司诉称:原告与被告于 2009 年 11 月 27 日签订了广州港××区粮食及通用码头工程水工程结构工程(码头 A 段)——水上开挖物料二次转吹工程施工分包合同(以下简称合同)。合同约定,原告挂靠广东省××市第×建筑工程总公司(以下简称×建公司),承包中交××局第二工程有限公司(以下简称中×公司)所承接的广州港南沙港区粮食及通用码头工程水工程结构工程(码头 A 段)水上开挖物料二次转吹工程(以下简称二次转吹工程),分包给被告施工。工程综合单价为 7 元/m^3(包括原告所承接工程的税费及原告与挂靠单位 2%管理费及完成工程的所有费用),合同工程量及总价款分别暂定为 419 780m^3 及 2 938 460 元。合同还约定,若被告施工进度未达业主要求经两次催告后仍未符合要求者,原告可安排他人完成该部分或全部工程,被告需承担由此而增加的费用及原告的损失,另还需承担违约责任,依照合同第 7 条第 3 项,违约金为工程总价的 5%。合同签订后,被告由于自身设备及技术未达工程要求而需另行雇船及将工程再外派给他人施工,期间因其施工进度未达要求而被发包方多次催告,同时被告所雇船舶因违章也多次被港务局停航处罚。2010 年 2 月 1 日,被告因无能力施工擅自撤离施工现场,单方违约终止合同。在上述期间,被告完成工程总价款经发包方确认为 488 030.60 元,但被告在原告处已预取工程款 90 000 元,同时原告代其支付工程保险费 3 358 元、外派工程款 217 000 元、被告雇请的运泥船舶港务费 38 789.20 元、运泥船舶违章罚金 18 000 元、运泥的运费 233 557.24 元及工程税款和挂靠管理费 40 660.23 元。以上代支及预支费用合计 641 364.67 元,抵扣被告工程款488 030.6元后,被告仍需返还原告153 334.61元。另外,按照双方所签订的合同约定,由于被告单方擅自离场且终止合同,应向原告支付工程总价5%即146 923元的违约金。请求:

(1) 被告返还原告153 334.61元;

(2) 被告向原告支付违约金146 923元。

此外,由被告承担有关诉讼费用。第一次庭审时,原告变更诉讼请求,称代缴税费及管理费为51 874.52元,而不是原来的40 660.23元,由此第(1)项诉讼请求变更为请求被告返还原告164 548.90元。

被告某某市某航道疏浚服务有限公司辩称:

(1) 原告起诉的事实不符合实情,被告实际完成工程量为138 000m^3,按合同约定单价7元/m^3计算,总价为966 000元,已经收取90 000元,未付876 000元。

(2) 被告是因原告没有按时支付工程款而被迫离场的,5%只是质量违约赔偿金,不是提前离场违约金。

(3) 原告诉讼中所提到的辉业公司与被告无关,辉业公司是与中×公司签订的协议,项目不一样,被告做的是二次转吹工程,而辉业公司做的是进口港池转吹坑挖泥工程,辉业公司与被告完成的工程量是两个独立的工程量,被告法定代表人梁自胜在辉业公司与中×公司的协议上签名不代表需要承担责任。

(4) 原告垫付的费用均是在被告离场后支付的,与被告无关,且原告不能证明是为被告垫付。

请求驳回原告的诉讼请求。

二、法院查明事实

广州海事法院经审理查明并确认如下法律事实:

2009年11月27日,原告与被告签订了一份编号为CHEC4.2-NSLSMTA-B2-2009-003的合同。合同第2条规定:工程名称为广州港南沙港区粮食及通用码头工程水工程结构工程(码头A段)——水上开挖物料二次转吹工程,工程地点为广州市南沙龙穴(仔沙)垦区内。第3条规定:下列文件构成本合同不可分割的整体,各文件相互补充,有不明确或不一致之处,以下列次序在先者为准:(1) 双方商定的补充协议或合同期内经双方签署的备忘录。(2) 本合同及其附件等。第4条规定:工程范围为本工程所有水上开挖物料均需二次吹填到后方,工程范围/工作内容详见涉及施工图纸、工程量清单等文件。第5条"承包价款及计量方式"规定:(1) 本合同为综合单价合同,二次转吹综合单价为7元/m^3(含8元税与2%管理费),工程量暂定为419 780m^3,本合同总价暂定2 938 460元。(2) 本合同单价为综合单价,本合同总价中包括被告根据施工现场条件按照合同规定的工期和技术质量、安全、环保等要求实施并完成本工程所需的所有费用,包括但不限于调遣费、人工费、船机使用费、港务航道费、卸泥费、临设费用、检测费、税费、利润、管理费以及海洋、环保、港监等有关部门收取的费用、办理各种施

码头建造合同·建筑业企业资质挂靠·工程转包·无效

工许可证的费用、保险费、政府部门收取的其他规费等。……(6) 工程量计量,按经原告审核确认的水上开挖物料数量按 m³ 计算。第 6 条"工期和进度"规定:(1) 根据本工程整体施工进度的要求,开工日期为 2009 年 11 月 28 日,完工日期为 2010 年 7 月 2 日。……(4) 若因被告原因延误阶段工期,每延误 1 天,赔偿 3 000 元;延误总工期,每延误 1 天,赔偿 5 000 元。第 7 条"技术标准及质量要求"规定:……(2) 本工程执行的标准、规范,符合本工程设计要求及主合同工程设计技术要求和国家现行相关规范。(3) 被告应严格按有关图纸、技术质量要求及现行国家有关质量方面的规定进行施工,本工程质量等级合格,若达不到合格等级,原告可要求被告返工或另行安排其他承包商进行返工,直到质量符合约定合格标准,返工费用由被告承担,工期不予顺延。质量等级达不到约定等级的,被告应承担赔偿原告本合同总价 5% 的质量违约赔偿金。第 9 条"船舶设备供应"规定:提供满足本工程施工和进度要求的人员、船舶设备。第 11 条"转让和分包"规定:本合同项下的所有权益不得转让,不得再分包。第 16 条"工程款支付方式"规定:(1) 预付款在船舶进入施工装好管道付 70 000 元,预付款在进度款中扣除。(2) 按月支付,在原告收到业主的工程款后 5 个工作日内,按经原告审核的被告当月完成产值扣留 15% 保留金(不含履约保证金)以下款项后支付给被告。① 扣除原告代被告缴纳或支付的税金及其他有关费用;② 扣除的其他赔偿金或其他应扣留或扣除的费用。第 19 条"工程变更和索赔"规定:原告有权根据业主、监理的指令在本合同范围内对工程的结构、施工范围、数量和技术要求等进行变更。第 23 条"违约责任"规定:除本合同其他条款有明确规定外,若被告违约,原告可以对被告进行扣罚或有权解除本合同,并根据损失的程度要求被告赔偿违约损失。第 24 条"通知"规定:双方发给对方的通知应以书面形式发送至对方签收。被告不接受通知或不参加会议经原告书面催告后,仍不接受通知或不参加会议的,原告有权解除本合同。原告和被告均加盖了公章,方鸿缤代表原告,梁自胜和梁铨明代表被告在合同上签字。

前述二次转吹工程系原告以×建公司的名义从中×公司处承包,工程综合单价为 8 元/m³,其他合同内容与前述合同基本一致。原告与×建公司签订的建设工程承包合同约定,原告挂靠×建公司承接二次转吹工程,工程款汇入×建公司账户,由×建公司监控使用。×建公司按工程总价款的 2% 收取管理费,此款在每次的工程进度款中扣缴。原告按规定缴纳一切应缴的税金。

11 月 25 日,中×公司就二次转吹工程进行了交底,包括梁铨明在内的相关方签署了交底书。该交底书记载:第 2 条,施工流程。基槽开挖,泥驳船转至临时弃泥点,绞吸船转吸,基槽验收合格后进入下一道工序,不合格基槽补挖或清淤。第 3 条"施工方法"第 3.1.2.2 项"二次转吹"。基槽开挖的弃泥,用泥驳船运输,卸至指定卸泥坑,采用绞吸船将泥土转吹至业主指定的吹填区域。此区域现在水深小于 -4.7 米,前期中×公司将此区域水深疏浚至 -8 米左右,以免弃泥对周边港池造成回淤,同时中×公司泥驳船进入此区域卸泥。

11 月 27 日,被告与梁铨明("粤东江船 077"船的经营管理人)签订合同,约定由梁铨明负责被告承接的二次转吹工程。

12月6日,原告致函被告称,因"粤东江船077"船达不到海事部门施工申报签证和安检,造成延误工程进度,要求被告在12月10日前更换合格的船舶进场施工。

2009年12月7日和2010年1月17日,原告分别向被告支付了二次转吹工程款20 000元和70 000元。

2009年12月8日,鉴于交底书第3条第3.1.2.2项对二次转吹基坑的要求,中×公司作为甲方与辉业公司作为乙方签订关于港池二次转吹基坑开挖工程协议书,由辉业公司负责此次港池二次转吹基坑开挖和卸泥。协议约定:"基坑开挖工程量计算以实测为准,单价为7元/m^3。港池进口处需挖深淤泥工程量,总量确认为4000m^3。拿到第一期工程进度款后,由我司直接支付给乙方。"甲方中×公司加盖了公章并签名,原告法定代表人方鸿缤、被告法定代表人梁自胜在甲方处签名。12月12日,中×公司和辉业公司确认,辉业公司于12月12日完成二次转吹基坑开挖工程,共完成的工程量为31 000m^3,其中港池进口挖泥4 000m^3,港池转吹坑挖泥27 000m^3。方鸿缤和梁自胜在中×公司盖章处签字。2010年6月17日,原告向辉业公司支付了工程款217 000元。

2009年12月9日,被告作为甲方、夏阳作为乙方、原告作为丙方签订南沙中粮码头挖泥工程船舶运泥分包协议。该协议约定:鉴于工程需要,被告要求夏阳的船舶协助施工,夏阳需提供"圃机189"船、"粤珠海浚1863"船负责从基槽开挖处装卸疏浚物,按被告指定地点进行运输,运泥单价为3.35元/m^3(不含税金、税金由原告支付),实际结算工程量以总承包方审批的工程量为准。每月根据工程总承包方审批方量乘以3.35元/m^3办理中期计量支付结算。被告每月15日支付上月工程款的80%,余留20%作为保留金,待夏阳分包完工时支付到工程款90%,剩余10%在夏阳分包完工后1个月内付清。当被告不能按本协议规定向夏阳支付工程款时,原告同意并负责从被告在原告处应得的工程款中直接支付给夏阳。原告负责对外(包括海事、海洋、渔政、边防等)关系处理及费用,负责办理施工许可证、船舶签证报关及安检,负责支付船舶的港务费及各种违章罚款。自签约之日起,夏阳负责的前述两艘船按被告指示进行运泥卸泥。因被告未向夏阳付款,2010年2月26日和6月29日,原告依据中×公司审核的已完成工程量69 718.58m^3,分别向夏阳支付了运泥款54 000元和182 830元。庭审中,原告和被告确认,因被告无法完成用绞吸船将泥土转吹至业主指定的吹填区域的工作,由夏阳的船舶按被告的要求直接将基槽开挖出的弃泥运至被告指定的区域抛卸,仅有部分弃泥被卸至卸泥坑转吹。夏阳出庭作证称,其已经从原告处收到69 718.58m^3工程量的运费。庭审中,被告对夏阳应取得该工程量的运费没有异议。

2009年12月25日,原告以×建公司的名义就涉案二次转吹工程购买了建筑工程施工人员团体人身意外伤害保险,保险费为3 358元。

因被告所雇请的"粤珠海浚1863"船于2010年1月17日违反《中华人民共和国海上交通安全法》及《中华人民共和国船舶最低安全配员规则》及在锚地倾倒淤泥,2010年4月12日,广州海事局作出穗海事罚字[2010]120068号海事行政处罚决定书,对当事人和船舶经营人进行行政处罚,罚款金额为18 000元,原告代为支付了该款项。夏阳出庭作证时还称,自从船舶1月17日被查后,两艘船舶均没有再施工,直至原告与夏阳于2010年2月20日签订合同后才继续施工。

2010年1月22日,广州海事局收取"圃机189"船的船舶港务费19 899.6元。

2010年3月3日,广州海事局收取"圃机189"船的船舶港务费18 890.2元。

以上两笔费用原告已经支付。原告称其是按照此次二次转吹工程总量分两次缴纳的船舶港务费。

2010年1月25日、30日,中×公司分别出具编号为YWFB-012、YWFB-014的业务联系单给×建公司,指出×建公司负责二次转吹的绞吸船开工效率严重不足,导致二次转吹区泥面过高,泥驳船无法驶进卸泥,要求×建公司按合同转吹。1月30日,被告向原告提交退场申请。原告于次日回复,不予准许,要求被告不可离场,并加快工程进度,否则要承担相应的违约责任。

2月1日,被告离开二次转吹施工现场。中×公司出具工程业务联系单,称"粤东江船077"船擅自离场,要求×建公司立即组织绞吸船进场施工。

中×公司出具证明称,离开现场时,二次转吹区泥面平均标高约为-3.4米,相比于辉业公司未进行基坑开挖前的约-4.7米泥面高度,土方多出19 500m³。

2010年2月4日,经中×公司审核,确认×建公司完成二次转吹工程量为69 718.58m³,计算方式是基槽开挖泥量89 478m³减去转吹区高于原基底泥面高度-4.7米而未转吹的19 759.42m³。工程价款按单价8元/m³计算,为557 748.64元。

2月8日,原告以×建公司的名义向××市台城税务分局缴纳企业所得税6 400元,印花税96元,向××市财政局缴纳地方教育附加费640元。

2月9日,原告以×建公司的名义向广州南沙开发区地方税务局第二税务分局就涉案的工程金额557 748.64元缴纳了各类税款22 369.26元,其中营业税16 732.46元,建筑安装工程承包合同印花税1 007.50元,城建税1 171.27元,教育费附加501.97元,堤围费725.07元,个人所得税2 230.99元。

庭审中,原告确认不具备承包涉案工程的相应资质。

三、法院裁判

广州海事法院认为,原告不具备承包涉案工程的相应资质,挂靠×建公司获得工程又转包给被告施工,根据最高人民法院《关于审理建设工程施工合同纠纷案件适用法律问题的解释》第1条和《中华人民共和国合同法》第52条的规定,原告与被告签订的合同属无效合同。在合同的履行过程中,被告离场,明确表明了不再履行合同的主要义务,原告也已经另请他人施工,原、被告之间的合同业已终止履行。虽然合同被认定为无效,但原告和被告已实际履行,被告已经做了部分工程,故原告还是应该按照合同及其附件的约定给付被告相应的工程款。从合同及附件交底书来看,被告应按月取得进度款,且二次转吹工程无须以验收合格为条件,因此合同终止履行后,原告应按照合同约定向被告支付被告实际完成工程量的工程款。

（一）被告的实际施工量及工程款

在被告离场时，原告和被告未能共同确认被告所完成的二次转吹工程量。原告主张本次被告施工实际工程量为2010年2月4日中×公司核准的69 718.58m³再扣减辉业公司代其施工的基坑开挖工程量31 000m³。

被告在第一次开庭时辩称，其实际施工量138 000m³。之后又称，即便被告在2010年1月17日至1月30日没有实际施工，经中×公司明确确认的工程量：一是×建公司完成的二次转吹工程量69 718.58m³；二是辉业公司基坑开挖的31 000m³，被告完成的工程量就是中×公司核准的69 718.58m³。被告多次声称其持有关于工程量的其他证据，本院书面通知限其在2012年1月4日之前提交相关证据，但其并未提交。

广州海事法院认为，根据中×公司关于粮食码头A段二次转吹工程量的确认和关于粮食码头A段二次转吹区转吹前后高差的说明，结合原告和被告签订的合同第5条第6项关于按经原告审核确认的水上开挖物料数量按m³计算工程量的约定，二次转吹工程量是以基槽开挖量减去在二次转吹区尚未转吹出去的弃泥量计算的。在被告施工期间，基槽开挖工程量经中×公司核准为89 478m³。至于二次转吹区中尚未转吹的工程量，辉业公司通过基坑开挖将二次转吹区泥面高度深挖至-8米左右后，被告开始在此基坑进行二次转吹，至2010年2月4日，二次转吹区泥面高度为-3.4米，虽然被告是2010年2月1日离开施工现场，但至2010年2月4日期间并无其他人在二次转吹区施工，因此可以合理推定，在此3日内并没有其他施工船舶在二次转吹区就地卸泥或其他疏浚物，故2010年2月1日被告离开施工现场时，二次转吹区泥面高度为-3.4米左右。被告将二次转吹区泥面高度从约-8米升为约-3.4米的部分就是被告未转吹的部分。从约-8米至约-4.7米的工程量应为辉业公司基坑开挖的31 000m³（含港池进口部分4 000m³），从约-4.7米至约-3.4米的工程量为19 500m³。由此可认定二次转吹区泥面高度从约-8米上升至约-3.4米剩余未转吹的工程量为50 500m³。因此被告实际完成的二次转吹工程量应为基槽开挖的89 478m³减去二次转吹区剩余未转吹的50 500m³，即38 978m³，按原、被告约定的综合单价7元/m³计算，工程款为272 846元。以前述方式计算了被告的工程量后，不应再扣减原告主张的外派工程款217 000元。

（二）原告主张的保险费等费用如何抵扣

1. 保险费和税费

合同第5条约定二次转吹综合单价为7元/m³（含8元税与2%管理费），具体为被告根据施工现场条件按照合同规定的工期和技术质量、安全、环保等要求实施并完成本工程所需的所有费用，包括但不限于调遣费、人工费、船机使用费、港务航道费、卸泥费、临设费用、检测费、税费、利润、管理费以及海洋、环保、港监等有关部门收取的费用、办理各种施工许可证的费用、保险费、政府部门收取的其他规费等。因此，在原告与被告结算的款项中，已经包含了工程所涉的各种税费和保险费，在原告代垫了相关的费用后,被告应依约支付给原告。

原告为涉案工程购买保险产生的保险费 3 358 元。原告为涉案 69 718.58m³ 工程量 557 748.64 元的工程款缴纳的税款合计为 29 505.26 元。因原告应按照 38 978m³ 的工程量结算工程款给被告,被告应对 38 978m³ 的工程量所占 69 718.58m³ 工程量的比例承担保险费和税费。因此,被告应向原告支付原告已经代垫的保险费和税费为 18 373 元。原告要求被告支付 557 748.64 元工程款项下的保险费和税费,不符合合同约定,不予支持。被告辩称前述保险费和税费与其无关,并无提交相反证据,没有事实依据,予以驳回。

2. 港务费

原告称其是按照此次二次转吹工程总量分两次缴纳船舶港务费的,但未提供其向海事局申请缴纳费用时的工程总量。因此,应合理推定原告向海事局申请的工程量为本次二次转吹工程暂定施工量 419 780m³。原告共缴纳船舶港务费 38 789.8 元,计得每立方米工程量缴纳的港务费为 0.0924 元。而被告实际的工程量为 38 978m³,因此,被告应负担的船舶港务费应为 3 602 元,对原告超过该部分的主张,不予支持。被告辩称港务费与其无关,因没有事实依据,予以驳回。

(三)夏阳的运费和罚款如何抵扣

按照合同的组成部分交底书的要求,正常的二次转吹施工流程是,先由中×公司的泥驳船将基槽开挖的弃泥运至二次转吹基坑,再由被告从基坑中将弃泥转吹至指定吹填区域。但本案被告并未如此操作,而是雇请夏阳直接从基槽开挖处运弃泥,部分运至二次转吹区的基坑内转吹,另一部分违规抛卸。为此,被告、原告与夏阳签订了南沙中粮码头挖泥工程船舶运泥分包协议。根据该协议的约定,运费每月根据工程总承包方审批方量乘以 3.35 元/m³ 由被告支付给夏阳。同时约定被告不能向夏阳支付工程款时,原告负责从被告在原告处应得的工程款中直接支付给夏阳。自签约之日起,夏阳的两艘船按被告指示运泥卸泥。因被告未向夏阳付款,原告依据中×公司审核的被告离开时的工程量 69 718.58m³,向夏阳支付了运泥款。原告主张其代被告向夏阳支付的 233 557.24 元运费应从被告应得工程款中扣减,被告无异议,对原告该主张予以支持。

被告雇请的"粤珠海浚 1863"船在 2010 年 1 月 17 日因违规被处以罚款 18 000 元,原告代为支出了该罚款。根据南沙中粮码头挖泥工程船舶运泥分包协议的约定,此笔费用应由被告负责,原告代垫后主张扣减该费用,应予支持。被告辩称罚款与其无关,因没有事实依据,予以驳回。

(四)挂靠管理费和违约金

原告主张其挂靠×建公司的管理费,没有证据支持其已支付给×建公司,且×建公司收取该费用也违反法律规定,原告的该主张缺乏事实和法律依据,不予支持。

关于违约金。原告和被告的合同被认定为无效,且已终止履行,依照《中华人民共和国合同法》第 58 条的规定,有过错的一方应赔偿对方损失,原告请求被告依据合同承担违约责任,没有法律依据,对原告主张被告应支付违约金 146 923 元的请求不予支持。

依照最高人民法院《关于审理建设工程施工合同纠纷案件适用法律问题的解释》第 1 条,《中华人民共和国合同法》第 52 条第(五)项、第 58 条的规定,判决如下:

(1) 被告某某市某航道疏浚服务有限公司向原告某某市迅通疏浚工程有限公司支付 90 686.24 元。

(2) 驳回原告某某市迅通疏浚工程有限公司其他诉讼请求。

7.3 无施工资质进行海洋工程施工后请求工程款的权利

3 上诉人中港第一航务工程局第二工程公司与被上诉人临沂华光建设机械施工有限责任公司海洋开发利用纠纷案

案例来源:山东省高级人民法院(2006)鲁民四终字第 77 号
主题词:防潮坝施工合同　后补建筑业企业资质证书　无效

裁判要旨

No. ZH-7.3-1　未取得土石方施工资质签订的施工合同无效,但建设工程经竣工验收合格的,承包人可请求参照合同约定支付工程价款。承包人施工完毕后,发包人制作工程量清单的行为可以认定其认可了承包人的施工质量,发包人应向承包人支付工程款。

No. ZH-7.3-2　因一审法院以承包人未交纳违约金请求的诉讼费为由未对该部分进行审理,也没有判决发包人承担违约责任,二审法院对该上诉请求不予审理。

一、基本案情

上诉人(原审被告):中港第一航务工程局第二工程公司(以下简称中港航务公司)

被上诉人(原审原告):临沂华光建设机械施工有限责任公司(以下简称华光施工公司)

青岛海事法院查明:2002 年 8 月 22 日,中港航务公司(项目经理部)与华光施工公司签订两河口防潮坝施工合同,合同约定:工程外围堰每立方米 2.8 元,内堤每立方米 5 元;工程自 2002 年 8 月 25 日至 2002 年 9 月 3 日止;工程结束,中港航务公司验收合格后,15 天内中港航务公司将工程款一次结清,如中港航务公司工程款不能按时结清,中港航务公司按每天 2‰付给华光施工公司违约金。合同项下的防潮坝工程是中港航务公司从潍坊新永安实业有限公司承包,该工程中途由监理单位寿光中渔养殖有限公司作为建设单位接管。

合同签订后,华光施工公司进场施工,因中港航务公司不能按时支付工程款而停工。2002 年 11 月底,华光施工公司施工完毕,中港航务公司拒绝与华光施工公司进行割算。其中,华光施工公司完成围堰及墙后筑土价值 952 858.10 元,已经由中港航务公司(项目经理部)盖章确认。反铲零工总计 1 501 小时 20 分钟,价值 420 373.3 元(按照中港航务公司在工程量清单中确认的反铲零工 280 元/小时计算)。土方填筑工程量由华光施工公司与商保忠(商保科)兄弟共同施工,华光施工公司完成 405 853 立方米(498 000 立方扣除 12 147 立方米),价值 2 029 265.40 元。华光施工公司承认中港航务公司已支付 148 万元工程款,实际尚欠 1 922 496.40 元工程款未付。

华光施工公司与中港航务公司施工合同项下的防潮坝工程,系中港航务公司向潍坊新永安实业有限公司承包,寿光中渔养殖有限公司起初作为监理单位参与工程,后以建设单位身份代表潍坊新永安实业有限公司接管该工程,负责防潮坝工程设计变更、工程量变更和工程业务联系签字确认,并已与中港航务公司进行了工程割算。中港航务公司持有割算书,但无正当理由未在举证期限内向法院提交。

另查明,丁伟系寿光中渔养殖有限公司代表,卜庆俊、吴晓明系中港航务公司项目部工作人员,张胜军为中港航务公司项目部业务人员,现已辞职,张胜军对工程情况较为了解,其证言具有可信性。

又查明,2002 年 11 月底,华光施工公司于工程结束后,不间断地向中港航务公司交涉工程割算和工程款,最终于 2004 年 11 月 24 日向青岛市中级人民法院起诉中港航务公司。

二、一审裁判

青岛海事法院认为:华光施工公司与中港航务公司签订的防潮坝施工合同,系双方在平等、自愿基础上的真实意思表示,内容不违反法律规定,具有法律效力。该合同对双方均具有法律约束力,双方应依照合同约定行使权利,履行合同义务,华光施工公司按照合同约定,工程施工完毕,已全面履行了合同义务。中港航务公司违反合同不按照合同约定支付工程款,甚至不与华光施工公司进行工程割算,依法应承担相应的违约责任。

本案中,华光施工公司完成的围堰和墙后筑土等工程量价值 9 552 858.10 元,中港航务公司项目部盖章确认,证据充分,事实清楚,反铲零工计 1 501 小时 20 分钟,已由中港航务公司项目部技术业务人张胜军于工程结束时签字确认,事实也是清楚的。中港航务公司关于张胜军无权确认工程量的抗辩,未提供相应证据,其抗辩不能成立。华光施工公司主张建设单位与中港航务公司的工程割算书中的数据扣除商保科与中港航务公司结算协议中的数据,即为华光施工公司完成堤坝土方量 405 853 立方米。中港航务公司在未能证明有其他施工方参与工程,也未提供割算书原件的情况下,中港航务公司的举证是不合理充分的。华光施工公司有证据证明中港航务公司持有工程割算书,而拒不提供,也可以推定华光施工公司主张的事实成立。华光施工公司完成总的工程量价值,扣除中港航务公司已支付的 148 万元,中港航务公司尚欠 1 922 496.40 元工程款未付,事实清楚,华光施工公司的主张应予支持。华光施工公司主张违约金 4 621 793 元,但华光施工公司未就该部分请求向法院交纳诉讼费,也无减免理由,法院对此不予审理。2002 年 11 月底工程结束后,华光施工公司不间断地向中港航务公司主张工程割算和工程款,张胜军也于 2002 年 12 月 18 日对华光施工公司的反铲零工进行确认,华光施工公司于 2004 年 11 月 24 日向青岛市中级人民法院起诉,均构成诉讼时效中断。中港航务公司关于华光施工公司起诉超过诉讼时效的抗辩不能成立。

综上,青岛海事法院认为,华光施工公司的诉讼请求,事实清楚,证据充分,中港航务公司依法应承担违约责任。根据《中华人民共和国合同法》第 107 条、第 269 条和第 279 条之规定,判决:中港航务公司偿付华光施工公司工程款 1 922 469.40 元,限判决生效后 10 日内支付。逾期,须按中国人民银行同期贷款利率加倍支付迟延履行期间的债务利息。案件受理费 19 623 元,由中港航务公司负担。

三、上诉与答辩

中港航务公司不服上述判决,上诉称:

(1) 华光施工公司未提交施工资质证明,其与中港航务公司签订的施工合同无效,该工程未经验收,根据有关规定华光施工公司无权主张工程款。

(2) 一审判决对反铲零工工时和填土方量的认定不当。虽然华光施工公司在一审期间提交了多达 20 份证据,但一审判决据以认定事实的关键证据只有判决书中所称的证据 3(证人张胜军 2002 年 12 月 12 日对反铲零工工时的证言)、证据 4(证人张胜军 2002 年 12 月 12 日对反铲零工工时的证言)、证据 20(证人张胜军出庭作证的证言),上述 3 份证据事实上只构成一份证人证言,没有其他证据佐证,一审判决对上述证据效力的确认,错误地认定了双方有争议的反铲零工工时和填土方量的计算数额。反铲零工属施工合同约定以外的零星项目,华光施工公司既不能证明中港航务公司同意其施工,也没有有效证据证明其工程量。除了张胜军的证言,华光施工公司没有其他有效证据证明土方填筑工程量全部由华光施工公司和商保忠兄弟共同施工。

(3) 华光施工公司违约在先,中港航务公司不应承担违约责任。

综上,请求二审法院撤销一审判决,依法改判或发回重审。

华光施工公司辩称:青岛海事法院认定事实清楚,适用法律正确,请求二审法院驳回中港航务公司上诉,维持原判。

四、二审裁判

二审中,中港航务公司除对青岛海事法院认定的反铲零工和填土方量的计算有争议外,对青岛海事法院认定的其他事实没有争议,山东省高级人民法院对当事人没有争议的事实予以确认。

另查明,华光施工公司提交了山东省建筑工程管理局于 2002 年 12 月向其核发的建筑业企业资质证书,记载资质等级为土石方工程三级。中港航务公司认为,双方于

2002年8月签订合同时华光施工公司没有取得施工资质,根据最高人民法院《关于审理建设工程施工合同纠纷案件适用法律问题的解释》的规定,施工合同是无效的。华光施工公司认为,华光施工公司的营业执照是1999年10月办理的,从营业执照领取之日华光施工公司就具有土石方的施工资质。华光施工公司企业法人营业执照记载的经营范围为:土石方工程施工等(需凭资质或许可证经营的,凭资质或许可证经营)。

华光施工公司又提交一份"寿光工程资料清单":时间2004年11月4日,交接人张胜军,接受人王空育,内容为收到过9份清单材料,其中第1份材料是宋佑举反铲台班小票(1 502小时)。中港航务公司对该份证据的真实性没有异议,但对内容有异议。华光施工公司和中港航务公司均认可,中港航务公司委托青岛经济技术开发区港湾工程总公司(以下简称港湾公司)操作防潮坝工程,港湾公司成立了中港一航局二公司潍坊新永安防潮坝工程项目经理部具体经营,张胜军是港湾公司委派到项目经理部的工作人员,王空育是港湾公司的书记。

在华光施工公司提交的"寿光工程资料清单"中,第5份材料是宋佑举工程量清单(两份),其中952 858.10元工程量清单双方没有争议;关于2 952 320.20元工程量清单,中港航务公司陈述该清单是中港航务公司计算的宋佑举全部工程量清单,并且已交付华光施工公司,华光施工公司认为没有收到。该份工程量清单中记载了反铲零工工程,双方对清单有争议的部分是反铲零工和墙后筑土的数量。中港航务公司认为堤坝填土除了华光施工公司和商保忠兄弟施工外,还有一部分是港湾公司自供量,但没有向法庭提交证据。

山东省高级人民法院认为,根据中港航务公司的上诉请求和华光施工公司答辩理由,本案的争议焦点问题:一是双方签订的防潮坝施工合同的效力认定问题;二是反铲零工工时和填土方量的认定问题;三是华光施工公司的违约责任承担问题。

关于双方签订的防潮坝施工合同的效力认定问题。根据最高人民法院《关于审理建设工程施工合同纠纷案件适用法律问题的解释》第1条的规定,华光施工公司与中港航务公司签订防潮坝施工合同时,华光施工公司没有取得土石方施工资质,涉案施工合同应认定为无效。华光施工公司关于其自1999年取得企业法人营业执照之日起即具有土石方施工资格的主张不成立,山东省高级人民法院不予支持。华光施工公司于2002年11月底施工完毕,中港航务公司制作了宋佑举全部工程量清单,华光施工公司对部分工程量计算有异议,中港航务公司制作工程量清单的行为可以判定其认可了华光施工公司的施工质量,根据上述司法解释第2条的规定,工程施工合同无效,但建设工程经竣工验收合格的,承包人请求参照合同约定支付工程价款的,应予支持。因此,华光施工公司请求中港航务公司支付尚欠工程款的诉讼请求,山东省高级人民法院予以支持。中港航务公司关于华光施工公司不具备施工资质,双方所签订合同无效,工程未经验收,华光施工公司无权主张工程款的上诉请求不成立,山东省高级人民法院不予支持。

关于反铲零工工时和填土方量的认定问题。为了证明反铲零工工时数额,华光施工公司除了一审中提供的项目部业务人员张胜军的两份证明和张胜军的出庭证言外,二审中又提交了港湾公司王空育从张胜军处接受宋佑举反铲台班小票的清单,清单上清楚记载了反铲零工工时1 502小时,与张胜军出具两张反铲零工工时证明的总和相吻合,中港航务公司对该清单的真实性没有异议,因此,山东省高级人民法院对反铲零工工时计1 501小时20分钟予以确认。关于填土方量的计算,中港航务公司上诉认为,对该项工程进行施工的不仅仅是两家,还有港湾公司的自供量,自供量是75 000立方米。但中港航务公司没有提交自供量的证据。故一审法院认定华光施工公司的土方填筑工程量为405 853立方米正确。

关于中港航务公司的违约责任承担问题。因一审法院以华光施工公司未交纳违约金请求诉讼费为由,并没有对该部分进行审理,也没有判决中港航务公司承担违约责任,因此,山东省高级人民法院对中港航务公司的该上诉请求也不作审理。

综上,中港航务公司的上诉请求不成立,山东省高级人民法院不予支持;青岛海事法院认定事实清楚,适用法律部分不当,山东省高级人民法院予以纠正,但判决结果正确,根据《中华人民共和国民事诉讼法》第153条第1款第(一)项的规定,判决如下:

驳回上诉,维持原判。

二审案件受理费19 623元,由上诉人中港航务公司负担。

本判决为终审判决。

7.4 港口工程合同项下拖欠工程款的违约责任

4 原告中港四航局第四工程公司与被告汕尾红海湾东洲港天源投资有限公司港口工程合同工程款纠纷案

案例来源:广州海事法院(2001)广海法商字第10号

主题词:港口工程合同　工程款支付　违约金

裁判要旨

No. ZH-7.4-1 港口工程合同工程完工后,双方进行了结算,发包方确认拖欠施工方工程款,承诺了支付期限,并确认了不能按时履行付款义务的违约责任,其没有如期履行,已构成违约,应依约承担违约责任。但根据最高人民法院《关于在审理经济合同纠纷案件中具体适用〈经济合同法〉的若干问题的解答》第9条的规定,违约金的数额一般以不超过合同未履行部分的价款总额为限,法院对超出未履行部分的价款总额的违约金不予支持。

一、基本案情

原告:中港四航局第四工程公司

被告:汕尾红海湾东洲港天源投资有限公司

原告诉称:1998年9月28日,原、被告双方签订方块安装工程施工承包合同,约定由原告为被告吊装9件方块,工程安装造价为510 000元。经双方结算,工程实际造价为710 000元,至工程完工结算时,被告支付原告工程款503 158元,尚欠原告工程款206 842元。1999年1月7日,被告出具了工程余款欠单给原告,确认欠原告218 842元,其中包括人工费12 000元,承诺在1999年1月25日前一次性付清欠款。如不付清,被告赔偿原告每日千分之五的违约金,但被告至今没有支付。请求判令被告偿还原告工程款218 842元,赔偿原告从1999年1月26日起至起诉之日止(即2001年1月5日),按每日千分之五计算的违约金776 889.10元,并承担本案的诉讼费用。

被告未作答辩也没有在举证期限内提交证据。

二、法院查明事实

广州海事法院认为,被告在举证期间内对原告提交的上述证据没有提出相反证据,也没有到庭对证据质证,原告提交的证据能够相互印证,应作为认定本案事实的根据。根据上述证据可以认定以下事实:

原告原名为交通部第四航务工程局船舶工程公司,于1999年2月变更为现名。

1998年9月28日,原、被告双方签订方块安装工程施工承包合同。合同约定工程造价为510 000元,如果工程数量变更,结算时按实际工程量调整费用。1999年1月2日,双方对工程进行结算,签署了结算书。该结算书记载:原告承接被告在汕尾红海湾经济开发试验区码头方块安装工程,现已完工。该工程原合同造价510 000元,施工过程中因船机故障、基槽整平延误和天气影响等原因,增加了施工难度,被告考虑原告的实际困难,同意追加工程费用200 000元,双方同意该工程按710 000元结算。现被告已支付工程款503 158元,余款206 842元由被告另签欠单,按欠单条款执行。1月7日,被告给原告出具一份欠单,该欠单记载:被告欠原告218 842元,其中包括人工费12 000元。被告保证在1999年1月25日之前以现金形式一次性付清,原告补足工程发票。如不能及时付清,被告补给原告每日千分之五的违约金。被告没有履行该欠单确认的给付义务。

三、法院裁判

广州海事法院认为,本案是一宗港口工程合同工程款纠纷案件。原、被告之间签订的方块安装工程施工承包合同没有违反法律的有关规定,合法有效,双方均应履行。工程完工后,双方进行了结算,被告确认拖欠原告工程款218 842元,保证在1999年1月25日之前付清,并确认了不能按时履行付款义务的违约责任。该欠单是合同的组成部分。被告没有如期履行,已构成违约,应承担违约责任,偿还所欠工程款,并按照合同约定的每日千分之五的费率支付违约金。但根据最高人民法院《关于在审理经济合同纠纷案件中具体适用〈经济合同法〉的若干问题的解答》第9条的规定,违约金的数额一般以不超过合同未履行部分的价金总额为限。故原告请求被告支付逾期付款违约金776 889.10元,应以被告未付的工程款余额218 842元为限,超出部分不予支持。依照《中华人民共和国民法通则》第111条的规定,判决如下:

被告汕尾红海湾东洲港天源投资有限公司向原告中港四航局第四工程公司支付拖欠的工程款218 842元及逾期付款违约金218 842元。

本案受理费18 572元,由原告负担10 400元,被告负担8 172元。

7.5 供应、安装深水网箱发生漂移致损的责任

5 上诉人青岛胜邦海水网箱工程技术有限公司与被上诉人山东兴华建设集团有限公司海洋开发利用合同纠纷案
案例来源:山东省高级人民法院(2008)鲁民四终字第74号
主题词:浮式深水网箱供需合同　质量保证期　缺陷　责任

裁判要旨

No. ZH-7.5-1　当事人签订的《浮式深水网箱供需合同书》是双方自愿签订,系双方真实意思表示,合法有效,当事人应当按照合同约定履行各自的权利义务。供应者向购买者发出涉案网箱验收函,确认网箱已安装完毕,购买者未在合同约定的安装完毕后3日内对网箱质量问题提出异议,应视为验收合格。网箱漂移损坏事故发生在网箱系统质量保证期内,且供应者设计施工的深水网箱的锚泊缓冲系统存在缺陷是致使深水网箱发生飘移的主要原因,故供应者应对事故承担主要赔偿责任。

一、基本案情

上诉人(原审被告):青岛胜邦海水网箱工程技术有限公司(以下简称胜邦公司)
被上诉人(原审原告):山东兴华建设集团有限公司(以下简称兴华公司)
青岛海事法院认定,2005年4月22日,胜邦公司与兴华公司签订《浮式深水网箱供需合同书》,约定兴华公司向胜邦公司购买周长40米、网深1+8米浮式深水网箱6只(配置网衣6套),合同总额46.5万元。整体网箱性能指标为:"抗风能力最大风力10级,抗浪能力最大浪高5米,抗流能力流速<1.0米/秒。"胜邦公司对质量负责的条件和期限为:"深水网箱框架使用期10年,网衣系统使用期3年,网箱系统质量保证期为验收后12个月内。"海上安装作业及验收约定为:"海上作业(打桩、拖运框架、拖运

浮绳索等)由兴华公司负责,胜邦公司委派项目经理进行技术指导;验收期限应在安装完毕后三天内,双方共同签署验收单;若三天内不履行验收,即视为验收合格。"合同对违约责任约定为:"在质保期内深水网箱发生的质量问题由乙方负责,管理问题(如偷盗、破坏、损害事故及养殖方面的问题)由兴华公司负责;甲、乙方的任何一方未按合同约定履行其义务,并给另一方造成经济损失的,按《中华人民共和国合同法》的有关规定给予对方赔偿。"

2005年8月19日,胜邦公司向兴华公司发出《关于深水网箱项目验收的函》,其中确认:合同标的6只深水网箱已于8月15日全部安装完毕。根据合同约定,兴华公司在约定的验收时间内未提出异议,已视为验收合格。

2006年8月12日凌晨,兴华公司养殖人员发现6个网箱发生漂移,其中养殖的鲈鱼发生逃逸。次日上午胜邦公司总经理助理徐斌、崔宾两人,黄岛区海洋与渔业局副局长汪啸,区水产技术推广站刘元刚等到现场进行了察看。

2006年8月22日,黄岛区海洋与渔业局召集兴华公司、胜邦公司及薛举庆等在黄岛区水产技术推广站召开深水网箱事故处理协调会议,并形成会议纪要。会议纪要内容为:"会议一致认为:一、深水网箱养殖区从水深、水流等自然条件方面,适合发展深水网箱养殖,养殖鱼成长情况也证明适合发展深水网箱养殖;二、本次深水网箱飘移,造成网箱损坏,养殖鱼大量逃逸和损伤,经济损失巨大;三、造成该次事故的主要原因是胜邦公司设计施工的深水网箱的锚泊缓冲系统存在缺陷,连接网箱和木桩的缆绳过短,不能对高潮位和涌浪进行有效的缓冲,致使深水网箱发生飘移,故胜邦公司应对事故承担责任;四、会议经过与双方协商同意决定:一是由胜邦公司全面负责于本周内尽快开始对事故损坏网箱进行全面修理,早日恢复养殖生产;二是经济损失赔偿问题,由双方本着尊重事实,相互体谅的原则,进行磋商后决定。"兴华公司李士贵、胜邦公司方人员徐斌等在会议纪要上签字。

2006年12月28日,黄岛区水产技术推广站出具证明一份,内容为:"兴华公司海上深水网箱养殖于2005年6月开始进苗,其中六七月份从莱州购进体长6—7厘米的鲈鱼苗约5万尾,在唐岛湾小网箱内暂时养殖后,运至深水网箱内养殖;2005年10月下旬至11月间在薛家岛山里养殖区拆迁时收购250克左右的鲈鱼苗约6万尾,运至深水网箱中养殖。"

根据天气和海况预报,8月11日天气为晴间多云,南到东南风3—4级;海况为滨海浪高1.2米,波向南;潮汐第一次浪高出现在5时46分,潮高4.77米;潮汐第二次高潮出现在17时41分,潮高为4.76米;8月12日天气晴间多云,南风3—4级;海况为滨海浪高0.7米,波向南;潮汐第一次浪高出现在6时22分,潮高4.77米;潮汐第二次高潮出现在18时24分,潮高为4.77米。

山东大洋海事司法鉴定所受青岛海事法院委托,对兴华公司2006年8月网箱养殖鲈鱼流失重量进行技术鉴定。技术鉴定结果认为,兴华公司2005年8月12日发生事故当时网箱养殖鲈鱼流失重量在21 448公斤至25 734公斤之间。

2006年8月11日,青岛市城阳蔬菜水产品批发市场鲈鱼批发行情价格为60元/公斤。兴华公司在诉讼中按32元/公斤的价格主张损失。

二、一审裁判

青岛海事法院认为,兴华公司与胜邦公司签订的《浮式深水网箱供需合同书》,是双方真实意思表示,合同依法成立并有效,对双方当事人均有约束力。双方签订合同时,对网箱的抗风、抗浪等指标以及使用年限进行了约定,本案中的事故是发生在验收后12个月的质量保证期内,当时的天气、海洋情况也未发生超出合同约定的"抗风能力最大风力10级,抗浪能力最大浪高5米,抗流能力流速<1.0米/秒"的自然状况;胜邦公司代表徐斌不仅参加了事故后的查勘现场活动,也参加了事故的协调会,在协调会的会议纪要中已确认由于胜邦公司产品的质量问题引发事故的事实,徐斌也在会议纪要上签字确认。因此,综合上述事实,可以确认网箱存在质量问题,质量问题与事故的发生存在因果关系。胜邦公司提供的网箱未达到合同约定的标准,并造成兴华公司损失,因此胜邦公司应承担违约责任。

根据《中华人民共和国合同法》第113条第1款的规定:"当事人一方不履行合同义务或者履行合同义务不符合约定,给对方造成损失的,损失赔偿额应当相当于因违约所造成的损失,包括合同履行后可以获得的利益,但不得超过违反合同一方订立合同时预见到或者应当预见到的因违反合同可能造成的损失。"胜邦公司提供深水网箱,应当明知网箱的用途是用于养殖海洋鱼类,因此在订立合同时应当预见到因网箱不符合合同要求可能会造成兴华公司养殖鱼类损失。兴华公司作为受损方,该项直接损失的范围应该限于发生事故当时网箱所养鱼的实际价值。

胜邦公司在网箱安装完毕后,兴华公司已向网箱内投放鱼苗并投饵养殖,这一事实有黄岛区水产技术推广站证明及各类单据等证据证明。对损失时鱼的重量,已经青岛海事法院委托的鉴定机构进行鉴定,经审查该鉴定报告有鉴定的依据及使用的科学技术手段、有对鉴定过程的说明、有明确的鉴定结论;鉴定人具有鉴定资格;报告已经鉴定人员及鉴定机构签名盖章确认。该鉴定报告鉴定人已经出庭接受了当事人当庭质证,兴华公司及胜邦公司均未提出可以推翻该报告的鉴定方法及鉴定依据,且双方未提出重新鉴定、补充鉴定的申请,因此该报告关于流失鱼的重量在21 448公斤至25 734公斤之间的结论可作为定案参考,关于鱼的重量可取中间值23 591公斤为依据。

事故发生时,鲈鱼在青岛市的市场价格是60元/公斤,兴华公司主张鲈鱼32元/公斤未超出当时市场价格范围,胜邦公司既未提出相反证据也未提出价格鉴定申请,因此兴华公司主张的32元/公斤的单价可以作为参照价格。

综上,兴华公司在该次事故中养殖鱼直接损失为23 591公斤×32元/公斤=754 912元。

胜邦公司主张兴华公司没有充分确凿证据证明损害是由其提供的网箱质量不合

格造成的,兴华公司没有确凿证据证明损失数;会议纪要也不能代表胜邦公司;会议纪要不是专家出具的,只是与会人员的主观意见;鉴定报告不能作为定案依据;兴华公司的损失额计算和提交的证据相互矛盾,不应采纳。但是胜邦公司只是对兴华公司的证据以及鉴定报告提出异议,没有提供相应的证据证明其主张。根据最高人民法院《关于民事诉讼证据的若干规定》第 76 条的规定:"当事人对自己的主张,只有本人陈述而不能提出其他相关证据的,其主张不予支持。但对方当事人认可的除外。"胜邦公司的上述主张均没有证据支持,因此法院不予支持。

依照《中华人民共和国合同法》第 107 条、第 113 条的规定,并经审判委员会讨论决定,判决:

(1) 胜邦公司赔付兴华公司直接损失 754 912 元。

(2) 驳回兴华公司的其他诉讼请求。

上述款项,胜邦公司应在判决生效之日起 10 日内付清,逾期则加倍支付迟延履行期间的债务利息。案件受理费 19 910 元、财产保全费 10 420 元,由兴华公司负担 18 766.12 元,胜邦公司负担 11 563.88 元。

三、上诉与答辩

上诉人胜邦公司不服一审判决,上诉称:

(1) 原审判决确认其承担责任的依据是会议纪要,而该纪要是在会议记录的基础上形成的,在会议发言时并未认可网箱存在质量问题,且会议纪要也并没有直接确认网箱质量问题是造成该次事故的直接的、全部的原因,不能排除被上诉人管理不善等方面的原因,因此判决上诉人承担全部责任不当。

(2) 青岛海事法院据以确定损失的是鉴定报告,而该报告的作出缺乏事实和科学依据:首先,该鉴定报告称的完成网箱的时间与事实不符,被询问人陈述的放养时间也与事实不符,可见该鉴定报告的制作极不严谨。其次,鉴定所依据的放养情况、养殖管理及受损情况均是依据兴华公司的陈述,没有任何第一手资料,该鉴定明显不公且无法律依据。再次,从鉴定报告的结果分析上,使用了放养鱼总数、日投饵量、日投饵量为鱼体重的 6%~7%、事发时鱼体重 0.415 公斤等四个数据,其中三个数据是被上诉人所提供,而日投饵量为鱼体重的 6%~7% 这一数据系鉴定人直接采用,但据上诉人了解该数据应为 8%~10%,对此鉴定人不能作出合理的解释。该报告所依据的材料及数据均为被上诉人工作人员的证言,缺乏公信力,且最后的结论缺乏科学性、合理性,鉴定结论不足为信。最后,从鉴定的目的看是为了弥补其证据不足的问题,但该鉴定报告所依据的事实基本源于被上诉人一方,本身不能作为有效证据使用,但通过鉴定使之合法化,不符合诉讼法的要求,因此该鉴定报告不能作为本案判决的依据。事故现场已不存在,被上诉人的经济损失计算有误,不应由上诉人承担全部赔偿责任,请求撤销原判决,依法改判。

被上诉人兴华公司辩称,一审认定事实清楚,适用法律正确,要求维持原判决。

四、二审裁判

山东省高级人民法院查明事实同一审法院认定事实一致。

山东省高级人民法院认为,本案争议焦点是:一是胜邦公司应否对兴华公司的损失承担赔偿责任;二是兴华公司的损失数额如何确定。

关于胜邦公司应否对兴华公司的损失承担赔偿责任的问题。2005年4月22日,兴华公司与胜邦公司签订的《浮式深水网箱供需合同书》是双方自愿签订,系双方真实意思表示,该合同合法有效,合同双方应当按照合同约定履行各自的权利义务。2005年8月19日,胜邦公司向兴华公司发出涉案网箱验收函,确认网箱于同年8月15日安装完毕,而兴华公司未在合同约定的安装完毕后3日内对网箱质量问题提出异议,应视为验收合格。根据双方合同约定,网箱系统质量保证期为验收后12个月内,即网箱系统质量保证期至2006年8月19日止,而涉案网箱事故发生在2006年8月12日,因此事故发生时尚在胜邦公司与兴华公司约定的质量保证期内。事故发生后于2006年8月22日兴华公司及胜邦公司工作人员会同相关部门签订了会议纪要,该纪要显示胜邦公司设计施工的深水网箱的锚泊缓冲系统存在缺陷是致使深水网箱发生飘移的主要原因,胜邦公司应对事故承担责任。兴华公司和胜邦公司均有工作人员在会议纪要上签字,应当认定为双方均认可,胜邦公司没有证据证明其工作人员的签字是受胁迫或受欺诈而为,因此胜邦公司主张该会议纪要的签署不是其公司真实意思表示的理由,山东省高级人民法院不予支持。会议纪要认定胜邦公司设计的锚泊缓冲系统存在缺陷是事故的主要原因,且事故发生在质量保证期内,故胜邦公司应当承担赔偿责任。会议纪要是各方分析事故发生的原因后,达成的一致意见,会议纪要认为胜邦公司设计缺陷系导致事故发生的主要原因,导致事故发生的其他原因没有列明,责任归属也未确定,故应由胜邦公司承担主要责任,综合本案案情以承担70%的责任为宜。原审判决由胜邦公司承担全部赔偿责任有所不当,应予纠正。

关于兴华公司的损失数额如何确定的问题。为确定兴华公司的损失情况,青岛海事法院根据兴华公司的申请委托了具有鉴定资质的部门对损失情况进行了鉴定,鉴定人员具有相关资质,亦经过了当庭质证,该鉴定报告程序合法。鉴定报告在分析三种情况的基础上,综合比较得出鉴定人员认为最为合理的鉴定结论,认为鲈鱼损失应在21 448公斤至25 734公斤之间。胜邦公司虽对鉴定结论有异议,但并未提出重新鉴定的申请,因此该鉴定报告应当作为确定兴华公司损失的依据。根据本案海上养殖的特殊情况,鉴定所需的基础资料只能由养殖方提供,胜邦公司认为该鉴定缺乏事实和科学依据不予认可的理由不能成立,山东省高级人民法院不予支持。青岛海事法院根据案情确定兴华公司鲈鱼损失为23 591公斤,损失金额为人民币754 912元并无不当。

综上,青岛海事法院认定事实基本清楚,对责任比例划分有所不当,应予纠正。兴华公司鲈鱼损失为人民币754 912元,胜邦公司应承担70%的赔偿责任,因此胜邦公司应赔偿兴华公司人民币528 438.40元。根据《中华人民共和国民事诉讼法》第153条

第 1 款(三)项之规定,判决如下:
(1) 维持(2006)青海法海商初字第 201 号民事判决第(2)项。
(2) 变更(2006)青海法海商初字第 201 号民事判决第(1)项为:青岛胜邦海水网箱工程技术有限公司于判决生效后 10 日内赔付山东兴华建设集团有限公司损失 528 438.40 元。

如果未按本判决指定的期间履行给付金钱义务,应当依照《中华人民共和国民事诉讼法》第 232 条之规定,加倍支付迟延履行期间的债务利息。

一审案件受理费 19 910 元,诉讼保全费 10 420 元,合计 30 330 元,由青岛胜邦海水网箱工程技术有限公司承担 9 099 元,由山东兴华建设集团有限公司承担 21 231 元;二审案件受理费 22 620 元,由青岛胜邦海水网箱工程技术有限公司承担 15 834 元,由山东兴华建设集团有限公司承担 6 786 元。

本判决为终审判决。

7.6 长江大桥经营管理者对于桥区航标维护费的责任

6 原告长江南京航道局与被告芜湖长江大桥有限责任公司航道航标养护费纠纷案
案例来源:武汉海事法院(2007)武海法商字第 134 号
主题词:桥梁管理单位　航道管理部门　航标维护费用　分担

> **裁判要旨**
>
> **No. ZH-7.6-1**　国家部委通知不属于法律、法规,对当事人之间的民事法律关系无强制约束力,更不能因此而限制或者剥夺当事人的诉权。
>
> **No. ZH-7.6-2**　芜湖长江大桥的经营管理者,应承担相应的义务。股东对出资比例和大桥管理模式的变更,并不能当然使股东变更为大桥的经营管理者,从而否定该企业法人作为芜湖长江大桥合法经营管理者的身份,企业法人仍应承担相应的航标维护义务。
>
> **No. ZH-7.6-3**　桥梁管理单位应依法承担航道部门为减少桥梁建设对航运造成不良影响而付出的成本,与航道管理部门分摊桥区水上航标维护费用。在双方未对维护费用作明确约定,亦无法达成补充协议的情况下,应按照订立合同时履行地的市场价格,确定其向航道管理部门支付的报酬。

一、基本案情

原告:长江南京航道局(以下简称南京航道局)
被告:芜湖长江大桥有限责任公司(以下简称芜湖大桥公司)

南京航道局诉称:1997年9月15日,原告的派出机构交通部长江南京航道局芜湖航道处(以下简称芜湖航道处)与被告芜湖大桥公司签订了《芜湖长江大桥航道配套设施及施工期维护费用的合同书》,约定:由芜湖航道处为被告在芜湖长江大桥建设期间进行航标设置及维护工作,被告则按合同约定支付人民币(以下均为人民币)700万元航标维护及相关配套设施费,施工维护期于2001年6月30日届满。芜湖桥建设期间,双方按上述约定全面履行了合同义务。2001年10月17日,被告向芜湖航道处发出《关于芜湖长江大桥桥区航道航标维护管理问题的函》,明确提出为保障桥区航道安全、航标正常,保障大桥安全和船舶航行安全,特委托芜湖航道处自芜湖长江大桥建成之日,即2001年7月1日起继续维护桥区航道航标,同时委托其进行芜湖长江大桥建成后的航标配布设计。原告收到此函后,按照国务院和交通部有关航道航标管理的法规、规章规定和国家有关技术规范要求,继续对芜湖长江大桥桥区航道航标进行维护并对桥区航标进行重新配布。但被告一直未与原告签订大桥建成后桥区航道航标维护合同,也未给付维护费用。直到2003年6月11日,被告致函芜湖航道处明确表示将不予给付相关维护费用。后经原告多次主张,被告仍拒不支付,以致2001年7月至今已发生维护费高达12 276 825元。根据《中华人民共和国航道管理条例实施细则》第29条、交通部《内河航标管理办法》第35条的规定,桥区水上航标维护费由桥梁管理单位和航标管理部门各负担全部维护费用的一半。为此,原告诉至武汉海事法院,请求:

(1)确认被告为芜湖长江大桥桥区航道航标维护费用的合法承担者;

(2)判令被告立即向原告支付应由其承担的芜湖长江大桥桥区航道航标维护费6 138 412.50元;

(3)本案诉讼费由被告承担。

被告芜湖大桥公司辩称:

(1)被告不是本案航道航标维护费用的合法承担者。被告因芜湖长江大桥建设而成立,其股东分别为安徽省人民政府和上海铁路局,大桥建成后,被告的使命已告完成。铁路部分由铁道部上海局使用、所有,公路部分由安徽省人民政府使用、所有,且分别由两部门经营或收费。虽然被告营业执照中有着其经营范围,但被告并没有以大桥为载体进行经营、生产或产生收益,也未行使对桥梁的管理。

(2)被告于1997年9月15日与原告派出机构签订的《芜湖长江大桥航道配套设施及施工期维护费用的合同书》是因桥梁建设的需要,该合同已履行完毕,与本案无任何牵连,不能作为本案原告索要航道、航标维护费的依据。

(3)原、被告之间无委托关系,相关文件仅表明被告委托原告继续管理,仅为要约,原告没有在适当的时候明确表示承诺,即双方未形成合意,故双方之间的委托关系不存在。

(4)加强航道管理和养护,改善通航条件,保障航道畅通和航行安全是原告的职责所在,与被告无关。原、被告之间不存在行政法律关系,原告主张航道航标维护费无法律或行政法规支持。其依据的《中华人民共和国航道管理条例实施细则》及《内河航标管理办法》均为交通部颁发的部门规章,不能作为本案准据法适用。

(5)原告的诉讼请求已超过诉讼时效,已不能受到法律的保护。

综上,原告的诉讼请求不成立,请求驳回原告的诉讼请求。

二、法院查明事实

经审理,武汉海事法院查明以下案件事实:

1997年2月19日,铁道部、安徽省人民政府下发《关于成立芜湖长江大桥有限责任公司的批复》,决定同意成立被告芜湖大桥公司。该公司系由铁道部、安徽省人民政府共同出资组建的企业法人,铁道部、安徽省人民政府以出资额为限对公司承担有限责任;中铁建设开发中心、芜湖长江大桥公路桥有限公司分别作为铁道部、安徽省的产权代表,对公司行使股东权利。该批复第5条明确:公司"按照批准的经营范围,依法自主经营、自负盈亏,并对芜湖长江大桥的资金筹措、建设、经营管理和建设贷款的还本付息等全过程负责"。在被告工商登记资料中亦载明其经营范围包含"芜湖长江大桥主体工程的建设和经营"。

1997年9月15日,被告芜湖大桥公司与芜湖航道处签订《芜湖长江大桥航道配套设施及施工期维护费用的合同书》,约定由被告委托芜湖航道处维护管理芜湖长江大桥施工期的桥区航道及设施,并由被告向芜湖航道处支付施工期维护费用700万元,大桥建成通车后的航道维护费用由大桥管理单位按国家有关规定办理。合同还约定:"施工期维护时间从1997年1月至2001年6月30日止,逾期再论。"

2001年6月9日,铁道部、安徽省人民政府作出铁计函(2001)201号文《关于芜湖长江大桥运营管理及调整出资比例有关问题的商谈纪要》,商定:芜湖长江大桥按公路桥、铁路桥分别经营、管理、收费、养护维修,双方出资比例由原来的铁道部占70%、安徽省占30%调整为铁道部占65%、安徽省占35%;同时,该纪要还明确:被告芜湖大桥公司"要继续按照建设管理协议和施工合同的规定,负责全桥的建设组织和管理工作"。

2001年10月17日,被告向芜湖航道处发出《关于芜湖长江大桥桥区航道航标维护管理问题的函》,"委托芜湖航道处自2001年7月1日起,继续维护桥区航道、航标,并委托进行芜湖长江大桥建成后的航标配布设计",但"有关大桥建成后的航道航标的维护费用及具体的合同签订另行协商解决"。收到被告的委托后,芜湖航道处虽未复函表示接受委托,但其仍继续对芜湖长江大桥桥区航道航标进行维护管理至今,其间,还于2002年4月24日对芜湖长江大桥桥区航标进行了重新编号、重新调整。被告对此并无异议。

2002年7月2日,芜湖航道处向被告发出《关于芜湖长江大桥桥区航道航标维护管理费用的函》,载明:"为保障芜湖长江大桥的自身安全和过往船舶的航行安全,依据芜桥建(2001)31号《关于芜湖长江大桥桥区航道航标继续维护管理问题的函》的委托,我处于2002年4月24日对芜湖长江大桥桥区航标进行重新编号、重新调整,同时自 2001 年 7 月 1 日至今,我处对桥区航道航标继续承担无偿维护管理,现经测算桥区航道航标年维护费用为 213.51 万元。……请贵公司尽快与我处洽谈桥区航道航标继续维护管理及其维护费用等有关事宜。"2003 年 5 月 30 日,芜湖航道处再次发函被告,要求被告尽快与其洽谈解决芜湖长江大桥桥区航道航标维护管理费用。同年 6 月 11 日,被告向芜湖航道处发出《关于对芜湖长江大桥桥区航道航标维护管理费用的函复》,指出其对芜湖航道处在大桥施工期间对桥区航道航标的维护管理,保障大桥施工安全和过往船舶航行安全方面所做的卓有成效的工作表示衷心感谢;但大桥建成通车后的维护费用,经请示上级,要求按照国家经贸委《关于铁路桥区航标管理有关问题的紧急通知》(国经贸运行〔2000〕61 号,以下简称 61 号通知)、铁工务函(1996)324 号文(以下简称 324 号文)办理。即被告对芜湖航道处的维护行为表示接受认可,但却明确表示拒绝支付芜湖长江大桥桥区航道航标维护费用。

2003 年 9 月 15 日,芜湖长江大桥综合经济开发区管理委员会向芜湖航道处负责人林荣志发出《关于市十三届人大一次会议第 48 号代表建议办理情况的再次答复函》,对林荣志提出的"加强芜湖长江大桥桥区航道航标维护管理力度,确保大桥安全的建议"作出答复。该复函认为,林荣志提出的要求被告芜湖大桥公司支付芜湖长江大桥桥区航道航标维护管理费用的问题,国家经贸委已以 61 号通知明确了处理意见,被告芜湖大桥公司也已按国家经贸委 61 号通知对芜湖航道处予以了答复。2005 年 12 月 6 日,芜湖航道处向上海铁路局长江大桥管理处发出《关于芜湖长江大桥桥区航道航标设置及维护管理费用等问题的函》,提出根据国务院颁布的《铁路运输安全保护条例》第 24 条的规定,桥区水面航标由铁路运输企业负责设置,航道管理部门负责维护,所需维护费用按照国家有关规定执行;希望该处能按此规定,及早与芜湖航道处协商解决芜湖长江大桥桥区航道航标设置及维护管理费用的问题。

同时查明:1996 年 8 月 26 日,铁道部发出的《关于暂不执行〈中华人民共和国航道管理条例实施细则〉第二十九条的通知》,指出:"交通部 1991 年经授权发布了《航道管理条例实施细则》,其中第二十九条关于桥涵标志或桥梁河段航标……其建设和维护管理工作由桥梁建设或管理单位负责的规定与《国务院关于加强航道管理和养护工作的指示》、《中华人民共和国航道管理条例》、《中华人民共和国航标条例》等有关规定不一致。……应按法律和国务院规定办理。"2000 年 1 月 17 日,国家经贸委向交通部、铁道部发出 61 号文《关于铁路桥区航标管理有关问题的紧急通知》,指出由于国家有关部门在铁路桥区航标的建设、维护和管理费用等问题上存在意见分歧,致使有些地方出现纠纷、矛盾激化;对此问题,国务院有关部门正在协商之中;在未达成一致意见前,任何地方、部门、单位和企业不得擅自单方面采取行动,引发矛盾;待有关部门达成一致意见后,按新的意见办理。

另查明:芜湖长江大桥系公路、铁路两用桥,位于长江下游芜裕河段,该段江面船舶通航频繁,日流量高达 2 000 艘以上。为保障芜湖长江大桥和航行桥区船舶的安全,芜湖航道处将距芜湖长江大桥桥轴线上下 2 000 米处两岸连线区域作为芜湖大桥水道,设置航道标志进行维护管理,并专门设立芜湖大桥航道站,负责对芜湖长江大桥桥区航道航标的维护管理工作。该航道站拥有船舶驾驶员、轮机员、航标员、充电工、仪修员、灯器员和趸船水手共计 20 人,配有 40 米趸船一艘、220KW 航标工作船一艘。经芜湖市价格认证中心出具芜价认字(2004)43 号《关于长江流域芜湖段代设、代管航标收费标准的价格认证报告》认证,芜湖航道处自 2001 年 7 月 1 日至 2007 年 3 月 31 日止,为维护芜湖长江大桥桥区航道航标所支出的总费用为 1 228.8033 万元。

三、法院裁判

结合本案双方当事人的诉称和辩称,综合认定的案件事实,武汉海事法院认为本案的争议焦点为:一是被告是否为芜湖长江大桥的经营管理者;二是被告是否应承担芜湖长江大桥桥区航道航标维护费用。

关于第一个问题,原告南京航道局认为,被告是芜湖长江大桥的合法经营管理者。虽然根据铁计函(2001)201 号文的内容,芜湖长江大桥的股东出资比例发生变更,但安徽省人民政府和铁道部仅是芜湖大桥公司的两大股东,他们对芜湖长江大桥各自收费权的划分,只能认定为股东对整座大桥收益的分配,不能认定为股东分别成为大桥的经营管理人。而且,芜湖大桥公司作为该桥的合法经营者,从建桥到大桥建成通车至今一直合法存续,且与原告直接发生法律关系,此事实充分证明,被告芜湖大桥公司是芜湖长江大桥的合法经营管理者,该桥公铁两部分分别收费,并不影响芜湖大桥公司作为本案被告的合法主体身份。

被告芜湖大桥公司认为,被告因芜湖长江大桥建设而成立,其股东分别为安徽省人民政府和上海铁路局。大桥建成后,被告的使命已告完成。铁路部分由铁道部上海局使用、所有,公路部分由安徽省人民政府使用、所有,且分别由两部分经营或收费。被告并没有以大桥为载体进行经营、生产或产生权益,也未行使对桥梁的管理。因此,被告并非该桥梁的管理者,不应成为本案被告。

合议庭经合议认为,被告芜湖大桥公司系由铁道部、安徽省人民政府共同出资组建的企业法人,其工商登记的营业范围中包括对芜湖长江大桥主体工程的建设和经营;在铁道部、安徽省人民政府下发的《关于成立芜湖长江大桥有限责任公司的批复》第 5 条明确载明:公司"按照批准的经营范围,依法自主经营、自负盈亏,并对芜湖长江大桥的资金筹措、建设、经营管理和建设贷款的还本付息等全过程负责"。虽然被告因芜湖长江大桥建设而成立,但其企业法人的主体资格并没有因为该桥的建成通车而消灭,其经营范围至今亦没有发生变更,并且被告一直以"芜湖长江大桥有限责任公司"的身份与原告发生往来。尽管根据铁道部、安徽省人民政府《关于芜湖长江大桥运营管理及调整出资比例等有关问题的商谈纪要》的内容,2001 年铁道部和安徽省人民政府对双方的出资比例和对大桥的管理模式进行了变更,但这仅是被告内部两大股东之间对股东权益和职责进行的协调和变更,属于公司内部约定,并不能以此认定两大股东已成为大桥的经营管理者,从而否定被告作为芜湖长江大桥合法经营管理者的身份。同时,该纪要第 4 条有关被告"要继续按照建设管理协议和施工合同的规定,负责全桥的建设组织和管理工作"的表述,亦是对被告大桥管理者身份的确认。因此,被告应是芜湖长江大桥的经营管理者。

关于第二个问题,原告南京航道局认为,根据《铁路运输安全保护条例》第 24 条的规定,铁路桥桥区水上航标维护费用按国家有关规定执行;《中华人民共和国航道管理条例》规定"谁造成碍航谁恢复通航"的原则,桥梁管理单位应依法承担航道部门为减少桥梁建设对航运造成不良影响而付出的成本。现行有效的《内河航标管理办法》和《长江干流桥区航标设置及维护管理规定》都规定桥梁管理方应承担桥区航标维护费用的一半。因此,被告作为芜湖长江大桥的经营管理人理应承担该桥区航道航标维护费用的一半。

被告芜湖大桥公司认为,被告并非芜湖长江大桥的经营管理者,其没有享用权利,自然也不承担义务,其不是航道航标维护费用的承担者。同时,关于此项费用的承担问题,国务院、交通部和铁道部并没有一致的规定;而且根据国家经贸委 61 号通知的规定,在尚未达成一致意见前,任何方面不得擅自单方面采取行动,待有关部门达成一致意见后,按新的意见办理。时至今日,仍没有新的意见可供执行。而原告却单方面违反该通知精神,形成本案诉讼,挑起事端。且原告仅依据交通部的内部文件向被告主张权利,显然没有说服力,故原告的主张没有法律和行政法规支持。

合议庭经合议认为,芜湖航道处与被告曾在芜湖长江大桥建设期间签订的《芜湖长江大桥航道配套设施及施工期维护费用的合同书》第 2 条明确约定:大桥建成通车后的航道维护费用由大桥管理单位按国家有关规定办理;根据国务院《铁路运输安全保护条例》第 24 条的规定,铁路桥桥区水上航标维护费用按国家有关规定执行;根据交通部《长江干流桥区航标设置及维护管理规定》第 7 条以及交通部《内河航标管理办法》第 35 条的规定,桥区水上航标的维护费用由桥梁管理单位和航道管理部门各负担维护费用的一半。即桥区水上航标维护费用的承担者及承担方式已由上述行政法规及部门规章予以了明确。因此,作为芜湖长江大桥的经营管理者,被告芜湖大桥公司应根据国家的相关法律规定,承担该桥桥区航道航标维护费用的一半。

虽然国家经贸委 61 号通知指出,在有关部门达成一致意见前任何单位或企业不得擅自单方面采取行动,但是法庭注意到,此文形成于 2000 年 1 月,针对的是在此之前已经发生的桥区航标维护费纠纷;而本案中,被告于 2001 年向原告发出航标维护的委托,双方之间的纠纷也发生于 2001 年以后,不属于国家经贸委 61 号通知所指的纠纷范围。同时,该文仅属于国家部委通知,不属于国家法律法规,对双方当事人于该文发布之后发生的民事法律关系均无强制约束力,更不能因此而限制或者剥夺当事人的诉权。而且,由国务院发布且自 2005 年 4 月 1 日起施行的《铁路运输安全保护条例》第 24 条明确规定,桥区水面航标均由铁路运输企业负责设置,航道管理部门负责维护,所需维护费用按照国家有关规定执行。该条例属于国家行政法规,效力等级高于国家经贸委 61 号通知,其生效时间亦在该通知形成之后,因此,根据新法优于旧法、高位法优

桥梁管理单位·航道管理部门·航标维护费用·分担

于低位法的原则,应以该条例为依据确定被告是否应承担芜湖长江大桥桥区航道航标维护费用。故被告以国家经贸委61号通知为据,认为原告不应向法院提起诉讼的理由,武汉海事法院不予采纳。

武汉海事法院认为,本案系航道航标维护费纠纷。根据《内河航标管理办法》第35条的规定,委托航标管理机构代管专设航标时,委托方须与航标管理机构签订委托代管协议。在芜湖长江大桥建成通车后,被告与原告虽然没有签订航道航标委托代管协议,但被告曾向原告派出机构芜湖航道处发出了委托其自2001年7月1日起继续维护桥区航道航标,并进行大桥建成后航标配布设计的书面函件;芜湖航道处收到该函件后,对芜湖长江大桥桥区航道航标实施了维护行为并持续至今,被告对此不持异议且予以认可。加之芜湖航道处系原告下设的派出机构,其行为应视为原告的行为,因此,根据《中华人民共和国合同法》第36条的规定,可以认定被告与原告之间成立航道航标维护的事实合同关系。

自2001年7月1日起至2007年3月31日,原告根据被告的委托对芜湖长江大桥桥区的航道航标实施了维护行为,履行了航标维护的主要义务,被告理应向其支付相应的报酬。但由于被告与原告对维护费用未作明确约定,至今双方亦无法达成补充协议。根据《中华人民共和国合同法》第62条之规定,当事人就有关价款或报酬约定不明确的,按照订立合同时履行地的市场价格履行。故被告应按照订立合同时履行地的市场价格,即芜湖市价格认证中心出具的认证报告所确定的标准,向原告支付报酬。同时,根据国家相关规定,桥梁管理单位仅应承担桥区航道航标维护费用的一半,因此,被告应当向原告支付2001年7月1日起至2007年3月31日止航道航标维护费用的一半。

原告主张的航道航标维护费用,发生于2001年7月1日至2007年3月31日期间,而原告仅于2002年7月2日、2003年5月30日、2005年12月6日向被告主张了权利,即2005年3月31日以前发生的航道航标维护费用的诉讼请求,已超过了诉讼时效,武汉海事法院不予保护。自2005年3月31日起至2007年3月31日止,原告共支出芜湖长江大桥桥区航道航标维护费用5 946 605.45元,被告应承担此部分费用的一半即2 973 302.73元。因此,原告请求被告向其支付2005年3月31日起至2007年3月31日止航道航标维护费用2 973 302.73元的主张,武汉海事法院予以支持。鉴于武汉海事法院已对原告要求被告支付航道航标维护费用的诉讼请求予以了保护,因此原告请求判令被告是芜湖长江大桥桥区航道航标维护费用的合法承担者的主张,已无实际意义。

依据《中华人民共和国合同法》第109条、《中华人民共和国民事诉讼法》第128条之规定,判决如下:

(1) 被告芜湖长江大桥有限责任公司向原告长江南京航道局支付航道航标维护费用2 973 302.73元,于判决生效之日起10日内一次付清。

(2) 驳回原告长江南京航道局的其他诉讼请求。

桥梁管理单位·航道管理部门·航标维护费用·分担

7.7 海上吊装合同项下的违约责任

7 原告(反诉被告)江苏海洋航务打捞有限公司与被告(反诉原告)杭州华新机电工程有限公司海上作业合同纠纷案

案例来源:武汉海事法院(2007)武海法商字第 162 号

主题词:吊装工程合同　等待吊装　迟延卸载　赔偿责任

> **裁判要旨**
>
> **No. ZH-7.7-1**　船舶签证和船舶航行日志为记载船舶航行情况的原始资料,属法定的记录文件,在无相反证据证明其虚假的情况下,应认可其真实性。
>
> **No. ZH-7.7-2**　吊装工程合同的承揽方的作业船舶已在工程委托方通知的时间内抵达指定海域锚泊等待吊装作业,委托方未能妥善安排运送货物的船舶抵港装载,应承担作业船舶锚泊等待作业期间的营运损失。营运损失参照交通部《沿海港口水工建筑及装卸机械设备安装工程船舶机械艘(台)班费用定额》有关规定确定。
>
> **No. ZH-7.7-3**　作业工程船迟延进行卸载作业,承揽方应向委托方赔偿其载货船舶的滞期费损失以及载货驳船遭遇大风发生的拖轮费用。

一、基本案情

　　原告(反诉被告):江苏海洋航务打捞有限公司(以下简称海洋公司)
　　被告(反诉原告):杭州华新机电工程有限公司(以下简称华新公司)

　　原告(反诉被告)海洋公司诉称:海洋公司和华新公司于 2007 年 1 月 9 日签订了一份《吊装工程合同书》,合同约定由海洋公司负责华新公司 1 600t/h 卸煤机工程吊装,施工时间以华新公司施工前通知为准。合同履行过程中,约定的最后一笔吊装工程业务,华新公司通知时间比实际施工时间迟延了 11 天,造成工程船舶窝工,同时吊装垂直高度高于合同约定的 37.5 米,达到 57 米,造成海洋公司"镇航工 2028"工程船调遣无效果,多产生船舶调遣费用人民币(以下均为人民币)10 万元。另合同约定 2 月 10 日在上海长兴岛进行前大梁等吊装,浮吊作业时间为 1 天,而实际施工花费两次 4 天。海洋公司认为,华新公司履行合同屡次违约,使得海洋公司与其他公司已签订的合同无法按期履行,给海洋公司造成经济损失,此外还无故拖欠剩余 30 万元的工程款。海洋公司请求法院判令华新公司支付拖欠工程款 30 万元;赔偿因增加吊装垂直高度所产生的工程船第二次调遣费 10 万元;支付海洋公司拖轮帮助华新公司 5 000 吨驳船抛锚费用 5 万元;支付上海长兴岛第二次施工费用 15 万元;赔偿工程船停工损失

105万元,共计165万元,并承担本案诉讼费用。

被告(反诉原告)华新公司答辩及反诉称:华新公司已经按照合同约定向海洋公司支付了全部工程款130万元,海洋公司收款后开具了相应的发票,其称华新公司拖欠工程款30万元不是事实。海洋公司诉称最后一笔吊装工程,华新公司通知时间比实际施工时间晚,造成其窝工11天,也不是事实。海洋公司船舶实际到达指定的高资码头比通知时间迟延11天,该期间海洋公司实际在其他港口作业而非窝工。华新公司的吊件垂直高度完全合乎合同约定和施工图纸的要求,海洋公司没有任何证据证明吊件高度超出约定要求,其主张增加调遣费没有事实依据。海洋公司诉请支付长兴岛第二次调遣费用的请求缺乏事实依据,华新公司完全按照合同约定协助完成长兴岛的施工作业,没有任何违约行为。海洋公司存在多次迟延作业等违约行为,海洋公司到达指定的高资码头比通知时间迟延11天,并且在吊装作业结束后没有按合同约定随船到南通华能电厂码头进行吊卸,而是迟延了7天才赶到,给华新公司造成极大的经济损失和不良社会影响。请求法院驳回海洋公司的全部诉讼请求并判令海洋公司赔偿因违约给华新公司造成的经济损失671 180元。

海洋公司针对华新公司反诉答辩称:华新公司违约行为是导致工程合同不能按时履行的主要原因。海洋公司是2007年2月25日收到华新公司要求在3月10日至3月15日期间正式施工的传真通知,而其安排装载卸船机的驳船3月26日才抵镇江,华新公司应对海洋公司3月12日至3月26日期间工程船等待施工作业的停工损失承担赔偿责任。3月30日至4月6日期间,因恶劣天气海洋公司未到达现场施工,根据合同第6条第5款,不能视海洋公司违约。

二、法院查明事实

武汉海事法院查明以下案件事实:

(1) 2007年1月9日,海洋公司与华新公司签订了一份《吊装工程合同书》,约定海洋公司使用浮吊等作业船舶配合华新公司拼装1 600t/h卸煤机、整机装船、整机卸船吊装以及吊装桥架、小车等工程,工程价款148万元。合同第3条约定施工工期为:2007年1月15日左右在镇江高资电厂码头进行卸煤机拼装(浮吊作业时间4天内)、1月25日左右在镇江高资电厂码头进行后大梁等吊装(浮吊作业时间5天内)、2月10日左右在上海长兴岛进行前大梁等吊装(浮吊作业时间1天内)、3月5日在镇江高资电厂码头和南通华能电厂江心洲码头进行整机装船吊装(浮吊作业时间7天内)、3月20日左右在上海芦潮港进行前大梁、桥机的桥架小车等吊装(浮吊作业时间3天内);以上作业时间华新公司必须提前4天通知,以便海洋公司安排工程船舶。合同第4条特别约定:芦潮港作业的桥架单件重量小于235吨,如不要求作业,合同总价扣除18万元;吊装垂直高度不超过码头以上37.5米;海洋公司船舶调遣分别为280吨浮吊到高资电厂码头两次、上海长兴岛一次、芦潮港一次、1 200吨浮吊到高资电厂码头装船后即调遣到南通华能电厂江心洲码头。合同第5条关于工程款的支付约定:合同签订后华新公司支付给海洋公司 10 万元办理施工许可证;280 吨浮吊第二次作业结束后支付 10 万元;南通华能电厂江心洲码头吊装结束前支付 70 万元;280 吨浮吊第一次到上海长兴岛吊装结束支付 20 万元,第二次吊装结束支付 38 万元;前期支付款项由海洋公司开出收据,工程款全部支付后海洋公司开出正式发票给华新公司。合同第 6 条有关双方责任约定,如遇不可抗力因素或其他恶劣天气等致使不能如期到达施工现场或无法施工,不能视为海洋公司违约,不承担任何责任。

(2) 同年 2 月 25 日,华新公司传真通知海洋公司,由镇江高资电厂码头转运 1 600 t/h 卸煤机至南通华能电厂江心洲码头工程,预定作业时间为 3 月 10 日至 3 月 15 日,要求海洋公司提前做好安排和准备。

(3) 3 月 12 日晚 23 时许,海洋公司所属"江苏海洋 1001"轮和"镇航工 901"轮将"镇航工 818"工程船拖至镇江 118 号浮锚泊等待作业。因华新公司安排运送卸煤机的船舶未到港受载,3 月 18 日,海洋公司将施工船舶开离镇江港外出作业施工。3 月 26 日,"镇航工 818"工程船队回到镇江高资电厂码头进行作业,3 月 28 日施工完毕后,离开镇江港前往南京。3 月 30 日,载运卸煤机的江苏泛洲船务有限公司所属"宁海拖 1502 + 重任 502"船队抵达南通,因"镇航工 818"工程船未到南通华能电厂江心洲码头卸载而滞期华能电厂直接输煤码头。4 月 1 日,因江面刮大风,为保证设备和码头安全,应华能电厂要求,华新公司请求南通港口集团有限公司派拖轮协助将载货驳船拖至岸边卸煤码头避风,支付南通港口集团有限公司费用 8 500 元。4 月 5 日,海洋公司所属"镇航工 818"工程船抵达南通华能电厂江心洲码头,4 月 6 日进行卸载安装作业,4 月 8 日作业完毕。其后,华新公司因江苏泛洲船务有限公司主张船舶滞期费用,向其支付了 3 月 30 日至 4 月 5 日期间共计 7 天的滞期费 12 万元。

(4) 海洋公司依约完成了上海长兴岛施工作业,合同约定的芦潮港作业双方取消,扣除该笔合同价款 18 万元,华新公司以票汇形式支付费用 100 万元。海洋公司向华新公司开具 130 万元商业发票后,华新公司未支付余款 30 万元。

三、法院裁判

武汉海事法院认为,华新公司与海洋公司签订的《吊装工程合同书》系双方当事人真实意思表示,内容合法,为有效合同。

依照法律规定,合同依法成立后,当事人应当按照约定全面履行自己的义务。本案海洋公司完成合同约定的施工任务,华新公司未向其支付全部工程款,欠付 30 万元,应承担继续履行的违约责任。商业发票为合同价款单据,华新公司持有商业发票并不能表明实际付清费用,辩称余下 30 万元工程款已用现金形式支付给海洋公司业务人员,未提供证据证明,且该支付方式不符合交易习惯和常理,其主张付清工程款,武汉海事法院不予认定。

船舶签证和船舶航行日志为记载船舶航行情况的原始资料,属法定的记录文件,在无相反证据证明其虚假的情况下,应认可其真实性。依据"江苏海洋 1001"轮、"镇航工901"轮和"镇航工818"工程船签证簿和内河船舶航行日志的记录,海洋公司作业船舶已在华新公司传真通知时间内抵达镇江港锚泊等待作业,华新公司未能妥善安排运送货物的船舶抵港装载,应承担海洋公司工程船队锚泊等待作业期间的营运损失,参照交通部《沿海港口水工建筑及装卸机械设备安装工程船舶机械艘(台)班费用定额》的规定,共计费用285 225元(自3月13日至3月17日,计5日)。海洋公司主张赔偿因增加吊装垂直高度所产生的工程船第二次调遣费10万元,支付拖轮帮助华新公司5 000吨驳船抛锚费用5万元,以及上海长兴岛第二次施工费用15万元,未提供相应证据证明,武汉海事法院不予保护。

海洋公司在镇江高资电厂码头进行装载作业后,未立即调遣工程船舶到南通华能电厂江心洲码头施工,已构成违约,应承担华新公司的损失。海洋公司未能证明3月29日至4月4日期间南通市的天气实况已构成恶劣天气,足以影响工程船舶随载货"宁海拖1502"船队自镇江航行至南通港。因此,海洋公司提出工程船舶遭遇恶劣天气未能如期到达施工现场,依约不能视其违约的主张,武汉海事法院不予支持。华新公司向海洋公司主张因"镇航工818"工程船迟延进行卸载作业,而向江苏泛洲船务有限公司支付12万元船舶滞期费的损失,以及载货驳船遭遇大风发生的8 500元拖轮费用,符合法律规定,武汉海事法院予以保护。华新公司主张的拖轮费用中3 000元(面额200元定额发票15张),不能证明与本案相关联,同时2万元劳务费收条,也无法确认其真实性,该两笔费用不予认定。华新公司主张因海洋公司工程船舶延误施工,而向江苏天目建设集团有限公司支付安装合同赔偿金133 000元,证据不充分,其向华能电厂承担违约金349 580元,未提供证据证明,据此,上述两项费用不能保护。

依据《中华人民共和国合同法》第107条、《中华人民共和国民事诉讼法》第64条第1款的规定,判决如下:

(1) 被告(反诉原告)杭州华新机电工程有限公司给付原告(反诉被告)江苏海洋航务打捞有限公司工程款300 000元;

(2) 被告(反诉原告)杭州华新机电工程有限公司赔偿原告(反诉被告)江苏海洋航务打捞有限公司工程船队("江苏海洋1001"轮、"镇航工901"轮和"镇航工818"工程船)营运损失285 225元;

(3) 原告(反诉被告)江苏海洋航务打捞有限公司赔偿被告(反诉原告)杭州华新机电工程有限公司经济损失128 500元;

(4) 驳回原告(反诉被告)江苏海洋航务打捞有限公司其他诉讼请求;

(5) 驳回被告(反诉原告)杭州华新机电工程有限公司其他反诉请求。

8. 海上拖航合同纠纷

8.1 被拖方的付费义务

1 原告(反诉被告)舟山市运通船务有限公司与被告(反诉原告)广州市东成船舶有限公司海上拖航合同欠款纠纷案

案例来源:宁波海事法院(2008)甬海法商初字第303号

主题词:海上拖航合同 被拖方 承拖人 拖航费 拖航责任

> **裁判要旨**
>
> **No. ZH-8.1-1** 被拖方是否是被拖船的船东对拖航合同的效力没有影响,虽非被拖船的船东,但以被拖方的身份与承拖方签订拖航合同并承诺支付拖航费用,该约定对双方均具有约束力,承拖人有权利主张未按约支付的拖航费余额。
>
> **No. ZH-8.1-2** 按照拖航规范躲避海上风浪所致的拖带迟延,承拖人不承担违约责任。但是,因为拖船船长无内河驾驶资格导致被海事部门滞留,承拖人对滞留期间的损失承担违约责任。

一、基本案情

原告(反诉被告):舟山市运通船务有限公司(以下简称运通公司)

被告(反诉原告):广州市东成船舶有限公司(以下简称东成公司)

原告运通公司起诉称:原、被告于2008年9月10日签订拖航合同,双方约定被告委托原告以"运通1"号拖船拖带"粤顺德工7303"号船从唐山市曹妃甸至海口锚地,拖带"东成工001"号船从广州南沙至温州锚地,拖航费102万元,分4次付清,在将"东成工001"号船拖至温州港交接前全部付清。原告履行全部拖带义务,但被告拒绝支付余额47万元。由于被告未履行拖航检验义务致使原告拖轮被海事部门滞留,产生损失12 000元。为此,原告请求法院判令:

(1) 被告支付拖航费47万元、逾期付款违约金10万元;

(2) 被告支付原告拖轮被滞留产生的损失12 000元;

(3) 本案诉讼费、保全费及原告方律师费15 000元由被告承担。

被告东成公司答辩称:真实的被告应是浙江天海船舶科技开发有限公司(以下简称天海公司),因为该公司是被拖船的真正船东,被告是受该公司委托指定原告拖带两船至目的港。原告违反了拖航义务,原本约定15天从曹妃甸拖至海口,但原告的拖轮经过45天才到达目的港。原告的拖轮"运通1"号轮比较残旧,到了报废的年限,马力不足,经受不起风浪的考验从而拖延了时间。在拖航过程中,"运通1"号船的船长操作失误,被海事部门扣留了7天左右,延长了拖航时间。故被告请求法院驳回原告要求支付拖航费的诉讼请求或判决被告少付拖航费。

诉讼中,被告东成公司反诉称:原、被告双方于2008年9月10日签订拖航合同,原告的拖轮"运通1"号轮于9月12日起在河北省唐山市曹妃甸起拖被告的"粤顺德工7303"号船,原约定13天内拖至海南省海口市,后因原告的原因造成35天才拖至目的地,被告作为拖航中介代理公司未能收回应收的运费及其他损失51.5万元;原告明知拖轮为沿海拖轮,进入内河时必须办理有关手续而未办理,结果被广州海事局南沙海事处查封"运通1"号轮,后经被告的帮助和努力才使该轮开航,但已延误拖航日期,原告必须赔偿;原告的诉讼请求第2项所称的损失根本不存在,因拖轮及被拖船"东成工001"号轮均为沿海船舶,广州海事局船检处已明确不需办理适拖证书,该事后由广州海事局与温州海事局协商解决;被拖船舶的船东天海公司已向我司发出传真,要求我司承担赔偿责任。综上,请求法院判令:

(1) 原告赔偿被告因拖航时间延误造成的被告经济损失51.5万元;

(2) 原告赔偿"运通1"号船在广州南沙违反航区管理给被告造成的损失50 000元;

(3) "运通1"号船在广州市南沙因违约延误起拖时间共7天,为此原告应赔偿被告违约金5 000元/天,总计35 000元;

(4) 本、反诉诉讼费及反诉律师费30 000元,由原告承担;

(5) 原告至今未与被告办理"东成工001"号船的交接手续,造成该轮的所有人天海公司向本案被告要求赔偿重大损失,该损失应由本案原告承担。

针对被告东成公司的反诉,原告运通公司答辩称:

(1) 原告从未承诺在13天内将被拖船"粤顺德工7303"号船从唐山曹妃甸拖至海口市,之所以从2008年9月12日起从唐山曹妃甸起拖至10月17日抵达海口市共花了35天时间,是因台风等不可抗力等因素所致。

(2) "运通1"号船进入内河完全是依照被告的指示行事,后果应由被告承担,在内港起拖也是应被告的要求,引航费应当由被告承担;"运通1"号船虽然是沿海拖轮,但也可以进入内河,仅船舶驾驶人员无内河航行资格,海事部门考虑到当时的实际情况,对此并未处罚,未产生其他损失。

(3) "运通1"号船在起拖港等候拖航的3天时间,系因被拖物"东成工001"号船未做好适拖准备所致,与原告无关,况且被告要求原告赔偿5 000元/天的延滞费用,也没有合同上的依据。

(4) 合同中明确约定适拖证书由被告办理,由于被告未及时办理导致"运通1"号船被扣留两天,相关损失应由被告承担。

(5) 被告与天海公司之间的纠纷系因被告与天海公司之间的不当约定及对航海风险缺乏合理预计所致,与原告无关。

综上,请法院驳回被告的反诉请求。

二、法院查明事实

宁波海事法院认定下列事实:

2008年9月10日,原告作为承拖方,被告作为被拖方签订拖航合同,约定:被告委托原告以"运通1"号拖船拖带"粤顺德工7303"号船从唐山市曹妃甸至海口锚地,拖带"东成工001"号船从广州南沙至温州锚地;两次拖航费用为102万元,分4期支付,最后一期于"东成工001"号船被拖至温州港交接前付清;起拖日期为合同签订一周内(视天气许可);拖船在码头或锚地因被拖方原因造成被拖物延误起拖的延滞费为5 000元/天,船抵目的港后,因被拖方未及时支付拖航费余额而造成延误交船之延滞费为6 000元/天;被拖方办理拖航检验并支付检验费,进出港签证费各自负担,承拖方协助被拖方办理拖航检验;如果被拖方不按合同规定及时支付拖航费余额,被拖方同意向承拖方支付每天1%的逾期付款违约金。合同还对其他条款作了约定。

9月12日凌晨1时30分,"运通1"号船在河北唐山市曹妃甸起拖"粤顺德工7303"号船,早晨6时到达威海,然后避风至9月16日6时又重新起航。9月19日14时30分抵达舟山,补充伙食、加油等,又遇14号台风,一直在舟山避风至9月23日15时40分开始起航,9月26日18时到达湄洲湾,因躲避15号台风,直至9月30日16时40分才再次起航。从10月2日11时起至10月8日8时20分,在汕头避17号热带风暴。10月9日13时30分至10月14日6时期间,在广东万山群岛附近避风。10月14日15时40分至10月16日6时,在广东上川岛避风。10月16日早上6时开始续拖,10月17日上午安全抵达目的地海口,当日11时20分在海口的三号锚地交接完毕。10月19日6时,"运通1"号船开始起航,10月20日的16时靠广州南沙龙翔船厂,准备拖带当时停在船厂的"东成工001号"。因"运通1"号船船长不具备内河驾驶资格,被广州南沙海事处蕉门办事处处罚。10月24日6时30分"运通1"号船起拖"东成工001号","东成工001"号船的所有权人派员随行。同日7时40分引航员离开拖船。10月24日14时30分至10月29日6时40分,在广州挂山锚地避风,此后重新起航,11月3日凌晨1时10分抵达温州洞头锚地。

原告履行完拖航义务后,被告至今尚欠拖航费47万元未付。

三、法院裁判

根据双方当事人的诉辩意见,宁波海事法院对本案的争议焦点归纳并评析如下:

(一) 关于被告东成公司的诉讼主体资格

被告东成公司以其非被拖船的船东、而是受船东委托与原告运通公司订立合同为由,主张其并非本案适格的被告。宁波海事法院经审理认为,被告东成公司是以被拖方的身份与原告运通公司签订拖航合同并承诺支付拖航费用,该合同系双方真实意思表示,对双方均具有约束力,被拖方是否是被拖船的船东对合同的约束力没有影响。

当作为合同一方当事人的被告东成公司未按约支付拖航费余额时,原告运通公司对其提起诉讼,并无不当。被告东成公司的此项抗辩意见,宁波海事法院不予采信。

(二)关于原告运通公司的本诉请求

1. 针对原告主张的拖航费,被告提出了拖航期限延迟的抗辩,主要有下列几项理由:

(1) 双方约定原告在 15 天将"粤顺德工 7303"号船从曹妃甸拖至海口,但原告经过 45 天才到达目的港;被告要求原告 7 天内将"东成工 001"号船从海口拖至温州,但原告用了十几天时间。

对此,原告称,因考虑到拖航对海洋天气的要求较高,原告从未对拖航期限做过承诺。

宁波海事法院经审理认为,合同中并无拖航期限的约定,被告也未能举证原告对拖航期限曾以其他方式做过承诺,从庭审查明的事实来看,拖航时间之所以较长(将"粤顺德工 7303"号船从曹妃甸拖至海口实际用时为原告主张的 35 天)主要因途中避风所致,故被告的此项抗辩证据不足,宁波海事法院不予支持。

(2) 原告的拖船"运通 1"号船比较残旧,到了报废的年限,马力不足,经不起风浪从而拖延了时间。

宁波海事法院经审理认为,被告此项抗辩的依据为其提供的证据 3,"运通 1"号船国籍证书,但如证据分析时所述,该证书并不能证明"运通 1"号船是一条报废船,因此,被告的此项主张证据亦不充分,宁波海事法院不予采信。

(3) "运通 1"号船船长操作失误,被广州南沙海事部门查处扣留。

对此,原告称"运通 1"号船驶入南沙是根据被告的指示,之所以耽误时间系因"东成工 001"号船未做好适拖准备,且并没有受到海事部门的处罚。

宁波海事法院经审理认为,从"运通 1"号船船长写给南沙蕉门办事处的检讨书来看,南沙蕉门办事处之所以查处"运通 1"号船是因为船长不具备内河驾驶资格而驶入了内河。虽然"运通 1"号船驶入南沙是遵照被告法定代表人林文栋的指示,但是合同原本就约定在南沙起拖"东成工 001"号船,因此原告既已签订合同,则有义务安排有内河驾驶资格的船长在南沙驾驶拖船。故船长没有内河驾驶资格所引起的延期责任应由原告承担。鉴于被告对此另行主张了反诉请求,宁波海事法院在后文分析反诉请求时将进行评述。

综上,宁波海事法院认为原告完成了拖航义务,被告理应支付尚欠的拖航费 47 万元。拖欠不付,应承担逾期付款违约金。虽合同约定的逾期付款违约金日 1% 过高,但被告仅主张 10 万元,远远低于依照日 1% 从被告按约应当支付拖航费之日(2008 年 11 月 3 日)起至本判决确定的支付之日止计算所得金额,其主张基本合理,被告也未主动请求减少,故宁波海事法院予以支持。

2. 原告运通公司主张的"运通 1"号船在洞头被滞留两天的损失 12 000 元

原告庭审时称拖船在洞头被滞留的原因是因被告未依约办理适拖证书。但是原告并未提供证据证明有关海事部门在洞头滞留了拖船,更未能证明滞留与被告未办理适拖证书之间存在因果关系,故原告的此项诉讼请求,宁波海事法院不予支持。

3. 原告运通公司主张的律师费15 000元

合同中的纠纷处理条款约定,如有争议而无法协商处理,可申请宁波海事法院裁决,败诉方同时承担另一方的诉讼费及律师费。据此,宁波海事法院认为,原告主张律师费有合同依据,且原告委托代理人收取的律师费基本合理,但鉴于本案原告的诉讼请求中有少部分因证据不足未得到保护,宁波海事法院酌定原告的律师费14 000元由被告东成公司承担。

(三) 关于被告东成公司的反诉请求

1. 因拖航时间延误造成的经济损失51.5万元

被告诉称此为因拖航时间延误造成被拖船船东拒绝向被告支付的拖航费。宁波海事法院认为,根据查明的事实,原告并未承诺拖航期限,之所以花费较长时间完成拖航,主要系因按拖航规范躲避海上风浪所致,且被告的此项反诉请求证据不足,故宁波海事法院不予支持。

2. 原告赔偿因拖船在广州南沙违反有关规定造成被告损失50 000元

庭审时,被告称此笔50 000元系被告在南沙为拖船疏通关系时的支出,宁波海事法院认为,被告的此项反诉请求一则无证据支持,二则于法无据,宁波海事法院不予保护。

3. 拖船"运通1"号在广州南沙扣留7天,按每天损失5 000元计算,计35 000元

原告对此辩称,在南沙所耽误的时间系因被拖船"东成工001"号未做好适拖准备,但如前所述,拖船在南沙被查处是因船长没有内河驾驶资格,原告的抗辩证据不足,宁波海事法院不予支持。从庭审双方均无争议的事实来看,拖船"运通1"号于10月20日的16时靠近广州南沙龙翔船厂,准备拖带当时停在船厂的"东成工001号",10月24日6时30分起拖"东成工001号",前后时间不足4天,被告称被扣留7天,没有事实依据,宁波海事法院不予采信,酌定因处理拖船船长无内河驾驶资格一事所耽误的时间为2天。因合同未针对此种情形专门约定处理条款,故宁波海事法院参照"拖船在码头或锚地因被拖方原因造成被拖物延误起拖之延滞费5 000元/天"的约定,确定此项损失为10 000元。

4. 被告方的律师费30 000元

被告未提供任何诉讼代理合同及收费凭证支持此项诉讼请求,且双方发生纠纷的主要责任在于被告欠付拖航费,故对此项反诉请求,宁波海事法院不予支持。

5. 被拖船的所有权人要求被告赔偿的重大损失应由本案原告承担

庭审中,被告以被拖船的所有权人尚未对被告提起诉讼为由称目前被告无法确定此项诉讼请求的具体金额。宁波海事法院认为,起诉应有明确的诉讼请求,况且被告此项反诉请求所依据的事实亦缺乏证据证明,故宁波海事法院不予支持。

综上,原、被告诉讼请求有理部分,应予以支持,证据与理由不足部分,不受法律保护。依照《中华人民共和国民事诉讼法》第64条第1款,《中华人民共和国合同法》第60条、第107条的规定,判决如下:

（1）被告（反诉原告）广州市东成船舶有限公司支付原告（反诉被告）舟山市运通船务有限公司拖航费470 000元、逾期付款违约金100 000元、律师费14 000元；

（2）原告（反诉被告）舟山市运通船务有限公司赔偿被告（反诉原告）广州市东成船舶有限公司损失10 000元；

（3）上述（1）、（2）两项相抵的余额574 000元，由被告（反诉原告）广州市东成船舶有限公司于本判决生效后10日内支付原告（反诉被告）舟山市运通船务有限公司；

（4）驳回原告（反诉被告）舟山市运通船务有限公司的其他诉讼请求；

（5）驳回被告（反诉原告）广州市东成船舶有限公司的其他反诉请求。

8.2 拖航合同项下承拖方与被拖方的权利与义务

2 原告广州海上救助打捞局与被告钜业远东有限公司海上拖航合同纠纷案

案例来源：广州海事法院（1999）广海法商字第71号

主题词：海上拖航合同　外国法查明　被拖方的目的地选择权　承拖方的义务

> **裁判要旨**
>
> **No. ZH-8.2-1**　拖航合同约定该合同根据英国法律解释并受其管辖。案件审理过程中，承拖方选择适用中国法律处理本案，被拖方坚持本案应适用英国法律，但其没有在法院指定的时间内提供外国法。法院选择通过聘请中外法律专家的途径查明解决本案争议的相关英国法律，但鉴于被拖方没有在法院指定的时间内预缴中外法律专家提供法律服务的相关费用，法院依法决定适用中国法律处理本案实体争议。
>
> **No. ZH-8.2-2**　承拖方拖轮尚未将浮吊拖抵被拖方指定的目的地便解拖，应视为其未能履行拖航合同完毕，构成违约。被拖方在争议处理过程中曾确认有关费用，要求承拖方对自解拖地至指定目的地报价，但被拖方是基于浮吊事实上被承拖方解拖，为确保浮吊的安全和避免损失的扩大，迫于无奈作出的意思表示。而且被拖方在发给承拖方的传真中，一再坚持承拖方应将浮吊拖抵其指定的目的地，故法院认定被拖方违背真实意愿的意思表示不能认定其已同意变更目的港，被拖方指定的目的地才是合同约定的航次的目的地。
>
> **No. ZH-8.2-3**　拖航合同约定被拖方应向承拖方支付的拖航费用是总承包价，在将浮吊拖抵目的地前，承拖方有义务保证浮吊的安全，无权要求被拖方承担为确保浮吊的安全而支出的费用。

一、基本案情

原告:广州海上救助打捞局

被告:钜业远东有限公司

原告广州海上救助打捞局诉称:1998 年 12 月 23 日,原告与被告签订拖航合同。约定原告派拖轮将被告所属的"OHI5000"浮吊从上海拖至广州,起拖日期为 1999 年 1 月 15 日至 18 日,在港延滞费为每天 7 000 美元。1 月 15 日 19 时 20 分,原告派遣的拖轮抵达起拖地上海。1 月 19 日 23 时 15 分,拖轮带"OHI5000"浮吊驶离上海。根据合同约定,被告延滞起拖时间 3 天 3 小时 55 分,应向原告偿付延滞费 37 956 美元。1 月 27 日,原告将"OHI5000"浮吊拖至目的地广州,要求被告支付拖航费余额 91 200 美元、延滞费 37 956 美元以及随船船员费用 960 美元,但被告拒绝支付。同日,被告要求原告派拖轮及 4 名船员守护"OHI5000"浮吊,并确认拖轮守护费每天 1 800 美元、船员守护费每人每天 30 美元。3 月 31 日,被告要求原告增加 4 名船员守护"OHI5000"浮吊。直至被告于 6 月 11 日接收"OHI5000"浮吊时止,被告共拖欠原告拖轮守护费 243 000 美元、船员守护费 24 720 美元。另在拖轮守护期间,经被告确认,原告共为"OHI5000"浮吊加油 150 吨、加淡水 50 吨,价值 315 000 元人民币、450 美元。原告曾多次向被告催付上述费用,但被告拒绝支付。请求法院判令被告支付:

(1) 拖航费 91 200 美元、延滞费 37 956 美元、随船船员费用 960 美元及拖欠拖航费的利息(从 1999 年 1 月 28 日起,按年利率 8.5% 计付至实际付款之日止);

(2) 拖轮守护费 243 000 美元、船员守护费 24 720 美元、加油费 315 000 元人民币、加水费 450 美元及上述费用的利息(从 1999 年 6 月 12 日起,按每日万分之四计付至实际付款之日止),并承担本案诉讼费。

被告钜业远东有限公司辩称:原告将"OHI5000"浮吊拖至锚位 22°07′N/113°47′E(桂山锚地附近)后便解拖。上述锚位既不是合同约定的目的地广州,也不是合同明确的目的地经纬度 22°10′N/114°07′E(香港南丫锚地)。为减少损失,被告于 1999 年 2 月 25 日建议原告将"OHI5000"浮吊适当向东南移约 2 海里(22°06′N/113°49′E),以便被告安排的 HONGKONG SALVAGE & ASSOCIATION 所属的"MAI PO"拖轮接拖,并表示同意根据原告的请求,支付有关费用 182 400 美元。但原告予以拒绝,并坚持认为原告已完全履行拖航合同,有权不以任何条件为前提收取所有费用。6 月 11 日,原告将"OHI5000"浮吊向东南移约 4 海里(22°06′N/113°51′E)交付被告。综上:

(1) 原告未将"OHI5000"浮吊拖抵合同约定的目的地,无权要求被告支付拖航费余额;

(2) 原告与被告不存在船舶守护法律关系,被告不应承担因原告违约、无理拒绝被告提出的减少损失的合理性建议而产生的守护费和加油、加水等费用;

(3) 被告没有通知原告关于"OHI5000"浮吊的起拖日期,故合同约定的起拖期限的最后一天,即 1 月 18 日是"OHI5000"浮吊的起拖日期,加上合同约定的起拖地免费

海上拖航合同・外国法查明・被拖方的目的地选择权・承拖方的义务

时间1天,拖轮于1月19日拖带"OHI5000"浮吊驶离起运地没有超过合同允许的起拖时间,原告请求的延滞费没有事实依据。请求驳回原告的诉讼请求。

二、法院查明事实

广州海事法院认定以下事实:

1. 关于合同的签订

经庭审质证,原告、被告对以下事实没有异议:1998年12月,原告、被告通过荷兰富士海运有限公司广州办事处洽谈,被告拟委托原告拖带被告所属的"OHI5000"浮吊,双方最终签订了拖航合同。该合同记载:合同签订日期为1998年12月23日,承拖方为原告,被拖方为被告,拖轮为"德顺"轮、"穗救206"轮、"穗救209"轮,被拖物为被告所属的"OHI5000"浮吊;起拖地为30°40′N/122°45′E、上海,目的地为22°10′N/114°07′E、广州,目的地的准确地点应是可使拖轮和被拖物安全及易于进入、操作和使拖轮安全驶离,并应按照当地或者其他规定,能使拖轮获准交付被拖物的地点,同时还必须征得承拖方的认可,承拖方对此不应无故拒绝;起拖期限为1999年1月15日—18日,被拖方应在此期限内做好被拖物自起拖地起航的准备。被拖方应提前三天向承拖方发出起拖通知,否则,起拖日期应被认为是起拖期限的最后一天;起拖地、目的地的免费时间均为1天,免费时间用于被拖物的接拖、解拖以及与此有关的其他目的,免费时间从拖轮到达起拖地的引航站或拖轮和被拖物到达目的港的引航站或锚地,或者到达上述地点外的通常等待水域时起计算,如超过免费时间,则在拖轮和被拖物驶离起拖地或者拖轮解拖后驶离目的港之前的时间,按每天7 000美元计算在港延滞费。根据合同应付的延滞费一经承拖方出具发票,被拖方应即支付给承拖方;拖航总承包价为228 000美元,被拖方应在合同签订时支付45 600美元,在拖轮起拖时支付91 200美元,在拖轮拖抵目的地时支付91 200美元;如果承拖方在被拖物上配置随船船员,所有费用由承拖方负担。如果被拖物上的人员由被拖方配置,所有费用由被拖方负担;被拖方应免费向承拖方提供拖轮和被拖物为承担及完成合同航次所需的一切执照、授权书和许可证以及被拖物在计划航程中进入或者离开一切挂靠港或避难港所需的证书,否则,承拖方因此遭受的损失和费用须由被拖方补偿给承拖方,在由此造成的任何延误期间,被拖方应向承拖方额外补偿延滞费;如逾期支付合同约定款项,应从款项到期之日起按年利率8.5%计算利息;本合同根据英国法律解释并受其管辖。合议庭对以上事实予以确认。

2. 关于合同的履行

经庭审质证,原告、被告对以下事实没有异议:拖航合同签订后,"穗救206"轮、"穗救209"轮、"德顺"轮从广州起航,分别于1999年1月14日12时、1月15日16时27分、1月15日19时抵达起拖地30°40′N/122°45′E(上海),并准备就绪;1月19日23时15分,上述拖轮将"OHI5000"浮吊实际起拖驶离起拖地;1月27日22时30分,"穗救209"轮将"OHI5000"浮吊拖抵22°07′N/113°47′E(桂山锚地附近)并解拖;6月11日

16 时 35 分,"德顺"轮将"OHI5000"浮吊向东南移约 4 海里(22°06′N/113°51′E)交付给被告。被告没有向原告支付最后一期拖航费 91 200 美元。合议庭对以上事实予以确认。

原告主张其在接到被告发出的起拖通知后,派拖轮抵达起拖地。原告没有提交相应的证据。被告对此提出异议,认为被告从未向原告发出起拖通知。合议庭认为,原告没有举证证明其已接到被告发出的起拖通知,故应认定原告派遣的拖轮抵达起拖地前,被告没有向原告发出起拖通知。

原、被告分别提交了从合同签订时起直至交付"OHI5000"浮吊时止,原告与被告之间的相互传真 59 份、33 份。双方当事人对上述传真的真实性没有异议。上述传真可以印证以下事实:1999 年 1 月 20 日,被告要求原告将"OHI5000"浮吊拖至广州沙角 5 号锚地。1 月 21 日,原告向被告建议在 22°07′N/113°47′E(桂山锚地附近)解拖交船。1 月 25 日,被告将"OHI5000"浮吊的注册登记证明、保险证书、验船拖航报告等有关适拖证书传真给原告。1 月 27 日,原告将"OHI5000"浮吊拖至 22°07′N/113°47′E(桂山锚地附近)解拖,要求被告按照原告寄出的商业发票支付拖航费余额、延滞费和随船船员费用,并请求被告确认是否需要拖轮守护"OHI5000"浮吊,拖轮守护费用为每天 1 800 美元,船员守护费用为每人每天 30 美元。同日,被告确认拖轮守护价格,并要求原告将"OHI5000"浮吊拖往 22°46′N/113°37′E(沙角锚地)抛锚解拖。针对被告的要求,原告通知被告,原告已履行拖航合同完毕,如将"OHI5000"浮吊从桂山锚地拖往沙角锚地需重新委托、报价。1 月 29 日、30 日,被告坚持桂山锚地不是合同约定的目的地,要求原告应将"OHI5000"浮吊拖往沙角锚地,并请原告代向海关申请拖行、上交拖行计划书。2 月 1 日,原告通知被告,原告的义务只是将"OHI5000"浮吊拖往目的地的引航站或者锚地,桂山属于广州的锚地,原告已履行合同完毕,且被告的"OHI5000"浮吊未办进口手续,不能拖往沙角锚地,另原告没有义务代向海关申请拖航,因为合同约定被告应免费向原告提供拖轮和被拖物为承担及完成合同航次所需的一切执照、授权书和许可证。2 月 2 日,被告通知原告,被告已委托广州外轮代理南沙公司代办"OHI5000"浮吊入口沙角锚地报关事宜,原告可与广州外轮代理南沙公司的梁德昭副总经理联系,并要求原告就从桂山锚地将"OHI5000"浮吊拖往沙角锚地尽快报价。2 月 3 日,原告向被告报价为拖航费 580 000 元人民币(包括辅助拖轮费)或 400 000 元人民币(不包括辅助拖轮费,辅助拖轮费按实收取)。2 月 5 日,被告通知原告,在"OHI5000"浮吊未被拖至桂山前,被告已委托广州外轮代理公司申请了沙角第 5、第 7 号锚地,供"OHI5000"浮吊抛锚;原告的拖轮从广州出发前往上海接拖"OHI5000"浮吊时,没有在广州办出口报关,导致现不能直接拖带"OHI5000"浮吊入广州,需在桂山锚地抛锚;原告应尽快办妥拖轮报关手续,将"OHI5000"浮吊拖至被告指定的沙角锚地,或者拖至合同确定的经纬位置 22°10′N/114°07′E(香港南丫锚地)。原告拒绝了被告的要求。2 月 22 日,被告继续要求原告将"OHI5000"浮吊拖至合同确定的经纬位置 22°10′N/114°07′E,并要求原告传真拖轮港口结关单,被告的代理需用此作报入口之用。2月24日,原告传真被告,认为原告是应被告要求将"OHI5000"浮吊拖往广州,现桂山锚地属广州港的引航、检疫、联检锚地,故原告已履行运输合同完毕;原告的拖轮从广州出发前往上海时是国内航次,不需报联检出关;被告未能办理"OHI5000"浮吊的进口手续,甚至连"OHI5000"浮吊从日本出口的证件都未拿到,更没有为原告的拖轮办妥有关手续,造成"OHI5000"浮吊仍无法在广州港入口。2月25日,被告在保留向原告索赔有关损失的前提下,建议原告将"OHI5000"浮吊从桂山锚地适当向东南移约2海里(22°06′N/113°49′E),以便被告安排的 HONGKONG SALVAGE & ASSOCIATION 所属的"MAI PO"拖轮接拖,并表示同意根据原告于2月24日所发的传真,以银行本票的形式支付原告182 400美元。2月26日,原告拒绝被告的建议,并坚持认为原告已完全履行拖航合同,有权不以任何条件为前提收取所有费用。3月29日,原告建议在4名船员守护"OHI5000"浮吊的基础上,再增加4名船员,以确保"OHI5000"浮吊安全,船员守护费用仍按每人每天30美元计算。3月31日,被告向原告书面确认同意8名船员守护"OHI5000"浮吊。6月7日,原告通知被告,为减少双方的损失,原告要求被告尽快确认新的、合理的交船点。6月10日,原告、被告决定将"OHI5000"浮吊向东南移约4海里(22°06′N/113°51′E)移交。合议庭对上述传真及其印证的上述事实予以确认。

被告提交的日本海关于1999年1月9日出具的《"OHI5000"浮吊清关单》记载:"OHI5000"浮吊于1月9日11时20分从日本的 FURUSAWA STEEL NOHMI 出港,最终驶向中国上海。被告主张其委托原告将"OHI5000"浮吊从上海拖往广州前,"OHI5000"浮吊是从日本出口至上海,被告已在日本办理出口清关手续。原告对《"OHI5000"浮吊清关单》的真实性没有异议。合议庭对该证据及其印证的上述事实予以认定。

被告提交的广州联合国际船舶代理有限公司于1999年1月19日向被告出具的传真记载:广州联合国际船舶代理有限公司接受被告的委托,代办"OHI5000"浮吊进口联检手续,港口将安排"OHI5000"浮吊在沙角5号锚地抛锚,被告应将停泊费、港务费、检疫费等费用支付广州联合国际船舶代理有限公司指定的账户。被告主张其于1月20日将上述传真转发给原告,通知原告沙角5号锚地已被安排作为"OHI5000"浮吊的锚位。原告确认已收到上述传真,并对传真的真实性无异议,但认为该传真仅能证明港口同意"OHI5000"浮吊在沙角5号锚地抛锚,不能证明海关也批准该计划,且被告不能证明其已支付了停泊费、港务费、检疫费等费用,并已办妥港口和海关的手续。原告没有提交相反证据。合议庭认为,在原告没有提交相反证据的情况下,应认定广州港务局已同意被告所属的"OHI5000"浮吊在沙角5号锚地抛锚。

原告提交的荷兰富士海运有限公司广州办事处职员张战出具的证词记载:约在1999年1月25日,被告口头同意原告将"OHI5000"浮吊拖至22°07′N/113°47′E,即桂山锚地后解拖移交。原告主张在合同履行过程中,原告、被告已口头协商明确拖航目的地是广州桂山锚地。被告对此提出异议,认为被告从未同意将目的地定为广州桂山锚地，原告提出的所谓"口头协商"没有事实依据。合议庭认为，依据《中华人民共和国民事诉讼法》第 70 条的规定，证人有义务出庭作证，如确有困难不能出庭，经人民法院许可，可以提交书面证言。原告不能证明张战确有困难不能出庭作证，其未经法院许可出具的证词在没有其他证据印证的情况下，不能作为本案的定案依据。鉴于原、被告相互的传真不能证明被告已同意将目的地定为广州桂山锚地，对原告的上述主张不予认定。

原告主张由于"OHI5000"浮吊吃水太深，如将其拖至沙角锚地抛锚不安全，但没有提交相应的证据。被告对此有异议。合议庭认为，原告没有对其主张提供相应证据，在被告有异议的情况下，原告的主张不予采信。

原告主张"OHI5000"浮吊在桂山锚地抛锚期间，为确保安全，原告要求被告书面确认委托原告给"OHI5000"浮吊加油、加水，被告分别于 1999 年 1 月 28 日、2 月 11 日、2 月 25 日、3 月 19 日、4 月 17 日、5 月 14 日确认委托原告给"OHI5000"浮吊加油 20 吨、20 吨、20 吨、30 吨、30 吨、30 吨，每吨 2 100 元人民币，共计 315 000 元人民币；于 4 月 20 日确认委托原告给"OHI5000"浮吊加水 50 吨，每吨 9 美元，共计 450 美元。被告对上述事实无异议，但主张其作出上述确认是为了确保"OHI5000"浮吊和船员的安全，以减少损失，且原告不能举证证明其已实际给"OHI5000"浮吊加油、加水。为此，原告提交了《广州海上救助打捞局材料内部调拨单》，以证明其已给"OHI5000"浮吊加油、加水。被告认为原告单方制作的证据不能作为定案依据。被告没有提交相反证据。合议庭认为，在被告没有提交相反证据的情况下，应认定"OHI5000"浮吊在桂山锚地抛锚期间，经被告同意，原告已给"OHI5000"浮吊加油 150 吨、加水 50 吨。

原告没有在举证期限内举证证明被告应向原告支付随船船员费用 960 美元。

3. 其他事实

被告在提交答辩状期间向本院提出管辖权异议，请求驳回原告的起诉。1999 年 8 月 27 日，广州海事法院作出（1999）广海法商字第 71 号民事裁定书，裁定驳回被告的异议申请。被告不服，向广东省高级人民法院提起上诉。广东省高级人民法院于 2000 年 2 月 24 日作出（2000）粤法经二终字第 18 号终审裁定，裁定驳回被告的上诉，维持一审裁定。

被告以拖航合同约定该合同受英国法律管辖为由，坚持应适用英国法律处理本案争议，但没有在广州海事法院指定的时间内提供相关的英国法律。2000 年 12 月 18 日，广州海事法院决定聘请中外法律专家就本案争议提供相关英国法律，并作出（1999）广海法商字第 71 号民事通知书，通知被告在收到上述通知后 5 日内向广州海事法院预缴中外法律专家提供法律服务的相关费用。被告没有在广州海事法院指定的时间内预缴上述费用。

三、法院裁判

广州海事法院认为本案是一宗海上拖航合同纠纷案。

海上拖航合同·外国法查明·被拖方的目的地选择权·承拖方的义务

本案拖航合同约定该合同根据英国法律解释并受其管辖。案件审理过程中,原告愿意选择适用中国法律处理本案,被告坚持本案应适用拖航合同约定的准据法,即英国法律。依据最高人民法院《关于贯彻执行〈中华人民共和国民法通则〉若干问题的意见(试行)》第193条的规定,被告有义务向广州海事法院提供英国法律,但其没有在广州海事法院指定的时间内提供。广州海事法院选择通过聘请中外法律专家的途径查明解决本案争议的相关英国法律,符合法律规定。鉴于被告没有在指定的时间内预缴中外法律专家提供法律服务的相关费用,广州海事法院依法决定适用中华人民共和国法律处理本案实体争议。

原、被告签订的拖航合同是双方当事人真实一致的意思表示,没有违反现行法律规定,合法有效,对双方有约束力。

本案拖航合同约定的目的地有两个,一个是22°10′N/114°07′E(香港南丫锚地),另一个是广州。根据该合同,被告在保证目的地的准确地点可使拖轮和被拖物安全及易于进入、操作和使拖轮安全驶离,并使拖轮获准交付被拖物的前提下,被告对目的地的准确地点有选择权,原告不能无故拒绝。本案中,在原告拖轮拖带"OHI5000"浮吊从起运地起航之次日,被告已通知原告本案航次的目的地是广州沙角锚地。鉴于广州沙角锚地是广州港海关、边防、港监、检疫部门联检的港外锚地,故原告不能无理拒绝被告关于应将"OHI5000"浮吊拖抵广州沙角锚地的要求,广州沙角锚地才是本案航次的目的地。原告主张原告、被告已口头协商变更目的地为广州桂山锚地,没有事实依据,不予采信。

原告拖轮将"OHI5000"浮吊拖抵桂山锚地后便解拖,应视为原告未能履行拖航合同完毕,已构成违约。尽管在争议的处理过程中,被告曾确认拖轮守护费、船员守护费、加油费、加水费,要求原告就将"OHI5000"浮吊从广州桂山锚地拖往沙角锚地报价,但被告是基于"OHI5000"浮吊事实上被原告解拖,为确保"OHI5000"浮吊的安全和避免损失的扩大,迫于无奈作出的意思表示。仅凭被告上述违背真实意愿的意思表示不能认定被告已同意将目的港变更为广州桂山锚地,相反,被告在发给原告的传真中,一再坚持原告应将"OHI5000"浮吊拖抵广州沙角锚地,广州沙角锚地才是本案航次的目的地。原告认为,被告既没有办理"OHI5000"浮吊从日本出口时的清关手续,又没有办妥拖轮拖带"OHI5000"浮吊抵广州沙角锚地的有关手续,原告不能将"OHI5000"浮吊拖抵广州沙角锚地。鉴于被告已举证证明日本海关已同意"OHI5000"浮吊出关,广州港务局已同意"OHI5000"浮吊在广州沙角锚地抛锚,对原告的上述主张不予支持。

本案拖航合同约定被告应向原告支付的拖航费用是总承包价,在原告将"OHI5000"浮吊拖抵目的地广州沙角锚地前,原告有义务保证"OHI5000"浮吊的安全,无权要求被告承担在"OHI5000"浮吊被拖抵目的地广州沙角锚地前,原告为确保"OHI5000"浮吊的安全而支出的费用。故原告关于守护费用、加油加水费用的诉讼请求应予驳回。

原告拖轮抵达起拖地前,被告没有向原告发出起拖通知。依据拖航合同,本案起拖日期应是起拖期限的最后一天，即 1999 年 1 月 18 日。鉴于原告拖轮拖带"OHI5000"浮吊的起拖时间是 1999 年 1 月 19 日，并未超过拖航合同允许的 1 天免费时间，原告关于在港延滞费的诉讼请求没有事实依据，予以驳回。

原告没有在举证期限内举证证明被告应向原告支付随船船员费用 960 美元，故应驳回原告的该项请求。

经原、被告协商，双方最终于 1999 年 6 月 10 日决定将"OHI5000"浮吊向东南移约 4 海里(22°06′N/113°51′E)移交，已构成对本案拖航航次目的地的变更。1999 年 6 月 11 日，原告拖轮将"OHI5000"浮吊移至 22°06′N/113°51′E 并交付给被告，原告已履行拖航合同完毕。被告应向原告支付尚欠付的拖航费余额 91 200 美元。原告关于要求被告支付拖航费 91 200 美元的诉讼请求，应予支持。至于利息损失，依据拖航合同，应从 1999 年 6 月 11 日起按年利率 8.5% 计付。

综上，依照《中华人民共和国民法通则》第 57 条、《中华人民共和国民事诉讼法》第 64 条的规定，判决如下：

(1) 被告钜业远东有限公司向原告广州海上救助打捞局支付拖航费 91 200 美元及其利息(从 1999 年 6 月 11 日起，按年利率 8.5% 计付至本判决生效之日止)；

(2) 驳回原告广州海上救助打捞局对被告钜业远东有限公司的其他诉讼请求。

本案受理费 12 260.24 美元、7 240 元人民币，由原告负担 8 780.24 美元、7 240 元人民币，由被告负担 3 480 美元。

海上拖航合同·外国法查明·被拖方的目的地选择权·承拖方的义务

9. 海上打捞合同纠纷

9.1 沉船所有人支付打捞费及看管费的义务

1 原告南通市航务工程有限公司镇海分公司与被告福建省平潭县航运公司海上打捞合同欠款纠纷案

案例来源:宁波海事法院(2008)甬海法商初字第330号

主题词:海上打捞合同　沉船所有人　打捞者　打捞费　看管费

裁判要旨

No. ZH-9.1-1　打捞者依约履行沉船打捞义务后,沉船所有人应依约支付打捞费及其自沉船被打捞出水之日起的利息。

No. ZH-9.1-2　沉船被打捞出水后,沉船所有人未及时取回,打捞者进行了看管,但因沉船失去自航能力,仅须安排数人轮班看管即可,由法院酌定看管费。

一、基本案情

原告:南通市航务工程有限公司镇海分公司

被告:福建省平潭县航运公司

原告南通市航务工程有限公司镇海分公司起诉称:2008年10月6日,原、被告双方签订了《沉船打捞合同》,合同约定:原告接受被告的委托打捞其所属沉船"金冠99"轮,打捞总费用为90万元;如被告不全额付款,原告可以留置该船舶。2008年10月28日,原告依约打捞了"金冠99"轮,但被告仅支付20万元,至今尚欠原告余款70万元。为此,原告留置了该船舶,且每日所支付的船舶看管费为2 000元。故原告遂诉至法院,请求法院判令被告:

(1) 支付原告打捞费70万元及逾期利息(自2008年10月28日起算至判决确定之日止,按中国人民银行同期逾期贷款利率计算);

(2) 承担船舶看管费用(自2008年10月28日起算至船舶交接之日止,按每日2 000元计算);

(3) 承担本案所有诉讼费用。

庭审中,被告称其于当日又向原告支付了40万元,因此,原告将打捞费的诉讼请求变更为30万元。

被告福建省平潭县航运公司辩称:对拖欠打捞费的事实没有异议,但原告所主张的看管费太高,被告无法承担,仅同意承担总计为15 000元的看管费。

二、法院查明事实

宁波海事法院认定下列事实：

2008年9月30日,"金冠99"号轮在象山港沉没。10月6日,原、被告双方签订打捞协议,约定:原告接受被告的委托打捞其所属沉船"金冠99"轮,打捞总费用为90万元;沉船打捞出水后,原、被告在现场交接;签约后,被告应预付30万元,余款在沉船打捞出水后全部付清,如被告不能全额付款,原告可以留置该船舶,留置期间的看管费由被告负担。2008年10月28日,原告依约将"金冠99"号轮打捞出水,但被告仅支付20万元。船舶打捞出水后,失去自航能力,被拖至一处浅滩存放,原告安排了看管人员。因被告当时尚欠原告打捞费70万元,原告为此留置了船舶并诉至宁波海事法院。诉讼过程中,依原告申请,宁波海事法院冻结了"金冠99"号轮保险金80万元。开庭当日,被告又支付打捞费40万元。

三、法院裁判

宁波海事法院认为,原、被告之间系沉船打捞合同关系,系双方真实意思表示,合法有效,对双方均具有约束力。原告依约履行沉船打捞义务后,被告理应依约支付相应打捞费,其拖欠部分款项不付,应承担相应的违约责任,故原告要求被告支付30万元及利息的诉讼请求,证据和理由充分,宁波海事法院予以支持。因双方约定船舶打捞出水之日被告应付清打捞费,故被告所欠30万元本金的利息应按同期中国人民银行贷款利率从船舶打捞出水之次日(2008年10月29日)计至本判决确定的支付之日止。另40万元打捞费被告于开庭当日才支付,在此之前的利息也应由被告承担。原告主张的看管费为每天2000元,但宁波海事法院经审理查明,"金冠99"号轮被打捞出水后,失去自航能力,故无须安排过多人员看管,仅须安排数人轮班看管即可,因此,被告关于原告主张的看管费过高的抗辩,宁波海事法院予以采信,并酌定看管费用为400元/天,自2008年10月29日起计至"金冠99"号轮交付给被告或其他买受人之日止。

综上,依照《中华人民共和国合同法》第107条、第109条的规定,判决如下:

（1）被告福建省平潭县航运公司于本判决生效后10日内支付原告南通市航务工程有限公司镇海分公司打捞费30万元及70万元打捞费本金的利息（其中30万元的利息按中国人民银行同期贷款利率自2008年10月29日计至本判决确定的支付之日止,被告于2008年12月19日支付的40万元的利息自2008年10月29日计至2008年12月19日止）;

（2）被告福建省平潭县航运公司于本判决生效后10日内支付原告南通市航务工程有限公司镇海分公司船舶看管费400元/天,自2008年10月29日计至"金冠99"号轮交付给被告或其他买受人之日止。

10. 非法留置船舶侵权损害纠纷

10.1 非法留置船舶的认定及其责任

1 原告(反诉被告)黄石市长运商贸有限公司、赵有宝与被告(反诉原告)黄石市中小企业信用担保有限责任公司、黄石经济技术开发区保安服务公司非法留置船舶侵权损害纠纷案

案例来源:武汉海事法院(2007)武海法商字第 216 号
主题词:担保人　担保责任　非法留置船舶　赔偿责任

> **裁判要旨**
>
> **No. ZH-10.1-1**　担保公司为实现担保物权而非法占有船舶、禁止其营运构成非法留置,应当赔偿船舶所有人因船舶停运而遭受的修理费损失、营运损失。

一、基本案情

　　原告(反诉被告):黄石市长运商贸有限公司(以下简称长贸公司)
　　原告(反诉被告):赵有宝
　　被告(反诉原告):黄石市中小企业信用担保有限责任公司(以下简称担保公司)
　　被告(反诉原告):黄石经济技术开发区保安服务公司(以下简称保安公司)
　　本诉原告长贸公司、赵有宝诉称:"鄂黄石长贸3"号船舶由长贸公司、赵有宝共有。2006年3月25日,被告担保公司以贷款担保合同还款为由,派人在上海将"鄂黄石长贸3"号船舶强行扣押至黄石港,于2006年4月3日停靠在黄石港航运码头趸船后,取走了船舶产权证书和国籍证书等船舶证书,后由第二被告派人占有至今,拒不归还。二被告非法占有"鄂黄石长贸3"号的侵权行为,导致原告无法使用船舶,受到严重的经济损失;同时该船由于长期无专业人员维护已严重受损,处于不适航状态,需要大量修理费用。故两原告诉至武汉海事法院,请求判令两被告支付因非法留置"鄂黄石长贸3"号船舶给原告造成的修理费损失人民币(以下均为人民币)40.02万元及营运损失85.69万元,共计125.71万元,并由被告承担本案诉讼费。
　　本诉被告担保公司辩称:
　　(1) 船舶自上海开回黄石是原、被告协商一致之后决定的,是为了办理贷款续贷手续之用;途中担保公司没有强行扣押或欺骗行为。
　　(2) 担保公司没有非法留置船舶。船舶回到黄石之后由于变卖没有成功,两原告

将船舶弃之不顾,为了保障船舶安全被告才被迫与保安公司签订了保安服务合同,请保安公司看管船舶,并向其支付保安费用。

(3) 原告诉请的依据《资产评估鉴定报告书》不具有合法性,结论虚假,不足采信。因此,请求法院驳回本诉原告的诉讼请求。

本诉被告保安公司未出庭答辩,亦未向武汉海事法院提交书面答辩意见。

反诉原告担保公司诉称:2005 年 4 月,长贸公司和赵有宝所在的黄石市展宏水运有限公司(以下简称展宏公司)各自向黄石市商业银行科技支行(以下简称商业银行)贷款 85 万元整,贷款期限均为 1 年,并由担保公司为其向商业银行提供信用担保。贷款期限届满后,由于长贸公司、展宏公司不偿还贷款,最终由担保公司向商业银行承担了保证责任。事后,在担保公司依法向长贸公司、赵有宝(赵有宝为展宏公司向担保公司提供了反担保)追偿过程中,长贸公司和赵有宝提出将"鄂黄石长贸 3"号船舶开回黄石变卖,所得价款用来偿还所欠债务。但船开回黄石后,由于变卖未成功,且两被反诉人所欠债务大大超过船舶价值,长贸公司、赵有宝遂对停靠在黄石市胜阳港码头的"鄂黄石长贸 3"号船舶弃置不理,拒不支付船舶停靠、看护费用,反诉人无奈之下不得不为其垫付了各项费用,至今已达 83 570 元。因此,担保公司向武汉海事法院提出反诉,请求判令长贸公司、赵有宝偿付其代垫的"鄂黄石长贸 3"号船舶各项费用共 83 570 元。

反诉被告长贸公司、赵有宝辩称:

(1) 反诉请求无任何事实和法律依据。长贸公司、赵有宝欠银行贷款属实,但其并未同意将船舶变卖还贷;且 2006 年 4 月担保公司强行将船开回黄石,并未经过友好协商。船舶停靠黄石港期间,长贸公司和赵有宝一直请求还船进行经营,但担保公司始终不同意。担保公司的非法留置行为成立,其向保安公司支付费用是为达到其侵权目的而支付,应由其自行承担。

(2) 担保公司反诉称其代垫 83 570 元证据不足。庭审中担保公司提交了大量的手写收条,由胜阳港码头龙世幸出具;该码头由黄石市航运公司经营,码头停靠费用应由黄石市航运公司收取并出具正式发票。因此,这些收据不具备证据的形式要件,不应被采信。故请求驳回反诉原告的诉讼请求。

二、法院查明事实

武汉海事法院查明以下案件事实:

2005 年 4 月 5 日、6 日,展宏公司、长贸公司各自与商业银行签订《人民币短期借款合同》,分别向商业银行贷款 85 万元,贷款期限均为 1 年,均由担保公司为其向商业银行提供信用担保。赵有宝、龚德华分别作为展宏公司、长贸公司的法定代表人,各自向担保公司出具承诺书,分别自愿承诺赵有宝为展宏公司、龚德华为长贸公司提供信用反担保,保证期间为两年,保证方式为连带保证责任;如展宏公司、长贸公司到期不能偿还银行贷款,导致担保公司承担担保责任的,二人保证在担保公司指定的期限内分别向担保公司清偿其垫付的全部款项、利息及因此引起的所有损失。贷款期限届满后,展宏公司、长贸公司均未偿还贷款,最终由担保公司向商业银行承担了保证责任。

2006年3月25日,担保公司、商业银行的工作人员一行二人登上停靠于上海横沙岛码头的"鄂黄石长贸3"号船舶,要求将船舶开回黄石办理贷款续贷手续,然后再继续经营。船员经请示当时在船上的长贸公司法定代表人龚德华,同意将船开回黄石,担保公司及商业银行的二人随船同行。途中,担保公司于3月29日向船员支付工资5 000元、油款12 000元,船员赵启怀、长贸公司法定代表人龚德华分别出具了收条。4月3日,"鄂黄石长贸3"号船舶抵达黄石市胜阳港码头。龚德华在船舶到港后没有向船员交待任何事情,一言不发首先下了船。而后,担保公司又向船员支付了6 000元工资,赵启怀再次出具了收条,写明:"今收船员工资陆千元整。黄石长贸3号船员工资已由黄石市中小企业担保公司代为龚德华、赵有宝全部垫付,共计人民币壹万壹千元整。"随后,担保公司联系了保安公司并带着保安公司的保安一并登上了"鄂黄石长贸3"号船舶,船员随即下船。在"鄂黄石长贸3"号船舶自上海回黄石的过程中,担保公司没有采取任何暴力或强迫手段。

船回到黄石后,2006年4月,长贸公司、赵有宝在担保公司的介绍下,与糖酒公司签订了船舶转让合同,约定长贸公司、赵有宝向糖酒公司出售其所有的"鄂黄石长贸3"号船舶,售价为90万元。4月28日,双方签订船舶交接书,载明双方已于当日在黄石市胜阳港码头交接完毕,双方签字生效,产权转移给糖酒公司。龚德华、赵有宝、糖酒公司分别签字盖章。同日,赵有宝向长贸公司出具过户说明,同意将"鄂黄石长贸3"号船舶过户给糖酒公司。次日,为办理船舶过户手续,长贸公司、赵有宝将该船船舶所有权证书、国籍证书原件交与担保公司,担保公司职员刘悝代表担保公司出具收条。但因故,该船实际未能办理船舶过户手续,船舶变卖不成功。

2006年5月8日,担保公司向黄石市中级人民法院对长贸公司、龚德华提起诉讼,请求判令长贸公司和龚德华偿付担保公司已代偿的贷款本息、违约金等共计100余万元。次日,担保公司向黄石市中级人民法院提出财产保全申请,要求冻结长贸公司、龚德华银行存款120万元或查封、扣押其等值财产。同日,黄石市中级人民法院准许其申请,作出(2006)黄民四保字第19号民事裁定书,并向黄石市地方海事局发出协助执行通知书,查封了长贸公司与赵有宝共同所有的"鄂黄石长贸3"号船舶所有权,查封期限为12个月。6月21日,黄石市中级人民法院公开开庭审理了此案。庭审中,龚德华在答辩时提出:"2006年4月20日原告就将船扣押,禁止我营运,因此我就不能付利息……这个船价值200多万,不管这个船是谁的,放在那里不动,都是巨大的损失。"7月5日,黄石市中级人民法院作出(2006)黄民四初字第19号民事判决,判决长贸公司偿还担保公司代其偿付的借款本息、违约金共计1 027 364.83元,龚德华对长贸公司的给付款项承担连带清偿责任。

2006年5月19日,担保公司与保安公司签订保安服务合同,约定由担保公司委托保安公司对"鄂黄石长贸3"号船舶进行看护工作,保安公司应指派3名保安人员负责船舶的安全护卫,担保公司按人员每月1 000元/人的标准向保安公司支付服务费,每月共计3 000元,合同期限自2006年5月19日起至担保公司解除合同为止。但由于2006年4月保安公司已派人上船进行看护,故担保公司自2006年4月开始向保安公司支付保安费,至2007年7月,已支付保安费48 270元。至长贸公司、赵有宝向武汉海事法院提起诉讼时,该船仍由保安公司看守。

2006年8月3日,担保公司与长贸公司、龚德华、赵有宝再次协商对"鄂黄石长贸3"号船舶进行变卖,几方签订协议,一致同意将该船以115万元的价格进行变卖,以偿还相关债务,担保公司愿意放弃违约金及利息、诉讼费用、执行费等其他费用。但此次变卖同样因故未能成功。

2006年10月30日,长贸公司向黄石嘉隆国际商品拍卖有限公司出具委托书,同意担保公司委托该公司将"鄂黄石长贸3"号船舶以115万元的价格进行拍卖。

2007年6月7日,担保公司向黄石市中级人民法院对展宏公司、赵有宝提起诉讼,请求判令展宏公司、赵有宝偿付其代垫的贷款本息、违约金共计100余万元。同日,赵有宝向黄石市中级人民法院出具说明,同意黄石市中级人民法院按2006年8月3日几方达成的协议对"鄂黄石长贸3"号船舶进行执行拍卖,将其所占股份款项全部偿还银行。6月29日,担保公司向黄石市中级人民法院提出财产保全申请,请求查封赵有宝所持有的"鄂黄石长贸3"号船舶49%的股份或展宏公司银行存款85万元。7月16日,黄石市中级人民法院作出(2007)黄民三初字第40-1号民事裁定,准许了担保公司的财产保全申请,对赵有宝所持有的"鄂黄石长贸3"号船舶49%的股份进行了查封。8月24日,担保公司与展宏公司、赵有宝在黄石市中级人民法院的主持下达成调解协议,由展宏公司向担保公司偿付借款本息共94万元,赵有宝对此承担连带清偿责任。

同时查明,"鄂黄石长贸3"号船舶系长贸公司、赵有宝共同所有,长贸公司占该船51%的股份,赵有宝占该船49%的股份。

三、法院裁判

武汉海事法院认为,本案系非法留置船舶侵权损害赔偿纠纷。本案的争议焦点在于担保公司、保安公司是否对长贸公司、赵有宝所有的"鄂黄石长贸3"号船舶进行了占有;如果占有事实成立,是否构成非法留置。

长贸公司、赵有宝认为,保安公司对船舶进行看管,系接受担保公司的单方委托,并没有征得船舶所有人的同意;且自其在黄石市中级人民法院开庭以及在武汉海事法院提起诉讼之时,就已经表明其对担保公司占有船舶提出了异议。加之船舶证书在担保公司处,始终未归还船舶所有人。因此,足以证明两被告对船舶进行了占有,并构成非法留置。

担保公司认为,派保安公司看护船舶是基于双方的共同协商,且双方一直在友好积极协商船舶变卖事宜。船舶证书是在第一次变卖时为了办理船舶过户手续,长贸公司、赵有宝交与担保公司的,之所以没有归还长贸公司、赵有宝,是因为其始终没有向担保公司索要过。因此,长贸公司、赵有宝诉称的非法留置并不成立。

合议庭经合议认为,"鄂黄石长贸3"号船舶系长贸公司、赵有宝共同所有。保安公司与担保公司签订保安服务合同,接受担保公司的委托派人上船进行看护,其行为应视为担保公司的行为,庭审中,担保公司对此亦予以认可。因此,该船实际为担保公司所占有,长贸公司、赵有宝诉称的船舶被担保公司占有的事实成立。同时,保安公司看护船舶的行为,系接受他人委托,不存在任何过错,不构成非法留置,不应在本案中对其看护船舶的行为向长贸公司、赵有宝承担责任。因此,长贸公司、赵有宝认为保安公司应就其非法留置船舶的行为与担保公司承担连带赔偿责任的主张,无法律依据,武汉海事法院不予支持。

本案双方当事人关于船舶交保安公司看管是否经双方共同协商之争,实质是关于双方之间就船舶看管是否存在合意之争。根据最高人民法院《关于民事诉讼证据的若干规定》第5条的规定,此种情况下应由主张双方之间存在合意的担保公司就此承担举证责任。但由于担保公司未能在举证期限内举证证明这一事实,故武汉海事法院对担保公司的这一抗辩理由,不予采信。

保安公司对船舶的看管,是基于担保公司的委托以及双方签订的保安服务合同,保安费用亦由担保公司支付。"鄂黄石长贸3"号船舶的船舶所有权证书和国籍证书也始终在担保公司处保管,即便当初长贸公司、赵有宝因为办理船舶变卖过户手续将证书交与了担保公司,但在船舶变卖未能成功后,无论船舶所有人是否索要过,担保公司已没有正当合理的理由继续持有非自己所有或经营船舶的相关证书,其应主动将证书交还船舶所有权人,方与常理相符。担保公司认为其没有归还证书是因为长贸公司和赵有宝未曾索要的理由,与常理相悖,不能成为合理抗辩,不足采信。同时,船舶系经营运输工具,只有使其从事运输生产,才能发挥其作为运输工具的功用,体现其作为经营工具的价值,方能给船舶所有人或经营人带来收益。作为船舶所有人及债务人的长贸公司、赵有宝,在拥有一条具有运输能力的船舶、又身负巨额债务的情况下,理应积极营运船舶以获利偿还债务;如果其自愿将船舶停止营运并交他人看管长达一年多时间,显然与常理不符。虽然本案证据显示,自船舶回到黄石之后,长贸公司、赵有宝与担保公司曾多次协商船舶变卖事宜,但这并不影响船舶的正常经营。即便船舶到达黄石胜阳港码头后,船舶共有人长贸公司法定代表人龚德华首先离船而去的行为,可以视为其对担保公司占有船舶的默认,但而后其在黄石市中级人民法院庭审时提出的答辩意见,已足以视为其对担保公司占有船舶明确提出了异议。自此,担保公司应立即停止对船舶的占有,向长贸公司、赵有宝归还船舶。然担保公司继续占有船舶至今,拒不归还,其行为已构成对船舶的非法留置,应自黄石市中级人民法院庭审之日,即2006年6月21日起,向船舶所有人长贸公司、赵有宝承担侵权损害赔偿责任,赔偿长贸公司、赵有宝因船舶停运造成的修理费损失、营运损失。因此,长贸公司、赵有宝认为担保公司对其所有的船舶构成非法留置的主张,法院予以支持。然而,由于长贸公司、赵有宝未能举出充分有效的证据证明其诉称损失的具体金额,故其要求担保公司赔偿其修理费损失 40.02 万元及营运损失 85.69 万元,共计 125.71 万元的本诉请求,无事实依据,武汉海事法院不予支持。

根据法院已认定的事实,船舶由上海回黄石途中,担保公司为"鄂黄石长贸 3"号船舶垫付了船员工资 1.1 万元及油款 1.2 万元,共计 2.3 万元。该款项本应由船舶所有人长贸公司、赵有宝支付,但却实际为担保公司垫付,长贸公司和赵有宝因此没有合法根据,取得不当利益,造成他人损失,应当将此款返还给担保公司。因此,担保公司请求长贸公司、赵有宝返还其垫付工资、油款共计 2.3 万元的反诉请求,法院予以支持。

至于担保公司支付的保安费,系其依据其与保安公司签订的保安合同所支付,属于担保公司自愿履行合同义务的行为,该行为结果应由其自行承担。因此,担保公司要求长贸公司、赵有宝支付保安费用的反诉请求,无法律依据,武汉海事法院不予支持。同时,担保公司要求长贸公司、赵有宝支付船舶停靠、抽水、货仓清理费的诉讼请求,因无事实及法律依据,武汉海事法院亦不予支持。

依据《中华人民共和国民法通则》第 92 条、《中华人民共和国民事诉讼法》第 128 条、第 130 条之规定,判决如下:

(1) 驳回本诉原告黄石市长运商贸有限公司、赵有宝的诉讼请求;

(2) 反诉被告黄石市长运商贸有限公司、赵有宝向反诉原告黄石市中小企业信用担保有限责任公司偿付"鄂黄石长贸 3"号船舶船员工资 1.1 万元以及油款 1.2 万元,共计 2.3 万元,于判决生效后 10 日内一次付清;

(3) 驳回反诉原告黄石市中小企业信用担保有限责任公司的其他诉讼请求。

11. 海上货运代理合同纠纷

11.1 委托人的识别

11.1.1 海上货运代理合同下委托人的识别

1 上诉人上海冉星物流有限公司与被上诉人浙江爱玛鞋业有限公司海上货运代理合同纠纷案

案例来源:浙江省高级人民法院(2010)浙海终字第102号

主题词:海上货运代理合同　委托人　国内卖方　货运代理　实际代理　垫付费用

> **裁判要旨**
>
> **No. ZH-11.1.1-1** 货运代理从国内卖方处接收货物后,从事了内陆运输代理业务和海运代理业务,国内卖方否认其为委托人,并提供国外收货人自认为委托人的证据,但未提交国外收货人与货运代理之间的代理合同。法院认定国内卖方与货运代理之间存在合同关系,国内卖方应当向货运代理支付其垫付的费用。

一、基本案情

上诉人(原审原告):上海冉星物流有限公司(以下简称冉星公司)

被上诉人(原审被告):浙江爱玛鞋业有限公司(以下简称爱玛公司)

宁波海事法院审理查明:2008年6月下旬,冉星公司从爱玛公司仓库接收箱号为XINU8149630、YMLU8282898、GESU5861006、ELSU9005364、FCIU8059432、EMCU9669150、FSCU6905802、WFHU5092776的8个出口俄罗斯的货柜,并运至宁波港装船出运。冉星公司负责办理了该8个货柜的出口报关等手续,以及这些货物在俄罗斯的清关手续。该8个货柜已经交付冉星公司的国外收货人胡理勇收取。但8个货柜在俄罗斯的清关费用因关税计算出现争议,一直未结算完毕。2008年7月30日至8月中旬期间,冉星公司从爱玛公司仓库接收了箱号为TCNU9282744、HMCU9028565、LTIU8043353、TGHU8118893、EMCU9270175、GATU8808993、FSCU9016265、TGHU8685109、EMCU9564288、FSCU9119319的10个出口俄罗斯的货柜,并运至宁波港装船出运。有关的货物出口报关等事宜,均由冉星公司负责办理。该10个货柜货物运抵圣彼得堡后已经电放处理,收货人胡理勇通过案外人办理国外清关手续并已收取该10个货柜。爱玛公司为上述货物出口,向中国海关申报的贸易成交方式均为FOB。2009年6月4日,冉星公司吴一平以特快专递形式向爱玛公司发函要求结算自2008年5月5日起至2009年4月6日的应收应付款。次日,又传真该函件内容给爱玛公司总经理周敏弟。之后,吴一平又以电子邮件方式将上述函件发到爱玛公司业务员金海怒的 QQ 邮箱中。同年 7 月 9 日,冉星公司吴一平发电子邮件给金海怒、胡理勇等人,在同一份邮件中请求爱玛公司周总对圣彼得堡电放的 10 个货柜港前费用和海运费合计美元总数额进行最终确认,并请求"胡总"(指证人胡理勇)对 8 个清关货柜的俄罗斯清关费再予商议,并建议胡总考虑"每个柜子按运费 15 000 美元 + 实际清关单金额计算"。7 月 10 日,爱玛公司金海怒在发给冉星公司吴一平的电子邮件中,确认本案 10 个货柜的海运费按 4 300 美元/柜、港前费用按人民币 4 000 元/柜结算,并明确告知爱玛公司不清楚本案 8 个已清关货柜在俄罗斯的清关费用,让吴一平找其国外客户胡理勇进行确认。10 月 16 日,冉星公司吴一平电话联系爱玛公司周敏弟以及收货人胡理勇,要求确认 8 个清关柜子的最终结算额。爱玛公司周敏弟坚持让吴一平联系胡理勇对账,胡理勇则表示同意给出一个确认金额。

因无法收取上述费用,冉星公司于 2009 年 11 月 17 日诉至宁波海事法院,请求判令爱玛公司支付 18 个货柜相关代理费用 513 973.78 美元和人民币费用 40 000 元以及上述款项的利息(自起诉之日起,按中国人民银行同期贷款利率计算至判决应付之日止)。

二、一审裁判

宁波海事法院审理认为,因双方对冉星公司与爱玛公司之间是否存在海上货运代理合同关系发生争议,冉星公司作为主张该合同关系成立的一方,根据最高人民法院《关于民事诉讼证据的若干规定》第 5 条之规定,冉星公司对上述合同关系成立的事实负有举证义务。根据冉星公司目前提供的证据,均无法证明其主张的委托事实成立,即冉星公司与爱玛公司之间存在海上货运代理合同关系。观之本案 18 个货柜货物的出口过程,冉星公司分别从事了内陆运输代理业务和海运代理业务。一方面,冉星公司为办理本案货物内陆运输和出口报关业务,必须取得本案货物有关的外贸单证,故冉星公司持有过本案货物相关外贸单证的事实,只能证明冉星公司是涉案货物的货运代理人。另一方面,冉星公司同时要负责办理本案货物海上运输的代理业务时,海上货运代理委托人是否是爱玛公司,还需要有委托事实予以证明。在冉星公司与爱玛公司或者收货人胡理勇之间均没有订立任何书面代理合同的情形下,根据本案货物的贸易成交条件为 FOB 这一事实,按照《国际贸易术语解释通则》有关 FOB 贸易条件下由买方负责海上运输的要求,应当认定本案货物的海上运输由买方负责。爱玛公司作为国内卖方,根据 FOB 交易条件,应承担出口货物在装船港之前的国内运输、报关等费用。庭审中,收货人胡理勇已经确认其本人系冉星公司所主张合同关系的相对方,冉星公司与收货人胡理勇之间的纠纷宜另行解决。综上,冉星公司主张的与爱玛公司存在本案 18 个货柜的海上货运代理合同关系,缺乏证据佐证,不予采纳。爱玛公司对其与冉星公司不存在海上货运代理合同关系的抗辩有理,予以采纳。同时,本案中,由于

海上货运代理合同 · 委托人 · 国内卖方 · 货运代理 · 实际代理 · 垫付费用

冉星公司未举证证明其在办理涉案货柜的出口运输代理业务中,已经垫付相关的国内运输费用和离港前的人民币包干费用,冉星公司不得依《中华人民共和国合同法》第398条之规定,主张涉案货物的国内运输、报关等人民币垫付费用。爱玛公司对该港前费用及利息的抗辩有理,予以采纳。

据上,宁波海事法院依照《中华人民共和国民事诉讼法》第64条第1款以及最高人民法院《关于民事诉讼证据的若干规定》第5条之规定,于2010年4月16日判决:驳回冉星公司的诉讼请求。案件受理费35 120元,由冉星公司承担。

三、上诉与答辩

冉星公司不服原审判决,向浙江省高级人民法院提起上诉称:

(1)冉星公司已经有足够的证据证明其与爱玛公司之间存在委托关系,原审判决认为冉星公司的证据不足以证明委托关系的理由不能成立。冉星公司一审提交的相关单证及电子邮件可以证明爱玛公司既是单证权利人也是交接代理事务的行为人,宁波海事法院错误否认了这些证据的证明力。而且,冉星公司提交的装柜委托书、鞋服整箱运输协议等也可证明双方之间的委托关系。

(2)爱玛公司没有充分证据证明其与冉星公司不存在委托关系,也没有证据足以证明冉星公司系与胡理勇之间存在委托关系。一审法院错误采纳了爱玛公司的证据,错误认定了冉星公司与胡理勇之间的关系。

(3)退一步讲,即使胡理勇是爱玛公司的国外客户,宁波海事法院以爱玛公司与胡理勇之间的贸易方式是FOB来推断冉星公司与胡理勇之间存在委托关系的理由也不能成立。

(4)爱玛公司及胡理勇已经确认费用,因此冉星公司无须再提供垫付证明,一审法院以冉星公司未提供垫付证明为由不支持其诉讼请求无依据。

请求二审法院撤销原判,改判爱玛公司赔偿冉星公司的一审诉讼请求。

爱玛公司答辩称:

(1)爱玛公司与冉星公司之间不存在委托关系。冉星公司已经确认的事实可以清楚地证明胡理勇与冉星公司之间存在委托关系。至于部分装柜及货物报关出运过程中的单据不能作为证明爱玛公司愿意承担相关费用的证据。胡理勇和爱玛公司之间的买卖合同关系并非一定要用书面合同去证明。

(2)冉星公司接受胡理勇的委托进行了多式联运、货运代理等业务,相关运输费用、垫付关税等费用一直和胡理勇结算,该费用支付义务与爱玛公司无关。并且,冉星公司在未核对总账的前提下,将爱玛公司作为主张的对象缺乏法理支持。原审判决事实认定清楚,适用法律适当。请求二审法院查明事实后依法驳回上诉,维持原判。

四、二审裁判

根据双方当事人的上诉请求和理由以及答辩意见,本案二审争议的焦点为:冉星公司与爱玛公司之间是否存在海上货运代理合同关系以及冉星公司诉请是否成立。对于浙江省高级人民法院归纳的争议焦点，双方当事人均无异议。

针对上述争议焦点，浙江省高级人民法院分析认定如下：

本案中，双方当事人对冉星公司与爱玛公司之间是否存在海上货运代理合同关系发生争议，亦即属于对代理权发生的争议。根据最高人民法院《关于民事诉讼证据的若干规定》第5条第3款"对代理权发生争议的，由主张有代理权一方当事人承担举证责任"的规定，冉星公司作为主张有代理权一方当事人，应对双方之间代理合同关系成立的事实负有举证义务。本案中，冉星公司从爱玛公司仓库接收箱号 XINU8149630、YMLU8282898、GESU5861006、ELSU9005364、FCIU8059432、EMCU9669150、FSCU6905802、WFHU5092776 的8个出口俄罗斯的货柜（以下简称8个清关货柜），运至宁波港装船出运，并负责办理了该8个货柜的出口报关及在俄罗斯的清关手续。此外，冉星公司还将箱号 TCNU9282744、HMCU9028565、LTIU8043353、TGHU8118893、EMCU9270175、GATU8808993、FSCU9016265、TGHU8685109、EMCU9564288、FSCU9119319 的10个出口俄罗斯的货柜（以下简称10个电放货柜），运至宁波港装船出运并办理货物出口报关事宜，但该10个货柜货物运抵圣彼得堡后已经电放处理，由收货人胡理勇通过案外人办理国外清关手续并已收取该10个货柜。据上，冉星公司分别从事了涉案18个货柜货物的内陆运输代理业务和海运代理业务，此节事实双方当事人均无异议。但双方当事人争议在于爱玛公司是否为涉案18个货柜的委托人。为此，冉星公司一审还提交了理货交接单、提单、海关报关单、爱玛公司出具的重量证明等证据。浙江省高级人民法院认为，冉星公司从事了涉案18个货柜货物的内陆运输代理业务和海运代理业务的事实以及冉星公司提交的上述理货交接单、海关报关单、重量证明等证据，已经构成了冉星公司与爱玛公司之间为海上货运代理合同关系的初步证据。虽然爱玛公司否认其与冉星公司之间构成海上货运代理关系，并申请案外人胡理勇一审到庭作证，还提供了胡理勇的证明。但是，爱玛公司上述主张并无其他证据佐证，爱玛公司也没有证据证明冉星公司与胡理勇之间存在委托代理合同。故浙江省高级人民法院认定冉星公司与爱玛公司基于涉案18个货柜的海上货运代理合同关系成立。

关于爱玛公司应当向冉星公司支付的代理费用。浙江省高级人民法院认为，对于涉案10个电放货柜项下的费用，虽然冉星公司未提供已经垫付的证据，但爱玛公司金海怒在2009年7月10日发给冉星公司吴一平的电子邮件中已经确认为"10个货柜的海运费按4 300美元/柜、港前费用按人民币4 000元/柜结算"，且与冉星公司一审起诉状中的主张一致，故浙江省高级人民法院确认爱玛公司应当向冉星公司支付涉案10个电放货柜项下的费用共计43 000美元和人民币费用40 000元。对于涉案8个清关货柜项下的费用，冉星公司未提供已经垫付相关费用的证据，爱玛公司对冉星公司主张的费用亦予否认。故因冉星公司的证据不足，浙江省高级人民法院对于涉案8个清关货柜项下的费用在本案中不予保护。

综上，浙江省高级人民法院认为，冉星公司与爱玛公司就涉案18个货柜的货运代

海上货运代理合同・委托人・国内卖方・货运代理・实际代理・垫付费用

理业务构成海上货运代理合同关系,且冉星公司已履行完毕相关代理义务,爱玛公司应当支付相关费用。但根据冉星公司提供的证据,爱玛公司应当向冉星公司支付的相关代理费用为43 000美元和人民币费用40 000元,其余诉请因证据不足在本案中不予保护。冉星公司的上诉请求与理由部分成立,浙江省高级人民法院予以支持。原审判决认定事实有误,适用法律错误,浙江省高级人民法院依法纠正。依照《中华人民共和国合同法》第398条、《中华人民共和国民事诉讼法》第153条第1款第(二)、(三)项之规定,判决如下:

(1) 撤销宁波海事法院(2009)甬海法温商初字第65号民事判决;

(2) 爱玛公司于本判决送达之日起10日内向冉星公司支付代理费用43 000美元和人民币费用40 000元及上述款项的利息(利息自2009年11月17日起至履行之日止,按照中国人民银行同期贷款利率计付);

(3) 驳回冉星公司的其他诉讼请求。

11.1.2 进口货运代理的委托人的识别

2 原告中国对外贸易运输总公司浙江省舟山公司与被告宁波市对外经济贸易公司、路已平海上货运代理合同纠纷案

案例来源:宁波海事法院(2000)甬海商初字第100号

主题词:海上货运代理合同　外贸代理　货主　货运代理　委托人

> **裁判要旨**
>
> **No. ZH-11.1.2-1** 提单载明的记名收货人、货物的进口经营人或进口报关单证提供人并不必然是委托货运代理操作进口货运代理事宜的委托人,在有证据证明提单载明的记名收货人、货物的进口经营人或进口报关单证提供人系货主的外贸代理,且货主曾向货运代理支付部分款项的情况下,不能认定外贸代理系货运代理的委托人。

一、基本案情

原告:中国对外贸易运输总公司浙江省舟山公司(以下简称舟山外运)

被告:宁波市对外经济贸易公司(以下简称外经贸公司)

被告:路已平

原告舟山外运诉称:路已平是外经贸公司的业务代办员。1998年初,原告接受两被告委托,为其代办进口废电机等货物的接卸与报关诸货运代理业务。原告在收到被告方出具的记名收货人为外经贸公司的正本提单及发票、商检单、买卖合同等文件后,分别向海关代为报关、向船舶承运人交付提单以接卸货物,履行了货运代理人的全部代理职责,并为此支付了货运代理和接卸报关等费用计501 423.65元。对此两被告于

1998年11月5日书面确认,但两被告却未履行付款义务,故请求判令两被告立即支付委托进口货运代理所产生的垫付代理费用501 423.65元,并承担逾期付款的利息。庭审中,原告主张该利息应按每日万分之四从1998年11月9日计算至判决之日。

被告外经贸公司辩称,其与原告没有委托代理关系。外经贸公司是兴达公司的进口代理人,根据双方约定,进口货物的报关等手续均由该公司自行办理,故兴达公司才是货运代理合同的委托方,是本案真正的债务人;路已平在保证书中写明系兴达公司欠款,说明原告明知其是债务人。路已平不是外经贸公司的职员,与外经贸公司也不存在任何法律关系,他在原告催款通知书上签名以及出具保证书的行为对外经贸公司没有约束力。请求驳回原告对外经贸公司的诉讼请求。

被告路已平辩称:路已平不是外经贸公司的业务代办员,与原告没有委托代理关系;路已平是兴达公司的临时代理人,为该公司委托原告代理了4票业务,其对该4票业务发生的费用的保证已超过诉讼时效。请求驳回原告对路已平的诉讼请求。

二、法院查明事实

宁波海事法院确认如下事实:

1997年12月29日,兴达公司路桥经营部经路已平介绍,与外经贸公司签订代理进口协议一份,委托外经贸公司从日本进口废电机、废钢,约定进口报关报验手续、进口批文、到港后发生的一切费用均由兴达公司路桥经营部自理。从1998年1月至同年8月,原告先后办理了"东成"轮等船舶共9个航次的进口废旧物资的货运代理业务,并于1998年3月5日至1999年10月10日,陆续垫付了该9个航次货物的装卸费、港务管理费、卫检费、商检费、口岸管理费、国内运费等费用共计453 243.6元,另有30 500元装卸费原告虽未垫付,但原告就该款已与装卸公司签订还款协议,确认于2000年底前归还。该9航次进口货物的提单均系记名提单,载明收货人为外经贸公司,同时商检单、外贸合同、外贸发票、环保局的进口废物批准证书、报关单、海关放行单等单证均反映进口经营单位亦为外经贸公司,其中部分进口废物批准证书、报关单及海关放行单显示废物利用单位、收货单位为兴达公司。在1998年4月前4个航次的货运代理业务中,有关提单及上述报关所需单证系由路已平经手交给原告。原告在办妥代理事项后,根据其垫付的费用加上应收的代理费开具了付款人为外经贸公司的发票,总金额为501 423.65元,其中代理费为10 810元。1998年11月5日,路已平在原告提示的催款通知书上接收人一栏中签名,该通知书载明:你方委托我司代理的废电机等进口货物,于1998年8月22日已交付完毕;尚欠我司代理费501 399.2元,请于1998年11月9日前将欠款缴入我司等。同月,路已平向原告出具保证书,写明:"台州兴达物资总公司所欠'东成''君程一号''鲁海519''东升'轮共计人民币137 876.3元。这笔款项保证12月15日前归还,其他余款在第一笔款项归还后再作商议。保证人路已平。"

三、法院裁判

宁波海事法院认为,原告主张为两被告办理了进口货运代理业务,应承担举证责任,证明其与两被告之间存在委托代理合同关系。原告虽已证明外经贸公司是提单上的记名收货人和货物的进口经营人,进口报关所需单证亦由外经贸公司提供,但这些单证相对于原、被告间有无合同关系的事实而言,只是单一的间接证据,不能仅由此直接推断出外经贸公司就是本案业务的委托人的结论。而外经贸公司已举证证明其系兴达公司的进口代理人,双方约定进口报关报验手续、进口批文、到港后发生的一切费用均由兴达公司自理;经手人路已平亦陈述是为兴达公司临时代办业务;有部分发票及保证书显示兴达公司是付款人;路已平不是外经贸公司的职员,其行为不能为外经贸公司设立合同权利和义务,这些情况都反映出原告所举证据与其主张的事实之间缺乏客观、必然的联系。另外,原告亦未能证明路已平系以其自己名义委托原告办理货代业务。同时,原告未主张路已平应承担保证责任,而且由于原告未在法定期限内提出主张,路已平作为保证人的责任亦已经免除。故两被告抗辩有理,应予采纳;原告诉请,证据不足,不予支持。依照《中华人民共和国民事诉讼法》第64条第1款的规定,判决如下:

驳回原告中国对外贸易运输总公司浙江省舟山公司的诉讼请求。

11.1.3 以不同地点注册的公司名称办理委托事项时对委托人的确定

3 上诉人青岛华美庄园食品有限公司与被上诉人青岛佳业物流有限公司货运代理合同纠纷案

案例来源:山东省高级人民法院(2008)鲁民四终字第116号

主题词:货运代理合同 委托人 公司名称

裁判要旨

No. ZH-11.1.3-1 公司名称应当符合国家有关规定,且公司只能使用一个名称。虽然内地公司声称其为货运代理的委托人,但其仅登记了中文名称而没有登记其声称的英文名称,而委托货运代理代为订舱并支付部分费用的为英文名称的公司,货运代理在接受该英文名称公司的委托时有理由相信其接受的是一个非内地企业的订舱委托。因注册在香港地区的公司向货运代理支付过垫付费用,并在银行开户等民事活动中使用了与委托货运代理的英文名称相同的名称,虽文字表述有 LTD 与 LIMITED 之别,但该两词在英文中均表达有限公司同一含义,不影响对其主体资格的认定。

一、基本案情

上诉人(原审被告):青岛华美庄园食品有限公司(QINGDAO FARMLAND FOOD CO., LIMITED)

被上诉人(原审原告):青岛佳业物流有限公司(以下简称佳业物流)

青岛海事法院查明,自 2007 年 1 月起,佳业物流即开始接受 QINGDAO FARM-LAND FOOD CO.,LTD 的委托作为其出口货物的货运代理人,其中 1 月份发生的相关费用 14 970 美元,已经由青岛华美庄园食品有限公司(QINGDAO FARMLAND FOOD CO.,LTD,香港注册)通过其设在汇丰银行(中国)有限公司的离岸账户(OFF SHORE A/C)予以支付。2007 年 2 月,佳业物流再次接受该公司委托完成了 5 票货物的出口海运代理,帮助其在船公司订舱并经过海关的报检,其中提单号为 DQDDXBM702107、DQDDXBM702205、DQDDXBM702313 项下的货物的供货商为临沂九诚进出口有限公司,其买方为青岛华美庄园食品有限公司(QINGDAO FARMLAND FOOD CO.,LTD,香港注册),贸易方式为 F.O.B,出口商证实其出口货物由 QINGDAO FARMLAND FOOD CO.,LTD(青岛华美庄园食品有限公司,香港注册)自行安排订舱出运,相关货款经由 QINGDAO FARMLAND FOOD CO.,LTD(青岛华美庄园食品有限公司,香港注册)设在汇丰银行(中国)有限公司的离岸账户 004802971055 予以支付并经外汇核销(该账户相关款项现经佳业物流申请,已被依法冻结)。

提单号 APLU063020688 和 NHQ012097 项下的货物的供货商为龙口市建成果品有限公司,其买方也是 QINGDAO FARMLAND FOOD CO.,LTD(青岛华美庄园食品有限公司,香港注册),该出口商同样证实其出口货物也是由 QINGDAO FARMLAND FOOD CO.,LTD(青岛华美庄园食品有限公司,香港注册)自行安排订舱出运,相关货款由 QINGDAO FARMLAND FOOD CO.,LTD(青岛华美庄园食品有限公司,香港注册)予以支付亦经外汇核销。

提单编号为 APLU063020688、DQDDXBM702107、DQDDXBM702205、DQDDXBM702313 项下货物共计产生的海运费为 18 005.25 美元,佳业物流于 2007 年 3 月 29 日予以垫付,提单编号 NHQ012097 项下货物产生海运费 2 326 美元,佳业物流于 2007 年 3 月 12 日予以垫付,以上费用合计 20 331.25 美元。

QINGDAO FARMLAND FOOD CO.,LIMITED(青岛华美庄园食品有限公司)系在香港登记注册成立,该公司已经明确表示已经被法院冻结的设在汇丰银行(中国)有限公司的离岸账户 004802971055 系其所有,在银行出具的相关转账单据中,该户主名称的显示均为 QINGDAO FARMLAND FOOD CO.,LTD。庭审中,青岛华美庄园食品有限公司(QINGDAO FARMLAND FOOD CO.,LIMITED)认为 QINGDAO FARMLAND FOOD CO.,LIMITED 与佳业物流起诉的 QINGDAO FARMLAND FOOD CO.,LTD 存在 LIMIT-ED 以及 LTD 的区别,否认两公司的同一性。同时,青岛华美庄园食品有限公司(QING-DAO FARMLAND FOOD CO.,LIMITED)一方面不承认与临沂九城进出口有限公司、龙口市建成果品有限公司以及本案原告有任何业务关系,另一方面又无法解释为何该公司的离岸账户中与前述公司存在资金往来。

青岛华美庄园食品有限公司经青岛市工商行政管理局登记注册,其登记的住所地为青岛保税区上海路 34 号一段三层 C2-2。在前述的出口货物海运提单所记载的托运人一栏中,shipper 记载的名称均为 QINGDAO FARMLAND FOOD CO.,LTD,部分提单显示托运人的住所地为 RM 1702,PARKSON INT'L BUSSINESS CENTRE,60 ZHONGSHAN ROAD,QINGDAO CHINA(中国青岛市中山路60号百盛国际商务中心1702室),而且在佳业物流接受的订舱委托书上的上沿也显示了同样的地址。在该公司使用的印章上英文标识为 QINGDAO FARMLAND FOOD CO.,LTD,与本案青岛华美庄园食品有限公司(QINGDAO FARMLAND FOOD CO., LIMITED)所使用的注册名称仅存在 LIMITED 及 LTD 的拼写差别。

二、一审裁判

青岛海事法院认为,本案首先应当解决的是被告的诉讼主体是否适格的问题。青岛华美庄园食品有限公司(QINGDAO FARMLAND FOOD CO., LIMITED)声称己方的名称为 QINGDAO FARMLAND FOOD CO.,LIMITED,原告所起诉的被告名称为 QINGDAO FARMLAND FOOD CO., LTD,因而原告的诉讼主体错误。作为基本常识,英文 LTD 是 LIMITED 的简写,放在公司商号中并无区别,均表示有限公司。的确,被告在香港登记注册的名称使用的是 LIMITED,但是银行账单显示在青岛与相关单位发生经济往来所使用的离岸账户名称以及与本案出口业务有关联的内地供应商发生业务关系的商号名称都是 LTD,这充分说明 LTD、LIMITED 的通用性以及其商号名称同时也使用 LTD 的事实,佳业物流已经说明其起诉对象就是青岛华美庄园食品有限公司(QINGDAO FARMLAND FOOD CO., LIMITED),而且青岛华美庄园食品有限公司(QINGDAO FARMLAND FOOD CO., LIMITED)亦没能举证证明在香港同时还存在另一个注册为 QINGDAO FARMLAND FOOD CO., LTD 的商号存在,法院认定佳业物流起诉的被告 QINGDAO FARMLAND FOOD CO., LTD 就是前来应诉的 QINGDAO FARMLAND FOOD CO.,LIMITED。

根据查明的事实,本案所发生的海运业务货物的进口商就是青岛华美庄园食品有限公司(QINGDAO FARMLAND FOOD CO., LIMITED),从通过其设在青岛的离岸账户向供货商临沂九城进出口有限公司等卖方付款以及出口商均确认贸易商为青岛华美庄园食品有限公司(QINGDAO FARMLAND FOOD CO., LIMITED)可予证明,青岛华美庄园食品有限公司(QINGDAO FARMLAND FOOD CO., LIMITED)在庭审中所声称的与临沂九城进出口有限公司、龙口市建成果品有限公司没有业务往来显然不能成立。现无证据显示青岛华美庄园食品有限公司(青岛注册)与本案的出口商就本案所涉及的出口货物存在业务往来, QINGDAO FARMLAND FOOD CO., LIMITED (LTD)只是在质证中提出青岛华美庄园食品有限公司(青岛注册)才是本案的货运委托人,但是即使青岛华美庄园食品有限公司(青岛注册)的英文名称也同样为 QINGDAO FARMLAND FOOD CO.,LTD,该公司也显然不是国际贸易合同的买方,因为作为普通内贸不需要进行外汇核销以及海关报验等外贸的必须程序,而且临沂九城进出口有限公司、龙口市建成果品有限公司证实出口的货运事宜由进口商 QINGDAO FARMLAND FOOD CO., LIMITED(LTD)完成,也就是说由青岛华美庄园食品有限公司(QINGDAO FARMLAND

FOOD CO., LIMITED)负责办理出口货物的订舱出运事宜。结合佳业物流在 2007 年 1 月经办的提单托运人显示为 QINGDAO FARMLAND FOOD CO., LTD 的出口货物业务也是由青岛华美庄园食品有限公司(QINGDAO FARMLAND FOOD CO., LIMITED)向佳业物流支付了相关费用的事实,足以认定青岛华美庄园食品有限公司(QINGDAO FARMLAND FOOD CO., LIMITED)作为本案所涉出口货物的买方,委托佳业物流办理了涉案货物的订舱出运事宜。

对于青岛华美庄园食品有限公司(青岛注册)参与出口运输事宜行为的认定。根据以上查明的事实,QINGDAO FARMLAND FOOD CO., LIMITED 为本案所涉货物买卖合同的买方无疑,且负有安排货物出运的义务。作为一家注册、经营地址在香港的公司,其委托青岛华美庄园食品有限公司(青岛注册)在青岛代为寻找一家国际货物运输代理企业或者国际货物运输企业办理涉案货物出运符合海运操作惯例。在此情况下,作为被告代理人的青岛华美庄园食品有限公司(青岛注册)与佳业物流签署了货运代理协议,委托佳业物流办理涉案货物的出运事宜。这一货物出运过程与本案所涉的国际贸易模式以及惯常海运操作实践相吻合,且无任何相反证据予以反驳,法院予以确认。

青岛华美庄园食品有限公司(青岛注册)委托佳业物流办理涉案货物出运,并未超出青岛华美庄园食品有限公司(QINGDAO FARMLAND FOOD CO., LIMITED)的授权范围,而被告青岛华美庄园食品有限公司(QINGDAO FARMLAND FOOD CO., LIMITED)直接向佳业物流支付一月份出运费用的事实,也表明青岛华美庄园食品有限公司(QINGDAO FARMLAND FOOD CO., LIMITED)认可佳业物流代为安排其货物出运,同时,该事实也证明佳业物流应当知道青岛华美庄园食品有限公司(QINGDAO FARMLAND FOOD CO., LIMITED)才是委托其办理货物出运的委托人,青岛华美庄园食品有限公司(青岛注册)仅仅是青岛华美庄园食品有限公司(QINGDAO FARMLAND FOOD CO., LIMITED)的代理人,因此,根据《中华人民共和国合同法》第 402 条"受托人以自己的名义,在委托人的授权范围内与第三人订立的合同,第三人在订立合同时知道受托人与委托人之间的代理关系的,该合同直接约束委托人和第三人"之规定,本案佳业物流与青岛华美庄园食品有限公司建立的货运委托合同关系应直接约束本案当事人。青岛华美庄园食品有限公司(QINGDAO FARMLAND FOOD CO., LIMITED)作为涉案货物出运的委托人,理应偿还佳业物流为办理其货物出运所先行垫付的费用。

综上,法院认为青岛华美庄园食品有限公司(QINGDAO FARMLAND FOOD CO., LIMITED)作为货运的委托人应当向佳业物流支付其垫付的海运费用以及自垫付费用的第二天起按银行同期贷款利率计算的延期履行的债务利息。依照《中华人民共和国合同法》第 398 条、第 402 条的规定,判决:

(1) 青岛华美庄园食品有限公司[QINGDAO FARMLAND FOOD CO., LIMITED (LTD)]于本判决生效之日起 10 日内向佳业物流支付 20 331.25 美元及按同期贷款利率计算的至本判决生效之日止的债务利息。其中 18 005.25 美元自 2007 年 3 月 30 日起算利息,2 326美元于2007年3月13日起算利息。

(2) 驳回佳业物流的其他诉讼请求。

案件受理费3 609元,由青岛华美庄园食品有限公司[QINGDAO FARMLAND FOOD CO., LIMITED (LTD)]负担3 460.13元,由佳业物流负担148.87元。如未按照本判决指定的期间履行给付金钱义务,应当依照《中华人民共和国民事诉讼法》第232条的规定,加倍支付延期履行期间的债务利息。

三、上诉与答辩

上诉人青岛华美庄园食品有限公司(QINGDAO FARMLAND FOOD CO., LIMITED)不服一审判决上诉称,佳业物流诉讼的对象为在青岛注册的青岛华美庄园食品有限公司(QINGDAO FARMLAND FOOD CO., LTD),而不是上诉人青岛华美庄园食品有限公司(QINGDAO FARMLAND FOOD CO., LIMITED)。青岛海事法院通知我公司参加诉讼违反诉讼程序。青岛海事法院认为我公司与佳业物流存在货运代理合同关系系认定事实错误。

(1) 青岛华美庄园食品有限公司(QINGDAO FARMLAND FOOD CO., LTD)与青岛华美庄园食品有限公司(QINGDAO FARMLAND FOOD CO., LIMITED)是独立的两个主体。

(2) 从订舱委托单、提单和货运代理协议看,与佳业物流发生货运代理合同关系的均是青岛华美庄园食品有限公司(QINGDAO FARMLAND FOOD CO., LTD)而不是青岛华美庄园食品有限公司(QINGDAO FARMLAND FOOD CO., LIMITED)。

(3) 临沂九城进出口有限公司、龙口市建成果品有限公司没有出庭作证,其证明没有法律效力。请求二审法院驳回佳业物流的诉讼请求或发回重审。

被上诉人佳业物流答辩称,佳业物流起诉的就是在香港注册的青岛华美庄园食品有限公司(QINGDAO FARMLAND FOOD CO., LIMITED),LTD是LIMITED的简写,都表示有限公司的意思,青岛华美庄园食品有限公司(QINGDAO FARMLAND FOOD CO., LIMITED)对外发生业务也使用LTD的简称。青岛华美庄园食品有限公司(QINGDAO FARMLAND FOOD CO., LIMITED)曾为同样的代理业务支付过费用,本案所涉出口货物的买方也为上诉人,青岛华美庄园食品有限公司(QINGDAO FARMLAND FOOD CO., LTD)虽与佳业物流签订过合同,但该合同未履行,因此,青岛华美庄园食品有限公司(QINGDAO FARMLAND FOOD CO., LIMITED)应为货运代理业务的委托人,应当偿还佳业物流垫付的费用。青岛华美庄园食品有限公司(QINGDAO FARMLAND FOOD CO., LTD)而不是青岛华美庄园食品有限公司(QINGDAO FARMLAND FOOD CO., LIMITED)采用相同的英文名称注册,人员和业务以及财务混同,误导交易对象,应认为公司人格混同。本案应当维持原审判决。

四、二审裁判

青岛华美庄园食品有限公司(QINGDAO FARMLAND FOOD CO., LIMITED)在二

审中提交了对外贸易经营者备案登记表、海运费发票、佳业物流的承诺函、垫款申请、信用证,合同等证据,由于上述证据大部为英文材料,庭审后,其又将上述证据取回用于翻译,后未再提交。

佳业物流在二审中提交证据两份,一份为在华律网下载的刘某律师的个人简介,上面所留的联系方式为刘某本人的手机号码。另一份为中华人民共和国驻澳大利亚大使馆经济商务参赞处的网页,上面有青岛华美庄园食品有限公司的咨询留言。上面所留的联系电话为刘某的电话和青岛市的电话。佳业物流以此来证明上述两公司混同。青岛华美庄园食品有限公司(QINGDAO FARMLAND FOOD CO., LIMITED)认为,上述网页上的信息真实性无法证明。

山东省高级人民法院认为,青岛华美庄园食品有限公司(QINGDAO FARMLAND FOOD CO., LIMITED)为在香港注册的企业,本案系涉港货运代理合同纠纷案件,在本案的一审审理中,青岛海事法院根据冲突规则适用中华人民共和国法律审理当事人的纠纷,当事人没有提出不同意见,山东省高级人民法院对此予以确认。本案争议的焦点为青岛华美庄园食品有限公司(QINGDAO FARMLAND FOOD CO., LIMITED)与佳业物流是否存在货运代理合同关系以及青岛海事法院审理程序是否违法。

从本案争议货运代理合同的订立、履行看,名称为 QINGDAO FARMLAND FOOD CO., LTD 的公司向佳业物流先后出具了几票货物的委托订舱单,然后由佳业物流向承运人订舱,取得委托人为 QINGDAO FARMLAND FOOD CO., LTD 的提单,在佳业物流垫付费用后,QINGDAO FARMLAND FOOD CO., LTD 曾向佳业物流支付了部分费用。按照《中华人民共和国公司登记管理条例》第11条"公司名称应当符合国家有关规定。公司只能使用一个名称"的规定,青岛华美庄园食品有限公司(QINGDAO FARMLAND FOOD CO., LTD)在内地工商登记机关登记的名称为青岛华美庄园食品有限公司而没有英文名称,且也不可能登记英文名称。受托人佳业物流在接收 QINGDAO FARMLAND FOOD CO., LTD 的订舱时有理由相信其接受的是一个非内地企业的订舱委托,并且在香港注册的 QINGDAO FARMLAND FOOD CO., LIMITED 向其支付过垫付费用,由于 QINGDAO FARMLAND FOOD CO., LIMITED 在银行开户等民事活动中使用了 QINGDAO FARMLAND FOOD CO., LTD 的名称,LTD 与 LIMITED 在英文中本就表达了有限公司的同一含义,因此,佳业物流有充分理由相信委托其订舱的为在香港注册的 QINGDAO FARMLAND FOOD CO., LIMITED 而非在青岛注册的青岛华美庄园食品有限公司。一审判决认定在香港注册的青岛华美庄园食品有限公司(QINGDAO FARMLAND FOOD CO., LIMITED)是本案争议货物的委托人并无不当,令其偿还佳业物流为委托事务垫付的费用符合法律规定。

作为本案原告的佳业物流在起诉状中所列被告名称为青岛华美庄园食品有限公司(QINGDAO FARMLAND FOOD CO., LIMITED),但所列被告住所地为香港九龙尖沙咀广东道5号海港城海洋中心12层1213室。这清楚表明,佳业物流起诉的为在香港注册的公司,青岛海事法院依照原告诉状中所列被告地址向青岛华美庄园食品有限公司(QINGDAO FARMLAND FOOD CO., LIMITED)送达起诉状符合法律规定。

综上所述,上诉人上诉无理,一审判决认定事实清楚,适用法律得当,判决结果应当维持。依据《中华人民共和国民事诉讼法》第 153 条之规定,判决如下:

驳回上诉,维持原判。

二审案件受理费 3 609 元由上诉人青岛华美庄园食品有限公司(QINGDAO FARMLAND FOOD CO., LIMITED)负担。

本判决为终审判决。

11.1.4 对于货主是否委托人的认定

4 上诉人河南省华兴实业有限公司与被上诉人中海集装箱运输青岛有限公司、青岛明佳货运有限公司、周明佳货运代理合同纠纷案

案例来源:山东省高级人民法院(2006)鲁民四终字第 118 号
主题词:货运代理合同　委托人　货主　非明知并认可

> **裁判要旨**
>
> **No. ZH-11.1.4-1** 虽将货主的货物办理出运,但没有证据证明其办理货物出运事宜是受货主的委托,虽持有落款为货主的两份传真,但传真写明并非致该代理,货主也不认可,没有证据证实货主明知并认可代理为其货物出运的转委托货运代理人,并就出运事宜直接指示该代理。故法院不认定代理与货主之间成立货运代理合同关系,对其要求货主支付垫付费用的请求不予支持。

一、基本案情

上诉人(原审原告):中海集装箱运输青岛有限公司(以下简称中海公司)

上诉人(原审被告):河南省华兴实业有限公司(以下简称河南华兴)

原审被告:青岛明佳货运有限公司(以下简称明佳货运)

原审被告:周明佳

青岛海事法院审理查明:明佳货运于 2000 年 4 月 10 日在青岛成立,其法定代表人为周明佳,经营范围为货物运输咨询服务,其不具有从事国际货物运输代理的资格。

2001 年 5 月 21 日左右,郑州市人民政府经济技术协作办公室收到一份申请书,内容为"我公司是由国家外经贸部批准在青岛市工商局注册成立的货运公司,主要承办集装箱及散杂货物的海、陆、空进出口运输代理业务……特申请在郑州市开设办事处"。申请末尾签章处为"青岛明佳货运有限公司"。

2001 年 5 月 28 日,郑州市人民政府经济技术协作办公室下发郑经协外管字〔2001〕197 号文件,内容如下:"青岛明佳货运有限公司:你公司来函收悉。经研究,同意设立青岛明佳货运有限公司驻郑州办事处,请到有关部门办理手续。"2004 年 11 月

24日，郑州市经济联络办公室出具《外地驻郑办事处机构备案证明》，证明内容为："青岛明佳货运有限公司驻郑州办事处已在我办进行备案登记，特此证明……负责人：张华，工作范围：业务联络、咨询、服务。"

2004年6月30日，河南华兴给青岛明佳货运有限公司郑州办事处发出货物出口委托书，出口委托书中载明发货单位名称为河南华兴，收货人为K-FRANK SCIENTIFIC CO. LTD，价格条款FOB LIANYUNGANG，货物数量为2×20′集装箱，还载明有关货物的其他资料。同日，青岛明佳货运有限公司郑州办事处将河南华兴的这份出口货物委托书加盖自己的公章，稍作改动后，传真给中海公司。青岛明佳货运有限公司郑州办事处的这份委托书与河南华兴的委托书相比，只是合同编号不一致，其余内容完全相同。

2004年7月23日，河南华兴给中海公司发出传真，内容如下：我公司所配贵公司2×20′的货物，船名/航次XIANG FENG/240S，提单号：8LYGLOS236220；船名/航次YALUJIANG/008N，提单号：8LYGLOS236233，因原收货人K-FRANK SCIENTIIFIC CO. LTD不要货，不得不转卖其他客人，所以恳请贵司将收货人更改为NEWSUMTECH VENTURES LTD 24 IJAOYE ST. JIBOWU YABA LAGOS，否则，我司客人将无法提货，由此更改引起的一切责任及后果由我司承担。

就上述两个集装箱的货物，中海公司代理承运人分别签发了号码为8LYGLOS236220以及号码为8LYGLOS236233的提单。号码为8LYGLOS236220的提单上载明：托运人河南华兴，收货人NEWSUMTECH VENTURES LTD 24 IJAOYE ST. JIBOWU YABA LAGOS，货物数量1×20′FCL，运费支付方式为预付运费，本票货物承运人中海集装箱运输（香港）有限公司。号码为8LYGLOS236233的提单上载明的托运人、收货人、货物数量、运费支付方式、承运人等内容与号码为8LYGLOS236220的提单一致。

2004年5月25日，河南华兴给青岛明佳货运有限公司郑州办事处发出货物出口委托书，委托书中载明：发货单位河南华兴，价格条款FOB QINGDAO，货物数量3×40′集装箱，还载明有关货物的其他资料。同日，青岛明佳货运有限公司郑州办事处将河南华兴的这份出口货物委托书加盖公章稍作改动后，传真给中海公司。青岛明佳货运有限公司郑州办事处的这份委托书与河南华兴的委托书相比，除了合同编号不一致，其余内容基本一致。

2004年6月23日，河南华兴给黄岛港站发出传真一份，内容如下：我公司配中海公司一票货物，船名/航次：TAOYUAN/0245W，要求进行分单。中海公司为此代理承运人签发了号码为CTAOLOS2D0271A、CTAOLOS2D0271B、CTAOLOS2D0271C的3票提单。提单上均载明运费预付，承运人为中海集装箱运输股份有限公司。

河南华兴还提供一份信函，信函中载明："郑州市外埠装饰有限公司：我公司委托青岛明佳货运有限公司郑州办事处代理出口货物运输业务，因本公司目前资金周转不便，请贵公司替我司垫付港口人民币费用给青岛明佳货运有限公司郑州办事处。"

2005年2月6日，青岛明佳货运有限公司郑州办事处向中海公司出具付款保函，称：我司保证在2005年2月28号前将下表所列费用付至贵司指定账户，保函中列明提

货运代理合同・委托人・货主・非明知并认可

单号 CTAOLOS2D0271 的运费 11 250 美元，THC1680 元，港杂费 1 350 元，报关费 233 元，其他费用 16 000 元；提单号 8LYGLOS236220 的海运费 2 100 美元，THC370 元，港杂费 300 元，报关费 30 元，其他费用 3 064 元；提单号 8LYGLOS236233 的海运费 2 100 美元，THC370 元，港杂费 300 元，其他费用 2 984 元。保函还约定：每日按拖欠金额的同期银行贷款利率支付逾期付款违约金。

中海公司已将号码为 8LYGLOS236220、8LYGLOS236233 的提单项下的所有海运费支付给承运人中海集装箱运输（香港）有限公司；将号码为 8LYGLOS236220 的提单项下的 THC370 元、港杂费 300 元、其他费用 3 064 元，号码为 8LYGLOS236233 的提单项下的 THC370 元、港杂费 300 元、其他费用 2 984 元，支付给连云港中海集装箱储运有限公司；将号码为 CTAOLOS2D0271A、CTAOLOS2D0271B、CTAOLOS2D0271C 的提单项下的所有海运费支付给承运人中海集装箱运输股份有限公司；将号码为 CTAOLOS2D0271A/B/C 的提单项下的 THC1 680 元、港杂费 1 350 元、其他费用 16 000 元支付给青岛新东方集装箱储运有限公司。

河南华兴提供青岛明佳货运有限公司郑州办事处负责人张华的收条 3 张，用以证明已经向青岛明佳货运有限公司郑州办事处交纳了相关费用。青岛海事法院审查后认为，该 3 张收条并未注明提单号，无法证明张华收到的款项即为涉案提单项下所涉的运杂费。

明佳货运由股东周明佳和杨晶共同出资组建，周明佳于 2000 年 4 月 10 日将崂山区崂山路锦绣花园的房产一处用于公司的投资，但至中海公司起诉之日，位于崂山区崂山路锦绣花园的房产所有权人仍为周明佳，并未变更所有权。

二、一审裁判

青岛海事法院认为，青岛明佳货运有限公司郑州办事处从名称就可以知晓其性质为"办事处"，而办事处无权从事经营活动，而且郑州市经济联络办公室在其出具的《外地驻郑办事处机构备案证明》中，明确其工作范围为"业务联络、咨询、服务"，因此，青岛明佳货运有限公司郑州办事处不具备民事主体的行为能力。河南华兴明知青岛明佳货运有限公司郑州办事处的性质及工作范围，仍然委托其从事国际货物运输代理业务，这种委托行为是无效的民事行为。根据河南华兴给中海公司发出的要求修改收货人名称的传真、要求分单的传真等证据，可以认定河南华兴知道青岛明佳货运有限公司郑州办事处联系中海公司为其办理出口货物运输事宜，而且中海公司已经实际从事了出口运输代理业务，因此在河南华兴与中海公司之间建立了事实上的货运代理关系。

河南华兴不能证明已将涉案运杂费支付给青岛明佳货运有限公司郑州办事处，即使能够证明，这种支付行为也不能免除对中海公司的偿付义务。

明佳货运否认其设立了青岛明佳货运有限公司郑州办事处，中海公司亦无证据证明该办事处出具付款保函的行为得到了明佳货运的授权。因而，中海公司要求明佳运应对青岛明佳货运有限公司郑州办事处承诺付款的行为承担责任的主张无事实和法律依据,不予支持,明佳货运无须承担责任,因此,尽管周明佳投资不到位,在本案中也无须承担责任。

中海公司要求支付律师代理费的主张,无法律依据,不予支持。

综上所述,中海公司与河南华兴之间货运代理关系成立。因此,河南华兴应当支付中海公司垫付的相关费用及利息。青岛明佳货运有限公司郑州办事处为河南华兴联系运输事宜,其在出具的付款保函中记载号码为 CTAOLOS2D0271、8LYGLOS236220、8LYGLOS236233 的提单项下海运费 15 450 美元及杂费 26 681 元,可以据此认定本案所涉货物运输所产生的费用数额。上述费用中,海运费 15 450 美元及杂费 26 418 元,中海公司已经垫付,因此,河南华兴应当向中海公司偿付该费用。且至少从起诉之日,即 2005 年 3 月 28 日起,河南华兴应当支付该费用的利息。报关费 263 元,中海公司未能提供证据证明该费用已垫付,因此,中海公司要求河南华兴支付该费用的主张,不予支持。根据《中华人民共和国民法通则》第 58 条、《中华人民共和国合同法》第 398 条及相关的法律规定,判决:

(1) 河南华兴支付中海公司海运费 15 450 美元及杂费 26 418 元及自 2005 年 3 月 28 日起至本判决确定支付之日止的同期银行贷款利息。

(2) 驳回中海公司对明佳货运的诉讼请求。

(3) 驳回中海公司对周明佳的诉讼请求。

上述支付款项应于判决生效之日起 10 日内付清,逾期则加倍支付迟延履行期间的债务利息。案件受理费 6 300 元,保全费 1 783 元,由河南华兴承担 4 902 元,由中海公司承担 3 181 元。

三、上诉与答辩

上诉人河南华兴不服原审判决,向山东省高级人民法院提起上诉称:

(1) 如果经查证青岛明佳货运有限公司的公章被伪造,青岛明佳货运有限公司郑州办事处负责人则涉嫌合同诈骗,本案应中止审理。

(2) 河南华兴与中海公司之间不存在货运代理关系。

① 河南华兴未曾给中海公司及黄岛港站发出传真,2004 年 6 月 23 日和 7 月 23 日的传真是向张华发出的,传真的抬头分别是致中海船公司和黄岛港站,不是致本案当事人中海公司。

② 在货物出口过程中,河南华兴只委托青岛明佳货运有限公司郑州办事处办理,并只与该办事处联系,从来没有与中海公司及其他方发生过联系,提单也是办事处交给河南华兴的。河南华兴与中海公司之间没有建立货运代理合同的合意,两者之间不存在合同关系。

(3) 河南华兴不应承担向中海公司付款的责任。

① 河南华兴已将涉案提单项下的运杂费支付给了青岛明佳货运有限公司郑州办

事处。

② 青岛海事法院不应以该办事处的经营范围来否定委托合同的效力。

③ 中海公司与明佳货运之间的合同是无效的。

④ 即使河南华兴与青岛明佳货运有限公司郑州办事处、青岛明佳货运有限公司郑州办事处与中海公司两个合同无效,河南华兴也无任何过错。

(4) 原审判决认定中海公司已向相关单位支付本案所涉费用依据不足。

河南华兴请求撤销原审判决,发回重审或改判。

上诉人中海公司不服原审判决,向山东省高级人民法院提起上诉称:青岛明佳货运有限公司郑州办事处提交保函同意支付本案所涉费用。根据青岛明佳货运有限公司郑州办事处的登记材料和申请书足以证明该办事处是明佳货运申请设立并已获得批准,并领取了《外地驻郑办事机构备案证明》。中海公司请求撤销原审判决第(2)、(3)项,改判明佳货运和周明佳对本案所涉欠款承担连带责任。

针对河南华兴的上诉理由,中海公司辩称:

(1) 河南华兴与中海公司之间存在货运代理关系。

① 青岛明佳货运有限公司郑州办事处并非国际货物运输代理企业,无权代表河南华兴直接向承运人租船订舱,必须寻找一家代理公司从事本案业务,因此明佳货运在本案中为联络人。

② 中海公司是代河南华兴实际办理本案业务出运的单位。

③ 河南华兴明知并认可中海公司为其货物出运的代理人,并就出运事宜直接指示中海公司予以办理。2004 年 6 月 23 日和 7 月 23 日的两份传真落款为河南华兴,中海公司持有上述传真。

④ 河南华兴主张两份传真是发给明佳货运的观点,没有事实依据。

⑤ 从转委托的角度分析,依公平合理的原则,也可以认定河南华兴与中海公司之间形成了委托代理关系。

⑥ 中海公司在本案中为货运代理人,而不是承运人的代理人。

(2) 中海公司垫付了本案所涉的运杂费用。货物业已顺利出运,中海公司垫付的是合理的必要的费用,数额没有超过河南华兴自认的数额。

(3) 河南华兴未向明佳货运支付本案运杂费。

① 河南华兴提交的收条上仅有张华的签字,在张华没有出庭作证的情况下,真实性无法确定。

② 收条上没有船名、航次和提单号,因此无法证明是本案所涉费用。退一步讲,即使确认河南华兴向佳明货运支付了涉案运杂费,那么此种支付也属不当、无效的支付,因为河南华兴应当直接向中海公司支付。青岛明佳货运有限公司郑州办事处仅是一家办事处,没有权利收取国际货物运输所产生的运杂费。支付美元现金的做法,违反了外汇管理规定。另外,河南华兴关于明佳货运同意承担债务,意味着其债务免除的观点没有事实与法律依据。

原审被告明佳货运述称:我公司未设立"青岛明佳货运有限公司郑州办事处"。《外地驻郑机构申请表》上的法定代表人的签字不是周明佳,资料都是假的。资料里的张华是我公司的一个客户,她与公司有业务时,让把营业执照与身份证明都寄给她。我公司与本案无关,不应承担责任。

原审被告周明佳述称:同明佳货运的意见一致,周明佳不承担民事责任。

四、二审裁判

山东省高级人民法院查明的事实,与原审判决认定的事实基本相同。

山东省高级人民法院认为:

1. 关于河南华兴是否承担本案所涉运杂费

本案中,河南华兴负有向中海公司支付运杂费义务的前提是河南华兴与中海公司之间存在货运代理合同关系。中海公司提供的证据尚不能证实河南华兴与中海公司之间存在合同关系。

(1) 中海公司将河南华兴的货物办理了出运,但没有证据证明其办理货物出运事宜是受河南华兴的委托。

(2) 中海公司虽持有时间为 2004 年 6 月 23 日和 7 月 23 日,落款为河南华兴的两份传真,但上述传真写明致中海船公司和黄岛港站,并不是致中海公司,在河南华兴主张传真是向张华发出的情况下,并不能认定河南华兴直接向中海公司发出了该两份传真。中海公司未能提供证据证实河南华兴明知并认可中海公司为其货物出运的货运代理人,并就出运事宜直接指示中海公司。

(3) 转委托须经委托人同意。如前所述,中海公司未能提供证据证实河南华兴明知中海公司为其货物出运的货运代理人,因此转委托并未成立。

综上,中海公司未能提供有效证据证实在该公司与河南华兴之间存在合同关系,其要求河南华兴偿付代垫运杂费的诉讼请求没有事实和法律依据,应予驳回。

2. 关于明佳货运和周明佳是否承担本案所涉运杂费

明佳货运否认其设立了青岛明佳货运有限公司郑州办事处。从各方当事人提供的该办事处的申请设立材料和登记材料来看,尚无法认定该办事处为明佳货运设立,亦无法认定该办事处出具付款保函的行为得到了明佳货运的授权。中海公司以该办事处出具付款保函为由要求明佳货运承担责任,无事实和法律依据。对本案所涉运杂费,明佳货运不应承担偿还责任,周明佳亦无须承担,对中海公司的上诉请求山东省高级人民法院不予支持。

综上,关于河南华兴是否承担本案所涉运杂费问题,原审判决适用法律有误,应予纠正。关于明佳货运和周明佳是否承担本案所涉运杂费问题,原审判决认定事实清楚,适用法律正确,应予维持。依照《中华人民共和国民事诉讼法》第 153 条第 1 款第(一)项、第(二)项之规定,判决如下:

(1) 维持(2005)青海法海商初字第 68 号民事判决第(2)项和第(3)项;

货运代理合同・委托人・货主・非明知并认可

(2) 撤销(2005)青海法海商初字第 68 号民事判决第(1)项;

(3) 驳回中海集装箱运输青岛有限公司对河南省华兴实业有限公司的诉讼请求。

一、二审案件受理费 12 600 元、财产保全费 1 783 元,由中海集装箱运输青岛有限公司负担。

本判决为终审判决。

11.1.5 公司人格混同的认定及委托人的责任

5 上诉人山东青和进出口有限公司与被上诉人青岛信风船务代理有限公司货运代理合同纠纷案

案例来源:山东省高级人民法院(2007)鲁民四终字第 10 号

主题词:货运代理合同　委托人　独立法人　公司混同　滥用公司独立人格

裁判要旨

No. ZH-11.1.5-1　两个不同的具备法人资格的公司,应仅对各自的债务承担责任。两公司的法定代表人及控股股东虽为夫妻关系,不能得出两公司的意志不能独立。两公司所经营的出口货物种类相同,各自出口的一票货物的目的港相同,一票货物的客户相同,电话、传真、地址、联系人相同的事实,不能认定两公司在资产和财务方面是混同的,也不能认定两公司丧失了公司的独立人格。在没有证据证明两公司有滥用公司独立人格损害债权人利益的行为的情况下,货运代理人要求非委托人的另一公司对其债务承担偿还责任没有事实和法律依据,不予支持。

一、基本案情

上诉人(原审被告):山东青和进出口有限公司(以下简称青和公司)

被上诉人(原审原告):青岛信风船务代理有限公司(以下简称信风公司)

原审被告:山东美食食品有限公司(以下简称美食公司)

原审被告:山东同泰食品有限公司(以下简称同泰公司)

原审被告:诸葛青川

青岛海事法院查明:2003 年 9 月 17 日起,信风公司接受美食公司租船订箱委托,共计代办 13 票货物出运。为履行委托事务,信风公司垫付运杂费 95 984.40 元,美食公司等被告拒不支付。美食公司法定代表人诸葛青川,系公司董事长,副董事长刘谭清、罗玉君,总经理诸葛青川(清川),副总经理汪照宏,经营范围为速冻保鲜蔬菜等。投资外方为马来西亚同泰花生厂有限公司、蔡家校父子有限公司。美食公司于 2002 年 9 月 17 日设立,2005 年 10 月 8 日因未年检被吊销,美食公司登记住所为山东省莒南县西环路,庭审中青和公司、同泰公司和诸葛青川的代理人均承认美食公司与青和公司、同泰公司经营场所相同,电话及传真也相同。

同泰公司住所为莒南县长安东路 5 号,电话 73121××。投资外方为马来西亚同泰花生厂有限公司,经营范围为速冻保鲜蔬菜等。公司董事长尤向东,副董事长刘谭清、诸葛清川,总经理刘谭清,副总经理诸葛青川(同泰公司在庭审中认可)。

青和公司住所莒南县长安东路 5 号,电话 73121××。法定代表人何萍,股东包括诸葛青盛、何萍等 5 人,何萍占股份 60%。信风公司称诸葛青盛系诸葛青川之弟,何萍系诸葛青川之妻。

青和公司装箱单业务签章显示"青川根据青和公司授权签署"。

同泰公司装箱发票业务签章显示"同泰公司经理诸葛青川"。

报关单显示,美食公司、青和公司出口货物种类、目的港等均一致。

与信风公司进行业务往来的业务员孙运排,分别以美食公司、青和公司和同泰公司的名义进行操作,托运人均为青和公司,业务联系电话、传真、地址相同。

同泰公司卫生注册登记申请书,申请人为同泰公司,交款人为青和公司。同泰公司、青和公司均未对代为履行债务进行举证。

二、一审裁判

青岛海事法院认为,信风公司与美食公司之间货运代理合同内容真实,符合法律规定,具有法律效力,双方应根据合同行使权利、履行义务。信风公司在履行了代办货物出运事务的义务后,即享有向被告请求垫付运杂费的权利。美食公司拒不支付,系违约行为,依法应承担违约责任。

关于美食公司与青和公司、同泰公司人格是否混同,要看双方的举证情况而定。本案中,美食公司、青和公司、同泰公司的经营地址均为莒南县长安东路 5 号,办公电话同为 0539-73124××、73177××,传真同为 0539-73120××,业务员同为孙运排。信风公司初步证明,该三公司人格高度混同,是"一套人马,三块牌子"。三家公司的经营范围均有"速冻保鲜蔬菜"等内容。被告答辩称经营范围不完全相同,共同办公是为节约成本,并不违反法律规定。青岛海事法院认为,该三家公司是同业竞争关系而非合作关系,业务信息是其最重要的商业资源,辩称为减少办公成本而损害商业资源,不符常理,被告的答辩理由显然不能成立。

本案中,基于公司意思表示及经营决策机构严重混同和特殊的婚姻家庭关系,该三家公司均不能对外独立作意思表示,公司意志已丧失独立性,美食公司的正、副董事长分别为诸葛青川、刘谭清、罗玉君;总经理诸葛青川、副总经理汪照宏;同泰公司的正、副董事长分别为尤向东、刘谭清、诸葛青川(清川),总经理刘谭清,副总经理诸葛青川(清川)。公司作为独立的法律主体,其意志只能通过董事会和经理表达。两家从事同类竞争业务的公司决策层如此混同,决定了两家公司的意志不能独立,因此,两公司的人格不可能独立,而是受控于同一决策者的一体公司。形式上具有两公司的外壳,正是滥用公司独立人格摆脱债务的手段。被告也未对何萍系诸葛青川之妻的主张进行否认,青和公司 60% 的股份由何萍控制。基于特殊的婚姻家庭关系,青和公司的意志也不能独立,青和公司业务签章显示"青川按青和公司授权签署",青和公司虽然对"青川"非"诸葛青川"提出异议,但青和公司作为授权人没有对"青川"的身份进行说明和举证,可以认为青川即诸葛青川。根据业务签章可以看出,三家公司经营上均须经实际控制人诸葛青川方能对外作意思表示。三家公司虽然形式上具有"法人独立人格",但实际上三家公司独立地位已经丧失,成为逃避公司债务的工具。

此外,根据报关单显示,美食公司、青和公司出口货物的种类、目的港一致,美食公司、青和公司、同泰公司租船订舱委托书也证明托运人一致,电话、传真、地址、联系人相同。2004年9月14日同泰公司卫生注册登记申请书,申请人是同泰公司,缴款人却是青和公司。被告未提供证据证明青和公司是在代为履行债务。以上证明,三家公司的业务、客户、资产和财务方面是混同的,均丧失了公司的独立人格。事实上形成了利益共同体,实为一体公司,成为滥用公司独立人格逃避债务的工具。三家公司严重混同经营,滥用公司独立人格,违背了《中华人民共和国公司法》关于资本确定、资本不变和资本维持的基本原则,影响了对外独立承担责任的物质基础,也与《中华人民共和国民法通则》关于法人应有独立财产、独立承担民事责任的规定不符。三家公司应当共同承担责任。

关于诸葛青川是否要对美食公司的债务承担偿还责任,关键要看诸葛青川是否是公司股东,是否以其资产与公司资产混同、控制利用公司逃避债务。然而,信风公司并无证据证明诸葛青川的股东身份,没有证明诸葛青川的财产与公司财产混同。逃避债务仅仅发生在美食公司、同泰公司和青和公司之间,应由青和公司、同泰公司共同对美食公司的债务承担偿还责任,而非由诸葛青川与青和公司、同泰公司共同承担。信风公司关于由诸葛青川连带承担美食公司债务的诉讼请求,证据不足,于法无据,应予驳回。

青岛海事法院经合议庭合议并经审判委员会讨论,根据《中华人民共和国民法通则》第37条、《中华人民共和国公司法》第20条、《中华人民共和国合同法》第398条及《中华人民共和国民事诉讼法》第64条、第130条之规定,判决:

(1) 美食公司偿付信风公司运杂费95 984.40元及利息(利率以中国人民银行同期贷款利率为准,自2004年5月21日起至本判决确定的给付之日止),限于判决生效之日起10日内付清,逾期,须加倍支付迟延履行期间的债务利息;

(2) 青和公司和同泰公司对上述款项承担共同偿还责任;

(3) 驳回信风公司对诸葛青川的诉讼请求。案件受理费3 710元,由美食公司、同泰公司和青和公司共同负担。

三、上诉与答辩

上诉人青和公司不服原审判决,向山东省高级人民法院提起上诉称:原审判决关于"青和公司60%的股份由何萍控制。基于特殊的婚姻家庭关系,青和公司的意志也不能独立""三家公司独立地位已经丧失,成为逃避公司债务的工具"与"三家公司的业务、客户、资产和财务方面是混同的,均丧失了公司的独立人格"的认定不但与事实不符,而且表述也是错误的。一个公司是否具备独立的人格是以是否具备合法的股东、资产、住所、章程等基本要件为标准的,而并不是以客户及业务等为基本要件。上诉人是由诸葛青盛、何萍等5人投资设立的公司,具备独立的股东、合法的资本、健全的账务等具备法人的必须的条件,是一个完全独立的法人。青岛海事法院仅以上诉人与美食公司的部分业务与客户相同,就否定了上诉人的独立人格,是以偏否全,显然是错误的。上诉人具备健全的账务账册,其资产、财务、纳税都是独立的,并没有逃避任何债务,信风公司并没有任何证据证实上诉人逃避债务。青岛海事法院亦在没有任何证据的情况下,仅以"特殊的婚姻关系"为理由就认定上诉人与美食公司逃避债务是站不住脚的。作为青和公司和美食公司住所地的莒南县是花生制品出口大县,很多公司都经营这种商品的出口;联系人都是孙运排,是因为他长期从事这项工作,为多家公司代理报检。青和公司认为信风公司依上述证据主张公司混同是没有依据的。鉴于以上分析,上诉人与同泰公司和美食公司均系独立法人,且投资主体、经营时间、经营范围均不相同,并不是一体公司,不应对美食公司的债务承担责任。

被上诉人信风公司辩称:

(1)青和公司在一、二审中均未提出证据证明自己公司人格的独立性,也未提交证据对信风公司提交的青和公司人格混同的证据加以否认。

(2)青和公司一方面做着股东滥用对公司的控制权,操纵公司实施有损公司自身利益,使公司形骸化的自损行为;另一方面又利用公司人格的独立原则,抗辩债权人的债权,妄想达到规避法律的目的。青和公司对公司的自损行为,违背了权利不得滥用原则和诚信原则,因此理应对公司人格予以否认。

(3)青和公司与美食公司的业务与客户、人员、联系方式相同,是事实上的业务资源的转移。信风公司认为原审判决正确,请求予以维持。

原审被告美食公司、原审被告同泰公司和原审被告诸葛青川未提交意见。

四、二审裁判

山东省高级人民法院查明:信风公司一审提交的本案欠款所涉的海运提单上记载的托运人均为美食公司,租船订箱委托书是以美食公司和同泰公司的名义发给信风公司的,目的港分别为泰国曼谷、马来西亚巴生、中国香港、斐济苏瓦、德国汉堡、克罗地亚里耶卡、美国纽约。

信风公司为证实美食公司与青和公司的客户混同,提交的证据为两份与本案欠款所涉业务无关的提单及相应的租船订箱委托书和装箱单。上述提单上记载的托运人分别为美食公司和青和公司,通知人均为 ADVENT D.O.O. PULA。两份租船订箱委托书中的一份以美食公司的名义发出,要求将提单托运人写为青和公司。

信风公司为证实美食公司和青和公司出口货物种类、目的港相同,提交的证据为报关单两份。两份报关单显示,美食公司于2004年1月出口一批干煮果和烘焙花生,青和公司于 2004 年 6 月出口一批干煮果,两批货物的指运港均为马来西亚。

山东省高级人民法院查明的其他事实与原审判决认定的事实相同。

山东省高级人民法院认为,本案欠款所涉业务均非青和公司委托信风公司办理,青和公司亦非海运提单上记载的托运人,信风公司与青和公司之间不存在合同关系。青和公司与美食公司均为具备法人资格的公司,应仅对各自的债务承担责任。从青和公司的法定代表人及控股股东何萍与美食公司的法定代表人诸葛青川为夫妻关系这一事实,并不能得出青和公司和美食公司的意志不能独立;从诸葛青川曾按照青和公司授权签发该公司的装箱单这一事实,也无法得出青和公司经营上须经实际控制人诸葛青川方能对外作出意思表示。从美食公司和青和公司所经营的出口货物种类相同、两公司各自出口的一票货物的目的港相同、一票货物的客户相同,美食公司发出一份托运人为青和公司的租船订箱委托书,以及两公司电话、传真、地址、联系人相同的事实,尚不能认定青和公司和美食公司在资产和财务方面是混同的,也不能认定上述两公司丧失了公司的独立人格。信风公司未能举证证明青和公司和美食公司有滥用公司独立人格损害美食公司债权人利益的行为。信风公司起诉青和公司,要求其对美食公司的债务承担偿还责任,该诉讼请求没有事实和法律依据,依法应予驳回。

综上,上诉人青和公司的上诉理由成立,山东省高级人民法院支持其上诉请求。原审判决判令青和公司对美食公司的欠款承担共同偿还责任没有事实依据,应予改判。依照《中华人民共和国民事诉讼法》第 130 条、第 153 条第 1 款第(一)项和(二)项之规定,判决如下:

(1) 维持青岛海事法院(2006)青海法海商初字第 53 号民事判决第(1)项和第(3)项;

(2) 变更(2006)青海法海商初字第 53 号民事判决第(2)项为:山东同泰食品有限公司对(2006)青海法海商初字第 53 号民事判决第(1)项确定的款项承担共同偿还责任;

(3) 驳回青岛信风船务代理有限公司对山东青和进出口有限公司的诉讼请求。

如果未按本判决指定的期间履行给付金钱义务,应当依照《中华人民共和国民事诉讼法》第 232 条之规定加倍支付迟延履行期间的债务利息。

一审案件受理费 3 710 元,由青岛信风船务代理有限公司负担 1 855 元,由山东美食食品有限公司和山东同泰食品有限公司共同负担 1 855 元;二审案件受理费 3 710 元,由青岛信风船务代理有限公司负担。

本判决为终审判决。

货运代理合同·委托人·独立法人·公司混同·滥用公司独立人格

11.1.6 事实上存在货运代理合同关系的委托人的确定及其责任

⑥ 上诉人青岛永乐农业发展有限公司与被上诉人青岛经济技术开发区裕龙国际物流有限公司货运代理合同纠纷案

案例来源:山东省高级人民法院(2008)鲁民四终字第6号
主题词:货运代理合同　委托人　印章鉴定　出口收汇核销单　出口报关单　提单

> **裁判要旨**
>
> **No. ZH-11.1.6-1**　委托人认为货运代理提交的证据材料中其印章是伪造的,于一审提出鉴定申请,并提交了一个用以比对的印章样式。但是,委托人工商登记资料中不同时间内的不同文件上加盖的印章显著不同,法院认定委托人实际使用的公章不止一枚,即使通过鉴定能够证明所提交证据材料中其印章确与其提交的用以比对的印章样式不同,也无法证明货运代理所提交证据材料中委托人的印章必然是伪造的,故法院不同意委托人的鉴定申请。
>
> **No. ZH-11.1.6-2**　出口收汇核销单上虽未填写单位名称和代码,但均加盖了海关的验讫章,核销单的编号与出口报关单上的批准文号一一对应,出口报关单上注明的提单号与货运代理提交的提单完全吻合,说明出口收汇核销单与货物的出口事实密不可分,在没有证据予以推翻的情况下,法院认定委托人与货运代理存在事实上的货运代理关系,应支付货运代理垫付的费用。

一、基本案情

　　上诉人(原审被告):青岛永乐农业发展有限公司(以下简称永乐公司)

　　被上诉人(原审原告):青岛经济技术开发区裕龙国际物流有限公司(以下简称裕龙公司)

　　青岛海事法院经审理查明:2005年2月24日、3月3日、3月7日,永乐公司委托裕龙公司代办4票胡萝卜出运韩国有关运输、报关、报检事务。裕龙公司接受委托后,代永乐公司向长锦商船(中国)船务有限公司青岛分公司订舱,取得4份提单副本并支付了海运费。关于报关事务,经裕龙公司介绍(经办人王健),由永乐公司直接委托连云港华丰国际货运有限公司办理了涉案货物的报关事务。提单号SNKOQMAK 5301117项下的货运垫付的海运费、港杂费18 396.8元人民币,提单号SNKOQMAK 5301116项下的货运垫付的海运费、港杂费18 396.8元人民币,提单号SNKOQMAK 5281137项下的货运垫付的海运费、港杂费36 673.60元人民币,永乐公司已确认,予以认定。提单号SNKOQMAK 5311123项下的货运,裕龙公司诉称垫付海运费、港杂费等20 596元人民币,未经永乐公司确认,青岛海事法院结合长锦商船(中国)有限公司青岛分公司收取的海运费为12 212元人民币,对裕龙公司垫付的海运费12 212元予以认定。裕龙公司代理永乐公司出运货物共产生费用 85 679.2 元人民币,扣除裕龙公司已收到 20 000 元外,永乐公司尚欠 65 679.2 元。

二、一审裁判

青岛海事法院认为,当事人双方争议的关键是是否存在货运代理合同关系。根据双方举证情况,裕龙公司主张接受永乐公司委托办理有关货运事宜,其提交的提单副本、运费确认函、由永乐公司盖章的外汇核销单、报关单、装箱单等证据,完成了初步举证责任。永乐公司抗辩否认委托裕龙公司为其货运代理,但其没有提供相应证据证明裕龙公司为何持有由其盖章的外汇核销单、报关单、通关单等事实。而且,永乐公司的抗辩与黄岛海关及长锦商船(中国)船务有限公司的证据不符,依法不能成立。根据谁主张谁举证原则和证据优势原则,青岛海事法院认定,裕龙公司与永乐公司存在事实上的货运代理合同关系。裕龙公司代理永乐公司出运货物,垫付了运杂费,全面履行了合同义务,永乐公司拖欠运杂费 65 679.2 元,显然构成违约。根据《中华人民共和国民事诉讼法》第 64 条,《中华人民共和国合同法》第 109 条、第 398 条之规定,判决:

青岛永乐农业发展有限公司偿付青岛经济技术开发区裕龙国际物流有限公司垫付的运杂费 65 679.2 元人民币。案件受理费 2 732 元,裕龙公司负担 309.3 元,永乐公司负担 2 422.7 元。

三、上诉与答辩

永乐公司不服一审判决上诉称:

(1)青岛海事法院认定事实错误,证据不足。永乐公司从未委托裕龙公司代办有关货物的运输、报关、报检事务,从未委托裕龙公司代为订舱,也从未经裕龙公司职员王健的介绍直接委托连云港华丰国际货运有限公司办理涉案货物的报关事宜。4 份代理报关委托书的委托方经办人是王健,委托书上法定代表人或授权签字人一栏的签字人是王健,而王健是裕龙公司的业务员。永乐公司从未对提单号 SNKOQMAK 5301117、SNKOQMAK 5301116、SNKOQMAK 5281137 项下的海运费、港杂费予以确认。提单号 SNKOQMAK 5311123 项下的海运费、港杂费,裕龙公司称是 20 596 元,长锦商船(中国)船务有限公司青岛分公司证明是收取 12 212 元。永乐公司从未给付裕龙公司 20 000 元费用,裕龙公司不能出示永乐公司付款的证据。裕龙公司提供的入货通知单上的加工产品地与永乐公司无任何关系。裕龙公司提交的 4 份运费确认函系传真件,裕龙公司不能证明该传真是永乐公司发出的,永乐公司从未使用过该传真件上的电话号码为裕龙公司传真过任何材料。永乐公司和裕龙公司之间不存在任何书面代理合同,永乐公司也未给裕龙公司出具过任何报关、报检手续,裕龙公司提交的所有证据材料中,除了外汇核销单以外,所有永乐公司的印章都是伪造的。

(2)一审期间,永乐公司向法院提出了对裕龙公司提交的证据上"青岛永乐农业发展有限公司"的印章进行鉴定的申请,被青岛海事法院拒绝,损害了永乐公司的合法权益。

货运代理合同・委托人・印章鉴定・出口收汇核销单・出口报关单・提单

请求依法驳回裕龙公司的诉讼请求。

裕龙公司答辩称，一审判决认定事实清楚，证据确凿。理由是：黄岛海关出具的代理报关委托书和委托报关协议证明永乐公司有4笔货物在海关部门进行了委托报关手续。报关单和出口收汇核销单证明永乐公司有4笔货物已经在海关部门报关完毕并通关，4笔报关单与出口收汇核销单一一对应。长锦商船（中国）船务有限公司青岛分公司出具的证据证明，裕龙公司为永乐公司4笔货物出口海运订舱付费。裕龙公司主张的报关费、单证费、港杂费、商检费、CFS费等费用，都是裕龙公司为永乐公司实际支出的费用，依行业惯例应当收取。裕龙公司在永乐公司未支付货运代理费和垫付费用前，保留了报关单和出口收汇核销单，印证了永乐公司欠费的事实。请求依法驳回上诉，维持原判。

四、二审裁判

山东省高级人民法院经审理查明，本案一审期间，永乐公司曾向法院申请鉴定裕龙公司提交的除出口收汇核销单外其他证据上"青岛永乐农业发展有限公司"印章的真伪，并提交了永乐公司经工商行政管理局备案的印章图样一份作为比对。青岛海事法院驳回了鉴定申请。在永乐公司向青岛海事法院提交的该公司工商登记材料中，有多份材料加盖了永乐公司印章，经肉眼观察可清楚发现，2004年10月25日《公司变更登记申请书》《章程修正案》《企业（公司）申请登记委托书》上加盖的印章与2006年3月13日《指定代表或者共同委托代理人的证明》《公司变更登记申请书》《章程修正案》及2006年3月2日《无偿使用协议》加盖的印章显著不同。

山东省高级人民法院查明的其他事实与一审法院查明的事实相同。

根据上诉人的上诉和被上诉人的答辩，山东省高级人民法院认为，本案的争议焦点为：一是永乐公司关于对本案所涉印章进行鉴定的申请应否准许；二是当事人之间是否存在货运代理关系。

关于第一个问题，山东省高级人民法院认为，永乐公司主张裕龙公司所提交的除出口收汇核销单以外的所有证据材料中永乐公司的印章都是伪造的，与永乐公司备案的印章明显不符，因此提出鉴定申请，并提交了一个用以比对的印章样式。但是，由于永乐公司提交的其工商登记资料中2004年10月25日《公司变更登记申请书》《章程修正案》《企业（公司）申请登记委托书》上加盖的印章与2006年3月13日《指定代表或者共同委托代理人的证明》《公司变更登记申请书》《章程修正案》及2006年3月2日《无偿使用协议》加盖的印章显著不同，说明永乐公司实际使用的公章不止一枚，即使通过鉴定能够证明裕龙公司所提交证据材料中永乐公司的印章确与永乐公司提交的用以比对的印章样式不同，也无法证明裕龙公司所提交证据材料中永乐公司的印章必然是伪造的。因此，青岛海事法院不同意永乐公司的鉴定申请并无不当。

关于第二个问题，山东省高级人民法院认为，永乐公司对裕龙公司提交的4份出口收汇核销单上永乐公司的印章的真实性不持异议，但因核销单上未填写单位名称和代码，故否认核销单与本案的关联性。但是，4份出口收汇核销单均加盖了中华人民共和国海关的验讫章,4份出口收汇核销单的编号与4票货物出口报关单上的批准文号一一对应,而4份出口报关单上注明的提单号与本案所涉4份提单完全吻合,说明4份出口收汇核销单与本案4票货物的出口事实密不可分。永乐公司虽主张4份出口收汇核销单已经作废,但未提交有效证据予以证明。在永乐公司既不能证明裕龙公司提交证据中永乐公司印章系伪造,也不能证明出口收汇核销单何以作废,亦不能合理解释裕龙公司何以持有永乐公司盖章的出口收汇核销单的情况下,青岛海事法院依据谁主张谁举证和证据优势原则认定永乐公司和裕龙公司之间事实上存在货运代理关系是正确的。另外,由于永乐公司证明不了裕龙公司提交证据材料中永乐公司印章系伪造,青岛海事法院依据费用确认函等认定裕龙公司垫付费用数额并无不当。

综上所述,一审判决认定事实清楚,适用法律正确,应予维持。永乐公司的上诉无理,证据不足,依法不予支持。依照《中华人民共和国民事诉讼法》第153条第1款第(一)项之规定,判决如下:

驳回上诉,维持原判。

二审案件受理费2732元,由青岛永乐农业发展有限公司负担。

本判决为终审判决。

11.1.7 依照交易习惯确定货运代理合同委托人的身份及垫付费用的承担

7 上诉人青岛环球国际货运代理有限公司与被上诉人青岛东旺国际物流有限公司货运代理合同纠纷案

案例来源:山东省高级人民法院(2009)鲁民四终字第89号

主题词:货运代理合同 委托人 提单签收人 交易习惯

裁判要旨

No. ZH-11.1.7-1 委托人在提单签收人自货运代理处签收包括涉案提单在内的4份提单后,向货运代理通过银行转账支付了前3票提单项下的垫付费用,涉案提单项下与前3票业务涉及的货物品名相同,运输始发地、目的地和收货人相同,提单载明的托运人均为委托人,货物订舱出运的整个操作流程相同。虽然委托人否认签收提单人系其工作人员或其代理人,但因同一提单签收人自货运代理处签收了涉案正本提单,又不能证明提单签收人何以有权代表其签收另外3票货物的提单而无权代表其签收涉案提单,法院认定提单签收人也有权代表委托人签收涉案提单,委托人与货运代理之间就本案涉案提单项下货物也存在货运代理合同关系,应当向货运代理支付垫付费用。

No. ZH-11.1.7-2 货运代理以美元代垫海运费,主张折合成人民币支付,法院按照其主张权利之日的美元兑人民币汇率中间价折合人民币予以支持。

一、基本案情

上诉人(原审原告):青岛环球国际货运代理有限公司(以下简称环球公司)

被上诉人(原审被告):青岛东旺国际物流有限公司(以下简称东旺公司)

青岛海事法院查明:环球公司以托运人为东旺公司的名义,就一票青岛运往纽约的装于40呎标箱内的家具饰品货物,于2005年8月向马士基(中国)航运公司青岛分公司订舱,该公司接受订舱后,环球公司的上一委托人向承运人交付了货物。马士基(中国)航运公司青岛分公司向环球公司交付了马士基(中国)航运公司于2008年8月9日签发的编号为TSTG73910的提单,该提单载明的托运人为东旺公司,收货人为太网物流公司。环球公司收到该提单后,于2005年8月11日将该提单交给了一名为"秦绪巍"的人员,该人在提单复印件上签名确认收到。环球公司于2005年9月6日向马士基(中国)航运公司青岛分公司支付了该票货物的相应海运费4 827.5美元、杂费1 280元人民币。环球公司未收到其为该票货物垫付的款项。

环球公司曾以同样的方式,就3票装于自青岛运往美国其他港口的40呎标箱内的家具饰品货物,以托运人为东旺公司的名义,于2005年8月向马士基(中国)航运公司青岛分公司订舱,并在取得马士基(中国)航运公司青岛分公司向其交付的编号为TSTG73911、TSTG79817、TSTG73886的提单后,于2005年8月11日将正本提单交付给了一名为"秦绪巍"的人员,该人在提单复印件上签名确认收到。环球公司亦分别垫付了该3票货物的海运费和杂费。东旺公司分别于2005年8月22日和29日,通过银行转账方式向环球公司支付了3笔款项,共计人民币57 000余元、美元5 250元。

环球公司对涉案货物的实际货主身份表示不清楚,但陈述秦绪巍为东旺公司工作人员,其他3票货物的提单交给秦绪巍后,东旺公司均支付了相应的垫付费用,因此,环球公司据此认为依据其他3票货物的业务流程和习惯,本案所涉的货物项下,委托人就是提单载明的托运人东旺公司,并因此要求东旺公司支付相应的费用。

东旺公司否认其曾委托环球公司办理涉案货物的订舱事宜,对环球公司陈述的内容不予认可,并声称,东旺公司与环球公司在本案所涉业务以前的业务已经结清所有款项,并不欠付环球公司任何费用。东旺公司否认秦绪巍系其工作人员,并否认秦绪巍代表其收取TSTG73911、TSTG79817、TSTG73886提单,东旺公司的委托代理人对东旺公司在涉案提单项下业务以前与环球公司之间的业务内容以及东旺公司为何在秦绪巍收取前述3套提单后向环球公司支付相应的3票提单项下垫付费用当庭表示不知道。

二、一审裁判

青岛海事法院认为,本案系货运代理合同纠纷,争议焦点在于,涉案货物是否系东旺公司委托环球公司办理订舱事宜,双方之间是否存在货运代理合同关系,东旺公司应否向环球公司支付相应垫付的海运费和杂费。

根据《中华人民共和国民事诉讼法》第64条第1款之规定,当事人对自己提出的主张,有责任提供证据。本案中,环球公司主张东旺公司委托其办理涉案货物的订舱事宜,东旺公司应向其支付垫付的海运费和杂费,环球公司就应当提交证据证明其主张的货运代理合同成立与有效以及东旺公司应当向其支付垫付费用的事实。但是,环球公司并未提交有关东旺公司委托其办理订舱事宜,双方之间存在国际货运代理合同关系或者东旺公司应向其支付其为涉案货物代垫费用的直接证据。虽然环球公司以东旺公司为托运人的名义向马士基(中国)航运公司青岛分公司订舱,马士基(中国)航运公司签发的提单载明的托运人是东旺公司,但仅系环球公司在订舱时的单方陈述,并未得到东旺公司的确认,对东旺公司并不具有相应的约束力,不能据此当然认定东旺公司即环球公司的委托人。而且,根据合同相对性原则,合同只约束合同的当事人,各彼此独立的合同具有相似的标的、相同的履行方式及具体经办人等,并不能当然推定各合同的当事人亦相同。虽然涉案货物与其他3票货物的提单均由环球公司交给了名为秦绪巍的人,东旺公司向环球公司支付了其他3票货物所涉的费用,但环球公司并未举证证明秦绪巍的具体身份,未举证证明秦绪巍系东旺公司的工作人员,不能证明秦绪巍领取提单的行为是履行东旺公司赋予的职务行为或者系为东旺公司的利益行事,环球公司亦未举证证明东旺公司向其支付其他款项系基于东旺公司委托其办理其他3票货物的订舱事宜后发生垫付款。故不能以此推定环球公司将涉案货物提单交给秦绪巍就是在履行东旺公司委托其办理相关订舱事宜的行为。

青岛海事法院依据《中华人民共和国民事诉讼法》第64条的规定,判决:

驳回青岛环球国际货运代理有限公司的诉讼请求;案件受理费912元人民币由青岛环球国际货运代理有限公司负担。

三、上诉与答辩

环球公司不服一审判决,提起上诉,请求:① 撤销一审判决,判令东旺公司向环球公司支付垫付的海运费4827.5美元、人民币费用1280元及利息;② 东旺公司承担一、二审诉讼费用。

事实与理由是:

1. 双方通过传真方式办理订舱出运事宜已经形成业务习惯

2005年8月初,东旺公司委托环球公司办理了4票国际货运代理业务,提单号分别为TSTG73910、TSTG73911、TSTG79817、TSTG73886。从订舱到订舱确认、订舱更改再到领取提单、运杂费支付等环节,4票货物订舱出运的操作流程完全一致,往来文书的形式一致,业务发生日期相近,提单记载的托运人、收货人、货物、目的港相同,双方之间形成了整套业务操作习惯。具体是:

(1) 东旺公司将自己的格式订舱单填写完毕后,传真给环球公司。订舱单除明确货物出运的基本信息外,还清楚载明订舱传真往来双方是东旺公司与环球公司。

(2) 环球公司代东旺公司向马士基公司订舱,马士基公司向环球公司发出订舱确认,初步确认船舶航次、提单号等。

（3）东旺公司根据需要对相关情况进行更改,以"更改通知"的形式传真告知环球公司。按照与上述(2)相同的程序,马士基公司作出订舱修改。

（4）经环球公司中转,东旺公司对提单进行 OK 确认,环球公司垫付费用,马士基公司签发正本提单。

（5）东旺公司业务员秦绪巍在正本提单复印件上签署姓名和领取日期,环球公司将全套正本提单转交给东旺公司。《中华人民共和国合同法》第 61 条规定:"合同生效后,当事人就质量、价款或者报酬、履行地点等内容没有约定或者约定不明确的,可以协议补充;不能达成补充协议的,按照合同有关条款或者交易习惯确定。"上述业务交易习惯不仅存在于当事人之间,还普遍存在于整个国际货运代理业,这种业务交易习惯对双方均有约束力。

2. TSTG73910 号提单项下国际货代业务真实存在,双方存在合法有效的国际货运代理合同关系

从纵向看,环球公司已经提交了 TSTG73910 号提单项下整票业务流程的相关证明。马士基公司盖章证明了 TSTG73910 号提单的真实性,而提单托运人一栏中明确记载了托运人就是东旺公司。鉴于双方是通过传真的方式办理订舱业务,且环球公司提交的是传真原件,在东旺公司没有提供证据推翻这些传真件的情况下,法院应当认定其效力。在国际货运代理业务中,鲜有用盖章原件办理订舱委托的情况,但青岛海事法院无视国际货运代理业的操作习惯,无视业已发生的 3 票代理业务,仅在东旺公司否认其真实性的情况下就不采信这些证据,与事实不符,认定错误。况且,"订舱单"传真件并非孤证,环球公司转交提单,东旺公司签收领取提单,马士基公司的订舱确认、提单确认、费用确认等,形成了完整的证据链条,共同证明:双方当事人就 TSTG73910 号提单项下货物存在真实有效的业务关系和法律关系。而东旺公司一直没有提供证据证明 TSTG73910 提单业务是其向环球公司以外的其他货代公司或马士基船公司订舱。

从横向看,当事人之间在 2005 年 8 月初连续发生 4 票业务,这些业务往来文书的形式一致,业务发生日期相近,提单记载的托运人、收货人、货物、目的港相同,领取正本提单的人相同,东旺公司已经支付了 3 笔款项。青岛海事法院既然已经认定了前 3 票业务的真实性,如果不认定第 4 票业务的真实性,实际上就否认了双方之间的业务操作习惯,更否定了前 3 票真实发生的国际货运代理业务。此外,青岛海事法院认为,环球公司未举证证明东旺公司向环球公司支付的 3 笔款项系基于东旺公司委托环球公司办理的前 3 票货物订舱事宜发生的垫付款。这种认定无视客观事实,违反证据的举证规则。既然法院已经认定东旺公司向环球公司支付过 3 笔款项,且环球公司主张上述费用系前 3 票货物的垫付费用,如果东旺公司否认,应当提供证据推翻,否则应当作出对东旺公司不利的认定。然而,东旺公司除了在庭审中声称不认可、不知道之外,未提供任何证据。既然 3 票业务真实发生,东旺公司委托环球公司办理了这 3 票业务,

货运代理合同 · 委托人 · 提单签收人 · 交易习惯

秦绪巍领取了这 3 票业务的正本提单,那么,秦绪巍即便不是东旺公司的员工,也是代东旺公司领取正本提单的,秦绪巍无疑是东旺公司的代理人。退一步讲,即使秦绪巍不是东旺公司的员工,也不是东旺公司的代理人,作为善意第三人的环球公司有充分理由相信秦绪巍就是东旺公司的代理人,根据《中华人民共和国合同法》第 49 条的规定,秦绪巍的代理行为有效,应当约束东旺公司。因此,秦绪巍领取正本提单的行为是代表东旺公司所为,双方之间存在订舱业务关系,存在国际货运代理合同关系。

3. 东旺公司应当支付环球公司代垫的费用

根据法院已经采信的证据,环球公司向马士基船公司就涉案业务支付了 4 827.5 美元、1 280 元人民币。

东旺公司未提交书面答辩状,当庭述称,对环球公司的上诉理由不认可。

四、二审裁判

山东省高级人民法院经审理查明:环球公司向青岛海事法院提交的银行进账单和记账联证明,在 2005 年 8 月 11 日环球公司将 TSTG73886、TSTG73910、TSTG73911、TSTG79817 号提单交付给秦绪巍以后,东旺公司于 2005 年 8 月 22 日和 29 日通过银行转账方式向环球公司支付了 3 笔款项,共计 57 996 元人民币和 5 250 美元。环球公司主张收到的上述费用是东旺公司就另外 3 票货物向其支付的代垫海运费和杂费,东旺公司若否认其向环球公司支付的 57 996 元人民币及 5 250 美元系其就另外 3 票货物支付的运杂费,则东旺公司应承担举证责任。然而,东旺公司既主张双方在本案所涉业务以前的业务已经结清所有款项,又不能说明在涉案提单项下业务以前与环球公司之间的业务内容,也不能说明为何在秦绪巍收取与本案业务同时发生的另 3 票业务的提单后向环球公司支付费用。在东旺公司对其向环球公司支付上述 57 996 元人民币和 5 250 美元款项的原因和性质不能作出任何解释的情况下,环球公司关于上述费用为东旺公司就另外 3 票货物向其支付的代垫海运费和杂费的主张应予支持。

山东省高级人民法院查明的其他事实与青岛海事法院认定的事实一致。

根据上诉人的上诉和被上诉人的答辩,本案的争议焦点是:环球公司与东旺公司就本案所涉 TSTG73910 号提单项下货物是否存在货运代理合同关系。

山东省高级人民法院认为,虽然东旺公司否认秦绪巍系其工作人员或其代理人,但东旺公司在秦绪巍签收包括本案提单在内的 4 份提单后,向环球公司支付了 TSTG73886、TSTG73911、TSTG79817 号提单项下货物的代垫海运费和杂费,应当认定秦绪巍有权代表东旺公司签收上述提单,环球公司与东旺公司就该 3 票货物存在货运代理合同关系。而根据已查明的事实,TSTG73910 号提单项下业务与上述 3 票业务涉及的货物品名相同,运输始发地和目的地相同,提单载明的托运人均为东旺公司,收货人均为太网物流公司,环球公司都将正本提单交给了秦绪巍,秦绪巍均签字确认收到,货物订舱出运的整个操作流程相同。因此,在东旺公司不能就秦绪巍何以有权代表其签收另外 3 票货物的提单而无权代表其签收本案所涉提单作出解释并予以证明的情况下,应当认定秦绪巍也有权代表东旺公司签收本案所涉提单,环球公司与东旺公司之间就本案所涉提单项下货物也存在货运代理合同关系,东旺公司应当支付环球公司代垫的海运费4827.5美元、杂费1280元人民币。环球公司主张4827.5美元换算成人民币支付,金额为40164.8元。但按照环球公司主张权利之日即2007年8月7日美元兑人民币汇率中间价7.6529计算,上述美元数换算成人民币为36944.37元。该海运费加上1280元人民币杂费,东旺公司应向环球公司支付人民币38224.37元。环球公司主张利息损失,应予支持,利息应自环球公司主张权利之日按银行同期贷款利率计算。

综上所述,原审判决认定事实基本清楚,但判决理由不当,结果有误,应予纠正。经山东省高级人民法院审判委员会研究,依照《中华人民共和国民事诉讼法》第153条第1款第(二)项之规定,判决如下:

(1)撤销青岛海事法院(2007)青海法海商初字第173号民事判决。

(2)青岛东旺国际物流有限公司于本判决生效之日起10日内向青岛环球国际货运代理有限公司支付代垫海运费、杂费共计人民币38224.37元及相应利息(利息自2007年8月7日起,按中国人民银行同期银行贷款利率,计算至本判决确定支付之日止)。

(3)驳回青岛环球国际货运代理有限公司的其他诉讼请求。

如未按本判决指定的期限履行给付金钱义务,应当依照《中华人民共和国民事诉讼法》第229条之规定,加倍支付迟延履行期间的债务利息。

一、二审案件受理费各912元,青岛东旺国际物流有限公司分别负担821元,青岛环球国际货运代理有限公司分别负担91元。

本判决为终审判决。

11.1.8 个人以他人名义从事委托活动的责任认定

⑧ 上诉人王进德、周玉华与被上诉人青岛海发国际货运有限公司货运代理合同纠纷案
案例来源:山东省高级人民法院(2006)鲁民四终字第4号
主题词:货运代理合同　委托人　经办人　无授权　以法人名义委托

裁判要旨

No. ZH-11.1.8-1 经办人不能证明其有所谓的法人的授权,也未能证明其与法人有任何形式的关联,更未能证明事后其得到法人的追认,虽然经办人以法人名义委托他人从事货运代理业务,但未能证明该法人与涉案货物有任何形式的联系或系委托人,法院认定经办人个人应对委托合同关系承担责任,并承担向受托人支付垫付费用的义务。

一、基本案情

上诉人(原审被告):王进德

上诉人(原审被告):周玉华

被上诉人(原审原告):青岛海发国际货运有限公司(以下简称海发公司)

一审法院查明,2003年8月7日,海发公司与王进德签订了一份废塑料进口委托代理合同,合同的抬头处为甲方C&H进出口贸易有限公司(C&H Import and Export Trading Corp,以下简称C&H公司),签字盖章处甲方为王进德签字,乙方由海发公司业务人员胡立玉签字并加盖海发公司的单位公章。合同主要条款约定甲方委托乙方代理废塑料进口至青岛,代理事项包括贸易代理、进口通关、港口交接、运输等,双方另约定除代理费外相关费用的超期费由甲方自己承担,甲方在乙方打出税单后将关税全部付清,余款在提货前付清。2003年7月间,以本案海发公司为记名提单收货人的编号分别为LAXTSN525980、LAXTSN526466、LAXTSN526820的3票自美国洛杉矶进口的废塑料488.06吨到达天津港,海发公司办理了相关货物的通关手续,共支付关税81 755.48元、增值税131 681.83元。提单号为LAXTSN525980项下的集装箱货物另产生滞箱费48 323元,以上费用共计261 760.31元,海发公司业已支付。庭审中海发公司说明本次诉讼其主张上述垫付款项中的259 556元。

2003年11月10日,王进德又以自己的名义书面授权海发公司业务人员胡立玉全权处理其存放在天津的500吨左右的废塑料,在该授权委托书中王进德使用了"我存放在天津"的字样。

另查明,王进德与周玉华于2003年1月3日协议离婚,在双方离婚协议的财产处理部分中,两人注明"无财产、无外债、无借款、无住房、无其他纠纷"。

以上事实,均有证据在卷,足以认定。

二、一审裁判

青岛海事法院认为,本案关键在于认定海发公司于2003年8月7日签订的废塑料进口委托代理合同的委托方究竟是合同抬头处标明的美国C&H公司还是在该合同上最终签章的王进德本人。王进德为证明该合同的当事人为C&H公司所提交的证据部分形成于境外未经过公证认证且从内容上看不出与本案有何关联,其他证据也不足以证实其主张,对其证据不予认定。从内容上看,该合同原为委托原告代理进口废塑料至青岛港,但根据海发公司提交的提单、报关单、税单等证据可以看出,海发公司代理进口的废塑料目的港并非青岛而是天津新港,王进德在货物到港后的当年11月份重新向海发公司出具了委托书,再次确认了其委托人的身份。鉴于合同及委托书均由王进德本人签字确认,而且在海发公司从事进口代理的过程中,王进德也从未向海发公司出具过任何所谓C&H公司的授权委托,因而法院认定海发公司与王进德委托代理合同关系成立,王进德应当偿还海发公司垫付的相关款项。

王进德与海发公司签订进口代理合同及合同的履行期间均在2003年八九月间,而王进德与周玉华于2003年11月登记离婚,因而王进德在本案中所欠债务发生在王进德与周玉华婚姻存续期间,按现行法律,该债务属于夫妻共同债务,周玉华同样负有偿还义务。

综上,海发公司的诉讼请求理由正当,证据充分,应予支持。根据《中华人民共和国民法通则》第106条和最高人民法院《关于适用〈中华人民共和国婚姻法〉若干问题的解释(二)》第24条的规定,判决:王进德、周玉华自判决生效之日起10日内共同向海发公司支付欠款259 556元。案件受理费6 404元,诉前保全费1 820元由被告王进德、周玉华承担。

三、上诉与答辩

上诉人王进德不服一审判决上诉称,本案纠纷所涉及的废塑料代理合同系海发公司与C&H公司于2003年签订,而非海发公司与王进德个人签订;该合同的当事人是海发公司和C&H公司,而王进德个人并非该合同的当事人;该合同所约束的权利义务主体是被上诉人与C&H公司,而非王进德个人。王进德个人是C&H公司的法定代表人。王进德在该合同上签字仅仅是代表C&H公司进行经营活动,由此产生的权利义务依法应当由C&H公司享受和承担。

海发公司基于上述货运代理合同提起本案诉讼,不仅在主体上不能成立,而且在事实上也没有依据。因为,从本案证据分析,海发公司不仅没有完全履行上述合同所约定的义务,而且主张的所谓垫付费用的项目和数额也根本没有有效的相关凭证可以证明。

此外,对于C&H公司已支付的10万元"代理费"实际上已经远远超过合同约定的代理费数额,而超过的部分应当为C&H公司支付的代理费之外的其他费用的事实。

如上,本案一审判决主体认定错误,严重缺乏事实依据,请求二审法院依法撤销一审判决,支持上诉人的上诉请求,驳回海发公司的诉讼请求。

上诉人周玉华不服一审判决上诉称,本案纠纷与其毫无关系,因为本案纠纷所涉及的废塑料代理合同系海发公司与C&H公司签订,该合同的当事人是海发公司和C&H公司,该合同所约束的权利义务主体是海发公司与C&H公司,基于该合同所产生的民事责任,只能由海发公司与C&H公司承担。王进德是C&H公司的法定代表人,它代表C&H公司进行经营活动而产生的民事责任依法应当由C&H公司承担。而上诉人与王进德早就于2003年11月离婚,更何况本案纠纷所涉及的、海发公司单方主张的、尚不能确定的债务决非王进德以个人名义所负。最高人民法院《关于适用〈中华人民共和国婚姻法〉若干问题的解释(二)》第24条中所说的"夫妻一方以个人名义所负债务",应理解为该一方所负债务是直接因家庭生活需要产生的,也就是说,该债务所直接产生的利益是直接用于家庭生活的。而本案所谓"债务"(尚不确定)的产生,是缘于C&H公司与海发公司的合同行为,与王进德个人无关,更与上诉人个人无关。

如上,请求二审法院依法撤销该一审判决,支持上诉人的上诉请求,驳回海发公司对上诉人的诉讼请求。

四、二审裁判

山东省高级人民法院经审理查明,王进德在本案一审审理期间提交了经美国加利福尼亚州洛杉矶郡公证员 Whee Chin Lee 公证并经我国驻洛杉矶总领事馆认证的材料一份,按照公证材料的记载,公证员仅对 C&H 公司的公司条例的真实性进行了与原档案记录的比对,并证明该件是真实和正确的。C&H 公司的公司条例记载:公司名称,C&H Import and Export Trading Corp. ;公司目的是在加利福尼亚州公司法下,可以组织任何合法的行为和活动,除银行业务。公司经营业务是被加利福尼亚州公司章程批准的。公司的服务代表在加利福尼亚州的姓名和地址是,Joseph Chao,300 S. Garfield Ave. Suite 201,Monterey Park,CA 91754。该公司仅被授权一级股票的发放,授权股份发放总数为 1 000 股,公司创立者 Joseph Chao。上述证据真实有效,予以采信。王进德主张其为 C&H 公司法定代表人的证据未经公证认证,不予采信。

另查明,海发公司垫付的关税均是在其货物进口时预交的关税保证金中扣除的,关税保证金的交付时间均在 2003 年 9 月 4 日之前。海发公司在接到王进德委托处理其在天津货物的授权后,委托中海集装箱运输天津有限公司办理了部分手续,中海集装箱运输天津有限公司亦证明 B/L:LAXTSN526466/525980 两个涉案提单项下货物缴纳的滞箱费均是 2003 年 9 月份前产生的费用。

山东省高级人民法院认为,本案是海发公司以王进德为委托合同的委托人提起的垫付费用纠纷,虽然从本案当事人各方提交的证据看,2003 年 8 月 7 日签订的委托合同及 2004 年 7 月 12 日海发公司开具的收款收据中表面上列明的是 C&H 公司,但是在本案的审理中,作为经办人的王进德未能证明其具有 C&H 公司的授权,也未能证明其与 C&H 公司有任何形式的关联,更未能证明事后其得到 C&H 公司对该业务的追认,从现有的证据不能证明 C&H 公司与本案所涉及的货运代理合同有任何形式的联系,作为经办人的王进德不能证明 C&H 公司为本案所涉代理关系的委托人,因此王进德个人应对该委托合同关系承担责任。按照一审认定的事实,王进德应该偿付的垫付款项数额包括代垫关税和滞箱费两项内容,上述代垫费用有海关的关税收取凭证且凭证上均记载了相应的提单号,并且凭证上记载的提单号与本案中所涉货物的运输提单号相对应,中海集装箱运输天津有限公司出具的收款票据原件上未见任何涂改的痕迹,因此,王进德和周玉华抗辩的垫付费用缺少有效凭证的主张不能成立。按照 2003 年 8 月 7 日签订的委托合同的内容,合同当事人未在合同中约定代理费事项及数额,因此 2004 年 7 月 12 日王进德交付的 10 万元代理费应是双方对该笔业务中代理费数额的事后确认,王进德主张该 10 万元超出部分抵顶垫付款项的理由缺少合同依据。由于王进德欠付的上述费用均产生在其与周玉华婚姻存续期间,该债务应为夫妻共同债务,双方具有共同偿还责任,周玉华主张夫妻共同债务仅限于生活支出债务缺少法律依据,其该主张亦不予以支持。

综上所述,上诉人上诉无理,一审判决认定事实基本清楚,适用法律得当,判决结果应当维持。依据《中华人民共和国民事诉讼法》第 153 条第 1 款第(一)项之规定,判决如下:

驳回上诉,维持原判。

二审案件受理费 6 404 元由王进德、周玉华共同承担。

本判决为终审判决。

11.1.9 受托人以自己名义对外委托的责任承担

⑨ 上诉人甘肃同焕国际贸易有限公司与被上诉人山东元浦国际物流有限公司货运代理合同纠纷案

案例来源:山东省高级人民法院(2009)鲁民四终字第 16 号

主题词:货运代理合同　委托人　受托人　以自己名义委托　第三人

裁判要旨

No. ZH-11.1.9-1　受托人接受委托人的委托后,以自己的名义向第三人委托办理订舱等相关事宜,第三人接受委托后向委托人出具了运杂费发票,法院认定第三人接受委托时知道委托人与受托人之间存在委托关系,受托人对第三人的委托直接约束委托人与第三人,第三人应向委托人主张垫付费用。

一、基本案情

上诉人(原审被告):甘肃同焕国际贸易有限公司(以下简称同焕公司)

被上诉人(原审原告):山东元浦国际物流有限公司(以下简称元浦公司)

青岛海事法院认定,同焕公司向元浦公司出具海运出口订舱委托书并同时交付商业发票、装箱单,显示委托日期为 2006 年 7 月 28 日,货主为同焕公司。元浦公司将货物自兰州运至青岛港后向承运人订舱,实际进行陆路运输的是青岛永裕盛国际物流有限公司,海运承运人是中远集装箱运输有限公司。海运提单显示托运人为同焕公司。尔后,涉案货物被运至迪拜港。为此,同焕公司于 2006 年 8 月 9 日支付陆运费 19 000 元人民币,2006 年 8 月 17 日支付港杂费 1 865 元人民币,2006 年 8 月 16 日支付海运费 2 378 美元(以当时汇率 8.1 折为 19 261.80 元人民币),共计人民币 40 126.8 元。

此前,同焕公司与兰州百信果蔬保鲜有限公司(以下简称百信公司)于 2006 年 6 月 19 日签订出口代理协议,百信公司为委托人,同焕公司为代理人。双方约定因代理出口产生的运输费、港杂费等费用由委托人百信公司负担。同焕公司提供传真欲证明元浦公司与百信公司在 2006 年 7 月 28 日通过传真订立出口货运代理协议,百信公司为委托人,元浦公司为受托人(货运代理人)。元浦公司认为该传真未显示号码,对此事实予以否认。同焕公司另提供传真件欲证明百信公司曾向其致函同意负担涉案货物出口产生的报关、报检、海运费,同焕公司与百信公司对陆路运费、港杂费、海运费也进行了确认。同焕公司还提供元浦公司向百信公司开具的运杂费、海运费发票传真,但未显示传真号码。元浦公司认为同焕公司的证据没有传真号码,不是有效证据,对上列事实予以否认。另查明,元浦公司未收到百信公司支付涉案货物出运产生的费用,该公司就本案纠纷支付案件受理费902元,保全费520元,保全差旅费6 000元。

二、一审裁判

青岛海事法院认为,涉案纠纷争议的焦点集中在元浦公司、同焕公司双方是否存在货运代理合同关系问题上。元浦公司认为涉案货物出运事务的委托人系同焕公司,主要依据是元浦公司持有同焕公司出具的委托书原件。同焕公司认为其只是出口代理人,没有支付运输费、港杂费等费用的义务。百信公司与元浦公司之间签有货运代理协议,且与同焕公司签有出口代理协议,百信公司才是支付有关费用的义务人。青岛海事法院认为,元浦公司的证据有效证明了同焕公司系货主、提单托运人。该票货物出运事务的委托人为同焕公司。同焕公司关于百信公司系货运代理委托人所依据的出口货运代理协议传真件,其证明力与元浦公司提供的委托书原件相比,不具有证据优势。青岛海事法院认为,关于至迪拜的海运出口事务,元浦公司系受托人,同焕公司为委托人。双方之间的委托事务包括与海运出口相关的陆运(兰州至青岛)、港口堆存、海运出口订舱等事务。元浦公司作为受托人,为货物顺利出运垫付了有关费用40 126.80元人民币,同焕公司应予支付。元浦公司垫付的保全差旅费6 000元,系同焕公司违约而使元浦公司遭受的经济损失,同焕公司也应予赔偿。

同焕公司抗辩其是出口代理人,根据出口代理协议应由百信公司负担有关费用。青岛海事法院认为,元浦公司不是代理协议的当事人,同焕公司与百信公司间的出口代理协议对元浦公司没有约束力,同焕公司关于应由百信公司向元浦公司负担有关费用的抗辩,依法不能成立。同焕公司另行抗辩称元浦公司已向百信公司进行费用确认并开具过发票,故应由百信公司负担元浦公司垫付的费用。青岛海事法院认为,该抗辩没有有效的证据相支持,依法不能成立。即使元浦公司向百信公司进行过费用确认并开具过发票,但百信公司并未支付出运货物的任何费用。根据我国法律规定,当事人约定由第三人向债权人履行债务的,第三人不履行债务的,原债务人向债权人承担违约责任。因此,同焕公司关于应由百信公司承担责任的抗辩,于法无据,依法不能成立。

综上所述,青岛海事法院认为,同焕公司拒不支付元浦公司为履行代理事务所垫付的费用,构成违约,应承担相应的违约责任。同焕公司承担的利息应自元浦公司垫付最后一笔费用的2006年8月17日的次日起算。关于元浦公司的差旅费损失,系同焕公司违约所致,其也应承担赔偿责任。同焕公司关于应由百信公司承担元浦公司垫付费用的抗辩,证据不足,于法无据,不予支持。根据《中华人民共和国民事诉讼法》第

64条、《中华人民共和国合同法》第398条、第65条之规定,判决:

同焕公司偿还元浦公司46 126.8元人民币及利息(利率以同期中国人民银行短期贷款利率为准,期限自2006年8月18日起至判决确定的给付之日止)。上述款项自判决生效之日起10日内付清。逾期,须加倍支付迟延履行期间的债务利息。

案件受理费902元、保全费520元,由同焕公司负担。

三、上诉与答辩

上诉人同焕公司不服原审判决,上诉称:第一,青岛海事法院审判程序不合法。一审虽然是适用普通程序组成合议庭进行审理,但在审理过程中实际是由一人独任审理;对同焕公司要求追加第三人的申请,主审法官直接予以驳回,只是事后补发了通知,剥夺了同焕公司申请复议的权利;青岛海事法院在保全中要求将保全款扣划至青岛海事法院账户亦不合法,青岛海事法院明显存在与元浦公司达成默契违法审判的情形。第二,青岛海事法院认定事实不正确。一审中元浦公司提供了海运出口订舱委托单、装箱单、发票、提单,青岛海事法院据此确认双方之间存在货运代理关系,并根据该4份证据认定同焕公司是货主,缺乏事实依据。元浦公司向一审法院提供的证据只能证明双方之间存在货运代理关系,而一审法院却直接认定同焕公司向元浦公司开具了委托书,该种认定令人费解。根据法律规定,同焕公司提供的证据传真件应当具有证据效力,而一审法院却认为该证据不具有证据优势。同焕公司提供的证据证明元浦公司所主张的运费与百信公司之间存在直接的利害关系,一审法院未予查明,刻意偏袒元浦公司。第三,同焕公司提供的证据足以证明其操作是符合我国法律规定及国情的。元浦公司应将百信公司的货物保质保量地运达目的地,但元浦公司在委托他人运输过程中因运输不当造成货物损失。因货物损失百信公司不支付元浦公司运输费用,元浦公司转而向同焕公司主张权利,这没有法律依据。请求撤销原审判决,依法改判,驳回元浦公司的诉讼请求。

被上诉人元浦公司辩称,一审程序均是严格按照法定程序进行的,并无违反程序的地方。同焕公司所提交的证据只能证明其与百信公司间的代理关系,与元浦公司无关,本案所涉货物托运方为同焕公司,其应当支付运费。同焕公司所抗辩的货物损坏的事实与本案的运杂费无关,如有损坏其可另行主张权利。请求驳回同焕公司的上诉请求。

四、二审裁判

山东省高级人民法院审理查明,同焕公司提供了2006年7月27日元浦公司与百信公司签订的出口货运代理协议,元浦公司对该协议的真实性无异议,但认为该协议与2006年7月19日百信公司与同焕公司间的出口代理协议无关。元浦公司认可2007年5月4日,元浦公司开出国际货物运输代理业专用发票两张,发票号码分别为00029812、00029813,付款单位均为百信公司,发票记载的提单号均为COSU39892530。号码为00029812的发票记载代理海运费为2 450美元,号码为00029813的发票记载代理运杂费为人民币24 955元。元浦公司主张该两张发票是其应同焕公司要求开具的，同焕公司要求将发票付款人写为百信公司，但发票的费用仍由同焕公司承担。同焕公司对元浦公司的该主张不予认可，称该两份发票证明了元浦公司明知付款人实际为百信公司，他们之间有运输协议关系，同焕公司只是元浦公司的代理人。同时该两份证据也表明了元浦公司已经选择了百信公司作为债务人，而该选择依法不可变更。另查明其他事实同一审法院认定的事实。

山东省高级人民法院认为，本案争议的焦点是元浦公司支出的运杂费是否应由同焕公司承担。根据同焕公司与百信公司签订的出口代理协议及百信公司出具的委托书，可以认定同焕公司与百信公司系委托代理关系，由同焕公司代理百信公司办理报检报关手续。海运出口订舱委托单、装箱单、提单等委托单位或托运人为同焕公司，说明同焕公司是以其名义向元浦公司办了订舱等相关事宜。元浦公司向百信公司开具的发票上记载的提单号与元浦公司据以向同焕公司主张权利的提单号是一致的，说明元浦公司向百信公司开具的运杂费与其本案所主张运杂费为同一批货物所产生。元浦公司事前与百信公司签订出口货运代理协议，事后又向百信公司开具发票主张涉案运杂费，可以认定元浦公司在接受同焕公司委托时知道涉案货物的实际出运人为百信公司。

《中华人民共和国合同法》第402条规定："受托人以自己的名义，在委托人的授权范围内与第三人订立的合同，第三人在订立合同时知道受托人与委托人之间的代理关系的，该合同直接约束委托人与第三人，但有确切证据证明该合同只约束受托人和第三人的除外。"根据该条规定，同焕公司对元浦公司的委托应直接约束元浦公司与百信公司，元浦公司应当向百信公司主张权利。元浦公司虽主张发票是依据同焕公司的指示将付款人写为百信公司，但其未提供任何证据予以证明，对其主张不予支持。青岛海事法院认定同焕公司为委托人应当支付运杂费的理由有所不当，应予纠正。

同焕公司主张青岛海事法院名义上组成合议庭，实际上由一人独任审理，没有证据证明，对其该项主张不予支持。对于同焕公司要求追加第三人的申请，青岛海事法院当庭予以驳回，并事后补发了通知，在程序上并无不当。青岛海事法院采取保全措施虽有所不当，但经当事人提出异议后，青岛海事法院已经予以纠正。因此，青岛海事法院并不存在违反程序之处，同焕公司主张原审程序不合法的理由不成立，对其主张不予支持。

综上，青岛海事法院认定事实基本清楚，适用法律有所不当，根据《中华人民共和国民事诉讼法》第153条第1款第（三）项、《中华人民共和国合同法》第402条之规定，判决如下：

（1）撤销（2007）青海法海商初字第245号民事判决；

（2）驳回山东元浦国际物流有限公司的诉讼请求。

一审案件受理费902元，诉讼保全费520元，二审案件受理费902元，均由山东元浦国际物流有限公司负担。

本判决为终审判决。

11.1.10　外国公司代表机构委托货运代理的责任承担

⑩ 上诉人美国戴闻信息技术公司与被上诉人青岛港运达贸易有限公司、美国戴闻信息技术公司上海代表处货运代理合同纠纷案

案例来源:山东省高级人民法院(2007)鲁民四终字第 131 号
主题词:货运代理合同　外国公司国内代表处　外国公司　货运代理

裁判要旨

No. ZH-11.1.10-1　涉外代理合同纠纷,在当事人未协议选择处理合同争议所适用法律的情况下,法院依据最密切联系原则适用合同履行地法律处理实体争议。

No. ZH-11.1.10-2　外国公司国内代表处与货运代理签订的代理协议合法有效,因其为外国公司的派出机构,代理协议对外国公司具有约束力。在货运代理依约履行代理义务的情况下,外国公司应依据约定支付代理费及相关费用。外国公司依货运代理的业务经办人的指示将相应款项付至业务经办人的个人账户,应视为已履行付款义务。

一、基本案情

上诉人(原审被告):美国戴闻信息技术公司(以下简称戴闻公司)
被上诉人(原审原告):青岛港运达贸易有限公司(以下简称港运达公司)
原审被告:美国戴闻信息技术公司上海代表处(以下简称戴闻公司上海代表处)

青岛海事法院查明:2006 年 4 月 11 日,戴闻公司作为甲方与作为乙方的港运达公司就甲方的 7 133 件石膏板出口的陆运港口代理业务达成协议,合同总价款 2 781 870 元人民币,以 7.99 元人民币/美元的汇率折合为 348 168.96 美元,戴闻公司的付款条件为合同订立时支付总价款的 40%,即 139 268 美元;货物开始装船时支付总价款的 50%,即 174 984 美元;装船结束后船舶离港前支付 10%,即 34 816.96 美元。该协议的甲方由戴闻公司上海代表处盖章并由其负责人祝雷签字,乙方由港运达公司盖章并由张田江签字。协议订立后,港运达公司按协议约定着手安排戴闻公司石膏板通过青岛口岸出口的相关海陆运代理事宜,港运达公司业务人员张田江具体经办了业务联络工作。戴闻公司按照约定通过银行从美国向港运达公司支付了前两笔款项。港运达公司和戴闻公司上海代表处均确认出口货物的装船结束时间为 2006 年 5 月 12 日。在一审庭审期间,戴闻公司上海代表处确认港运达公司提起诉讼的本金数额,即合同约定的剩余代理费 34 816.96 美元及其他费用 3 万元人民币,但是认为该款项已经按照张田江的指示付款至张田江个人名下,己方的合同义务已经履行完毕。戴闻公司上海代表处为戴闻公司派出机构,无法人资格。

二、法院裁判

青岛海事法院认为,本案为涉外合同纠纷,当事人可以协议选择处理争议所适用的法律,鉴于戴闻公司未出庭应诉,也未作出法律适用选择,应依据最密切联系原则确定适用的法律,因本案合同履行地在中国,中华人民共和国与本案合同具有实际和密切联系,应适用中华人民共和国法律处理本案的实体争议。戴闻公司上海代表处与港运达公司订立的代理协议合法有效,直接约束戴闻公司。港运达公司依约为戴闻公司办理了出口货物代理事宜,戴闻公司应当依约向港运达公司支付约定的代理费及其他费用。本案的争议在于戴闻公司是否向港运达公司支付了代理协议约定的最后一笔款项34 816.96美元以及在代理过程中产生的其他费用3万元人民币。庭审中,戴闻公司上海代表处一再强调已经按照港运达公司业务人员张田江的指令将余款给付完毕并出具了张田江署名的收据。如果该收据属实,则是张田江个人收到了款项,但张田江并没有得到港运达公司代为收款的授权。而且,在协议履行过程中,戴闻公司将前两笔款项均直接支付给港运达公司,说明戴闻公司知晓其付款对象应该是港运达公司,在未得到港运达公司明确指令的情况下,戴闻公司没有合法理由将合同对价支付任何第三方,即使港运达公司业务人员张田江个人也无权收取本应支付给港运达公司的业务款项。戴闻公司如果真的向张田江个人支付了前述款项,属于给付错误,不能免除其根据协议向港运达公司付款的义务。另外,仅凭张田江个人书写的收据,不足以证实戴闻公司确实向张田江付款的事实。港运达公司请求的34 816.96美元及3万元人民币,已经得到戴闻公司上海代表处的确认,应予支持。港运达公司与戴闻公司上海代表处所订协议约定的付款币种是美元,戴闻公司给付美元即可,港运达公司要求戴闻公司承担汇率损失的诉请证据不足,不予支持。根据协议,最后一笔代理费应当于装船结束后船舶离港前支付,戴闻公司应向港运达公司支付逾期利息。鉴于协议约定的支付货币为美元,港运达公司以人民币为单位计算的具体利息数额不予支持。

青岛海事法院依照《中华人民共和国民法通则》第106条、《中华人民共和国合同法》第109条、《中华人民共和国民事诉讼法》第130条的规定,判决:

(1)美国戴闻信息技术公司于判决生效10日内向青岛港运达贸易有限公司支付3万元人民币、34 816.96美元及该美元自2006年5月12日起按银行同期存款活期利率计算至2006年12月28日止的利息;

(2)驳回青岛港运达贸易有限公司的其他诉讼请求。

案件受理费7 470元由美国戴闻信息技术公司负担7 322.09元,青岛港运达贸易有限公司负担147.91元。

三、上诉与答辩

戴闻公司不服一审判决上诉称:

(1)港运达公司经理张田江告知戴闻公司将剩余款项汇入其指定账户的行为是

职务行为,行为后果应当约束港运达公司。本案的整个海陆运代理事宜都是戴闻公司与港运达公司经理张田江联系、操作的,张田江作为港运达公司的业务代表,其行为应当认定为港运达公司的行为。2006年,张田江与戴闻公司签订了代理协议,张田江在代理协议上签字,所有代理业务都是张田江与戴闻公司接洽的,根据张田江的指示,戴闻公司将代理费分三次分别汇入张田江指定的账户,应视为戴闻公司依约履行了付款义务。青岛海事法院认为,张田江没有港运达公司收取款项的授权,戴闻公司没有合法理由将合同对价支付给任何第三方,戴闻公司如果真的向张田江支付了款项属于支付错误,这一观点不能成立。张田江是港运达公司工作人员,其签订协议时在合同上签字的行为足以使戴闻公司相信其有权就代理业务作出任何指示。而且,在合同履行过程中,张田江也是业务的实际负责人,代表港运达公司联系货源、预定船舶、委托运输、报关等行为均被认可,难道只有第三次指示付款需要特别授权?张田江不是所谓的第三方,其指示付款的行为就是港运达公司的行为,戴闻公司根据指示付款是正确的,并不是付款错误。

(2)对于港运达公司收到剩余代理费34816.96美元和劳务费3万元人民币的事实,其他法院已有认定。本案一审期间,港运达公司因其货代部承包事宜与他人发生纠纷,并在青岛市市北区人民法院诉讼,因该案处理结果将影响本案,戴闻公司上海代表处申请中止本案审理,但青岛海事法院驳回了申请。现青岛市市北区人民法院已作出一审判决,认定张田江收到了戴闻公司34816.96美元和3万元人民币,并将该款项计入承包期的总收入进行了清算。对于该判决,港运达公司虽提出了上诉,但对该事实并无异议。在此前提下,港运达公司再向戴闻公司要求代理费和劳务费,没有事实依据。请求撤销一审判决,驳回港运达公司的诉讼请求,一、二审诉讼费由港运达公司负担。

港运达公司答辩称:

(1)戴闻公司称已将34816.96美元代理费和3万元劳务费支付给港运达公司,不是事实,一审判决认定事实并无错误。

(2)戴闻公司以职务行为为由付款的理由不能成立。港运达公司并没有授权任何人以职务资格的身份通知戴闻公司向所谓的指定账户汇款,而且戴闻公司的前两次付款均汇至港运达公司银行账户,戴闻公司理应知道港运达公司是其付款对象。张田江承认所谓的已收款不是事实,单位财务收款是职务行为,其他人都不具有收款的职务权利。请求驳回上诉,维持原判。

戴闻公司上海代表处经山东省高级人民法院合法传唤而未到庭,亦未提交书面意见。

四、二审裁判

本案二审期间,上诉人戴闻公司向法院提交了青岛市市北区人民法院(2006)北民二初字第461号和青岛市中级人民法院(2007)青民二终字第708号民事判决书。港运达公司对该两份判决书的真实性不持异议。

山东省高级人民法院查明,张田江、刘健因与港运达公司承包经营纠纷,向青岛市市北区人民法院起诉,青岛市市北区人民法院作出(2006)北民二初字第461号民事判决,判决认定:张田江已经收到戴闻公司给付的代理费余款34816.96美元及其他费用3万元人民币;张田江、刘健与港运达公司存在承包合同关系,为戴闻公司的出口代理业务是张田江、刘健在承包期间自己的经营行为,经营收入属于张田江和刘健。该判决不仅认可张田江、刘健有权取得戴闻公司给付的34816.96美元及3万元人民币,而且判令港运达公司将已收取的戴闻公司前两笔代理费扣除港运达公司支出的费用后的结算余额给付张田江和刘健。港运达公司不服判决向青岛市中级人民法院上诉,青岛市中级人民法院作出(2007)青民二终字第708号民事判决,认定戴闻公司业务为张田江、刘健的独立业务,所得收益应归张田江、刘健所有,并维持了青岛市市北区人民法院(2006)北民二初字第461号民事判决。

山东省高级人民法院查明的其他事实与一审查明的事实相同。

山东省高级人民法院认为,本案为涉外代理合同纠纷,在当事人未协议选择处理合同争议所适用法律的情况下,一审判决依据最密切联系原则适用中华人民共和国法律处理本案实体争议是正确的。

根据上诉人的上诉及被上诉人的答辩,本案的争议焦点为:上诉人戴闻公司应否向被上诉人港运达公司支付34816.96美元代理费和3万元人民币劳务费。

山东省高级人民法院认为,戴闻公司上海代表处与港运达公司签订的代理协议合法有效,因戴闻公司上海代表处为戴闻公司的派出机构,代理协议对戴闻公司具有约束力。在港运达公司依约履行代理义务的情况下,戴闻公司应依据约定向港运达公司支付代理费及相关费用。

戴闻公司主张已经向港运达公司支付了全部费用,包括本案争议的34816.96美元代理费和3万元人民币铺仓劳务费,其中本案争议的代理费和劳务费汇入了港运达公司张田江指示的账户,张田江也证明收到了上述费用。港运达公司对于张田江是否收到款项持有异议,并认为即使戴闻公司确实将款项支付给了张田江,也属于付款错误,不免除戴闻公司继续向港运达公司付款的义务。山东省高级人民法院认为,青岛市市北区人民法院的生效判决已经认定戴闻公司已将34816.96美元代理费和3万元人民币劳务费支付给张田江,应认定张田江收到了上述款项。单就本案合同关系而言,戴闻公司应将款项支付给港运达公司。但是,由于青岛市市北区人民法院的生效判决已经认定与戴闻公司的业务是张田江、刘健的独立业务,业务收入应当归张田江和刘健所有,并对张田江、刘健与港运达公司之间就代理戴闻公司业务作了结算,在张田江自认收到戴闻公司34816.96美元代理费和3万元人民币劳务费且不向港运达公司主张该费用的情况下,港运达公司不应再向戴闻公司主张相关费用。港运达公司在庭审中虽主张戴闻公司向张田江付款的行为给其造成了损失,但未提交有效证据予以证明。

综上所述,上诉人的上诉有理,应予支持。依照《中华人民共和国民事诉讼法》第153条第1款第(三)项之规定,判决如下:

(1) 撤销青岛海事法院(2007)青海法海商初字第11号民事判决;

(2) 驳回青岛港运达贸易有限公司的诉讼请求。

一、二审案件受理费各7 470元,由青岛港运达贸易有限公司负担。

本判决为终审判决。

11.1.11 作为委托人的企业法人工作人员超越职权行为的效力

11 原告四达(天津)船运服务有限公司与被告太原市清徐环通焦化有限公司、大连万达对外贸易公司货运代理合同纠纷案

案例来源:天津海事法院(2000)津海法海商初字第17号

主题词:货运代理合同　公司业务员　无授权　个人行为

裁判要旨

No. ZH-11.1.11-1　公司业务员在未得到公司明确授权签约的情况下,在公司并非合同当事人的合同上签字,属于个人行为,不能视为代表公司的职务行为,其签署的合同对公司不具有约束力。公司业务员在付款保证书上签名承诺为他人承担保证责任,事先没有公司法定代表人的授权,事后亦未经公司追认,不能产生约束公司的法律后果。

一、基本案情

原告:四达(天津)船运服务有限公司

被告:太原市清徐环通焦化有限公司(以下简称环通公司)

被告:大连万达对外贸易公司(以下简称万达公司)

原告诉称,1999年6月9日,原告与被告签订货运代理协议书。同日,被告委托原告由天津新港出口散装焦炭,被告拖欠原告代理费及借款2 520 707.20元。原告认为,被告万达公司朱东风在被告环通公司给原告出具的付款保证书上的签字是代表万达公司的职务行为,被告的保证合同合法有效,被告万达公司应承担保证责任。为此,请求法院判令被告给付原告货运代理费2 520 707.20元及违约金,被告承担全部的诉讼费用及保全费用。

被告环通公司未提出答辩意见。被告万达公司辩称:

(1) 朱东风在代运协议书和付款保证书上签字的行为是个人行为,而非职务行为。

(2) 原告与被告环通公司、朱东风恶意串通,并由朱东风出具付款保证书的行为无效。

二、法院查明事实

天津海事法院查明：被告万达公司为被告环通公司的出口代理人，负责代表被告环通公司对外签订合同并接受信用证等。被告环通公司负责在外轮到天津新港前将货物备妥，对货物的质量和数量负完全责任，及时快速地装船，向被告万达公司提供全套商业单据等。又据原告提供的其与被告环通公司于1999年6月4日签订的代运协议书证明，被告环通公司在天津口岸出口的焦炭，全部委托原告作货运代理。该代运协议书系采用原告的格式条款形式，甲方环通公司的名称由原告方杜振京填写，在原告办公室签署，由原告、被告环通公司加盖公章，被告环通公司总经理段阿林在甲方代表处签名，被告万达公司业务员朱东风作为外贸代理，在"段阿林"的签名下面签名。然后，代运协议书原告和被告环通公司各执一份。再据天津海事法院调取的天津市公安局塘沽区分局对被告环通公司业务员王剑杰和总经理段阿林的讯问笔录证明，1999年6月9日，王剑杰去原告办公室取"达诺斯"轮提单时，应原告总经理杜振京的要求，王剑杰在原告所执代运协议书"朱东风"的签名下面写下"如此款环通公司不能承付，由大连万达承付，99.6.9"。对此，朱东风并不知情。

据原告提供的1999年9月7日被告环通公司出具的付款保证书证明，被告环通公司在装"班雅"轮出口焦炭时，向原告借款50万元，加之"达诺斯"轮和"穆斯塔法"轮欠付原告的货代费1 084 909.92元，共计1 584 909.92元。并保证上述款项于9月25日前一次性还清，如届时不能承付，被告环通公司愿承担日千分之十的违约金。该付款保证书由原告总经理杜振京起草，"立保人：山西清徐环通焦化有限公司"，"担保人：大连万达集团进出口公司"。由被告环通公司加盖公章，段阿林签名，朱东风签名。9月8日"班雅"轮装运21 268.120吨焦炭，产生货代费935 797.28元。这样，被告环通公司共欠付原告货代费2 520 707.20元。又查明，2000年1月5日，被告万达公司以原告、被告环通公司及朱东风联合涉嫌诈骗为由，向天津市公安局塘沽分局报案，塘沽区分局遂进行侦查。

三、法院裁判

天津海事法院认为，采用合同书形式订立合同的，双方当事人签字或盖章合同成立。当事人签字，作为法人单位来讲，应为法定代表人签字或有明确授权的委托代理人的签字。无代理权、超越代理权或代理权终止后以被代理人名义订立的合同，未经被代理人承认，对被代理人不发生效力，由行为人承担责任。具体到本案而言，被告万达公司作为外贸代理人，从合同义务讲，其并无与原告订立代运协议的意思表示，朱东风作为被告万达公司的业务员，其职责是具体履行被告万达公司在代理出口协议所约定的合同义务，并未授权其与原告签约。从代运协议书内容看，其中既未有万达公司的名称，又未约定万达公司的权利和义务。所以，朱东风在代运协议书上的签名，不能被认定为是代表被告万达公司的职务行为。同样,朱东风在付款保证书上的签名,事先没有法定代表人的授权,事后其行为未经追认,所以不能产生约束被告万达公司的法律后果。综上,朱东风在代运协议书和付款保证书上的签名,系个人行为,而非职务行为,担保合同无效,被告万达公司不应承担保证责任。

另外,依照被告万达公司与被告环通公司代理出口协议的约定,有关货物数量和质量由被告环通公司负责,罚款和索赔由被告环通公司承担。被告环通公司出具付款保证书,向原告借款,是为维护其自身利益。原告主张朱东风签署担保、受益人是被告万达公司的理由不能成立,不予支持。综上,朱东风在代运协议书和付款保证书上的签名,系个人行为,而非职务行为,担保合同无效,被告万达公司不应承担保证责任,并且被告万达公司没有过错,亦不应承担赔偿责任。据此,依据《中华人民共和国合同法》第107条、第114条第1款和第48条第1款的规定,判决如下:

(1) 被告环通公司给付原告"达诺斯"轮、"穆斯塔法"轮货运代理费人民币1 084 909.92元,借款人民币500 000元,共计人民币1 584 909.92元,并应给付该款额的违约金(从1999年9月26日起至本判决确定的给付之日止,按每日千分之十计付)。

(2) 被告环通公司给付原告"班雅"轮发运代理费人民币935 797.28元,并应给付该款的滞纳金(从1999年10月8日起至本判决确定的给付之日止,按每日千分之五计付)。上述给付事项于本判决生效之日起15日内付清。逾期不付,按《中华人民共和国民事诉讼法》第232条执行。

(3) 驳回原告对被告万达公司的诉讼请求。

11.1.12 FOB条件下对货运代理关系中的委托人的认定

12 上诉人青岛益佳食品进出口有限公司与被上诉人青岛百盛国际货运代理有限公司货运代理合同纠纷案

案例来源:山东省高级人民法院(2010)鲁民四终字第106号

主题词:货运代理合同　发货人　货运代理　事实推定

裁判要旨

No. ZH-11.1.12-1　原告提交被告作为发货人出运货物的订舱委托书、信用证审核表、发票、装箱单、原产地证书、提单、检验证书、入货通知、指定箱号指示等单据和文件虽为复印件,但被告对此票货物的出运没有异议,结合被告出具的费用明细和应收账款明细,能够证实双方当事人存在货运代理关系,被告欠付原告海运费,本案所涉货物买卖以FOB的价格条款成交,并不影响双方当事人对货物存在货运代理关系以及欠款数额的确认。

一、基本案情

上诉人(原审被告):青岛益佳食品进出口有限公司(以下简称益佳食品公司)

被上诉人(原审原告):青岛百盛国际货运代理有限公司(以下简称百盛货代公司)

青岛海事法院查明:2007年4月,益佳食品公司陆续向百盛货代公司发出订舱委托单、推航次通知、提单确认、更改通知,要求百盛货代公司代理出运货物。2007年5月30日,益佳食品公司向百盛货代公司传真《费用明细》,确认:800304703号提单项下共产生费用11 500美元、3 870元人民币;美金按7.5折合人民币86 250元,发票抬头为青岛益佳食品进出口有限公司,发票分两张开,分别为32 912元和53 338元;3 870元人民币由东营工厂直接付至百盛货代公司。同日,百盛货代公司开出金额为32 912元的国际货物运输代理业专用发票。2007年8月16日,益佳食品公司通过交通银行将32 912元支付百盛货代公司。2007年12月31日,双方在《百盛货运应收账款明细》上确认:益佳食品公司共欠付百盛货代公司海运费美金4 475元、人民币53 338元;益佳食品公司同意自2008年1月1日起,对百盛货代公司上述欠款按每日千分之五支付利息。2008年8月5日,益佳食品公司通过中国银行向百盛货代公司支付了4 475美元。此后,益佳食品公司再未付款。

百盛货代公司于2009年8月21日向青岛海事法院提起诉前财产保全申请,已交纳财产保全费1 920元。

另查明,本案所涉业务经办人员朱晓玮、陈正克均为益佳食品公司职员,两人办理本案所涉业务时,均为在益佳食品公司任职期间。

二、一审裁判

青岛海事法院认为:本案系货运代理合同纠纷。双方当事人之间未以书面形式订立合同,但从双方从事的民事行为能够推定双方有订立合同的意愿,应认定双方货运代理合同关系成立。百盛货代公司为办理受托事项所垫付的费用,益佳食品公司应当支付。益佳食品公司在2007年5月30日《费用明细》和2007年12月31日《百盛货运应收账款明细》中均对尚未支付的欠款进行了确认,百盛货代公司依此请求的欠款数额53 338元应予认定。

益佳食品公司在2007年12月31日《百盛货运应收账款明细》上盖章确认的行为,表明益佳食品公司此时同意履行义务,已构成诉讼时效的中断。百盛货代公司在此后的两年之内起诉并未超过时效期间,其实体权利应受法律保护。

百盛货代公司依据《百盛货运应收账款明细》的约定,主张自2008年1月1日起按日千分之五计算利息,过分高于造成的损失,应不予支持。百盛货代公司主张的律师费,没有法律依据,且未提供证据并交纳诉讼费,应不予支持。依照《中华人民共和国合同法》第107条、第398条的规定,判决:

(1) 益佳食品公司偿付百盛货代公司海运费人民币 53 338 元以及该款项自 2008 年 1 月 1 日起至本判决生效之日止的同期银行存款利息；

(2) 驳回百盛货代公司的其他诉讼请求。

案件受理费 4 979 元、财产保全费 1 920 元，由益佳食品公司负担 3 003 元，百盛货代公司承担 3 896 元。

三、上诉与答辩

上诉人益佳食品公司提起上诉称：

1. 原审判决结合百盛货代公司提交的其他 4 份证据，认定其提交的《百盛货运应收账款明细》为真。但这些证据或为证据形式不合法（无法与原件核对的复印件），或为证据来源未予审核认定，均不具有可采性，不能作为诉讼证据采纳。《百盛货运应收账款明细》落款时间为 2007 年 12 月 31 日，却对截至 2008 年 12 月 31 日的欠款进行确认，是矛盾的。

2. 原审判决忽视了益佳食品公司提交的证据，导致认定事实错误。

（1）海关报关单可以证明报关单位为青岛世纪信通国际货物代理有限公司，且货物成交方式为 FOB，不应产生海运费，亦不会产生代理运费发票。

（2）根据人民币汇率中间价公告，2007 年 5 月 21 日、5 月 30 日美元对人民币的汇率为 7.65 左右，而百盛货代公司提交的《费用明细》的汇率按 7.5 计算，不符合行业惯例。

（3）《百盛货运应收账款明细》上提单号为 800304703 项下货物的航次与海关报关单上的记载不相符。益佳食品公司提交的证据为原始证据，其效力高于百盛货代公司提交的复印件、传真件等传来证据。原审判决在证据不足的情况下对本案事实进行错误认定，益佳食品公司请求撤销原审判决，驳回百盛货代公司的诉讼请求。

被上诉人百盛货代公司辩称：

（1）《百盛货运应收账款明细》上双方当事人都加盖了公章，能够证明欠款事实。百盛货代公司提供的其他证据，能够形成证据链，证明双方当事人之间存在货运代理合同关系，《百盛货运应收账款明细》上益佳食品公司的公章是真实的。该明细上落款时间为 2007 年 12 月 31 日是笔误，应为 2008 年 12 月 31 日。

（2）报关单上的申报单位与提单上记载的发货人不一致是正常的，不能因此否定我方证据的真实性。百盛货代公司请求维持原审判决。

四、二审裁判

山东省高级人民法院查明：《百盛货运应收账款明细》的内容为，截至 2008 年 12 月 31 日，益佳食品公司共欠我司海运费 4 475 美元、53 338 元人民币。提单号为 800304703 项下货物的航次为 070。该明细落款时间为 2007 年 12 月 31 日。

益佳食品公司一审中提交的海关报关单记载的报关单位为青岛世纪信通国际货物代理有限公司,货物成交方式为 FOB,航次为 705。

2007年5月21日、5月30日美元对人民币的汇率为 7.65 左右。

山东省高级人民法院查明的其他事实与原审判决认定的事实相同。

山东省高级人民法院认为:本案双方当事人争议的焦点为,百盛货代公司在一审中提交的证据,能否证实双方当事人就 800304703 号提单项下货物存在货运代理合同关系,益佳食品公司是否欠付百盛货代公司海运费 53 338 元。

百盛货代公司在一审中提交了与 2007 年 4 月益佳食品公司作为发货人出运货物有关的单据和文件,包括:订舱委托书、信用证审核表、发票、装箱单、原产地证书、提单、检验证书、入货通知、指定箱号指示。上述书证虽为复印件,但益佳食品公司对此票货物的出运没有异议,且确认原产地证号 CCPIT065335065 就是此票货物的原产地证号,在益佳食品公司持有此票货物原产地证书留底而没有提供的情况下,可以推定百盛货代公司的主张成立,上述书证能够证实在此票货物出运过程中益佳食品公司加盖的印章与《百盛货运应收账款明细》和《费用明细》中的印章一致,益佳食品公司在《百盛货运应收账款明细》和《费用明细》上盖章确认。《百盛货运应收账款明细》和《费用明细》能够证实双方当事人就 800304703 号提单项下货物存在货运代理关系,益佳食品公司欠付百盛货代公司海运费 53 338 元。

2007年5月21日、5月30日美元对人民币的汇率为 7.65 左右,《费用明细》上约定汇率按 7.5 计算,并不违反法律规定,亦不能否定益佳食品公司加盖的印章对《费用明细》予以认可的事实。《百盛货运应收账款明细》的落款时间与该明细的内容有矛盾,百盛货代公司解释落款时间为笔误,是合理的。该明细对航次的记载与报关单对航次的记载不一致,报关单位非本案双方当事人,以及本案所涉货物买卖以 FOB 的价格条款成交,亦不影响双方当事人就 800304703 号提单项下货物存在货运代理关系以及欠款数额的确认。

综上,上诉人益佳食品公司的上诉理由均不成立。原审判决认定事实清楚,适用法律正确,应予维持。依照《中华人民共和国民事诉讼法》第 153 条第 1 款第(一)项的规定,判决如下:

驳回上诉,维持原判。

二审案件受理费 4 979 元,由上诉人青岛益佳食品进出口有限公司负担。

本判决为终审判决。

11.2 委托人支付垫付费用的义务

11.2.1 委托人对于货运代理垫付目的港费用的偿还义务

13 上诉人宁波天航国际物流有限公司与被上诉人宁波市科技园区新华物流有限公司海上货运代理合同欠款纠纷案

案例来源：浙江省高级人民法院（2009）浙海终字第 126 号

主题词：海上货运代理合同　托运人　货运代理　目的港货物销毁费用

> **裁判要旨**
>
> **No. ZH-11.2.1-1**　因货物本身不符合当地海关要求而被目的港海关监管部门强制销毁，收货人拒付相关费用，承运人转而向托运人的货运代理收取了目的港产生的必要合理费用，货运代理垫付费用并无不当，作为委托人的托运人应予偿还。

一、基本案情

上诉人（原审被告）：宁波天航国际物流有限公司（以下简称天航公司）

被上诉人（原审原告）：宁波市科技园区新华物流有限公司（以下简称新华公司）

宁波海事法院审理查明，新华公司于 2009 年 6 月 15 日向宁波海事法院起诉称：2007 年 5 月，新华公司接受天航公司的委托，将两个集装箱货物运至加拿大新斯科舍哈利法克斯，船名航次为 OOCL KUALA LUMPUR V.02W20，提单号为 CCLNGB705BD0020。货物安全运抵目的港后，因不符合加拿大海关的相关规定一直未清关，后涉案货物被船公司做弃货处理，由此产生滞箱费 5 962 美元、货物销毁等海关处理费用 3 500 美元，共计 9 462 美元。根据新华公司、天航公司双方签订的《货运代理协议》第 1 条第 13 款的约定，由于天航公司原因而产生的提单更改费、重签费、电放费、船公司滞箱费、提箱费、还箱费……等额外费用由天航公司承担。现新华公司已垫付上述费用，故请求判令天航公司赔偿新华公司 9 462 美元及利息（从 2008 年 12 月 31 日起算至实际赔付之日止，按银行同期贷款基准利率计付），并承担本案诉讼费用。宁波海事法院根据双方当事人的陈述及经审查确认的有效证据，确认了新华公司诉称的上述事实。

二、一审裁判

宁波海事法院经审理后，根据双方当事人的诉辩意见，对本案的争议焦点归纳并评析如下：

1. 关于新华公司是否具有本案诉权的问题

天航公司认为,新华公司并无证据表明其为涉案货物的无船承运人,作为货运代理人,新华公司并无义务向船公司垫付涉案费用,故新华公司在本案中不享有诉权。宁波海事法院认为,新华公司、天航公司之间的货运代理合同关系合法有效,对双方均具有约束力。新华公司在庭审中亦明确表示其根据新华公司、天航公司之间签订的《货运代理协议》,以货运代理人身份起诉天航公司索赔垫付费用,因此新华公司是本案适格的诉讼主体。

2. 关于涉案费用是否应由天航公司承担的问题

天航公司认为,涉案费用系海上货物运输合同项下产生的费用,其产生的真正原因是货物本身问题所致,新华公司作为货运代理人并无垫付义务,新华公司亦无权向天航公司追偿。宁波海事法院认为,新华公司从天航公司处接受货物出运委托,且双方之间的《货运代理协议》第1条第13款已明确约定滞箱费等额外费用按实报实销的原则由天航公司承担,因此,新华公司垫付涉案费用后,天航公司理应支付。

3. 关于本案滞箱费的诉讼时效

天航公司在辩论中称,滞箱费从2007年7月16日计至2008年4月21日,已过诉讼时效。宁波海事法院认为,新华公司、天航公司之间的法律关系为海上货运代理合同关系,由此产生的纠纷诉讼时效为两年,因此,天航公司的此项抗辩于法无据,不予采信。

综上,宁波海事法院认为,新华公司关于滞箱费与货物销毁费用的诉讼请求,证据与理由充分,应予保护。天航公司未及时支付,应赔偿利息损失,新华公司主张从辛克公司温哥华分公司出具关于新华公司已垫付费用的证明之次日(2008年12月31日)起,按中国人民银行同期贷款基准利率计付利息,理由充分,予以保护,但利息应计算至判决确定的履行之日止。依照《中华人民共和国合同法》第107条、第398条的规定,宁波海事法院于2009年9月16日判决:

天航公司于判决生效后10日内支付新华公司滞箱费及货物销毁费共计9 462美元及利息(自2008年12月31日起至本判决确定的支付之日止,按中国人民银行同期贷款基准利率计付)。如果未按判决指定的期间履行给付金钱义务,应当依照《中华人民共和国民事诉讼法》第229条之规定,加倍支付迟延履行期间的债务利息。

一审案件受理费1 420元,减半收取710元,由天航公司负担。

三、上诉与答辩

上诉人天航公司不服原审判决,向浙江省高级人民法院提起上诉称:

(1)宁波海事法院认定新华公司具有本案诉权错误。新华公司系货运代理人,而非无船承运人,其无义务垫付本案争议所涉费用;涉案费用基于海上货物运输合同产生,应由承运人向托运人追偿,新华公司擅自垫付,应自担责任。

(2) 原审依据双方间签订的《货运代理协议》径行判决天航公司承担涉案费用显属错误。涉案费用产生于目的港,与装货港的代理人的代理行为无关;因货物本身原因产生的涉案费用,不属于《货运代理协议》第 1 条第 13 款约定的"由于天航公司原因而产生的"费用,宁波海事法院忽视该前提条件和天航公司没有代理过错的事实,确定天航公司承担本案责任明显不当。请求改判驳回新华公司的诉讼请求。

被上诉人新华公司辩称:其作为货运代理人本身就有义务帮助承运人或货主处理运输相关的事项,如按天航公司的逻辑,相关费用应当由承运人向货主直接收取,则货运代理人也不能为货主垫付运费,也无权向货主或托运人收取,这显然不符海运业界的现实。在货代之间协议约定明确的情况下,宁波海事法院按照协议的约定判决处理本案并无不当。原判正确,请予维持。

四、二审裁判

浙江省高级人民法院经审理查明的事实与原判认定一致。

浙江省高级人民法院认为:双方当事人对本案争议所涉费用系天航公司委托新华公司出运货物所产生的事实以及该费用的数额没有异议,浙江省高级人民法院予以确认。天航公司上诉主要针对新华公司垫付费用的正当性以及其应否承担与新华公司签订《货运代理协议》项下的责任提出了质疑,故本案的争议焦点在于:新华公司垫付案涉费用是否妥当,其是否为本案适格的原告主体,《货运代理协议》有否排除天航公司的责任。虽然《中华人民共和国海商法》第 86 条规定,在卸货港无人提取货物或者收货人迟延、拒绝提取货物的,船长可以将货物卸在仓库或者其他场所,由此产生的费用和风险由收货人承担;该法第 87 条、第 89 条还分别规定了承运人对所运货物的留置权和申请法院拍卖权,但本案承运人所运货物因货物本身不符合当地海关要求而被目的港海关监管部门强制销毁,因而该批货物在目的港产生的费用不可能再从货上获得受偿,同样也难以在未提取货物的收货人处获得受偿。《中华人民共和国海商法》第 86 条的规定是对承运人权利之一的设定而非限定,承运人因所运货物而产生的不能在收货人处受偿的费用应当可以向托运人收取。作为托运人的代理人的新华公司为托运人垫付必须支出的费用并无不当,其基于和天航公司之间的委托代理关系,向委托人天航公司主张承担其垫付的合理费用,理由正当,新华公司系本案适格的原告主体。天航公司与新华公司签订的《货运代理协议》中虽有"因天航公司原因"产生的费用由天航公司承担的意思表示,但结合协议签订的背景和前后文的意思,"因天航公司原因"主要是为区别于因新华公司方的原因,并没有限定为需天航公司的行为所致的意思,条文不排除天航公司所代理的委托方即托运人或货方所致的结果仍需天航公司对新华公司承担的意思。本案因货物本身原因导致的滞箱费、海关处理费对新华公司而言,当属"因天航公司原因"而产生的费用,理应由天航公司承担。天航公司认为协议已排除其责任的上诉理由不能成立,浙江省高级人民法院不予支持。原审判决认定事

实清楚,实体处理恰当。依照《中华人民共和国民事诉讼法》第 153 条第 1 款第(一)项之规定,判决如下:

驳回上诉,维持原判。

11.2.2 委托人对货运代理垫付费用的支付义务

14 原告浙江中外运有限公司宁波明州分公司与被告宁波华邦船务有限公司海上货运代理合同欠款纠纷案

案例来源:宁波海事法院(2009)甬海法商初字第 90 号

主题词:海上货运代理合同　委托人　货运代理　垫付费用

裁判要旨

No. ZH-11.2.2-1 货运代理依约完成代理事项,为委托人垫付款项,委托人应当及时支付垫付的各项费用及代理费,委托人因与他人纠纷导致银行账户被冻结,并不影响其付款义务的履行,其应向货运代理承担逾期付款期间的相应汇率风险及利息损失。

一、基本案情

原告:浙江中外运有限公司宁波明州分公司(以下简称明州公司)

被告:宁波华邦船务有限公司(以下简称华邦公司)

原告明州公司起诉称:2005 年 3 月 1 日,被告华邦公司与原告明州公司签订《国际货物运输委托代理合同》,约定由原告为被告代理国际货物运输事宜,原告依约完成了被告委托的货运代理事项。至 2008 年 3 月 19 日,被告确认累计拖欠原告海运费等 18 990 元人民币及 138 187.38 美元,此后被告于 2008 年 3 月 25 日向原告支付了 18 990 元人民币及 30 000 美元,拖欠原告 108 187.38 美元至今未付,原告诉请判令被告支付拖欠的海运费等 108 187.38 美元,折合 768 758 元人民币,支付从 2008 年 3 月 1 日至生效判决确定履行之日止的利息损失,并承担全部诉讼费用。庭审中,原告将其利息损失部分的诉讼请求变更为支付从 2008 年 4 月 1 日起至生效判决确定的履行之日止的利息损失,并承担全部诉讼费用。

被告华邦公司答辩称:被告确认尚欠原告海运费等 108 187.38 美元未付,但因宁波外运国际货运代理有限公司在其与被告之间的纠纷中向法院申请冻结了被告银行账号,故无法支付,由此产生的利息不应由被告承担。

二、法院查明事实

宁波海事法院认定下列事实:

2005年3月1日,被告华邦公司与原告明州公司建立国际货物运输委托代理合同关系,约定由原告为被告代理国际货物运输事宜,费用支付方式为每月15日支付上个月的运费,原告依约完成了被告委托的货运代理事项。2008年3月19日,被告确认拖欠原告2007年12月份至2008年1月份的海运费等18 990元人民币及138 187.38美元,被告于2008年3月25日向原告支付了18 990元人民币及30 000美元,尚欠原告108 187.38美元未付。另查明,宁波海事法院于2008年1月10日以(2008)甬海法商初字第5号民事裁定书裁定冻结被告华邦公司银行存款1 654 394.31元;于2008年12月24日以(2008)甬海法商初字第370号民事裁定书裁定冻结被告华邦公司银行存款241 005.37美元。

三、法院裁判

宁波海事法院认为,原告明州公司与被告华邦公司之间的海上货运代理合同关系合法有效,原告明州公司依约完成代理事项,被告华邦公司应当及时支付原告垫付的各项费用及代理费,拖欠不付,应承担相应汇率风险及利息损失。被告辩称因与第三人纠纷,银行账号被冻结难以按时支付,故不应支付相应利息,宁波海事法院认为,被告因与第三人之间的纠纷导致银行账号被冻结与原告无关,不能以此为由对抗原告诉请,故对该抗辩不予支持。原、被告均当庭认可结算方式为每月15日支付上个月的运费,被告拖欠原告2007年12月份至2008年1月份的海运费应于2008年2月15日前支付,故宁波海事法院认为,原告主张2008年2月29日后的汇率风险应由被告承担,要求被告以2008年2月29日的汇率将美元折算成人民币支付所拖欠款项的主张有理,予以支持;原告主张的利息计算期间(从2008年4月1日至判决确定的履行之日)合理,予以支持;原告称其与银行间的协议美元贷款年利率较银行对外美元贷款年利率低2%左右,要求以其与银行约定的美元贷款年利率计算其诉请的利息损失,宁波海事法院认为,该项主张符合法律规定,予以保护。综上,依据《中华人民共和国合同法》第60条第1款、第107条、第398条、第405条第1款的规定,判决如下:

(1)被告宁波华邦船务有限公司于本判决生效后10日内向原告浙江中外运有限公司宁波明州分公司支付海运费人民币768 758元;

(2)被告宁波华邦船务有限公司于本判决生效后10日内向原告浙江中外运有限公司宁波明州分公司支付从2008年4月1日至本判决确定的履行期满之日止,以108 187.38美元为本金,以低于中国人民银行同期美元贷款年利率2%的利率计算的利息,该利息按本判决确定的履行之日的美元兑人民币中间价折成人民币支付。

11.2.3　FOB 价格下,作为国内卖方的委托人对货运代理的付款义务

15 原告宁波某某国际货运有限公司与被告宁波市某某对外贸易股份有限公司海上货运代理合同纠纷案

案例来源:宁波海事法院(2011)甬海法商初字第 365 号

主题词:国际货物买卖合同　海上货运代理合同　FOB　委托人　垫付费用

裁判要旨

No. ZH-11.2.3-1　国际贸易术语系国际货物买卖合同中关于买卖双方权利义务的约定,只能约束该货物买卖合同的当事人,不能约束该合同以外的第三人;海上货运代理合同当事人的权利义务不应依据委托人与国外买方的货物买卖合同来确定。海运提单上明确记载,委托人为托运人,海运费为预付,故即使委托人与国外买方之间系约定 FOB 价格,委托人仍负有预付海运费的义务。货运代理作为委托人的海运业务代理人,为其办理了出运业务并垫付了相关海运费,符合海上货运代理合同的约定,委托人应予偿还。

一、基本案情

　　原告:宁波某某国际货运有限公司

　　被告:宁波市某某对外贸易股份有限公司

　　原告宁波某某国际货运有限公司起诉称:2009 年 11 月,被告委托原告作为货运代理,为其出运一票货物从宁波至澳大利亚,原告于 2009 年 11 月 28 日将货物出运,提单号为 EGLV143990783952,并为被告向承运人垫付了海运费 2 930 美元。原、被告约定海运费为 3 125 美元,被告一直未能支付该笔运费。请求法院判令被告立即支付原告上述海运费 3 125 美元及该款自 2009 年 11 月 28 日起至实际支付之日按银行同期贷款利率计算的利息。

　　被告宁波市某某对外贸易股份有限公司答辩称:被告从未委托原告代理运输货物,原、被告不存在海上货运代理合同关系。根据被告与国外货物买方签订的贸易合同,其价格条件是 FOB,所以海运费应由货物买方支付。从该票海运业务发生至今近两年时间里,原告从未开具海运费发票给被告,也没有要求被告支付海运费,说明该海运费本来就不应由被告承担。请求判决驳回原告的诉讼请求。

二、法院查明事实

　　宁波海事法院确认以下事实:

　　2009 年 11 月,被告宁波市某某对外贸易股份有限公司委托原告宁波某某国际货

运有限公司为其代理出运一票货物从宁波至澳大利亚墨尔本,要求订2009年11月24—26日的航班,约定海运费为3 125美元。2009年11月28日,该票货物装船报关出运,提单号EGLV143990783952,提单上载明托运人为被告宁波市某某对外贸易股份有限公司,海运费为预付,汇率为1USD=6.8993856RMB。2009年12月2日,原告向被告开具形式发票,要求被告支付上述海运费3 125美元,并于2009年12月14日向承运人垫付了海运费2 930美元。被告除支付给原告该票货物的人民币包干费2 320元、电放费100元外,尚拖欠上述海运费3 125美元未付。

三、法院裁判

宁波海事法院认为,被告宁波市某某对外贸易股份有限公司委托原告宁波某某国际货运有限公司代理出运货物,双方的海上货运代理合同关系成立并应确认有效。原告依约完成了代理出运业务,并为被告垫付了涉案运输的海运费,其要求被告支付该海运费及相应利息的诉讼请求有理,予以支持,其数额、汇率以托单、提单中约定的3 125美元、1USD=6.8993856RMB为准,但其利息应从原告实际垫付海运费的2009年12月14日起算。被告对其已经支付原告代理涉案货物出运的人民币包干费、电放费均无异议,故其关于与原告间不存在海上货运代理合同的抗辩与事实不符,不予支持。被告辩称与其国际货物买卖合同的相对方采用FOB价格方式进行交易,故海运费应由国外买方承担,对此宁波海事法院认为,该价格术语系国际货物买卖合同中关于买卖双方权利义务的约定,只能约束该货物买卖合同的当事人,不能约束该合同以外的第三人;原、被告间系海上货运代理合同关系,其双方的合同权利义务不应依据被告与国外买方的货物买卖合同来确定。根据法律规定,提单为海上货物运输合同的证明,涉案海运提单上明确记载,被告为托运人,海运费为预付,故被告负有预付海运费的义务,原告作为被告方的海运业务代理人,为其办理了出运业务并垫付了相关海运费,完全符合海上货运代理合同的约定。因此,被告关于因涉案货物的价格术语为FOB,不应由被告承担海运费的抗辩,证据与理由不足,不予支持。原告曾向被告开具形式发票向被告催讨海运费,被告方关于原告未开具海运费发票向其催讨海运费,不存在拖欠海运费事实的抗辩亦不成立。原告诉请有理,予以保护。依据《中华人民共和国合同法》第398条之规定,判决如下:

被告宁波市某某对外贸易股份有限公司于本判决生效后10日内支付原告宁波某某国际货运有限公司海运费3 125美元(折人民币21 560元)并支付该款从2009年12月14日起至判决确定的履行之日止按银行同期贷款利率支付的利息。

国际货物买卖合同·海上货运代理合同·FOB·委托人·垫付费用

11.2.4 委托人是否应向货运代理支付目的港的垫付费用

[16] 原告伟航集运(深圳)有限公司诉被告汕头市中润船务代理有限公司货运代理合同纠纷案

案例来源:广州海事法院(2010)广海法初字第731号
主题词:货运代理合同　委托人　受托人　垫付费用

> **裁判要旨**
>
> **No. ZH-11.2.4-1** 货运代理主张货物在目的港被发现有违禁品而被目的港海关查扣产生的滞箱费、码头操作费和拖车费,应当举证证明该笔费用的合法性和合理性。否则,委托人不应承担责任。

一、基本案情

原告:伟航集运(深圳)有限公司

被告:汕头市中润船务代理有限公司

原告诉称:2009年3月,被告委托原告托运一批货物从盐田运至巴西萨尔瓦多(Salvador),提单号 MSCUYB277849,集装箱号 TTNU9485582。原告向地中海航运有限公司订舱。货到目的港后被当地海关检验发现集装箱内有违禁物品,遂予以扣押。截至2010年4月20日,共产生各项费用13 259.63美元,折合人民币91 491.45元。原告向地中海航运有限公司支付了该费用,但被告没有向原告支付,原告多次与被告协商无果。请求判令被告向原告支付目的港费用人民币91 491.45元,由被告负担本案诉讼费。

被告辩称:

(1)原告是承运人的订舱代理人,被告是托运人的代理人,原、被告之间不存在货运代理合同关系,原告没有向被告索赔的权利。

(2)原告没有任何证据证明因涉案货物在目的港被发现有违禁品而被巴西海关扣押并产生额外费用。

(3)原告提供的证据不能证明其已支付了目的港费用,即使原告自揽责任并支付未确定的费用,但原告没有支付的责任,后果应由原告自己承担。

二、法院查明事实

广州海事法院查明:2009年7月17日,被告向原告传真了托运单,委托原告办理货运代理事务,该托运单记载:托运人为"被告代表 SHANTOU YASHUO IMP. & EXP. CO. LTD. (以下简称 YASHUO 公司)",收货人凭指示,船名航次为 MSC IVANA,S930R,收货地点汕头,装货港盐田,卸货港和交货地为巴西萨尔瓦多,货物为地板砖,16吨。

2009年7月30日,被告向原告出具了保函,记载:致原告,船名 MSC IVANA,航次 S930R,装运港中国盐田,卸货港巴西萨尔瓦多,货物为地板砖,数量739箱,集装箱号 TTNU9485582,提单号码 MSCUYB277849,签发日期2009年7月23日。上述货物由被告(订舱代理人)受客户 YASHUO 公司委托向贵司订舱运送给 LASCAN BRAZIL COMERCIAL LTDA(以下简称 LASCAN 公司)(提单收货人),鉴于贵司接受运送该货物,我司作如下保证:

（1）我公司保证已对托运的货物如实申报,申报内容包括但不限于品名、唛头、件数、重量和数量等。

（2）我公司保证承担因货物不当描述、货差或弃货给贵司、贵司的雇员或代理人造成的一切经济损失或其他责任。

（3）贵司、贵司的雇员或代理人如因货物不当描述、货差或弃货遭遇诉讼,我司保证承担诉讼费用。

（4）因货物不当描述、货差或弃货,以致给贵司的船舶、任何其他船舶或贵司的财产遭受扣押或留置,我司承担因此给贵司造成的一切经济损失。如果为避免扣押或留置需要交纳保证金或保释金,则该保证金或保释金由我司承担。

（5）公司愿意无条件地与托运人承担连带责任,共同承担本保函的义务,以及作为贵司起诉的被告所应承担的责任。此保函的效力,不损害贵司向托运人或其他有关人主张权利。

（6）本保函适用中国法律,并依据中国法律进行解释,与本保函有关的当事人有权向中国法院提起诉讼。

2009年7月30日,被告委派其员工陈志宏前往原告处领取了编号为 MSCUYB277849 的正本提单。该提单记载:托运人为 YASHUO 公司,收货人和通知方均为 LASCAN 公司,船名航次为 MSC IVANA,S930R,装货港盐田,卸货港为萨尔瓦多,货物为地板砖,数量739箱,集装箱号 TTNU9485582,深圳中外运船务代理有限公司作为地中海航运有限公司的代理人签发了提单。

2009年7月30日和8月21日,被告分别向原告支付了人民币10 905元和7 797元,原告向被告开具了国际货物运输代理业专用发票。

2009年8月17日,被告和 YASHUO 公司向原告申请将目的港由萨尔瓦多改为巴西纳维根特斯(Navegantes)。陈志宏于8月25日签收了更改后的提单。原告提供的证据不足以证明被告向原告申请更改了提单的货物名称。

2010年4月20日,地中海航运(香港)有限公司作为地中海航运有限公司的代理人向原告出具了第一次最终费用清单,记载:涉案货物的滞箱费12 736美元、改单费258美元、码头操作费226.07美元、拖车费39.56美元,合计13 259.63美元。

2010年4月21日,地中海深圳代表处书面通知原告:涉案货物因被怀疑为违禁物品而在巴西纳维根特斯港口被巴西海关扣押。货柜在纳维根特斯被巴西海关打开检查时,发现货柜内货物与贵司的申报不符,实际装运的货物为违禁品。目前承运人所遭受的损失和损害以及最终的费用尚未确定,但是将会在确定后通知贵司并由贵司赔偿。(1)货物于 2010 年 3 月 31 日被扣留,并且空箱于同日被返还,货物可能被销毁或捐赠,海关罚款待通知。(2)应当向 MSC 支付的最终费用为 13 259.63 美元,其中滞箱费 12 736 美元(前 7 天免柜租,第 8—15 天 44 美元/天,第 16 天起 72 美元/天)、改单费 258 美元、码头操作费(在巴西)400 巴西雷亚尔(折合 226.07 美元)、拖车费 70 巴西雷亚尔(折合 39.56 美元)。(3)由于贵司违反提单条款而产生的费用和造成的损害,包括但不限于当局由于任何原因而征收的关税、费用和捐税。

2010 年 9 月 8 日,原告委托中航国际货运有限公司代原告向地中海航运(香港)有限公司支付涉案货物在目的港产生的上述费用 13 259.63 美元。

2010 年 11 月 25 日,中航国际货运有限公司向地中海航运(香港)有限公司开具了两张支票,金额分别为 759.63 美元和 12 500 美元。11 月 26 日,地中海深圳代表处出具证明称,收到原告支付的 13 259.63 美元。

关于涉案货物在目的港是否被发现有违禁品而被巴西海关查扣。原告为证明存在该事实提供了巴西地中海航运有限公司向巴西海关申请延长货物丢弃期的文件和地中海深圳代表处的通知。上述文件记载:尊敬的伊塔雅伊港口海关检查员,地中海航运有限公司的巴西总代理巴西地中海航运有限公司要求涉案货物的运输设备要从港口卸货日期起保留在保税区内,要延长丢弃期限,署名为爱德华多佩雷斯。被告对上述文件的真实性和关联性及上述通知的真实性提出异议,并认为上述文件没有办理公证认证。广州海事法院认为,上述文件并非原件且没有办理公证认证,也不能证明是向巴西海关提交的,并且上述文件和通知均是第三人的陈述,原告并没有提供直接的证据证明涉案货物在目的港被发现有违禁品而被巴西海关查扣,因此,对原告主张的上述事实不予采信。

关于原告请求的码头操作费和拖车费。原告提供的拖车费凭证记载拖车费为 70 巴西雷亚尔。被告提出异议认为,该费用的支付缺乏业务发生的事实基础和支付凭证,并且也不能证明是目的港发生的费用。法院认为,原告没有提供码头操作费的支付凭证,拖车费凭证并非原件且没有办理公证认证手续,被告又不予认可,因此,对原告主张的码头操作费和拖车费不予认定。

三、法院裁判

本案是一宗涉外货运代理合同纠纷。依照最高人民法院《关于海事法院受理案件范围的若干规定》第 23 条的规定,与海上船舶运输有关的货运代理合同纠纷案件属于海事法院专门管辖范围。涉案合同履行地在广东省,属于法院辖区,依照《中华人民共和国民事诉讼法》第 24 条关于"因合同纠纷提起的诉讼,由被告住所地或者合同履行地人民法院管辖"的规定,法院对本案具有管辖权。

本案双方当事人于法庭辩论终结前均选择中华人民共和国法律作为本案合同争议适用的法律,依照最高人民法院《关于审理涉外民事或商事合同纠纷案件法律适用若干问题的规定》第 4 条第 1 款关于"当事人在一审法庭辩论终结前通过协商一致,选择或者变更选择合同争议应适用的法律的,人民法院应予准许"的规定,中华人民共和国法律应作为处理本案合同争议的准据法。

货运代理合同,是指委托人和受托人约定,由受托人为委托人处理海上货物运输及相关业务,收取报酬的合同。"货物运输及相关业务"包括订舱、仓储、监装、监卸、集装箱拼装拆箱、包装、分拨、中转、集港运输、报关、报验、报检、保险、缮制单证、交付运费、结算交付杂费等货运代理人所从事的具体业务。根据上述查明的事实,被告向原告发送了托运单,原告为被告订舱和缮制单证并收取货运代理费用,原告为被告办理的是货运代理业务。被告认为原告是船舶代理人没有事实依据,不予支持。因此,原、被告之间成立货运代理合同关系,被告是委托人,原告是受托人。被告虽然主张其是托运人 YASHUO 公司的代理人,但其没有提供证据证明 YASHUO 公司是客观存在的民事主体以及其与 YASHUO 公司之间存在委托代理关系,并且托运单下方的"托运人签字盖章"处加盖的是被告的单证专用章,因此,对被告关于其是托运人 YASHUO 公司代理人的主张,也不予支持。

依照《中华人民共和国合同法》第 398 条关于"委托人应当预付处理委托事务的费用。受托人为处理委托事务垫付的必要费用,委托人应当偿还该费用及其利息"的规定,被告应当向原告偿还原告为处理委托事务垫付的必要费用。原告提供的证据可以证明被告向原告申请改单的事实,且原告主张的改单费 258 美元没有超出合理范围,应予支持。地中海深圳代表处于 2010 年 11 月 26 日出具证明称,收到原告支付的 13 259.63 美元。根据 2010 年 11 月 26 日美元对人民币的汇率 1 美元对人民币 6.6553 元计算,258 美元折合人民币 1 717.08 元,被告应当向原告支付改单费人民币 1 717.08 元。

关于原告主张的除改单费之外的其他各项费用。首先,原告应当举证证明涉案货物在目的港被发现有违禁品而被巴西海关查扣的事实客观存在。其次,对地中海航运有限公司向他人支付的费用,原告应当提供支付凭证。再次,对地中海航运有限公司自己收取的费用,原告应当证明费用的合法性和合理性。但原告提供的证据不能证明涉案货物在目的港被发现有违禁品而被巴西海关查扣,从而不能证明滞箱费是因巴西海关查扣涉案货物产生的,即滞箱费是被告的原因造成的。原告提供的证据也不能证明涉案货物在目的港产生了码头操作费和拖车费。因此,原告请求被告支付目的港产生的滞箱费、码头操作费和拖车费缺乏事实依据,不予支持。

综上,依照《中华人民共和国合同法》第 398 条和《中华人民共和国民事诉讼法》第 64 条第 1 款的规定,判决如下:

(1) 被告汕头市中润船务代理有限公司向原告伟航集运(深圳)有限公司支付改单费人民币 1 717.08 元。

(2) 驳回原告伟航集运(深圳)有限公司的其他诉讼请求。

11.2.5 支票收条对于能否证明委托人付款的作用

17 上诉人平邑展望实业有限公司与被上诉人厦门联合物流有限公司青岛分公司货运代理合同纠纷案

案例来源:山东省高级人民法院(2007)鲁民四终字第 19 号

主题词:货运代理合同　法院特快专递　签收人身份的证明责任　支票　委托人　垫付费用

> **裁判要旨**
>
> **No. ZH-11.2.5-1**　被告否认在法院特快专递收件人签名处签名的自然人为其职员,但未提供证据证明,视为法院已合法将开庭传票送达被告,可依法缺席审理并判决。
>
> **No. ZH-11.2.5-2**　货运代理虽收到他人支票的收条,并不足以证明货运代理已收取委托人支付的部分海运费,委托人应向货运代理支付垫付款项。

一、基本案情

上诉人(原审被告):平邑展望实业有限公司(以下简称平邑展望公司)

被上诉人(原审原告):厦门联合物流有限公司青岛分公司(以下简称厦门物流公司)

青岛海事法院查明:自 2005 年 6 月起,平邑展望公司委托厦门物流公司代为办理 9 个集装箱货物出运事宜。平邑展望公司顺利办理货物出运并取得提单。为了履行代理事务,厦门物流公司共垫付海运费 12 050 美元。对此费用,平邑展望公司于 2005 年 6 月 9 日书面确认并承诺付款,但一直未向厦门物流公司支付。

二、一审裁判

青岛海事法院认为,厦门物流公司和平邑展望公司之间虽未签订书面货运代理合同,但依据厦门物流公司提供的订舱委托书、提单复印件及付费保函,可以认定厦门物流公司和平邑展望公司之间存在事实上的货运代理合同。厦门物流公司按照合同约定履行了义务,则有权利依据合同向平邑展望公司主张垫付的海运费及利息。平邑展望公司拒不支付,显然构成违约,依法应承担违约责任。根据《中华人民共和国民事诉讼法》第 64 条、第 130 条及《中华人民共和国合同法》第 398 条之规定,判决:

平邑展望公司偿付厦门物流公司垫付的海运费 12 050 美元及利息(利率以中国人民银行短期贷款利率为准,期限自 2005 年 6 月 10 日起到判决确定的给付之日止)。

案件受理费 3 475 元人民币,由平邑展望公司负担。

三、上诉与答辩

平邑展望公司不服上述判决,上诉称:

(1)平邑展望公司未收到青岛海事法院依任何方式送达的开庭传票,青岛海事法院缺席判决,违反法定程序。

(2)在平邑展望公司与厦门物流公司履行货运代理合同中,平邑展望公司已向厦门物流公司支付4 606.26美元,该款由厦门物流公司工作人员招小翠收款后出具收条,青岛海事法院在原判决中应扣减平邑展望公司已交纳款项而没有扣减不当。请求二审法院撤销原判,发回重审或依法改判,一、二审案件受理费由厦门物流公司负担。

厦门物流公司答辩称:原审判决认定事实清楚,适用法律正确,平邑展望公司的上诉主张没有事实根据和法律依据,请求二审法院驳回上诉,维持原判。

四、二审裁判

二审中,平邑展望公司提交了一份招小翠于2005年8月16日出具的收条,内容为:收到皇剑展望建材有限公司支票一张,金额为DHS16928即4 606.26美元。证明厦门物流公司工作人员招小翠在被厦门物流公司派往阿联酋迪拜办事处时,收到过平邑展望公司支付的部分海运费。厦门物流公司认为,平邑展望公司一审时未提交该证据,已丧失了证据权利,如果发表质证意见,对该收条的真实性有异议,即使收到了支票不等于收到了支票上记载的款项,因此,该收条不能证明厦门物流公司收到了平邑展望公司主张的款项。

另查明,关于一审开庭传票的送达情况,一审法院开庭前经邮局查询结果为:收件人签名处有杨金莲的签名。平邑展望公司否认杨金莲是公司人员,但未提供证据证明。

青岛海事法院查明的事实,双方当事人没有异议,山东省高级人民法院对青岛海事法院查明事实予以确认。

山东省高级人民法院认为,平邑展望公司与厦门物流公司之间系货运代理合同法律关系,厦门物流公司已为平邑展望公司垫付海运费12 050美元,平邑展望公司应依法承担偿付责任。平邑展望公司二审提交的收条,厦门物流公司对收条的真实性有异议,平邑展望公司没有其他证据佐证其已支付收条记载款项,山东省高级人民法院认为收条不足以证明厦门物流公司已收取平邑展望公司支付的部分海运费,因此,平邑展望公司关于其已向厦门物流公司支付4 606.26美元海运费的主张,不予支持。关于传票送达问题,杨金莲在送达邮件上签名,平邑展望公司否认杨金莲是公司人员,但没有提交证据,山东省高级人民法院认定一审法院已合法将开庭传票送达平邑展望公司,青岛海事法院缺席判决并无不当。

综上,青岛海事法院认定事实清楚,适用法律正确,程序合法,原审判决应予维持。

货运代理合同·法院特快专递·签收人身份的证明责任·支票·委托人·垫付费用

上诉人平邑展望公司的上诉无理,山东省高级人民法院不予支持。根据《中华人民共和国民事诉讼法》第 153 条第 1 款第(一)项的规定,判决如下:

驳回上诉,维持原判。

二审案件受理费 3 475 元,由上诉人平邑展望实业有限公司负担。

本判决为终审判决。

11.2.6　委托人向货运代理的员工付款的法律后果

18 原告浙江甲国际货运代理有限公司与被告浙江乙国际货运代理有限公司、蒋某海上货运代理合同纠纷案

案例来源:宁波海事法院(2012)甬海法商初字第 50 号

主题词:委托人　货运代理　货运代理的员工　垫付费用

> **裁判要旨**
>
> **No. ZH-11.2.6-1** 委托人向货运代理的业务经办人支付海运费即已履行完毕付款义务,货运代理不应再行主张。

一、基本案情

原告:浙江甲国际货运代理有限公司(以下简称甲公司)

被告:浙江乙国际货运代理有限公司(以下简称乙公司)

被告:蒋某

原告甲公司起诉称:2011 年 7 月,被告乙公司委托原告办理 8 票货物的托运手续,被告蒋某对海运费承担保证责任,原告依约办理托运手续,并垫付海运费,后多次向两被告催讨,两被告至今仍未支付。故原告诉至法院,要求判令:

(1) 被告乙公司立即向原告支付费用 126 911 元(海运费 16 875 美元 × 2011 年 8 月 1 日美元对人民币的汇率 6.44 + 人民币费用 18 236 元)及利息(自 2011 年 8 月 1 日起至生效法律文书确定的履行之日,按银行同期贷款利率计算);

(2) 被告蒋某在保证范围内承担连带责任。

被告乙公司未进行答辩。

被告蒋某答辩称:对原告提出的费用无异议,但人民币对美元的汇率应按 2011 年 12 月份的 1∶6.33 计算。乙公司已按当时的 1∶6.33 汇率将美元折合成人民币加上 18 236 元的人民币费用全额支付给蒋某,当时蒋某以原告甲公司总经理的身份收取了该笔费用,也愿意将该笔费用交付给原告,并已出具了保函给原告,只是由于其和原告之间还存在劳资纠纷所以没有将该笔费用交付。

二、法院查明事实

宁波海事法院认定下列事实:

被告蒋某系原告甲公司员工，自 2011 年 3 月开始在原告甲公司工作。2011 年 7 月，被告乙公司委托被告蒋某办理 8 票货物的出运事宜，蒋某以原告员工的身份接受了委托。原告履行完毕上述 8 票货运代理业务后，被告蒋某于 2011 年 10 月 28 日向原告出具了保函，声明由王某和蒋某经办的业务未收运费共 16 875 美元和人民币 38 236 元，保证在 2011 年 11 月 30 日前全部收回，否则由蒋某个人支付。2011 年 12 月 9 日，被告蒋某再次向原告出具了保函，声明涉及义乌市勇昌进出口有限公司（以下简称勇昌公司）和乙公司的未收运费共计人民币 146 236 元，保证在 2011 年 12 月 13 日前由蒋某个人支付。同年 12 月，被告蒋某以原告总经理身份按 1∶6.33 的汇率向乙公司收取了 16 875 美元折合成人民币的 106 818.75 元及 18 236 元人民币费用，共计人民币 125 054.75 元。在本案审理过程中，原告与被告蒋某于 2012 年 3 月 7 日达成协议，约定因本案及宁波海事法院（2012）甬海法商初字第 51 号案，由被告蒋某于 2012 年 4 月 7 日前支付人民币 146 236 元给原告，原告收款后撤诉，但该协议至今未能履行。

三、法院裁判

宁波海事法院认为，被告乙公司委托被告蒋某办理涉案 8 票货物的出运事宜，被告蒋某以原告员工名义接受了委托，且原告实际履行了货运代理义务，故原告与被告乙公司成立货运代理合同关系且合法有效。但原告办理完毕后仅与被告蒋某进行结算，被告蒋某向原告承诺由其个人支付给原告，原告从未提出异议；被告蒋某也以原告总经理的名义向乙公司收取了涉案全部费用，故乙公司已经履行付款义务，原告无权再向被告主张该费用。被告蒋某收取涉案费用人民币 125 054.75 元后，理当及时支付给原告，被告蒋某也表示愿意偿还，故宁波海事法院对此予以支持。原告主张涉案美元费用按 2011 年 8 月 1 日美元对人民币汇率 1∶6.44 计算，但被告蒋某按其向被告乙公司收取费用时的汇率进行计算并收取，其收取时未违反其与原告的约定收款日期，亦无其他过错，且双方已就本案与另案的总金额进行结算，故宁波海事法院对被告蒋某主张的汇率及金额予以采纳，对原告主张的汇率不予支持。然而，被告蒋某多次违反约定，至今未付前述费用，应当承担相应的违约责任。

综上，原告诉请有理部分，宁波海事法院予以支持。依照《中华人民共和国合同法》第 107 条，《中华人民共和国民事诉讼法》第 64 条第 1 款、第 130 条的规定，判决如下：

（1）被告蒋某于本判决生效之日起 10 日内支付原告浙江甲国际货运代理有限公司人民币 125 054.75 元及该款利息（自 2011 年 12 月 14 日起至本判决确定的履行日止按照中国人民银行同期贷款利率计算）；

（2）驳回原告浙江甲国际货运代理有限公司的其他诉讼请求。

11.2.7 对账单对委托人已付款项的法律效力

⑲ 原告宁波某某国际贸易运输有限公司与被告绍兴市某某国际货运代理有限公司海上货运代理合同纠纷案

案例来源：宁波海事法院（2011）甬海法商初字第 234 号

主题词：海上货运代理合同　对账单　委托人　货运代理　垫付费用

裁判要旨

No. ZH-11.2.7-1　按照对账的习惯做法，对账系当事人对在对账日之前发生的业务及费用的核对，对账单上的金额系一方自对账日起应付而未付的款项，在对账日之前支付的款项不应是支付该对账单上的业务。委托人以支付时间早于对账日的电汇凭证为由，主张已向货运代理支付对账单列明的业务所涉的垫付款项，与对账通常做法相悖，法院不予采信。

一、基本案情

原告：宁波某某国际贸易运输有限公司

被告：绍兴市某某国际货运代理有限公司

原告宁波某某国际贸易运输有限公司起诉称：自 2008 年年底起，被告委托原告办理进口货物的货代报关事宜。双方口头约定，被告接到客户要求报关的业务后，转委托原告并由原告向北仑海关通关中心代为报关，因报关产生的包括 THC（船公司的码头操作费）、包干费在内的费用统称为报关包干费，先由原告垫付，报关完成后，被告将报关包干费支付给原告。2009 年 8 月至 2010 年 9 月间，被告委托原告办理几十笔进口货物报关，原告将国际货物运输代理业专用发票全部开具给被告，被告对报关包干费均进行了确认，共应支付 1 499 052.83 元（包某某洗箱费及双方对账后发生的后 7 笔业务的款项）。被告已经支付了 1 088 855 元，还需支付 410 197.83 元。上述费用原告均已代为垫付。原告多次催讨，被告拒付。原告遂诉至宁波海事法院，请求判令被告向原告支付报关包干费 366 820.45 元、修洗箱费 43 377.38 元，合计 410 197.83 元。

被告绍兴市某某国际货运代理有限公司答辩称：

（1）原、被告存在国际货物运输代理关系，双方也进行了对账，但因被告管理不善，导致向原告多付了货代费；

（2）原告主张的对账后发生的后 7 笔业务与被告无关，故请求法院驳回原告诉请。

二、法院查明事实

宁波海事法院认定如下事实：

2008 年起，原告接受被告委托办理进口货物的货代报关事宜，双方发生了多项费用。被告自 2008 年以来陆续支付货代包干费给原告。双方未进行汇总对账。2010 年约四五月份,原、被告就自 2009 年 8 月起至 2010 年 2 月止的业务进行对账,并形成书面对账单,被告应支付而未支付的费用合计 1 244 809.45 元。2010 年 6 月至 7 月,原告为被告的 7 笔业务(提单号为 00LU2505185090、EGLV003000806492、EGLV003000908139、PUSNGB000085、PUSNGB000086、PUSNGB000092、0010A41679)提供货代报关,并垫付码头操作费(THC)等费用。被告在 7 份费用确认单上加盖业务专用章后回传原告,原告开具 7 笔业务的国际货物运输代理业专用发票,金额合计 210 866 元。

另认定,被告于 2010 年 2 月 8 日以电汇方式支付原告 261 576.60 元,同年 3 月 10 日以电汇方式支付 207 764.10 元,同年 6 月 8 日以银行承兑汇票方式(票号为 06798562)支付 298 855 元,同年 6 月 22 日以银行承兑汇票方式(票号为 03526484 和 03526485)支付 200 000 元,同年 7 月 1 日以电汇方式支付 240 000 元,同年 7 月 28 日以银行承兑汇票方式(票号为 01997960、07426089、05798912)支付 350 000 元。

三、法院裁判

宁波海事法院认为,原、被告系海上货物运输代理合同关系,原告已按约履行代理事项并垫付相关费用,被告应按约支付货代包干费等款项。本案的主要争议焦点为被告提交的两份电汇凭证(支付时间分别为 2010 年 2 月 8 日、2010 年 3 月 10 日)是否系支付对账单上所列明的业务。关于对账日,原告主张是在 2010 年 4 月初,被告辩称是在 2010 年 5 月至 6 月。按照对账的习惯做法,对账系双方对在对账日之前发生的业务及费用的核对,对账单上的金额系一方自对账日起应付而未付的款项,在对账日之前支付的款项不应是支付该对账单上的业务。被告提交的两份电汇凭证,支付时间均早于双方主张的对账日,故被告关于该两份电汇凭证系支付对账单列明的业务的辩称,与对账通常做法相悖,宁波海事法院不予采信。被告应支付原告货代包干费 1 455 675.45 元(包含双方对账确认的 1 244 809.45 元及后 7 笔业务 210 866 元),被告在对账后仅支付 1 088 855 元,尚应支付原告 366 820.45 元,其至今未付,应承担相应的付款责任。至于原告主张的修洗箱费,证据和理由均不充分,宁波海事法院不予支持。

综上,原告诉请合理部分,宁波海事法院予以支持。依照《中华人民共和国合同法》第 60 条、第 107 条、第 398 条,《中华人民共和国民事诉讼法》第 64 条第 1 款之规定,判决如下:

(1)被告绍兴市某某国际货运代理有限公司于本判决生效后 10 日内支付原告宁波某某国际贸易运输有限公司货代包干费 366 820.45 元;

(2)驳回原告宁波某某国际贸易运输有限公司的其他诉讼请求。

11.2.8 海运发票的证明力及作为委托人的个人独资企业的股东责任

[20] 上诉人天津市红桥区宏川物流配货中心、郭健与被上诉人天津市天海货运代理有限公司货运代理合同纠纷案

案例来源:天津市高级人民法院(2004)津高民四终字第 169 号
主题词:货运代理合同　发票　国际运输业专用发票　垫付海运费

> **裁判要旨**
>
> **No. ZH-11.2.8-1**　发票虽具有证明款项已付的作用,但货主向境内货代公司支付国际海运运费及相关费用时,应持国际运输业专用发票(购付汇联)向外汇指定银行申请,从其外汇账户中支付或者购汇支付,故在未能提供运费支付凭证的情况下,仅持有海运费发票不能证明其运费已付。

一、基本案情

上诉人(原审被告):天津市红桥区宏川物流配货中心(以下简称配货中心)
上诉人(原审被告):郭健
被上诉人(原审原告):天津市天海货运代理有限公司(以下简称天海公司)

天津海事法院原审认定,2004 年 5 月,配货中心委托天海公司代理出运货物。天海公司接受委托后代为向承运人天津海运股份有限公司订舱,承运人于 2004 年 6 月 5 日签发了 TMSTT102K0200 号提单,货物安全运达,产生海运费 1 425 美元、人民币 1 765 元。郭健于 6 月 9 日从天海公司取走上述费用的发票并承诺 6 月 29 日付清费用。同年 7 月 28 日配货中心给付天海公司人民币 13 592.5 元支票一张,后因账户存款不足该支票未能兑现。配货中心系个人独资企业,投资人为郭健。

二、一审裁判

天津海事法院认为,配货中心委托天海公司代理出运货物,天海公司接受委托后依约履行了受托义务并垫付了相关费用,其有权向配货中心要求偿还,配货中心拖欠不付系违约行为,应依法承担违约责任。按照有关规定,货主向货代公司缴付款项后,货代公司应开具相应发票,但在货运代理业务中,货代公司先开具发票,货主后付款的情况也司空见惯,因此天海公司开具了发票不足以证明配货中心必然已经缴付了相应费用,且企业之间以现金方式结算也不符合企业财务结算办法的规定,因此配货中心所谓已经以现金方式支付了天海公司海运费的主张缺乏证据支持,理由不能成立。郭健系配货中心的投资人,依照《中华人民共和国个人独资企业法》的规定,配货中心的财产为郭健个人所有,郭健也应以其个人财产在配货中心的财产不足以清偿债务的情况下承担无限责任。依据《中华人民共和国民法通则》第 84 条、《中华人民共和国合同

法》第398条、《中华人民共和国个人独资企业法》第31条的规定判决:

(1)配货中心给付天海公司代垫海运费1 425美元、人民币1 765元,并支付该款项按中国人民银行同期存款利率计算的自2004年6月5日至判决确定的给付之日止的利息;

(2)配货中心给付天海公司诉前财产保全申请费损失人民币180元;

(3)上述款项自判决书生效之日起10日内付清,逾期不付,按《中华人民共和国民事诉讼法》第232条的规定加倍支付迟延履行期间的债务利息;

(4)郭健在配货中心财产不足以清偿债务的情况下以其个人的其他财产对天海公司承担无限责任。

三、上诉与答辩

配货中心及郭健不服一审判决,向天津市高级人民法院提起上诉,请求撤销一审判决,依法驳回天海公司的诉讼请求;判令天海公司承担一、二审诉讼费用。理由是:

(1)郭健已于2004年6月9日以现金的形式向天海公司的经办人缴付了运费,同时从天海公司的经办人手中取走了证实已缴付运费的货运发票,天海公司对此客观事实并未提出证据予以否认。

(2)天津海事法院在各方当事人对证据本身未提出异议的情况下,以配货中心和郭健未提出文字鉴定为由而认定天海公司的说法,是没有法律依据的。配货中心申请法院对支票及取走发票记录上的文字进行鉴定。

(3)企业之间也有现金结算的情况。

(4)配货中心是个人独资企业,郭健从未以自然人身份与天海公司发生业务往来,不应以其个人财产对配货中心承担无限责任。天海公司未提交书面答辩意见,在庭审中答辩称:一审法院根据海运货运代理业务的习惯程序以及相关法律规定,对配货中心所称曾以现金方式支付了海运费的主张未予认定是正确的;请求驳回配货中心及郭健的上诉,维持原判。

四、二审裁判

天津市高级人民法院认定,2004年5月,配货中心委托天海公司代理出运货物,天海公司要求运费预付,配货中心工作人员遂将涉案空白支票交给天海公司作为运费担保。后配货中心与天海公司协商将结费方式由见款放单改为月结费于6月29日付清,天海公司工作人员遂在记录上批注"29/6付清"。原审认定的其他事实基本清楚,天津市高级人民法院予以确认。

天津市高级人民法院认为,本案争议焦点在于配货中心是否在取走发票时以现金方式支付了天海公司海运费。配货中心在庭审中主张,依据《中华人民共和国发票管理办法》第3条的规定,发票是指在购销商品、提供或者接受服务以及从事其他经营活动中开具、收取的收付款凭证,因此发票具有证明款项已付的作用。但在国际海运货运代理业务中,海运费的结算货币为美元,而我国又对外汇进行严格管制,依据国家外汇管理局《关于国际海运业外汇收支管理有关问题的通知》第2条的规定,货主向境内货代公司支付国际海运运费及相关费用时,应持国际运输业专用发票(购付汇联)向外汇指定银行申请,从其外汇账户中支付或者购汇支付。由此可见,在国际海运货运代理业务中会出现这种与其他行业不同的先开发票后付款的现象,因此本案配货中心仅持有海运费发票不能证明其运费已付。再者如依配货中心所称,郭健已于2004年6月9日以现金的形式向天海公司经办人缴付了运费,同时从天海公司经办人手中取走了证实已缴付运费的货运发票,那么依据日常交易习惯,取走发票便意味着双方结算完毕,郭健就不可能也没有必要再在天海公司经办人的备忘记录上做"取走发票"的批注;且既然郭健已将运费付清,其就应该将作为运费担保的空白支票取回,而事实上该支票始终保存在天海公司。因此本案关键证据领走发票记录上"取走发票9/6 郭健"的批注只能证明郭健领走发票,在配货中心未能向天津市高级人民法院提供任何运费支付凭证的情况下,不能推定运费同时已付。

对于配货中心上诉所称企业之间也可以现金结算的主张,中国人民银行《现金管理暂行条例》第3条、第5条明确规定,开户单位之间的经济往来,除1000元以下的零星支出可以使用现金外,应当通过开户银行进行转账结算。本案运费共计人民币13 592.5元,不属于可以现金支付的范围,因此,配货中心提出的已以现金方式支付运费的上诉理由无法律依据。《中华人民共和国个人独资企业法》规定,投资人以其个人财产对企业债务承担无限责任,当个人独资企业财产不足以清偿债务的,投资人应当以其个人的其他财产予以清偿。郭健作为配货中心的投资人,在配货中心不能清偿涉案海运费的情况下,理应以其个人其他财产承担清偿责任。因此郭健上诉所称其从未以自然人身份与天海公司发生业务往来,不应以其个人财产对配货中心承担无限责任的主张无法律依据,不能成立。综上,判决如下:

驳回上诉,维持原判。

11.2.9　委托人对货运代理垫付仓储费用的偿还义务

21 **上诉人河南神火集团有限公司与被上诉人青岛新中港贸易有限公司货运代理合同纠纷案**
案例来源:山东省高级人民法院(2006)鲁民四终字第120号
主题词:货运代理合同　货运代理　垫付仓储费

裁判要旨

No. ZH-11.2.9-1　与海上运输有关的货运代理合同纠纷,属于最高人民法院规定的海事法院受理案件范围,海事法院对本案有管辖权。当事人未在法定答辩期内提出管辖权异议,对其二审期间提出的管辖权异议,二审法院不予支持。

No. ZH-11.2.9-2　货运代理代为办理了仓储事宜,并垫付了仓储费,委托人应向货运代理支付仓储费及自实际垫付仓储费之日起的利息。

一、基本案情

上诉人(原审被告):河南神火集团有限公司(以下简称神火集团)

被上诉人(原审原告):青岛新中港贸易有限公司(以下简称新中港公司)

青岛海事法院审理查明:2004年1月8日,新中港公司与青岛港务局大港公司(以下简称大港公司)签订长期港口作业合同。双方约定港口作业费实行包干计费,标准为28元/吨或28元/立方米,堆存费优惠10天,逾期按交通部和青岛港务局有关规定收取。包干费以外的费用,在货物提离港之前全部付清,逾期按规定支付滞纳金。货物提清前仍未付清全部港口费用的,港口经营人可以留置等值货物。

2004年2月份起,新中港公司代理神火集团存放于青岛港务局码头库场50 000吨氧化铝发运业务,2004年8月12日,新中港公司、神火集团双方正式签订《氧化铝代理协议》,双方约定其中17 000吨氧化铝,新中港公司收取代理费12元/吨、铁路运杂费(凭票结算、原票原转)及货物港口超期仓储费……另外33 000吨氧化铝,神火集团承担2004年8月1日以后的仓储费,关于港口仓储费,双方约定新中港公司向神火集团收取最优惠的仓储费价格。

涉案氧化铝(17 000吨、33 000吨)自2004年2月24日起至2004年8月1日期间,货权在神火集团与上海国储天威仓储有限公司(以下简称上海国储)之间多次往复转移,最终货权仍归神火集团(在此期间,新中港公司一直代理该批货物发运)。具体过程如下:

2004年2月24日,神火集团将50 000吨氧化铝货权转给上海国储并通知新中港公司和大港公司,新中港公司、神火集团及大港公司于2004年2月26日对转货予以确认。

2004年3月1日,上海国储将50 000吨氧化铝货权转给神火集团,新中港公司接通知后于同年3月5日向神火集团报告确认。

2004年3月24日,神火集团将33 000吨氧化铝货权转给上海国储并通知新中港公司。

2004年8月1日,上海国储将33 000吨氧化铝货权转让给神火集团并经神火集团和大港公司确认,至2004年8月1日神火集团又完全拥有50 000吨氧化铝货权。

2004年3月24日,神火集团为取得上海国储融资帮助,将33 000吨氧化铝货权转给上海国储,并与上海国储、大港公司签订《非保税氧化铝协议书》,确认货权属于上海国储,协议有效期半年。三方确认仍由新中港公司直接向大港公司支付仓储费用,大港公司不再向上海国储收取仓储费。上海国储直接支付入库费、出库费。

同日,神火集团与上海国储签订非保税氧化铝协议书附件一。新中港公司并非协议附件一当事人,但在附件一上盖章确认承担入库费、出库费(原由上海国储承担)。神火集团向上海国储承担仓单费4.00元/吨和仓储费0.05元/天/吨,上海国储证明其向神火集团签发仓单,约定仓储费率0.05元/天/吨。

2004年2月25日,上海国储向神火集团分别签发880182、880183号仓单,神火集团为仓单持有人,存放地点青岛,入库日期2004年2月24日,仓储费率0.05元/天/吨(这与日后的非保税氧化铝协议书及附件一相吻合)。

2004年8月12日,新中港公司、神火集团正式签订氧化铝代理协议。

2005年1月10日,神火集团向新中港公司支付代理费1 372 327.60元(神火集团派车自行提货的部分没有收取代理费)。

2006年1月25日,新中港公司通知大港公司发货495吨。大港公司实际发货495吨。

2006年2月16日,神火集团通知大港公司发运剩余的1 500吨,并确认全部仓储费由新中港公司按代理协议内容与大港公司结算。同日,大港公司发货1 500吨。

2006年3月1日,神火集团分别致函新中港公司与大港公司,以新中港公司、神火集团之间的氧化铝代理协议为依据发表声明。

按大港公司通知,新中港公司代理神火集团分别向大港公司支付氧化铝仓储费400万元、300万元。17 000吨和33 000吨氧化铝均以存栈货物超期双倍费率即每吨每天0.6元非累进计算,17 000吨的起算日期为2004年2月26日,33 000吨的起算日期为2004年8月1日。50 000吨氧化铝均使用港口盖垫物,实际在港时间均已超期。

另查明,青岛港务局根据交通部《港口收费规则》和该港实际情况制定《青岛港务局自订费率收费规定》。该规定表明:一般货物最低仓储费率0.3元/吨/天。

二、一审裁判

青岛海事法院认为,新中港公司、神火集团之间签订《氧化铝代理协议》,是双方在平等的基础上所作的真实意思表示,内容符合法律规定,具有法律效力,双方均应按照协议约定的内容行使权利、履行义务。新中港公司按照协议代理神火集团货物发运并垫付了相关费用,神火集团拒不支付,显然应承担相应的违约责任。关于17 000吨氧化铝的超期仓储费,协议明确约定由新中港公司向神火集团收取,神火集团有支付17 000吨氧化铝超期仓储费的义务。神火集团以其持有的880182、880183号仓单记载的内容进行抗辩,因新中港公司并非仓单当事人,新中港公司与仓单签发人上海国储没有关系,神火集团以此理由抗辩,显然不成立。根据非保税氧化铝协议书及附件一,神火集团向上海国储约定仓储费率0.05元/吨/天,新中港公司对此盖章确认,该费率也与大港公司没有任何关系。神火集团辩称其向大港公司以0.05元/吨/天承担仓储费,该抗辩与事实不符,依法不能成立。神火集团又辩称新中港公司未按协议发运计划安排发运,应由新中港公司负担超期仓储费,但双方氧化铝代理协议条款并未将发运计划与超期仓储费明确关联,协议未明确逾期发运的违约责任。更重要的是,新中港公司履行发运义务的前提是结清仓储费,神火集团委托新中港公司处理发运事务,负有预付处理委托事务费用的默示义务,也是法定义务,神火集团作为委托人没有预付处理委托事务的费用,新中港公司无法按协议履行发运义务,由此产生的后果不应由受托人新中港公司负担。因此,对神火集团关于其不应承担 17 000 吨氧化铝超期仓储费的抗辩理由不予支持。

关于 33 000 吨氧化铝的仓储费,神火集团在协议中明确承担 2004 年 8 月 1 日以后的仓储费,神火集团负有支付的义务,神火集团辩称,"根据 2004 年 3 月 8 日新中港公司、神火集团及大港公司的转货证明,新中港公司明知该证明要求大港公司凭神火集团指令发货",神火集团认为双方已解除代理关系,但这与同年 8 月 12 日双方签订书面代理协议的事实相矛盾,按照日期在后所签的代理协议,新中港公司有权代理发运事务。神火集团辩称:"……自 2005 年元月 2 日起神火集团直接向大港公司发货指令,实际上已经解除了本案双方当事人之间的代理协议。"该抗辩与事实不符,也与 2006 年 2 月 16 日神火集团致大港公司的发货指令内容、与 2006 年 3 月 1 日神火集团致新中港公司和大港公司的声明内容不符,事实上,自协议签订后,神火集团也从未向新中港公司发出有关解除代理协议的通知。对神火集团关于解除与新中港公司代理协议关系的抗辩不予支持。

关于神火集团辩称大港公司受青岛鸿峻矿业公司和阳新鸿峻公司指使,百般刁难,不予发货,仓储费的产生原因在于大港公司。青岛海事法院认为,神火集团提供的证据只能证明上述公司与神火集团下属公司之间存在纠纷,不足以证明大港公司受其指使、影响而不予发货,不能证明是大港公司的原因造成货物超期仓储。所产生的超期仓储费,就神火集团提供的证据而言,尚不能归因于大港公司。神火集团的该抗辩理由也不能成立。神火集团认为大港公司与本案处理结果有法律上的利害关系,申请大港公司作为第三人参加诉讼。因大港公司对本案标的没有独立的请求权,按法律规定,应由大港公司申请或法院通知参加诉讼。神火集团与大港公司如有争议,则属仓储纠纷,与本案属于不同的法律关系,本案系货运代理纠纷,大港公司不参加诉讼,不影响案情的查明,故不同意神火集团的申请。

关于仓储费的费率问题。根据协议约定,新中港公司承诺向神火集团收取港口最优惠的仓储费价格。新中港公司认为其已为神火集团争取到最优惠价格,即 0.6 元/吨/天(正常 0.3 元/吨/天的双倍)。神火集团认为是 0.05 元/吨/天,依据是神火集团与大港公司、上海国储三方《非保税氧化铝协议书》及其附件一。根据协议,新中港公司向大港公司支付仓储费,大港公司不收取上海国储的仓储费。根据上述协议书及附件一,神火集团作为货主是向仓储人上海国储承担仓储费 0.05 元/吨/天,这在附件一上由新中港公司、神火集团及上海国储盖章确认,该费率也与上海国储向神火集团签发的仓单内容相一致,与大港公司无关。神火集团关于涉案货物适用 0.05 元/吨/天费率的抗辩,与事实不符,该抗辩不能成立。根据新中港公司与大港公司的内(外)贸进口货物港口作业合同和青岛港务局自订费率收费规定,涉案货物氧化铝存放堆场时,使用港口盖垫物,应按仓库费率而非堆存费率计算。如果适用进口货物,则按累进费率计收保管费,货物仓储 30 天以后的费率为 0.5 元/吨/天。如果适用存栈货物,则不实行累进计费,涉案货物的最低费率为0.3元/吨/天。两相比较,由于超期仓储是双倍计收,适用存栈货物,则费率降低了0.4元/吨/天(费率差0.2元/吨/天的2倍),显然存栈货物的费率是最优惠仓储价格。非但如此,在新中港公司的争取下,大港公司免收了33 000吨氧化铝融资期间(2004年2月24日至2004年8月1日)的仓储费。因此,新中港公司关于0.6元/吨/天(0.3元/吨/天)仓储费率是最优惠仓储价格的主张理由充分、正当,应予支持。按照该费率标准,17 000吨氧化铝自2004年2月26日办理转货时开始计算至2005年12月31日,超期仓储费为1 978 272.00元;33 000吨超期氧化铝仓储费,自2004年8月1日办理转货时开始计算到2005年12月31日,超期仓储费为5 133 726.00元。50 000吨氧化铝超期仓储费合计7 111 998.00元。新中港公司为此分两次共计向大港公司垫付700万元,对于尚未垫付的111 998.00元,不能构成新中港公司的实际损失,新中港公司向神火集团请求,不予支持。新中港公司主张律师费87 600元,尽管提供了证据,但该损失并非是必然发生的,主张该损失没有明确的法律依据,对新中港公司的律师费主张,亦不予支持。

综上所述,本案双方当事人之间的氧化铝代理协议真实、合法、有效,双方均应受到代理协议的约束,依法行使协议权利、履行协议义务。新中港公司全面履行代理事务并为神火集团垫付了仓储费,神火集团应予偿付。根据《中华人民共和国民法通则》第106条、《中华人民共和国合同法》第398条和《中华人民共和国民事诉讼法》第64条之规定,判决:

神火集团偿付新中港公司垫付的仓储费700万元及利息(以中国人民银行同期贷款利率为准,自2006年1月1日起到判决确定的给付之日止),限于判决生效后10日内给付。逾期须加倍支付迟延履行期间的债务利息。

案件受理费45 570元,新中港公司负担717.60元,神火集团负担44 852.40元。保全申请费40 520元,由神火集团负担。

三、上诉与答辩

神火集团不服原审判决,向山东省高级人民法院提起上诉称:

(1) 青岛海事法院对本案以港口货物保管合同为案由立案,以货运代理合同定性,规避法律对于管辖权的规定,剥夺了神火集团对于管辖权提出异议的权利。本案既然为代理合同纠纷,应该移送本案被告所在地人民法院管辖。

(2) 因大港公司的错误行为导致费用加大,且新中港公司所支出的费用相对人是大港公司,法院应依职权追加大港公司参加诉讼,不仅能查明案情,还因为其应当承担责任。

(3) 新中港公司提交的新中港公司与大港公司签订的《内(外)贸进口货物港口作业合同》是新中港公司与大港公司串谋事后伪造的,一、二次庭审都要求对证据形成时间进行鉴定,因青岛海事法院将举证时间延至二次庭审,并且神火集团提供了同样的格式合同,内容形式都有局部不同,并且约定堆存费仅0.15元或0.20元。

(4) 仓储费应为每吨每天 0.05 元。理由为：① 按照代理协议的约定，新中港公司提供港口最优惠的仓储费用。根据仓单、非保税氧化铝协议和上海国储的证明，仓储费为每吨每天 0.05 元，这个最优惠的价格双方包括大港公司都知道。② 青岛海事法院依据的青岛港务局自定费率规定无效，因为该规定没通知神火集团，神火集团从不知晓该规定。青岛港务局已于 2003 年改制为企业，其无权制定强制价格。③ 原审判决认定铺盖物无证据支持，故 0.30 元的费率无事实依据。

(5) 原审判决认定 30 天后逾期无依据，双方没有约定仓储期限，故属约定不明，判定超期无依据。

(6) 2004 年 2 月 26 日氧化铝货权尚不是神火集团，原审判决从 2004 年 2 月 26 日起计算费用错误。《氧化铝代理协议》签订于 2004 年 8 月 12 日，仓储费应从该日起计算。

(7) 仓单证明期限半年，仓储费率 0.05 元，按照代理协议约定，在 2004 年 9 月 24 日之前货物应全部发出，但新中港公司没有尽代理之责，责任应由其负担。新中港公司对仓储费的计算、货物存放超期、欠仓储费的情况和仓储费的支付未尽通知和报告义务。另外，新中港公司未安排车辆运输，导致逾期，未尽代理之责。

(8) 2005 年 1 月 10 日神火集团将代理费付清后，与新中港公司之间的代理关系就结束了，新中港公司无垫付仓储费义务。受托人即使垫付，也仅是垫付为处理事务所垫付必要费用，包括交通费和住宿费等，而非代委托人履行合同。新中港公司作为代理人并无付款义务，所付款项神火集团既不知晓，也不同意。其所持发票客户名称为新中港公司，并非为神火集团利益所交。

(9) 新中港公司无垫付事实。新中港公司提供的发票客户名称均非是神火集团，神火集团一审提出新中港公司应提供转账手续，但该公司未提供。原审判决认定新中港公司已支付费用证据不足。

神火集团请求山东省高级人民法院发回重审或改判。

被上诉人新中港公司答辩称：

(1) 大港公司既不是有独立请求权的第三人，又与本案没有法律上的利害关系，故不应追加大港公司为第三人。

(2) 双方当事人之间关于 50 000 吨氧化铝货运代理关系一直存在，《氧化铝代理协议》只是对货运代理法律关系的书面确认和具体约定，神火集团认为应当从《氧化铝代理协议》的签订时间来确定双方的货运代理关系开始时间是错误的。从神火集团 2006 年 2 月 13 日致新中港公司的函告和 2006 年 2 月 16 日致大港公司的发货指令来看，神火集团在当时还认可双方之间的货运代理关系，神火集团关于双方的代理关系到 2005 年 1 月 10 日就已经结束，新中港公司越权代理的主张与事实不符。

(3) 青岛海事法院关于仓储费收费标准的认定是正确的。① 神火集团在一审中提供上海国储出具的说明指出："2004 年 2 月 24 日，上海国储、大港公司、华铝工业投资有限公司和神火集团签订的《非保税氧化铝协议书》附件中所提及的仓储费 0.05

元/天/吨,是神火集团支付给我司的。"该 0.05 元/天/吨是上海国储向神火集团收取的,并不是 50 000 吨进口氧化铝在港仓储的费率,而且大港公司从来没有同意过任何人向神火集团收取的仓储费率是 0.05 元/天/吨。② 青岛海事法院按照大港公司收取仓储费的标准计收并无不当。③ 进口氧化铝价值高,物理形态为粉末状,需要装袋保管,怕风、雨和阳光曝晒,库外仓储地面必须设置垫木(层),以防雨水浸湿,顶部须加盖篷布以防风吹雨淋和阳光曝晒,这是保管该货物的常识。④ 0.60 元/天/吨的仓储费价格是新中港公司向大港公司争取到的最大仓储费优惠。因为:A. 对神火集团 50 000 吨进口氧化铝,大港公司是按照存栈货物的收费标准,而不是一般进口货物在港存放时间超过 60 日的 1 元/天/吨。B. 大港公司在神火集团利用存放在港口的 33 000 吨氧化铝融资抵押期间,没有向神火集团收取任何在港仓储费。C. 新中港公司作为该 50 000 吨进口氧化铝货运代理人,已经分两次向大港公司支付了港口仓储费 700 万元,新中港公司并没有从中获取收益。

(4) 17 000 吨氧化铝仓储费的起算时间是从 2004 年 2 月 26 日开始办理转货时计算,实际上大港公司也是这样计算的。另外的 33 000 吨,《非保税氧化铝协议书》及《氧化铝代理协议》已经明确了应自 8 月 1 日计收费用。

(5) 关于"原审认定 30 天后逾期无依据"的问题。一审判决叙述,"如果适用进口货物,则按累进费率计收保管费,货物仓储 30 天以后的费率为 0.5 元/吨/天……存栈货物,则不实行累进计费",这是原审判决引用《青岛港务局自订费率收费规定》对进口货物和存栈货物港口仓储费的比较,以说明采用哪种计费方式更低。

(6) 关于神火集团上诉中提出的氧化铝应在 2004 年 9 月 24 日全部发出的问题。从 2004 年 8 月 1 日双方签订的协议可以看出,对 17 000 吨氧化铝,每天发运 5—10 车(火车每车 45—60 吨),扣除节假日至少需要约两个月的时间才能运完。33 000 吨氧化铝在《氧化铝代理协议》中并没有约定发运的数量及方式,即使按照上述的发车数量来计算,大约至少需要 3 个多月的时间。从以上情况看,神火集团主张 9 月 24 日全部发出,既没有合同依据,也不符合客观事实。同时,按照约定神火集团应当及时支付相关作业的费用,但神火集团迟迟不予付款,已经构成了先期违约。

(7) 神火集团指责新中港公司"未尽通知义务和报告义务"是错误的。仓储费的承担问题在《氧化铝代理协议》中有明确的表述,而且神火集团因进出口业务的需要,经常与港口联系,对港口收取仓储费的规定应当是清楚的。当神火集团将绝大部分氧化铝从港口提走后,在港货物仅有 1 950 吨,因欠港口的仓储费,大港公司拒绝发运,神火集团曾经多次抛开新中港公司与其交涉仓储费用的问题,也说明神火集团对仓储费的产生是知道的。

(8) 新中港公司无垫付仓储费的义务,神火集团可以不承担仓储费用这一观点是错误的。其一,神火集团因不能及时交清仓储费而被大港公司留置 1 950 吨氧化铝时,为了货物及时发运,新中港公司代神火集团支付仓储费是为了神火集团的利益。其二,新中港公司与大港公司是一种港口委托作业合同关系,根据双方签订的《内(外)贸进口货物港口作业合同》的约定,发生的费用,在货物提离港口前全部付清,在神火集团不支付上述费用的情况下,按照该合同,新中港公司作为作业委托人,有义务向港口经营人支付相关费用,否则不但新中港公司违约,大港公司还有权留置货物。因此,新中港公司在代理过程中垫付仓储费是正确的。

四、二审裁判

山东省高级人民法院经审理查明:关于新中港公司向大港公司支付仓储费的时间,新中港公司自认 2006 年 1 月 9 日支付了 400 万元,2006 年 3 月 29 日支付了 300 万元。

山东省高级人民法院查明的其他事实与原审判决认定的事实相同。

山东省高级人民法院认为:

(1) 本案为与海上运输有关的货运代理合同纠纷,属于最高人民法院规定的海事法院受理案件范围,青岛海事法院对本案有管辖权。神火集团未在《中华人民共和国民事诉讼法》第 38 条规定的期间提出管辖权异议,故神火集团关于本案应该移送被告所在地人民法院管辖的主张,山东省高级人民法院不予支持。

(2) 本案双方当事人之间为货运代理法律关系,双方争议的问题是新中港公司是否垫付了仓储费和神火集团是否应向新中港公司支付上述垫付费用,本案处理结果同大港公司没有法律上的利害关系,神火集团关于应追加大港公司作为本案第三人的主张没有法律依据,青岛海事法院不通知大港公司作为第三人参加诉讼是正确的。

(3) 神火集团一审中提交的两份格式合同,一份为大港公司与青岛中远国际货运有限公司签订的《内(外)贸进口货物港口作业合同》,一份为上海神火铝业有限公司与青岛中远国际货运有限公司签订的协议书,两份合同与本案新中港公司和大港公司签订的《内(外)贸进口货物港口作业合同》的当事人并不相同,与本案没有关联性,不能证明新中港公司与大港公司签订的《内(外)贸进口货物港口作业合同》是伪造的。神火集团关于该合同系新中港公司与大港公司串谋事后伪造的主张没有事实依据,山东省高级人民法院不予认定。

(4) 关于仓储费的费率,神火集团主张应为每吨每天 0.05 元。根据仓单的记载,每吨每天 0.05 元的费率是神火集团和上海国储约定由神火集团向上海国储支付的。非保税氧化铝协议书未约定大港公司收取的仓储费为每吨每天 0.05 元;非保税氧化铝协议书附件一约定神火集团承担每吨每天 0.05 元的仓储费,但大港公司非上述附件一的合同当事人,因此非保税氧化铝协议书及附件一不能证实大港公司应按照每吨每天 0.05 元收取仓储费。上海国储出具的说明,也能够证实非保税氧化铝协议书附件一约定的每吨每天 0.05 元的仓储费是由神火集团支付给上海国储的。青岛港务局根据交通部《港口收费规则》制定了《青岛港务局自订费率收费规定》。根据该规定,一般存栈货物仓储费率最低为 0.3 元/吨/天,货物在港堆存期超过 60 天,加倍计收货物保管费。本案双方当事人签订的代理协议约定,新中港公司向神火集团提供最优惠的仓储费价格。在协议履行中,新中港公司主张的仓储费是按照《青岛港务局自订费率收费规定》中最低的费率计算得出的,神火集团亦未提交证据证明新中港公司未能提供最优惠的仓储费费率,因此应认为新中港公司履行了提供最优惠费率的合同义务。大港公司出具的《仓储费用明细表》表明,作为港口经营人的大港公司是按照存栈货物的费率收取仓储费的,在神火集团没有提交相反证据的情况下,应认定本案所涉氧化铝为存栈或使用港口垫盖物保管。

(5) 原审判决中叙述的 30 天后逾期,是引用《青岛港务局自订费率收费规定》中进口货物计收保管费的费率标准,用以说明以存栈货物的费率计算的仓储费更低。大港公司并未按照进口货物计收保管费,因此神火集团的该项上诉理由与本案处理结果无关。关于计算仓储费的期间,大港公司出具的《仓储费用明细表》已经予以列明,在神火集团没有提交相反证据的情况下,应认为新中港公司向大港公司支付上述仓储费并无不当。

(6) 神火集团于 2004 年 2 月 24 日向新中港公司发出的转货指令、2 月 26 日的《转货证明》和其后上海国储给新中港公司的转货指令,可以证明就本案所涉 50 000 吨氧化铝,神火集团与新中港公司之间在 2004 年 2 月 24 日即存在货运代理关系,还可以证明货权在神火集团与上海国储之间多次转移,直至 17 000 吨氧化铝的货权于 2004 年 3 月 1 日最终转移给神火集团,33 000 吨氧化铝的货权于 2004 年 8 月 1 日最终转移给神火集团。在此期间,新中港公司一直代理该批货物的发运。本案双方当事人签订于 2004 年 8 月 12 日的《氧化铝代理协议》约定,就 17 000 吨氧化铝,新中港公司向神火集团收取港口超期的仓储费;就 33 000 吨氧化铝,神火集团只承担货权转移后的仓储费(即 2004 年 8 月 1 日后)。从以上约定可以看出,协议中约定的 17 000 吨氧化铝港口超期仓储费并不仅限于货权转移给神火集团后的超期仓储费,而是指该批货物在港期间产生的超期仓储费,原审判决判令神火集团支付从 2004 年 2 月 26 日起的 17 000 吨氧化铝仓储费用并无不当。按照《氧化铝代理协议》的约定,就 33 000 吨氧化铝,神火集团应承担 2004 年 8 月 1 日后的仓储费,原审判决依据上述约定判令神火集团支付上述费用有事实依据。

(7) 神火集团主张新中港公司未尽代理之责,但未提交证据证明新中港公司未尽代理之责的行为,也未举证证明新中港公司有过错,对其关于新中港公司应承担责任的主张,山东省高级人民法院不予支持。神火集团对货物在港口会产生仓储费是应当知道的;神火集团多次与大港公司交涉仓储费的问题,对仓储费的计算、货物存放超期、欠仓储费的情况,神火集团亦应当知道,神火集团关于新中港公司未尽通知义务和报告义务的主张,并无事实依据。

(8) 神火集团主张,2005 年 1 月 10 日神火集团将代理费付清后,与新中港公司之间的代理关系即结束,而神火集团 2006 年 2 月 16 日致大港公司的发货指令中讲:关于现在发运的 1 500 吨氧化铝及以前所发运的该批氧化铝所产生的仓储费,由新中港公司根据神火集团与新中港公司签订的代理协议(详见《氧化铝代理协议》)约定的内容与贵公司结算。由此可见,神火集团关于新中港公司无垫付仓储费义务和新中港公司越权代理的主张与事实不符,山东省高级人民法院不予支持。

(9) 新中港公司提供了大港公司开具的收取堆存费的发票,能够证实新中港公司已向大港公司支付了堆存费。向大港公司支付堆存费的是新中港公司,大港公司将发票上的客户名称填写为新中港公司,符合《中华人民共和国发票管理办法》第20条"销售商品、提供服务以及从事其他经营活动的单位和个人,对外发生经营业务收取款项,收款方应当向付款方开具发票……"的规定。

(10) 神火集团向新中港公司支付垫付仓储费的利息,应从新中港公司向大港公司实际支付仓储费的次日起计算,即垫付仓储费中的400万元自2006年1月10日起计息,300万元自2006年3月30日起计息。原审判决判令神火集团承担从2006年1月1日起的垫付仓储费利息有误,山东省高级人民法院予以纠正。

综上所述,原审判决对神火集团是否应偿付新中港公司垫付仓储费700万元的问题认定事实基本清楚,适用法律正确,应予维持。原审判决对新中港公司向大港公司支付仓储费的时间没有查清,判决仓储费利息的起算时间有误,应予纠正。依照《中华人民共和国民事诉讼法》第153条第1款第(一)项、第(三)项之规定,判决如下:

变更青岛海事法院(2006)青海法海商初字第25号民事判决为:河南神火集团有限公司偿付青岛新中港贸易有限公司垫付的仓储费700万元及利息(以中国人民银行同期贷款利率为准,其中的400万元自2006年1月10日起计息,300万元自2006年3月30日起计息,均计至判决确定的给付之日止),于判决生效后10日内给付。逾期须加倍支付迟延履行期间的债务利息。

二审案件受理费45 570元,由上诉人河南神火集团有限公司负担。

本判决为终审判决。

11.2.10　货运代理垫付的承运人加收海运费的负担

22 上诉人克运船务(天津)代理有限公司石家庄分公司与被上诉人厦门速传物流发展股份有限公司青岛分公司、厦门速传物流发展股份有限公司货运代理合同纠纷案

案例来源:山东省高级人民法院(2009)鲁民四终字第143号

主题词:货运代理合同　货运代理　垫付加收海运费

> **裁判要旨**
>
> **No. ZH-11.2.10-1**　承运人加收海运费,并非货运代理的过错,货运代理为托运人垫付的,应由托运人负担。

一、基本案情

上诉人(原审原告):克运船务(天津)代理有限公司石家庄分公司(以下简称克运

石家庄公司)

被上诉人(原审被告):厦门速传物流发展股份有限公司青岛分公司(以下简称速传物流青岛分公司)

被上诉人(原审被告):厦门速传物流发展股份有限公司(以下简称速传物流公司)

青岛海事法院审理查明:自 2008 年 4 月始,克运石家庄公司开始委托速传物流青岛分公司代理部分海运出口业务。在双方业务往来中,提单号 8TAOMEIL3E4101 项下装载于 60 个 20' 集装箱内的货物于 2008 年 4 月 27 日在青岛港装船开航,船名 ANL-WUONG,航次 002S,目的港澳大利亚墨尔本。2008 年 4 月 29 日,双方就本票货物通过传真确认了各项费用为人民币 41 240 元、运费 66 000 美元。2008 年 5 月 16 日,速传物流青岛分公司传真《有关提单号 8TAOMEIL3E4101 的协议》给克运石家庄公司:承运人青岛豪迈船务有限公司要求加收运费 6 000 美元,否则将在目的港扣留货物,速传物流青岛分公司自行承担 1 100 美元,要求克运石家庄公司将剩余的 4 900 美元折合成人民币 34 300 元汇入速传物流青岛分公司指定的账户。克运石家庄公司于当日将 34 300 元人民币汇至速传物流青岛分公司。在速传物流青岛分公司提交的承运人青岛豪迈船务有限公司向其传真的函件上,承运人明确如不付款将对货物进行扣留。速传物流青岛分公司除向承运人青岛豪迈船务有限公司支付人民币 41 242 元、64 800 美元以外,承运人要求加收的 6 000 美元折合人民币 42 000 元也由速传物流青岛分公司一并支付。另查明,速传物流青岛分公司、克运石家庄公司及克运石家庄公司的上级法人克运船务(天津)代理有限公司曾就本案货运代理事宜进行诉讼,速传物流青岛分公司向克运石家庄公司及克运石家庄公司的上级法人克运船务(天津)代理有限公司要求支付垫付的代理款项,克运石家庄公司在该案中主张应将本案诉争的 4 900 美元予以扣除。青岛海事法院及山东省高级人民法院一、二审均未支持。

山东省高级人民法院另案终审认为,根据 2008 年 5 月 16 日《有关提单号 8TAOMEIL3E4101 的协议》,货物运输后,因承运人要求加收 6 000 美元运费,厦门物流青岛分公司分担了部分款项,克运石家庄分公司也根据该协议向厦门物流青岛分公司汇出了 4 900 美元,以实际行为履行了该协议,因此该 4 900 美元与根据结算协议确定的 66 000 美元无关,克运石家庄分公司主张应从中扣除的理由不能成立。

二、一审裁判

青岛海事法院认为,速传物流青岛分公司接受克运石家庄公司委托办理出口货物运输事宜,双方的货运代理合同关系依法成立并合法有效。速传物流青岛分公司完成了代理事项。本案当事人争议的焦点是克运石家庄公司实际支付的包括在承运人加收的 6 000 美元运费中的 4 900 美元是否应当由速传物流青岛分公司和速传物流公司负担。克运石家庄公司与速传物流青岛分公司就本案出运货物费用数额确实曾达成一致,但双方达成的协议费用是在承运人要求加收 6 000 美元之前,在承运人要求加收

6000美元之后,速传物流青岛分公司主动承担了其中的1100美元,并起草了协议传真给克运石家庄公司,而克运石家庄公司也按照该协议将34 300元人民币支付速传物流青岛分公司转付,克运石家庄公司该行为应被认定为认可该协议并实际履行。现无证据证明该费用的出现是因为速传物流青岛分公司代理失职或与承运人恶意串通所产生,且速传物流青岛分公司已将6000美元折合人民币全部支付承运人,显然该费用是速传物流青岛分公司为完成克运石家庄公司委托事务所必须发生的费用,克运石家庄公司作为委托人应当就该费用负责。

青岛海事法院依据《中华人民共和国民事诉讼法》第64条、《中华人民共和国合同法》第398条的规定,判决:

驳回克运船务(天津)代理有限公司石家庄分公司的诉讼请求。

案件受理费658元由克运船务(天津)代理有限公司石家庄分公司负担。

三、上诉与答辩

上诉人克运石家庄公司不服一审判决上诉称:当事人双方在2008年4月份签订了《费用结算协议》,对该票货物的所有费用进行了合同约定。但速传物流青岛分公司单方面违反该约定,在海运途中要求加收4900美元,并且该笔费用不是汇至速传物流青岛分公司的开户行,而是要求汇到一个个人账户。我方为保障托运人的利益,不得不同意速传物流青岛分公司的无理要求。速传物流青岛分公司并未举证证明加收费用的合法性,而是单纯证明了其与承运人的费用往来及结算凭证。速传物流青岛分公司的理由是,该笔费用是船公司加收的,与速传物流青岛分公司无关。我方认为,速传物流青岛分公司在承接此笔业务时应当对其经营风险有所预判,因其与船公司之间费用结算问题造成的经营亏损,不应由我方承担,因为当事人之间已经签订了所有费用的结算协议。一审判决对山东省高级人民法院有关判决书的引用断章取义,省略了"加收6000美元是否得当,与本案无关"的内容。而正是因为这个原因,我方才提起了本案诉讼,要求对方返还不当的加收费用。双方当事人之间事先已对货运代理合同的主要条款作出了明确约定,双方均应按约定履行义务。速传物流青岛分公司在合同履行过程中提出变更合同,增加费用数额,我方在不自愿的情况下支付了增加的费用。事后,速传物流青岛分公司未举证证明合同变更和增加费用的依据,依法应承担返还责任。在速传物流青岛分公司提出变更合同时,我方开始明确表示拒绝,在速传物流青岛分公司反复催促并表示如不支付该费用将留置货物的情况下,才支付了增加费用,真实意思是为了减少损失。请求:撤销原判,依法改判,并判令被上诉人承担全部诉讼费用。

速传物流青岛分公司答辩称:

(1)速传物流青岛分公司在发生异常费用后,向克运石家庄公司进行告知,并要求其支付一定的费用,是有合同依据的。根据双方签订的费用结算协议,约定的费用项目包含代理费、代垫费及其他新增费用。

（2）双方达成的《有关提单号 8TAOMEIL3E4101 的协议》是真实存在并合法有效的，双方已经以各自行为履行了上述协议的内容。

（3）对于 6 000 美元的异常费用，速传物流青岛分公司已经代收代付给船公司，并且速传物流青岛分公司为了克运石家庄公司的利益，从代理费 1 200 美元中承担了承运人加收费用 6 000 美元中的 1 100 美元。

速传物流公司的答辩意见与速传物流青岛分公司答辩意见相同。

四、二审裁判

山东省高级人民法院经审理查明：速传物流青岛分公司一审期间提交 2008 年 4 月 17 日对青岛豪迈船务有限公司付款 10 000 元的付款通知单 1 张，2008 年 5 月 16 日对青岛豪迈船务有限公司付款 32 000 元的付款通知单 1 张，青岛豪迈船务有限公司 2008 年 4 月 24 日收到涉案提单项下押金 10 000 元的收据 1 张，青岛豪迈公司 2008 年 5 月 19 日开具给速传物流青岛分公司的收到代理运费 42 000 元的收据 1 张。速传物流青岛分公司主张，上述 42 000 元人民币，就是承运人加收的 6 000 美元运费折算而来的，并支付给了承运人。克运石家庄公司对上述证据的真实性不发表意见，并主张即使速传物流青岛分公司已向承运人支付了加收的运费，也属于速传物流青岛分公司应该自行承担的经营风险，不能由克运石家庄公司负担。山东省高级人民法院对速传物流青岛分公司已向承运人支付了加收运费的事实予以确认。

速传物流青岛分公司主张，本案发货人曾在另案中出具情况说明，证明该发货人已将本案加收的 6 000 美元运费中的 3 000 美元支付给克运石家庄公司。克运石家庄公司对上述主张予以认可，但同时主张发货人未实际向其支付该 3 000 美元。鉴于克运石家庄公司认可其曾向法院提交了上述情况说明，故山东省高级人民法院对该情况说明中反映的发货人已向克运石家庄公司支付了 3 000 美元加收运费的事实予以认定。

山东省高级人民法院查明的事实与青岛海事法院认定的事实一致。

根据上诉人的上诉与被上诉人的答辩，本案争议焦点为：克运石家庄公司已经实际支付的承运人要求加收的 6 000 美元中的 4 900 美元应否由速传物流青岛分公司和速传物流公司承担。

山东省高级人民法院认为，速传物流青岛分公司一审期间提交的青岛豪迈船务有限公司的传真函件能够证明，6 000 美元的运费是承运人要求加收的，速传物流青岛分公司提交的付费通知单及青岛豪迈船务有限公司开具的发票能够证明，速传物流青岛分公司已将 6 000 美元加收运费折合 42 000 元人民币支付给承运人。对于该 6 000 美元的加收运费，速传物流青岛分公司在《有关提单号 8TAOMEIL3E4101 的协议》中提出了发货人承担 3 000 美元、克运石家庄公司承担 1 900 美元、速传物流青岛分公司自行承担 1 100 美元的解决方案，并将上述协议传真给了克运石家庄公司。克运石家庄公司虽然未在协议上盖章，但却在收到协议后实际支付了 4 900 美元（折合人民币 34 300

元)的加收费用,其中还包括发货人负担的 3 000 美元。因此,一审判决认定克运石家庄公司以实际行为认可该协议并已实际履行,并无不当。克运石家庄公司与速传物流青岛分公司之间系货运代理合同关系,速传物流青岛分公司作为受托人已经完成了委托事务,且不存在过错,因此,克运石家庄公司关于承运人加收费用应视为速传物流青岛分公司的交易风险并应由速传物流青岛分公司自行负担的理由,不能成立。另外,克运石家庄公司认为一审判决对山东省高级人民法院(2008)鲁民四终字第 106 号民事判决的引用断章取义,遗漏了"加收 6 000 美元是否得当,与本案无关"。但是,从上述判决中"加收 6 000 美元是否得当,与本案无关"的内容,不能推定出加收费用应由速传物流青岛分公司负担的结论。

综上,一审判决认定事实清楚,适用法律正确,判决结果并无不当,应予维持。克运石家庄公司的上诉无理,应予驳回。依照《中华人民共和国民事诉讼法》第 153 条第 1 款第(一)项之规定,判决如下:

驳回上诉,维持原判。

二审案件受理费 658 元,由上诉人克运船务(天津)代理有限公司石家庄分公司负担。

本判决为终审判决。

11.2.11 约定垫付费用支付条件的法律后果

[23] 上诉人青岛耿源食品有限公司与被上诉人上海日进泰阳国际货运代理有限公司青岛分公司货运代理合同纠纷案

案例来源:山东省高级人民法院(2007)鲁民四终字第 64 号
主题词:货运代理合同　委托人　企业 IC 卡丢失　迟延到港

裁判要旨

No. ZH-11.2.11-1　企业 IC 卡是企业的身份证明,应由委托人自己保存,没有证据证明其将企业 IC 卡交付给货运代理且货运代理丢失了企业 IC 卡,因企业 IC 卡丢失导致出运货物迟延到达目的港,造成收货人拒绝提货和拒付货款的责任应由委托人承担,委托人应当向货运代理支付垫付费用,不能适用货运代理协议关于货主的货款到位后再向货运代理支付垫付费用的约定。

一、基本案情

上诉人(原审被告):青岛耿源食品有限公司(以下简称耿源公司)
被上诉人(原审原告):上海日进泰阳国际货运代理有限公司青岛分公司(以下简称泰阳公司)

青岛海事法院查明:2006 年 4 月 8 日,耿源公司与泰阳公司签订货运代理协议,约定泰阳公司为耿源公司代理海运业务的订舱、仓储、报关、报检、报验、陆运等业务,耿源公司支付海运费、空运费、陆运费、联运费、青岛当地杂费、报关及三检费、代理费等。

双方约定费用结算,在每一笔货运业务完成后,泰阳公司应缮制账单传真给耿源公司,耿源公司应及时确认后通知泰阳公司;泰阳公司的代理费用每票货物结算一次,在耿源公司货款到位后再行支付。协议所述"费用"包括但不限于如下费用,按实际发生项目及数额结付:海运费、空运费、陆运费、联运费、青岛当地杂费、报关及三检费、代理费等。对协议条款如有任何修改或补充,双方应在友好协商的基础上,订立补充协议。该补充协议作为协议的组成部分,与协议具有同等法律效力。

据此货代协议,泰阳公司与耿源公司就本案所涉三票提单项下货物发生业务往来。

第一票:2006年5月12日,万海航运股份有限公司发给泰阳公司入货通知,对WHLU7506096集装箱货物发出通知。

对该集装箱货物,泰阳公司向耿源公司发出入货通知,船名WANHAI302,航次W050,提单号Q320500079,装港青岛,卸港PENANG,箱量40呎,船期2006年5月20日,场站名称明港外运,结港时间2006年5月18日下午14时以前。

2006年5月14日,泰阳公司代耿源公司支付了提单号Q320500079装卸费440元人民币、机械费1 000元人民币。

2006年5月29日,泰阳公司支付电子口岸卡费200元人民币。

2006年6月26日,泰阳公司向大连中基国际货运物流有限公司青岛分公司支付提单号Q320500079项下的箱使费480美元。

泰阳公司称,提单号Q320500079项下的货物运到海关指定的地点后,因耿源公司将报关所需的法人卡和操作员卡丢失导致无法报关,由泰阳公司补办了两卡后(上述200元人民币电子口岸卡费),重新办理了其他相关手续,导致该提单号取消,泰阳公司重新办理了该票货物出口手续,提单号变更为8TAOPEN3E0094,泰阳公司已代垫了相关费用。

2006年6月1日,泰阳公司向耿源公司发出海运出口请款单,提单号8TAOPEN3E0094项下的费用共计海运费3 100美元及4 460元人民币杂费。

第二票:2006年5月14日,泰阳公司支付提单号YMQACMS0000441项下的机械搬倒费420元人民币。

2006年5月22日,泰阳公司向耿源公司发出海运出口请款单,要求耿源公司确认提单号YMQACMS0000441项下的相关费用共计杂费2 125元人民币及海运费1 400美元。耿源公司对此予以确认。

2006年5月30日,泰阳公司支付提单号YMQACMS0000441改单费200元人民币。

泰阳公司未能举证就该票货物耿源公司已实际收回货款。

第三票:泰阳公司向耿源公司发出海运出口请款单,提单号8TAOPEN3E0095项下的费用共计海运费1 550美元及22 458元人民币杂费。另外补收提单号YMQAC-

MS0000441 杂费 480 美元。

8TAOPEN3E0094、8TAOPEN3E0095 两票提单的费用,泰阳公司已向青岛天恒国际物流有限公司实际支付了 4 300 美元海运费及 6 206 元人民币杂费。

泰阳公司向青岛港集团有限公司支付杂费 30 元人民币。

泰阳公司向青岛前湾港集装箱码头有限责任公司支付杂费 1 248 元人民币。

泰阳公司支付代理报关费 2 500 元人民币。

2006 年 5 月 15 日,泰阳公司支付了提单号 8TAOPEN3E0095 项下商检费 1 万元人民币。

2006 年 5 月 24 日,泰阳公司向青岛广运发物流有限公司支付提单号 8TAOPEN3E0095 项下的杂费 7 000 元人民币。

2006 年 6 月 9 日,泰阳公司向青岛琴洋国际货运代理有限公司支付 1 650 元人民币。

2006 年 6 月 22 日,泰阳公司向潍坊市顺达运输公司支付提单号 8TAOPEN3E0095 项下倒箱费 500 元人民币。

以上泰阳公司为耿源公司就 8TAOPEN3E0094、8TAOPEN3E0095 两票提单货物垫付 4 300 美元、29 134 元人民币。

另,泰阳公司称因重新办理电子口岸卡导致提单号 Q320500079 变更为 8TAOPEN3E0094,泰阳公司在变更前先期垫付费用共计 480 美元、1 640 元人民币。

2006 年 6 月 16 日,承运人的代理中海代理公司收到提单号 8TAOPEN3E0094、8TAOPEN3E0095 货物收货人槟泰贸易(槟城)有限公司否认两票提单项下货物的货权,并拒绝提货的通知。

2006 年 6 月 20 日,泰阳公司向耿源公司发出通知称,提单号 8TAOPEN3E0094、8TAOPEN3E0095 项下的 3 个超高冻柜已在 2006 年 6 月 15 日到达目的港槟城,产生高额费用。据当地法律,冻柜货物到港 10 天内无人提货,将视为自动放弃处理。要求在两天内书面答复如何处理该两票货物及收货人事宜,逾期船公司将按当地规定按耿源公司自动弃货处理。

2006 年 6 月 22 日,泰阳公司再次向耿源公司发出通知,要求耿源公司对提单号 8TAOPEN3E0094、8TAOPEN3E0095 项下的 3 个超高冻柜货物在耿源公司托运时指定的目的港收货人 SYARIKAT PING THYE TRADING CO. (PG) SDN. BHD. 否认对货物拥有货权出现交货不能的情况下,在 2006 年 6 月 23 日 18 时前书面通知该两票货物在槟城的交货去向,逾期责任由耿源公司负担。

2006 年 6 月 22 日,中海集装箱青岛有限公司向耿源公司发出通知,对提单号 8TAOPEN3E0094、8TAOPEN3E0095 项下货物在 2006 年 6 月 15 日到目的港后,因无人提货,作为承运人要求在收到该通知 3 个工作日内付清所有有关费用提货或给予答复,否则视为放弃对上述货物的权利。

泰阳公司提交 2006 年 6 月 22 日耿源公司发出更改收货人通知的复印件。记载耿源公司要求对提单号 8TAOPEN3E0094、8TAOPEN3E0095 项下货物交付 KHAI YOU

TRADING（M）SDN BHD，并向承运人中海集装箱运输（香港）有限公司出具了电放保函（复印件）。承运人据此缮制了电放提单，更改收货人为 KHAI YOU TRADING（M）SDN BHD（复印件）。耿源公司对上述证据予以否认。

耿源公司所称泰阳公司在履行协议过程中有严重的违约行为，致耿源公司货物丢失造成损失20余万元，因未向法庭举证，法院不予认定。

二、一审裁判

青岛海事法院认为，泰阳公司与耿源公司签订的货运代理协议系双方真实意思表示，合法有效，双方应严格按照协议履行。根据协议双方应为货运代理关系，并非海上货物运输合同关系。

泰阳公司代理耿源公司出运涉案的货物3票，提单号分别为YMQACMS0000441、8TAOPEN3E0094、8TAOPEN3E0095。该3票货物第一票已至目的港，货物已被提单载明的收货人提走，虽耿源公司已对2 125元人民币及1 400美元的费用予以确认，但耿源公司当庭表示该货款并未收回，泰阳公司亦未能举证该货款耿源公司已实际收回，依据双方协议泰阳公司要求结算该票货物相关费用的请求不能支持。

后两票提单项下的货物，泰阳公司已举证证明目的港收货人拒收货物。向提单载明的收货人交货，是承运人的义务，泰阳公司仅是耿源公司的货运代理，并非海运合同的缔约方，已实际履行完毕货运代理协议的相关义务，不承担交货义务。故耿源公司所称泰阳公司在履行协议过程中有严重的违约行为，致耿源公司货物丢失造成损失，该损失应由泰阳公司赔偿的主张不能成立。

耿源公司所称本案与另案耿源公司起诉泰阳公司赔偿损失系同一事实和法律关系，应驳回泰阳公司起诉的主张无法律依据，法院不予支持。

在收货人拒收货物的情况下，耿源公司无法收回货款，泰阳公司与耿源公司货代协议约定的附条件的付款方式条款已无法实际履行。在泰阳公司依约确为耿源公司垫付了相关费用，且垫付费都为合理和必需的情况下，耿源公司应将泰阳公司实际垫付的相关费用全额（共计4 780美元、30 774元人民币）给付泰阳公司，该款相应的利息损失应自泰阳公司明确向耿源公司主张权利之日（起诉之日）的次日（2006年8月10日）起算至本判决确定付款之日止的银行同期存款利息。

泰阳公司所称耿源公司私自变更收货人及向承运人提供电放保函，因提供证据为复印件，耿源公司未予确认，法院不予认定，泰阳公司的该主张不予支持。

泰阳公司诉请中向耿源公司主张的实际垫付之外的超额费用，无法律依据，双方又无特别约定，耿源公司也未确认，故不予支持。

泰阳公司诉请的解除双方的代理关系的请求，因双方已无实际继续履行的可能，法院予以准许。

依照《中华人民共和国民法通则》第84条、第88条的规定，判决：

（1）解除泰阳公司与耿源公司的货运代理协议；

(2) 耿源公司偿付泰阳公司垫付款 4 780 美元、人民币 30 774 元,加自 2006 年 8 月 10 日起至本判决确定付款之日止的银行同期存款利息,限判决生效之日起 10 日内付清;

(3) 驳回泰阳公司对耿源公司的其他诉讼请求。

案件受理费人民币 2 952 元,泰阳公司负担人民币 466 元,耿源公司负担人民币 2 486 元。

三、上诉与答辩

上诉人耿源公司不服上述判决,上诉称:根据耿源公司与泰阳公司签订的货运代理协议的约定:耿源公司支付货运代理费用的前提是耿源公司收回货款,但泰阳公司所诉的为耿源公司出运的 3 票货物,泰阳公司均无证据证明耿源公司已收回货款,代理协议约定的付款条件不具备,因此,原审法院判定耿源公司支付后两票货物的代理费用是错误的。后两票货物因泰阳公司未按约定时间将货物运至收货人处,导致收货人拒收,所托运货物系农副产品,在延期送货后,该货物变质,收货人拒收,当然不会向耿源公司支付货款。泰阳公司庭审中提供的所谓收货人拒收货物的证明是一份模糊不清的电子邮件复印件,对该证据耿源公司当庭提出异议,收货人拒收货物是事实,收货人肯定会拒绝支付货款,代理协议约定的付款条件不成就,耿源公司承担支付代理费的责任没有依据。请求二审法院依法撤销原判,驳回泰阳公司的诉讼请求。一、二审案件受理费由泰阳公司负担。

被上诉人泰阳公司当庭口头答辩称:泰阳公司没有按照约定时间将货物运到国外收货人处是耿源公司的原因造成的,耿源公司将货运代理出口所必须具备的电子口岸法人卡和操作员卡丢失,导致货物无法通关,使本案第二、三票货物未能按时出运。泰阳公司已经通知耿源公司,国外的收货人明确表示拒收货物否认货权,但是耿源公司对此通知置之不理,导致耿源公司无法向国外收货人主张货款。因此,因为耿源公司的违约行为,导致泰阳公司垫付的费用无法按照合同约定向耿源公司收取,耿源公司应当支付泰阳公司垫付的运杂费。

四、二审裁判

山东省高级人民法院经审理查明,在耿源公司诉泰阳公司涉案提单号 8TAOPEN3E0094 和 8TAOPEN3E0095 项下货物损失一案中,耿源公司提交了一份其目的港收货人槟泰贸易(槟城)有限公司向耿源公司出具的索赔函,内容为,你方托运的货物 2006 年 6 月 15 日方才到港,已超出双方约定的交货时间,我司已无法提货,并要求你司赔偿我司经济损失 10 万元。该案法院已按耿源公司自动撤回起诉结案。山东省高级人民法院审理查明的其他事实与一审法院查明的事实相同。

山东省高级人民法院认为,本案是货运代理协议纠纷,争议焦点为:耿源公司是否应承担其货运代理人泰阳公司为提单号 8TAOPEN3E0094 和 8TAOPEN3E0095 项下所垫付出运费用的支付义务。根据耿源公司提交的收货人槟泰贸易(槟城)有限公司出具的索赔函和泰阳公司的陈述,法院认定双方对货物迟延到达目的港没有异议,同时对企业 IC 卡丢失及迟延装船和到达目的港的原因是电子卡丢失也没有异议,但对电子卡丢失的责任应由耿源公司还是泰阳公司承担问题,双方各执一词。企业 IC 卡是企业在网上使用的身份证和印章,其内部存有企业用户的密码,可进行身份认证及数字签名,企业 IC 卡分为法人卡和操作员卡,企业法人卡用于以法人名义授权签字和对本企业操作卡进行管理,操作员卡用于企业联网办理通关、收汇、退税业务等。由此可见,企业 IC 卡是企业的身份证明,应由耿源公司自己保存,耿源公司未提交证据证明其将企业 IC 卡交付泰阳公司,故本院无法认定耿源公司的企业 IC 卡是泰阳公司丢失的,因耿源公司电子卡丢失导致出运货物迟延到达目的港,造成收货人拒绝提货和支付货款的责任应由耿源公司承担,耿源公司不能收到货款系自身过错造成的,因此,货运代理协议关于耿源公司货款到位后再行支付垫付费用的约定不能适用本案,泰阳公司为耿源公司提单号 8TAOPEN3E0094 和 8TAOPEN3E0095 项下货物出运垫付了相关费用,耿源公司应该承担支付义务。耿源公司认为目的港收货人拒绝支付货款,协议约定的付费条件未成就,其不应承担支付垫付费用义务的上诉理由不成立,本院不予支持。

综上,原审判决认定事实清楚,适用法律正确,应予维持。根据《中华人民共和国民事诉讼法》第 153 条第 1 款第(一)项的规定,判决如下:

驳回上诉,维持原判。

如果未按判决指定期间履行给付金钱义务,应当依照《中华人民共和国民事诉讼法》第 232 条之规定,加倍支付迟延履行期间的债务利息。

二审案件受理费 2 952 元,由上诉人耿源公司负担。

本判决为终审判决。

11.2.12 货运代理的报酬

24 上诉人青岛华邦玻璃工业有限公司与被上诉人青岛圣和船务有限公司货运代理合同欠费纠纷案

案例来源:山东省高级人民法院(2009)鲁民四终字第 87 号
主题词:货运代理合同　出口货运代理费用标准　货运代理　报酬

裁判要旨

No. ZH-11.2.12-1　货运代理需要向相关部门缴纳的费用与其约定向委托人收取的费用差额部分是货运代理应得的代理报酬,委托人应予支付。

一、基本案情

上诉人(原审被告):青岛华邦玻璃工业有限公司(以下简称华邦公司)

被上诉人(原审原告):青岛圣和船务有限公司(以下简称圣和公司)

青岛海事法院经审理查明:2008年,圣和公司为华邦公司代办货运出口业务,圣和公司为华邦公司办理货物出运并垫付了运杂费。2008年6月至10月间,华邦公司分6次在圣和公司的对账单上对欠费数额进行了确认,其中5月份欠费18 150美元、55 590元人民币,6月20日前付清;6月份欠费8 800美元、26 400元人民币,7月20日前付清;7月份欠费15 950美元、48 840元人民币,8月20日前付清;8月份欠费11 550美元、34 990元人民币,9月20日前付清;9月份欠费12 650美元、57 055元人民币,10月20日前付清;10月份欠费4 950美元、15 070元人民币,11月20日前付清。

二、一审裁判

青岛海事法院认为,本案系货运代理合同欠费纠纷,圣和公司为华邦公司的货运代理人,并已为华邦公司办理完货运代理业务,安排货物出运,且垫付了必要的费用。《中华人民共和国合同法》第398条规定:委托人应当预付处理委托事务的费用。受托人为处理委托事务垫付的必要费用,委托人应当偿还该费用及其利息。第405条规定:受托人完成委托事务的,委托人应当向其支付报酬。因此,华邦公司应当支付圣和公司为其垫付的费用并支付相应报酬,华邦公司在费用确认单中确定的数额72 050美元、237 945元人民币即为华邦公司应支付的费用和报酬的总额。华邦公司未及时支付相关款项,应承担继续履行、赔偿损失的违约责任,支付余款53 900美元和155 955元人民币及相应利息,利息可按付款确认书上约定的支付时间分别计算。

青岛海事法院依照《中华人民共和国民法通则》第106条、第111条和《中华人民共和国合同法》第107条的规定,判决:

(1)青岛华邦玻璃工业有限公司向青岛圣和船务有限公司支付运杂费合计53 900美元、155 955元人民币;

(2)青岛华邦玻璃工业有限公司向青岛圣和船务有限公司支付上述欠款的利息,利息起算时间分别为2008年6月份欠款8 800美元、26 400元人民币自2008年7月20日起算;7月份欠款15 950美元、48 840元人民币自2008年8月20日起算;8月份欠款11 550美元、34 990元人民币自2008年9月20日起算;9月份欠款12 650美元、57 055元人民币自2008年10月20日起算;10月份欠款4 950美元、15 070元人民币自2008年11月20日起算。上述利息按银行贷款利率计算至判决确定支付之日至。

案件受理费8 567元、诉讼保全费3 020元,由青岛华邦玻璃工业有限公司负担。

三、上诉与答辩

华邦公司不服一审判决上诉称,青岛海事法院误将华邦公司拖欠的货运报酬认定为圣和公司为其垫付的必要费用,认定事实错误。双方当事人于2007年3月6日签订的协议书系有偿货运代理合同,从协议书第2条约定的内容看,所谓"费用"实属圣和公司为华邦公司进行海运出口业务的报酬,而并非青岛海事法院认定的圣和公司处理委托事务垫付的必要费用。青岛海事法院依据上述认定有误的事实,进而适用《中华人民共和国合同法》第 389 条判决华邦公司偿还圣和公司垫付的费用及利息,适用法律不当。《中华人民共和国合同法》第 405 条规定,受托人完成委托事务的,委托人应当向其支付报酬,但没有规定支付报酬的同时还应支付利息,且当事人之间签订的上述协议书中也没有明确约定逾期支付报酬时,应当承担支付逾期利息的违约责任。因此,应当依法驳回圣和公司要求支付逾期付款利息的请求。因此,华邦公司请求二审法院依法改判,驳回圣和公司要求支付逾期付款利息的诉讼请求,并判令圣和公司承担一、二审诉讼费。

圣和公司答辩称,青岛海事法院查明事实清楚,适用法律正确。判决既有合同依据和事实依据,又有法律依据。双方签订的协议书第 2 条第(一)项是合同依据,圣和公司每月将费用清单传给华邦公司,华邦公司盖章确认,青岛海事法院以费用清单上确定的日期起算利息正确。一审判决应当维持。

四、二审裁判

山东省高级人民法院经审理查明,2007 年 3 月 6 日,圣和公司(作为甲方)与华邦公司(作为乙方)就华邦公司委托圣和公司代为负责订舱、制单、通关、接货和安排集装箱运输等工作,签订了协议书。针对费用结算,双方约定:"甲方应在次月两个工作日内将前一月产生的费用清单传真给乙方并确认,乙方确认后有义务在次月 20 日前将前一月费用结清。"圣和公司按上述约定向华邦公司传真了 6 份费用清单,并于每份清单上注明了应当支付的日期,华邦公司分别在清单上盖章确认。

圣和公司提交的《出口货运代理费用标准》载明了青岛至釜山及青岛至光洋之间三种集装箱货柜的货运代理收费标准,并记载了每一种集装箱货柜以美元计价的海运费数额和以人民币计价的港杂费、场站费、报关费、码头费、单证费、汽运费、安检费的数额。

山东省高级人民法院查明的其他事实与青岛海事法院认定的事实一致。

根据上诉人的上诉与被上诉人的答辩,本案的争议焦点为:(1)华邦公司所欠圣和公司的款项中是否包含圣和公司履行代理事务应获得的报酬;(2)华邦公司对于欠付的费用应否支付相应的利息。

关于焦点(1),华邦公司主张《出口货运代理费用标准》中以美元计价的海运费是圣和公司代垫的费用,其他以人民币计价的费用属于华邦公司应当支付给圣和公司的代理报酬。圣和公司则主张,每项以人民币计价的费用中都同时包含了代垫费用和代理报酬,圣和公司与华邦公司约定了港杂费、场站费、报关费、码头费、单证费、汽运费、安检费,同时也要向相关部门交纳一定费用,差额部分就是圣和公司应得的代理报酬。山东省高级人民法院认为,圣和公司的主张符合实际,《出口货运代理费用标准》中以人民币计价的各项费用中,有一部分是圣和公司需要向相关部门缴纳的,只有差额部分才是圣和公司应得的代理报酬。华邦公司关于所有以人民币计价的费用都属于代理报酬的主张不能成立。

关于焦点(2),山东省高级人民法院认为,双方当事人之间签订的协议书对费用结算作了明确约定,华邦公司应在次月的20日前结清上月的费用,圣和公司按约定于6月至11月的月初分别将上月的费用清单提交华邦公司,并要求华邦公司于每月20日前结清上月的费用,华邦公司盖章确认。因此,无论是双方之间的代垫费用,还是代理报酬,华邦公司应向圣和公司付款的期限都是有明确约定的,华邦公司逾期付款,理应承担支付利息的责任。

综上,华邦公司的上诉无事实和法律依据,原审判决认定事实清楚,适用法律正确,应予维持。依照《中华人民共和国民事诉讼法》第153条第1款第(一)项之规定,判决如下:

驳回上诉,维持原判。

二审案件受理费人民币403元,由上诉人青岛华邦玻璃工业有限公司负担。

本判决为终审判决。

11.2.13 保证人对货运代理合同项下垫付款、滞纳金的担保责任

25 上诉人山东泸河集团有限公司与被上诉人中国外运山东有限公司青岛分公司、山东兴创纸业集团有限公司货运代理合同纠纷案

案例来源:山东省高级人民法院(2008)鲁民四终字第3号

主题词:货运代理合同　垫付费用　保证责任　保证期间

裁判要旨

No. ZH-11.2.13-1 约定保证期间"至主合同失效时止",但未约定主合同的失效条件,故合同的失效从法律意义上应理解为合同权利义务的履行完毕。保证期间"至主合同失效时止"的约定应视为约定不明,保证期间应自主债务履行期届满之日起算。

一、基本案情

上诉人(原审被告):山东泸河集团有限公司(以下简称泸河公司)

被上诉人(原审原告):中国外运山东有限公司青岛分公司(以下简称外运公司)

被上诉人(原审被告):山东兴创纸业集团有限公司(以下简称兴创公司)

青岛海事法院查明,兴创公司与外运公司于2003年8月13日签订了进口海运货物运输代理协议,该协议约定,兴创公司委托外运公司办理进口废纸原料的通关、报检报验及陆运业务。兴创公司在每批货物到港3个月后5日内付清外运公司港口、陆运包干费、所垫的海关税费以及相关手续费等费用。兴创公司逾期支付的,每逾期一天按照应付金额的千分之三向外运公司加付滞纳金。本合同自双方签字之日起生效。

除依本合同约定或法律规定,当事人双方不得擅自解除本合同。

外运公司、兴创公司和泸河公司签订了保证合同,该合同约定,保证范围为根据兴创公司和外运公司签订的进口海运货物运输代理协议,泸河公司对于兴创公司在进口海运货物运输代理协议第3条项下的付款责任和第4条项下的违约责任承担保证责任。泸河公司对上述款项承担连带清偿责任,兴创公司如不按主合同约定支付到期款项或未承担违约责任时,外运公司有权直接向泸河公司追偿,泸河公司保证在接到外运公司书面追偿通知后5个工作日内清偿上述款项。其保证期限为:从主合同生效时开始至主合同失效时止。

2006年1月10日外运公司出具了2005年业务确认单,附费用及收款一览表,主要内容有:外运公司与兴创公司确认,2005年1月1日至12月31日,兴创公司到港废纸及木浆相关业务,兴创公司共拖欠外运公司垫付的港口、陆运及海关税费等费用共计16 036 985.03元,至2005年12月31日已付8 643 380.59元(含2004年应收款多付900元),尚欠7 393 604.44元。2005年9月1日至12月31日到港1 083×40'废纸的箱使费待确认,在港未通关的164×40'废纸所产生的港口、陆运及海关税费等费用待通关拖运完毕后再开发票,作为2006年应收账款。兴创公司在该确认单上盖章确认。

2006年5月23日出具的2005年到港废纸、木浆业务确认单及各项费用一览表。证明:2005年12月31日前到港废纸及木浆业务,截至2006年4月30日,兴创公司尚欠外运公司垫付的港口、陆运、海关税费及箱使费等费用共计7 632 790.39元。

2006年7月28日业务确认单,附兴创业务费用及收款一览表。证明:截至2006年7月28日,兴创公司尚欠外运公司垫付的港口、陆运、海关税费等费用共计人民币5 341 102.16元。上述业务发票已开齐。

还查明,兴创公司已经支付的53万元,外运公司没有结算在前述的业务确认单中。截至2006年7月28日,兴创公司尚欠外运公司港口、陆运包干费、所垫的海关税费以及相关手续费等费用共计人民币4 811 102.16元。

2006年12月20日,应外运公司的申请,青岛海事法院作出(2007)青海法保字第2号民事裁定,对兴创公司和泸河公司的财产依法采取财产保全措施。

二、一审裁判

青岛海事法院认为,本案为代理合同纠纷,本案的焦点为欠款的数额、滞纳金的约定是否过高、泸河公司的担保范围和担保期限。

关于欠款数额。根据兴创公司和泸河公司提供的证据和庭审中各方的陈述,确认截至2006年7月28日,兴创公司尚欠外运公司港口、陆运包干费、所垫的海关税费以及相关手续费等费用共计人民币4 811 102.16元。

关于滞纳金的数额是否过高。滞纳金的数额,法律没有明确具体的规定,是否过高也没有具体的标准。《中华人民共和国合同法》第114条第2款规定,约定的违约金过分高于造成的损失的,当事人可以请求人民法院或者仲裁机构予以适当减少。该规定以当事人请求为前提,同时要具备过分高于造成的损失,前述条件满足的情况下,予以适当减少。本案中,兴创公司和泸河公司均认为滞纳金约定数额过高,要求调整。外运公司未就兴创公司和泸河公司未按约定付款造成的损失提供证据。法院认为,一般情况下,逾期付款造成的损失为外运公司如期使用该未付款应得的利润,该利润依据使用者的用途而有所不同,正常情况下不应低于贷款的利息。尽管外运公司没有提供损失的相关证据,但日千分之三的滞纳金相对贷款利息而言,可谓过高,因此,日千分之三的滞纳金应予适当减少。减少的程度,法院认为,参照最高人民法院《关于适用〈中华人民共和国民事诉讼法〉若干问题的意见》第 294 条规定的《中华人民共和国民事诉讼法》第 232 条规定的加倍支付迟延履行期间的债务利息,是指在按银行同期贷款最高利率计付的债务利息上增加 1 倍,日千分之三的滞纳金调整为银行同期贷款利率的双倍较为适当。

关于泸河公司的担保范围。外运公司、兴创公司和泸河公司签订的保证合同第 1 条约定,根据兴创公司和外运公司签订的进口海运货物运输代理协议,泸河公司对于兴创公司在进口海运货物运输代理协议第 3 条项下的付款责任和第 4 条项下的违约责任承担保证责任。由此看出,泸河公司的保证责任为兴创公司的付款责任和违约责任。

关于泸河公司的担保期限。保证合同第 3 条约定,保证期限为从主合同生效时开始至主合同失效时止。本约定明确了泸河公司的担保期限,即泸河公司对于兴创公司在主合同有效期内产生的连续的债务包括付款责任和违约责任的担保期限,直至主合同失效。这一约定不违反法律规定,应为有效。现无证据证明兴创公司和外运公司签订的进口海运货物运输代理协议已经失效。因此,泸河公司对于兴创公司在本案中的付款责任和违约责任的担保责任,至今没有过期。泸河公司关于已过担保期限的抗辩不能成立,法院不予采纳。

另外,兴创公司和外运公司签订的进口海运货物运输代理协议首先明确,兴创公司因业务需要拟在青岛港进口废纸原料,现将全部进口货物的通关、报检报验以及陆运业务委托外运公司办理。货物是指废纸原料,既包括废纸也包括原料木浆,而非仅指废纸。

兴创公司和外运公司签订的进口海运货物运输代理协议和外运公司、兴创公司和泸河公司签订的保证合同,除上述变动以外,均为当事人真实意思表示,合法有效,对各方当事人具有约束力。

综上所述,截至 2006 年 7 月 28 日,兴创公司拖欠外运公司港口、陆运包干费、所垫的海关税费以及相关手续费等费用共计人民币 4 811 102.16 元。自 2006 年 7 月 28 日起,兴创公司应向外运公司加付滞纳金,该滞纳金以我国银行同期贷款利率的双倍计算。泸河公司对兴创公司的债务承担连带清偿责任。原、被告的其他请求与主张,证据不足,理由不充分,不予支持。

依照《中华人民共和国合同法》第 107 条、第 114 条和《中华人民共和国担保法》第

18条、第21条的规定,判决:

(1) 兴创公司支付外运公司欠款4 811 102.16元及自2006年7月28日起至判决生效之日止的滞纳金,该滞纳金以我国银行同期贷款利率的双倍计算。

(2) 泸河公司对兴创公司的上述债务承担连带清偿责任。

上述款项于本判决生效之日起10日内付清。如果未按照本判决指定的期间履行给付金钱义务,应当依照《中华人民共和国民事诉讼法》第232条之规定,加倍支付迟延履行期间的债务利息。

案件受理费36 716元、财产保全费40 520元和其他诉讼费7 000元,共计84 236元,由外运公司负担8 423.60元,由兴创公司和泸河公司共同承担75 812.40元。

三、上诉与答辩

上诉人泸河公司不服上述判决,上诉称:

(1) 一审法院仅凭外运公司和兴创公司签订的费用、收款一览表和确认单即认定债权债务数额,证据不足。

(2) 在外运公司和兴创公司签订的主合同中,对主债务人的履行期限有明确的约定。泸河公司认为,在担保合同中,对保证期间的约定不符合法律规定,应当视为未作约定,故兴创公司的担保责任是否因超过时效而应当免除也因为外运公司和兴创公司未提交证据而无法确定。

(3) 一审法院对于外运公司和兴创公司之间的债权债务是否全部属于保证担保范围认定错误。在外运公司和兴创公司签订的主合同中,合同的目的是进口废纸原料,主合同的债务也是因进口废纸原料而产生。因此,在保证合同中,泸河公司也只能对在主合同范围内的债务承担担保责任。而在外运公司和兴创公司的实际业务中,有部分不属于废纸原料的其他业务,泸河公司认为,该部分业务不应该在泸河公司的保证范围之内。

综上,请求山东省高级人民法院撤销一审判决,查明事实,予以改判。

被上诉人外运公司答辩称:

(1) 关于欠款数额,一审判决认定兴创公司欠款数额本金为4 811 102.16元,证据充分。泸河公司认为外运公司和兴创公司虚构债权债务的理由没有证据支持,不能成立。

(2) 关于保证期限,本案保证合同的担保期限约定明确,泸河公司对于兴创公司在本案中的付款责任和违约责任的担保责任,至今仍然有效,泸河公司依法应承担保证责任。泸河公司认为担保合同对保证期间的约定应当视为未作约定的上诉理由不能成立。

(3) 关于保证范围,一审认定泸河公司担保的范围包括废纸和木浆,泸河公司认为木浆不在主合同的范围内的上诉理由不能成立。山东省高级人民法院应驳回泸河公司的上诉请求,维持一审判决。

被上诉人兴创公司答辩称：兴创公司对欠外运公司的款项数额没有异议，因兴创公司处于停产状态，要求对欠款延期付款。

四、二审裁判

山东省高级人民法院审理查明：根据外运公司和兴创公司之间的业务确认单、兴创公司业务费用及收款一览表，2003—2006 年进口代理业务共发生 258 笔，兴创公司还款 104 笔，2003 年和 2004 年发生的垫付费用已付清，兴创公司还款时并未具体标明为代理进口哪笔业务付的款。

二审审理查明的其他事实与一审法院查明的事实相同。

山东省高级人民法院认为，本案外运公司和兴创公司之间系货运代理合同法律关系，泸河公司为兴创公司履行进口货物代理协议提供担保，泸河公司是保证人。根据泸河公司的上诉请求和外运公司及兴创公司的答辩理由，本案争议的焦点问题是泸河公司的担保范围和担保期限的认定问题。

关于担保范围的认定问题。进口海运货物运输代理协议的合同约定，兴创公司拟进口废纸原料，委托外运公司办理全部进口货物的通关、报检报验和陆运业务。在进口代理协议的实际履行中，兴创公司进口了废纸和木浆，外运公司也履行了代理义务，兴创公司和外运公司对上述事实没有异议。因此，兴创公司和外运公司约定代理进口废纸原料，应理解为代理进口废纸等造纸原料，应包括木浆，而不能仅仅理解为进口废纸。一审中，兴创公司和外运公司经核对账目确认，兴创公司尚欠外运公司各项费用计人民币 4 811 102.16 元，该费用是代理进口协议双方当事人确认的结果，泸河公司没有证据证明兴创公司和外运公司虚构债权债务，山东省高级人民法院对上述欠款数额予以认定。保证合同第 1 条约定，泸河公司对于兴创公司在进口海运货物运输代理协议第 3 条项下的付款责任和第四条项下的违约责任承担保证责任，故保证合同对保证范围的约定明确，青岛海事法院认定正确，应予维持。

关于担保期限的认定问题。本案保证合同约定：保证期限从主合同生效开始至主合同失效时止。但主合同未约定失效条件，合同的失效从法律意义上应理解为合同权利义务的履行完毕。最高人民法院《关于适用〈中华人民共和国担保法〉若干问题的解释》第 32 条第 2 款规定：保证合同约定保证人承担保证责任直至主债务本息还清时为止等类似内容的，视为约定不明，保证期间为主债务履行期届满之日起两年。因此，根据上述司法解释的规定，本案保证期间"至主合同失效时止"的约定视为约定不明，保证期间自主债务履行期届满之日起计算。关于主债务履行期间的认定，进口代理协议第 3 条约定，兴创公司在每批货物到港 3 个月后 5 日内付清外运公司垫付费用。因 2003 年和 2004 年发生的垫付费用已付清，山东省高级人民法院认为，外运公司诉称的垫付费用均为 2005 年和 2006 年代理业务所产生，即使分别计算每笔代理业务的保证期间，2005 年 1 月到港的货物，按照代理协议第 3 条的约定，兴创公司应在 2005 年 4 月向外运公司支付垫付款，保证期间从主债务履行期届满之日即 2005 年 4 月起算，外运公司2006年12月28日提起诉讼向保证人泸河公司主张权利,并未超过两年的保证期间。由此可知,2005年1月以后发生的垫付款的保证责任泸河公司依法也应予以承担。泸河公司关于保证期间未作约定,保证责任无法确定的上诉理由不能成立,山东省高级人民法院不予支持。

综上,上诉人泸河公司的上诉无理,不予支持,原审判决认定事实清楚,适用法律正确,应予维持。根据《中华人民共和国民事诉讼法》第153条第1款第(一)项的规定,判决如下:

驳回上诉,维持原判。

二审案件受理费49 187元,由上诉人泸河公司负担。

本判决为终审判决。

11.2.14　货运代理垫付港杂费的认定与负担

26 上诉人锦程国际物流集团股份有限公司与被上诉人青岛远洋大亚物流有限公司港杂费纠纷案

案例来源:山东省高级人民法院(2009)鲁民四终字第111号
主题词:货运代理合同　债务偿还备忘　港杂费　场站协议履行　举证责任

> **裁判要旨**
>
> **No. ZH-11.2.14-1**　原告依据与被告形成的债务偿还备忘提起诉讼,该备忘明确了被告欠付港杂费的数额和计划还款时间,故原告不再负有对场站协议履行情况的举证责任。

一、基本案情

上诉人(原审被告):锦程国际物流集团股份有限公司(以下简称锦程公司)

被上诉人(原审原告):青岛远洋大亚物流有限公司(以下简称大亚公司)

原审被告:万年兴

青岛海事法院查明:2004年1月15日,锦程公司与锦程国际物流集团股份有限公司青岛分公司(以下简称青岛分公司)签订承包经营合同,由万年兴承包经营青岛分公司。2004年3月5日,青岛分公司向工商部门申请变更负责人登记,由杨猛变更为万年兴。锦程公司在申请上加盖公章确认。

此后,大亚公司与青岛分公司签订协议书,就青岛分公司在大亚公司装箱事宜达成协议:"双方核对账单无误后,CFS费、港务港杂费等由青岛分公司每月20日前付清上月费用。"

2005年,青岛分公司与大亚公司签订债务偿还备忘:截至2005年3月,青岛分公司欠大亚公司场站及港杂费734 228元,商定于2005年10月底前,最迟不超过2005年

11月30日与大亚公司结清上述款项。该备忘上大亚公司、青岛嘉联国际物流有限公司(万年兴)、青岛分公司(万年兴)分别加盖公章,万年兴签字。

2006年8月25日,万年兴向大亚公司出具还款备忘:"锦程物流及平凡货运公司所欠大亚公司业务款项734228元,本人将催促及保证以上款项于本年底前还清。"

2006年12月26日,万年兴向大亚公司出具还款备忘:"锦程物流及平凡货运公司所欠大亚公司业务款项734228元,本人将催促及保证以上款项于2007年3月31日前还清。"

2007年3月28日,万年兴向大亚公司出具还款备忘:"锦程物流及平凡货运公司所欠大亚公司业务款项734228元,本人将催促及保证以上款项于2007年6月30日前还清。"后于2007年6月21日修改为7月30日还清。

锦程公司提交2004年5月25日至2004年12月15日共15笔由青岛分公司支付大亚公司的款项,总计716475.22元。

应锦程公司的委托,大连连渤会计师事务所有限公司于2008年12月15日出具专项审计报告,对青岛分公司2004年2月1日至2005年6月30日间的财务报表,包括此期间的资产负债表、利润表予以审计。在"其他重大事项"栏中,载明本案大亚公司起诉的明细:在2003年9月至2005年3月期间共欠付734228元。并说明从能获得的财务明细账及原始凭证,未发现青岛分公司与大亚公司存在应记应付款项的业务往来。因此无法判断该欠款明细表中业务发生的真实性和完整性。

2008年8月27日,万年兴向法庭出具情况说明,称本案所涉业务,系2003年后以青岛平凡货运有限公司青岛办事处名义与大亚公司所产生的业务,期间由于业务延续,但一直没有使用锦程与大亚公司签约,实际也是非锦程业务,被大亚公司默认为锦程业务所致。

另查明,锦程国际物流集团股份有限公司青岛分公司,企业类型:有限责任公司分公司,成立日期:1999年10月9日,负责人万年兴,吊销日期:2007年1月1日。

二、一审裁判

青岛海事法院认为,本案争议焦点:一是锦程公司、青岛分公司与大亚公司的法律关系;二是承担法律责任的主体;三是大亚公司起诉是否已过诉讼时效;四是大亚公司的损失及利息的计算。

(1)工商登记材料显示,万年兴系青岛分公司的负责人,直至2007年1月1日青岛分公司被吊销营业资格。万年兴在此之前对外签订合同作出欠款确认、还款保证应视为公司行为。

青岛分公司在万年兴承包经营期间与大亚公司签订协议,协议系双方真实意思表示,合法有效,双方应严格履行。

万年兴于2005年与大亚公司签订的债务偿还备忘,对青岛分公司欠付大亚公司场站及港杂费事实及数额予以确认,此为双方真实意思表示,万年兴在答辩中也对欠款事实与数额予以确认,故认定大亚公司与青岛分公司间存有债权债务关系。万年兴所称本案所涉业务为以青岛平凡货运有限公司青岛办事处名义与大亚公司所产生的业务,未提交相关证据证明,该院不予采信。而后续的万年兴分别于2006年8月25日、2006年12月26日、2007年3月28日、2007年6月21日作出的还款备忘,实际为大亚公司要求万年兴出具,其真实目的为宽限万年兴及青岛分公司还款期限,并保证诉讼时效中断。

锦程公司的分支机构青岛分公司不具备独立法人主体资格,并已于2007年1月1日被工商部门依法吊销营业资格,其承担法律责任主体应为锦程公司。

万年兴在2005年与大亚公司签订的债务偿还备忘,2006年8月25日、2006年12月26日、2007年3月28日、2007年6月21日作出的还款备忘上,均作为保证人,未特别说明保证方式,应认定为连带保证。

另外,2005年与大亚公司签订的债务偿还备忘中,青岛嘉联国际物流有限公司(万年兴)的盖章和签字法律地位的认定,在各方当事人均未提交其他证据佐证的情况下,应视为证人或者还款保证人。因大亚公司并未向该司主张权利,该院对此不再查实。

2006年8月25日、2006年12月26日、2007年3月28日、2007年6月21日作出的还款备忘上,措辞中债务主体为"锦程物流及平凡货运公司",因在2005年大亚公司签订的债务偿还备忘中已有真实意思表示,对平凡货运公司作为债务主体锦程公司及万年兴均未作出合理解释并提交相应证据,故该院认定债务主体为锦程公司。

(2)万年兴与青岛分公司签订承包经营协议,工商登记显示出任负责人直至2007年1月1日。故万年兴对外与大亚公司订立协议、确认欠款、保证还款等行为均视为青岛分公司的行为,虽锦程公司称万年兴确认所欠大亚公司的款项相应业务并非万年兴承包期内行为,但未提交充分证据证明,该院不予采信。万年兴行为的法律责任,由青岛分公司承担,因青岛分公司非独立法人,由其开办公司即锦程公司承担,万年兴负连带还款责任。

(3)万年兴在2007年1月1日青岛分公司被吊销营业执照之前为该公司的负责人,其在此之前的2006年8月25日、2006年12月26日向大亚公司出具的还款备忘,应视为构成中断诉讼时效的法定事由。此后,2007年3月28日、2007年6月21日作出的还款备忘仅是其个人向大亚公司保证付款,不能代表青岛分公司的行为。本案大亚公司于2008年8月19日向法院起诉,未超过两年的诉讼时效。

(4)大亚公司损失数额万年兴已当庭确认为734 228元,大亚公司已提供证据证实,该院对此认定。锦程公司提交已付款汇总表为2005年付款备忘之前的业务,与本案无关联性,该院依据2005年付款备忘认定大亚公司的损失数额。

锦程公司提交的专项审计中与大亚公司诉争的相关情况,大亚公司起诉时并未提交业务明细,锦程公司自行罗列出欠款明细恰证明在锦程公司处中有此记录,故锦程公司关于大亚公司的诉请欠款与其无关的主张,该院不予支持。

大亚公司利息损失的计算,应自大亚公司同意锦程公司还款期延展至2007年7月

30日的次日(2007年7月31日)起算至锦程公司实际履行日止的银行同期贷款利息。

综上,依照《中华人民共和国合同法》第60条、《中华人民共和国担保法》第6条、第19条、《中华人民共和国民法通则》第135条、第140条的规定,判决:

(1) 锦程公司偿付大亚公司场站费、港杂费734 228元,限判决生效之日起10日内付清,加自2007年7月31日起至本判决确定付款之日止的银行同期贷款利息;

(2) 万年兴对上述付款承担连带还款责任。如锦程公司和万年兴未按本判决确定的付款期限履行给付金钱的义务,依照《中华人民共和国民事诉讼法》第229条的规定,加倍支付迟延履行期间的债务利息。

案件受理费11 143元,财产保全费4 820元,由锦程公司和万年兴负担。因大亚公司已预交,该院不再另行清退,由锦程公司和万年兴径付大亚公司。

三、上诉与答辩

锦程公司不服上述判决上诉称:

(1) 大亚公司对协议书的履行负有举证责任,大亚公司未提供关于协议履行的任何证据,依法应承担不利后果。按行业惯例,真实的场站业务往来至少应具备托单、送货人签字确认的入货单、单票业务项下所产生的费用明细,双方约定按月结算的,还应具备每月结算单等作为业务往来及结算的依据。但大亚公司未提供任何与履行该协议有关的证据,不能认定债权真实存在,依法应驳回大亚公司的诉讼请求。

(2) 大亚公司提交的证据前后矛盾,债务主体不明,依法应驳回大亚公司的诉讼请求。大亚公司作为证据提交的万年兴4次出具还款备忘中多次明确,涉案734 228元是平凡公司和青岛分公司各自业务所欠,因大亚公司在本案中未提供协议履行相关证据,故无法认定债务主体。另大亚公司在诉状中称青岛分公司累计欠款从2003年开始,而大亚公司与青岛分公司的协议是在万年兴担任青岛分公司负责人即2004年4月签署的,因此,大亚公司关于2003年欠款不可能是青岛分公司所欠。

(3) 青岛分公司已按合同约定履行付款义务,不拖欠大亚公司任何款项。

(4) 青岛海事法院驳回追加平凡公司为本案第三人的申请,导致案情无法查明。请求二审法院撤销原审判决,依法改判。

大亚公司答辩称:

(1) 协议书签订后,结合大亚公司和青岛分公司关于债务偿还备忘及万年兴代表青岛分公司出具的还款备忘的内容,协议书的履行没有争议,不需要大亚公司举证证实。

(2) 本案债权债务主体明确,债权人为大亚公司,债务人为青岛分公司,因债务人是锦程公司设立的,其债务依法应由锦程公司承担。

(3) 锦程公司提交的付款记录印证了业务系大亚公司与青岛分公司发生的,其付款记录与本案债权无关联,签署备忘后锦程公司未向大亚公司履行付款义务。

(4) 本案证据无法证实平凡公司是否存在及与本案的关联,锦程公司关于未列平凡公司作为第三人导致案情未查明的理由不成立。原审判决认定事实清楚,适用法律正确,依法应予维持。

原审被告万年兴陈述称:万年兴承认涉案债务,也希望由自己承担。

四、二审裁判

山东省高级人民法院审理查明的事实与青岛海事法院查明的事实一致。

山东省高级人民法院认为,本案系港杂费纠纷,锦程公司针对大亚公司是否对场站服务协议的履行承担了举证责任、本案债务主体的确定及是否应追加"平凡货运"为第三人、锦程公司是否履行了付款义务四个问题提起上诉,上述四个问题相互关联,综合起来需要研究的问题是锦程公司应向大亚公司支付港杂费用的数额如何确定。

本案中,大亚公司依据2005年形成的债务偿还备忘提起诉讼,该备忘明确了锦程公司欠付大亚公司港杂费数额为734 228元和还款时间,债务偿还备忘的签署时间2005年3月在万年兴承包青岛分公司期间,承包人万年兴代表青岛分公司签署的该份备忘对锦程公司具有约束力。债务偿还备忘是对2005年3月之前大亚公司和青岛分公司发生港杂费的最终确认,大亚公司不再负有对场站协议履行情况的举证责任。2006年8月25日之后万年兴向大亚公司出具的4份还款备忘继续确认了欠款数额和还款时间,与2005年备忘唯一区别之处在于增加了债务主体"平凡货运",一审中锦程公司申请追加荷兰平凡货运有限公司青岛办事处和青岛平凡实业有限公司作为本案第三人参加诉讼,锦程公司既未提交证据证明上述第三人合法存续的证据,也未提交证据证明上述第三人与本案"平凡货运"之间的关联性,青岛海事法院驳回了锦程公司关于追加第三人的申请并无不当,山东省高级人民法院确认4份还款备忘的债务主体仍然是2005年备忘确认的主体即青岛分公司,锦程公司二审关于追加"平凡货运"为第三人的请求,山东省高级人民法院不予支持。关于锦程公司款项支付问题,锦程公司提交了2004年5月25日至2004年12月15日向大亚公司付款71万余元的证据,但上述付款不能证明支付的是2005年备忘中确认的港杂费用,锦程公司关于"已按合同约定履行付款义务,不拖欠大亚公司款项"的上诉理由也不成立。

综上,锦程公司上诉无理,不予支持,青岛海事法院认定事实清楚,适用法律正确,应予维持。根据《中华人民共和国民事诉讼法》第153条第1款第(一)项的规定,判决如下:

驳回上诉,维持原判。

二审案件受理费11 143元,由上诉人锦程公司负担。

本判决为终审判决。

11.3 委托人的过错责任

11.3.1 委托人过错导致的费用的承担

27 原告宁波天航国际物流有限公司与被告宁波恒良国际经贸合作有限公司海上货运代理合同欠款纠纷案

案例来源：宁波海事法院(2009)甬海法商初字第118号

主题词：海上货运代理合同　委托人　过错　货物查扣　损失

> **裁判要旨**
>
> **No. ZH-11.3.1-1**　由于委托人过错，导致出口退运货物在报关时被海关查扣，货运代理垫付海关进口关税、进口增值税及进口货物滞报金，系履行代理义务的行为，并无过错产生额外费用，委托人应予偿还。

一、基本案情

原告：宁波天航国际物流有限公司(以下简称天航公司)

被告：宁波恒良国际经贸合作有限公司(以下简称恒良公司)

原告天航公司起诉称：2007年，被告恒良公司委托原告办理海运货物进口清关，货物为55箱女式牛仔短裙，船名航次为 TIANRONG471S，提单号 NBOSBN471S007X2，目的港为宁波北仑港。原告接受委托后，按约完成货运进口代理，并已向海运承运人、海关垫付了相关费用。原告多次向被告催讨上述费用，但被告不予支付，故诉至法院请求判令被告支付原告海运费1 475.80元，提单费及杂费1 730元，进口关税、增值税32 007.92元，滞纳金1 751元，堆存费、理货费2 060元，共计39 024.72元及利息3 696.03元(暂自垫付之日算至起诉之日计451天，按每日万分之二点一计算)。

被告恒良公司对原、被告就涉案货物存在货运代理合同关系没有异议，但答辩称：被告委托原告代理的是出口货物退运清关，而非进口清关。原告擅自以被告的名义向海关支付进口关税、增值税，又未及时告知被告已向海关交纳税款的情况，拖延提供相关单据，造成被告不能在有效时间内作入账抵扣，由此产生的额外费用必须由原告自行承担。

二、法院查明事实

宁波海事法院认定下列事实：

被告恒良公司多次出口货物给韩国客户RODEM。RODEM将部分有瑕疵服装包括115件女士牛仔短裙、117件女士牛仔夹克、226件女士牛仔马夹和2 956件女士牛仔长裤共3 414件集中一起一次性退运回中国。该批货物于2007年12月3日装船，自韩国釜山运至中国宁波,提单号为 SYSC070409,船名航次为 TIANRONG471S。被告为了尽早清关,在提供清关资料时将退运货物相关信息换成 2007 年 9 月 12 日出口的货物信息,并以该次出口的单据申请货物退运。原告天航公司接受被告的委托为被告办理出口货物退运清关手续,向北仑海关报关取得编号为 310420071047903518 的报关单。该报关单载明货物为 3 414 件女夹克。北仑海关查出实际退运的货物与报关单上的货物不符,将货物移交北仑海关缉私分局处理。2008 年 2 月 1 日,北仑海关开具进口关税专用缴款书、进口增值税专用缴款书和海关行政事业性收费专用票据。原告垫付海关进口关税 14 308.46 元、进口增值税 17 699.46 元、进口货物滞报金 1 751 元。原告于 2007 年 12 月 13 日向上海思梧航运有限公司电汇支付包干费、海运费共计 3 230 元。原告向被告催讨上述费用,被告不予支付,双方遂纠纷成讼。

三、法院裁判

宁波海事法院认为,本案的争议焦点主要为:原告在履行货运代理合同过程中有无超越代理权限并产生额外费用。原告认为,无论是货物出口退运代理还是重新进口代理,都是货物进口代理的不同类型,原告中途变更为按货物进口代理清关无须被告的重新授权。从事实履行的角度看,原、被告构成事实代理关系。原告垫付了相关费用后从海关处领取货物,被告最终提走了货物,原告已经事实上完成了代理。被告认为,货物出口退运和货物进口的费用是不同的,被告委托原告的是出口货物退运代理。如第一次报关手续不符,原告应通知被告,按退运货物的实际装箱情况修改单证后重新报关,而不是办理货物进口。原告以手续繁琐为由将出口退运变更为按进口办理时承诺相关费用不会增加,因此产生的额外费用,被告不应承担。宁波海事法院认为,出口货物退运需要提交证明该货物系出口货物的相关单证。涉案货物为不同批次的出口货物,如需按照退运处理,需按规定提交各批次货物的出口单据,但被告提交的单据仅反映某次出口货物的信息,系被告的过错导致退运货物在报关时被海关查扣,并被移交北仑海关缉私分局。被告员工王小倩向北仑海关缉私分局提交了委托书、情况说明等材料,证实了被告已经获知该批货物交由北仑海关缉私分局处理的事实。由此,修改单证后重新按出口退运办理报关已不符合实际。故,被告认为的理由不足,宁波海事法院不予采信。海关出具进口关税缴款书、进口增值税缴款书和滞报金收费票据系按规定收取费用,原告作为被告的代理人为被告垫付该费用系履行代理义务的行为,并无过错产生额外费用。被告辩称,原告变更为按进口办理时承诺相关费用不会增加系被告单方陈述,无相关证据证明,宁波海事法院不予采信。

宁波海事法院认为,原告向海关垫付的费用 33 758.92 元系被告应予支出的费用,须由被告承担。原告支付的海运费、包干费 3 230 元,亦须由被告承担。堆存费、理货费因没有相应票据证实,宁波海事法院不予确认。原告主张的利息部分,宁波海事法院按同期人民银行存款利率予以保护。依照《中华人民共和国合同法》第 60 条第 1 款、第 109 条、第 398 条,《中华人民共和国民事诉讼法》第 64 条第 1 款的规定,判决

如下:
(1)被告宁波恒良国际经贸合作有限公司于本判决生效后10日内支付原告宁波天航国际物流有限公司人民币36 988.92元以及该款项自2008年2月2日起至本判决确定的履行之日止按照同期银行存款利率计算的利息;
(2)驳回原告宁波天航国际物流有限公司的其他诉讼请求。

28 原告宁波凯州国际物流有限公司与被告宁波英煌国际货运代理有限公司海上货运代理合同纠纷案

案例来源:宁波海事法院(2011)甬海法商初字第8号
主题词:货运代理　违禁品　滞箱费　滞港费　委托人过错

> **裁判要旨**
>
> **No. ZH-11.3.1-2**　由于货物被海关查验出违禁品而滞港,货运代理按约定垫付了因此产生的滞箱费、滞港费,委托人应按货运代理协议约定予以偿还。

一、基本案情

原告:宁波凯州国际物流有限公司
被告:宁波英煌国际货运代理有限公司

原告宁波凯州国际物流有限公司起诉称:2010年6月1日,原、被告双方签订了有效期为1年的货运代理协议一份,双方约定由原告为被告代理货物出口运输等事宜,并明确约定因被告原因产生的滞箱费、提箱费、还箱费由被告承担。同年6月8日,被告委托原告代理涉案货物的订舱。原告接受委托后即向宁波世荣国际货运有限公司(以下简称世荣公司)提出订舱(提单号为NPOZG6078,集装箱号为MSKU0886661)。同年6月20日,被告安排其发货人将货物装箱进港,但被海关查验出违禁品而滞港。同年9月1日,被告对上述货物作退关处理,并向原告出具担保书,承诺承担由此产生的滞箱费、堆存费及其他一切费用。但被告至今尚未还箱,由此产生了滞箱费、滞港费等相关费用。上述费用中的6万元,原告已于同年11月5日赔付给世荣公司,但被告却拒绝承担该笔费用。后续滞箱费仍在产生,原告为维护自己的合法权益,特提起诉讼,请求判令被告支付原告:
(1)滞箱费、滞港费6万元;
(2)因诉讼支出的律师费3 000元。

被告宁波英煌国际货运代理有限公司对其与原告之间就涉案货物存在货运代理合同关系以及涉案集装箱于2010年6月19日被其委托人提走至今未还的事实无异议,但答辩称:
(1)对原告主张的滞箱费计算方式有异议,被告于2010年6月19日提箱,至11

月8日原告通知被告时,相关费用不到6万元;

（2）原告支付给世荣公司的支票存根联只能证明支票已开出,并不能证明世荣公司已将上述费用支付给船公司;

（3）被告于2010年11月8日收到原告开具的货代发票后,已告知原告涉案集装箱遗失,被告愿意赔偿集装箱的价值,但被告对后续滞箱费不应承担责任。

二、法院查明事实

对原、被告双方无异议的事实,宁波海事法院直接予以确认,并经审理认定如下事实:

2010年6月1日,原、被告双方签订有效期为1年的货运代理协议,约定由原告代被告办理货物出口运输等事宜。同年6月8日,被告委托原告代其委托人订舱出运25 300KGS货物,发货人为NINGBO HIKING IMPORT&EXPORT CO.,LTD,提单号为NPOZG6078,集装箱号MSKU0886661,船名航次为MAERSK DUBROVNIK 1008。原告接受委托后即向世荣公司进行订舱,世荣公司接受原告委托后,再委托太平公司向船公司订舱。同年6月20日,被告安排发货人将货物装箱进港。后集装箱被海关查验发现违禁品而滞留港区。同年9月7日,被告办理退关手续后将集装箱从港区提走,至今尚未还箱。2010年11月5日,原告已将涉案费用中的6万元先行支付给世荣公司。同年11月8日,原告向被告开具货代发票,要求被告偿还上述费用,原、被告就费用支付协商未果,遂纠纷成讼。

宁波海事法院另认定,2011年1月21日,比利时南航集装箱班轮公司宁波代表处向太平公司出具催促还箱通知,要求还箱并支付涉案费用。同日,太平公司向世荣公司出具委托函,要求收取涉案费用。

三、法院裁判

宁波海事法院认为,原、被告签订的货运代理协议,系当事人的真实意思表示,对原、被告双方具有约束力。原告作为货运代理人按被告要求完成了订舱,已履行了合同约定的相应义务。由于涉案集装箱货物被海关查验出违禁品而滞港,由此产生了滞箱费、滞港费,原告按约定垫付了此项费用,被告理应按货运代理协议约定偿还该项费用。比利时南航集装箱班轮公司宁波代表处已向太平公司发出还箱通知,后者亦向世荣公司发出委托收取涉案费用的委托函,而世荣公司已实际向原告收取了6万元费用。故原告诉请的6万元滞箱费、滞港费,属船公司必然收取的费用,被告作为委托人应予偿还。被告有关"船公司未收到滞箱费,其无支付义务"的抗辩,宁波海事法院不予采纳。原告主张的律师费,因原、被告双方无此项约定,宁波海事法院不予支持。

综上,原告诉请有理部分,宁波海事法院予以支持。依照《中华人民共和国民事诉讼法》第64条第1款,《中华人民共和国合同法》第396条、第398条的规定,判决如下:

（1）被告宁波英煌国际货运代理有限公司于本判决生效之日起10日内偿还原告

宁波凯州国际物流有限公司垫付的滞箱费、滞港费6万元;

(2)驳回原告宁波凯州国际物流有限公司的其余诉讼请求。

11.3.2 委托人导致删单重报和退税迟延的责任

㉙ 上诉人山东昌邑美尔雅巾被有限责任公司与被上诉人天津振华物流集团有限公司青岛分公司、天津振华物流集团有限公司货运代理合同纠纷案

案例来源:山东省高级人民法院(2007)鲁民四终字第78号

主题词:货运代理合同 委托人 删单重报 退税迟延 损失

裁判要旨

No. ZH-11.3.2-1 委托人作为退税主体迟至临近期限截止日才将删单重报手续邮寄给其货运代理,导致在期限截止前不能办理完毕删单重报手续,这一行为导致的法律结果应由其自负。而且,委托人可以申请税务部门延长退税期限而不申请,该不作为导致其最终不能办理退税,相应的损失应由其自行承担,法院不支持其向货运代理索赔。

一、基本案情

上诉人(原审原告):山东昌邑美尔雅巾被有限责任公司(以下简称美尔雅公司)

被上诉人(原审被告):天津振华物流集团有限公司青岛分公司(以下简称振华分公司)

被上诉人(原审被告):天津振华物流集团有限公司(以下简称振华公司)

青岛海事法院查明:2005年2月,美尔雅公司按合同规定出口货物一笔,美尔雅公司委托振华分公司作为出口货物的货运代理人,委托事项主要是代为订舱和保管,但双方未签订书面合同。出口货物原定装载于40呎货柜和20呎货柜各一个,但由于货物原因,40呎货柜在截港前到达场站,得以装船,而20呎货柜因在截港前未到达场站,未能装船。2月2日,美尔雅公司向振华分公司出具《破票保函》称:"今有我司一票货,一个40呎柜加一个20呎小柜,走贵司船名:POS ANGEL V503E, B/L NO. DNALTA 0050200004,现40呎柜已入货,但20呎柜因货物原因还没有到场站,如果赶不上办加急,请先保住40呎柜能装船,甩20呎柜,我司同意办理破票手续。特此申请,请给予办理!"最终只出口40呎柜货柜一个,出口日期为2005年2月3日。振华分公司将涉案货物第一次向黄岛海关申报的时间是2005年2月2日。2005年4月21日,美尔雅公司将删单重报所需提交的水单向振华分公司寄出,振华分公司收到后,于2005年4月25日向黄岛海关办理了进出口报关单修改/撤销事宜。《进出口报关单修改/撤销申请表》中记载的"修改或撤销的原因"为:"因客户工作失误,原应发一个20呎柜和40呎柜,但因20呎柜未准备好,少发一个20呎柜。"海关受理删单重报并批准后,2005年5

月8日,振华分公司代理美尔雅公司向海关重新申报,5月10日,删单重报手续最终完成。

关于振华分公司办好删单重报手续后,何时将上述材料交给美尔雅公司,美尔雅公司及振华分公司皆当庭表示记不清楚。对于美尔雅公司未能办理出口退税的事实,振华分公司予以确认,但对损失的数额不予确认。美尔雅公司未能针对此问题提交相应的证据。另查明,关于删单重报手续的办理期限,双方并没有就此问题进行约定。还查明,当事人在庭审中一致确认,振华公司在本案中与美尔雅公司无法律关系,并共同确认振华分公司与振华公司是各自独立的法人。

二、一审裁判

青岛海事法院认为,美尔雅公司依据《中华人民共和国合同法》有关代理的规定,要求振华分公司承担违约责任,赔偿其经济损失 37 600.19 元,美尔雅公司应首先举证证明振华分公司在本案中应承担的义务及存在的违约行为,还要证明因振华分公司的违约行为使美尔雅公司遭受了经济损失,但是,美尔雅公司未能向山东省高级人民法院提交上述有关证据。即美尔雅公司未能证明振华分公司办理删单重报手续应当完成的期限及该期限的起算时间。美尔雅公司述称删单重报的起算时间应为 2005 年 2 月 3 日,振华分公司于 2005 年 5 月 8 日即 95 天之后才删单重报,造成其不能在规定日期内进行出口收汇核销,更不能在国家税务部门规定的 90 天内办理出口退税。青岛海事法院认为,振华分公司作为美尔雅公司的货运代理人,只能按照合同的约定履行其代理义务,本案中并无证据证明振华分公司应承担美尔雅公司所列举的上述有关删单重报期限等义务,因此,美尔雅公司的上述证据于法无据,法院不予支持。另外,美尔雅公司主张的经济损失 37 600.19 元,亦证据不足,法院不予支持。美尔雅公司已当庭确认振华公司在本案中与美尔雅公司无法律关系,并且其与振华分公司是各自独立的法人,因此,美尔雅公司要求振华公司承担连带赔偿责任的诉讼请求理由不充分,于法无据,法院不予支持。

综上所述,美尔雅公司要求振华分公司和振华公司承担连带责任,赔偿其经济损失 37 600.19 元的诉讼请求,证据不足,理由不充分,法院不予支持,依照《中华人民共和国民事诉讼法》第 64 条的规定,判决:

驳回美尔雅公司的诉讼请求。

案件受理费 1 514 元,由美尔雅公司负担。

三、上诉与答辩

上诉人美尔雅公司不服一审判决上诉称,振华分公司作为我公司的出口报关代理商且收取了我公司的删单重报费用 220 元,有义务为我公司办理删单重报手续,振华分公司作为专业报关公司,明知道货物退税绝对不能超过 90 天的规定,却拖延时间一直不予办理手续,一直拖到 2005 年 8 月才完成删单重报,从而导致我公司无法办理退税,我公司的损失完全是对方的过错造成的。我公司的退税损失是 37 600.19 元人民币,根本不用提供证据证明。综上一审判决认定事实不清,请求二审法院依法改判。

被上诉人振华分公司答辩称,本案纠纷系美尔雅公司组织货物不力造成的,责任应在美尔雅公司。振华分公司与美尔雅公司是货运代理报关关系,没有义务为美尔雅公司提供额外的删单重报服务。双方也没有就删单重报的办理期限进行约定。振华分公司没有违约的行为,美尔雅公司怠于行使延期申报退税的权利才导致不能退税的结果,损失只能由其自己承担。

被上诉人振华公司答辩理由与振华分公司相同。

四、二审裁判

二审中,当事人对原审法院查明事实没有异议,山东省高级人民法院对原审法院已查明事实予以确认。

山东省高级人民法院认为,美尔雅公司将自己货物出运中的订舱、报关业务委托振华分公司进行,双方建立了委托关系,虽然双方没有订立书面委托合同,对于货物不能出运后如何处理善后事宜未作约定,但当货物实际不能出运发生了甩货的情形后,振华分公司收取了美尔雅公司的删单重报费用,因此,振华分公司有义务为美尔雅公司没有出运的货物进行删单重报工作。从履行情况看,2005 年 2 月 3 日,20 呎货柜没有赶上预定船期被甩后,双方曾协商过删单重报工作,从振华分公司收取美尔雅公司删单重报费用可以得到印证,但是,双方对于何时完成删单重报工作未作约定,美尔雅公司在 2005 年 4 月 21 日将删单重报所需要的书面材料用特快专递邮寄给振华分公司,振华分公司在 2005 年 4 月 25 日将收到的材料报到海关进行删单重报,通常来说,特快专递到达振华分公司的时间应为邮寄后的一至两天,从时间上看,振华分公司在收到报送材料后的两天内即将删单重报手续报送海关审批,该时间相对合理,不存在振华分公司拖延时间迟延删单重报的情形。因此从履行行为上,振华分公司没有违约行为。从法律关系上看,删单重报与办理退税是不同主体从事的不同行为,振华分公司为该批货物办理删单重报工作,美尔雅公司依据删单重报取得的批准手续向税务管理部门申请退税。按照国家税务局《关于出口货物退(免)税管理有关问题的通知》(国税发〔2004〕64 号文)的规定,出口企业应在货物报关出口之日起 90 天内,向税务部门申报退税,但同时规定,有特殊情形可以申请延长该期限。美尔雅公司作为退税主体明知道退税期限 90 日的规定,但迟至临近期限截止日才将删单重报手续邮寄给振华分公司,导致在期限截止前不能办理完毕删单重报手续,这一行为导致的法律结果应由美尔雅公司自负,另外,美尔雅公司在寄交删单重报手续时距退税手续的办理不足几天,其明知按照规定可以申请税务部门延长退税期限,但不向税务部门提出申请,该不作为行为导致最终不能办理退税,造成的损失应由美尔雅公司自行承担。

综上所述,美尔雅公司上诉无理,其上诉请求不能得到支持,一审判决认定事实清楚,适用法律得当,判决结果应当维持,依据《中华人民共和国民事诉讼法》第 153 条第

货运代理合同・委托人・删单重报・退税迟延・损失

1 款第(一)项之规定,判决如下:

驳回上诉,维持原判。

二审案件受理费1514元由美尔雅公司承担。

本判决为终审判决。

11.3.3 委托人提供错误报关资料的法律后果

㉚ 原告天津开发区津海贸易有限公司与被告北京双卉新华园艺有限公司海运委托代理合同纠纷案

案例来源:天津海事法院(2005)津海法商初字第248—253号

主题词:海运委托代理合同 委托人 错误编码 堵车 意外事件 损失

> **裁判要旨**
>
> **No. ZH-11.3.3-1** 委托人提供的编码有误导致无法通关,货物未能按时装船出运,并非货运代理过错所致。货运代理安排的货物陆运遭遇长达十几个小时的堵车导致未能按时装船出运,属于不可预见的意外事件,货运代理可以据此免责,委托人不得以此拒付货运代理垫付的费用。

一、基本案情

原告:天津开发区津海贸易有限公司

被告:北京双卉新华园艺有限公司

原告诉称,2004年8月至9月间,原告接受被告委托为被告办理7票货物的海运出口事宜。接受委托后,原告依约办理了陆运、装箱、订舱、报关等服务,并垫付了海运费等相关费用,7票货物共计产生费用人民币92 503元。上述费用被告一直未付。因此原告请求法院判令被告支付海运费等费用92 503元并支付自2004年10月1日至2005年4月30日的利息4 370元,案件受理费由被告承担。被告在答辩期间未提出答辩,在庭审中辩称,原告起诉与事实不符。2004年8月至9月间,被告共委托原告代理出运5票货物。由于原告的两次过错,导致被告的两票货物耽误了船期,产生了二次出运费用。其中应于2004年8月23日出运的货物不得不改为8月26日出运,9月13日出运的货物不得不采取空运的方式,加重了被告的负担,而且由于货物的迟延运输,还导致被告的日本贸易商至今未向被告结算货款并要求被告赔偿150万日元。被告还认为双方没有签订货运代理合同,对代理费用的支付时间没有约定,因此原告要求支付利息没有依据。请求驳回原告不合理的请求。

二、法院查明事实

天津海事法院查明:被告于2004年8月至9月间,先后委托原告代理6票货物的海运业务,原告接受委托后自己或委托他人为被告办理了货物的装箱、陆运、订舱、报关、检疫等事项。前三票货物分别于同年8月2日、8月9日、8月16日由"燕京"轮承运,被告确认每次的代理费用金额为人民币18 435元,合计人民币55 305元。8月22日原告接受被告委托为其代理第四票海运业务,原告委托案外人亚行公司报关时,由于被告提供的商品编码不符合海关要求未能通关,致使被告的货物未按时出运,为此被告向天津海关作了编码情况说明。虽然货物未能出运,原告为被告垫付了陆运费、商验费、报关费4 320元。而后被告要求再次出运,原告将被告货物装至"津腾"V0423E航次,于8月26日出运,原告垫付了海运费、港杂费、报关费、制冷费共计8 603元。9月6日原告又接受被告委托代理第五票海运事宜,发生费用17 295元,被告对该费用予以确认。9月12日,原告接受被告委托代理第六票海运事宜,原告委托案外人天昌船务工程有限公司(以下简称天昌公司)到被告所在地北京延庆进行产地装箱,车辆于当天上午10点30分到达,在从延庆返回天津途中由于延庆地段发生交通事故造成车辆长时间被堵,到9月13日上午才到达天津,致使被告的货物未能装船出运。原告为完成本次代理业务垫付报关费、商检费240元,陆运费6 320元。另查明,被告委托原告代理的海运出口事宜,原告将陆运、装箱工作全部交由案外人天昌公司完成,双方约定的费用标准为按运输次数收费。天昌公司在2004年8月2日至9月6日间每次由天津到北京延庆货物产地收取的陆运费(包括冷箱制冷费)4 080元。

三、法院裁判

天津海事法院认为,根据《中华人民共和国合同法》第400条的规定,受托人应当亲自处理委托事务,未经委托人同意转委托第三人的,受托人应当对转委托的第三人的行为承担责任。也就是说,如果由于第三人的过错给委托人即本案被告造成损失或增加了费用,应当由原告承担责任。根据天津海事法院在庭审中查明的事实,2004年8月23日被告的货物未能按时出运是由于被告提供的编码有误海关不予通关,不是原告或第三人的过错所致。2004年9月12日原告的陆运车辆虽于当天上午10点30分到达装箱地点北京延庆,按照正常情况,足以返回天津港,赶上9月13日上午的船期。9月12日长达十几个小时的堵车属于意外事件,是原告难以预见的,原告或第三人在代理过程中并不存在过错。被告以原告没有合理预见为由拒绝支付费用,天津海事法院不予支持。原告为完成8月23日和9月12日两票货物的代理事项垫付了海运费、陆运费、港杂费、报关费、商检等费用13 163元,被告应予支付。原告为9月12日的运输向案外人天昌公司支付了6 320元陆运费,该费用比以往到被告所在地的陆运费4 080元高出2 240元。鉴于原告和案外人天昌公司就涉案运约定按运次收费,原告未能举证证明该运次提高费用的合理性,天津海事法院对原告多支付的费用不予支持。天津海事法院还认为,原、被告双方虽然没有签订书面委托代理合同,也未约定被告的付款期限,但根据《中华人民共和国合同法》第398条的规定,原告作为受托人为处理委托事务垫付的必要费用,被告应当偿还该费用及其利息。据此,判决如下:

海运委托代理合同·委托人·错误编码·堵车·意外事件·损失

被告北京双卉新华园艺有限公司向原告天津开发区津海贸易有限公司支付海运代理费用 89 843 元。

11.4 委托人的权利

11.4.1 委托人向承运人主张返还滞箱费的权利

[31] 原告宁波海田国际货运有限公司与被告东方海外货柜航运(中国)有限公司宁波分公司、第三人宁波外运国际货运代理有限公司海事海商纠纷案

案例来源:宁波海事法院(2009)甬海法商初字第 199 号

主题词:委托人　滞箱费　侵权之诉　违约之诉

> **裁判要旨**
>
> **No. ZH-11.4.1-1** 《中华人民共和国海商法》第 86 条并非强制性规定,关于费用和风险的承担,参与业务的各方当事人之间另有约定的,应从其约定,受托人依据代理合同及结算协议向委托人收取其垫付的滞箱费与《中华人民共和国海商法》第 86 条规定并不冲突。但是返还滞箱费的请求系合同纠纷,被告并无侵权行为,原告经法院释明仍以侵权之诉主张滞箱费,法院不予支持。

一、基本案情

原告:宁波海田国际货运有限公司(以下简称宁波海田)

被告:东方海外货柜航运(中国)有限公司宁波分公司(以下简称东方海外宁波分公司)

第三人:宁波外运国际货运代理有限公司(以下简称宁波外运)

原告宁波海田起诉称:2008 年 6 月 30 日,原告为浙江博海进出口有限公司(以下简称博海公司)代理一批塑料托盘的进口报关,该批货物由被告承运,由第三人代理进口,提单号为 OOLU3020176860,集装箱号为 OOLU8460951。原告委托第三人向被告开出箱单,因博海公司及出口方原因,未能及时清关,产生大量滞箱费及港区费用。2008 年 7 月 29 日,博海公司向被告作出弃货申明,7 月 30 日第三人向被告作出情况说明,7 月 31 日对应箱单及小提单正本退还被告。2008 年 7 月至 9 月间,第三人向原告就编号为 OOLU3020176860 提单分别收取 10 860 元、6 935 元、2 555 元人民币,第三人告知原告该费用是支付被告就该提单收取的滞箱费,计 2 787 美元。原告认为被告向其收取该费用无法律依据,故诉请被告返还该提单项下的相关费用 20 355 元。

东方海外宁波分公司答辩称:被告是向本案的第三人宁波外运收取的滞箱费,是基于被告和第三人间的合同关系,原告未直接支付滞箱费给被告,原、被告不存在直接

的法律关系。

第三人宁波外运陈述称:第三人已依原告要求完成开箱单义务,第三人未在业务中获利,本案纠纷与其无关。

二、法院查明事实

宁波海事法院认定下列事实:

2008年6月30日,博海公司委托原告代理提单号为OOLU3020176860的一批废塑料货物(集装箱箱号为OOLU8460951)的进口报关事宜。原告委托第三人宁波外运向作为承运人代理的被告东方海外宁波分公司申请开出箱单。2008年7月29日,博海公司向被告就涉案货物作出弃货申明,7月30日,第三人向被告作出货主要求弃货并归还相应箱单及小提单的情况说明,7月31日,被告收回箱单、小提单。2008年6月至8月,第三人向被告支付了涉案货物从2008年5月17日至7月29日产生的滞箱费2787美元,同年7月至9月间,第三人将涉案货物的滞箱费折合为20355元人民币向原告收取。宁波海事法院另查明,被告与第三人订立的进口重箱提箱及滞箱费结算协议中约定:第三人对其所提OOCL集装箱(重箱)的滞期、污损、丢失负全责;原告与第三人订立的进口开箱单及滞箱费结算协议中约定:原告对其所开箱单的滞箱、污损、丢失负全责,第三人将原告项下产生的滞箱费、修箱费和箱单费的清单传真至原告,原告在收到传真清单后10天内必须付款。

三、法院裁判

宁波海事法院认为,各方当事人对涉案货物从2008年5月17日至7月29日产生的2787美元滞箱费均无异议,第三人向被告东方海外宁波分公司申请开出箱单,第三人依据其与被告间协议向被告支付滞箱费并无不当。第三人申请开箱单系接受原告宁波海田委托,原告与第三人间成立委托代理合同关系,第三人向被告支付的滞箱费应视为第三人为处理委托事务垫付的必要费用,原告宁波海田作为委托人应偿还该费用,第三人与原告间的协议对滞箱费等费用的支付亦有相应约定。原告主张其与第三人间的进口开箱单及滞箱费结算协议违反了《中华人民共和国海商法》第86条之规定,应视为无效,宁波海事法院认为,该法条并非强制性规定,因此关于费用和风险的承担,参与业务的各方当事人之间另有约定的,应从其约定,本案中第三人依据委托代理合同及结算协议向原告收取其垫付的滞箱费与该法条规定并无冲突。庭审中,经法庭释明,本案原告坚持主张以侵权之诉要求被告返还其诉请费用,宁波海事法院认为,被告并未直接向原告收取涉案滞箱费,第三人亦是依据委托代理合同向原告收取滞箱费,第三人与被告之间的结算也是依约定进行,因此本案系合同纠纷,被告及第三人对原告均无侵权行为,故宁波海事法院对原告该主张不予支持。

综上,原告的诉讼请求,证据与理由不足,宁波海事法院不予支持。依照《中华人民共和国民事诉讼法》第64条第1款、《中华人民共和国合同法》第398条之规定,判决如下：

驳回原告宁波海田国际货运有限公司的诉讼请求。

11.4.2 对货运代理的职员起诉导致时效中断

32 上诉人福建省晋江市五一鞋业有限公司与被上诉人陈祥智货运代理合同纠纷案

案例来源：福建省高级人民法院(2010)闽民终字第469号

主题词：诉讼时效　中断　起诉之日　对公司职员起诉的效力

> **裁判要旨**
>
> **No. ZH-11.4.2-1** 当事人向法院提交起诉状或者口头起诉的，诉讼时效从提交起诉状或者口头起诉之日起中断。当事人起诉债务人的公司职员，效力及于公司，可以产生对公司的诉讼时效中断的法律效力。
>
> **No. ZH-11.4.2-2** 在一审庭审辩论终结前并未提出诉讼时效抗辩，在二审中主张超过诉讼时效的，法院不予支持。

一、基本案情

上诉人(原审被告)：福建省晋江市五一鞋业有限公司(以下简称五一公司)

被上诉人(原审原告)：陈祥智

原审被告：丁聪永

厦门海事法院原审查明：五一公司委托陈祥智处理一票货物的运输事宜，双方以口头方式达成了货运代理合同。此后，陈祥智向五一公司支付了押金20万元，案涉货物送达目的地意大利后，丁聪永以五一公司的名义于2006年11月2日出具了一份《确认收货单》，载明：兹五一鞋业有限公司委托陈祥智运输的货柜，我方已确认意大利客户收到货，立此为据。收到货后40万元运输费和20万元押金将在6天内全数付还，11月7日全部付还。2006年11月21日，陈祥智出具了一份收条，确认其已经收到被告五一公司支付的10万元。2008年11月10日，陈祥智曾因本案纠纷向福建省晋江市人民法院起诉丁聪永，该案案号为(2008)晋民初字第8027号，因陈祥智未预交案件受理费，故福建省晋江市人民法院于2008年11月26日裁定该案按自动撤诉处理。

双方当事人对五一公司是否通过黄红妹建行个人账户向陈祥智支付了4万元的事实存在争议，厦门海事法院查明如下：五一公司主张，其于2006年11月21日向陈祥智支付了14万元，其中10万元以现金形式支付，另4万元根据陈祥智的指令汇入了黄红妹的建行个人账户，但陈祥智只确认收到五一公司支付的10万元现金。原审法院认为，2006年11月21日，黄红妹通过其建设银行账户(账户/卡号为436742193589002××××)确实收到存款4万元，但无证据证明陈祥智指令五一公司汇款及该4万元由五一公司所汇等事实,故尚不能认定五一公司通过黄红妹的建行个人账户向陈祥智支付了4万元的事实。

二、一审裁判

厦门海事法院认为,本案立案时确定的案由为海上货物运输合同纠纷,但查明的事实表明双方当事人之间实际发生的应是货运代理合同关系,陈祥智为货运代理人,五一公司系被代理人,故本案案由应变更为货运代理合同纠纷。从丁聪永出具的《确认收货单》以及陈祥智出具的收条等证据内容看,被告丁聪永是以被告五一公司的名义实施出具《确认收货单》等行为,五一公司也认可上述行为系代表其实施的职务行为,并且在《确认收货单》出具后,五一公司的法定代表人丁上平向原告支付了10万元,原告对此表示确认。因此,丁聪永并非案涉货运代理合同的当事人,其不是实体法意义上的适格被告,故原告主张被告丁聪永承担责任缺乏事实和法律依据,应予驳回。

被告五一公司在庭审后补充的代理词中辩称原告起诉已经超过诉讼时效。因本案所涉法律关系为货运代理合同关系,由于《中华人民共和国海商法》对此类法律关系的诉讼时效问题未作出规定,故应适用普通法的规定,即适用《中华人民共和国民法通则》第135条的规定,时效期间为两年。本案的诉讼时效自2006年11月8日起算,在两年的时效期间内,被告五一公司于2006年11月21日向原告进行了部分履行,诉讼时效因此中断,从此重新计算。原告曾就本案纠纷于2008年11月10日向福建省晋江市人民法院起诉被告丁聪永,该案因原告未预交案件受理费而被裁定按自动撤诉处理。依据《中华人民共和国民法通则》第140条的规定,本案诉讼时效自2008年11月10日起再次中断,诉讼时效期间应从按自动撤诉处理之日(即2008年11月26日)起重新计算,故原告于2009年2月再次起诉,并未超过诉讼时效。

三、上诉与答辩

五一公司不服,向福建省高级人民法院提起上诉称:

(1)原审认定陈祥智的诉求未超过诉讼时效是错误的。陈祥智于2008年11月10日在晋江市人民法院起诉丁聪永,法院从未通知丁聪永,五一公司更无从知晓,根据最高人民法院民二庭编著的《关于民事案件诉讼时效司法解释理解与适用》中的观点,陈祥智主张权利的意思表示并未到达丁聪永和五一公司,并不导致时效中断。

(2)五一公司支付给陈祥智14万元,原审对其中根据陈祥智的指令汇给黄红妹的4万元不予认定是错误的。五一公司委托陈祥智运输的共有两批货物,其中一批未送达到英国客户,因此五一公司保留了部分运费和押金,相当于未送达货物的价值,并就此货物在本案一审时提起反诉,原审人为地把一案分成两案,将五一公司另案起诉的案件认定为超过诉讼时效,而认定本案未过诉讼时效,在双方互负债务的情况下,原审的认定显然不当。请求撤销原判,改判驳回被上诉人陈祥智一审的诉讼请求并由被上诉人承担全部的诉讼费用。

被上诉人陈祥智二审答辩称：

（1）本案未过诉讼时效。丁聪永是五一公司的员工，负责本案货物的委托运输及款项支付，陈祥智向其主张权利，即是向五一公司主张债权。

（2）五一公司在一审庭审后以书面代理词向法院提出诉讼时效抗辩，应视为未提出时效抗辩，其在二审期间提出时效抗辩，不应予以支持。

（3）原审认定五一公司拖欠陈祥智押金及运输费50万元事实清楚，五一公司认为已向陈祥智支付14万元证据不足，请求维持原判。

四、二审裁判

福建省高级人民法院认为，本案为货运代理合同纠纷。五一公司在一审时向法院提交的《参加诉讼申请书》中明确，丁聪永系五一公司的职员，其因履行与陈祥智洽商货运代理相关事务而产生的法律后果应由五一公司承担。事实上丁聪永亦是代表五一公司收取押金、出具《收条》，其出具的《确认收货单》得到了五一公司和陈祥智的认可，五一公司据此支付了10万元，陈祥智承认收到。因此丁聪永在本案中的行为属职务行为。陈祥智于2008年11月10日在晋江市人民法院起诉丁聪永，已立案受理，根据最高人民法院《关于审理民事案件适用诉讼时效制度若干问题的规定》第12条的规定："当事人一方向人民法院提交起诉状或者口头起诉的，诉讼时效从提交起诉状或者口头起诉之日起中断。"应视为陈祥智已向丁聪永主张权利，构成时效中断。因2008年11月10日起诉时丁聪永仍为五一公司职员（没有证据表明丁聪永已离开五一公司，五一公司对此亦未否认），故陈祥智向丁聪永主张权利的起诉行为，效力及于五一公司，即应视为陈祥智于2008年11月10日曾向五一公司主张权利，产生诉讼时效中断的法律效力。陈祥智于2009年2月再次起诉丁聪永，并未超过诉讼时效。五一公司在本案一审庭审辩论终结前并未提出诉讼时效抗辩，其在上诉状中提出本案诉讼时效已超过的主张，福建省高级人民法院不予支持。五一公司上诉另提及的支付给黄红妹的4万元款项问题，其未能举证证明系按陈祥智的指令而支付给黄红妹，在陈祥智否认的情况下，五一公司应承担举证不能的法律后果，对该4万元款项，福建省高级人民法院亦不认定为系五一公司支付给陈祥智的款项。

综上，上诉人的上诉理由不能成立，原审判决认定事实清楚，适用法律正确。依照《中华人民共和国民事诉讼法》第153条第1款第（一）项之规定，判决如下：

驳回上诉，维持原判。

11.5 货运代理的义务

11.5.1 货运代理是否负有要求承运人签发提单的义务

33 上诉人兰溪市方兴包装制品厂与被上诉人埃彼穆勒环球(上海)有限公司宁波分公司海上货运代理合同纠纷案

案例来源：浙江省高级人民法院(2009)浙海终字第89号

主题词：海上货运代理合同　货运代理　义务　交付提单　货物收据

裁判要旨

No. ZH-11.5.1-1　托运人委托货运代理时仅要求订舱，并未明确要求货运代理取得提单，在承运人未签发提单的情况下，货运代理将承运人签发的货物收据交付给托运人，托运人未提出异议，货运代理并无过错，不应承担责任。

一、基本案情

上诉人(原审原告)：兰溪市方兴包装制品厂(以下简称方兴厂)

被上诉人(原审被告)：埃彼穆勒环球(上海)有限公司宁波分公司(以下简称埃彼穆勒公司)

宁波海事法院审理查明：2008年5月19日，方兴厂与外商Trans Global公司签订外贸合同，约定方兴厂向Trans Global公司销售包装纸，价格条件为FOB宁波，付款方式为买方先付30%定金，其余70%货款在收到卖方传真的单证后再支付。同年7月9日，Trans Global公司向方兴厂支付了31 743.36美元。就货物运输订舱事宜，Trans Global公司的职员Ronald Luk与方兴厂的职员Karri于同年8月4日通过电子邮件进行了如下联系：

2008年8月4日12时35分：

Ronald Luk：你知道马士基物流的Ashley Ding吗？电话……

2008年8月4日下午2时45分：

Karri：我已经打了好几次电话给Ashley，但无人接听。同时，我也发了邮件给她，但没有回复。

2008年8月4日下午2时53分：

Ronald Luk：打电话给她，以免迟延。

2008年8月4日下午3时18分：

Karri：我不知道Ashley的工作时间，为什么她的电话一直无人接听。电话号码错误吗？早上到现在，我也发了信息和邮件，没有回复。你是否已跟她联系过？

2008年8月4日下午3时30分：

Ronald Luk：Karri，将托单发给 NPOLOGUSACUS@MAERSK-LOGISTICS.COM。Ashley 的电话号码是……她会安排。

2008年8月4日下午3时37分：

Ronald Luk：先向她发邮件。这是 Cost Plus 公司的货物……

2008年8月4日下午3时45分：

Karri：RL，谢谢你的邮件。我已经联系 Ashley，我会在今天订舱……

8月4日及第二天，方兴厂职员 Karri 也通过电子邮件与埃彼穆勒公司职员 Ashley 进行联系。

2008年8月4日下午1时58分：

Karri：Ashley，抱歉打扰你，我是 Karri，在方兴包装制品厂工作。现在我方需要 SC 订舱，RL 与你联系过吗？我方货运代理人需要 SC 向马士基订舱，因此请向我方提供详情。

2008年8月4日下午3时42分：

Ashley：订舱是否系为客户 Cost Plus。不是你方直接向马士基订舱，我方将与收货人核实承运人，因此对你方而言，只需将有订舱附件的托单格式发给我方。我方将安排装运，一旦确认，将向你方发送交货通知。

2008年8月4日下午4时32分：

Karri：Ashley，感谢你的及时回复。但部分内容我方不会填写，你能帮助我吗？详情请参见附件。如有任何问题，请随时联系我。

2008年8月4日下午6时20分：

Ashley：你方需要在托单格式中填写完整的信息：(发票抬头寄单地址)……

2008年8月5日下午2时49分：

Karri：请参见附件，是否均可以了？

8月9日，Ashley 又发了一封电子邮件给 Karri，该邮件附有信函一份，内容主要是关于如何处理相关单证，其中"放单"一节写道：

（1）请将 FCR(货物收据)更改件传真至……需修改之处用英语表示，并在修改件上注明回传的贵司传真号，这样 FCR 可以在最短时间内更改完毕和确认。

（2）一旦 FCR 确认无误，请发确认函至……或传真至……以便客户服务人员及时放单。

（3）如果相关费用已通过银行支付，请在银行水单上注明相关的发票号码或是 FCR No.(货物收据号码)，并传真至……这样可以加快放单的速度。

（4）对于人民币 8 000 元以上的水单，需要等货款到账后放单。

2008年8月中旬，涉案货物在工厂装入 7 个集装箱，方兴厂自行委托宁波宏轩国际物流有限公司将货物从工厂运到宁波港区，并委托宁波长运国际物流有限公司(以下简称长运公司)报关。其中 3 个集装箱于 8 月 17 日交埃彼穆勒公司接收，8 月 19

日,长运公司报关,8月25日装上"NYK KAI"号98E33航次运往目的港,8月27日,方兴厂向埃彼穆勒公司支付了宁波港的相关费用5 085元。另4个集装箱于8月19日交埃彼穆勒公司接收,8月20日,长运公司报关,8月24日装上"MSC BEIJING"号834A航次运往目的港,方兴厂于9月2日向埃彼穆勒公司支付了宁波港的相关费用6 699元。9月5日,埃彼穆勒公司就上述两批货物向方兴厂开具了货物收据。货物运抵目的港后,被人提走,而方兴厂未收到剩余货款。2009年1月19日,方兴厂以埃彼穆勒公司存在代理过失致使方兴厂受损为由提起本案诉讼,请求判令埃彼穆勒公司赔偿货物损失73 851.84美元及相应利息。

二、一审裁判

宁波海事法院经审理认为:

(1) 方兴厂与埃彼穆勒公司是否成立海上货运代理合同关系。方兴厂主张埃彼穆勒公司接受方兴厂委托并收取费用,故双方之间成立了海上货运代理合同关系;埃彼穆勒公司则以涉案货物的贸易条件为FOB、其是受货物的最终买方Cost Plus公司的委托在宁波港接受货物为由,主张其并非方兴厂的货运代理人而是Cost Plus公司的代理人。宁波海事法院认为,根据合同相对性原则,FOB贸易条件是方兴厂与外商Trans Global公司之间的约定,仅约束贸易合同的双方当事人,与埃彼穆勒公司并无关联。同样,埃彼穆勒公司与货物最终的买方Cost Plus公司之间如何约定也仅在埃彼穆勒公司与Cost Plus公司之间建立某种法律关系,其效力也不能及于方兴厂。本案双方之间是否建立及在什么范围内建立了海上货运代理合同关系取决于双方的约定和业务的实际操作情况。本案中,并无证据表明双方在具体业务关系发生前签订了书面的代理协议,双方庭审时也确认本案业务系双方的第一次业务关系,有关电子邮件内容则表明,方兴厂之所以与埃彼穆勒公司进行联系,是应Trans Global公司的要求,也是从Trans Global公司得知埃彼穆勒公司的联系方式。这种取得联系的途径并不影响双方可以建立代理合同关系。事实上,双方取得联系后,埃彼穆勒公司即实际接受了方兴厂的委托,处理了货物在装货港的相关货运业务(工厂装箱、从工厂到港区的公路运输和报关等除外)并实际向方兴厂收取费用,因此,就这些业务而言,方兴厂与埃彼穆勒公司之间建立了海上货运代理合同关系。

(2) 埃彼穆勒公司是否有义务从承运人处取得提单并向方兴厂交付。方兴厂主张埃彼穆勒公司未能取得提单并交付给方兴厂构成代理过失。埃彼穆勒公司则认为,方兴厂未明确要求提单,而实际接受了货物收据,故其不存在代理过失。宁波海事法院认为,如果双方明确约定埃彼穆勒公司应为方兴厂取得提单并交付给方兴厂,则埃彼穆勒公司未能取得并交付提单构成代理过失。庭审中方兴厂主张其曾向埃彼穆勒公司明确要求过提单,但未能举证证明,因此这项主张难以成立。同时,如果双方之间就取得何种运输单证未作约定,那么埃彼穆勒公司作为代理人,有义务为方兴厂的利益考虑,按照相对最安全的业务方式操作并交付代理成果给方兴厂,即取得提单并交付给方兴厂,因为提单是物权凭证,代表了物权与提货权,在现有的各类货运单证中,对方兴厂来说相对安全,同时它还是最常见的货运单证。如果埃彼穆勒公司未能如此操作,也构成代理过失。但是,本案中,从2008年8月9日埃彼穆勒公司发给方兴厂的电子邮件及相关事实来看,双方就签发何种货运单证已有约定。理由:

(1) 8月9日,埃彼穆勒公司通过电子邮件要求方兴厂更改、确认货物收据并回传。按方兴厂陈述,其在业务一开始就要求取得提单,假如此项陈述属实,则应在收到此电子邮件之后甚至之前,就应当已经对签发货物收据一事提出异议,然而本案并无任何证据表明方兴厂曾提出不同意见。因此,宁波海事法院认为,方兴厂在8月9日之前即已认同埃彼穆勒公司应交付的货运单证为埃彼穆勒公司签发的货物收据。

(2) 即使方兴厂因某种原因(如未看到8月9日的电子邮件)而未能对签发货物收据一事提出异议,那么当其于9月5日收到货物收据时,也应当在合理时间内对此提出异议,然而,本案中也没有任何证据表明方兴厂曾有此举动。

(3) 庭审中,方兴厂以装箱单中有"提单号"、埃彼穆勒公司开具的费用清单中有"船东提单签单费"等字样来证明双方约定的单证为提单,但是与明确提到签发货物收据并详细指明了相关细节的8月9日的电子邮件相比较而言,装箱单与发票的证明力显然较弱,如果考虑到上述第1、2点理由,即方兴厂在8月9日收到电子邮件前后以及9月5日接到货物收据后的合理期限内均未提异议,也不排除在缮制装箱单与费用清单的过程中出现了错误。因此,方兴厂早在收到货物收据之前即已认同由埃彼穆勒公司为涉案货物签发货物收据的操作方式,方兴厂无权要求埃彼穆勒公司取得并交付提单。

综上,宁波海事法院认为,埃彼穆勒公司不存在代理过失,不应承担赔偿责任。方兴厂的诉讼请求证据与理由不足,不予支持。该院依照《中华人民共和国民事诉讼法》第64条第1款的规定,于2009年6月4日判决:

驳回方兴厂的诉讼请求。

案件受理费8550元,由方兴厂负担。

三、上诉与答辩

方兴厂不服原审判决,向浙江省高级人民法院提起上诉称:

(1) 埃彼穆勒公司有义务向方兴厂交付涉案货物提单。① 方兴厂确实在委托时就要求埃彼穆勒公司签发提单,并在货物出运后多次索要提单,但埃彼穆勒公司却在方兴厂支付完其清单所列费用包括船东提单签单费后,交付了货物收据。② 即使方兴厂未曾要求签发提单,埃彼穆勒公司作为代理人,也有义务为方兴厂的利益考虑,取得提单并交付给方兴厂。③ 货物签发何种单证的决定权在于委托人,即使埃彼穆勒公司想自行签发货物收据,也应征得方兴厂的同意,但其未提供方兴厂要求或同意签发货物收据的证据,应承担举证不能的责任。

(2) 宁波海事法院以 8 月 9 日邮件这一孤立的、真实性无法确认的证据,认定方兴厂同意签发货物收据,与客观事实相违背。埃彼穆勒公司在接受方兴厂委托后,未征得方兴厂的同意和授权,也未与方兴厂确认相关单证内容,更未告知 FCR 不是物权凭证的情况下,向方兴厂收取船东提单签单费后,未向实际承运人要求签发提单,并直接寄交货物收据,致使方兴厂丧失货物的货权,埃彼穆勒公司理应赔偿由此给方兴厂造成的损失。请求:撤销原判,依法支持方兴厂一审诉讼请求。

埃彼穆勒公司答辩称:

(1) 埃彼穆勒公司没有合同义务,也没有法定义务向方兴厂交付涉案货物的提单。事实上,双方同意签发货物收据。

(2) 8 月 9 日邮件并非孤立的,且原审开庭时埃彼穆勒公司曾当庭演示邮件,这些邮件已为方兴厂确认。

(3) FCR 是货运代理人收货凭证,其作用是发货人无条件地放弃货物处分权。请求驳回上诉,维持原判。

四、二审裁判

根据双方当事人的上诉和答辩,浙江省高级人民法院确定本案二审的争议焦点为:埃彼穆勒公司是否有义务向方兴厂交付涉案货物提单以及方兴厂是否同意签发"货物收据"。双方当事人对浙江省高级人民法院归纳的争议焦点均无异议,浙江省高级人民法院针对本案的争议焦点分析如下:

1. 埃彼穆勒公司是否有义务向方兴厂交付涉案货物提单

方兴厂与埃彼穆勒公司并未签订书面代理协议,双方通过案外人 Trans Global 公司取得联系,并进而通过电子邮件沟通建立代理关系,因此双方的权利义务除法律明确规定外,应反映在双方往来的电子邮件内容中。《中华人民共和国海商法》第 72 条第 1 款规定:"货物由承运人接收或者装船后,应托运人的要求,承运人应当签发提单。"第 80 条第 1 款规定:"承运人签发提单以外的单证用以证明收到待运货物的,此项单证即为订立海上货物运输合同和承运人接收该单证中所列货物的初步证据。"因此,承运人可以签发提单,也可以签发提单以外的单证证明收到待运货物,除非托运人提出特殊要求。虽然方兴厂一审提供的海运出口委托书记载"B/L 3/3"字样,该委托书载明的相对方是马士基物流宁波分公司,但方兴厂并无证据证明向埃彼穆勒公司发送过该委托书,埃彼穆勒公司并不清楚方兴厂是否要求承运人签发提单,因此在承运人未签发涉案货物提单时,其无法定义务向方兴厂交付提单。根据方兴厂不持异议的其与埃彼穆勒公司之间 2008 年 8 月 4 日、5 日的电子邮件,方兴厂仅提出要求埃彼穆勒公司"向马士基订舱",并无要求取得提单之意思表示。故方兴厂上诉提出其从委托时就要求埃彼穆勒公司签发提单,并在货物出运后索要过提单的主张并无相应证据证明。至于方兴厂一审提交的费用清单和装箱单上涉及的"船东提单签单费""提单号",因上述单据均系埃彼穆勒公司制作,其解释在货运代理行业中"并非特指提单,也包括海运单等其他单证",在实践中也存在一定合理性。此外,方兴厂提出埃彼穆勒公司作为代理人应为被代理人的最大利益考虑,由于方兴厂从本案托运业务办理之初,就是应货物买方 Trans Global 的要求与埃彼穆勒公司联系的,从双方的电子邮件内容看,埃彼穆勒公司也表明了其与货物最终买家 Cost Plus 之间存在更密切的联系,因此方兴厂更应注重对自身利益的保护。

综上,在方兴厂未明确要求提单时,埃彼穆勒公司作为代理人并无义务向方兴厂交付涉案货物的提单。

2. 方兴厂是否同意签发"货物收据"

2008 年 8 月 4、5 日,方兴厂与 Trans Global 公司及埃彼穆勒公司分别通过电子邮件进行了一系列的联络,方兴厂对上述邮件的真实性未持异议,而对于埃彼穆勒公司一审提交的 2008 年 8 月 9 日电子邮件,方兴厂认为其未收到过该邮件。由于该邮件的内容为埃彼穆勒公司告知方兴厂涉案货物签发 FCR(货物收据),而邮件中"放单"一节中有"请将 FCR 更改传真至……"及"一旦 FCR 确认无误,请发确认函至……"的内容,因此,埃彼穆勒公司主张方兴厂同意接收 FCR(货物收据),应进一步提供方兴厂传真的更改件或确认函。鉴于该份电子邮件在一审中经当庭从埃彼穆勒公司业务员丁彩霞(Ashley)的邮箱中的发件箱内打开核实,且该邮件的相关附件即自拉自报责任协议书与方兴厂提供的证据内容一致,宁波海事法院对该电子邮件的真实性予以认定,并无不妥。况且,也无证据证明方兴厂在收到货物收据后向埃彼穆勒公司提出过异议,这一事实也在一定程度上表明其已同意收取货物收据。

综上,浙江省高级人民法院认为,方兴厂与埃彼穆勒公司通过电子邮件联系,埃彼穆勒公司实际办理了方兴厂货物在装货港的相关货运业务,并向方兴厂收取了相关费用,双方海上货运代理合同关系成立,且不违反法律、法规的强制性规定,应认定有效。方兴厂以埃彼穆勒公司未向其交付提单为由,主张埃彼穆勒公司代理过失,但其不能提供证据证明其在埃彼穆勒公司代理过程中,要求埃彼穆勒公司取得涉案货物的提单。方兴厂提出的其要求埃彼穆勒公司签发提单,埃彼穆勒公司有义务交付提单等上诉理由不能成立,浙江省高级人民法院不予支持。原审判决认定事实清楚,适用法律正确,实体处理得当。依照《中华人民共和国民事诉讼法》第 153 条第 1 款第(一)项之规定,判决如下:

驳回上诉,维持原判。

11.5.2 FOB 条件下货运代理对托运人交付提单的义务

34 上诉人杭州大东南高科包装有限公司与被上诉人浙江致远物流有限公司海上货运代理合同纠纷案

案例来源:浙江省高级人民法院(2010)浙海终字第 116 号
主题词:海上货运代理合同　货运代理　义务　FOB　交付提单

> **裁判要旨**
>
> **No. ZH-11.5.2-1**　货运代理作为受托人,应当为委托人的利益考虑,完成交付提单的事务。即使在 FOB 条件下,货运代理向托运人交付提单的义务也不能因承运人系由收货人指定当然免除,但因托运人指定的转受托人拒不交付的原因导致不能取得提单,不能由货运代理承担责任。

一、基本案情

上诉人(原审原告):杭州大东南高科包装有限公司(以下简称大东南公司)

被上诉人(原审被告):浙江致远物流有限公司(以下简称致远公司)

宁波海事法院审理查明,2007 年 8 月,大东南公司与国内中间商 China Supper Group Limimited[安源(中国)集团有限公司,以下简称安源公司]订立了聚酯透明薄膜买卖合同,由安源公司将货物另行卖与国外客户,货款为 132 000 美元,付款方式为 20% 的定金,余款见提单复印件付清。大东南公司不承担海运费,由安源公司指定货代。大东南公司于 2007 年 10 月 31 日向致远公司出具一份《出口货物明细单》,委托致远公司办理涉案货物的出运事宜,《出口货物明细单》上收货人一栏为空白,提单或承运人收据抬头和通知人均为安源公司,成交条件为 FOB 上海,在注意事项一栏有"请安排订舱事宜""提单请在船开 5 天内寄我司"等内容,并手写了"指定货代:上海帝航货物运输代理有限公司(以下简称帝航公司)"及联系方式。之后致远公司依约完成涉案货物的内陆运输、出口报关,并将涉案货物的海运交由买方指定货代帝航公司办理,帝航公司通过上海洲海国际货运代理有限公司(以下简称洲海公司)进行订舱,洲海公司又转委托了上海大旺国际货物运输代理有限公司(以下简称大旺公司)进行订舱,大旺公司再委托常熟外贸运输有限责任公司上海分公司(以下简称常熟外运)订舱,最终由美国总统轮船(中国)有限公司上海分公司(以下简称 APL)签发海运提单,提单编号为 APLU064408899,托运人为安源公司,收货人为 Paperlinx Merchanting。APL 签发的海运提单回传至帝航公司处,大东南公司、致远公司均未取得该份海运提单。货物出运后,致远公司向帝航公司指定的洲海公司支付了订舱费、码头操作费、单证费共 1 350 元,致远公司据洲海公司出具的货代发票向大东南公司收取了相同款项。后因大东南公司未取得海运提单,致远公司于 2008 年 3 月 26 日向大东南公司出具一份《情况说明》,

内称:"我司于2007年10月31日收到大东南公司编号为GSE07-Z153E的托书,委托我司订2007年11月8日的船到澳大利亚ADELAIDE的两个20柜,并指定帝航公司代理出运。我司收到托书后,马上与帝航公司联系,并确定了11月4日到杭州临平装箱。我司完成装箱、报关,让帝航公司给我司传发票过来,以便我司付款买提单。我司的钱汇给帝航公司后,致远公司知提单有可能要电放,先放在帝航公司这边,我司与大东南公司赵永联系,得到一致的答复后,提单就先放在帝航公司处。等到大东南公司的俞凌云想把该份提单拿回来时,却被帝航公司告知等船到了再说。船到后,帝航公司仍没有把提单寄回来,俞小姐让我司与帝航公司交涉,但都被帝航公司以货物有损拒绝,让俞小姐先赔偿货物损失,俞小姐认为先将未付清的货款付清再协商货物损失问题。两方交涉未果,我司本着以中间人的立场,多次与帝航公司交涉,让其将提单先放在我司这里,由我司代为保管,等大东南公司和客户协商好,我司再将提单交还给帝航公司。但帝航公司一直不同意放提单。"大东南公司于2008年12月4日将该份《情况说明》作为证据之一,向上海海事法院起诉帝航公司,并于同月29日撤回起诉,上海海事法院裁定准许。宁波海事法院还认定:与涉案货物同一合同项下的另票货物也是由大东南公司通过帝航公司出运,大东南公司亦未取得提单,仅由帝航公司向大东南公司出具保函,而大东南公司没有造成损失。本案涉案货物的报关总价为47 332.56美元,该票货物的出口收汇核销以其他货物的收汇进行批次核销(大东南公司未证明尚有与涉案货款相同金额的收汇未进行核销)。在批次核销凭证中,2007年10月16日的一笔收款金额为35 978.01美元,付款人为安源公司。大东南公司就赔偿事宜追偿至今无果,特诉请宁波海事法院判令致远公司赔偿大东南公司货款损失42 711.64美金(折合人民币321 285.50元),逾期利息损失暂计60 000.07元(自2007年11月15日起按照中国人民银行同期贷款利率计至2010年3月8日),该逾期利息损失并计至生效判决指定履行日止。

二、一审裁判

宁波海事法院审理认为,本案为海上货运代理合同纠纷,大东南公司、致远公司之间成立货运代理合同关系,致远公司接受大东南公司的委托后,已经依约进行涉案货物的内陆运输,办理出口报关手续,并将涉案货物的海运事宜委托给大东南公司指定的货代帝航公司,涉案货物也已如期出运。事实上,致远公司在办理有关出运手续后已将有关单据交给大东南公司,针对帝航公司在涉案货物出运过程中可能存在的违约或侵权行为,致远公司也提供了大东南公司要求的证据,积极协助大东南公司进行追索,所以致远公司在代理过程中并无过错。至于致远公司将海运事宜转委托给帝航公司也是根据大东南公司的指示进行的,故根据《中华人民共和国合同法》第400条的规定,大东南公司不能追究致远公司转委托的责任。虽然本案中大东南公司并没有主张致远公司为承运人或在代理过程中存在过错,但大东南公司以货运代理合同关系中致远公司应当取得海运提单或无船承运人提单并转交给大东南公司,而实际未交付提单为由,主张致远公司赔偿损失也没有依据。致远公司应当向大东南公司交付提单的前提是致远公司为承运人(根据《中华人民共和国海商法》第 72 条的规定,签发提单是承运人的义务)或致远公司已经以代理人的身份取得涉案货物提单(根据《中华人民共和国合同法》第 404 条的规定,受托人处理委托事务取得的财产,应当转交给委托人),而本案中致远公司既不是承运人,也无证据证明致远公司已经取得提单,故致远公司没有向大东南公司交付提单的可能和责任。又因致远公司是根据大东南公司的指示以大东南公司的名义委托帝航公司,故致远公司无权以自己名义通过起诉或申请强制令的方式向帝航公司索要提单。因此,大东南公司放弃向帝航公司追索而要求致远公司交付提单或赔偿其损失于理不符。

至于本案的诉讼时效,大东南公司主张多次向致远公司索赔,并以《情况说明》为证,但根据大东南公司与安源公司在买卖合同中约定的货款的支付以见提单复印件为条件,并结合大东南公司与涉案货物同一合同项下的另一票货物的出运也没有要求取得提单的情况,且大东南公司在取得《情况说明》后,亦没有提出异议,可以认定大东南公司在《情况说明》中所述属实,而事实上大东南公司仅以该《情况说明》作为证据之一在上海海事法院对帝航公司提起诉讼,并没有将致远公司列为该案被告,《情况说明》不能证明其多次向致远公司进行索赔,故大东南公司起诉已经超过诉讼时效。由于致远公司对大东南公司的损失无须承担赔偿责任,故浙江省高级人民法院对大东南公司的具体损失不作分析认定。

综上,大东南公司的诉讼请求于法无据,不予支持。根据《中华人民共和国民事诉讼法》第 64 条第 1 款、《中华人民共和国民法通则》第 135 条之规定,宁波海事法院于 2010 年 6 月 15 日判决:

驳回大东南公司的诉讼请求。

案件受理费 7 020 元,减半收取 3 510 元,由大东南公司负担。

三、上诉与答辩

大东南公司不服原审判决,向浙江省高级人民法院提起上诉称:

(1)大东南公司与致远公司另票货物(编号为 GSE07—Z154E)指定货代并非帝航公司,致远公司也向大东南公司交付了提单,印证了大东南公司负有应当交付提单的义务。

(2)致远公司不仅应依约完成涉案货物的内陆运输、出口报关,根据《出口货物明细单》载明的"请安排订舱事宜",还应完成订舱并取回提单的义务。

(3)致远公司作为一家专业的从事国际货运代理公司,应当更清楚 FOB 操作方式下固有的风险包括有可能从外商指定货代处拿不到提单,而致远公司辜负了大东南公司对其专业技能的信赖,未能完成交付提单的义务,应当承担违约赔偿责任。

(4)帝航公司是外商指定货代,不存在转委托的事实,不应适用《中华人民共和国合同法》第 400 条的规定。原判以帝航公司未向致远公司交付提单为由,错误地认定致远公司没有过错、不应承担赔偿责任应予纠正。

（5）《情况说明》系致远公司单方出具，原判竟以大东南公司没有提出异议，予以采信，并认定大东南公司起诉已经超过诉讼时效的认定显系错误。《情况说明》是大东南公司向致远公司索要提单后的产物，可以据此认定大东南公司主张了索要提单的权利，构成时效中断。综上，请求二审法院撤销原判，依法改判。

致远公司庭审中辩称：

（1）致远公司在没有收到提单前没有向大东南公司交付提单的义务。首先，致远公司不是承运人，在没有证据证明货代已经取得提单的情况下，没有向委托人交付提单的可能和责任。其次，托单上"船开后5日内交付提单"的备注对致远公司不发生效力。因为大东南公司发给致远公司的托单有手写"指定货代：帝航公司"字样，故致远公司不受托单上的格式条款约束。

（2）大东南公司委托致远公司的范围不包括订舱，这也是大东南公司特别告知涉案货物指定联系货代帝航公司的原因。

（3）致远公司对未获取提单没有过错，涉案损失如存在，系由大东南公司自身造成的。

（4）大东南公司的主张已超过诉讼时效。根据大东南公司的原审诉讼请求，其认为损失的时间为2007年11月30日，那么至起诉之日，无论致远公司是被动交付提单的货运代理人还是无条件交付提单的契约承运人，均已超过2年或1年的诉讼时效。《情况说明》不能作为诉讼时效中断的依据，该内容仅反映了大东南公司与帝航公司之间协商的过程，而无法反映大东南公司向致远公司催讨或要求赔付的内容。请求二审法院维持原判。

四、二审裁判

浙江省高级人民法院认为，本案争议的关键在于致远公司作为货运代理人是否有义务向委托人大东南公司交付提单。虽然法律没有明确规定货运代理人的具体义务，但通常情况下，货运代理人作为受托人，应当为委托人的利益考虑，完成交付提单的事务。即使在FOB条件下，货运代理人向托运人交付提单的义务也不能因系由收货人指定当然免除。本案中，致远公司确系大东南公司委托的第一手货运代理人，但大东南公司在出口货物明细单上直接写定由帝航公司再行代理，并将此信息传递给了致远公司，致远公司也是按照大东南公司的指令通过帝航公司完成了货物出运的代理事务，唯提单未能取得。经庭审查明不能取得提单的原因，就在于转委托的受托人帝航公司不愿意交付，而帝航公司正是大东南公司所选定，故提单不能取得的责任不能归咎于转委托人致远公司，除非致远公司对此有过错。大东南公司提供的《情况说明》表明，致远公司及时地将要求提单的信息以及不能取得提单的信息分别转递给帝航公司与大东南公司。致远公司不能越过帝航公司直接取得承运人签发的提单，其对索取提单事宜没有过错，故其不应承担本案损失。至于诉讼时效，大东南公司以《情况说明》表明其已经主张了权利,但从《情况说明》的内容看,只表明大东南公司就提单交付事宜向致远公司及相关方进行了交涉,不能表明大东南公司向致远公司提出了赔偿损失的主张,更不能表明致远公司对损失赔偿作出了承诺,因此,该行为对本案的诉讼时效不能产生中断的法律效果。大东南公司的起诉已超过两年的诉讼时效,故大东南公司主张《情况说明》构成时效中断的上诉理由不能成立。

综上,浙江省高级人民法院认为,大东南公司不能取得提单的原因在于由其指定的货运代理人帝航公司,不能归咎于致远公司,其要求致远公司为此承担责任无事实依据。大东南公司主张的《情况说明》可以构成时效中断的上诉理由亦不能成立,宁波海事法院认定本案已超过诉讼时效并无不当。依照《中华人民共和国民事诉讼法》第153条第1款第(一)项之规定,判决如下:

驳回上诉,维持原判。

11.5.3 身兼国内卖方和买方的货运代理交付提单的义务

35 原告温州高科汽车电器有限公司与被告深圳市宝加捷国际货代有限公司、宁波宏泰国际货运代理有限公司海上货运代理合同违约赔偿纠纷案

案例来源:宁波海事法院(2009)甬海法商初字第70号

主题词:海上货运代理合同　货运代理　双重代理　义务　交付提单

裁判要旨

No. ZH-11.5.3-1 货运代理企业在接受国外买方委托向承运人订舱后,又接受国内卖方委托办理报关报检等事宜,应当优先向交付货物且提单载明为托运人的国内卖方转交正本提单,除非交付货物的托运人有相反指示。货运代理在收到承运人寄交的涉案正本提单后,未经国内卖方同意而擅自立即向国外买方转交提单,应予赔偿国内卖方因此而未能收回货款的损失。

一、基本案情

原告:温州高科汽车电器有限公司(以下简称温州高科公司)

被告:深圳市宝加捷国际货代有限公司(以下简称深圳宝加捷公司)

被告:宁波宏泰国际货运代理有限公司(以下简称宁波宏泰公司)

原告温州高科公司起诉称:2008年8月,原告与TORINO公司签订合同并委托被告深圳宝加捷公司出运一批汽车配件到芬兰。被告深圳宝加捷公司接受原告委托后,转委托被告宁波宏泰公司为原告办理在浙江的拖箱、报关等业务。但原告将货物实际交付给被告宁波宏泰公司并委托其报关后,虽经原告多次要求,两被告均拒绝向原告提供全套正本提单。尔后,原告经查询获悉涉案货物已经从宁波实际出运至芬兰并被交付给其他人。特诉至法院,请求判令两被告连带赔偿原告货物损失230 640美元(或

等值人民币 1 580 000 元)及利息(自起诉之日起至实际支付之日止,按中国人民银行企业同期存款利率计算),并连带承担公证费 1 500 元人民币和本案诉讼费用。庭审中,原告当庭放弃对被告宁波宏泰公司的诉讼请求,但为查明事实而未撤回对其起诉。

被告深圳宝加捷公司在法定期间内未提交书面答辩状,在庭审中口头答辩称:国外买家 I. P. DJAVOIAN GASO DJAMALOVICH(以下简称 IP 公司),即船东提单上的收货人与原告约定以 FOB 条款购买涉案货物,为此,IP 公司委托我司订舱托运涉案货物。我司接受委托后,转委托上海宝加捷国际货物运输代理有限公司(现已更名为上海天巍国际货物运输代理有限公司)订舱托运。我司与原告不存在委托关系,没有义务向原告交付提单,也从未收到原告请求交付提单的要求,我司对原告不存在违约或过错,原告要求我司赔偿货物损失没有事实和法律依据。故请求驳回原告对我司的诉讼请求。

被告宁波宏泰公司未作书面答辩,在庭审中口头答辩称:

(1) 我司系接受上海宝加捷国际货物运输代理有限公司(以下简称上海宝加捷公司)的委托安排货物出运,最终通过宁波外代新华国际货运有限公司向 MSC 订舱。期间,我司一直与上海宝加捷公司联系,拖车、报关事宜均按该公司的指示操作,所有的海运费、国内运费均与上海宝加捷公司确认并由其支付,发票也是开给该公司的,在操作过程中并未与原告发生任何联系。

(2) 2008 年 8 月 28 日,我司按上海宝加捷公司的指示,将涉案货物的正本提单寄给被告深圳宝加捷公司。我司并未收到原告的任何委托,也未收到原告主张提单的任何要求,在履行货代义务中不存在任何过错。故请求驳回原告对我司的诉请。

二、法院查明事实

宁波海事法院确认如下事实:

2008 年 8 月,原告向 TORINO 公司出口一批汽车配件,目的港为芬兰 KOTKA,价格条件为 FOB,货物价值为 230 640 美元。该票货物由国外贸易买家委托被告深圳宝加捷公司办理订舱业务,被告深圳宝加捷公司与原告联系获悉装箱地址和联系人等情况后,将涉案货物的订舱和拖装箱、报关货运代理业务转委托给上海宝加捷公司。上海宝加捷公司又将该笔业务转委托给被告宁波宏泰公司,并通知原告将报关单证直接邮寄给被告宁波宏泰公司。被告宁波宏泰公司实际办理了装箱、拖箱、报关货运代理业务,并由其向宁波外代新华国际货运有限公司订舱。涉案货物于 8 月 14 日装箱、报关出口,2008 年 8 月 19 日装船。同日,涉案运输船舶的代理人签发了编号为 MS-CUNZ145755 的海运提单,载明:托运人原告,收货人和通知人为 IP 公司,起运港为宁波,目的港为 KOTKA FINLAND,集装箱编号为 MSCU3268117,运费预付等。被告宁波宏泰公司于 8 月 26 日向上海宝加捷公司开具发票并收取了拖箱、报关、订舱等费用计 3 410 元人民币、海运费等 1 630 美元,上海宝加捷公司也向被告深圳宝加捷公司收取了相应费用,但被告深圳宝加捷公司一直未向原告开具发票并收取上述费用。被告宁波宏泰公司于8月28日按上海宝加捷公司的指令将正本提单寄给被告深圳宝加捷公司广州分公司,被告深圳宝加捷公司在接单后于2008年8月30日将提单直接邮寄给俄罗斯收件人TONIRO。涉案货物启运后,原告向被告深圳宝加捷公司索要正本提单未果,被告仅在9月初向原告提交了正本提单的复印件。原告获悉涉案集装箱于2008年10月21日在目的港KOTKA,ES,FI卸空并被他人提取,且至今未能收取货款。原告遂以被告深圳宝加捷公司未履行货运代理义务,造成其涉案货款无法收回为由,诉至宁波海事法院。

三、法院裁判

宁波海事法院认为,本案原告以被告深圳宝加捷公司未履行货运代理合同交付正本提单义务,导致涉案货物被他人提取而提起索赔诉讼,涉及FOB价格条件下买卖双方货物交付船舶运输期间的责任问题,由此引发本案各方当事人在诉讼中的不同诉辩意见之争。根据本案认定的证据和事实,归纳争议焦点为:一是原告与被告深圳宝加捷公司之间是否存在货运代理关系;二是被告深圳宝加捷公司是否有向原告交付正本提单的义务,及对此造成的货款损失应否承担赔偿责任等问题。

(1) 在国际货物销售合同的成交方式为FOB价格条款的情况下,应依据该价格条款和国际货物销售惯例界定买卖双方的责任,销售合同买方负责租船订舱,并告诉卖方有关船名、船期和装船泊位;卖方负责自货物在装货港装船越过船舷时止的一切费用和风险,包括装船前所需支出的货物拖装箱费、单证费、报关费、验货费等费用。在涉案货物的销售双方未就FOB价格条款进行特别约定的情况下,应按上述原则确定双方责任。故宁波海事法院确认涉案货物系被告深圳宝加捷公司接受国外买家指令订舱,但其与原告发生货运代理业务过程中,又转委托他人实际从事了涉案货物订舱和拖装箱、报关等货运代理业务,超出了国外买家指令订舱的货运代理业务范围。据此,在原告和被告深圳宝加捷公司对各自的诉辩意见均无有效证据佐证的情况下,应认定本案原告与被告深圳宝加捷公司之间存在拖装箱、报关货运代理合同关系。

(2) 原告在FOB价格条款下其货款能否收回,取决于对涉案货物的实际交付和控制,故原告必须取得足以控制货物交付的正本提单。根据《中华人民共和国海商法》的规定和国际海运惯例,承运人在接收货物后,应托运人的要求,有义务向其签发提单。原告作为货物所有人,有权在将货物交由他人占有时,为保留对货物的有效控制权,从实际提取货物的相对人处取得正本提单。被告深圳宝加捷公司作为涉案货物拖装箱、报关货运代理人,接受原告托运的货物后,虽原告未委托被告深圳宝加捷公司向承运人订舱,但作为货运代理人应当优先向交付货物、且提单载明为托运人的原告转交正本提单,除非交付货物的托运人有相反指示。被告深圳宝加捷公司在收到被告宁波宏泰公司寄交的涉案正本提单后,未经原告同意而擅自立即向国外买家转交提单,致使原告向被告深圳宝加捷公司索要正本提单时而无法提供,系导致原告丧失对涉案货物

海上货运代理合同・货运代理・双重代理・义务・交付提单

的有效控制权且至今未能收回货款的直接原因,其应当对原告遭受的货物损失承担赔偿责任。

关于原告主张的涉案货物已实际交付给他人而办理公证所支出的公证费,系原告为追求胜诉结果而单方支出的费用,其诉请欠缺事实根据与法律依据,故宁波海事法院不予支持。

综上,原告诉请有理部分,宁波海事法院予以支持。依照《中华人民共和国民事诉讼法》第 64 条第 1 款,《中华人民共和国合同法》第 398 条、第 404 条、第 406 条第 1 款的规定,判决如下:

(1) 被告深圳市宝加捷国际货代有限公司于本判决生效后 10 日内赔偿原告温州高科汽车电器有限公司涉案货款损失 230 640 美元及利息(自起诉之日起至本判决指定的履行之日止,按中国人民银行企业同期存款利率计算);

(2) 驳回原告温州高科汽车电器有限公司其他诉讼请求。

11.5.4 货运代理对托运人放货保函真伪的审查义务

36 原告杭州新业进出口有限公司与被告宁波外代新华国际货运有限公司、蒋春华海上货运代理合同违约赔偿纠纷案

案例来源:宁波海事法院(2009)甬海法商初字第 217 号
主题词:海上货运代理合同 货运代理 托运人 保函真伪

裁判要旨

No. ZH-11.5.4-1 货运代理对托运人的印章真伪只需尽到谨慎的注意义务即可,其并无实质性的审查义务,其在保函上盖章亦系应承运人要求对承运人的保证,并无其他实质性意义。托运人的经办人员提供的放货保函上的托运人印章虽与工商登记不一致,但一般人难以发现,货运代理以此向承运人发出更改提单的指示,已经尽到货运代理人的一般谨慎义务,并不存在过错,对因此造成的损失不应承担责任。

一、基本案情

原告:杭州新业进出口有限公司(以下简称杭州新业)

被告:宁波外代新华国际货运有限公司(以下简称宁波外代)

被告:蒋春华

原告杭州新业起诉称:2007 年 11 月,原告委托被告宁波外代将一批浴室挂件从宁波运往俄罗斯莫斯科,被告宁波外代接受委托后向承运人东方海外航运(中国)有限公司(以下简称东方海外)订舱。同月 16 日,东方海外签发了编号为 OOLU2004687330 的正本提单,提单上记载的托运人为原告,收货人为 LTD"BIZNES TREYD"。因俄罗斯买

方未支付货款,原告一直持有该批货物的正本提单。2008年2月,原告从东方海外获悉,该批货物在目的港已被"ULEKC LLC"凭提单提取。经查,在东方海外签发了正本提单后,被告宁波外代未审核即凭借被告蒋春华伪造的保函,指示承运人东方海外重新签发了另一套正本提单,并将提单上的收货人更改为"ULEKC LLC",从而导致该批货物在目的港被ULEKC LLC凭提单提取。此后,原告即向上海海事法院起诉承运人东方海外无单放货,上海海事法院委托司法鉴定确认被告宁波外代提交给承运人的3份保函上的原告公章均不是原告真实的印章,但由于承运人是根据原告的订舱代理人被告宁波外代的要求重新签发的提单并更改收货人的,因此承运人本身不存在过错。故法院对原告的诉讼请求不予支持。被告宁波外代作为专门从事货运代理业务的经营者,未经任何审查核实,也未收回原提单或者采取其他有力措施的情况下,即凭借伪造的保函指示承运人重新签发提单并更改收货人,导致原告持有正本提单却丧失对提单项下货物的控制,被告宁波外代的行为明显存在过错,应赔偿原告的损失。被告蒋春华私自伪造原告公章,并用伪造的公章以原告的名义出具保函,同被告宁波外代构成共同侵权,应与被告宁波外代承担连带赔偿责任。故诉请法院判令:

(1) 被告宁波外代赔偿原告货款损失28 900美元、海运费损失7 500美元、国内运费损失人民币4 215元、诉讼费损失人民币6 126.48元、鉴定费损失人民币3 000元、律师费损失人民币10 000元,合计人民币293 793.48元(美元对人民币的汇率按照2007年11月13日的汇率1:7.43计算);

(2) 被告蒋春华对被告宁波外代的上述赔款承担连带责任;

(3) 两被告承担本案的诉讼费用。

被告宁波外代答辩称:

(1) 原告关于被告直接接受原告的委托订舱这个说法是错误的,被告不是直接接受原告的委托,而是接受宁波环球国际货运运输代理有限公司(以下简称环球国际)的委托订舱;

(2) 被告在履行货运代理的过程中没有过错,原告也没有证据证明被告有过错;

(3) 原告在诉状上称"未收回原提单或者采取其他有力措施的情况下,即凭借伪造的保函指示承运人重新签发提单并更改收货人",这与事实不符,收回原提单是船公司的义务,而不是货代的义务。从整个案件来看,这完全是原告公司内部的问题,如果原告公司内部伪造印章在外面做事,也不应该把第三方公司牵涉进去。

被告蒋春华答辩称:从2004年10月至今,被告还没有与原告解除劳动合同关系;其实,原告已经收到了该批货物的货款,原告根本就没有产生任何损失;而保函是公司出具的,不存在被告伪造保函的事实。

二、法院查明事实

经开庭审理,双方当事人确认如下事实:原告出运一批浴室挂件由宁波至俄罗斯,货物价值28 900美元,原告为此支付运费人民币4 215元及海运费7 500美元。2007年

11月16日，承运人东方海外货柜航运有限公司的代理人东方海外货柜航运(中国)有限公司向原告签发了正本提单，后承运人收到3份保函，根据3份保函的指示，承运人将提单的收货人LTD"BIZNES TREYD"更改为"ULEKC LLC"。最终货物交付给了"ULEKC LLC"，原告一直持有东方海外货柜航运(中国)有限公司2007年11月16日签发的正本提单。以上事实，宁波海事法院予以确认。

根据证据以及当事人的陈述，宁波海事法院确认如下事实：

2007年11月，原告委托环球国际办理一批浴室挂件从中国宁波出口至俄罗斯的出运事宜，货物价值28 900美元。环球国际接受委托后，向被告宁波外代出具该批货物的托单，被告宁波外代随即向东方海外货柜航运(中国)有限公司订舱，该公司接受订舱后，于2007年11月16日签发了编号为OOLU2004687330的正本提单，提单记载托运人为原告，收货人为LTD"BIZNES TREYD"，并记载"东方海外货柜航运(中国)有限公司作为东方海外货柜航运有限公司的代理签发"。被告宁波外代结算了该批货物的海运费。2007年12月，原告向环球国际支付海运费7 500美元，国内运费人民币4 215元。

货物出运后，环球国际先后交予被告宁波外代3份保函，保函内容分别是："我方特此通知贵方，从宁波至莫斯科(航次：TSINGTAO EXPRESS O4W45)、收货人为LTD'BIZNES TREYD'、提单号为OOLU2004687330的提单，不知放在何处，经过竭力查询，确认已遗失……""特申请批准我司货物在HAMBURG停留一个航次，请安排12月28日的船期去俄罗斯圣彼得堡(ST. PETERSBURG)""因客户要求，我司代理出口之下列货物的提单内容需要作如下更改：收货人和通知人更改为'ULEKC LLC'"。该3份保函有被告蒋春华加盖的"杭州新业进出口有限公司"印章。被告宁波外代收到保函后，在3份保函上均加盖了"宁波外代新华国际货运有限公司箱运部业务章"。随后，3份保函交予东方海外货柜航运(中国)有限公司，东方海外货柜航运(中国)有限公司按照保函指示更改了提单。2008年1月，该批货物运抵至俄罗斯圣彼得堡后，承运人将货物交付给"ULEKC LLC"，而原告一直持有原始的全套正本提单。2008年2月28日，原告以无单放货为由向上海海事法院起诉承运人东方海外货柜航运有限公司及其代理人东方海外货柜航运(中国)有限公司，要求赔偿货款等相关损失。2008年6月12日，华东政法大学司法鉴定中心出具鉴定意见书，认定该3份保函上的"杭州新业进出口有限公司"印章与原告提供的公司印章样本及其2007年在工商局备案的印章样本不一致。2009年3月9日，上海海事法院判决承运人东方海外货柜航运有限公司在履行海上货物运输合同中并无过错、承运人的代理人东方海外货柜航运(中国)有限公司在办理涉案运输事宜亦不存在过错，驳回原告的诉讼请求。由此，原告以被告宁波外代的货代过错与被告蒋春华伪造公章的行为构成共同侵权为由，向宁波海事法院提起诉讼。

另查明，被告蒋春华当时系原告公司员工，且是涉案货物出运事宜的具体经办人。

三、法院裁判

宁波海事法院认为，原告将涉案货物委托环球国际办理货物出运等事宜，环球国际接受原告委托后，向被告宁波外代出具托单，被告宁波外代向船公司订舱，并对该批货物进行运费结算。故原告与被告宁波外代之间存在货运代理关系。

原告认为，被告蒋春华私刻公章，假冒原告名义出具保函，被告宁波外代作为原告的订舱代理人，在承运人已经向原告签发正本提单的情况下，未采取任何防护措施即凭借被告蒋春华伪造的保函指令承运人重新签发提单并更改收货人，被告宁波外代这一行为明显未尽到货运代理人的谨慎义务，其违约行为与被告蒋春华的侵权行为构成对原告的共同侵权。被告宁波外代认为，货运代理人并没有义务审核托运人在职员工所提供的文件印章真伪；鉴定意见仅证明涉案3份保函的公章与原告2007年在工商局备案的公章不一致，原告应当证明其没有其他的公章或者留存在工商局公章都是一样的。被告蒋春华认为，3份保函上的公章是其从原告处加盖出来的，并不存在伪造公章的事实。

宁波海事法院认为，根据货运代理及海上货物运输的相关操作惯例，被告通过环球国际收到加盖"杭州新业进出口有限公司"印章的3份保函时，作为货运代理人，其对保函中托运人印章的真伪只需尽到理性人的注意义务即可，其并无实质性的审查义务，其在保函上盖章亦应承运人要求对承运人的保证，并无其他实质性意义。本案中，一般人的审查能力难以辨别涉案3份保函上"杭州新业进出口有限公司"印章的真伪，且该3份保函来源于原告的在职员工蒋春华，蒋春华作为代表原告处理涉案货物具体出运事宜的经办人，被告宁波外代有一定的理由相信该份保函的真实性，其审核义务可在一定程度上减轻。故被告宁波外代在审查保函并向承运人发出更改提单的指示时，已经尽到货运代理人的一般谨慎义务，被告宁波外代并无货代过错。因被告蒋春华系原告职员，有关被告蒋春华有否伪造公章的事实及应否承担责任，均不属宁波海事法院的处理权限和范围，故宁波海事法院对此不予审理。

综上，宁波海事法院认为，被告宁波外代在从事货运代理过程中并无过错，两被告不存在共同侵权的事实。原告主张被告蒋春华伪造公章的侵权行为与被告宁波外代的货代过错结合构成共同侵权，要求两被告承担连带赔偿责任的理由不足，宁波海事法院不予支持。依照《中华人民共和国民事诉讼法》第64条第1款的规定，判决如下：

驳回原告杭州新业进出口有限公司的诉讼请求。

11.5.5 托运人的货运代理的危险告知义务

37 原告广东某某化工科技有限公司与被告广州某某国际货运代理有限公司、广东某某物流服务有限公司、陈某某、杨某某海上货运代理合同纠纷案

案例来源:广州海事法院(2011)广海法初字第 395 号
主题词:货运代理　危险货物　申报义务　退运损失

裁判要旨

No. ZH-11.5.5-1　托运人托运危险货物,应当依照有关海上危险货物运输的规定,妥善包装,作出危险品标志和标签,并将其正式名称和性质以及应当采取的预防危害措施书面通知承运人。货运代理作为托运人的货运代理人,应当代托运人履行前述义务,并且货运代理作为专业的货运代理人对货物性质应当知悉,即使其不清楚涉案货物是否属于危险货物,在向船公司订舱时也应进行如实申报,但其没有履行该义务,在办理货运代理事务中存在过错,导致涉案货物退运,应向托运人赔偿货物退运的损失。托运人在知道涉案货物被船公司拒载之后,应当及时办理退运手续,但没有及时办理涉案货物的进口报关手续,导致损失扩大,应自行承担扩大的损失。

一、基本案情

原告:广东某某化工科技有限公司(以下简称某某化工公司)
被告:广州某某国际货运代理有限公司(以下简称某某货代公司)
被告:广东某某物流服务有限公司(以下简称某某物流公司)
被告:陈某某
被告:杨某某

原告某某化工公司诉称:2009 年 12 月 17 日,原告与某某货运公司签订货物托运单,约定:委托某某货代公司办理 14 吨货物(包括硫酸铜 8 吨、硫酸镍 5 吨、氯化镍 1 吨)的运输,后因某某货代公司的原因导致被退柜,由此产生巨额费用 150 321.88 元(以下如无特指均为人民币)。某某货代公司名称后变更为某某物流公司。经原告多次追讨,某某货代公司一直拒绝向原告赔偿。陈某某和杨某某实际经营某某货代公司和某某物流公司,并向原告收取有关费用,同时作为股东亦应对某某物流公司实缴注册资本不足部分,负有连带清偿的责任。请求判令:

(1)某某货代公司和某某物流公司向原告赔偿损失 150 321.88 元及自 2010 年 8 月 21 日起至付清之日止按中国人民银行同期贷款利率计算的利息;
(2)陈某某和杨某某对某某货代公司和某某物流公司的上述债务承担连带清偿责任;

(3) 4 被告负担本案诉讼费用。

4 被告共同辩称：

(1) 涉案货物的货主除原告外还有高力公司，原告无权以自己的名义代高力公司进行诉讼；

(2) 涉案货物退运的原因是原告没有按照船公司的要求提供非危证明；

(3) 某某物流公司是在涉案货物退运之后成立的，货物退运与某某物流公司无关；

(4) 涉案货物退运之前，原、被告已达成和解，由某某物流公司负责把货物运回，原告支付相关费用，原告不得反悔；

(5) 陈某某和杨某某作为某某物流公司的股东不存在出资不实的情况，即使出资不实承担的也是补充责任而不是连带责任；

(6) 原告主张的赔偿数额没有依据。

二、法院查明事实

广州海事法院经审理查明并确认如下法律事实：

2009年12月17日，原告向某某货代公司传真了海运出口货物托运单，委托某某货代公司办理涉案货物出口的海上货物运输代理业务。该托运单记载：发货人原告，收货人 METAC SA，船名航次为 CSAV 香港27号截关大船，装货港中国黄埔，目的港阿根廷布宜诺斯艾利斯，货物为硫酸铜8件、硫酸镍5件、氯化镍1件，毛重15 333千克。货运代理事宜由某某货代公司和船公司联系。

2009年12月21日，某某货代公司向原告出具委托书，告知原告：某某货代公司委托司机曾军军到原告处提取货物。

2009年12月25日，涉案货物在黄埔老港海关于船期截放行条前成功通关。

2009年12月27日，涉案货物从黄埔运至深圳赤湾码头等待上大船。

2009年12月30日，船公司通知某某货代公司，涉案货物属于危险品，不允许装船运输。

2010年1月13日，原告将上述货物送样检验，中国科学院广州化学研究所于1月19日出具了货物运输条件鉴定书，鉴定结论为：硫酸镍、氯化镍属于普通货物，硫酸铜属于《联合国关于危险货物运输的建议书》(第十三版)第六类第一项的毒害品。船公司坚决拒载涉案货物。

此后，原告称涉案货物未在买卖合同约定的时间内运输，外国客户取消了订单，要求退运。

2010年1月27日，某某货代公司向原告出具保函，记载：现经由托运方原告同意的前提下，由某某货代公司代理向 CSAV 申请退运之操作(由赤湾经由香港然后退至黄埔)。退运之前，原告必须支付某某货代公司全额代理费用(可以先以人民币的形式支付作为押金)23 375.50元。某某货代公司保证收到押金后，会正式向 CSAV 递交退运申请,并保证按照船东 CSAV 报给某某货代公司的路线:由赤湾经由香港然后退至黄埔。退运操作费用的押金付至陈某某的账户。某某货代公司保证收到等同金额的对公款项后,保证及时将押金原数退回支付账户。

原告于 2010 年 1 月 28 日支付上述押金后,由某某物流公司办理了涉案货物的退运手续,该押金于 2010 年 8 月 20 日经由杨某某的招商银行账户退还原告。

原告因退运涉案货物向广东中外运国际货代有限公司广州分公司支付了换单费 170 元,向广东中外运黄埔仓码有限公司支付了码头包干费 1 017 元,向广东中外运国际货代有限公司广州分公司支付了柜租 15 930 元,向某某物流公司支付了出口退运代理费 3 474 元、退运操作费 13 357.50 元,向黄埔老港海关支付了报关滞纳金 4 218 元、进口增值税 23 280.89 元、进口关税 7 139.39 元,合计 68 586.78 元。高力公司因退运向广东中外运国际货代有限公司广州分公司支付了换单费 170 元、柜租 15 930 元,向某某物流公司支付了出口退运代理费 3 534 元、退运操作费 10 018 元,向黄埔老港海关支付了报关滞纳金 6 340 元、进口增值税 34 992.26 元、进口关税 10 730.84 元,合计 81 735.10 元。上述柜租为 2010 年 2 月 3 日至 6 月 10 日共 128 天的柜租,第 1 至 10 天为每天 90 元,第 11 至 20 天为每天 180 元,第 21 至 128 天为每天 270 元,由原告和高力公司各承担一半。

2010 年 4 月 22 日,原告和高力公司向黄埔老港海关进行进口货物报关的申报。

黄埔老港海关于 2010 年 4 月 26 日向原告发出黄埔老港海关滞报金缴款通知,记载:你公司于 2010 年 4 月 22 日在我关报关进口的硫酸铜,已滞报 63 天,产生滞报金 4 218 元。黄埔老港海关于 2010 年 4 月 26 日向高力公司发出黄埔老港海关滞报金缴款通知,记载:你公司于 2010 年 4 月 22 日在我关报关进口的硫酸镍,已滞报 65 天,产生滞报金 6 340 元。

2010 年 9 月 1 日,高力公司出具证明,记载:高力公司于 2009 年 12 月 7 日将货物硫酸镍 5 吨、氯化镍 1 吨交给原告委托某某货代公司代为办理出口货运,货柜号为 IPXU3093368,由于某某货代公司的原因导致货柜被退运回来,致使高力公司直接经济损失达 81 735.10 元。现高力公司同意由原告代为向 4 被告追讨全部损失。

2011 年 8 月 25 日,高力公司出具证明,同意将其对 4 被告的债权转让给原告。

某某物流公司的成立日期为 2010 年 2 月 11 日,某某货代公司和某某物流公司的股东均为陈某某和杨某某,陈某某和杨某某系夫妻关系。

另查明,硫酸铜属于国家标准《危险货物品名表》中第六类第一项的毒害品(二级其他无机农药)。

对原、被告争议的事实,合议庭认定如下:

1. 某某货代公司在向船公司订舱时是否进行了如实申报

原告提供了电子邮件,以证明某某货代公司在从事涉案货运代理事务中以家具品名向船公司订舱。

南美轮船(中国)船务有限公司深圳分公司作为 Norasia 集装箱运输有限公司的代

理人于 2010 年 1 月 19 日发出的上述电子邮件记载:订单号 CHIWVLCS0DT00,集装箱号 IPXU3093368,上述这个柜子,我司收到订舱单的时候,品名显示是家具,但是等到柜子从黄埔运到赤湾之后,货物申报为硫酸铜、硫酸镍、氯化镍,此货物不能从赤湾运出,因为此货物被我司的上海 DC 部门确认为属于危险货物。发货人告知我司:这些货物之前在其他轮船公司是按普通货出运的,但订舱时出现了错误。

4 被告对上述证据的真实性提出异议,并认为是原告要求按普通货物托运的。

合议庭认为,最高人民法院《关于民事诉讼证据的若干规定》第 5 条第 2 款规定:"对合同是否履行发生争议的,由负有履行义务的当事人承担举证责任。"某某货代公司作为原告的货运代理人,有义务按照原告申报的货物向船公司订舱,因此,有义务提供证据证明其履行了此项义务。并且某某货代公司作为涉案货物的货运代理人负责与船公司联系,应当持有有关的证据,但某某货代公司至今未提供其向船公司订舱的有关证据,依照最高人民法院《关于民事诉讼证据的若干规定》第 75 条关于"有证据证明一方当事人持有证据无正当理由拒不提供,如果对方当事人主张该证据的内容不利于证据持有人,可以推定该主张成立"的规定,可以推定原告关于"某某货代公司以家具品名订舱"的主张成立。

2. 关于买卖合同和退运协议

原告提供了出口货物报关单、退运协议、形式发票各两份,以证明原告、高力公司和 METAC SA 签订有买卖合同和退运协议。

编号为 520120090519377435 的出口货物报关单记载:经营单位和发货单位均为原告,指运港阿根廷布宜诺斯艾利斯,合同协议号 DZ-MS20901,集装箱号 IPXU3093368,商品为硫酸铜。

编号为 520120090519377449 的出口货物报关单记载:经营单位和发货单位均为高力公司,指运港阿根廷布宜诺斯艾利斯,合同协议号 MS20901,集装箱号 IPXU3093368,商品为硫酸镍和氯化镍。

协议号为 DZEXP10-1 的退运协议记载:日期 2010 年 1 月 25 日,甲方高力公司,乙方 METAC SA,关于 MS20901 号合同下甲方向乙方出口 5 000 公斤硫酸镍及 1 000 公斤氯化镍,合同总金额为 28 582 美元的贸易,因货物未能在合同允许时限 2009 年 12 月 31 日内装运开船出口,并根据货物的价格走势,乙方坚持取消此合同,故只能退运。乙方同意甲方退运货物。

协议号为 DZEXP10-A 的退运协议记载:日期 2010 年 1 月 25 日,甲方原告,乙方 METAC SA,关于 DZ-MS20901 号合同下甲方向乙方出口 8 000 公斤硫酸铜,合同总金额为 19 016 美元的贸易,由于南美轮船公司认定该货物为危险品而拒绝载运,因此货物未能在合同允许时限 2009 年 12 月 31 日内装运开船出口,并结合货物的价格走势,乙方坚持取消此合同,故只能退运。乙方同意甲方退运货物。

原告出具的形式发票记载:发票号为 MS20901,日期 2009 年 12 月 3 日,客户 METAC SA,货物为硫酸铜、8 吨,收到全部款项后 20 天内交货,买方 METAC SA,卖方原告。

高力公司出具的形式发票记载：发票号为 MS20901，日期 2009 年 12 月 3 日，客户 METAC SA，货物硫酸镍 5 吨，氯化镍 1 吨，收到全部款项后 20 天内交货，买方 METAC SA，卖方高力公司。

4 被告对上述退运协议和形式发票的真实性、关联性和合法性均提出异议。

合议庭认为，原告提供的上述证据以及海运出口货物托运单可以相互印证，被告虽然提出异议但没有提供相反的证据，因此，对上述证据予以采信。

三、法院裁判

广州海事法院认为，本案是一宗海上货运代理合同纠纷。

本案 4 被告住所地和合同履行地均在广州海事法院辖区内，依照《中华人民共和国民事诉讼法》第 24 条关于"因合同纠纷提起的诉讼，由被告住所地或者合同履行地人民法院管辖"的规定，广州海事法院对本案具有管辖权。

原、被告均同意适用中华人民共和国法律，依照《中华人民共和国合同法》第 126 条第 1 款关于"涉外合同的当事人可以选择处理合同争议所适用的法律，但法律另有规定的除外。涉外合同的当事人没有选择的，适用与合同有最密切联系的国家的法律"的规定，中华人民共和国法律应作为处理本案实体争议的准据法。

原告与某某货代公司之间的货运代理合同是双方当事人真实一致的意思表示，且没有违反我国现行法律、行政法规的强制性规定，合法有效，双方当事人均应依约履行。原告是涉案货物的托运人，也是涉案货运代理合同的委托人，并且高力公司将其债权转让给了原告，因此，原告有权就涉案货物退运给其造成的损失请求赔偿。

《中华人民共和国海商法》第 68 条规定："托运人托运危险货物，应当依照有关海上危险货物运输的规定，妥善包装，作出危险品标志和标签，并将其正式名称和性质以及应当采取的预防危害措施书面通知承运人……"某某货代公司作为原告的货运代理人，应当代原告履行上述规定的义务；并且某某货代公司作为专业的货运代理人对货物性质应当知悉，即使其不清楚涉案货物是否属于危险货物，在向船公司订舱时也应进行如实申报，但某某货代公司没有履行该义务，因此，其在办理货运代理事务中存在过错。由于某某货代公司的过错导致涉案货物退运，依照《中华人民共和国合同法》第 406 条第 1 款关于"有偿的委托合同，因受托人的过错给委托人造成损失的，委托人可以要求赔偿损失。无偿的委托合同，因受托人的故意或者重大过失给委托人造成损失的，委托人可以要求赔偿损失"的规定，某某货代公司应向原告赔偿涉案货物退运的损失。因涉案货物退运造成的损失包括原告支付的换单费 170 元、码头包干费 1 017 元、柜租 15 930 元、出口退运代理费 3 474 元、退运操作费 13 357.5 元、报关滞纳金 4 218 元、进口增值税 23 280.89 元、进口关税 7 139.39 元，以及高力公司支付的换单费 170 元、柜租 15 930 元、出口退运代理费 3 534 元、退运操作费 10 018 元、报关滞纳金 6 340 元、进口增值税 34 992.26 元、进口关税 10 730.84 元，以上费用合计 150 321.88 元。

货运代理·危险货物·申报义务·退运损失

原告在知道涉案货物被船公司拒载之后,应当及时办理退运手续,但原告没有及时办理涉案货物的进口报关手续,导致损失扩大。依照《中华人民共和国合同法》第119条第1款关于"当事人一方违约后,对方应当采取适当措施防止损失的扩大;没有采取适当措施致使损失扩大的,不得就扩大的损失要求赔偿"的规定,原告不得就扩大的损失要求赔偿。因原告没有及时采取适当措施而扩大的损失包括报关滞纳金和因迟延报关而产生的柜租。报关滞纳金为4 218元和6 340元,因迟延报关而产生的柜租为17 550元(270×65=17 550),合计28 108元。因此,某某货代公司应向原告赔偿损失122 213.88元(150 321.88−28 108)。原告请求自2010年8月21日起计算损失的利息,予以支持。利息按照中国人民银行同期人民币流动资金贷款利率计算至本判决确定的支付之日止。

原告与某某物流公司不存在合同关系,原告提供的证据也不足以证明陈某某和杨某某作为某某货代公司和某某物流公司的股东出资不实,因此,原告请求某某物流公司、陈某某和杨某某承担连带赔偿责任没有事实和法律依据,不予支持。

综上,依照《中华人民共和国合同法》第119条第1款、第406条第1款和《中华人民共和国民事诉讼法》第64条第1款的规定,判决如下:

(1)被告广州某某国际货运代理有限公司向原告广东某某化工科技有限公司赔偿损失122 213.88元及利息(利息自2010年8月21日起按照中国人民银行同期人民币流动资金贷款利率计算至本判决确定的支付之日止);

(2)驳回原告广东某某化工科技有限公司的其他诉讼请求。

本案受理费3 340元,由原告负担625元,由被告广州某某国际货运代理有限公司负担2 715元。

以上给付金钱义务,应于本判决生效之日起10日内履行完毕。

11.5.6 受托人以自己名义委托第三人的货运代理合同的效力

38 上诉人苍山县东珍食品有限公司与被上诉人青岛富士船务有限公司货运代理合同纠纷案

案例来源:山东省高级人民法院(2006)鲁民四终字第67号
主题词:发货人　以自己名义委托　货运代理　货主

裁判要旨

No. ZH-11.5.6-1　委托人未举证证明在订立货运代理合同时货运代理知道委托人与货主之间的代理关系,故委托人与货运代理之间的货运代理合同不能直接约束货主,委托人仍应向货运代理支付垫付费用。

一、基本案情

上诉人(原审被告)：苍山县东珍食品有限公司(以下简称东珍公司)

被上诉人(原审原告)：青岛富士船务有限公司(以下简称富士船务公司)

青岛海事法院审理查明：2005年1月，富士船务公司为APLU061199794、APLU061199852号提单项下的两票货物做货运代理。同该两票货物相关的提单、报关单、商业发票等单据上的发货人均是东珍公司。富士船务公司的该代理工作共产生费用包括海运费、场站费、港杂费等共计126 308元。

颜红梅、姜峰为上述两票货物的实际货主，东珍公司接受颜红梅、姜峰的委托作为其外贸代理。

颜红梅在接受东珍公司质询时当庭陈述：是姜峰到富士船务公司处联系租船订舱，富士船务公司曾向其追索过海运费。该证言未得到富士船务公司的认可。

富士船务公司分别于2005年1月25日、3月14日对上述两票货物产生的费用64 984元、61 324元传真至东珍公司，要求东珍公司在开船后1个月内支付该费用给富士船务公司，并要求东珍公司确认后回传给富士船务公司。东珍公司分别在传真上盖章并回传给富士船务公司。

富士船务公司在庭审中主张欠款利息从2005年3月14日即要求东珍公司后一次确认之日起开始起算。

二、一审裁判

青岛海事法院审理认为，本案所涉货运代理合同的双方为富士船务公司和东珍公司。东珍公司在费用确认单上盖章，对上述代理所产生的费用126 308元作了确认。东珍公司应向富士船务公司支付该费用。东珍公司所作的货代合同相对方为颜红梅、姜峰以及其无付款义务的辩称证据不足，理由不充分，不予支持。富士船务公司主张的欠款利息从2005年3月14日起算，但在费用确认单中又要求东珍公司于"开船后一个月内付"。富士船务公司未能举证证明"开船后一个月"的具体时间，富士船务公司的利息请求法院不予支持。

综上，依照《中华人民共和国民法通则》第106条的规定，判决：

东珍公司于判决生效之日起10日内给付富士船务公司126 308元。

案件受理费4 037元，由东珍公司负担。

三、上诉与答辩

东珍公司不服原审判决，向山东省高级人民法院提起上诉称：

(1) 富士船务公司一审提交的2005年1月25日和3月14日的两份对账传真不是原件，在东珍公司否认其收到和发送该两份传真，富士船务公司没有其他证据佐证，特别是没有证据证实该传真被真实发送过的情况下，该两份传真不应作为定案的依据。东珍公司对本单位的传真号码作过确认,但不是对传真文件的确认。富士船务公司未能举证证明其为本案所涉两票货物的货运代理,也未举证证明其诉请的海运费、场站费、港杂费等已经产生。

(2) 东珍公司一审提交的录音资料是真实清晰的,且在一审庭审后提交了录音的原始载体(有录音功能的 MP3)。上述录音资料中的内容能够证实富士船务公司知道东珍公司是颜红梅、姜峰两人的代理人。证人颜红梅在一审出庭作证时证实颜红梅、姜峰两人与东珍公司之间存在外贸出口委托代理关系,且证实姜峰自行向富士船务公司联系租船订舱。富士船务公司在一审庭审中陈述,在本次货运代理业务的询价阶段,姜峰曾向富士船务公司询价。富士船务公司一审提交的 2005 年 1 月 25 日的对账传真是发给姜峰的,是要求姜峰付款。以上证据可以证实富士船务公司知道东珍公司是颜红梅、姜峰两人的代理人。根据《中华人民共和国合同法》第 402 条的规定,只要代理人与委托人之间存在委托代理关系,即使代理人是以自己的名义实施代理行为,其后果亦由被代理人直接承担。富士船务公司应当对出口业务的实际委托人颜红梅和姜峰行使诉权。东珍公司请求撤销原判,驳回对该公司的起诉。

被上诉人富士船务公司答辩称:

(1) 2005 年 1 月 25 日和 3 月 14 日的两份对账传真是真实有效的。在双方所有的交易过程中,都是由东珍公司将相关文件盖章并发传真给富士船务公司,这是双方的交易习惯;在外汇核销单上所盖东珍公司的公章与两份确认函上公章相一致;一审庭审期间,东珍公司也认可了传真件上的传真号码。涉案货物的各项费用 126 308 元,已经由富士船务公司支付给了各个相关单位,且涉案货物已经启运,富士船务公司已经履行完毕作为货运代理人的义务,东珍公司应当将全部费用支付给富士船务公司。

(2) 颜红梅、姜峰与东珍公司所签代理协议的真实性不能确定,且东珍公司提交录音的原始载体(有录音功能的 MP3)时已经过了举证期限。录音资料中没有录音的时间和地点,没有富士船务公司法定代表人的声音。因为姓氏可能存在同音字,录音中的女性也没有说自己的名字,其身份并不能确定,也不能确认这段话是否是伪造的。谈话中有很长时间的空白,之前和之后对话的人是否相同也不能确定。录音资料有的部分不清晰,与文字稿不相对应。录音中的女性说"不是的,姜峰、颜红梅和你们是合作关系",上述录音资料不能证实东珍公司想证明的事实。本案的实际情况是,订舱的是东珍公司,货物运出后东珍公司一直向富士船务公司承诺付款,到 2005 年 9 月才打电话说货物是该公司代理的,之后富士船务公司仍然要求东珍公司付款。证人颜红梅是东珍公司的会计,与东珍公司有利害关系。本案海运提单的托运人为东珍公司,海运费只能由提单的托运人承担。富士船务公司二审中提交的《订舱协议书》也能够证明双方的委托代理合同关系。因此涉案货物的货主为东珍公司,系东珍公司委托富士船务公司进行货物代理。富士船务公司请求驳回上诉,维持原判。

上诉人东珍公司二审中提交了以下证据:

(1) 临沂神和食品有限公司(以下简称神和公司)购买生姜的国内购销合同一份,

欲证明神和公司和姜峰是实际货主。

（2）神和公司与国外买方的买卖合同,欲证明神和公司和姜峰是实际委托人。

（3）姜峰与外商的电子邮件两份,为与证据（2）互相印证。

（4）姜峰致颜红梅的电子邮件一份,欲证明姜峰和颜红梅合作出口。

富士船务公司质证,上述证据材料不属于新证据范畴;电子邮件的复印件不具有真实性;上述证据材料所述情况与本案无关,上面并无富士船务公司的签章,说明富士船务公司没有理由知道货主是姜峰;东珍公司主张货物的货主是姜峰和颜红梅,又举证说明货主是姜峰和神和公司,自相矛盾;没有证据证明上述证据材料所指的货物是本案所涉货物。

四、二审裁判

二审庭审中,被上诉人富士船务公司提交了以下证据：

（1）美国总统轮船（中国）有限公司青岛分公司的证明,欲与富士船务公司一审中提交的青岛外轮代理有限公司收费证明相印证,证明本案所涉海运费107 328元已经支付给了承运人。

（2）订舱协议书传真件,欲证明本案双方当事人就2005年度租船订舱事宜签订委托书,双方之间存在货代关系。

（3）出口报关单和外汇核销单,欲证实核销单、订舱协议书传真件和两份对账传真上的东珍公司的公章是一致的,以及报关的公司是青岛海通源国际物流有限公司,与报关费收费证明的出具单位相一致。

（4）在其他交易中东珍公司传真给富士船务公司的申请和指示,欲证明上面的公章与本案中两份对账传真上的公章是一致的,以及东珍公司将文件盖章后传真给富士船务公司是双方的交易习惯。

（5）姜峰的名片一张,欲证明姜峰为东珍公司国际业务部经理。

东珍公司质证,上述证据材料不属于新的证据。还认为：

（1）美国总统轮船（中国）有限公司青岛分公司的证明并不能证明实际结算的具体费用,该证明的落款是一家中国公司,而承运人为外国公司;富士船务公司提交的提单是复印件,无法证实承运人是谁,因此不能核对该证明落款中的公司就是承运人。

（2）订舱协议书只是复印件,没有列明具体的货物信息,与富士船务公司所声称的本案中的业务不是一个合同。

（3）出口报关单和外汇核销单不能证明东珍公司就是货主,不能证明报关费的数额;外汇核销单上虽然有东珍公司的公章,但不能因此认定传真确认函上的公章就是东珍公司的公章。

（4）对申请的真实性不认可,对传真指示的真实性予以认可,但传真件上的公章是可以伪造的。

（5）对名片的真实性不予认可。

山东省高级人民法院经审理查明：富士船务公司一审中提交两份传真件，时间分别为 2005 年 1 月 25 日和 3 月 14 日，开头分别为"致临沂神和/姜峰经理"和"致东珍食品/冷经理"，内容为要求支付涉案两票货物的费用，并列明涉案两票货物的海运费、场站费、港杂费等各项费用分别为 64 984 元和 61 324 元，要求以上费用确认后回传给富士船务公司。两份传真件的上部有东珍公司的传真号码，末尾时间处有经过传真的印文为"苍山县东珍食品有限公司"的印章。富士船务公司主张东珍公司在两份传真上盖章并回传给富士船务公司。东珍公司否认其收到和发送过该两份传真。

东珍公司提交了录音的原始载体即有录音功能的 MP3 一个，录音为东珍公司副总经理刘凤军在青岛海事法院受理本案后到富士船务公司与该公司工作人员宫召妮谈话时所作的录音。录音中与本案有关的部分为：刘："当时那个船是谁订的，是姜峰订的吧。"宫："是，船是姜峰订的，但托单是冷先生传的。"刘："姜峰打电话订船的事，你知道吧？"宫："我知道，他让你们，让东珍做的代理嘛。"刘："对，代理。"宫："箱单、发票、报关单都是你们的。"刘："我们公司顶的名，是吧？"宫："对，他们没有出口权，你们有嘛，找公司代理嘛，顶你们的名。"……刘："这样，你们也是知道，我们公司是给姜峰、颜红梅他们做的代理。"宫："我们知道，是代理，不是你家的货。"……刘："姜峰、颜红梅做买卖，费用得由他们付。"宫："对，应该他们付。"刘："你们得找他们要钱，交给我们，再付给你们才对。"宫："当时姜峰也说了，钱到你们账户，由你们付给我们。"刘："那不是由他们，由姜峰、颜红梅付啊。"宫："他们让你们做代理，我们还是要找你们的。"刘："反正，说一千道一万，我们只是做的代理，一切费用都由他们付。你们是找他们要钱要不到了，才找我们。"宫："不是的，姜峰、颜红梅是和你们的合作关系。"

山东省高级人民法院查明的其他事实与原审判决认定的事实相同。

山东省高级人民法院认为：

(1) 东珍公司主张姜峰与富士船务公司联系本案所涉货物的租船订舱事宜，因此可以认定富士船务公司为本案所涉两票货物的货运代理。

东珍公司提交了录音的原始载体 MP3，录音内容为有效证据。在录音中，宫召妮对刘凤军说："箱单、发票、报关单都是你们的。"刘凤军说："我们公司顶的名，是吧？"上述录音内容可以证明本案所涉货物的箱单、发票、报关单均是以东珍公司的名义。在东珍公司没有提交相反证据的情况下，富士船务公司一审中提交的由东珍公司出具的装箱单传真件、商业发票传真件，以及经营单位和发货单位记载为东珍公司的报关单传真件，均为有效证据。上述报关单上记载的发货单位、提单号、船名航次、运抵国、对货物的描述等内容与富士船务公司一审中提交的提单传真件上的相应内容相一致，且能与装箱单传真件、发票传真件互相印证，该提单传真件为有效证据。

2005 年 1 月 25 日和 3 月 14 日的两份传真件并无疑点，其上有东珍公司的传真号码，其内容与提单、装箱单、报关单、商业发票等单据能够相互印证，在东珍公司未能就涉案两票货物产生的费用提交相反证据的情况下，应认定富士船务公司在代理上述两票货物中所产生的费用为两份传真件所列明的 126 308 元。

（2）录音内容能够证实姜峰打电话向富士船务公司订船，也能够证实富士船务公司知道本案所涉货物是姜峰、颜红梅的，东珍公司是姜峰、颜红梅的代理，但不能证明在订立货运代理合同之时富士船务公司知道东珍公司是姜峰、颜红梅的代理。颜红梅的证言和富士船务公司曾向姜峰发传真要求其支付货运代理费用的事实，亦不能证明在订立合同时富士船务公司知道东珍公司是姜峰、颜红梅的代理。

《中华人民共和国合同法》第402条规定："受托人以自己的名义，在委托人的授权范围内与第三人订立的合同，第三人在订立合同时知道受托人与委托人之间的代理关系的，该合同直接约束委托人和第三人，但有确切证据证明该合同只约束受托人和第三人的除外。"本案中，东珍公司未举证证明在订立货运代理合同时富士船务公司知道东珍公司与姜峰、颜红梅之间的代理关系，故东珍公司关于合同直接约束富士船务公司和姜峰、颜红梅，付款义务应由姜峰、颜红梅直接承担的抗辩理由不成立。

东珍公司为本案所涉两票货物的发货人，青岛海事法院认定货运代理法律关系的双方为富士船务公司和东珍公司是正确的。东珍公司应向富士船务公司支付货运代理活动中产生的费用。如前所述，东珍公司关于付款义务应由姜峰、颜红梅承担，富士船务公司应当对颜红梅、姜峰行使诉权的抗辩不成立，其上诉请求山东省高级人民法院不予支持。原审判决认定事实清楚，适用法律正确，应予维持。经山东省高级人民法院审判委员会研究决定，依照《中华人民共和国民事诉讼法》第153条第1款第（一）项之规定，判决如下：

驳回上诉，维持原判。

二审案件受理费4 037元，由上诉人东珍公司负担。

本判决为终审判决。

11.5.7 货运代理在接受概括委托后承担内陆运输的义务

39 原告宁波某某进出口有限公司与被告宁波某某国际有限公司海上货运代理合同纠纷案

案例来源：宁波海事法院（2012）甬海法商初字第45号
主题词：货运代理 概括委托 陆路运输 承运人义务

> **裁判要旨**
>
> **No. ZH-11.5.7-1** 货运代理接受委托人的概括委托从事集装箱货物内陆运输，在该运输合同法律关系下，货运代理负有按约将货物完成内陆运输完好交付海上运输的义务，故其应对内陆区段发生的盗窃行为对委托人承担赔偿责任，被盗货物价值，应当以公安机关认定的盗窃价值为准。如有退赃款项，应从赔偿款中扣除。

一、基本案情

原告:宁波某某进出口有限公司

被告:宁波某某国际有限公司

原告宁波某某进出口有限公司起诉称:2011年2月,原告因向阿尔及利亚出口货物所需,向台州宏泰阀门工业有限公司(以下简称宏泰公司)和台州富某阀门有限公司(以下简称富某公司)采购了一批水暖管件和阀门,委托被告办理该批货物在宁波港的海上货运代理业务,包括海运订舱、出口报关、集装箱内陆拖运等手续。被告接受了委托,指派牌号为"浙LA1172"的集装箱卡车从事台州到宁波港吉码头堆场的运输任务。原告为此支付被告订舱费、THC、拖车费、报关费等共计3 539元。2010年5月该集装箱货物到达目的港,收货人开箱后发现货物短少,原告即向被告查询,被告称其将上述内陆运输业务转委托给案外人办理。因怀疑货物在台州××内陆运输途中被盗,原告向宁波港公安机关报警,公安机关立案侦查期间,集装箱卡车驾驶员刘某某投案自首,交代了其利用驾驶车辆之便,在内陆运输途中伙同他人实施盗窃的事实。经公安机关鉴定被盗货物共343箱,价值430 499元。原告多次要求被告予以赔偿,但被告一直推诿不赔,故诉至法院,请求判令被告赔偿原告损失人民币430 499元,及该款自2011年2月28日起至实际赔偿日按银行同期贷款基准利率计算的利息。

被告宁波某某国际有限公司答辩称:

(1)原、被告双方长期存在货物委托代理业务往来,虽然本票货物没有签订书面合同,被告也没有向原告签发所谓的订舱单,但双方的货运代理委托关系确实存在。被告的合同义务仅仅是代垫各种杂费,原告向被告支付的费用仅是被告为其代垫费用和佣金的总和;

(2)被告没有承揽原告的内陆运输业务,也没有指派车辆运输货物,而是将内陆运输交由其他公司办理,为其代垫支付了拖车费用而已;

(3)本案中原告货物失窃与被告无关,被告对此没有任何违约责任,况且盗窃的最终损失并没有得到人民法院的确认,退赃工作亦未结束,原告的损失无法确定;

(4)原告在本案中各证据所指向的损失数额自相矛盾,其主张的经济损失430 499元不应采信。请求驳回原告的诉讼请求。

二、法院查明事实

宁波海事法院确认以下事实:

2010年12月,原告因向阿尔及利亚出口所需,与宏泰公司、富某公司签订了工矿产品购销合同,向其采购了一批水暖管件和阀门,并支付了货款。2011年2月,原告委托被告办理该批货物在宁波港出运的海上货运代理业务,包括海运订舱、出口报关、集装箱内陆拖运等手续。被告接受了委托,指派牌号为"浙LA11××"的集装箱卡车将涉案货物从台州工厂运至宁波港,以便以海运的方式出口至阿尔及利亚,集装箱号为

MSCU011631,铅封号 A013248。被告于 2011 年 3 月 17 日开具发票,向原告收取订舱费、THC、拖车费、报关费、文件费、改单费、商检费等共计人民币 3 539 元,原告于 4 月 13 日支付了该笔款项。2010 年 5 月该集装箱货物到达目的港,收货人开箱后发现货物短少,原告即向宁波港公安机关报警。该局于 2011 年 5 月 17 日立案侦查,发现承运该集装箱的"浙 LA11××"的集装箱卡车驾驶员刘某某有重大作案嫌疑。2011 年 11 月 10 日,刘某某向宁波港公安机关投案自首。

经宁波港公安机关侦查查明,犯罪嫌疑人刘某某伙同他人经事先密谋,由刘某某持虚假身份资料骗得某公司的信任后成为该公司"浙 LA11××"的集装箱卡车驾驶员。2011 年 2 月 28 日,利用刘某某驾驶"浙 LA11××"的集装箱卡车从台州宏泰公司装运水暖管件与阀门到宁波港进港之机,途中在宁波市鄞州区××市场停车场内,刘某某伙同他人采用手枪钻技术开锁的方法,打开箱封号为 MSCU011631/A013248 的集装箱箱门,盗得箱内原告所有的各类水暖管件和阀门共 343 箱,经鉴定总计价值人民币 430 499 元。2012 年 3 月 20 日,原告收到宁波港公安机关发还的退赃款 34 500 元。原告据此相应减少诉讼请求 34 500 元。

三、法院裁判

宁波海事法院认为,原告宁波某某进出口有限公司委托被告宁波某某国际有限公司代理出运货物,双方的海上货运代理合同关系成立,并应确认有效。根据《中华人民共和国合同法》第 397 条的规定,委托人可以概括委托受托人处理一切事务,被告在接受原告的委托后,安排车辆进行集装箱内陆运输,向原告开具包括订舱费、报关费、拖车费等多项费用的发票并收取了相应费用,故原、被告之间就涉案货物的出运所形成的海上货运代理合同,实际上包含了集装箱货物内陆运输内容。在该运输合同法律关系下,被告负有按约将货物完成内陆运输完好交付海上运输的义务。被告辩称涉案货物系案外人某公司负责实际运输,损失应由实际运输人而非被告承担赔偿责任。对此宁波海事法院认为,即使存在被告将涉案货物委托案外人实际运输的事实,也不影响本案原、被告之间的运输合同法律关系及赔偿责任;更何况被告未能举证证明其将内陆运输部分转委托给某公司已经取得了原告的同意,根据合同法关于"对于转委托未经同意的,受托人应当对转委托的第三人的行为承担责任"的规定,被告仍应对转委托的行为承担责任,故被告上述抗辩理由不足,宁波海事法院不予采纳。原告诉请有理,宁波海事法院予以保护,其数额以公安部门认定的 430 499 元为准,原告从公安机关取得的退赃款 34 500 元,理应在从被告取得的赔偿款中扣除。原告的利息损失亦应予保护,其起算日期为原告货物被盗遭受经济损失之日。依据《中华人民共和国合同法》第 107 条、第 113 条第 1 款、第 397 条、第 400 条之规定,判决如下:

被告宁波某某国际有限公司于本判决生效后 10 日内支付原告宁波某某进出口有限公司 395 999 元,并支付该款从 2011 年 2 月 28 日起至判决确定的履行之日止按银行同期贷款利率支付的利息。

11.5.8 货运代理委托他人装箱导致货损的责任

⑩ 上诉人天津中外运集装箱发展有限公司与被上诉人中泰捷诚(天津)货运代理有限公司货运代理合同纠纷案

案例来源:天津市高级人民法院(2011)津高民四终字第0188号
主题词:货运代理 委托 第三人 装箱 过错责任

裁判要旨

No. ZH-11.5.8-1 货运代理委托第三人对货物进行装箱,第三人作为承办集装箱堆存、拆装箱、修箱、验箱的专业公司,应从自己专业技术的角度对涉案货物如何安全装箱提出可行的装箱方案,但其装箱操作方法不当,是造成货物损坏的主要原因,对货物损坏负有主要责任。货运代理提供的集装箱箱体仅略大于涉案货物,亦限制了装箱方式,增加了装箱风险,对货物损坏应承担次要责任。

No. ZH-11.5.8-2 受损货物为专用产品,委托鉴定机构对受损货物进行评估,各方当事人可能会就受损货物的评估、更换零件、维修及各项费用问题多次磋商,亦将影响货物起运时间,势必造成损失扩大。故货主于事故发生后,在与货运代理及第三人就货物维修及赔偿问题协商未果的情况下,将受损货物运回原生产厂家维修具有现实性和可行性,亦无不妥。当事人应当遵循公平原则确定各方的权利和义务。

一、基本案情

上诉人(原审被告):天津中外运集装箱发展有限公司(以下简称中外运公司)
被上诉人(原审原告):中泰捷诚(天津)货运代理有限公司(以下简称中泰捷诚公司)

天津海事法院一审查明:2011年7月26日,中泰捷诚公司与中外运公司达成装箱协议,由中外运公司为中泰捷诚公司所代理的河南金邦重工机械有限公司(以下简称河南金邦公司)的货物进行装箱业务。双方以MSN的方式明确涉案货物是重14吨的磨球机。7月28日上午,中外运公司在其堆场对中泰捷诚公司委托的涉案货物进行装箱,双方对涉案货物如何装箱进行了商谈,根据集装箱和货物情况只能采用推装的方式装箱,但装箱具体细节未确定。即日下午13时,中外运公司叉车司机孙某某采用叉车推装的方式进行装箱,垫在货物底部的木条与集装箱地板摩擦掉落,致使货物底部支架的角铁卡落在集装箱木地板上,货物卡住后,叉车将货物回拉,货物底部支架与设备连结处发生断裂。货损发生后,双方当事人关于货物维修及赔偿问题协商但未达成一致意见,河南金邦公司将货物从中外运公司堆场拉回河南工厂进行维修,并向中外运公司索赔人民币31000元。中泰捷诚公司向河南金邦公司赔付人民币31000元,从而产生相关赔偿费用。中泰捷诚公司向中外运公司索赔未果,向原审法院提起诉讼,请求中外运公司赔偿修理更换配件费用、工人工资、货物运输费、差旅费共计人民币31 000元。

二、一审裁判

天津海事法院认为,本案属货运代理合同纠纷。本案纠纷,发生在装箱环节,对于双方的权利义务应该依据委托合同的有关规定确定。

其一,关于货物损坏原因及责任归属。《中华人民共和国合同法》第406条第1款规定:"有偿的委托合同,因受托人的过错给委托人造成损失的,委托人可以要求赔偿损失……"中外运公司是一家承办集装箱堆存、拆装箱、修箱、验箱的专业公司,应从自己专业技术的角度对涉案货物如何安全装箱提出可行的装箱方案,实际装箱时使用叉车推拉操作,没有很好地减少货物底部的摩擦力,方法过于简单,从而造成货物损坏。中外运公司装箱时未能尽到合理的注意义务,装箱操作方法不当,是造成货物损坏的主要原因,中外运公司对货物损坏负有主要责任。本案中由于集装箱是由中泰捷诚公司提供,并且货物在集装箱内四周空间小,客观上限制了中外运公司的装箱方式,增加了中外运公司的装箱风险,中泰捷诚公司对货物损坏应承担次要责任。被告所称货物锈蚀,集装箱超期质量差的原因导致了货物损坏,因缺乏相应证据,不予支持。原审法院酌定中泰捷诚公司承担20%的责任,中外运公司承担80%的责任。

其二,关于货物的合理损失及赔偿。货损发生后,中泰捷诚公司没有委托专业鉴定评估机构对货物损失进行评估,而是仅凭河南金邦公司的索赔函进行赔付,对货物的更换零件等维修费用的发生、长途运输费用和差旅费的合理性均难以证明,《中华人民共和国合同法》第5条规定:"当事人应当遵循公平原则确定各方的权利和义务。"鉴于中泰捷诚公司已实际支付的客观事实,原审法院对中泰捷诚公司的货物合理损失酌情认定为中泰捷诚公司向河南金邦公司赔付金额人民币31 000元的50%。

综上所述,中泰捷诚公司的合理损失认定为15 500元,对此中外运公司应承担80%的责任,即人民币12 400元。原审法院判决:中外运公司在判决生效之日起10日内给付中泰捷诚公司货物损失人民币12 400元。

三、上诉与答辩

中外运公司不服原审判决,向天津市高级人民法院提起上诉,请求:撤销原审判决或依法改判中外运公司不对中泰捷诚公司承担损失赔偿责任。主要事实及理由:

(1)原审认定事实不清,缺乏证据支持。中泰捷诚公司提供的其向河南金邦公司支付赔偿金的付款证据,其金额只是货主的预估,并非实际损失,中泰捷诚公司应对实际货损数额进行举证,原审法院对实际货损数额的认定方法不合理。

(2)原审适用法律错误。中泰捷诚公司没有对货损委托评估,原审法院不应依据《中华人民共和国合同法》第5条的规定,将实际货损认定为河南金邦公司索赔金额的一半,《中华人民共和国合同法》第 5 条规定的公平原则适用于合同订立中当事人分配权利义务时,不适用于合同损失赔偿数额的分配上。

中泰捷诚公司答辩称,涉案事故发生后,经我方咨询,如果对受损货物鉴定,鉴定费用约在 1.5 万元至 2 万元之间,且鉴定周期较长,因货物损失不大,货物急于出口,权衡之后,没有鉴定,故先行进行了赔付和处理。货损发生后,因双方协商未果,我们才进行诉讼,中外运公司应赔偿损失。

四、二审裁判

原判决查明的事实属实,天津市高级人民法院予以确认。本案的主要争议焦点是:涉案货物损失的合理金额问题。天津市高级人民法院认为,本案属货运代理合同纠纷。双方纠纷发生在装箱环节,对于双方的权利义务应该依据委托合同的有关规定确定。在实际装箱过程中,中外运公司装箱操作方法不当,是造成货损的主要原因,中外运公司对货物损坏负有主要责任。同时,中泰捷诚公司提供的集装箱箱体仅略大于涉案货物,亦限制了装箱方式,增加了装箱风险,对此,中泰捷诚公司对货损应承担次要责任。原审法院结合涉案货物的实际装载情况,酌定中外运公司、中泰捷诚公司分别承担 80% 的责任和 20% 的责任,并无不妥。

关于涉案货物的合理损失及赔偿问题。货损发生后,涉案货物的货主河南金邦公司及时赶到事故现场,在三方就货物维修及赔偿问题协商未果的情况下,河南金邦公司将货物拉回河南工厂进行维修,并无不妥。本案中的受损货物球磨机为专用产品,若如中外运公司所称,委托鉴定机构对受损货物进行评估,三方当事人可能会就受损货物的评估、更换零件、维修及各项费用问题多次磋商,亦将影响货物起运时间,势必造成损失扩大。鉴于此,将受损货物运回原生产厂家维修具有现实性和可行性。中泰捷诚公司根据河南金邦公司的要求,已向其实际支付了 31 000 元赔偿金,由于中外运公司对于更换零件等费用不予认可,中泰捷诚公司亦没有提交各项损失的具体票据的情况下,原审法院根据《中华人民共和国合同法》第 5 条"当事人应当遵循公平原则确定各方的权利和义务"的规定,酌情认定涉案货物的合理损失为 31 000 元,由中外运公司赔偿 12 400 元,并无不妥。中外运公司认为《中华人民共和国合同法》第 5 条规定的公平原则不适用于合同损失赔偿数额的分配,依据不足,天津市高级人民法院不予支持。综上,判决如下:

驳回上诉,维持原判。

11.5.9 货运代理转委托的他人报关错误致货主退税损失的法律责任

[41] 上诉人天津美设国际货运代理有限公司与被上诉人上海超鸿国际货物运输代理有限公司货运代理合同纠纷案

案例来源:天津市高级人民法院(2011)津高民四终字第182号

主题词:货运代理 转委托 报关 退关删单 过错责任

> **裁判要旨**
>
> **No. ZH-11.5.9-1** 在货运代理合同履行中,货运代理将其中报关的业务转托报关行实际办理,向委托人出具了包括报关费的费用确认单,法院认定货运代理为受托人,负有正确履行涉案货物出口运输的报关义务,并应承担报关事务中产生的风险。报关行是货运代理处理委托事务中与之订立合同的第三人,委托人明知具体办理报关业务的是报关行,但没有证据表明其同意受托人转委托,委托人也没有就报关事务直接指示报关行,货运代理与报关行之间的关系不能直接约束委托人。
>
> **No. ZH-11.5.9-2** 货运代理委托的报关行误将货物退关删单,导致货主未能办理出口退税,补交了相应的税款,该损失不属于货运代理在订立合同时不能预见的损失,货运代理应向委托人赔偿。

一、基本案情

上诉人(原审被告):天津美设国际货运代理有限公司(以下简称美设公司)

被上诉人(原审原告):上海超鸿国际货物运输代理有限公司(以下简称超鸿公司)

天津海事法院查明:2008年6月1日超鸿公司与美设公司签订了《国际货运合作协议》,约定,美设公司负责承办超鸿公司所委托之出口包括:出口订舱、报关、报检、装箱、发单及文件交接工作。本协议之有效期自签订日期起以1年为限,协议期满日之前,双方如未接获对方正式书面通知,本协议则自动延长执行1年。2010年5月,货主天津市永益标准件有限公司(以下简称永益公司)委托超鸿公司办理涉案货物出口运输业务,超鸿公司又委托美设公司办理涉案货物出口运输业务。美设公司接受超鸿公司委托后,将涉案货物的报关业务委托宏骏国际货运代理有限公司(以下简称宏骏公司)办理。2010年5月29日上午,宏骏公司将涉案货物向海关报关,2010年5月31日,涉案货物装船出运,已经运抵目的港JEDDAH,收货人接受货物并付款。美设公司向超鸿公司出具了涉案货物的《费用确认单》,其中包括报关费。由于宏骏公司误将涉案货物退关删单,造成货主永益公司不能办理正常的出口退税,并补交了相应的税款。2011年8月5日,天津市津南区国家税务局和天津市津南区地方税务局管理二所出具证明,证实涉案货物货值为111 056.19元人民币,货主永益公司已补交了涉案货物

17%的增值税和11%的附加税,共计20 956.3元人民币。2011年2月25日,货主永益公司将涉案货物退税损失,从应支付给超鸿公司的运杂费中扣除。超鸿公司认为由于美设公司提供国际货运代理业务过程中报关操作错误而造成货主永益公司退税损失20 956元人民币,该损失理应由美设公司承担,为此向原审法院提起诉讼,请求判令美设公司承担违约赔偿金20 956元人民币,并承担本案全部诉讼费用。

二、一审裁判

天津海事法院认为,本案为货运代理合同纠纷,超鸿公司为委托人,美设公司为受托人。美设公司主张,因超鸿公司明知美设公司无报关资质,不可能要求美设公司亲自报关,美设公司也不会同意亲自报关,因此,美设公司认为超鸿公司已经同意将涉案货物的报关业务转委托给宏骏公司,美设公司只在转委托人的选任和指示上承担责任,而宏骏公司是有资质的报关企业,与美设公司有多年的合作关系,故在转委托人的选任和指示上美设公司没有过错,不应承担过错责任。且美设公司在接受超鸿公司委托时已经明知委托超鸿公司的货主是永益公司,所以,该委托直接约束美设公司和货主永益公司。对此,原审法院认为:

首先,2008年6月1日,超鸿公司与美设公司签订的《国际货运合作协议》规定,美设公司负责承办超鸿公司所委托之出口包括:出口订舱、报关、报检、装箱、发单及文件交接工作,故超鸿公司委托美设公司办理涉案货物的货运代理业务应包括报关业务,美设公司虽主张超鸿公司明知其没有报关资质,因此,美设公司认为超鸿公司已经同意将涉案货物的报关业务转委托给宏骏公司,但其该主张没有法律依据。

其次,超鸿公司提供的涉案货物《费用确认单》显示,超鸿公司应向美设公司支付涉案货物的报关费,美设公司虽主张只是将报关费用告知超鸿公司,但并没有提供相关证据予以佐证,也未对此报关费进行特别注释。因此,对该主张不予支持。根据《中华人民共和国合同法》第400条的规定,经委托人同意,受托人可以转委托。结合本案,美设公司虽然知道货主是永益公司,超鸿公司虽然知道由宏骏公司进行报关,但美设公司并没有提供相关证据证明货主永益公司同意超鸿公司转委托美设公司办理涉案货物的出口运输业务,也没有提供相关证据证明超鸿公司同意美设公司转委托宏骏公司进行报关,不能因美设公司知道货主是永益公司,超鸿公司知道宏骏公司办理报关业务,而推定货主永益公司同意超鸿公司转委托美设公司办理涉案货物出口运输业务,超鸿公司同意美设公司转委托宏骏公司办理涉案货物的报关业务。美设公司接受超鸿公司委托办理涉案货物的出口运输业务,理应依约履行合同义务,否则,应承担违约赔偿责任。

关于美设公司是否应支付超鸿公司违约赔偿金。美设公司主张,第一,美设公司转委托宏骏公司报关时,不但明确告知而且有货主永益公司直接出具的报关委托手续和载明货主永益公司为出口发货人的诸多单证,所以该转委托合同直接约束宏骏公司和货主永益公司,货主永益公司应直接向宏骏公司主张赔偿损失。第二,超鸿公司主张的损失,本应是货主永益公司与海关或者税务机关之间的退税争议,按照《中华人民共和国税收征收管理法》和国家税务总局《关于修订〈增值税专用发票使用规定〉的通知》的规定,纳税人要求退税是法定的权利,税务机关为纳税人办理退税也是法定义务。超鸿公司没有证据证明货主永益公司已经向有关部门主张过退税的权利,除非有税务部门的决定或法院生效的判决,认定货主永益公司因为报关的过错无权再主张退税而造成损失,不然就属于货主永益公司放弃了应有的权利,因此,不能就此再向他人主张赔偿。对此,天津海事法院认为,货主永益公司虽直接出具了涉案货物报关委托手续和载明永益公司为出口发货人的诸多单证,并向海关出具了情况说明,注明"我司委托的报关行宏骏公司",但这些单据只是报关所要求必须填写的单据,并不能证明美设公司与宏骏公司之间是转委托关系,而货主永益公司向海关出具的情况说明仅是在宏骏公司误将涉案货物退关删单后,为让海关出具已报关的证明而写的说明,并不能证明货主永益公司与宏骏公司之间有直接的委托关系,且证人(货主永益公司业务员)当庭证实货主永益公司与宏骏公司之间没有直接的委托关系,美设公司也当庭确认是美设公司委托宏骏公司办理涉案货物报关业务的,美设公司与宏骏公司联系得知涉案货物被退关删单后,是美设公司告知货主永益公司的,而不是宏骏公司与货主永益公司直接联系的,美设公司也未提供其他相关证据证明货主永益公司与宏骏公司之间具有委托关系。美设公司虽主张按照《中华人民共和国税收征收管理法》和国家税务总局《关于修订〈增值税专用发票使用规定〉的通知》的规定,纳税人要求退税是法定的权利,税务机关为纳税人办理退税也是法定义务,但国家税务总局《关于修订〈增值税专用发票使用规定〉的通知》是对丢失已开具的增值税发票和抵扣联的规定,而涉案货物因宏骏公司操作错误,被退关删单,根本没有办理出口退税,也没有开具相关单据,不属于《中华人民共和国税收征收管理法》和国家税务总局《关于修订〈增值税专用发票使用规定〉的通知》的规定。因此,对美设公司主张不予支持。因超鸿公司委托美设公司办理涉案货物的出口运输业务后,美设公司又委托宏骏公司办理涉案货物的报关业务,而由于宏骏公司误将涉案货物退关删单,使货主永益公司不仅未能办理出口退税,而且补交了相应的税款,并将该费用作为违约赔偿金,已经从应支付超鸿公司的运杂费中扣减。因此,美设公司作为超鸿公司的货运代理公司,应支付超鸿公司相应的违约赔偿金。

关于费用数额及计算依据。美设公司主张,对应退税金5552.81元人民币认可,其他费用不予认可,超鸿公司提交的货主永益公司扣减其相应费用的票据与美设公司是否应承担责任无关。天津海事法院认为,美设公司虽对除应退税金外的款项不予认可,但对天津市津南区国家税务局和天津市津南区地方税务局管理二所出具的情况说明已经予以认可,而该两份情况说明证实货主永益公司已经补交了涉案货物相应税款,共计20956.3元人民币。美设公司虽认为超鸿公司提供的货主永益公司扣减费用的票据与美设公司是否应承担责任无关,但这些单据都是原件,能够证明货主永益公司已经从应付超鸿公司的运杂费中扣除了涉案因报关操作错误而损失的相关费用,共计21 529.3元人民币,美设公司接受超鸿公司委托办理涉案货物的出口运输业务,理应对因报关错误给超鸿公司造成的损失承担赔偿责任,因此,对美设公司主张不予支持。按照税务机关的情况说明,涉案货值应为111 056.19元人民币,货主永益公司已经补交了17%的增值税和11%的附加税,共计20 956.3元人民币,并已经从应支付超鸿公司的涉案款项中扣减了21 529.3元人民币。而超鸿公司主张的金额少于货主永益公司已补交的税费,因此,对超鸿公司主张违约赔偿金20 956元人民币,应予支持。

天津海事法院依据《中华人民共和国合同法》第107条的规定,判决如下:

美设公司于判决生效之日起10日内向超鸿公司支付违约赔偿金20 956元人民币。

三、上诉与答辩

美设公司不服原审判决,向天津市高级人民法院提起上诉,请求:撤销原审判决,发回重审或改判驳回超鸿公司的诉讼请求,本案诉讼费用由超鸿公司承担。

事实与理由:

(1) 美设公司知道货主是永益公司,超鸿公司也知道是宏骏公司进行报关,永益公司直接出具了涉案货物报关委托手续以及相关单据,并向海关出具了情况说明,注明"我司委托的报关行宏骏公司",应当认定永益公司知道并且同意超鸿公司转委托予美设公司,美设公司又将报关事项转委托予宏骏公司。

(2) 根据《中华人民共和国合同法》第402条的规定,美设公司在接受超鸿公司转委托时就明知委托人是永益公司,所以该委托直接约束美设公司与永益公司。永益公司直接扣除超鸿公司的费用,属于永益公司与超鸿公司之间的纠纷,超鸿公司无权作为原告起诉美设公司。根据《中华人民共和国合同法》第400条的规定,委托人同意转委托,受托人只在转托人的选任和指示上承担责任,宏骏公司是具有资质的报关企业,美设公司在转托人的选任上没有过错,不应当承担责任。

(3) 海关和税务机关不为永益公司补办涉案货物的退税,属于永益公司与海关和税务机关的退税争议,税务机关已经为永益公司出具了补缴税款的证明,承认永益公司的涉案货物出口了,只要符合退税规定,应当为其办理退税,永益公司未能穷尽法律救济手段,自愿放弃要求退税,不应向其他方主张赔偿。

超鸿公司答辩称:原审判决认定事实清楚,证据充分,应当予以维持。

事实与理由:

(1) 美设公司虽然知道货主是永益公司,超鸿公司知道由宏骏公司进行报关,美设公司没有证据证明永益公司同意超鸿公司转委托美设公司办理涉案货物的出口运输业务,也没有证据证明超鸿公司同意美设公司转委托宏骏公司进行报关,原审法院对本案的认定正确。

(2) 美设公司与超鸿公司签订的《国际货运合作协议》具有合同主体的相对性,美设公司未能按照约定正确履行报关义务,严重违反合同规定,使超鸿公司遭受了巨大的损失,应当承担违约赔偿责任。

(3)根据《中华人民共和国合同法》第113条第1款关于违约责任的规定,当事人一方不履行合同义务或者履行合同义务不符合约定,给对方造成损失的,损失赔偿金额应当相当于因违约所造成的损失。美设公司未能正确履行报关义务,致使货主不能正常办理退税,超鸿公司已经赔偿了货主的损失,因此,该损失应当由美设公司承担。

(4)涉案货物未能正常办理退税不是因为海关机关、税务机关造成的,不是行政争议问题。而是美设公司的过错,应当由美设公司承担违约责任。

二审期间,美设公司补充提交了宏骏公司的营业执照,意图证明美设公司转委托的宏骏公司是有资质的报关企业。超鸿公司对该证据的真实性不予认可,同时认为即使宏骏公司有报关业务也只能证明其资质,不能证明美设公司与宏骏公司存在转委托关系。超鸿公司未提交新的证据。天津市高级人民法院认证意见认为,美设公司补充提交的宏骏公司的营业执照,是美设公司自行从网站查询后打印的,属于复制件,超鸿公司对其真实性不予认可,而美设公司未能提供原件以供比对,故天津市高级人民法院对该证据的真实性不予认定。

四、二审裁判

天津海事法院查明事实属实,天津市高级人民法院予以确认。天津市高级人民法院认为,本案为货运代理合同纠纷。超鸿公司与美设公司存在着《国际货运合作协议》所证明的货运代理合同关系,超鸿公司是委托人,美设公司是受托人。双方在《国际货运合作协议》中明确约定超鸿公司委托美设公司于天津地区办理国际货物出口运输业务,美设公司负责出口订舱、报关、报检、装箱、发单及文件交接等事宜,而在涉案货物出口运输业务中,美设公司将其中的报关业务委托给宏骏公司具体办理,但针对涉案货物出口运输业务向超鸿公司出具了包含报关费在内的费用确认单,因此,美设公司应当是涉案货物出口运输业务的受托人,负有正确履行涉案货物出口运输的报关义务,并应承担报关事务中产生的风险。宏骏公司是美设公司处理委托事务中与之订立合同的第三人。

对于美设公司提出的其将报关事务转委托给宏骏公司的主张,天津市高级人民法院认为,在美设公司与超鸿公司的货运代理合同关系中,尽管超鸿公司知道具体办理报关业务的是宏骏公司,但没有证据表明超鸿公司同意美设公司转委托,超鸿公司也没有就报关事务直接指示宏骏公司,向超鸿公司主张报关费用的仍然是美设公司,因此,美设公司关于转委托的主张不能成立,天津市高级人民法院不予支持。同理,美设公司关于货主永益公司同意超鸿公司将涉案货物出口运输业务转委托美设公司的主张亦不能成立。根据合同主体相对性原则,美设公司在处理委托事务中,未能按照约定正确履行报关义务,致使超鸿公司遭受了损失,应当承担违约赔偿责任。

关于美设公司应当承担的赔偿数额。根据《中华人民共和国合同法》第113条第1款的规定,当事人一方不履行合同义务或者履行合同义务不符合约定,给对方造成损失的,损失赔偿额应当相当于因违约所造成的损失,包括合同履行后可以获得的利益,但不得超过违反合同一方订立合同时预见到或者应当预见到的因违反合同可能造成的损失。涉案货物因美设公司未能正确履行报关义务,造成货主不能正常办理退税,该损失不属于美设公司在订立合同时不能预见到的损失,美设公司关于损失数额的上诉理由不能成立,天津市高级人民法院不予支持。对于美设公司提出的涉案货物不能办理退税的问题属于行政争议,货主未能穷尽救济手段的主张,天津市高级人民法院认为,涉案货物不能办理退税并非海关或税务机关不履行行政行为造成的,应不属于行政争议的范畴,美设公司的该项主张不能成立,天津市高级人民法院亦不予支持。综上,原审法院认定事实清楚,适用法律正确,根据《中华人民共和国民事诉讼法》第153条第1款第(一)项的规定,判决如下:

驳回上诉,维持原判。

11.6 货运代理违反交付单证义务的责任

11.6.1 货运代理未及时向委托人交付报关文件的法律责任

42 上诉人厦门市金远东货运代理有限公司、厦门市金远东货运代理有限公司宁波分公司与被上诉人上海恒邦国际贸易有限公司海上货运代理合同违约赔偿纠纷案

案例来源:浙江省高级人民法院(2009)浙海终字第8号

主题词:货运代理　及时交付报关文件义务　损失

裁判要旨

No. ZH-11.6.1-1 货运代理主张提单载明的托运人以外的人为委托人,但未提交与对方的货运代理协议亦无证据证明系对方指令将提单托运人记载为第三方,法院对其主张不予支持。

No. ZH-11.6.1-2 货运代理未及时将包括核销单在内的报关文件退回委托人,致委托人在已完成收汇的情况下无法退税,应当承担由此造成的退税损失。

一、基本案情

上诉人(原审被告):厦门市金远东货运代理有限公司(以下简称金远东公司)

上诉人(原审被告、反诉原告):厦门市金远东货运代理有限公司宁波分公司(以下简称金远东宁波公司)

被上诉人(原审原告、反诉被告):上海恒邦国际贸易有限公司(以下简称恒邦公司)

宁波海事法院审理查明:2007年7月,恒邦公司通过中间商盈溢达国际有限公司

（以下简称盈溢达公司）出口一批货物,价格条件为 FOB,货物价值 24 840 美元。恒邦公司按盈溢达公司的指令于 2007 年 7 月 10 日将报关单、核销单等单据邮寄给金远东宁波公司办理报关手续。金远东宁波公司办理货物出运代理业务后,向盈溢达公司交付了提单,提单载明托运人为盈溢达公司。货物于 2007 年 7 月 17 日装船出运后,恒邦公司多次通过电话向金远东宁波公司要求退还核销单等单据,以便恒邦公司办理退税手续,金远东宁波公司迟至 2007 年 10 月 29 日才将核销单等单据通过邮寄退还给恒邦公司,但此时已过 90 天的退税期,不能再办理退税,上海市浦东新区地方税务局第二十税务所对此出具情况说明,证明货物已转为内销处理,增值税额为 27 214.53 元人民币,该出口货物退税率为 11%,可退税金额为 17 609.4 元人民币。恒邦公司以其遭受退税损失为由,于 2008 年 7 月 2 日诉至宁波海事法院,要求金远东公司和金远东宁波公司连带赔偿退税损失人民币 17 609.4 元及增值税损失人民币 27 214.53 元。金远东宁波公司认为其为代理涉案货物出运垫付的海运费及其他代理费用应由恒邦公司负担,而恒邦公司未支付该费用,也于 2008 年 7 月 25 日向宁波海事法院提起反诉,要求恒邦公司支付海运费 2 850 美元、拖车费 2 050 元人民币、报关费 150 元人民币、订舱费等费用 1 095 元人民币及利息。

二、一审裁判

宁波海事法院审理认为,恒邦公司将涉案货物的出口报关手续交由金远东宁波公司代理,该委托代理报关关系合法有效,双方应依约履行。但金远东宁波公司完成报关后,未在法定的退税期间将报关单、核销单等退税单据交还恒邦公司,造成恒邦公司无法退税,应承担赔偿责任。恒邦公司要求赔偿退税损失 17 609.4 元人民币的诉讼请求,证据与理由充分,予以支持。金远东宁波公司完成报关后,恒邦公司应向金远东宁波公司支付报关费用 150 元人民币,逾期未付应承担利息损失。金远东宁波公司主张利息自 2007 年 7 月 17 日起计算,但庭审查明的垫付之日为 2007 年 8 月 20 日,故利息应从垫付次日起计算,按中国人民银行同期贷款利率计算至判决确定的支付之日止。恒邦公司于退税损失之外,还主张增值税损失,但根据退税规定,退税即是将出口商应缴纳国内生产流通环节的增值税予以部分或全部退还,故恒邦公司并无所谓的增值税损失,恒邦公司的此项诉讼请求,于法无据,不予支持。金远东宁波公司以双方之间存在海上货运代理合同关系为由要求恒邦公司支付海运费及相关内陆运输费用,但未提供充分的证据证明双方之间除委托报关关系之外的货运代理合同关系,且从金远东宁波公司的实际履行情况来看,货运代理合同项下代理方最主要的义务之一,即交付提单的行为,金远东宁波公司并未向恒邦公司履行,而是向案外人盈溢达公司履行,这与金远东宁波公司主张的与恒邦公司之间存在除委托报关关系之外货运代理合同的事实相悖,故金远东公司关于双方之间存在除委托报关关系之外货运代理合同关系的主张,及要求恒邦公司支付海运费、拖车费用的反诉请求,证据和理由均不充分,不予支持。金远东公司系金远东宁波公司的总公司,金远东宁波公司的民事责任应由金远东公司承担,故恒邦公司主张金远东公司和金远东宁波公司应对赔款承担连带责任的诉请,于法无据,不予支持。

综上,依据《中华人民共和国民事诉讼法》第64条第1款、第130条,《中华人民共和国合同法》第107条、第398条,《中华人民共和国公司法》第14条第1款的规定,宁波海事法院于2008年11月11日判决:

(1)金远东公司应于判决生效后10日内赔偿恒邦公司退税损失17 609.40元人民币;

(2)恒邦公司应于判决生效后10日内支付金远东宁波公司报关费150元人民币及利息(自2008年8月21日起至判决确定的履行之日止按中国人民银行同期贷款利率计算);

(3)驳回恒邦公司其他诉讼请求;

(4)驳回金远东宁波公司其他反诉请求。如果未按判决指定的期限履行给付金钱义务,应当依照《中华人民共和国民事诉讼法》第229条之规定,加倍支付迟延履行期间的债务利息。

一审案件受理费920元,反诉案件受理费180元,由恒邦公司负担550元,金远东公司负担550元。

三、上诉与答辩

金远东公司和金远东宁波公司均不服原审判决,共同向浙江省高级人民法院提起上诉称:恒邦公司不能退税的原因是其没有交纳货物增值税所造成的,其损失与金远东公司、金远东宁波公司的行为没有因果关系;恒邦公司与金远东宁波公司之间有事实上的货运代理关系,恒邦公司是真正的货物出口企业,宁波海事法院以提单交付给案外人为由否定恒邦公司的委托人地位违背事实真相,恒邦公司应支付受托人垫付的海运费等费用。请求撤销原判,改判恒邦公司向金远东公司及其宁波公司支付海运费2 850美元和其他费用人民币3 295元(含拖车费2 050元、报关费150元、订舱费等1 095元)及其利息。

恒邦公司答辩称:退税程序国家有明确规定,恒邦公司已提供交纳进项税的依据,没有必要先交纳增值税再予退税,可以在退税时一并办理,没有核销单必然不能退税;本案所涉货物的托运人是中间商盈溢达公司,盈溢达公司已支付了运费等相关费用,恒邦公司非该票货物的托运人,金远东宁波公司要求恒邦公司支付运费等相关费用没有依据。原判正确,请求予以维持。

四、二审裁判

浙江省高级人民法院经审理查明的事实与原判认定的一致。

浙江省高级人民法院认为:各方当事人对金远东宁波公司为争议所涉货物办理了出运事宜、金远东宁波公司收取恒邦公司所寄报关材料进行报关并在法定出口退税期以后才将海关签章的核销单等报关文件寄回恒邦公司的事实均无异议,浙江省高级人民法院予以确认。因恒邦公司与金远东宁波公司之间并无货运代理协议,本案出运货物的提单载明的托运人为盈溢达公司,金远东宁波公司又无证据证明系恒邦公司指令将提单中的托运人记载为盈溢达公司,故现有证据不能确定恒邦公司系该批货物的实际托运人。金远东公司及其宁波分公司认为本案货物托运人为恒邦公司的上诉理由缺乏证据佐证,对其要求恒邦公司承担金远东宁波公司为本案货物出口而垫付的海运费等费用的上诉请求,浙江省高级人民法院不予支持。宁波海事法院依据现有证据确认恒邦公司与金远东宁波公司之间存在委托代理报关关系并无不当,恒邦公司应向金远东宁波公司支付报关费用人民币150元;金远东宁波公司未及时将包括核销单在内的报关文件退回恒邦公司,致恒邦公司在已完成收汇的情况下无法退税,金远东公司应承担由此造成的恒邦公司的经济损失17 609.40元。金远东公司及其宁波分公司提出的上诉理由均不能成立,浙江省高级人民法院不予支持。原判认定事实清楚,适用法律正确,实体处理得当。依照《中华人民共和国民事诉讼法》第153条第1款第(一)项之规定,判决如下:

驳回上诉,维持原判。

11.6.2 货运代理拒绝向委托人交付提单的法律责任

43 原告上海顺航进出口有限公司与被告义乌市伟航进出口贸易有限公司、欧伟、欧丽青海上货运代理合同纠纷案

案例来源:宁波海事法院(2007)甬海法商初字第389号
主题词:货运代理 拒绝交付提单 违约责任

裁判要旨

No. ZH-11.6.2-1 货运代理作为受托人,应当依约履行义务,其因与他人债务纠纷,未能取得涉案提单并交给委托人,构成违约。委托人为减少损失,向法院申请海事强制令以取得提单,其所交纳的海事强制令申请费为合理支出费用,货运代理应予赔偿。

No. ZH-11.6.2-2 公司被吊销营业执照后,其主体资格仍存续,可以独立承担法律责任。债权人无法证明公司股东滥用公司法人独立地位和股东有限责任,逃避债务,严重损害公司债权人利益的,公司股东无须承担连带赔偿责任。

一、基本案情

原告:上海顺航进出口有限公司(以下简称顺航公司)
被告:义乌市伟航进出口贸易有限公司(以下简称伟航公司)
被告:欧伟

被告:欧丽青

原告顺航公司起诉称:2007年8月原告与被告伟航公司共发生34票海上货物出运业务,双方口头约定付款赎单。按照双方确认,原告34票货物的运费共计2 092 781元。当原告支付部分运费,取得21份提单后,发现已经不能从伟航公司处取得剩余提单。原告为从宁波海利达国际货运代理有限公司取得剩余的13份提单,向宁波海事法院申请了强制令,并最终与宁波海利达国际货运代理有限公司达成和解协议,向宁波海利达国际货运代理有限公司支付1 570 006元后取得了这13份提单。原告另外支付强制令申请费16 000元及支出差旅费3 763.20元。请求法院判令伟航公司承担原告损失共计224 442.20元。被告欧伟、欧丽青系伟航公司股东,将收取的海运费挪作他用,应对上述债务承担连带清偿责任。

3被告未提供答辩意见,也未提交证据。

二、法院查明事实

宁波海事法院确认以下事实:

2007年8月12日、19日,伟航公司就其代理原告出运的34票货物出具了费用清单两份,其中8月12日的1份有被告欧伟、欧丽青签名确认,8月19日的1份有被告欧伟签名确认,根据上述费用确认,34票货物原告共需支付伟航公司2 092 781元。原告在向伟航公司支付709 650元后,取得其中的21份提单,尚余13份提单。原告发现无法从伟航公司取得提单后,于2007年8月31日就上述13份提单中的6份向宁波海事法院申请海事强制令,并向宁波海事法院支付海事强制令申请费16 000元,要求案外人美集物流运输(中国)有限公司宁波分公司、宁波海利达国际货运代理有限公司交付提单。宁波海事法院于2007年8月31日作出(2007)甬海法强字第49—54号民事裁定书,准许原告的申请,并由原告承担海事强制令申请费16 000元。2007年9月3日,原告与宁波海利达国际货运代理有限公司达成和解协议,实际支付1 570 006元(其中有196元的电放费)后,取得上述13份提单。现原告以多支付13份提单下的运费204 679元以及额外支出并向宁波海事法院支付海事强制令申请费16 000元和差旅费3 763.20元为由诉至宁波海事法院。

另查明,被告伟航公司系被告欧伟和欧丽青二人为股东成立的有限责任公司,注册资金为50万元,由于未参加2006年度企业年检,被义乌市工商行政管理局于2007年11月26日吊销营业执照。

三、法院裁判

宁波海事法院认为,原告与被告伟航公司之间虽未签订书面代理协议,但双方以费用确认的形式对代理出运涉案货物及金额进行了约定,并已经部分履行,故双方之间海上货运代理合同关系依法成立,应确认有效。伟航公司作为受托人,应当依约履行货运代理义务,其因与他人债务纠纷,未能取得涉案13份提单并交给原告,构成违约。原告为减少损失,向宁波海事法院申请海事强制令以取得提单,其所交纳的海事强制令申请费为合理支出费用,理应由伟航公司承担,原告的此项诉请,证据与理由充分,宁波海事法院予以支持。原告为取得全部提单,与宁波海利达国际货运代理有限公司另行达成和解协议,向宁波海利达国际货运代理有限公司支付涉案 13 份提单项下货物的运费,系双方自愿,即使超过与伟航公司约定的运费,也与伟航公司无涉,故原告要求伟航公司支付运费差价的诉请,证据和理由均不充分,宁波海事法院不予支持。至于原告要求伟航公司支付差旅费的诉请,于法无据,宁波海事法院不予支持。原告要求被告欧伟与欧丽青承担连带赔偿责任的诉请,依据《中华人民共和国公司法》第 3 条的规定,有限责任公司以其全部财产对公司的债务承担责任。有限责任公司的股东以其认缴的出资额为限对公司承担责任。第 20 条第 3 款规定,公司股东滥用公司法人独立地位和股东有限责任,逃避债务,严重损害公司债权人利益的,应当对公司债务承担连带责任。伟航公司系被告欧伟与欧丽青依法设立的有限责任公司,虽然现在已被吊销营业执照,但伟航公司的主体地位仍然存续。原告并无证据证明被告欧伟与欧丽青作为股东将伟航公司收取的运费挪作他用,以及有其他滥用公司法人独立地位,严重损害公司债权人利益的行为,故其要求被告欧伟与欧丽青承担连带责任的诉请,无事实与法律依据,宁波海事法院不予支持。

综上,依照《中华人民共和国民事诉讼法》第 64 条第 1 款、第 130 条,《中华人民共和国合同法》第 119 条,《中华人民共和国公司法》第 3 条的规定,判决如下:

(1) 被告义乌市伟航进出口贸易有限公司于本判决生效后 10 日内支付原告上海顺航进出口有限公司 16 000 元;

(2) 驳回原告上海顺航进出口有限公司的其他诉讼请求。

11.6.3 货运代理擅自抵押提单的责任

44 原告张晓霞、张乔霞与被告徐向军海上货运代理合同违约赔偿纠纷案

案例来源:宁波海事法院(2009)甬海法商初字第 74 号

主题词:货运代理　抵押提单　赔偿责任

> **裁判要旨**
>
> **No. ZH-11.6.3-1** 以未经合法工商登记注册的公司的名义对外经营,其民事责任应由实际从事相应活动的个人承担。货运代理将应交付给委托人的提单擅自抵押给他人,应赔偿相应的损失。

一、基本案情

原告:张晓霞

原告:张乔霞

被告：徐向军

原告张晓霞、张乔霞起诉称：两原告系姐妹关系，在义乌以义乌市必通进出口商行名义从事外贸生意。被告徐向军当时以深圳市鸿基伟业物流有限公司（未经过工商注册）名义从事国际货运代理业务。2007年5月18日、7月9日，两原告分别委托被告出运4个集装箱货物。货物出运后，两原告一直向被告催要提单，但被告一直拖延未交付，至2007年8月24日，被告才告诉两原告提单在杭州荣升国际货运代理有限公司（以下简称荣升公司）处，被告欠该公司315 767元，就出具欠条将4份应交付两原告的提单抵押在荣升公司。同日，被告向原告张乔霞书面承诺：2007年8月30日前至少支付原告张乔霞15万元用于购买上述4份提单，如该款项不足以支付荣升公司的欠款，其余款项在2007年9月30日前付清等。后被告未履行承诺，由于该4份提单被被告抵押给荣升公司，原告无法申请海事强制令。原告无奈于2007年9月27日向荣升公司支付31万元，才取得了上述4份提单，由于4份提单项下运费为11万元，故造成两原告损失20万元。两原告向被告索赔未果，故请求法院判令被告赔偿两原告损失20万元。

被告未提交书面答辩状，也未提交证据。

二、法院查明事实

由于被告未出庭应诉，对两原告提供的证据及两原告陈述的事实，宁波海事法院在庭审核实的基础上均予以认定，并据此确认如下事实：

两原告系姐妹关系，共同以义乌市必通进出口商行的字号对外经营货物进出口业务。被告徐向军以"深圳市鸿基伟业物流有限公司"的名义对外进行货运代理业务，该公司未经合法登记注册。2007年5月至8月间，两原告分别以义乌市恒风进出口有限公司、湖北龙港进出口有限公司等名义委托"深圳市鸿基伟业物流有限公司"代理出运4个集装箱货物。货物出运后，被告因欠荣升公司运费31万余元，于2007年8月24日将涉案的4份提单抵押给该公司，并向该公司出具欠条一张。因两原告向被告催要提单，被告于8月24日出具欠条，该欠条载明了被告欠原告张乔霞涉案4个集装箱货物的提单，该4份提单项下运费为11万元；被告承诺在2007年8月30日前支付原告张乔霞15万元用于向荣升公司购买上述提单；如上述15万元不足以支付荣升公司的欠款，则不足部分在2007年9月30日前支付给原告张乔霞等内容。后被告未按欠条履行付款义务，两原告为取回上述4份提单，于2007年9月29日向荣升公司支付了人民币31万元，荣升公司出具了收条，两原告取回了提单。两原告按被告出具的欠条向被告催讨多支付的20万元未果，遂诉至宁波海事法院。

宁波海事法院另查明：涉案货物其中3份报关单显示经营单位和发货单位为金华市八方旅行社有限公司，金华纵横国际物流有限公司负责报关，上述两公司于2007年9月5日出具证明，明确涉案货物实际托运人为原告张晓霞。

三、法院裁判

宁波海事法院认为,被告以"深圳市鸿基伟业物流有限公司"的名义对外经营,该公司未经合法工商登记注册,其民事责任应由被告个人承担。两原告系涉案货物的实际托运人,委托被告出运货物,被告接受委托后,应全面、正确履行其代理义务。现被告将应交付给两原告的提单擅自抵押给案外人荣升公司,另向原告张乔霞出具欠条承诺,取回涉案4份提单所支付的款项在抵扣运费11万元以后由被告承担,且承诺该款项在2007年9月30日前支付,现被告未按承诺支付上述款项,而两原告为取回涉案提单向案外人荣升公司支付了31万元,故被告理应赔偿两原告因此而遭受的损失。

综上,原告的诉请、证据和理由充分,宁波海事法院予以支持。依据《中华人民共和国民事诉讼法》第130条,最高人民法院《关于适用〈中华人民共和国民事诉讼法〉若干问题的意见》第46条,《中华人民共和国合同法》第107条、第404条、第406条的规定,判决如下:

被告徐向军于本判决生效后10日内赔偿原告张晓霞、张乔霞20万元。

11.6.4 货运代理过错导致提单被抢的法律责任

45 上诉人青岛安捷顺国际物流有限公司与被上诉人金乡县盛达万吨冷藏有限责任公司货运代理合同纠纷案

案例来源:山东省高级人民法院(2007)鲁民四终字第59号
主题词:货运代理 转递提单 抢劫 赔偿责任

裁判要旨

No. ZH-11.6.4-1 货运代理在履行货运代理合同时指定他人转递提单过程中,提单在转递人手中被抢,致使产生的目的港滞港费、滞箱费和利息损失,系货运代理履行代理义务不当造成的,且损失的发生与履行行为不当之间具有因果关系,货运代理应向其合同相对方的委托人承担赔偿责任。

No. ZH-11.6.4-2 收货人出具证明表示在银行保函有效期内拒绝支付货款,委托人未收到货款;同时,收货人将滞港费、滞箱费等单据原件递送给委托人,并与委托人达成损失抵顶货款的协议,法院据此认定收货人目的港发生的费用已经转化为委托人的实际损失,委托人不必先行向收货人支付费用损失后才能向货运代理主张相关损失。

一、基本案情

上诉人(原审被告):青岛安捷顺国际物流有限公司(以下简称安捷顺公司)
被上诉人(原审原告):金乡县盛达万吨冷藏有限责任公司(以下简称盛达公司)

青岛海事法院查明:2003年6月12日,盛达公司作为卖方与买方伊朗迪拜公司(以下简称迪拜公司)(IRAN&DUBAI COMPANY L.L.C)签订一份国际货物销售合同,合同约定盛达公司向买方迪拜公司销售大蒜98吨,总价值22 750美元,装运及发货时间为2003年6月25日前,付款方式为电汇。合同签订后,盛达公司按合同约定备货。为前述合同项下货物的出口,盛达公司委托安捷顺公司作为其货运代理人,办理货物出运的租船订舱、报关报验等事宜。安捷顺公司接受委托后,依约办理了租船订舱等货运代理事宜,将盛达公司的出口货物交由马士基航运有限公司承运。

2003年6月25日,承运人马士基航运有限公司签发了TSTRF5594号已装船提单。同年6月29日,安捷顺公司为盛达公司向承运人垫付了海运费,并从承运人处取得了该提单。

2003年6月30日,安捷顺公司将该提单交由大千快递公司,委托该公司将提单递送给盛达公司。在大千快递公司给安捷顺公司签发的0042126号快递单上载明:"始发地青岛,日期2003年6月30日,寄达地济宁,寄件人马中侠,收件人李晓兰,寄件单位为青岛市太平路51号国贸大厦3403室(安捷顺公司地址),收件单位金乡盛万吨冷藏有限公司,货物描述为TSTRF5594正本提单一套,资费预付,取件人于。"

2003年7月1日,济宁中区大千货物快递服务部收到青岛大千快递公司发来的0042126快件,在送往与安捷顺公司业务员李晓兰另行约定的地点时遭到抢劫,快件被抢。事发后安捷顺公司于当天将提单丢失的情况向盛达公司及承运人作了通报。在安捷顺公司向承运人马士基航运有限公司在青岛港的分支机构马士基(中国)航运有限公司青岛分公司(以下简称马士基青岛公司)询问提单丢失的解决办法过程中,马士基青岛公司告知安捷顺公司此事的解决方案,即在满足托运人书面同意、发货人出具保函、一流银行提供担保三个条件后,承运人可以不凭正本提单将货物交付给收货人。

2003年7月11日,本案TSTRF5594号提单项下货物运抵目的港阿联酋迪拜港。同年8月15日,阿联酋MASHREQ银行PSC向承运人出具放货保函。同年8月20日,收货人伊朗迪拜公司将货物提走。同年8月19日,收货人伊朗迪拜公司向迪拜港务局支付了该票货物的滞港费20 560迪拉姆(阿联酋货币单位)。同时,收货人伊朗迪拜公司向承运人马士基公司在当地的分支机构(MAERSK KANOO L.L.C)支付了该票货物的滞箱费33 609迪拉姆。同年12月16日,MASHREQ银行PSC向收货人伊朗迪拜公司收取了保证金利息1 809.27迪拉姆。

2004年2月23日,盛达公司给安捷顺公司发电报称:"由于贵公司原因致提单丢失,使我方给迪拜的大蒜在目的港滞留,损失惨重,迪拜买方不仅拒付我方全部货款19万元,而且还要求我方继续赔偿其他损失20万元,故贵公司应赔偿我公司损失20万元或协商照顾双方利益的前提下一并结算。"

2004年7月,盛达公司收到收货人伊朗迪拜公司寄来的迪拜港务局、马士基KAM00分公司、MASHREQ银行PSC的收据原件,并附有公证认证材料。至今,伊朗迪拜公司未向盛达公司支付货款。

货运代理·转递提单·抢劫·赔偿责任

二、一审裁判

青岛海事法院认为,盛达公司因货物出口委托安捷顺公司办理租船订舱的事宜,安捷顺公司接受委托,并实际办理了委托事项,双方虽未签订书面合同,但双方后来的民事行为业已证明双方之间形成了事实上的国际货运代理合同关系,安捷顺公司对双方之间形成货运代理合同关系并无争议。尽管安捷顺公司双方没有书面约定具体的代理事项,但根据安捷顺公司双方业务往来的操作惯例及安捷顺公司双方的当庭陈述,双方一致确认租船订舱、寄送提单是安捷顺公司所应办理的货运代理业务事项,租船订舱、寄送提单因此成为安捷顺公司在与盛达公司之间的货运代理合同关系中的合同义务,即安捷顺公司代为订舱取得提单后,应妥善将提单送交盛达公司。安捷顺公司为履行其送交盛达公司提单的合同义务,委托大千快递公司递送提单,大千快递因此成为安捷顺公司的债务履行辅助人,其递送提单的行为是一种债务履行辅助行为,安捷顺公司作为债务人应当对其履行辅助人的行为承担责任。大千快递作为安捷顺公司的债务履行辅助人未尽到足够的注意义务,造成提单丢失,使安捷顺公司对盛达公司构成违约,因第二人的原因造成违约,仍由合同当事人来承担违约责任,这是由合同的相对性原则决定的。依据合同的相对性原则,只有合同的当事人才有权向对方提出履行的请求,或者向对方承担义务,其他任何第三人不承担合同的义务,第三人的行为不对合同当事人构成违约。《中华人民共和国合同法》第 121 条规定:"当事人一方因第三人的原因造成违约的,应当向对方承担违约责任。当事人一方和第三人之间的纠纷,依照法律规定或者按照约定解决。"根据该法律规定,安捷顺公司应当向盛达公司承担未能将提单送交盛达公司的违约责任,至于安捷顺公司与大千快递的纠纷,依法律规定或他们双方的约定另行解决。

本案所涉提单是指示提单,既是提货凭证又是具有流通性的物权凭证,这类提单一旦丢失,一个谨慎的承运人不会轻易再签发第二套提单,否则可能面临两个有权提货的收货人。在航运实务中,一般会通过托运人向法院申请公告催示时发布公告将原提单除权然后承运人再签发一套提单,或满足承运人提出的严格条件(如取得相应的担保)后,承运人可以不凭正本提单交付货物。但无论采取哪种方式,都需要一定的时间来完成,通常在货物抵达目的港之前难以完成上述程序的操作;所以通常情况下,货物抵达目的港之后仍然无法提取而使在目的港产生滞港、滞箱等费用成为必然。本案中,安捷顺公司虽然在提单丢失后积极协助盛达公司办理提单丢失后的相关事宜,但客观上仍然无法避免目的港各种费用的产生。安捷顺公司主张盛达公司在提单丢失后,没有在合理的时间内满足承运人的要求办理无正本提单提货而致使损失扩大,但安捷顺公司并未能举证证明合理的时间为多长。青岛海事法院认为,在上述通常的两种解决方式中,法律明确规定了公示催告的程序为公告之日起 60 天,因另一种解决方式的时间不确定,那么办理公示催告的最短时间就成为一种合理时间的参照,逾之则视为超过了合理时间。本案中,收货人提取货物时间(即滞港费、滞箱费的截止时间)短于60日,故安捷顺公司关于盛达公司未能在合理时间内完成相应提货手续的办理而致使损失扩大的抗辩理由,青岛海事法院不予采信。

收货人在提取货物时,将滞港费、滞箱费、银行出具担保的费用支付给相关方,之后通过不支付货款的方式,将损失转嫁到盛达公司身上,使盛达公司遭受到了不能收回货款的经济损失,盛达公司的该项损失与安捷顺公司的违约行为有直接的因果关系,安捷顺公司应承担违约赔偿责任。盛达公司以收货人在目的港支付的费用为索赔数额,并未超出其货款的实际损失数额,盛达公司在该货款损失的范围内提起的诉讼请求并无不当,应予支持;对于盛达公司提交的关于阿联酋货币与美元汇率的证据,安捷顺公司未持异议,因此青岛海事法院对盛达公司提交的该证据的证明力予以认定。

综上,对于盛达公司要求安捷顺公司偿付相当于滞港费、滞箱费、银行担保金利息(55 978.27 迪拉姆)的折合人民币 126 511 元的货款损失的诉讼请求,予以支持。依照《中华人民共和国合同法》第107条、第121条的规定,判决:

青岛安捷顺国际物流有限公司偿付金乡县盛达万吨冷藏有限责任公司经济损失人民币 126 511 元整,并于判决生效之日起10日内付清,逾期则加倍支付迟延履行期间的债务利息。

案件受理费 4 040 元,由青岛安捷顺国际物流有限公司承担,并连同上述赔付款项迳付盛达公司。

三、上诉与答辩

安捷顺公司不服原审判决,上诉称:

(1)青岛海事法院以迪拜公司未向盛达公司支付货款为由认定盛达公司遭受了不能收回货款的经济损失,理由不能成立:一是没有证据证明盛达公司因提单丢失遭受了货款损失;二是迪拜公司未向盛达公司支付货款不必然导致永远不支付货款;三是盛达公司提供的2004年2月23日给安捷顺公司的电报无法证明货款不能收回。

(2)即使迪拜公司产生滞港费、滞箱费和利息损失,仅当盛达公司承担了该损失后,才有权向安捷顺公司追偿。

(3)青岛海事法院认定滞港费、滞箱费事实不清。请求二审法院撤销原审判决,改判驳回盛达公司的诉讼请求。

盛达公司答辩称:青岛海事法院认定事实清楚,适用法律正确,原审判决应予维持。

四、二审裁判

经查明,双方当事人对青岛海事法院查明事实没有异议,山东省高级人民法院对青岛海事法院已查明的事实予以确认。

另查明,二审期间盛达公司提交了经公证认证的迪拜公司与盛达公司签订的协议书,载明:

(1) 本案 TSTRF5594 号提单项下货物运抵目的港阿联酋迪拜港。因正本提单丢失,迪拜公司无法及时提货;阿联酋 MASHREQ 银行 PSC 向承运人出具放货保函,收货人伊朗迪拜公司将货物提走;收货人伊朗迪拜公司向迪拜港务局支付了该票货物的滞港费 20 560 迪拉姆;向承运人马士基公司在当地的分支机构(MAERSK KANOO)支付了该票货物的滞箱费 33 609 迪拉姆;向 MASHREQ 银行 PSC 收取了保证金利息 1 809.27 迪拉姆。

(2) 双方同意从应当支付的该票货物的货款中将上述费用进行等额抵扣。迪拜公司不需再支付给盛达公司上述费用的等额货款。

(3) 该协议经双方签字后生效。盛达公司认为,此份证据可以佐证其等值货款已无法收回,盛达公司已经通过抵扣货款的方式承担了滞期费、滞箱费、利息损失。安捷顺公司认为,上述证据超过法律规定的举证期限,因此,不发表质证意见。山东省高级人民法院认为,协议书是对滞期费、滞箱费、利息损失抵顶货款问题的补充,该协议书的效力应予认定。

山东省高级人民法院认为,盛达公司与安捷顺公司之间系货运代理合同纠纷,根据安捷顺公司的上诉请求及盛达公司的答辩理由,案件争议的焦点问题是:盛达公司是否遭受了不能收回货款的损失,盛达公司是否应当先行向迪拜公司承担滞期费、滞箱费和利息损失,才能向安捷顺公司主张上述费用;青岛海事法院认定滞期费、滞箱费是否正确。

安捷顺公司在履行货运代理合同转递提单的义务时,提单被抢,致使买方迪拜公司未能及时持有正本提单提取货物而在目的港必然发生滞港费、滞箱费和利息损失,上述损失是客观存在的,系安捷顺公司履行代理义务不当造成的,损失的发生与履行行为不当之间具有因果关系,安捷顺公司均应承担由此造成的赔偿责任。虽然提单是安捷顺公司指定的大千快递公司在递送中丢失的,因安捷顺公司与大千快递公司是另外一个法律关系,相对于盛达公司来讲,将提单送交盛达公司是安捷顺公司的义务,故安捷顺公司仍应向盛达公司承担民事责任。

涉案货款盛达公司未收到,收货人迪拜公司出具证明明确表示在银行保函有效期内拒绝支付货款;同时,迪拜公司将滞港费、滞箱费等单据原件递送给盛达公司,结合二审期间盛达公司提交的与迪拜公司达成的关于损失抵顶货款的协议书,能够认定迪拜公司同意从应该支付该票货物的货款中,将上述费用和利息损失等值抵扣,因此目的港发生的费用已经转化为盛达公司的实际损失。安捷顺公司关于盛达公司必须先行向迪拜公司支付费用损失后才能向其主张相关损失,没有法律依据。盛达公司将实际发生的损失向安捷顺公司主张并无不当。

原审中,盛达公司将目的港发生的 3 项费用损失向安捷顺公司主张,并未包括货款损失,如前所述,本案实际发生了货款抵顶费用损失的情况。退一步讲,即使收货人迪拜公司向盛达公司支付了货款,也不影响迪拜公司向盛达公司,盛达公司向安捷顺公司依次主张目的港的损失问题。因此,无论货款是否收回,安捷顺公司均应承担合同义务履行不当的责任。

安捷顺公司主张该单货物按照国际惯例应当有 7 至 10 天的免费堆存期,因未提交证据支持,其主张不能成立。原审判决依据经公证认证的收据、发票原件认定的滞期费、滞箱费事实清楚,应予支持。

综上,安捷顺公司的上诉理由不成立,山东省高级人民法院不予支持。原审判决认定事实清楚,适用法律正确,应予维持。依照《中华人民共和国民事诉讼法》第 153 条第 1 款第(一)项之规定,判决如下:

驳回上诉,维持原判。

二审案件受理费 4 040 元,由上诉人青岛安捷顺国际物流有限公司负担。

本判决为终审判决。

11.6.5 货运代理转交未登记备案的国外无船承运人提单的责任

46 上诉人天津裕佳昌国际货运有限公司与被上诉人威海锦源纺织有限公司货运代理合同纠纷案

案例来源:山东省高级人民法院(2009)鲁民四终字第 81 号

主题词:货运代理　转交　国外无船承运人　提单　备案登记

> **裁判要旨**
>
> **No. ZH-11.6.5-1**　货运代理在货物装船后向发货人转交未在境内登记备案的国外无船承运人签发的提单,委托人收到提单并未提出异议,国外无船承运人合法存在。法院认定,即使涉案提单未在我国交通部登记备案,提单所证明的运输关系成立有效。货物到达目的港,货运代理已向委托人告知货物到达目的港和收货人不提货的信息,但委托人未积极处理货物,放任货物在目的港存放,直至查询不到货物下落,即使存在后期货物损失也是委托人自身扩大的损失,货运代理完成了货物出运的代理义务,并无过错,不应向委托人承担货物损害赔偿责任。

一、基本案情

上诉人(原审被告):天津裕佳昌国际货运有限公司(以下简称裕佳昌公司)

被上诉人(原审原告):威海锦源纺织有限公司(以下简称锦源公司)

原审被告:金恩喜

青岛海事法院查明,2005 年底,锦源公司通过韩国一名叫 KAY·KIM 的社长(以下简称 KAY 社长)向美国色路森公司出口服装,KAY 社长为中间人,收取佣金。就该票货物,锦源公司与 KAY 社长、色路森公司均未签订贸易合同,根据 KAY 社长的指示,色路森公司直接向锦源公司开具了信用证。信用证中规定,货物金额 88 500 美元,付款方曼迪利(欧洲)银行,贸易方式 C&I,货物描述服装,最晚装船日期 2005 年 12 月 5

日,装船港中韩两国任一港口。KAY 社长指定金恩喜代为办理锦源公司货物在中国出运的相关业务。

2005 年 12 月 19 日,金恩喜以裕佳昌威海公司的名义向锦源公司发出了入货通知,通知锦源公司:船名为 CHANG YING V. 500E,提单号为 TAO6TEC3A01,开船日为 12 月 21 日,最晚入货时间是 12 月 20 日上午 11 点之前,入货地点为韩进场站。锦源公司按照入货通知的内容将生产好的货物在指定时间运送至指定地点。

根据金恩喜的指示,锦源公司将报关费、场站费、港杂费、单证费、海关检验费、验货费等杂费共计人民币 4 295 元付至金恩喜的银行卡,金恩喜向其出具了山东泛亚国际货运有限公司的发票。

货物出运后,金恩喜交付给锦源公司一套由盎司海运航空株式会社(以下简称盎司公司)签发的编号为 TAONYC050102 的正本提单。提单记载:托运人为锦源公司,收货人为凭伦敦曼迪利(欧洲)银行通知,通知方为美国色路森公司。装运港中国青岛,卸港美国纽约,运费到付,279 箱队服,一个 20 呎集装箱。提单签发日期为 2005 年 12 月 21 日。提单上未标明集装箱号和铅封号。

金恩喜称,该提单是盎司公司签发后,从韩国寄来,然后转交给锦源公司。为此,金恩喜向法庭提交了一份 2006 年 12 月 28 日从韩国寄来的特快专递的回执,用以证明该提单不是其代理盎司公司签发,而是盎司公司直接签发后寄来的。因回执上未注明文件的名称,锦源公司对此持有异议,认为该回执反映不出快递中的文件是涉案提单。裕佳昌公司还提交了一份与 KAY 社长的邮件,邮件中 KAY 社长称通知锦源公司货物通过金恩喜运到韩国,然后再通过盎司公司运到美国。因为盎司公司是色路森公司指定的,所以到美国的提单也是盎司公司签发的。锦源公司认为该邮件既不能证明盎司公司是色路森公司指定的,也不能证明提单是盎司公司签发的。因锦源公司未提交其他证据证明涉案提单是由裕佳昌公司代理签发的,因此,裕佳昌公司关于涉案提单不是其代理签发的抗辩,该院予以采纳。

还查明,据锦源公司称,2005 年 12 月 22 日,锦源公司向裕佳昌威海公司传真了一份保证通知函,内容为:"兹有我公司货物(提单号为 TAONYC050102),现要求贵司向我司保证,收货人必须使用贵司给我司出具的提单换单、提货;如果收货人不是从银行处得到此提单,而是使用其他提单提货或换单将货物提出,由此产生的责任由贵司承担。"裕佳昌公司在收到该函后,加盖公章回传给锦源公司。但锦源公司只提交了该传真件的复印件,未提交原件。锦源公司还提交了一份金恩喜向锦源公司传真的保函复印件,内容为:我公司代理贵公司 12 月 21 日青岛至釜山的出口货物,12 月 28 日在釜山转二程韩国到美国的船,提单号 TAONYC050102,在没有得到贵公司放货通知的情况下,美国的收货人不能提货,特此证明。裕佳昌公司称既未收到过锦源公司发的上述保证通知函,也未向锦源公司传真过保函。锦源公司未向法庭提交证明金恩喜以及裕佳昌威海公司收发上述两份传真的底单,也未提交电信部门出具的通话或传真清单。因锦源公司提交的上述保证通知函以及金恩喜传真的保函均为传真件,在裕佳昌公司不予认可且锦源公司不能提交传真回执的情况下,其真实性该院不予确认。

锦源公司凭盎司公司签发的提单等单据向银行议付货款时,被银行以不符点为由拒付。锦源公司于 2005 年 12 月 21 日向色路森公司开具的发票显示,该票货物的价值为 78 546.70 美元。锦源公司在与 KAY 社长的电子邮件中亦显示货物的价值为 78 546.70 美元。

锦源公司现持有全套正本提单,据锦源公司称,其按照提单的记载向美国的目的港查询该货物,被告知无法查到此货物。提单记载的盎司公司的电话、地址均无法联系上。锦源公司至今未能查明货物的下落。金恩喜亦称不知货物运至美国后的下落。

根据金恩喜发给锦源公司的入货通知中的提单号,可以查明锦源公司的货物装载于编号为 HJCU8356572 的集装箱内。该货物的实际承运人为韩进海运。锦源公司提交了一份韩进网站的查询单,查询单显示该箱已在流转中。锦源公司欲以此证明箱内货物已被交付给收货人或已经灭失。

还查明,裕佳昌威海公司于 2006 年 11 月 7 日成立。裕佳昌公司在庭审中向法院出具证明:我公司所属威海分公司于 2006 年 11 月 7 日经工商部门批准登记设立,此前,金恩喜以我公司威海分公司名义所从事的与威海锦源纺织有限公司的业务均代表我公司威海分公司,在我公司威海分公司成立后,该业务所产生的权利义务均由我公司威海分公司承继。

裕佳昌公司在庭审期间向法庭提交了一份盎司公司的韩国工商登记材料,该材料显示盎司海运航空株式会社(ONCE TRANSPORT INC)于 2006 年 8 月 30 日将名称变更为世阳海运航空株式会社(SEYANG TRANSPORT INC)。但裕佳昌公司提交的该份材料只有公证以及韩国通商部的认证,没有我国使领馆的认证,锦源公司对此份材料的真实性有异议。裕佳昌公司称,因中国使领馆办理认证需要世阳海运航空株式会社法定代表人的身份证件,而裕佳昌公司无法提交该身份证件,因此未能办理认证。但韩国通商部的认证足以证明该公司的合法存在。

盎司公司、世阳海运航空株式会社均未在我国登记备案为无船承运人。

另查明,根据锦源公司的申请,2006 年 12 月 1 日,威海市中级人民法院作出限制出境决定书,限制金恩喜出境。案件移送青岛海事法院后,锦源公司于 2007 年 5 月 24 日申请撤回对金恩喜限制出境的申请,经审查,该院准予锦源公司的申请,解除对金恩喜限制出境的决定。

二、一审裁判

经合议庭研究并经审委会讨论后认为,本案中,锦源公司持有的是盎司公司签发的正本提单,因此锦源公司与盎司公司之间成立海上货物运输合同关系,锦源公司是托运人,盎司公司是承运人。金恩喜办理该票货物在中国的出运手续,裕佳昌公司承认金恩喜的上述行为是公司行为,因此,裕佳昌公司在本案中应当认定为锦源公司的货运代理人,锦源公司与裕佳昌公司之间成立货运代理合同关系。

盌司公司接受锦源公司的货物并向锦源公司签发正本提单后,应当按照提单的记载在目的港将货物交付给正本提单持有人。现锦源公司持有全套正本提单,而装载该货物的集装箱已经投入流转,货物下落不明。锦源公司作为托运人及提单持有人,在无法查明货物下落的情况下,其对于主张货物已经被交付或已经灭失尽到了初步的举证义务,在承运人不能提供相反证据的情况下,应当视为货物已被作为承运人的盌司公司处分或灭失。

锦源公司、KAY 社长与色路森公司所从事的是转口贸易,贸易条款是 C&I,根据该条款,货物的运输由收货人负责。裕佳昌公司虽然是 KAY 社长指定的货运代理,但是作为锦源公司的代理,其应当在货物出运后向锦源公司交付合法有效的提单。裕佳昌公司虽然向锦源公司交付了盌司公司出具的正本提单,但盌司公司既未在我国备案为无船承运人,具备签发无船承运人提单的资质;裕佳昌公司也不能证明盌司公司在韩国是一家正常经营的合法公司;同时裕佳昌公司也不能证明盌司公司是锦源公司认可的买方指定的承运人。作为锦源公司的货运代理人,裕佳昌公司因向锦源公司出具非法提单导致锦源公司托运的货物下落不明,其对此负有重大过错,依法应当承担因此给锦源公司造成的货物损失 78 546.70 美元。

虽然裕佳昌公司提交了盌司公司在韩国的变更登记材料,但该证据未经我国使领馆的认证,因此不能证明盌司公司的合法存在。虽然裕佳昌公司提交了与 KAY 社长联系的邮件,用以证明盌司公司是买方指定的承运人。但邮件中写明金恩喜负责将货物运至韩国,然后由盌司公司运到美国。即使该邮件是真实的,也只能证明盌司公司是色路森公司指定的从韩国至美国区间的承运人,中国至韩国的运输由金恩喜负责。因此,裕佳昌公司关于其正常履行代理义务的抗辩,不予采纳。

金恩喜虽然是 KAY 社长指定的涉案货物的货运代理人,其代理该货物时裕佳昌威海公司尚未注册成立,但其从事业务时以裕佳昌威海公司的名义,且该公司已在筹建中,公司成立后,裕佳昌公司认可金恩喜的上述行为是公司行为,因此金恩喜个人不应对其职务行为承担法律责任。

综上所述,裕佳昌公司应当赔偿锦源公司货物损失 78 546.70 美元,金恩喜不承担本案的赔偿责任。依照《中华人民共和国民法通则》第 106 条第 1 款的规定,判决:

(1) 裕佳昌公司支付锦源公司货物损失 78 546.70 美元;

(2) 驳回锦源公司对金恩喜的诉讼请求。

上述款项裕佳昌公司应当于判决生效之日起 10 日内支付。若未按本判决指定的期间履行给付金钱义务,应当按照《中华人民共和国民事诉讼法》第 232 条之规定,加倍支付迟延履行期间的债务利息。

案件受理费人民币 11 300 元,由裕佳昌公司负担。

三、上诉与答辩

裕佳昌公司不服上述判决,上诉称:

（1）本案中负责锦源公司货物出运的是买方指定的盎司公司。本案贸易方式为C&I,由收货人负责货物的租船订舱,在此情况下等于锦源公司认可了由收货人指定的承运人盎司公司,因此,即使裕佳昌公司不去代理锦源公司办理此票货物的出运事宜,盎司公司仍然会作为收货人指定的承运人出现,锦源公司同样会收到盎司公司签发的提单。

（2）裕佳昌公司仅仅是锦源公司的货运代理人,在货运操作中没有过错。裕佳昌公司代理事项为与收货人指定并且锦源公司接受的盎司公司联系,办理货物的具体出运,并为其代垫各种杂费,转交盎司公司签发的正本提单。货物顺利出运后向锦源公司收取垫付的各种费用及代理费,至于锦源公司能否从收货人处收到货款是锦源公司的贸易问题,与裕佳昌公司无关。

（3）本案锦源公司如果发生损失,是其自身原因造成的。综上,请求撤销原审判决,依法驳回锦源公司的诉讼请求,案件受理费由锦源公司负担。

锦源公司答辩称：

（1）裕佳昌公司上诉称:"负责锦源公司货物承运的是买方指定的盎司公司"既不是事实,也没有证据。C&I仅代表买卖双方所协商价格包括卖方的生产成本及运输保险费用,与锦源公司是否接受买方指定的船运公司无关。锦源公司事先不知道盎司公司是承运人,有关承运事宜,均由裕佳昌公司威海分公司负责人金恩喜操办。

（2）裕佳昌公司选择盎司公司作为承运人违背了我国法律,存在明显过错。盎司公司未在我国注册,提单未在我国有关部门备案,同时,裕佳昌公司不能证明盎司公司的合法存在。因此,裕佳昌公司存在明显过错。原审判决正确,应驳回上诉,维持原判。

四、二审裁判

经审理查明:关于盎司公司的存续情况。二审开庭时,裕佳昌公司提供了一份盎司公司在韩国登记注册的韩文及其中文翻译件公证认证材料,记载盎司公司（ONSE TRANSPORT INC 株式会社）于2002年10月28日成立,地址为首尔瑞草区蚕院洞42-4电影楼304号,2006年8月30日企业名称变更为世阳海运航空株式会社（SEYANG TRANSPORT INC 株式会社）,地址变更为首尔市瑞草区瑞草洞1599-2 LG 瑞草 ECE-LATE 52号,证明盎司公司是合法成立的韩国企业法人。锦源公司质证认为,公证认证材料的真实性没有异议,一审时裕佳昌公司只提交了盎司公司的公证材料,未办理认证手续,一、二审的公证材料内容是一致的,一审的公证材料是韩文和英文,盎司公司英文地址为 Younghwa Building 304,#42-4,Jamwon dong,Seocho gu,Seoul,Korea,该英文地址的中文翻译地址为首尔瑞草区暂园洞42-4英和大厦304号,盎司公司2005年12月21日签发提单记载的英文地址为3F,Cheunwoo Bldg,42-4,Jamwon-dong,Seocho-ku,Seoul Korea,提单英文地址翻译的中文地址名称是韩国首尔瑞草区蚕院洞42-4千佑大厦3层。提单记载的中文地址与公证认证材料记载的中文地址不一致,不能证明盎司公司合法存在。山东省高级人民法院认为,裕佳昌公司一、二审提交的盎司公司公证材料的韩文地址一致,并且,盎司公司地址的门牌号一致均是韩国首尔瑞草区蚕院洞42-4号,只是门牌号下建筑名称不同,可以证明盎司公司是合法存在的韩国法人。

关于货物下落。二审开庭时,裕佳昌公司提交了3份传真,证明货物到港后向锦源公司发出相关通知,将货物到达目的港和收货人不提货的情况予以告知,让锦源公司尽早作出处理。

2006年2月15日,裕佳昌公司发给锦源公司的传真,内容为:贵司发到美国的货物已经到达目的地多日,由于收货人一直没有提货,因此,该货物有可能会在近日被转入当地国家管理的仓库,希望贵司尽早决定怎样处理该票货物,由于贵公司的货物有品牌问题,目的地代理不能100%保证从国家仓库顺利提货,并且,如果一直没有人提货或者办理退运手续的话,美国海关会在规定的时间对该货物进行拍卖处理。请贵司最好于2006年2月20日之前通知我们对该票货物的处理决定。锦源公司盖章后回传给裕佳昌公司。

2006年2月28日,锦源公司发给裕佳昌公司的传真,内容为:关于此批货物在美国未提货问题,我们已接到贵司的通知。贵司也一直未能给我们明确的解释客户为何不提货。这批货物客户不提货是因为与货代,也就是你们之间没有达成协议。这是我们得到的唯一消息。当初接这批订单的时候,我们只负责从中国将货物发出,而在韩国转口美国以及相关的手续和费用,都是由贵司负责的。现在因为贵司跟客户之间产生的问题,影响到我们的货物现在滞留美国。我们希望贵司能够明确地给我们一个解释。

2006年3月2日,锦源公司发给裕佳昌公司的传真,内容为:关于提货问题,是由于货代与客户之间未能达成协议,并不是我们自己没有根据的说法。2月1日,我们收到KAY社长的邮件,告诉我们他与客户联系过了,说是客户与货代之间产生了问题。这份邮件当时也抄送给货代表了,如果不是这样的情况,是不是当时金代表就会提出异议呢?我们只是希望能够得到关于目前情况的明确解释。

锦源公司对上述3份传真的真实性没有异议。山东省高级人民法院对3份传真的证明力予以确认。

锦源公司二审提交了5份电子邮件,证明货物下落不明。2006年9月13日金恩喜发给李光熙(盎司公司的工作人员)的邮件:请告诉下面货物的位置,电话也通过,也发了邮件,但是一直不告诉,我真的很焦急,特别是美国AIL对TAONYC050102的货,说不知道,请尽快告诉货物的位置。同日,李光熙回复金恩喜电子邮件:我们也要了货物的位置好几次,但是,一直都没有消息。我们也一直在要了,请等待一段时间。同日金恩喜回复邮件,跟以前所说的一样,中国工厂老板直接访问AIL了,但AIL说,他们对这个货物,根本没办法知道,如果不告诉舱位的话,我们的情况是很困难的,请尽快告诉吧。2006年9月22日,金恩喜发给李光熙的电子邮件:对下面3件货物的位置,请尽快告诉我们。同日李光熙回复金恩喜电子邮件:关于下面的货物,我们也要了,但是一直没得到消息。虽然很对不起,但是请再等待几天的话,会很感谢的,一直没给满意的答复。裕佳昌公司对上述电子邮件的真实性没有异议,山东省高级人民法院对其证明力予以确认。

山东省高级人民法院认为,本案系货运代理合同纠纷,锦源公司是委托人,裕佳昌公司是货运代理人。本案争议的焦点问题是,裕佳昌公司履行代理义务是否存在过错,是否应对锦源公司的货物损失承担赔偿责任。

锦源公司出运货物装船后,裕佳昌公司转交给锦源公司由盎司公司签发的提单,锦源公司收到提单并未提出异议,盎司公司是合法存在的,即使涉案提单未在我国交通部登记备案,提单所证明的运输关系是成立有效的。

根据3份传真和5份电子邮件的内容,可以认定2006年2月,货物到达目的港,裕佳昌公司通知了锦源公司货物到达目的港和收货人不提货的信息,因此,本案货物不存在下落不明的情况。锦源公司收到裕佳昌公司2月16日传真后回复了两份传真,坚持要求裕佳昌公司就美国收货人未提货问题作出明确解释,并未对货物作出处理决定。2006年9月金恩喜和李光熙在往来传真中无法确认货物下落,距离货物到达目的港已经半年有余,2006年2月份锦源公司明确知道货物已经到达目的地,而且收货人没有提货,锦源公司没有积极处理货物,放任货物在目的港存放,到9月份查询不到货物,即使存在后期货物损失也是锦源公司自身造成的,就该扩大损失要求货运代理人裕佳昌公司承担责任不成立,裕佳昌公司完成了货物出运的代理义务,并无过错,青岛海事法院判决裕佳昌公司承担货物损害赔偿责任不当,应予纠正。

综上,上诉人裕佳昌公司上诉理由成立,应予支持。根据《中华人民共和国民事诉讼法》第153条第1款第(三)项的规定,判决如下:

(1) 撤销中华人民共和国青岛海事法院(2007)青海法威海商初字第33号民事判决;

(2) 驳回锦源公司的诉讼请求。

一审案件受理费11 300元人民币,二审案件受理费11 300元人民币,均由锦源公司负担。

本判决为终审判决。

11.6.6 发货人的货运代理同时作为承运人的签单代理签发提单的法律责任

47 上诉人上海爱意特国际物流有限公司宁波分公司与被上诉人宁波市鄞州金宁家具用品厂海上货运代理合同纠纷案

案例来源:浙江省高级人民法院(2009)浙海终字第127号

主题词:货运代理　双重代理　签发提单　发货人　托运人

裁判要旨

No. ZH-11.6.6-1 发货人的货运代理同时又作为承运人的签单代理签发提单,在FOB价格下,应在提单中将实际向其交付货物的发货人记载为托运人并向发货人交付提单,其未征得发货人同意擅自向他人签发了他人为托运人的提单,侵害了发货人的权利,应当赔偿发货人遭受的无法收回货款的损失。

货运代理・双重代理・签发提单・发货人・托运人

一、基本案情

上诉人(原审被告):上海爱意特国际物流有限公司宁波分公司(以下简称爱意特宁波分公司)

被上诉人(原审原告):宁波市鄞州金宁家具用品厂(以下简称金宁厂)

宁波海事法院审理查明,2009年5月,金宁厂为出口一批棉签委托爱意特宁波分公司办理货物出运,并按爱意特宁波分公司进仓通知书要求,于同年6月1日将货物运至爱意特宁波分公司指定的瑞源1号仓库,爱意特宁波分公司作为上海爱意特国际物流有限公司的签单代理于同年6月3日签发了以 ORIENTAL COLLECTION LTD. HONG KONG(香港溢汇有限公司,以下简称溢汇公司)为托运人,以上海爱意特国际物流有限公司为承运人的提单,但爱意特宁波分公司未向金宁厂交付提单,该票货物随后在目的港被提走。爱意特宁波分公司于2009年6月10日以金宁厂为付款单位开具了金额为495元的国际货物运输代理业专用发票,金宁厂亦支付了该费用。另查明,涉案货物共计114纸箱,每箱192个,每个0.315美元,涉案货物报关金额为6894.72美元。金宁厂为此于2009年7月22日向宁波海事法院起诉,要求爱意特宁波分公司赔偿损失人民币47090.94元。

二、一审裁判

宁波海事法院审理认为,金宁厂委托爱意特宁波分公司代理出运货物,依爱意特宁波分公司货物进仓通知书要求将货物交付爱意特宁波分公司,并按爱意特宁波分公司开具的货代发票支付了相应代理费用,双方之间成立了海上货运代理合同关系,该合同关系合法有效,双方均应信守。爱意特宁波分公司应向金宁厂交付提单,其因未履行交付提单义务造成金宁厂无法收回货款,应予以赔偿并承担相应汇率风险,金宁厂主张以起诉日汇率折算为人民币(即6894.72美元×6.83)合法有理,予以支持。爱意特宁波分公司辩称其受溢汇公司委托出运货物,进仓通知书也是溢汇公司发给金宁厂的,但均缺乏相应证据,不予支持。

据上,依照《中华人民共和国合同法》第107条、第406条第1款,《中华人民共和国民事诉讼法》第64条第1款的规定,于2009年9月18日判决:

(1)爱意特宁波分公司于判决生效之日起10日内赔偿金宁厂货款损失47090.94元人民币;

(2)爱意特宁波分公司于判决生效之日起10日内支付金宁厂诉前财产保全费用490元人民币。

如果未按判决指定的期间履行给付金钱义务,应当依照《中华人民共和国民事诉讼法》第229条之规定,加倍支付迟延履行期间的债务利息。

案件受理费980元,减半收取490元,由金宁厂负担。

货运代理・双重代理・签发提单・发货人・托运人

三、上诉与答辩

爱意特宁波分公司不服一审判决,向浙江省高级人民法院提起上诉称:

(1) 原判对 FOB 贸易条款下订舱义务在于货物买方溢汇公司的事实认识不清,事实上爱意特宁波分公司与溢汇公司之间存在海上货运代理合同关系。① 爱意特宁波分公司是根据溢汇公司的委托办理订舱等事宜,并根据溢汇公司的指示向金宁厂开具发票和收取费用,金宁厂也是根据溢汇公司的要求送货进仓,故爱意特宁波分公司与金宁厂之间不存在货运代理关系。② 金宁厂与溢汇公司之间的贸易合同约定了 FOB 条款,付款方式为 T/T,提单并非收取货款的必要条件,金宁厂收不到货款与爱意特宁波分公司没有因果关系。

(2) 金宁厂并非提单上的托运人,爱意特宁波分公司没有义务向其交付提单。

(3) 本案应由金宁厂举证证明其委托爱意特宁波分公司订舱,并证明其不能收取货款的原因是由爱意特宁波分公司造成的。原判对此项内容的举证责任分配错误。

(4) 原判结果对货代行业冲击巨大,客观上不利于我省外贸工厂的成长。请求撤销原判,改判驳回金宁厂全部诉讼请求或者发回重审。

针对爱意特宁波分公司的上诉请求和理由,金宁厂答辩称:

(1) 本案证据足以证实金宁厂与爱意特宁波分公司之间存在海上货物运输代理关系。① 金宁厂提供了代理费发票、托单等一系列证据,能够充分证明其与爱意特宁波分公司之间的货运代理关系。② 本案货物 FOB 贸易条款是对买卖合同的价格确认,只是确定运费由买方溢汇公司承担,与货运代理由谁委托没有必然关系。

(2) 买卖合同的价格形式和付费方式不能成为爱意特宁波分公司代理过错的借口。请求驳回上诉,维持原判。

四、二审裁判

二审中双方当事人均未提交新的证据材料。浙江省高级人民法院经审理查明的事实与原判认定的一致。

根据双方当事人的上诉和答辩意见,本案二审审理的焦点是爱意特宁波分公司与金宁厂之间是否存在海上货物运输代理合同关系以及爱意特宁波分公司是否应当向金宁厂交付提单。针对上述争议焦点,浙江省高级人民法院评析如下:

本案金宁厂与溢汇公司之间存在货物买卖合同关系,爱意特宁波分公司系溢汇公司指定的货运代理人。对此事实双方并无争议。金宁厂称系其委托爱意特宁波分公司办理货物报关及订舱事宜,双方之间存在货运代理合同关系;爱意特宁波分公司则辩称系溢汇公司委托其办理货物出运事宜,其与溢汇公司之间存在货运代理合同关系。

原审中金宁厂提供了爱意特宁波分公司的货物进仓通知书,该通知书抬头为爱意特宁波分公司的英文缩写 AIT,落款联系人和寄单地址为爱意特宁波分公司,证明其接受爱意特宁波分公司指令将货物送至仓库。爱意特宁波分公司在原审中提供的证明其与溢汇公司之间货运代理关系的授权委托书、溢汇公司的公司注册登记材料、订舱电子邮件等证据材料,均因未办理公证认证手续而未被认定,故爱意特宁波分公司并无证据证实其与溢汇公司之间存在货运代理关系。因此,金宁厂依据爱意特宁波分公司的进仓通知书将货物交付爱意特宁波分公司,并按爱意特宁波分公司开具的货代发票支付了相应代理费,爱意特宁波分公司完成了货物的报关出运事宜,双方之间成立了海上货运代理合同关系。爱意特宁波分公司提出的其与金宁厂之间无货运代理关系的上诉理由与事实不符,浙江省高级人民法院不予采信。爱意特宁波分公司同时又作为承运人上海爱意特国际物流有限公司的签单代理,理应在提单中将实际向其交付货物的金宁厂记载为托运人并向金宁厂交付提单,如此才能保证货物买卖合同的交易安全。而且,货物买卖合同约定的付款方式为:T/T after received B/L copy,意味着卖方将提单复印件提交买方,买方付款后,卖方才将正本提单提交买方。故爱意特宁波分公司在未征得实际托运人金宁厂同意的情况下,擅自签发了以溢汇公司为托运人的提单,并将提单交付给溢汇公司,侵犯了金宁厂的权利,亦使得本案买卖合同的交易安全失去保障,其应当赔偿金宁厂因此受到的损失。

浙江省高级人民法院认为,本案双方之间的海上货运代理合同关系合法有效,爱意特宁波分公司未征得金宁厂同意直接向货物买方交付提单,致使金宁厂无法收到货款,应当赔偿金宁厂的相应损失。原判认定事实清楚,适用法律正确,实体处理得当。依照《中华人民共和国民事诉讼法》第 153 条第 1 款第(一)项之规定,判决如下:

驳回上诉,维持原判。

11.7 货运代理的过错责任

11.7.1 有偿货运代理未及时告知航次取消的过错责任

48 上诉人宁波天然国际贸易有限公司与被上诉人天津泛艺国际货运代理服务有限公司宁波分公司货运代理合同纠纷案
案例来源:浙江省高级人民法院(2009)浙海终字第 73 号
主题词:货运代理 有偿代理 航次取消 告知义务

> **裁判要旨**
>
> **No. ZH-11.7.1-1** 预订航次因船舶故障而被承运人取消,延期至下年度,作为有偿委托合同受托人的货运代理,得知后未及时通知/告知作为委托人的货主,有违货运代理的谨慎处理义务,导致货主使用当年度的纺织品出口配额进行出口报关后,又使用了受让的下年度出口配额,对委托人的配额损失存有一定错过,法院酌定其按照商务部配额招标价赔偿货主一次出口配额的损失。

一、基本案情

上诉人(原审原告):宁波天然国际贸易有限公司(以下简称天然公司)

被上诉人(原审被告):天津泛艺国际货运代理服务有限公司宁波分公司(以下简称泛艺分公司)

宁波海事法院审理查明,2007 年 8 月 18 日,天然公司与案外人嘉利国际贸易有限公司(以下简称嘉利公司)签订出口代理合同,双方约定天然公司代理嘉利公司出口商品。同年 12 月,天然公司委托泛艺分公司出运 3 个集装箱输美 338/339 纺织品货物(编号分别为:MOTU0127788、MOFU6746888、MOFU6746851),装货港为宁波,卸货港为美国西雅图。天然公司根据泛艺分公司提供的船期信息,要求泛艺分公司安排于同年 12 月 28 日开航的"Tian Rong V.475N"航次出运。泛艺分公司以无船承运人 UPS Ocean Freight Serices,Inc. 的代理人名义向实际承运人商船三井有限公司的订舱代理宁波致远国际货运有限公司订舱。后因已订舱的"Tian Rong"轮发生故障,船公司于同年 12 月 29 日通知泛艺分公司,但泛艺分公司没有及时转告天然公司。上述三个集装箱于 2008 年 1 月 5 日转至"Mingzhou8 V.476N"出运。涉案货物使用了 2007 年的出口配额进行出口报关,没有在 2007 年 12 月 31 日之前实际出运,经货物买受人要求,天然公司又使用了受让的 2008 年出口配额。

宁波海事法院另认定:2007 年、2008 年的输美 338/339 纺织品商务部招标价每打均为 7 元人民币,涉案货物共 6 739 打,计 47 173 元。

天然公司认为泛艺分公司之行为已构成违约,遂诉至宁波海事法院,请求判令泛艺分公司赔偿其出口配额损失 683 334.60 元人民币及逾期付款利息。

二、一审裁判

根据双方当事人的诉辩意见,宁波海事法院对本案的争议焦点归纳并评析如下:

1. 双方当事人之间的法律关系

天然公司以双方之间存在海上货运合同关系主张权利,而泛艺分公司抗辩其系无船承运人 UPS Ocean Freight Serices,Inc. 的代理,与天然公司不构成合同关系,天然公司应向 UPS Ocean Freight Serices,Inc. 主张权利。宁波海事法院认为,泛艺分公司接受天然公司委托,为天然公司货物出运向承运人订舱,可认定泛艺分公司系天然公司的海上货运代理人;而泛艺分公司又以 UPS Ocean Freight Serices,Inc. 的名义,向实际承运人商船三井有限公司的代理人宁波致远国际货运有限公司订舱,并向天然公司签发 UPS Ocean Freight Serices,Inc. 的无船承运人提单,亦可认定泛艺分公司系无船承运人 UPS Ocean Freight Serices,Inc. 的代理人。因此,本案中,泛艺分公司对于天然公司具有货运代理人和无船承运人的代理人的双重身份,天然公司有权以货运代理合同关系对泛艺分公司提起诉讼,双方之间的货运代理合同关系应予以确认。

天然公司提供证据证明其与嘉利公司系外贸代理合同关系,泛艺分公司没有相反证据,宁波海事法院予以确认。嘉利公司已声明将该权利转让给天然公司,故天然公司有权向泛艺分公司主张。

2. 关于泛艺分公司是否违约的问题

泛艺分公司接受天然公司委托,向天然公司提供船公司航线船期资料,然后根据天然公司的托单要求,以无船承运人 UPS Ocean Freight Serices, Inc. 的代理人名义向实际承运人商船三井有限公司的订舱代理宁波致远国际货运有限公司订舱,船名与航次为天然公司所要求的"Tian Rong V.475N",预期开航日期为 2007 年 12 月 28 日,至此并不存在代理过错。然而,由于"Tian Rong"出现故障,已装船的涉案货物没有于 2007年 12 月 28 日如期出运,泛艺分公司作为代理人于 2007 年 12 月 29 日才得知以上事实后,辩称其已经电话通知天然公司相关事宜;但天然公司对此不予认可,且泛艺分公司没有其他相关证据进行佐证,故对泛艺分公司的该项抗辩不予支持,认定没有及时向天然公司履行通知/告知义务,而顺由实际承运人将涉案货物于 2008 年 1 月 5 日转至"Mingzhou8 V.476N"出运。宁波海事法院认为,从本案的实际情况分析,即使泛艺分公司及时向天然公司履行了上述通知义务,天然公司也不能证明其可采取其他措施确保涉案货物于 2007 年 12 月 31 日之前(2007 年出口配额失效前)出运,但是泛艺分公司无法证明这种可能性完全不存在,故泛艺分公司作为代理人对货物未能于 2007 年12 月 31 日之前出运存在一定的过错。

3. 关于天然公司有否损失及泛艺分公司应否承担赔偿责任的问题

天然公司诉称因泛艺分公司没有及时出运涉案货物导致其 2007 年、2008 年的出口配额损失(包括出口配额竞标损失),泛艺分公司应承担赔偿责任。泛艺分公司辩称,参加竞标与前一年的出口业绩并无必然联系;涉案货物已使用 2007 年出口配额完成报关,不会影响出口业绩;出口配额费用由嘉利公司支付,天然公司没有损失;出口配额不得买卖,天然公司通过"黑市"交易购买出口配额的费用,不能得到保护;天然公司支付出口配额费用,没有真实的付款凭证,不能予以采信。宁波海事法院认为,涉案货物以 2007 年的出口配额报关但没有在 2007 年 12 月 31 日之前出运,又实际使用了2008 年的出口配额,表明涉案货物因出运延期而多使用了一次出口配额,对此造成的合理损失应予以确认;天然公司诉称其出口业绩受影响导致 2008 年投标量减少,其证据和理由并不充分,即使有所影响,也与天然公司最终所能竞标到的 2008 年出口配额无必然的因果关系。

对于天然公司两次从市场上购买出口配额支付 683 334.60 元人民币,2003 年《中华人民共和国行政许可法》第 80 条第(一)项、2004 年《中华人民共和国对外贸易法》第 34 条第(一)项、2001 年《中华人民共和国货物进出口管理条例》第 66 条、2004 年商务部《货物出口许可证管理办法》第 39 条第 1 款等法律、法规均明确规定,禁止买卖出口许可证(包括出口配额许可)。不过,为了使有限的出口配额得到有效利用,依据商务部 2006 年《纺织品出口管理办法(暂行)》第 16 条、第 19 的规定,允许出口配额中标企业上交出口配额由商务部重新分配或在商务部指定的转让平台上将其没有使用的出口配额转让给实际需要出口配额的企业;第 20 条进一步规定,中标企业未在有效期内使用出口配额的,商务部将在下一年分配中扣减。另外,2001 年商务部《出口商品配额招标办法》第六章对配额上交、转让、受让及收回作了具体的规定。因此,宁波海事法院认为,中标方在一定条件下可以将其出口配额转让给其他企业,并可以收取为竞标出口配额而支付的投标金,但中标方不能以高出投标金转让或买卖出口配额从而获取不法利益。天然公司主张其涉案出口配额所支付的每打 7.14 美元,远高于每打 7 元人民币的投标价格,不应予以支持,仅以投标价格每打 7 元人民币计算损失,涉案货物共 6739 打,计 47173 元人民币。综合考虑本案查明的事实,泛艺分公司作为货运代理人的过错较轻,且造成涉案出口配额损失的原因有一定特殊性,故天然公司的出口配额损失酌情保护 1 万元人民币。

综上,泛艺分公司作为货运代理人,在收到承运人船期变更通知后,没有及时转告委托人天然公司,有一定过错,故天然公司因延期出运而造成的出口配额损失,泛艺分公司应承担部分赔偿责任,天然公司诉请的合理部分酌情予以保护,其余诉请不予支持。宁波海事法院依照《中华人民共和国民事诉讼法》第 64 条第 1 款、《中华人民共和国合同法》第 70 条、第 406 条的规定,于 2009 年 4 月 13 日判决:

(1) 泛艺分公司于判决生效之日起 10 日内赔偿天然公司出口配额损失 1 万元人民币;

(2) 驳回天然公司的其余诉讼请求。如果未按判决指定的期间履行给付金钱义务,应当依照《中华人民共和国民事诉讼法》第 229 条之规定,加倍支付迟延履行期间的债务利息。

案件受理费 10890 元,由天然公司负担 1 万元,泛艺分公司负担 890 元。

三、上诉与答辩

宣判后,天然公司不服,向浙江省高级人民法院提起上诉称:

(1) 一审判决部分事实认定不清。根据规定,天然公司 2007 年未实际出运的 6739 打配额不能计入 2008 年可投标数量,因此将导致该公司在 2008 年配额投标量的相应减少,造成损失。

(2) 一审判决认定以投标价格每打 7 元人民币计算损失的依据不足。天然公司从市场购买出口配额支付了 341667.30 元,系因 2007 年配额作废,该价格符合市场行情,也不违反法律规定。

(3) 一审判决认定泛艺分公司作为货运代理人过错较轻,仅承担部分赔偿责任依据不足。泛艺分公司作为货运代理人违约造成天然公司本案配额损失,理应承担全部过错责任。请求二审法院撤销原判,改判泛艺分公司赔偿人民币 683334.60 元及其逾期利息。

泛艺分公司答辩称:

(1) 2007 年 12 月 29 日,泛艺分公司接到延期通知后,及时通知了天然公司,已尽到了义务。

（2）一审判决中认定配额每打 7 元不准确。因为,在转让平台上无法确定交易的价格,而一个公司开出的商业发票也无法确认是否合理。

（3）天然公司主张损失包括 2007 年未出运的损失和 2008 年购买的损失,这不能成立。只能产生一笔损失,其称 2007 年的损失必然导致 2008 年的损失,也没有依据。

（4）天然公司主张以每打 7.14 美元计算配额损失不能成立。外贸法规定配额不能转让,转让也不能加价。

（5）本案中船期延期并非泛艺分公司可以预见,在原定航次无法开航的情况下更换航次,泛艺分公司也没有过错,更不应承担全部责任。请求二审法院驳回上诉,维持原判。

四、二审裁判

浙江省高级人民法院经审理查明,双方当事人对原审判决查明的基本事实无异议,浙江省高级人民法院予以确认。

根据双方当事人的上诉和答辩,浙江省高级人民法院确定本案二审的争议焦点为:一是天然公司在本案中的损失数额。二是泛艺分公司应否承担天然公司的全部损失。对于浙江省高级人民法院归纳的争议焦点,双方当事人均无异议。

针对争议焦点,浙江省高级人民法院分析认定如下:

1. 天然公司在本案中的损失数额

本案中,泛艺分公司接受天然公司委托,代为订舱安排涉案货物出运,泛艺分公司系天然公司的货运代理人,双方之间成立海上货运代理合同关系。但原定 2007 年 12 月 28 日开航的"Tian Rong V.475N"航次由于船舶故障而取消,涉案货物延期至 2008 年 1 月 5 日转至"Mingzhou 8 V.476N"出运,天然公司使用 2007 年的出口配额进行出口报关后,又使用了受让的 2008 年出口配额。为此,天然公司主张,根据其提供的有关因特网中查询、下载信息的公证书,其受让的 2008 年出口配额的价格应以平均价格 7.14 美元/打计算,涉案配额 6 739 打,折合人民币 341 667.30 元,两次出口配额共计损失 683 334.60 元人民币,泛艺分公司应全额赔付。对此,浙江省高级人民法院认为,涉案货物多使用了一次出口配额,相应经济损失应以一次出口配额据以计算。但根据《中华人民共和国行政许可法》《中华人民共和国对外贸易法》等法律、法规的明确规定,出口许可证（包括出口配额许可）禁止买卖。而商务部 2006 年《纺织品出口管理办法（暂行）》第 16 条、第 19 条规定,实际需要出口配额的企业可在商务部指定的转让平台上受让中标企业没有使用的出口配额。同时,涉案货物为输美 338/339 纺织品,而 2007 年、2008 年输美 338/339 纺织品商务部招标价每打均为 7 元人民币。因此,天然公司在本案中的配额损失应以每打 7 元人民币的投标价格计算,6 739 打共计 47 173 元人民币。天然公司主张其损失应以每打 7.14 美元计算两次,共计 683 334.60 元人民币,于法无据,浙江省高级人民法院不予支持。

2. 泛艺分公司应否承担天然公司的全部损失

浙江省高级人民法院认为,泛艺分公司作为货运代理人,系有偿委托合同的受托人。虽然其根据天然公司的指示与要求,预订了"Tian Rong V. 475N"2007年12月28日的航次,但预订航次因船舶故障而被承运人取消,是造成本案配额损失的主要原因。泛艺分公司在当月29日得知这一情况后,并未及时通知/告知天然公司,有违货运代理人的谨慎处理义务,对本案中天然公司经济损失的产生存在一定的过错,应当承担相应责任。宁波海事法院根据本案的事实,综合考虑,酌情确定泛艺分公司赔偿天然公司出口配额损失1万元人民币,属于裁量权的适用,浙江省高级人民法院予以确认。

综上,泛艺分公司与天然公司订立海上货运代理合同后,在履约过程中违反了货运代理人的谨慎义务,对天然公司在本案中的出口配额损失应当承担相应责任。宁波海事法院依法认定天然公司的经济损失,并判令泛艺分公司向天然公司赔付1万元,并无不当。天然公司的上诉请求与理由不能成立,浙江省高级人民法院不予支持。原审判决认定事实清楚,适用法律正确。依照《中华人民共和国民事诉讼法》第153条第1款第(一)项之规定,判决如下:

驳回上诉,维持原判。

11.7.2 货运代理合同项下货运代理未尽通知义务的过错责任

49 原告宁波外运国际集装箱货运有限公司与被告厦门高煦有限公司海上货运代理合同纠纷案

案例来源:宁波海事法院(2002)甬海商初字第611号
主题词:货运代理　货物晚到　妥善处理委托事务义务

裁判要旨

No. ZH-11.7.2-1 委托人没有提前准备好货物,货运代理明知货物晚到而未提前通知相关作业部门,也没有及时向船公司申请加载,导致货物没有装上预订的船舶,货运代理没有尽到妥善处理委托事务,存在代理过错,应对因此给委托人造成的损失承担主要责任,委托人自负次要责任,各自按责任比例分摊因货物没有出运而发生的退关费和回运费等额外费用。

一、基本案情

原告(反诉被告):宁波外运国际集装箱货运有限公司
被告(反诉原告):厦门高煦有限公司

原告宁波外运国际集装箱货运有限公司诉称,2002年1月至2月期间,被告委托原告出运5票货物。原告按约完成货代义务,并垫付了各项费用,但被告拒绝向原告支付费用。要求判令被告支付原告人民币77 598元,并偿付相应的利息。

被告厦门高煦有限公司辩称,被告委托原告代理货物出运保鲜西兰花是事实,但拖欠费用是由于原告没有将APLU692047-0号集装箱装上预定的船舶,被告只能廉价处理保鲜西兰花,造成被告损失15万元人民币。为此,提出反诉,要求原告赔偿被告经济损失人民币73 852元。

二、法院查明事实

宁波海事法院认定如下事实:

2002年1月至2月期间,被告委托原告出运5票货物。除APLU692047-0号集装箱货物外,对于其余4票货物(保鲜西兰花),原告均按委托协议的约定完成货代义务,并垫付了海运费、内陆包干费、报关费及代理费用等73 225元。APLU692047-0号集装箱货物是被告于2002年2月10日委托原告办理出运的,原告于2月14日完成了报关,报关单上载明该箱货物重量13 600千克,CNF出口价格10 880美元。2月15日,货物装箱较晚,该箱经原告指定的拖卡公司于晚上8时44分运到港区。此时,预订船舶APLORCHID轮配载已结束,正在进行装卸货作业。原告于2月16日上午8时30分向船公司申请加载,因申请加载时间太晚而不能将该箱装上船。2月23日,原告办理了该箱的退关手续并将该货运回生产厂家。该集装箱货物从生产厂家运至港区的运输费2 000元、退关费1 073元、回运费1 300元。被告委托他人处理该箱货物,销售价格为每千克1元,共12 302元,被告为此遭受经济损失65 967元。被告因货物没有及时出运而拒绝支付原告所垫付的费用及代理费,原告为此向宁波海事法院提起诉讼。

三、法院裁判

宁波海事法院认为,被告委托原告出运货物并约定相应报酬,原、被告之间系有偿的委托合同关系。原告作为受托人为被告处理委托事务所垫付的必要费用,被告作为委托人应当偿还该费用及其利息。对于其中的一票货物没有装上预定的船舶,被告没有提前准备好货物是原因之一,对此造成的损失,被告应自负部分责任。原告作为货运代理人,应该熟知船公司、港区作业部门的操作规范。原告在明知该集装箱运到港区已过配载时间的情况下,没有提前通知相关作业部门;将集装箱交到港区后,也没有及时向船公司申请加载,到第二天船舶将要离港时才申请加载,是导致该箱最终没有装上预定船舶的主要原因。原告作为货运代理人,对晚到港集装箱没有采取有效的补救措施,没有尽到妥善处理委托事务,存在代理过错,对此造成被告的损失负有赔偿责任。该集装箱从生产厂家运至港区的运费2 000元,系正常的运输费用,被告理应承担;退关费和回运费系该箱没有出运而发生的额外费用2 373元,应由原告方承担1 373元,被告方承担1 000元。依照《中华人民共和国合同法》第396条、第398条、第401条、第406条第1款,《中华人民共和国民事诉讼法》第64条第1款、第126条之规定,判决如下:

(1) 被告厦门高煦有限公司支付原告宁波外运国际集装箱货运有限公司垫付的海运费、内陆包干费、报关费及代理费用等 76 225 元;

(2) 反诉被告宁波外运国际集装箱货运有限公司赔偿反诉原告厦门高煦有限公司因货物未能出运造成的经济损失 5 万元。

(3) 上述两款项相互冲抵后,被告厦门高煦有限公司应支付原告宁波外运国际集装箱货运有限公司 26 225 元以及自 2002 年 10 月 11 日至本判决履行之日止的利息(按银行同期贷款利率计算)。此款于本判决生效之日起 10 日内履行完毕。

(4) 原、被告的其余诉讼请求不予支持。

11.7.3 货运代理错将货物订舱运至不同国家的同名港口的责任

[50] 原告宁波市某某机械有限公司与被告宁波某某国际货运代理有限公司海上货运代理合同纠纷案

案例来源:宁波海事法院(2012)甬海法商初字第 177 号

主题词:货运代理　订舱　明确目的港义务

裁判要旨

No. ZH-11.7.3-1 货运代理作为专门从事海运代理、具有海运领域内专业知识的企业,应当知道并且确实明知不同的国家存在两个不同的同名港口,必须谨慎履行其职责,采取明确无误的方式确定目的港,以避免错运目的港的情况发生。货运代理明知不同的国家存在两个同名港口,但未能举证证明其已经询问过委托人是运往哪个国家的港口或已经得到委托人的明确指示,在委托人在托单中明确收货人地址为巴拿马的情况下即擅自决定将货物发往墨西哥,对于其过错造成的改港费损失应予赔偿,但对于承运人运输责任期间的货物损失,不负赔偿责任。

一、基本案情

原告:宁波市某某机械有限公司

被告:宁波某某国际货运代理有限公司

原告宁波市某某机械有限公司起诉称:2011 年 8 月 15 日,原告委托被告宁波某某国际货运代理有限公司代办出运一批货物,从宁波到巴拿马的曼萨尼略港(MANZA-NILLO),但由于被告的过错,导致上述货物被错运至墨西哥的同名港口曼萨尼略港(MANZANILLO)。为减少损失,原告要求被告立即改运回巴拿马并且支付了改运费 2 185 美元。但此后经原告多次向被告查询,一直未收到任何货物讯息,只能认为货物已经灭失。请求法院判令被告赔偿原告货款损失 4 751 美元、退还改运费 2 185 美元,合计 6 936 美元,折人民币 44 390 元(汇率按 6.40 计)及逾期利息(自 2011 年 8 月 25 日起至判决确定之日止按同期贷款利息计收,暂算至 2012 年 3 月 23 日为 15 547 元)。

被告宁波某某国际货运代理有限公司答辩称：

（1）2011年8月15日原告委托被告办理出运50台收割机，当时就是明确要求运到墨西哥曼萨尼略，而不是原告所说的到巴拿马曼萨尼略。被告根据原告的要求，顺利完成订舱、报关、出运的手续，已经完成合同义务，且在履行合同中不存在任何过错。货到目的港后，原告经过与国外客户多次沟通，确定改港后的目的港为巴拿马的科隆（COLON），而不是原告所说的巴拿马的曼萨尼略。

（2）原告改港时已被明确告知改港不成功的风险，故该风险应该由原告自己承担而不能转嫁给被告。

（3）根据原告与国外客户签订的外贸合同，被告有理由相信原告已经收到国外客户的货款，并已核销外汇，原告不存在所谓的货款损失。

请求驳回原告的诉讼请求。

二、法院查明事实

宁波海事法院确认以下事实：

2011年8月15日，原告宁波市某某机械有限公司委托被告宁波某某国际货运代理有限公司代办出运50台收割机从宁波到曼萨尼略港，托单载明收货人位于巴拿马。该批货物的报关价值为4751美元。被告接受委托，为原告办理了上述货物的报关出运手续。2011年8月25日，货物装船出运，提单号为COSU6068242350H，托运人为原告，收货人为位于巴拿马的CACOABBOINTERNACIONALS.A.，目的港为墨西哥的曼萨尼略港，并注明目的港的墨西哥代理联系方式。原告收到涉案货物的提单、报关单等单据后，发现货物不是运往巴拿马的曼萨尼略港，即与被告联系，要求被告立即改运至巴拿马，并支付被告改运费2185美元。但此后原告的巴拿马方收货人一直未能收到货物。原告多次向被告查询无果，故诉至宁波海事法院。

三、法院裁判

宁波海事法院认为，原告宁波市某某机械有限公司委托被告宁波某某国际货运代理有限公司代理出运货物，双方的海上货运代理合同关系成立，并应确认有效。本案争议起因于对位于不同国家的两个同名目的港的认知差异。原告作为普通的进出口贸易商，在托单中明确收货人地址为巴拿马，应当认为其本意是将货物运往巴拿马的曼萨尼略，并且也不应苛求原告应当知道还有一个位于墨西哥的同名港口存在，故其在托运过程中没有过错。反观被告作为一个专门从事海运代理、具有海运领域内专业知识的企业，应当知道并且确实明知有该两个同名港口存在，其必须谨慎履行其职责，采取明确无误的方式确定目的港，以避免错运目的港的情况发生。本案中，被告承认其明知有两个同名港口存在，但未能举证证明其已经询问过原告是运往哪个国家的曼萨尼略港或已经得到原告的明确指示，即擅自决定将货物发往墨西哥，对于其过错造成的改港费损失2185美元，被告应予赔偿；自原告支付该改港费之日（2011年11月21

日)起的相应利息损失,宁波海事法院亦予保护。原告另主张涉案货物灭失损失,但未提供证据证明货物确已灭失,且货物系由案外人承运,被告仅系货运代理人,对在海上运输过程中发生的货物灭失不承担赔偿责任。

综上,原告诉请有理部分,宁波海事法院予以保护。被告关于不应由其赔偿货物灭失损失的抗辩有理,宁波海事法院予以支持。依据《中华人民共和国合同法》第107条之规定,判决如下:

(1)被告宁波某某国际货运代理有限公司于本判决生效后10日内支付原告宁波市某某机械有限公司款项2 185美元(或按判决当日汇率折算的等值人民币),并支付该款从2011年11月21日起至判决确定的履行之日止按银行同期贷款利率支付的利息;

(2)驳回原告宁波市某某机械有限公司的其他诉讼请求。

11.7.4 货运代理违反向受托人的报告和通知义务的法律后果

51 原告通城县盈立进出口有限责任公司诉被告飞越国际物流(深圳)有限公司货运代理合同纠纷案

案例来源:广州海事法院(2011)广海法初字第112号
主题词:货运代理 订舱 按委托人指示行事义务

裁判要旨

No. ZH-11.7.4-1 货运代理接受委托人的委托订舱,应谨慎选择承运人,及时将订舱情况如实向委托人报告,并转交订舱后取得的资料,且应按委托人的要求,向承运人转达先不要放货,等其收回货款后出具了保函才放货的指示,否则,违反了善良管理人的注意义务,因而导致委托人无法通过货运代理向承运人要求控制货物,致使货款没有收回,违反委托合同义务,存在过错。故作为有偿委托合同项下的货运代理,应向委托人承担赔偿责任。

一、基本案情

原告:通城县盈立进出口有限责任公司

被告:飞越国际物流(深圳)有限公司

原告诉称:原告与美国TRU-PRO PRODUCTS INC.(以下简称TPP公司)以FOB价成交了3单买卖。2009年7月28日、8月20日,原告分别委托被告出口3份订单的货物,3份订单的货价分别是7 212.1美元、6 579.46美元、12 977.09美元。双方约定,3批货物均要求付款买单、付款到账后放单,但被告未经原告同意,先后擅自将3份提单电放给美国TPP公司,致使原告未收回3批货款。因FOB买卖,买方指定被告为原告的出口货运代理人。由于被告与买方的串通导致原告无法收回货款,根据《中华人民共和国民法通则》第66条和《中华人民共和国合同法》第406条的规定,请求判令被告支付原告货物损失人民币182 556.83元(按照2009年9月10日人民币对美元的汇率6.8198折算成人民币)及从2009年9月起算的银行利息,并承担本案诉讼费。

被告辩称:被告只是代开发票,不是本案的货运代理人,不知情本案货物的运输情况。退一步讲,假设法院认定被告为本案的货运代理人,因被告在本案中没有过错,被告也不应承担任何责任。原告没有提交证据证明货物已经被放货及其损失,应承担举证不能的法律后果。

二、法院查明事实

广州海事法院经审理查明并确认如下法律事实:

原告分别于2009年7月10日、7月15日接到美国TPP公司的3份订单,TPP公司向原告购买80号—220号足球形拉绒砂纸等货物。7月10日的编号为4036151的订单记载,FOB上海价7 212.1美元,海运,承运人ICE上海,通知方ICE,付款方式30% Pre-payment。7月10日的编号为4036152的订单记载,FOB上海价6 579.46美元,付款方式30% Pre-payment。7月15日编号为4036282的订单记载,FOB上海价12 976.99美元,付款方式为30% Down-payment。

7月28日,原告出具了两份出口海运货物委托书,记载托运人为原告,承运方为飞越国际物流(上海)有限公司,收货人为TPP公司,从中国上海运至美国鲍尔格朗德(BALL GROUND)等地,作业要求是海运和报关。原告在庭审中称,其要求被告向船公司订舱和报关。被告(英文名称为International Cargo Express Co., Ltd.)向原告发出了两份以飞越国际物流(上海)有限公司为抬头的接受委托确认函。两份函件记载,两票货物的费用分别为包干费人民币200元、报关费人民币100元、反倾销费(AMS)人民币205元,打印了"请注意,我司要求付款买单,付款到账后放单/放货,如果发货人迟延付款导致任何费用和责任均由发货人承担。我司账号及名称如下,抬头飞越国际物流(深圳)有限公司……"原告根据被告的进仓通知将货物运抵被告指定的仓库。原告按照订单数量、单价、金额制作了出口发票交给被告报关。被告于8月12日将货物(集装箱号为HDMU6462646)报关,报关的货物金额与出口发票相同。8月19日,原告收到被告开具的国际货运代理业专用发票,两票货物的费用金额为人民币1 010元。原告于10月24日将该款项付至被告的账户。

原告庭审中称,付款后其向被告索要正本提单,以便其要求TPP公司付款,未果,被告已经将提单给了TPP公司。之后,在原告的要求下,被告向其传真了两份盖有"SURRENDERED"的提单。8月13日签发的编号为ICESSHA01605和ICESSHA01606两份提单抬头为DISTINCTION CARGO LINE的联合运输提单,托运人为原告,收货人为TPP公司,通知方为ICE,装运港上海,卸货港美国的盐湖城,交付地美国克利菲尔德(CLEARFIELD)和鲍尔格朗德,运费到付。签发栏模糊不清。

8月20日,原告又向被告出具了出口海运货物委托书,委托其出运第三票货物,从中国上海到美国鲍尔格朗德,这票货物的集装箱号为 HDMU5476389。核对提单信息的传真件显示,提单编号 ICESSHA01628,托运人为原告,收货人为 TPP 公司,装运港上海,卸货港美国的亚特兰大,交付地美国鲍尔格朗德,运费到付,签发日期为 2009 年 9 月 3 日。原告在该传真件上手写"确认 OK,提单等收到我司保函后电放"。被告于 9 月 1 日将货物(集装箱号为 HDMU5476389)报关,报关单金额与订单的一致。原告根据被告于 9 月 1 日开具的国际货运代理业专用发票,于 9 月 25 日向被告支付了人民币 505 元。

原告庭审中称,其 9 月份得知货物被电放,因没有收到货款,先是以电子邮件与 TPP 公司联系,之后联系不上 TPP 公司了,至今没有收到货款。为此提交了其与 TPP 公司的 Bob 在 2009 年 11 月 19 日、2010 年 1 月 29 日、2 月 6 日的电子邮件。2009 年 11 月 19 日邮件中,原告向 Bob 催要货款,并称想退回货物,Bob 称货物已经交付,如果能够返运,不会拒绝,因市场原因迟延付款不能给出具体的付款计划。2010 年 1 月 29 日,Bob 称要给出新的付款计划。2 月 6 日,原告向 Bob 询问,为何没有按照付款计划付款,要求付款。原告称 Bob 是其在交易会上认识的 TPP 公司的业务人员。原告称因超过 1 年,其没有从互联网上查询到涉案两个集装箱的流转情况。广州海事法院认为,原告已经初步证明涉案 3 票货物在目的港已经被提走,在被告没有提交相反证据的情况下,对原告主张货物在目的港已经被提走的事实予以认定。

原告提交的报关单显示,原告已经为这 3 票货物核销了外汇。被告为此质疑其没有损失。原告称其不是单笔核销,用了其他外汇核销本案外汇,为此提交了外汇管理局证明及外汇汇款收账通知、外汇会计凭证。这些证据显示原告以其他的交易款项核销了涉案货款。

被告称与原告联系货运的是飞越国际物流(上海)有限公司,被告与本案无关。广州海事法院要求被告提交飞越国际物流(上海)有限公司注册登记资料,被告没有提交。

经查国家外汇管理局网站公布,2009 年 11 月 19 日 1 美元兑换人民币的中间价为 6.8278,高于原告主张的 9 月 10 日的汇率。

庭审中双方当事人选择适用中华人民共和国法律处理本案合同争议。

三、法院裁判

原告委托被告订舱、报关,并且按照被告的进仓通知将货物运抵被告指定的仓库,被告接受委托后处理了订舱、报关等事宜,本案是一宗货运代理合同纠纷。因被告为原告处理的是将货物从中国上海运至美国的运输事宜,本案具有涉外因素。双方当事人在庭审中选择适用中华人民共和国法律处理本案争议,依照最高人民法院《关于审理涉外民事或商事合同纠纷案件法律适用若干问题的规定》第 4 条第 1 款"当事人在一审法庭辩论终结前通过协商一致,选择或者变更选择合同争议应适用的法律的,人民法院应予准许"的规定,本案适用中华人民共和国法律处理实体争议。

原告作为委托人与被告作为受托人之间成立的货运代理合同不存在《中华人民共和国合同法》第52条规定的无效情形，合法有效。原告向被告出具委托书，虽然被告回传的委托确认函抬头是飞越国际物流(上海)有限公司，但是在下文的汇款账户又写明"我司账号及名称如下，抬头飞越国际物流(深圳)有限公司"，且被告没有证明飞越国际物流(上海)有限公司是经注册登记的法律主体，故应当认定与原告确认委托关系的"我司"即为被告。被告关于其不是受托人的主张不成立，予以驳回。

依照《中华人民共和国合同法》第399条和第401条的规定，受托人应当按照委托人的指示处理委托事务，且受托人应当按照委托人的要求，报告委托事务的处理情况。本案原告委托被告订舱，被告应谨慎选择承运人，及时将订舱情况如实向原告报告，并将订舱后取得的资料转交给原告。但至本案庭审中，被告仍称不知道本案货物的运输情况，也没有说明其将货物交给哪个承运人运输、该承运人是否实际存在、承运人有无签发提单等情况。而且，在8月20日原告向被告委托订舱的那一票货物中，原告向被告明确了收到其保函后电放货物，即原告要求转达承运人先不要放货，等其收回货款后出具了保函才放货。被告对此并无异议。但被告并无证据证明其正确及时地将该指示传达给承运人。被告作为受托人违反了善良管理人的注意义务，该违反委托合同义务的过错行为，与原告无法通过被告向承运人要求控制货物，致使货款没有收回之间存在因果关系。根据《中华人民共和国合同法》第406条第1款"有偿的委托合同，因受托人的过错给委托人造成损失的，委托人可以要求赔偿损失"的规定，被告应向原告支付3票货物的货款26 768.55美元。驳回被告关于其没有过错，不应承担责任的抗辩。双方均没有举证证明涉案货物在目的港交付的时间，故以原告举证的向买家追讨货款的次日，即2009年11月20日美元与人民币汇率折算成人民币，并从该日起按照中国人民银行贷款利率计算利息。但该日美元与人民币的汇率高于原告主张，视为原告放弃权益，故按原告主张的汇率折算成人民币后为182 556元。

被告辩称因原告的报关单已核销外汇而无损失。我国外汇核销有逐笔核销、滚动核销等方式，原告举证了其在本案买卖中并非逐笔核销外汇，而是用其他交易款项的外汇核销，故不能以原告已核销涉案外汇认定其经收回货款，被告的该项抗辩事实和法律依据不足，予以驳回。

依照《中华人民共和国合同法》第406条的规定，判决如下：

被告飞越国际物流(深圳)有限公司应向原告通城县盈立进出口有限责任公司偿付人民币182 556元及其从2009年11月20日至本判决确定的偿付之日止，按中国人民银行人民币同期贷款利率计算的利息。

11.7.5 货运代理未办理保险对委托人的责任

52 原告广东山源米业有限公司诉被告广州市堃恒货运代理有限公司货运代理合同纠纷案

案例来源：广州海事法院(2005)广海法初字第 180 号
主题词：货运代理　代办保险义务　违约责任

> **裁判要旨**
>
> **No. ZH-11.7.5-1**　虽然托运委托书没有直接表明委托人委托货运代理办理货物保险手续，但托运人声明栏载明代为保险并载有货价、险种、费率等项目，而委托书记载的运杂费金额之后括注"含保险"，可以认定委托人有委托货运代理办理货物保险的意思。货运代理虽称需进一步明确何种保险，但未立即作出拒绝之通知，而加章确认并以传真方式将之传送给委托人，法院据此认定委托人委托货运代理办理货物保险手续。货运代理作为受托人未对货物投保，可以认定受托人有过错，应赔偿相应的损失。
>
> **No. ZH-11.7.5-2**　委托人作为卖方未与买受人在买卖合同中约定交付地点，因标的物需要运输，故委托人将标的物交付给第一承运人后，标的物毁损的风险由买受人承担，即使因货运代理未办理保险，因作为委托人的卖方已将所有权转移至买受人，风险也已转移，其并无损失，无权向货运代理主张赔偿责任。

一、基本案情

原告：广东山源米业有限公司(以下简称山源公司)

被告：广州市堃恒货运代理有限公司(以下简称堃恒公司)

原告山源公司诉称：2003 年 9 月 13 日，山源公司与颜小毛(系宁波市路林综合市场金香米业业主)签订买卖合同，约定山源公司向颜小毛出卖泰国香米 43 吨。双方没有约定所有权转移时间及交付地点。根据双方交易习惯，交付地点是宁波市路林综合市场金香米业营业地。2003 年 9 月 15 日，山源公司委托堃恒公司通过水路承运泰国香米 86 吨(包括上述泰国香米 43 吨)从广州至宁波，运输方式门到门(集装箱运输)，收货人颜小毛。山源公司还委托堃恒公司对货物投保。同日，山源公司将货物装箱交付给堃恒公司。承运船舶"荣宁 98"轮。9 月 15 日，山源公司在堃恒公司提供的空白托运委托书上填写相关事项，并在托运委托书"托运人声明"栏的代办保险货价、费率处分别填写"448 700""3‰"字样，然后将托运委托书以传真方式传送给堃恒公司，要求对方盖章确认后以传真方式传送给山源公司。堃恒公司收到托运委托书传真后又将该托运委托书以传真方式传送给山源公司。山源公司未保存该传真。山源公司随后派职员谭宜干到堃恒公司要求其对托运委托书盖章确认。运输过程中发生海事事故,"荣宁98"轮与松树希望航运有限公司(PINE HOPE S. A.,以下简称松树公司)"希望"轮在宁波镇海锚地发生碰撞。其中,装于两个集装箱的43吨货物(箱号GSCU2993295、GSCU2990193)毁损。同年10月,颜小毛从宁波镇海码头集装箱堆场提取货物,将部分货物抛弃并将其余货物变卖给第三人。事故发生后,松树公司向宁波海事法院申请设立海事赔偿责任限制基金。颜小毛就本案有关的债权向宁波海事法院申请登记。颜小毛在上述基金中受偿的金额将低于货物价值。据此,山源公司无法收到货物价款。山源公司并未向颜小毛交付货物,仍是货物所有人。堃恒公司作为承运人应赔偿山源公司损失。堃恒公司收取运费和保险费后没有对货物投保,致使山源公司无法获得保险赔偿。依照《中华人民共和国合同法》第406条的规定,堃恒公司应赔偿山源公司的损失。请求判令堃恒公司赔偿损失216 396元并负担诉讼费用。

被告堃恒公司辩称:

(1)堃恒公司收到山源公司以传真方式传送的托运委托书后,在该托运委托书传真上盖章并以传真方式将之传送给山源公司。托运委托书"托运人声明"栏之代办保险货价、费率处为空白,并无"448 700""3‰"字样。

(2)山源公司提供的托运委托书上的印章并非堃恒公司加盖。山源公司提交的托运委托书系伪造。

(3)双方之间是委托合同而非运输合同关系。

(4)堃恒公司没有过错,无须承担赔偿责任。

(5)山源公司未向堃恒公司申报货物的价格、险种和费率,堃恒公司无法按其要求对货物投保。

(6)颜小毛已就本案有关的债权向宁波海事法院申请登记债权。如颜小毛在松树公司申请设立的海事赔偿责任限制基金中受偿,山源公司不能再向堃恒公司索赔。请求驳回山源公司的诉讼请求。

二、法院查明事实

双方当事人对以下事实无争议:

(1)2003年9月15日,山源公司在堃恒公司提供的空白托运委托书上填写相关事项,然后以传真方式传送给堃恒公司,要求对方盖章确认并以传真方式传送给山源公司。山源公司填写的部分包括:运输方式门到门,装箱地点广州市白云区太和镇田心村61号,装箱时间2003年9月15日,托运人山源公司,收货人宁波市路林综合市场金香米业,货物名称泰香米,货物件数及箱数4×860,毛重(吨)4×21.5。运杂费总额(大写)壹万元(含保险)。堃恒公司收到该传真后盖章,并将之以传真方式传送给山源公司。双方确认运杂费金额为10 200元。声明条款为:"(1)委托人保证遵守承运人与托运人、收货人之间的权利、义务和责任界限适用于交通部《国内水路集装箱货物运输规则》《水路货物运输规则》及运杂费的有关规定。(2)托运人签署本委托书时已视受托人为其代理人,并委托受托人代签运单……"山源公司已将货物交付给堃恒公司,堃恒公司未就该批货物向山源公司签发任何运输单证以在到达地提货。

（2）同年9月19日，堃恒公司委托中国扬子江轮船股份有限公司承运上述货物（箱号GSCU2993295、GSCU2990193）从广州黄埔港至宁波港。中国扬子江轮船股份有限公司出具的编号为0001945的水路集装箱货物运单记载：船名"荣宁98"，航次0316N，装货港黄埔，卸货港宁波，托运人全称"广州堃恒"，收货人全称"宁波海曙晋侨货运曹勇"。

（3）9月22日，"荣宁98"轮与松树公司"希望"轮在宁波镇海锚地发生碰撞。"荣宁98"轮船舱进水。上述货物全部受损。10月2日，根据申请人中国扬子江轮船股份有限公司、浙江省象山县荣宁船务公司的申请，经中国进出口商品检验总公司宁波分公司于宁波镇海码头集装箱堆场鉴定认定，该批货物已被海水浸泡而霉变，货物残值为8704元，损失金额为216396元。

（4）上述海事事故发生后，堃恒公司将该情况通知收货人颜小毛。2003年10月，堃恒公司向颜小毛交付上述货物。

（5）上述海事事故发生后，松树公司向宁波海事法院申请设立海事赔偿责任限制基金。2004年6月29日，宁波海事法院裁定准许松树公司设立基金。

（6）颜小毛在宁波海事法院发布受理设立海事赔偿责任限制基金的公告期间，向宁波海事法院就有关的债权申请登记。2004年6月1日，颜小毛以所属装载于"荣宁98"轮的货物（箱号GSCU2993295、GSCU2990193）受损为由，以松树公司为被告向宁波海事法院提出确权诉讼。宁波海事法院于同年8月25日以（2004）甬海法权字第1号民事判决书认定："……原告装载在'荣宁98'轮上的货物，因该轮受被告所属的'希望'轮碰撞而导致货物受损。原告作为该批货物的所有人，有权向造成损失的责任人索赔……"该判决书主文内容为：① 颜小毛对松树公司享有金额为216396元的债权，该债权具有船舶优先权；② 上述债权可在松树公司设立的海事赔偿责任限制基金内受偿。

另查明：

（1）山源公司提供的托运委托书（原件）记载：运输方式为门到门，装箱地点广州市白云区太和镇田心村61号，装箱时间2003年9月15日，托运人山源公司，联系人谭宜干，地址及电话：广州市白云区太和镇田心村61号、874686××；收货人宁波市路林综合市场金香米业，联系人颜小毛，地址及电话：宁波市路林综合市场、0574-876052××；货物名称泰香米，货物件数及箱数4×860，毛重（吨）4×21.5。托运人声明栏记载："（1）代办保险，货价448700元人民币……费率3‰……"其中，"448700""3‰"等字样系手书，其他文字均为印刷字体。运费吨一栏空白。运杂费总额（大写）壹万零贰佰元正（含保险）。运杂费总额一栏系将"壹万元"改为"壹万零贰佰元正"。托运委托书盖有印文为"广东山源米业有限公司""广州市堃恒货运代理有限公司业务专用章（1）"的印章。堃恒公司提供的托运委托书（传真）关于运输方式、装箱地点、装箱时间、托运人、收货人、货物名称、件数及箱数、毛重部分与山源公司提供的托运委托书

(原件)记载内容相符,字体相同。

(2) 堃恒公司的委托代理人于开庭审理时对"运杂费总额壹万零贰佰元正(含保险)"的理解为:"原告他们意思要投保,我们还需要进一步明确投什么保,他们有这个意向,并不是一个明确的委托。"

(3) 山源公司提供的买卖合同记载:供方为山源公司,需方为宁波市路林综合市场金香米业;品名为莲花皇冠泰香米、金大泰香米、金鹏泰香米、山源泰香米、金鹏王泰香米,数量合计43吨,金额225 100元;包装要求及费用负担为"运费、保险费共5 100元贵司负担";交提货办法、地点及方式为"船运门到门";结算方式及期限为"15天内结算货款"。

(4) 颜小毛于2005年5月19日与山源公司作为共同原告以堃恒公司为被告向法院提起本案诉讼,又于同年6月24日以其没有实际损失为由申请退出诉讼。

三、法院裁判

1. 双方之间是委托合同关系还是运输合同关系

托运委托书之声明部分记载,托运人签署本委托书时已视受托人为其代理人,双方之间是委托合同关系。原告关于双方之间是运输合同关系的主张,不予支持。

2. 山源公司是否委托堃恒公司办理货物保险手续

虽然托运委托书没有直接表明山源公司委托堃恒公司办理货物保险手续,但托运人声明栏的第一项即为代为保险并载有货价、险种、费率等项目。而委托书记载的运杂费金额之后括注"含保险"。堃恒公司的委托代理人于开庭审理时表示,"原告他们意思要投保,我们还需要进一步明确投什么保,他们有这个意向,并不是一个明确的委托",故可以认定山源公司有委托堃恒公司办理货物保险的意思。堃恒公司对于山源公司之委托,未为拒绝之通知,而加章确认并以传真方式将之传送给山源公司,可以认定其接受委托。据上,认定山源公司委托堃恒公司办理货物保险手续。

3. 山源公司是否遭受损害

最高人民法院《关于民事诉讼证据的若干规定》第74条规定:"诉讼过程中,当事人在起诉状、答辩状、陈述及其委托代理人的代理词中承认的对己方不利的事实和认可的证据,人民法院应当予以确认,但当事人反悔并有相反证据足以推翻的除外。"在本案中,山源公司提供的宁波海事法院终审判决(2004)甬海法权字第1号民事判决书认定颜小毛为货物所有人,山源公司未对该判决认定之该项事实提出异议,也没有相反证据足以推翻,可以认定颜小毛为货物所有人,即山源公司已将标的物所有权转移于颜小毛。山源公司关于其是标的物所有人的主张无理,不予支持。

《中华人民共和国合同法》第145条规定:"当事人没有约定交付地点或者约定不明确,依照本法第一百四十一条第二款第一项的规定标的物需要运输的,出卖人将标的物交付给第一承运人后,标的物毁损、灭失的风险由买受人承担。"山源公司与颜小毛签订的买卖合同没有约定交付地点,而标的物需要运输,故出卖人山源公司将标的物交付给第一承运人后,标的物毁损的风险由买受人颜小毛承担。

本案中,标的物所有权归颜小毛所有,标的物毁损的风险由颜小毛承担;山源公司作为买卖合同的出卖人在标的物风险转移后,对买受人颜小毛享有价金支付请求权,而无须再向颜小毛交付货物或作出赔偿。据上,标的物毁损并未造成山源公司损失。

《中华人民共和国合同法》第 406 条第 1 款规定:"有偿的委托合同,因受托人的过错给委托人造成损失的,委托人可以要求赔偿损失。无偿的委托合同,因受托人的故意或者重大过失给委托人造成损失的,委托人可以要求赔偿损失。"堃恒公司作为受托人未对货物投保,可以认定受托人有过错。但原告山源公司并无损失,其请求赔偿因受托人的过错给委托人造成的损失,依据不足,不予支持。

据上,依照《中华人民共和国合同法》第 406 条第 1 款的规定,判决如下:

驳回原告广东山源米业有限公司的诉讼请求。

11.7.6　订舱受托人错误拼箱的责任

53 上诉人包头俏牌果仁有限责任公司与被上诉人青岛明恺实业有限公司货运代理合同纠纷案

案例来源:山东省高级人民法院(2007)鲁民四终字第 53 号
主题词:货运代理　拼箱错误　赔偿责任

裁判要旨

No. ZH-11.7.6-1　货物订舱的受托人在发现货物拼错箱后,自愿以书面形式向委托人表示愿意承担货物拼错箱而造成的损失,应对货物因拼错箱而造成的损失承担责任。

No. ZH-11.7.6-2　作为货物出运和回运的受托人,在货物回运后掌管相关单据,在明知货物为食品且和高挥发性化学品错拼装在一个集装箱内的情况下,应当及时将提货手续交付给委托人并协助其提货,但是其没有将提货手续及时交付给委托人,对该批货物的损失承担主要责任。委托人在货物回运后,对货物可能产生的损失已经预见,即使受托人未及时履行交付货物的提货手续,也应当积极联系提取货物进行定损和防止损失的扩大,但其未及时减损,对货物的损失承担次要责任。

一、基本案情

上诉人(原审原告):包头俏牌果仁有限责任公司(以下简称俏牌果仁)
被上诉人(原审被告):青岛明恺实业有限公司(以下简称明恺公司)
青岛海事法院查明,2005 年 10 月 12 日,俏牌果仁与国外买方就其出口葵花籽仁达成销售协议,俏牌果仁以 CIF 价格出口 10 吨葵花籽仁,合同显示货物总价值为

11 700 美元。2005 年 10 月 15 日，俏牌果仁与明恺公司就其出口货物签署书面订舱委托书，委托明恺公司代理其出口葵花籽仁的海运业务，由于俏牌果仁国外客户同时与包括其在内的 4 家货主订立了销售合同，该国外客户指令国内货主都委托明恺公司作为货运代理统一进行出运货物的代理事宜。明恺公司接受委托后，一方面进行租船订舱，另一方面指令包括俏牌果仁在内的 4 家货主将出口货物运到场站进行拼箱作业，4 家出口商的货物在场站被共同拼装入一个集装箱，于 2005 年 10 月 28 日经"GANGTAI1"轮 V.513S 航次出运。出口商之一的张家港曙光生物化学制品厂委托送货到青岛的物流公司误将该公司同车发给其他收货人的危险化学物过氧化二苯产品当做出口的 L-半胱氨酸盐酸盐一水合物卸至场站并被一起拼入该出口集装箱。明恺公司当庭陈述，货物的拼装作业是由场站具体完成的。

2005 年 11 月 7 日，张家港曙光生物化学制品厂发现出口货物有误。明恺公司经联络各出口商及船公司将货物回运。在货物回运之前，明恺公司曾经在传真给俏牌果仁的回运协议中表示货物因装箱错误回运而产生的费用及货物损失由其承担。货物运回后，俏牌果仁以该货物受到污染为由拒绝领受货物。

庭审中，俏牌果仁主张明恺公司的法律地位是承运人。

二、一审裁判

青岛海事法院认为，明恺公司与俏牌果仁共同签章的订舱委托书并非双方之间的货运合同，该订舱委托书只是双方形成货运代理合同关系的一份书面证明。明恺公司接受俏牌果仁的委托书，代理俏牌果仁出口货物的海运操作，其身份只是货运代理人而非承运人。明恺公司作为货运代理人应当恪尽职责完成货运代理业务以保证俏牌果仁涉案货物的顺利出运。就本案事实来看，俏牌果仁货物退运是因为其他共同拼箱出口的货物在拼箱过程中出现差错导致，而货物被装错的直接原因是由于出口商之一的张家港曙光生物化学制品厂委托送货到青岛的物流公司卸货错误造成，但被错装入集装箱的危险化学物过氧化二苯产品与出口的 L-半胱氨酸盐酸盐一水合物在品名、包装等方面应当存在明显不同，明恺公司作为货运代理人，不管是否亲自完成货物拼箱作业，在货物到达场站后仔细检查以防止化学物品在拼装过程中出现差错是其应尽的义务，货物被错误拼装说明明恺公司履行货运代理业务过程中未尽谨慎义务，所以存在过失，故俏牌果仁货物被退运而造成的损失，明恺公司应当承担责任。

俏牌果仁的货物确实曾因拼装错误而与危险化学品一起存放于出口集装箱内，但货物退运后原告并没有进行商品检验，货物是否因为与危险化学品一起存放过就会受到污染而导致全部或部分失去价值并不得而知，俏牌果仁仅以己方认为货物发生全损失去价值就向明恺公司索赔缺乏证据支持。

综上，虽然明恺公司应当就货物被退运而造成的损失承担赔偿责任，但由于俏牌果仁的损失主张证据不足，因而对其诉讼请求法院不予支持。依照《中华人民共和国民事诉讼法》第 64 条的规定，判决：

驳回包头俏牌果仁有限责任公司的诉讼请求。案件受理费 3 390 元,由包头俏牌果仁有限责任公司负担。

三、上诉与答辩

上诉人俏牌果仁不服一审判决,上诉称,2005 年 12 月底货物回运后,由于葵花籽仁为食品,极易变质变味,该批货物经过长时间运输又与有毒、易挥发化学品装在一起,货物受损失是难免的。我公司急于提货,可是货物到达后,明恺公司没有及时将货物交给我公司,到 5 月份才通知我公司接收货物,由于货物一直放在密不透风的集装箱内,货物已经损坏,按照销售合同,货物价值为 11 700 美元,既然一审判定明恺公司承担赔偿责任,上述货物价值即为我公司的损失,明恺公司应当进行赔偿,请求二审法院查明事实,公正判决。

被上诉人明恺公司未作书面答辩,审理中其口头辩称,明恺公司没有违反货运代理合同,不承担责任。

四、二审裁判

经山东省高级人民法院审理查明,在二审审理期间双方共同确认,货物开箱验货时,葵花籽仁已经散包、结块和被水浸泡。

明恺公司虽对回运协议的真实性提出异议,但未提供任何证据加以证明,也未申请对该协议的真实性进行鉴定。

其他事实与一审判决查明的事实相同。

山东省高级人民法院认为,依据俏牌果仁和明恺公司双方之间形成的订舱委托书,双方之间对该批货物出运形成的是订舱委托关系而非运输关系,明恺公司作为该批货物订舱的受托人,在发现货物拼错箱后,自愿以书面形式向俏牌果仁表示愿意承担货物拼错箱而造成的损失,因此依据该书面承诺,明恺公司应对货物拼错箱而造成的损失承担责任。货物回运后,双方开箱验货时,货物已经结块、散包和被水浸泡,货物存在损失是客观事实,作为该批货物的货主俏牌果仁和订舱代理人的明恺公司应当在上述约定的责任范围内积极协商提货、定损和确定残值,以便确定赔偿范围,但双方均不提货,放任货物滞留货场直至现在,对于货物的价值、去向,双方在审理中均不能作出肯定回答,山东省高级人民法院推定货物已经全损。作为该批货物出运和回运代理人的明恺公司,在货物回运后掌管相关单据,作为代理人,在明知货物为食品且和高挥发性化学品错拼装在一个集装箱内的情况下,应当及时将提货手续交付给委托人并协助其提货,但是其没有将提货手续及时交付给俏牌果仁,因此对该批货物的损失承担主要责任。俏牌果仁在货物回运后,对货物可能产生的损失已经预见,即使明恺公司未及时履行交付货物的提货手续,也应当积极联系提取货物进行定损和防止损失的扩大,虽然俏牌果仁称曾向明恺公司索要手续未果,但其未能举证加以证明,在开箱验货后,其也未能及时提货,因此对该批货物的损失承担次要责任,山东省高级人民法院认定,对该批货物的损失,明恺公司承担70%的责任,俏牌果仁承担30%的责任。

综上所述,俏牌果仁上诉理由部分有理,一审判决认定事实不清,处理结果应当纠正,依据《中华人民共和国民事诉讼法》第153条第1款第(三)项之规定,判决如下:

(1) 撤销青岛海事法院(2006)青海法海商初字第113号民事判决。

(2) 明恺公司赔偿俏牌果仁货物损失8 190美元。于本判决生效之日起10日内支付。

如果未按本判决指定的期间履行给付金钱义务,应当依照《中华人民共和国民事诉讼法》第232条之规定,加倍支付迟延履行期间的债务利息。

一审案件受理费3 390元,由明恺公司承担2 373元,俏牌果仁承担1 017元;二审案件受理费3 390元,由明恺公司承担2 373元,俏牌果仁承担1 017元,二审案件受理费俏牌果仁已向山东省高级人民法院预交,山东省高级人民法院不再清退,由明恺公司径付俏牌果仁。

本判决为终审判决。

11.7.7　代理过错致集装箱被盗的责任

54 上诉人青岛平安达运输有限公司与被上诉人源诚(青岛)国际货运有限公司货运代理合同纠纷案

案例来源:山东省高级人民法院(2006)鲁民四终字第74号
主题词:货运代理　有偿代理　集装箱被盗

裁判要旨

No. ZH-11.7.7-1　有偿的委托合同关系下,受托人在履行委托合同时,未尽到注意义务,导致集装箱在受托人运送期间被盗,造成集装箱被破坏,箱内所有部件均被拆除,受托人有过错,应向委托人承担损害赔偿责任。

No. ZH-11.7.7-2　在推定集装箱全损的情况下,法院参照《国际集装箱超期使用费计收办法》的相关规定及市场同类货物的全损和灭失标准确定损失。

一、基本案情

上诉人(原审被告):青岛平安达运输有限公司(以下简称平安达公司)

被上诉人(原审原告):源诚(青岛)国际货运有限公司(以下简称源诚公司)

青岛海事法院查明,2005年5月11日,平安达公司接受源诚公司的委托,到源诚公司代理货物的承运人处提取40'超高冷冻集装箱一个(箱号为WHLU7500816),当晚,平安达公司停放于青岛市黄岛区辛安办事处邮政局门前的货车及本案所涉集装箱被盗。2005年7月初,青岛市公安局黄岛分局破获此案,其出具的"破案情况"称"冷柜已被破坏,冷柜上所有电子元件均被拆除"。

源诚公司于 2005 年 9 月 29 日向所涉货物的承运人代理场站青岛远洋大亚货运有限公司支付集装箱赔偿金 14 060.97 美元。源诚公司向平安达公司索赔该数额折合人民币 113 894 元及相应利息。

本案所涉集装箱制造年份为 1996 年。根据《国际集装箱超期使用费计收办法》(交运法[1992]379 号)附表二"集装箱丢失和推定全损赔偿标准"的规定,40'冷藏箱的价格为 33 000 美元,年折旧率 5%,最低赔偿额为 16 500 美元;中海箱全损和灭失赔偿标准:40'冷藏箱(9 年箱龄)为 18 000 美元。

二、一审裁判

青岛海事法院认为,平安达公司接受源诚公司的委托,为其运送集装箱,该集装箱在平安达运送期间被盗,所造成的状态为该集装箱被破坏,箱内所有部件均被拆除,该箱可视为全损。源诚公司已向有关方作了赔偿。源诚公司作为委托人向作为受托人的平安达公司索赔其合理损失应予支持。平安达公司辩称,其管箱过程中无过错而不应赔偿,根据《中华人民共和国合同法》的相关规定,当事人履行合同不符合约定的应当承担违约责任,无论当事人是否有过错;关于源诚公司的索赔数额,依据交通部颁布的法规,源诚公司向有关方支付的集装箱赔偿金 14 060.97 美元折合人民币 113 894 元不超过该规定,应予支持。源诚公司索赔利息的起算时间应从其向有关方支付之日的次日(即 2005 年 9 月 30 日)起算,至本判决确定支付之日止,以银行同期贷款利息计算。

综上,依照《中华人民共和国合同法》第 107 条的规定,判决:

平安达公司给付源诚公司人民币 113 894 元,加自 2005 年 9 月 30 日起至本判决确定支付之日止的银行同期贷款利息,于本判决生效之日起 10 日内付清。

案件受理费 3 788 元,由平安达公司承担。

三、上诉与答辩

平安达公司不服上述判决,上诉称:

(1) 平安达公司与源诚公司之间形成委托关系,平安达公司作为受托人在车辆和集装箱被盗事件中已尽到善良管理人的注意义务,集装箱被盗是因为发生了不可归责于受托人的事由,平安达公司无任何过错,源诚公司也未向法庭提交任何有效证据证明平安达公司有过错,根据《中华人民共和国合同法》第 406 条的规定:"有偿的委托合同,因受托人的过错给委托人造成损失的,委托人可以要求赔偿损失……"而青岛海事法院适用《中华人民共和国合同法》第 107 条的一般规定,判决无过错的受托人对委托人承担赔偿责任不当。

(2) 原审判决认定集装箱价值人民币 113 894 元亦不当。被盗集装箱完全可以更新电子元件等部件修复使用,源诚公司拒绝修复,属于故意扩大损失;青岛海事法院判决的数额未经物价部门对被盗集装箱实际损失进行评估认定,又明显高出同型同龄集装箱的市场价格1倍以上;青岛海事法院依据的《国际集装箱超期使用费计收办法》已被废止。请求二审法院撤销一审判决,驳回源诚公司的诉讼请求。一、二审案件受理费由源诚公司承担。

源诚公司答辩称:

(1)基于源诚公司与平安达公司形成的合同关系,不论平安达公司是否存在过错,根据《中华人民共和国合同法》第107条的规定,均应因其违约行为而承担违约责任。退一步讲,平安达公司作为专业的运输经营人,应该预料到,在无人看管的情况下,夜间将装有冷柜的货车停放在路边可能具有的风险,涉案冷柜的被盗并非不可抗力所致,是由于平安达公司没有尽到善良管理人的注意义务,平安达公司存在明显的过错,只是根据《中华人民共和国合同法》的规定,无须考虑平安达公司是否存在过错。

(2)由于冷柜全损,在平安达公司一再逃避的情况下,源诚公司及时重新租柜,并与出租人协调解决赔偿事宜,并根据法律规定和行业惯例先行赔付,避免了损失进一步扩大,且该赔付数额远远低于行业惯例中的最低赔付标准。源诚公司在向冷柜出租人先行赔付后,基于与平安达公司的合同关系,向平安达公司索赔损失,合理合法,平安达公司应当向源诚公司承担违约赔偿责任。

综上,请求二审法院驳回平安达公司的上诉,维持原判。

四、二审裁判

二审中,平安达公司和源诚公司对双方形成的是有偿的委托合同关系,没有异议。

平安达公司和源诚公司对青岛海事法院查明的事实没有异议,山东省高级人民法院对青岛海事法院查明事实予以确认。

另查明,涉案集装箱在平安达公司处。关于集装箱的归还问题,平安达公司陈述,集装箱被追回后,准备退还给源诚公司,而源诚公司不要集装箱,要求其赔偿损失。源诚公司认为,平安达公司拒不返还冷柜,逃避与源诚公司商谈任何赔偿问题。

山东省高级人民法院认为,平安达公司和源诚公司之间是有偿的委托合同关系,平安达公司在履行委托合同时,未尽到注意义务,导致所运输集装箱被盗,根据《中华人民共和国合同法》第406条的规定,平安达公司是有过错的,应向委托人源诚公司承担损害赔偿责任。青岛海事法院依照《中华人民共和国合同法》第107条的规定判决平安达公司承担赔偿责任,属于适用法律不当,山东省高级人民法院予以纠正。

关于集装箱的价值,山东省高级人民法院根据青岛市公安局黄岛分局出具的"破案情况"记载,推定涉案被盗集装箱全损,并且源诚公司已向所涉货物承运人的代理场站作出赔偿。青岛海事法院确定的赔偿标准参照了《国际集装箱超期使用费计收办法》的相关规定及中海箱全损和灭失标准,并无不当,山东省高级人民法院予以支持。目前集装箱在平安达公司处,关于集装箱的归还问题,双方说法不一,鉴于山东省高级人民法院已推定集装箱全损,实际判定集装箱归平安达公司所有,平安达公司可以自行处理集装箱实现残值。

综上,平安达公司的上诉请求不成立,山东省高级人民法院不予支持;青岛海事法院认定事实清楚,适用法律不当,但判决结果正确,根据《中华人民共和国民事诉讼法》第153条第1款第(一)项的规定,判决如下:

驳回上诉,维持原判。

二审案件受理费3788元,由平安达公司负担。

本判决为终审判决。

11.7.8 货运代理超越职权垫付费用的法律后果

55 原告杭州海陆物流有限公司宁波分公司与被告上海瀚威国际货运代理有限公司温州分公司海上货运代理合同欠款纠纷案

案例来源:宁波海事法院(2008)甬海法温商初字第7号

主题词:货运代理　超越权限　垫付费用

裁判要旨

No. ZH-11.7.8-1 海上货物运输合同履行过程中,承运人单方面提高运价的,作为托运人的货运代理,应尽善良管理人的义务,未经托运人同意,不得违背托运人的指示,擅自变更运费约定。货运代理超越代理权擅自支付,未经委托人追认,应自行承担责任。

一、基本案情

原告:杭州海陆物流有限公司宁波分公司

被告:上海瀚威国际货运代理有限公司温州分公司

原告起诉称:被告于2007年6月至8月期间委托原告代理出运3票海运货物。原告接受委托后完成订舱出运等相关委托事项并垫付了海运费。虽经多次催讨,被告至今仍拖欠原告垫付海运费1500美元及代理费人民币150元,其中包括EGLV143799094480号提单及EGLV143799094510号提单项下运费各750美元、527455328号提单项下改单费人民币150元。由此,请求判令被告:

(1)向原告支付垫付海运费1500美元及代理费人民币150元;

(3)支付逾期付款违约金(按中国人民银行同期逾期贷款利率从2007年8月31日计至判决生效之日止);

(3)承担本案诉讼费用。

被告在法定答辩期间未提交书面答辩状,在庭审中口头答辩称:原告诉称的1500美元不在双方约定的海运费范围,要求驳回原告此项诉讼请求。至于人民币150元的改单费,因找不到相关抗辩证据,予以确认。

二、法院查明事实

宁波海事法院认定如下事实：

原、被告双方订有货运出口委托协议,由被告委托原告办理出口货物出运事宜,原告为被告争取优惠海运价,如有运价调整应及时通知被告,为了被告利益,可为被告垫付海运费及其他费用;海运费按双方确认的运价结算。2007年6月18日和19日,被告接受托运人 HEJIANG YAZHOUREN SHOES CO., LTD 和 WENZHOU XINMAO IMPORT & EXPORT CO., LTD 的委托后,转委托原告办理两个集装箱货物出运至意大利,运价为每柜3414.40美元。原告接受委托后,再转而委托温州宏拓国际货运代理有限公司,后者又委托深圳航荣物流有限公司宁波分公司,向 EVERGREEN LINE 订舱。6月27日,货物在宁波港装船,宁波船务代理有限公司代理 EVERGREEN LINE 签发 EGLV143799094480号提单和 EGLV143799094510号提单,提单记载托运人为 HEJIANG YAZHOUREN SHOES CO., LTD 和 WENZHOU XINMAO IMPORT & EXPORT CO., LTD,海运费预付。7月5日,原告向被告开具了两份金额各为3414.4美元的货运代理业专用发票以及其他费用发票。上述费用被告均已付清。2008年2月25日,原告向被告开具两份金额各为750美元、收费内容为"GRI"的发票。深圳航荣物流有限公司宁波分公司已向宁波船务代理有限公司支付前述两份提单项下货物运费各3414.40美元（已包括增收的2007年7月份"GRI"600美元和香港吊机费150美元）,前者向温州宏拓国际货运代理有限公司各支付了3516.40美元,原告则向温州宏拓国际货运代理有限公司支付了包括"GRI"和吊机费在内的两票货物海运费各4111.23美元（运费垫付证明上记载为4161.23美元,原告庭审中确认其中50美元未付）。

另认定,被告委托原告办理货物出口运输的527455328号提单项下的货物,尚欠改单代理费人民币150元未付。

三、法院裁判

宁波海事法院认为,被告接受货物托运人的委托,转而委托原告办理货物出口运输事务,双方之间构成海上货运代理转委托关系。双方之间嗣后订立书面货运出口委托协议书,且在庭审中均予以引用作为抗辩,该书面协议可视为双方对前述转委托关系的确认。本案争议在于原告向后手货运代理人所支付的两票货物的"GRI"以及货物在香港转船产生的吊机费,是否应由被告承担。

《中华人民共和国合同法》第398条规定："……受托人为处理委托事务垫付的必要费用,委托人应当偿还该费用及其利息。"可见,委托人对受托人负偿还垫付费用及其利息义务的前提是,受托人所垫付的费用须为必要、合理,且有益于委托人,而并非只要受托人已经垫付,委托人都得无条件予以偿还。

原、被告以及温州宏拓国际货运代理有限公司、深圳航荣物流有限公司宁波分公司均系涉案争议运费货物的货运代理人,相互之间构成转委托关系,其委托人为货物托运人。海上货物运输合同发生于货物托运人与承运人之间,且成立于货物装船、承运人签发提单之前,而运费的支付义务作为该合同的一项对价,系合同的主要内容之一。合同履行过程中,运费变动,属于合同变更,根据《中华人民共和国合同法》第77条第1款的规定,应由托运人和承运人双方协商确定,否则对托运人不生合同变更效力。本案被告接受托运人的委托后,将货物转委托给原告办理出口运输,并在货运委托书上明示运价计算方式,应视为系托运人对运价的指示。原告接受被告转委托后,根据《中华人民共和国合同法》第399条"受托人应当按照委托人的指示处理委托事务"的规定,也应在该运价范围内,由自己或者依法转委托向承运人订舱。承运人接收货物并签发提单,且提单载明运费预付,应视为同意托运人的运价要约。海上货物运输合同履行过程中,承运人单方面提高运价的,作为托运人的货运代理人,应尽善良管理人的义务,未经托运人同意,不得违背托运人的指示,擅自变更运费约定,否则依《中华人民共和国民法通则》第66条第1款关于代理人超越代理权未经追认的行为由行为人承担民事责任的规定,由该货运代理人自行承担责任。涉案争议的两票货物于2007年6月27日在宁波港装船,承运人向托运人签发提单,双方之间海上货物运输合同项下运价已经固定,此后承运人单方面提出增收2007年7月份"GRI(整体运价提升)"以及货物在香港因转船发生的吊机费,对托运人不具有约束力。货运代理人未经托运人同意或者事后追认而向承运人支付上述费用的,不属于《中华人民共和国合同法》第398条所指的"必要费用",不得层层追偿而转嫁于托运人。

综上,根据《中华人民共和国民事诉讼法》第64条第1款"当事人对自己提出的主张,有责任提供证据"的规定,原告未举证承运人或者其后手货运代理人收取涉案两票货物的"GRI"和货物在香港转船产生的吊机费已得到货物托运人或本案被告的同意或追认,其要求被告偿付上述海运费1500美元及其利息的诉讼请求于法无据,也与双方协议约定的"海运费按双方确认的运价结算"不符,不予支持;被告对此抗辩成立,予以采纳。至于原告要求被告支付另一票货物改单代理费人民币150元垫付款及其利息的诉讼请求,已得到被告当庭确认,予以支持,但原告未举证费用垫付具体时间,利息应按中国人民银行同期企业短期贷款基准利率自原告起诉之日起计算。依照《中华人民共和国民事诉讼法》第64条第1款、《中华人民共和国合同法》第398条之规定,判决如下:

(1) 被告上海瀚威国际货运代理有限公司温州分公司应在本判决生效后10日内偿付原告杭州海陆物流有限公司宁波分公司代理费人民币150元及其利息(按中国人民银行同期企业短期贷款基准利率自2008年2月29日计算至判决确定的履行之日);

(2) 驳回原告杭州海陆物流有限公司宁波分公司的其他诉讼请求。

货运代理·超越权限·垫付费用

11.7.9 委托人对货运代理转委托未备案无船承运人运输的责任

56 上诉人青岛市平度惠德蔬菜有限公司与被上诉人青岛锦海润达国际货运代理有限公司货运代理合同纠纷案

案例来源：山东省高级人民法院(2007)鲁民四终字第92号
主题词：货运代理　无船承运人　备案登记

> **裁判要旨**
>
> **No. ZH-11.7.9-1** 货运代理人承担民事责任的前提是其在履行代理义务中有过错，且对委托人造成损失。即使货运代理人未经委托人同意，委托无船承运人运输，且提单未备案，但货物实际已出运，收货人收到了货物，委托人通过兑付信用证收到了货款，对于委托人提出的免费堆存20天的要求，货运代理人已经向承运人提出，承运人亦作出了承诺，法院认定货运代理已经履行了作为货运代理人的义务，委托人不能证明其损失，法院对其要求货运代理人承担其在目的港的损失或额外支出的请求不予支持。

一、基本案情

上诉人(原审本诉被告，反诉原告)：青岛市平度惠德蔬菜有限公司(以下简称惠德公司)。

被上诉人(原审本诉原告，反诉被告)：青岛锦海润达国际货运代理有限公司(以下简称锦海润达公司)。

青岛海事法院经审理查明，2006年，惠德公司向韩国出口一批蔬菜，据惠德公司当庭陈述，与其达成贸易合同的是韩国农水产物流通公社，双方使用信用证结算，在贸易合同中双方约定由惠德公司保证实现装载出口货物的集装箱在目的港韩国釜山20天的场站免费使用、堆存。贸易合同订立之后，惠德公司即联系锦海润达公司代为其办理出口货物的海运事宜。锦海润达公司接受委托后代为办理了出口韩国货物的海运业务。提单号、船名、航次以及因货物出运正常产生的费用明细分别为：CTAOPUS3E2010、DENDERAH RICKMERS V.0051E，14 000美元、人民币24 120元；SITTABUR304277、PANDORA V.013E，8 250美元、人民币14 685元；CTAOPUS3E1991、DENDERAH RICKMERS V.0047E，16 500美元、人民币27 710元；QDWSLBS647001、CHENG GONG 78 V.648E，8 750美元、人民币14 635元；COSU99663050、HAN ZHONG HE V.0155E，5 094.32美元、人民币8 560元；SITTABUR306292、SITC NINGBO V.243E，8 750美元、人民币15 135元；SITTABUR306294、SITC FRIENDSHIP V.131E，5 250美元、人民币9 145元；SITTABUR305332B、SITC NINGBO V.243E，12 550美元、人民币20 600元；CTAOPUSE3E2018、DENDERAH RICHMERS V.0053E，7 400美元、人民币12 140元。

以上费用惠德公司在锦海润达公司向其出具的费用结算明细上均予以盖章确认。锦海润达公司为惠德公司垫付了相关出口货物的海运费、杂费。锦海润达公司提交的证据显示，其最后一笔垫付发生在2006年12月27日。惠德公司按照其盖章确认的费用结算明细向锦海润达公司支付了部分款项，仍有5250美元、人民币47450元未支付。锦海润达公司在庭审中确认其诉讼请求另包括人民币28000元（3590美元）。

锦海润达公司提交的证据中，另有提单号CTAOPU53E1991项下产生的费用2800元人民币（按照汇率7.8∶1计算为3590美元），青岛富海国际货运代理有限公司开具了收费发票，并证明该费用是20天之外的集装箱超期使用等费用。

惠德公司在庭审中承认提单原件均已收到，并持提单完成了信用证结汇顺利收回货款。在以KORAB GLOBAL CO.LTD.为抬头公司并由该公司签发的多式联运提单正面均打印有"ON A B/L THERE IS WRITTEN THAT THE SUPPLIER HAS ALREADY PAID FREIGHT THC（TERMINAL HANDLING CHARGE）AND BAF（BULK ADJUSTMENT FACTOR）PREPAID 20 DAYS OF FREE DEMURRAGE INCLUDE CY ELECTRIC CHARGE"的字样。

庭审中，惠德公司主张其与锦海润达公司之间形成的是运输合同关系，并称装载其出口货物的集装箱到达目的港后20天内发生了场站、插电等费用，而且发生的费用均已被其垫付。惠德公司所提交的经公证认证的证据是韩国农水产物流通公社等单方所作的费用罗列。

二、一审裁判

青岛海事法院认为，锦海润达公司接受惠德公司的委托代为办理其出口货物的海运操作，其身份只是货运代理人而非惠德公司所主张的承运人，与惠德公司之间形成海上货物运输合同关系的是海运提单的抬头公司，也就是提单的签发人KORAB GLOBAL CO.LTD.，并非锦海润达公司。

在国际货运代理行业，由货运代理人替发货人向承运人垫付必要的运杂费用是一种正常做法，有了货运代理人的垫付，发货人的出口货物才能顺利到达目的港，发货人因为货运代理人的垫付行为而实际受益，没有要求垫付不能成为拒绝支付的合法理由，所以作为委托人的惠德公司理应按照其盖章确认的费用明细向锦海润达公司支付其出口货物所产生的运杂费用及利息，因而对锦海润达公司诉请中要求给付的垫付运费5250美元、人民币47450元及利息予以支持，该利息应自锦海润达公司最后为惠德公司垫付费用的第二天即2006年12月28日起按银行同期贷款利率计算。但对于锦海润达公司主张的集装箱超过20天的免费堆存适用所产生的费用人民币28000元的垫付费用，除非锦海润达公司明确接到惠德公司的垫付指令才应当予以垫付，本案中锦海润达公司未能举证接到垫付委托，所以对该诉讼请求法院不予支持。

从运输合同的角度来看，如果惠德公司确实因为没有实现装载货物的集装箱在目的港的20天免费堆存使用等，其诉讼的对象应当是运输合同的相对方，即提单所显示的承运人 KORAB GLOBAL CO. LTD.，而非本案锦海润达公司。虽然惠德公司对锦海润达公司所提交的部分租船订舱的证据因其记载是英文而拒绝质证，但是惠德公司承认，证据中的提单复印件其曾经收到原件并用其进行了信用证结汇，作为打印在提单正面的对运输合同的特别约定，承运人已经明确作出了包括目的港 20 天堆存费用在内的相关费用预付的专门记载，这充分说明了锦海润达公司在向承运人租船订舱的时候代托运人与承运人进行了特别约定，货运代理人在此过程中并没有过错，而且提单正面的该记载对于合法持有正本提单的收货人来说，构成了承运人在货物到达目的港后 20 天内不得以任何借口或者理由向其收取预付费用所包含的任何费用的保证。如果确实发生了装载惠德公司货物的集装箱在韩国釜山目的港没有实现 20 天免费堆存使用，恰说明是承运人违反了运输合同的特别约定。

惠德公司声称其出口到韩国的货物因为没能实现目的港的 20 天免费堆存而遭受损失，根据证据来看，虽然惠德公司提供的证据经过了公证认证，在形式上符合法律要求，但是该证据首先是惠德公司的韩国贸易相对方的单方声明，缺乏其他证据佐证，而且从该证据上看不出惠德公司庭审中所声称的装载出口货物的集装箱在目的港未能实现 20 天的免费堆存使用，所以惠德公司不能声明其损失的真实存在，该证据对惠德公司的诉请及抗辩没有证明力。不被锦海润达公司所认可的由惠德公司提交的证据一（锦海润达公司发出的传真）提到，"此费用包括在韩国所有应预付的费用，不会产生其他费用"，结合惠德公司提交的证据来看，惠德公司既然不能证明装载货物的集装箱到达目的港后确实发生了本应包括在预付费用内的额外支出，并给其造成了实际损失，对该证据的认定与否已失去实际意义。因而，惠德公司的诉讼请求缺乏事实与法律依据，且证据不足，对其诉请不予支持。依照《中华人民共和国民法通则》第 106 条、《中华人民共和国合同法》第 398 条的规定，判决：

（1）惠德公司于判决生效之日起 10 日内给付锦海润达公司 5 250 美元、人民币 47 450 元及该款自 2006 年 12 月 28 日起按银行同期贷款利率计算的利息；

（2）驳回锦海润达公司的其他诉讼请求；

（3）驳回惠德公司的诉讼请求。

本诉案件受理费 3 800 元由锦海润达公司负担 900.4 元，惠德公司负担 2 899.6 元。诉前保全费 3 000 元由惠德公司负担。反诉案件受理费 3 657 元由惠德公司负担。

三、上诉与答辩

上诉人惠德公司不服原审判决，向山东省高级人民法院提起上诉称：锦海润达公司接受了惠德公司的要求，代理货物出运，锦海润达公司所称的提单上注明的 20 天的免滞期费、电费等，是惠德公司根据实际贸易情况向锦海润达公司订舱时提出的要求，锦海润达公司已经接受并直接将惠德公司的要求加在了提单上。锦海润达公司存在以下过错：

（1）货到目的港后相关费用并没有免除，场站及海运公司收取了第 16 至第 20 天

的码头堆存费和电费,导致惠德公司的额外支出;

(2)锦海润达公司交给惠德公司的提单并没有在我国交通部备案;

(3)锦海润达公司并没有积极主动订舱办理出运事宜,且未经作为委托人的惠德公司的允许擅自转委托他人订舱。锦海润达公司具有明显过错,没有完成委托事项,因此,锦海润达公司应当有义务赔偿因其过错而给惠德公司造成的损失或额外支出,原审法院判决锦海润达公司不承担任何责任是错误的。惠德公司请求本院驳回锦海润达公司的诉讼请求。

被上诉人锦海润达公司辩称:锦海润达公司作为惠德公司的货运代理人在货物出运过程中忠实履行了职责,要求承运人在提单上注明20天免费堆存。货物顺利出运,收货人也收到了货物,锦海润达公司没有任何过错。惠德公司对于其主张的目的港费用没有充分的证据支持。惠德公司欠款事实清楚,请求维持原判。

四、二审裁判

山东省高级人民法院经审理查明:以 KORAB GLOBAL CO. LTD. 为抬头的多式联运提单的签发人处印有 ACTING AS A CARRIER 和 KORAB GLOBAL CO. LTD. 字样,锦海润达公司在庭审中称青岛世航通运国际货运代理有限公司手写签发了该提单。

山东省高级人民法院查明的其他事实与原审判决认定的事实相同。

山东省高级人民法院认为,惠德公司委托锦海润达公司代理货物出运,锦海润达公司接受委托,并实际从事了货运代理行为,履行了委托事务,且在本案二审中,双方当事人均主张双方之间为货运代理合同关系,故应认定双方之间为货运代理合同关系。

锦海润达公司已经按照惠德公司的要求,将货物出运,收货人收到了货物,惠德公司通过兑付信用证收到了货款;对于惠德公司提出的免费堆存20天的要求,锦海润达公司已经向承运人提出,承运人亦作出了承诺,在上述事项上,锦海润达公司已经履行了作为货运代理人的义务。

锦海润达公司在本案中承担民事责任的前提是其在履行代理义务中有过错,且造成了惠德公司的损失。惠德公司主张将目的港的堆存费交给了中海韩国公司,电费交给了大韩通运,上述费用是由其在韩国的代理新味通商公司交纳,并从惠德公司预交的保证金中扣除,但惠德公司在指定的期限内未提交其缴纳保证金的证据,也未提交堆存费和电费款项流转的证据,因此惠德公司在本案中尚未证实其在目的港有损失或额外支出。故即使本案所涉提单未备案,锦海润达公司未经惠德公司同意转委托,因惠德公司尚不能证明其损失,对惠德公司要求锦海润达公司承担其在目的港的损失或额外支出的请求,不予支持。

综上,上诉人惠德公司的上诉理由不成立。原审判决认定事实清楚,适用法律正确,应予维持。依照《中华人民共和国民事诉讼法》第153条第1款第(一)项之规定,判决如下:

驳回上诉,维持原判。

如果未按判决指定的期间履行给付金钱义务,应当依照《中华人民共和国民事诉讼法》第 232 条之规定加倍支付迟延履行期间的债务利息。

二审案件受理费 2 663 元,由上诉人惠德公司负担。

本判决为终审判决。

11.8 货运代理的权利

11.8.1 货运代理索要滞纳金的权利

[57] **原告天津港集船务代理有限公司与被告甘肃亚盛国际货运有限公司天津分公司货运代理合同纠纷案**

案例来源:天津海事法院(2005)津海法商初字第 228 号

主题词:货运代理　超期付款　滞纳金　限额

> **裁判要旨**
>
> **No. ZH-11.8.1-1**　当事人约定超期付款滞纳金为每天 1%,属于其真实意思表示,既不违反我国民事法律,也不损害社会公共利益和他人利益,属于合法有效条款。在超期付款滞纳金已远远超过本金的情况下,货运代理只请求与本金相当的超期付款滞纳金,法院予以支持。

一、基本案情

原告:天津港集船务代理有限公司

被告:甘肃亚盛国际货运有限公司天津分公司

原告诉称,2004 年 9 月至 10 月,原告两次接受被告的订舱申请,为被告安排两票提单货物出口订舱运输事宜。上述货物已安全出运,原告履行了全部义务。根据法律规定,被告应当支付海运费 5 250 美元及 5 300 元人民币。被告已向原告出具运费确认单,对相应的应付运杂费数额完全确认,并且向原告保证,每迟延支付 1 天,被告愿按照应付费用的 1% 支付超期付款滞纳金。但经原告多次催要,被告至今仍未支付上述款项。NSVRCXB40133107 号提单项下货物的运杂费自 2004 年 10 月 7 日至 2005 年 5 月 25 日产生滞纳金数额为 6 872.25 美元及 5 832.75 元人民币。TJMZVI057F806A/806B 提单项下货物的运杂费自 2004 年 10 月 30 日至 2005 年 5 月 25 日产生滞纳金数额为 4 732 美元及 5 772 元人民币。上述滞纳金数额总计为 11 604.25 美元,人民币 11 604.75 元。请求法院依法判令:

(1) 被告支付原告海运费 5 250 美元及 5 300 元人民币;

(2) 被告支付原告超期付款滞纳金 5 250 美元及 5 300 元人民币；
(3) 由被告承担法院诉讼费用。
被告既未答辩，也未到庭参加诉讼。

二、法院查明事实

天津海事法院查明，2004 年 9 月至 10 月，原告两次接受被告的订舱申请，分别为被告安排了 NSVRCXB40133107 号和 TJMZVI057F806A/806B 号两票提单项下货物出口订舱运输事宜。上述货物已安全出运，原告履行了全部义务。两票货物被告应当支付原告共计海运费 5 250 美元及 5 300 元人民币。对于上述款项被告已向原告出具运费确认单，并保证分别于 2004 年 10 月 7 日前和 2004 年 10 月 30 日前支付给原告，并且向原告保证，每迟延支付 1 天，被告愿按照应付费用的 1% 支付超期付款滞纳金。但经原告多次催要，被告至今仍未支付上述款项。其中，自 2004 年 10 月 7 日至 2005 年 5 月 25 日 NSVRCXB40133107 号提单项下货物的海运费产生滞纳金数额为 6 872.25 美元及 5 832.75 元人民币。自 2004 年 10 月 30 日至 2005 年 5 月 25 日 TJMZVI057F806A/806B 提单项下货物的海运费产生滞纳金数额为 4 732 美元及 5 772 元人民币。上述滞纳金数额总计为 11 604.25 美元，人民币 11 604.75 元。原告请求法院依法判令：

(1) 被告支付原告海运费 5 250 美元及 5 300 元人民币；
(2) 被告支付原告超期付款滞纳金 5 250 美元及 5 300 元人民币；
(3) 由被告承担法院诉讼费用。

三、法院裁判

天津海事法院认为，本案为货运代理合同纠纷。根据原告提交的证据，可以证明原、被告之间存在货运代理合同关系。原告已按约定完成了委托事宜，被告向原告出具的运费确认单已经确认应当向原告支付的费用数额，并约定了超期付款滞纳金为每天 1%。该确认书属于原、被告之间的真实意思表示，既不违反我国民事法律，也不损害社会公共利益和他人利益，属于合法有效条款。而且，在超期付款滞纳金已远远超过本金的情况下，原告只请求与本金相当的超期付款滞纳金，天津海事法院应予支持。据此判决如下：

被告甘肃亚盛国际货运有限公司天津分公司给付原告天津港集船务代理有限公司海运费 5 250 美元及 5 300 元人民币。

11.8.2 货运代理追索合理必要的垫付滞箱费的权利

58 上诉人浙江德科物流有限公司与被上诉人宁波天时利国际货运代理有限公司海上货运代理合同纠纷案

案例来源：浙江省高级人民法院(2011)浙海终字第121号
主题词：订舱代理　垫付滞箱费　委托人的偿还义务

裁判要旨

No. ZH-11.8.2-1　因托运人的原因导致货物无法出关，集装箱被退回堆场，其订舱代理已告知退箱地点以及滞箱费的标准，已尽到合同的附随义务，订舱代理对产生的滞箱费无须承担责任。

No. ZH-11.8.2-2　集装箱滞留影响船公司对集装箱的管理和收益，由此产生的损失与集装箱本身价值无关。根据港口行业惯例以超期累进的方式计算滞箱费，有惩罚的性质，托运人与承运人有合约约定，仍属违约金，根据约定的标准，对于订舱代理代托运人向承运人支付的没有明显偏高的滞箱费，托运人应当予以偿还。

一、基本案情

上诉人(原审被告)：浙江德科物流有限公司(以下简称德科公司)

被上诉人(原审原告)：宁波天时利国际货运代理有限公司(以下简称天时利公司)

宁波海事法院审理查明，2011年1月20日，德科公司委托天时利公司订舱，起运港为宁波，目的港为PORT SAID(WEST PORT)，订川崎汽船有限公司(KLINE船公司)开航日为2011年1月28日的船。同年1月25日，德科公司到宁波北仑福洋堆场提取了1个20GP的集装箱，提箱当日德科公司通知天时利公司该集装箱货物无法装运，要求天时利公司对该票货物作退关处理并表示将当日还箱。天时利公司当即告知德科公司，即使当日还箱亦将产生42元/天的滞箱费，但德科公司随后将箱柜还至临时放箱地点而未交付到规定的堆场。同年4月13日，天时利公司收到川崎汽船(中国)有限公司宁波分公司催箱通知，得知德科公司并未实际还箱，并将该情况通知德科公司。德科公司于同年4月14日将箱子还至堆场，导致滞箱期间80天。天时利公司与川崎汽船(中国)有限公司宁波分公司签订的协议中有关于滞箱费累进计算的标准，80天的滞箱费按该标准计算为10 500元。天时利公司于2011年5月10日将上述滞箱费付至川崎汽船(中国)有限公司宁波分公司。天时利公司向德科公司催讨垫付的该笔费用未果，遂诉至宁波海事法院，请求法院判令德科公司支付其垫付的滞箱费人民币10 500元及相应利息(自2011年6月13日起至判决生效日止按照中国人民银行同期贷款利率计算)。

宁波海事法院还查明，天时利公司在本案中未收取德科公司任何代理报酬或费用差价。

二、一审裁判

宁波海事法院审理认为,双方就涉案货物的出运、退箱成立海上货运代理合同关系。德科公司委托天时利公司订舱后,提取了涉案集装箱,货物因故作退关处理,但未及时还箱,导致滞箱费的产生,应当依照交易习惯承担该费用。另一方面,虽然在退箱情形下不及时还箱的情况属非正常情况,且天时利公司因德科公司退箱而未收取报酬,但均不能减轻天时利公司作为受托人履行必要附随义务的责任。本案中,天时利公司未谨慎注意,对德科公司长时间未及时在规定的地点还箱的行为没有进行必要的提醒,导致大额滞箱费的产生,存在过失。而滞箱费属履行海上货物运输合同所产生的非正常费用,该费用应依据合同约定或法律规定进行承担。天时利公司并未与德科公司就滞箱费问题进行约定,亦未告知德科公司其与船公司有滞箱费按时间加长而累进计算的约定以及约定的标准,在德科公司告知准备退箱时,天时利公司仅告知德科公司一日的滞箱费标准,因此应承担一定的责任。故该院酌定双方在本案中的过错比例为3:7,即德科公司应承担的滞箱费为7350元。至于天时利公司主张的利息,其计算标准不违背法律规定,予以支持。

综上,天时利公司诉请有理部分,予以支持。依照《中华人民共和国合同法》第396条、第398条、第406条第1款之规定,宁波海事法院于2011年9月13日判决:

德科公司于判决生效之日起10日内支付天时利公司7350元及该款利息(自2011年6月13日起至判决确定的履行日按照中国人民银行同期贷款利率计算)。如果未按判决指定的期限履行给付金钱义务,应当依照《中华人民共和国民事诉讼法》第229条之规定,加倍支付迟延履行期间的债务利息。

案件受理费60元,减半收取30元,由天时利公司负担10元,德科公司负担20元。

三、上诉与答辩

德科公司不服原审判决,向浙江省高级人民法院提起上诉称:

(1) 德科公司无法对该集装箱的运行作有效的跟踪,而天时利公司在与堆场的对账过程中可以知道该集装箱没有还给堆场,天时利公司没有及时通知德科公司,造成该集装箱产生滞箱费,因此主要责任需由天时利公司承担。

(2) 天时利公司除了第一次告知德科公司每天产生42元的滞箱费外,直到80天后才告知德科公司该集装箱未还,产生滞箱费10500元,而集装箱的价值折旧后也就值8000元左右,明显过高。

综上,请求二审法院判令天时利公司承担造成此次事故的主要责任。

天时利公司书面答辩称:

(1) 天时利公司本案中的受托事项为代理订舱而不包括内陆运输,天时利公司的义务仅限于订舱代理而不包括内陆运输,其告知义务并不当然扩大到除订舱以外的所有范围,天时利公司已告知德科公司要产生滞箱费。何况由于德科公司退关、撤回订舱,天时利公司在本案中也未收取被告任何费用,包括订舱费。

(2)超期使用集装箱应支付集装箱超期使用费是行业惯例,德科公司是可以预见的。天时利公司一经船公司催缴通知即于第一时间告知了德科公司,并无拖延。

请求二审法院驳回德科公司的上诉请求,维持原判。

四、二审裁判

根据双方当事人的上诉请求和理由以及答辩意见,本案二审审理的争议焦点是:天时利公司是否应当对滞箱费的产生承担主要过错责任。

浙江省高级人民法院认为,本票货物由于德科公司的原因无法出关,需要将涉案集装箱退回堆场,天时利公司已告知德科公司退箱的地点、滞箱费的标准,天时利公司仅系德科公司的订舱代理,其已尽到合同的附随义务。德科公司主张天时利公司应当负主要责任的理由不能成立。德科公司上诉称,集装箱的价值折旧后也仅值8 000元左右,产生10 500元的滞箱费系费用过高,浙江省高级人民法院对此认为,德科公司将集装箱滞留他处,影响了船公司对集装箱的管理和收益,因此而产生的损失与集装箱的本身价值没有关系。至于滞箱费的计算,根据港口行业惯例系根据超期累进的方式计算,有惩罚的性质,天时利公司与川崎汽船(中国)有限公司宁波分公司对此有合约约定,故仍属违约金。根据约定的标准,本案产生10 500元的滞箱费,没有明显偏高,原审予以认定并无不当。德科公司的上诉理由缺乏事实和法律依据,浙江省高级人民法院不予支持。

综上,原审判决认定事实清楚,适用法律正确。依照《中华人民共和国民事诉讼法》第153条第1款第(一)项、第130条之规定,判决如下:

驳回上诉,维持原判。

11.8.3 货运代理主张垫付费用的必要性与合理性

[59] 上诉人宁波元亨物流有限公司与被上诉人义乌市辉运饰品有限公司海上货运代理合同纠纷案

案例来源:浙江省高级人民法院(2011)浙海终字第65号
主题词:货运代理 垫付费用 合理性 必要性

> **裁判要旨**
>
> **No. ZH-11.8.3-1** 货运代理向委托人主张垫付费用应当承担举证责任,重复报关费、查验费、放空费、停空费等费用均非海上货运代理合同中必然发生的费用,货运代理没有证据证明其已垫付并且系合理的必要的费用,无权向委托人主张。
>
> **No. ZH-11.8.3-2** 货运代理与委托人未对报酬进行明确约定,亦没有证据证明报酬符合双方交易习惯或合同履行地的市场行业惯例,货运代理无权向委托人主张报酬。

一、基本案情

上诉人(原审原告):宁波元亨物流有限公司(以下简称元亨公司)

被上诉人(原审被告):义乌市辉运饰品有限公司(以下简称辉运公司)

宁波海事法院审理查明,2010年9月10日及2010年9月21日,辉运公司因需从义乌出运头梳、皮筋、发夹、镜子、发爪等货物到英国,起运港为上海港,先后两次委托元亨公司代为订舱,并负责内陆运输及报关,分别要求订20日的船期和27日的船期。元亨公司接受委托后,两次均委托上海卓芳货运代理有限公司负责货物的内陆运输、委托上海前锦国际货运有限公司进行报关。元亨公司与两公司通过月结的方式支付了有关费用,2011年2月14日,两公司分别出具证明,称前票货物产生拖卡费用3550元、报关费用80元、查验费2605元;后票货物产生拖卡费用2350元、放空费1800元、停空费1000元、报关费用160元、查验费1340元,元亨公司均已分别支付给两公司。因辉运公司未支付有关费用,元亨公司于2011年1月6日诉至宁波海事法院,请求判令辉运公司向其支付人民币14005元及其逾期利息(自2010年10月9日起至判决确定之日止按银行同期贷款利息计收)。

二、一审裁判

宁波海事法院审理认为,元亨公司、辉运公司间系海上货运代理合同纠纷,元亨公司接受辉运公司委托后,已通过有关公司完成了货物报关、内陆运输事宜,辉运公司理应支付相关费用。但元亨公司在垫付有关费用时,应当对费用的真实性和合理性进行审核并有义务取得相关依据。否则,元亨公司对非真实和非合理的费用无权向辉运公司主张。元亨公司主张其中一票货物因存在重复报关而产生报关费160元,但其并没有相关证据证明该票货物存在重复报关的事实,故不予采信;元亨公司主张前后两票货物分别产生查验费,但其并无证据证明涉案货物被海关查验的事实,也无法证明查验费支出的合理性依据,故对元亨公司主张的查验费不予保护;元亨公司主张后一票货物产生放空费1800元、停空费1000元,且该费用为行业惯例,但无相关证据予以证明,亦不予认定。根据本案证据和事实,该院认为元亨公司垫付的两票货物的拖卡费和报关费用共6060元(3550元+2350元+80元+80元),为涉案货物出运中的必要费用,予以保护,元亨公司自垫付之日起有权向元亨公司主张利息。至于元亨公司要求辉运公司支付其余费用的主张,因缺乏事实基础和合理性,不予支持。

综上,依照《中华人民共和国民事诉讼法》第64条第1款,《中华人民共和国合同法》第396条、第398条的规定,宁波海事法院于2011年3月21日判决:

(1)辉运公司于判决生效之日起10日内偿还元亨公司垫付的报关费、拖卡费6060元及该款利息(5900元自2010年11月24日起、160元自2010年11月12日起分别按中国人民银行同期贷款利率计算至实际履行之日);

(2)驳回元亨公司的其余诉讼请求。

如果未按判决指定的期限履行给付金钱义务,应当依照《中华人民共和国民事诉讼法》第 229 条之规定,加倍支付迟延履行期间的债务利息。

案件受理费 160 元,减半收取 80 元,由元亨公司负担 45 元,由辉运公司负担 35 元。

三、上诉与答辩

元亨公司不服原审判决,向浙江省高级人民法院提起上诉称:

(1) 元亨公司已提供涉案货物查验费及报关费的垫付证明、支付凭证及对应发票,已充分表明涉案货物第一次报关时因辉运公司品名申报错误以致被海关查验退关重新申报的事实,原审判决未予认定不当。

(2) 元亨公司已提供两票货物的放空费及停空费的垫付证明、支付凭证及对应发票,原审判决认定元亨公司垫付放空费、停空费缺乏合理性有违客观事实。

(3) 元亨公司已完成货物报关、内陆运输等事宜,原审判决却对元亨公司依法应享有的报酬即垫付费用的差价部分以缺乏事实基础为由不予保护,该认定于法不符。

综上,要求撤销原判,依法改判支持其一审诉请。

辉运公司未到庭参加诉讼,亦未提出答辩意见。

四、二审裁判

根据当事人的上诉请求和理由,本案二审争议的焦点是:元亨公司是否有权向辉运公司主张查验费、放空费等垫付费用及报酬。

元亨公司对宁波海事法院认定其与辉运公司间存在海上货运代理合同并无异议,但认为除宁波海事法院支持的拖卡费等费用外,辉运公司还应支付其重复报关费、查验费、放空费、停空费及报酬共计 7 945 元。浙江省高级人民法院认为,由于元亨公司主张的重复报关费、查验费、放空费、停空费等费用均非海上货运代理合同中必然发生的费用,因此元亨公司应对产生上述特殊费用的特定事实承担相应的举证责任。本案中,元亨公司提供的垫付证明及支付凭证仅能证明其向委托报关的上海前锦国际货运有限公司支付了第二票货物的两次报关费共计 160 元,其主张产生两次报关费用的原因系因辉运公司申报品名错误导致向海关重复报关,但其并未提供相应证据予以佐证,故不予支持。关于查验费,元亨公司主张涉案两票货物各经海关查验并由场站收取查验费,但未能提供海关查验的相关证据及场站收取查验费的相关凭证,故对其主张不予支持。关于放空费、停空费,元亨公司仅提供了其向上海卓芳货运代理有限公司支付该费用的垫付证明,对于放空、停空是否实际发生的事实未提供相应证据,故不予支持。元亨公司主张辉运公司应向其支付报酬即垫付费用差价部分 1 120 元,但其提供的货运订舱委托书及报关委托书中均未对委托报酬进行明确约定,其亦未提供相应证据证明其主张的报酬符合双方交易习惯或合同履行地的市场行业惯例,故不予采信。

综上,元亨公司未能提供充分证据证明涉案货物存在重复报关、查验、放空、停空等事实,其要求辉运公司支付上述费用的上诉理由均不能成立,浙江省高级人民法院不予支持。原审判决认定事实清楚,适用法律正确。依照《中华人民共和国民事诉讼

法》第 153 条第 1 款第(一)项之规定,判决如下:

驳回上诉,维持原判。

11.8.4 货运代理不应对承运人原因造成的迟延承担责任

⑥ 上诉人招远市大鹏石材有限公司与被上诉人青岛中远国际货运有限公司烟台分公司货运代理合同纠纷案

案例来源:山东省高级人民法院(2008)鲁民四终字第 35 号

主题词:货运代理　承运人迟延交付　垫付费用

裁判要旨

No. ZH-11.8.4-1　货运代理是委托人货物出运的代理人而非承运人,货物的依约交付是货物运输合同关系中承运人的义务,即使发生迟延交付货物的情形,在没有证据证明代理人有过错的情况下,并不免除委托人向货运代理支付相关费用的义务。

一、基本案情

上诉人(原审被告):招远市大鹏石材有限公司(以下简称大鹏公司)

被上诉人(原审原告):青岛中远国际货运有限公司烟台分公司(以下简称中远烟台分公司)

青岛海事法院查明,中远烟台分公司受大鹏公司委托,于 2003 年 12 月 21 日订舱出运集装箱,产生货运代理费 30 200 元。大鹏公司主张其客户因交货迟延向其索赔 2 000 美金并提交了该巴基斯坦客户的索赔传真。中远烟台分公司于 2004 年 12 月 7 日起诉,青岛海事法院于 2004 年 12 月 10 日立案。

二、一审裁判

青岛海事法院认为,大鹏公司委托中远烟台分公司出运货物,在对欠付的货运代理费 30 200 元无异议的情况下,应将该款给付中远烟台分公司。中远烟台分公司诉请的利息损失,应自其明确主张权利之日即起诉之日的次日(2004 年 12 月 8 日)起算至本判决确定付款之日止的银行同期存款利息。中远烟台分公司选择本案立案之日起算,应予准许。大鹏公司称中远烟台分公司应赔偿迟延交付货物造成的损失 2 000 美元,然大鹏公司所举证据为传真件,真实性无法确定,且为境外证据应予公证认证,故无法采信,该主张青岛海事法院不予支持。依照《中华人民共和国民法通则》第 84 条、第 88 条的规定,判决:

大鹏公司给付中远烟台分公司欠付的货运代理费 30 200 元,加自 2004 年 12 月 10 日起至本判决确定付款之日止的银行同期存款利息,限判决生效之日起 10 日内付清。

案件受理费 1 220 元由大鹏公司负担。

三、上诉与答辩

上诉人大鹏公司不服一审判决上诉称,涉案货物应在 45 天内运送到目的地,但不知何故迟延 60 天以上才到达目的地,致使大鹏公司的客户向大鹏公司提出索赔 2 000 美元,该损失应由中远烟台分公司承担,请求二审作出公正判决。

被上诉人中远烟台分公司没有提交书面答辩状,审理中其代理人口头辩称,迟延交货不成立,索赔与本案运费没有关系,要求二审法院驳回对方的上诉。

四、二审裁判

山东省高级人民法院审理查明的事实与一审法院查明的事实相同。

山东省高级人民法院认为,大鹏公司与中远烟台分公司建立的是货运代理关系,中远烟台分公司是大鹏公司货物出运的代理人而非承运人,货物的依约交付是货物运输合同关系中承运人的义务,即使发生迟延交付货物的情形,大鹏公司也应向承运人主张而非向其代理人主张损失。本案中大鹏公司没有提供有效证据证明迟延交付货物的事实,而且也没有证明损失实际发生。故其上诉理由不成立,其上诉主张山东省高级人民法院不予支持。一审判决认定事实清楚,适用法律得当,判决应当维持,依据《中华人民共和国民事诉讼法》第 153 条第 1 款第(一)项之规定,判决如下:

驳回上诉,维持原判。

如果未按本判决指定的期间履行给付金钱义务,应当依照《中华人民共和国民事诉讼法》第 232 条之规定,加倍支付迟延履行期间的债务利息。

二审案件受理费 1 220 元由大鹏公司承担。

本判决为终审判决。

11.8.5 货运代理无须承担承运人更改航线的责任

61 上诉人宁波海曙巨鲸进出口有限公司、杨行祖与被上诉人宁波外运国际货运代理有限公司、原审被告杨行江海上货运代理合同纠纷案

案例来源:浙江省高级人民法院(2009)浙海终字第 50 号

主题词:货运代理　承运人更改航线　垫付费用

裁判要旨

No. ZH-11.8.5-1　货运代理人为委托人安排货物出运并垫付了运输过程中产生的相应费用。货物出运后,委托人向货运代理人出具运费确认及保证函,确认涉案两份提单项下的海运费和内陆运费,请求货运代理人代为垫付,委托人应向货运代理人支付垫付款。

No. ZH-11.8.5-2　货运代理人虽负有依委托人指示代为办理订舱、报关等合同义务,但其并非承运人,对货物的船期安排及运输过程无法直接掌控,对于船舶更改航线等损失无须承担赔偿责任。

一、基本案情

上诉人(原审被告):宁波海曙巨鲸进出口有限公司(以下简称巨鲸公司)
上诉人(原审被告):杨行祖
被上诉人(原审原告):宁波外运国际货运代理有限公司(以下简称货代公司)
原审被告:杨行江

宁波海事法院审理查明,巨鲸公司分别于2007年8月3日、8月8日委托货代公司办理货物从宁波出运至菲律宾桑托斯将军港事宜,货代公司接受委托后向船公司订舱,取得由中海集装箱运输浙江有限公司代中海集装箱运输(香港)有限公司(以下简称中海公司)签发的相应提单,货代公司为巨鲸公司垫付了履约过程中产生的相应费用。2007年9月1日,巨鲸公司向货代公司出具了运费确认及保证函,确认欠付海运费56 900美元、内陆运费78 794元人民币,并保证20日内付清,杨行江、杨行祖同时签字作为连带责任保证人。巨鲸公司、杨行江、杨行祖未按时支付其确认及担保的各项费用,故货代公司诉至宁波海事法院要求巨鲸公司、杨行江、杨行祖连带支付上述代垫费用及利息。

二、一审裁判

宁波海事法院审理认为,货代公司与巨鲸公司之间系海上货物运输代理合同关系。货代公司负有依巨鲸公司指示代为办理订舱、报关等合同义务,但货代公司并非承运人,对货物的船期安排及运输过程无法直接掌控,而提单对出运时间有明确记载,故货代公司所称为适应中海公司船期而告知过巨鲸公司调整出运时间的抗辩理由合理可信。巨鲸公司、杨行祖称提单记载卸货港为马尼拉南港而非托书所要求的桑托斯将军港,系擅改卸货港,但从巨鲸公司、杨行祖所提供的船期公告表可知,中海公司从宁波至菲律宾的航线上并无托书要求的目的港为桑托斯将军港的直达航线,而巨鲸公司所取得的提单上已记载货物运至菲律宾桑托斯将军港,同时巨鲸公司、杨行祖、杨行江也未能举证有其他船公司或航线的出运时间、目的港完全符合巨鲸公司的托书要求,故宁波海事法院认定货代公司已按照巨鲸公司托书要求履行了代理货物出运的义务。在此基础上,作为承运人是否依约履行了海上货物运输合同并非货代公司的合同义务。此外,巨鲸公司出具给货代公司的运费确认及保证函记载巨鲸公司是因资金困难未付运费,亦可佐证巨鲸公司、杨行祖、杨行江当时亦认可了货代公司的相应履约行为。故此,巨鲸公司、杨行祖所称货代公司违反托书要求、延误船期、擅改卸货港、未在合理期限内出运货物的抗辩不能成立,不予支持。巨鲸公司、杨行祖提出货代公司拒不交付核销单,给巨鲸公司造成巨额退税损失,并当庭提出反诉,要求货代公司赔偿退税损失,货代公司认为其提出反诉的时间超出举证期限,宁波海事法院对巨鲸公司、杨行祖提出的反诉请求未予合并审理,对该损失可另案起诉处理。

综上,宁波海事法院认为,货代公司与巨鲸公司之间的海上货运代理合同关系合法有效,货代公司已依约履行了代理货物出运的合同义务,巨鲸公司对货代公司在履约过程中所垫付的相关费用、代理费及相应利息理应支付,杨行祖、杨行江作为保证人对此承担连带清偿责任,货代公司诉请合法有理,予以保护。货代公司诉请的相应利息应从垫付次日(2007 年 9 月 21 日)起算,同时货代公司当庭要求巨鲸公司、杨行祖、杨行江以垫付日(2007 年 9 月 20 日)的汇率将诉请中美元换算成人民币支付,其要求合理,予以支持。依照《中华人民共和国合同法》第 398 条、第 405 条第 1 款,《中华人民共和国担保法》第 18 条第 2 款之规定,宁波海事法院于 2008 年 10 月 31 日判决:

(1) 巨鲸公司于判决生效之日起 10 日内支付货代公司海运费 56 900 美元(以 2007 年 9 月 20 日汇率折算为人民币)、内陆运费、代理费等 78 794 元人民币及利息(从 2007 年 9 月 21 日计算至判决确定的支付之日止以中国人民银行同期贷款利率计付);

(2) 杨行祖、杨行江对上述应付款项承担连带清偿责任;

(3) 诉前财产保全费 3 120 元,由巨鲸公司、杨行祖、杨行江负担。

三、上诉与答辩

巨鲸公司、杨行祖均不服原审判决,向浙江省高级人民法院提起上诉称:

(1) 货代公司擅自更改船期,给巨鲸公司造成损失,原判认定货代公司告知过巨鲸公司调整船期是错误的。

(2) 货代公司未经巨鲸公司同意擅自更改航线,将货物转运违反了合同义务。

(3) 货代公司违约在先,根据《中华人民共和国合同法》第 66 条之规定,巨鲸公司、杨行祖有权拒绝履行付款义务。

(4) 货代公司未交付核销单,给巨鲸公司造成 6 万多元退税损失,法院应当作为抗辩理由予以采纳。

(5) 货代公司仅应当要求巨鲸公司、杨行祖返还垫付的海运费 56 900 美元,至于汇率损失,应当以赔偿损失的方式主张。请求二审法院撤销原判,改判驳回货代公司的诉讼请求。

货代公司答辩称:

(1) 货代公司作为货运代理人已经履行义务,巨鲸公司、杨行祖亦承诺支付运费。

(2) 货代公司从未承诺过到货期限,巨鲸公司、杨行祖应当举证证明其主张。

(3) 货代公司要求巨鲸公司、杨行祖支付人民币仅仅是单位的换算,并非诉讼请求的变更。

综上,请求驳回上诉,维持原判。

杨行江未提供答辩意见。

四、二审裁判

根据巨鲸公司、杨行祖和货代公司的上诉和答辩,浙江省高级人民法院认为,本案二审的争议焦点是巨鲸公司、杨行祖是否应当支付货代公司垫付的海运费及内陆运费。对于浙江省高级人民法院归纳的争议焦点,各方当事人均无异议。

针对争议焦点,浙江省高级人民法院分析认定如下:巨鲸公司与货代公司之间系海上货运代理合同关系。货代公司为巨鲸公司安排货物出运并垫付了运输过程中产生的相应费用。货物出运后,巨鲸公司向货代公司出具运费确认及保证函,确认涉案两份提单项下的海运费和内陆运费,请求货代公司代为垫付,并保证于2007年10月8日之前付清。杨行祖、杨行江作为保证人签字,承诺对上述费用承担连带清偿责任。浙江省高级人民法院认为,保证函系当事人真实意思表示,各方当事人均应依照执行。货代公司为巨鲸公司代垫了运输费用,巨鲸公司应当按约定予以清偿,杨行祖、杨行江负连带清偿责任。货代公司要求巨鲸公司、杨行祖、杨行江连带支付内陆运费78 794元、海运费56 900美元并以相应汇率折算为人民币的诉讼请求于法有据,浙江省高级人民法院予以支持。

巨鲸公司上诉称,编号为8NGBGES3A1004的提单记载的出运日期和卸货港与托书要求不符,货代公司没有依约履行订舱义务,无权主张相关费用。货代公司认为已按托书要求及时订舱,由于中海公司船期变更导致实际出运时间调整,且由于承运人没有目的港为桑托斯将军港的直达航线,货物经马尼拉南港转运,上述事实均在出运前及时告知了巨鲸公司。浙江省高级人民法院认为,货代公司负有依巨鲸公司指示代为办理订舱、报关等合同义务,但货代公司并非承运人,对货物的船期安排及运输过程无法直接掌控。巨鲸公司提供的装箱单显示涉案提单项下的货物于2007年8月6日已装箱,装箱单注明中转港为马尼拉南港。另外从中海公司船期公告表可知,中海公司从宁波至菲律宾的航线上并无托书要求的目的港为桑托斯将军港的直达航线,货代公司的主张与上述证据能够相互印证,浙江省高级人民法院予以采信。巨鲸公司关于货代公司没有依约履行订舱义务的上述理由不能成立,浙江省高级人民法院不予支持。

巨鲸公司在一审庭审中当庭就退税损失提出反诉,宁波海事法院认为,依照最高人民法院《关于民事诉讼证据的若干规定》第34条第3款的规定,反诉超出了举证期限,不予受理,并告知巨鲸公司就退税损失可以另案起诉处理。宁波海事法院审判程序并无不当,浙江省高级人民法院予以维持。

综上,巨鲸公司、杨行祖的上诉请求和理由均不能成立。原判认定事实清楚,适用法律正确。依照《中华人民共和国民事诉讼法》第153条第1款第(一)项之规定,判决如下:

驳回上诉,维持原判。

11.8.6 货运代理主张费用的诉讼时效中断

㊾ 上诉人天津轻工业品进出口公司与被上诉人天津万联国际货运有限公司货运代理合同纠纷案

案例来源：天津市高级人民法院(2005)津高民四终字第0074号

主题词：货运代理　诉讼时效　中断　开具发票

> **裁判要旨**
>
> **No. ZH-11.8.6-1**　当事人在一审过程中将"海运费"更改为"陆运费"，但当事人之间法律关系的性质并未发生变化，且当事人依据双方之间的委托关系向对方主张垫付费用的实体权利亦未发生实质性变化，不属于变更诉讼请求。
>
> **No. ZH-11.8.6-2**　当事人未在民事诉讼法规定的期限内就管辖权问题提出异议，而在二审期间提出，不属于二审的审理范围，二审法院不予审理。
>
> **No. ZH-11.8.6-3**　货运代理在费用数额确定后，开具发票并将发票交予委托人的行为，应视为行使请求权，构成诉讼时效中断。

一、基本案情

上诉人(原审被告)：天津轻工业品进出口公司(以下简称轻工公司)

被上诉人(原审原告)：天津万联国际货运有限公司(以下简称万联公司)

天津海事法院一审查明，2002年，轻工公司委托万联公司办理ZIMUVCE65236号提单项下货物的进口货运代理事宜，并指示万联公司安排将货物自天津港陆运至四川成都。万联公司依约完成委托事宜，发生运费28 816.50元、港杂费3 409元。2003年3月5日，万联公司将运费28 816.50元、港杂费3 409元的发票交予轻工公司(运费28 816.50元发票1张，港杂费2 659元发票1张，另有回空费150元、洗箱费600元发票，庭审中轻工公司未否认)。2004年9月4日，万联公司工作人员杨耀哲、徐瑞仑前往轻工公司处索要该款，轻工公司认可该票据在其处及万联公司此前曾两次找过轻工公司的事实，但以案外人尚未给付轻工公司该款为由拒付。2004年9月7日，源海律师事务所律师代表万联公司发函催款。2004年9月13日，轻工公司向万联公司代理人回函称：一直在积极努力地向委托方催收此款。轻工公司至今未将所欠款项给付万联公司，成讼。

二、一审裁判

天津海事法院认为，万联公司与轻工公司货运代理关系成立，万联公司依约完成了代理事项并代垫了港杂费及陆运费，轻工公司应给付万联公司代垫费用。从证据看,首先,万联公司是在诉讼时效之内起诉,不存在轻工公司可拒赔情况。其次,轻工公司未能提供充分有效证据证明万联公司在双方订立合同或委托时知道轻工公司是受案外人委托,所以本案不存在《中华人民共和国合同法》第402条所讲可约束万联公司与轻工公司委托人情况,万联公司向轻工公司主张权利并无不当。再次,因本案是包括了港杂费在内的运费(陆运)给付,应属货运代理合同纠纷,是最高人民法院规定海事法院受案范围之内的案件,天津海事法院管辖并无不当。据此,依照《中华人民共和国民法通则》第106条第1款之规定,判决:

(1) 轻工公司给付万联公司陆运费28 816.50元、港杂费3 409元,上述款项于判决生效后10日内给付;

(2) 万联公司对上述款项利息的诉讼请求不予支持。

三、上诉与答辩

轻工公司不服一审判决,向天津市高级人民法院提起上诉,请求撤销一审判决,将本案发回重审或依法改判,驳回被上诉人的起诉。主要理由:

(1) 一审判决对本案事实认定有误,上诉人不欠被上诉人海运费。既然一审判决认定被上诉人作为代理人,其为上诉人垫付了费用,被上诉人理应就其垫付的款项提供相关凭证,否则就谈不上索要款项。

(2) 管辖问题。一审法院认为本案纠纷既包括港杂费又包括陆运费,基于委托产生,应属其管辖。上诉人认为,海事法院的受案范围,最高法院有明确规定,一审判决无权扩大解释。

(3) 被上诉人提供的光盘是否可以作为证据使用的问题。被上诉人没有证据证实其所主张的被录音人是谁,上诉人也没有认可其就是上诉人单位的职员;光盘中的录音内容虽与本案有关,但不能证明是上诉人单位人员的谈话录音;被上诉人提供的录音光盘,在形式上也不符合最高人民法院的有关司法解释。

(4) 一审判决程序上有问题。一审判决漏列了当事人。上诉人并不是收货人,也不是货主,上诉人与被上诉人是长期的业务关系,被上诉人熟知上诉人是进出口代理而非真正的货主。鉴于被上诉人已将其所述货物交予四川百德斯空调净化设备有限公司,如果被上诉人所述的费用有真凭实据,则案外人有直接给付义务,故本案应追加案外人或被上诉人另行起诉案外人。

万联公司答辩请求查清事实,正确适用法律,依法驳回上诉人的上诉。主要理由:

(1) 被上诉人在起诉状中所称的"海运费"系"运费"的笔误。被上诉人在诉状事实与理由部分清楚表明"被告指示原告安排将货物自天津新港陆运至四川成都","被告至今仍欠运费28 816.5元"。此费用与诉讼请求中笔误"海运费"三字后面的金额28 816.5元完全相同。因此,可以清楚看出"海"字系误打上去的。

(2) 被上诉人起诉没有超过诉讼时效。本案业务发生于2002年10月间,但上诉人在委托被上诉人货代业务时,双方并没有就费用问题进行过商谈,直到2003年3月初,上诉人与被上诉人才口头就费用问题达成一致。被上诉人向上诉人开出两张发票收款,上诉人收妥后没有提出异议,但一直没有付费。因此,本案诉讼时效应从2003年3月5日起算。

(3) 上诉人主张本案债务应当由案外人承担毫无事实及法律依据。

(4) 上诉人在上诉状中否认双方之间存在货运代理合同关系,但无法解释其进口的货物如何清关、提货并陆运到四川成都的事实,而且上诉人一审庭审中已经承认了双方之间委托代理关系的存在。

(5) 关于管辖问题,本案确属货运代理合同纠纷,依法应当由海事法院专属管辖。现行法律没有规定私自录音取证的非法性,同时根据最高人民法院《关于民事诉讼证据的若干规定》第70条的规定,被上诉人所提交的视听资料证据的合法性、关联性和真实性不容置疑。

四、二审裁判

天津市高级人民法院认为,关于上诉人与被上诉人之间是否存在货运代理关系的问题,从ZIMUVCE65236号提单及相应报关单的内容来看,涉案货物的收货人为上诉人;庭审中上诉人对于被上诉人完成了该提单项下货物的进口货运代理事宜及自天津新港至四川成都运输事宜的事实未予否认;被上诉人提供的录音光盘所反映的谈话内容可以证明被上诉人将履行上述义务所产生费用的发票交予上诉人的业务经办人员。根据上述事实及理由,天津市高级人民法院认定上诉人与被上诉人之间存在货运代理关系。上诉人虽对被上诉人所提交的录音光盘的形式及内容持有异议,但最高人民法院《关于民事诉讼证据的若干规定》第70条规定:"一方当事人提出的下列证据,对方当事人提出异议但没有足以反驳的相反证据的,人民法院应当确认其证明力:……(三) 有其他证据佐证并以合法手段取得的、无疑点的视听资料或者与视听资料核对无误的复制件。……"结合本案查明的事实,被上诉人录制其工作人员与上诉人工作人员的通话过程的目的在于取得证据,而不是侵犯上诉人的合法权利。因此,虽然被上诉人在录音时未征得上诉人的许可,但不能以此认定该录音是通过非法手段获得的。

关于被上诉人是否变更诉讼请求的问题。被上诉人虽然在一审法院审理过程中将"海运费"更改为"陆运费",但被上诉人与上诉人之间法律关系的性质并未发生变化,而且被上诉人依据双方之间的委托关系向上诉人主张垫付费用的实体权利亦未发生实质性变化,因此,上诉人提出的被上诉人变更诉讼请求,被上诉人向上诉人主张海运费属于错告之主张不能成立。

关于上诉人提出的本案是否属于海事法院专属管辖问题。由于上诉人未在民事诉讼法规定的期限内就管辖权问题提出异议,故其在二审期间就管辖权问题提出的上诉,不在天津市高级人民法院审理范围之内。

关于被上诉人的起诉是否超过诉讼时效的问题。轻工公司辩称,按被上诉人所述,本案垫付款项的情况发生在 2002 年 10 月间,然而,一审法院认定本案诉争费用的确认时间为 2003 年 3 月 5 日,故不超过时效,但被上诉人没有提供相关的证据以证实该问题,被上诉人也没有举出任何中断事由的相关证据。上诉人与被上诉人之间的涉案业务发生在 2002 年 10 月,此后,双方之间即确立了债权债务关系。被上诉人在费用数额确定后,于 2003 年 3 月 5 日开具发票并将发票交予上诉人的行为,应视为被上诉人向上诉人行使请求权。而且,被上诉人提交的录音光盘同样反映了其向上诉人催款的事实,因此,上诉人提出的被上诉人起诉超过诉讼时效的主张不能成立。综上,判决如下:

驳回上诉,维持原判。

12. 其他海事纠纷

12.1 渔船船东互换捕捞许可证的法律后果

1 上诉人李毕汉、林盛雷与被上诉人林亚松及原审第三人李绍国、第三人舟山市海洋与渔业局海事海商纠纷案
案例来源：浙江省高级人民法院（2009）浙海终字第99号
主题词：渔船船东　互换捕捞许可证　不可诉

裁判要旨

No. ZH-12.1-1　当事人跨渔区转让渔船及捕捞许可证，因无法办理过户而互换证书，导致船舶证书被有关国家主管机关扣留，该行为非法，应由有关行政主管部门进行查处，是否应返还不应由民事法律调整。各方基于捕捞证书而领取的柴油补助款存在的差价，应在实际领取人之间清算。

一、基本案情

上诉人（原审原告）：李毕汉
上诉人（原审原告）：林盛雷
被上诉人（原审被告）：林亚松
原审第三人：李绍国
原审第三人：舟山市海洋与渔业局

宁波海事法院审理查明，2006年2月13日，奉化人李毕汉、林盛雷合伙向舟山人胡国祥购买"浙普渔41166"号船，因故未办理过户手续。同年2月，奉化人林亚松将其所有的"浙奉渔12050"号船卖给舟山人李绍国，证书亦未过户。李毕汉、林盛雷和林亚松为办理两船船舶证书过户登记，遂协商并实际交换了两船证书。后李绍国持"浙普渔41166"号船证书申请变更登记，舟山市渔政渔港监督管理处于同年3月14日办理了相关登记手续，所有权人由胡国祥变更为李绍国，船名变更为"浙普渔61135"，并将原"浙普渔41166"号船证书予以注销。李毕汉、林盛雷持"浙奉渔12050"号船证书从事渔业生产，由于该船捕捞许可证载明的渔船主机功率与"浙普渔41166"号船实际主机功率不符，至今未办理相关登记手续。李毕汉、林盛雷于2006年9月13日向宁波海事法院起诉，请求判令林亚松退还全套证书或赔偿其损失12万元，因"浙普渔41166"号船原全套证书已被注销且用于其他船舶登记，能否原证返还不属于民事诉讼调整的范围，应由有关行政主管机关进行处理，故其诉请被依法驳回，该判决已发生法律效

力。李毕汉、林盛雷又于2007年1月29日以舟山市海洋与渔业局为被告向舟山市定海区人民法院提起行政诉讼，舟山市定海区人民法院于同年6月25日作出(2007)定行初字第5号行政判决，撤销舟山市海洋与渔业局于2006年3月14日对李绍国作出的将"浙普渔41166"号船变更登记为"浙普渔61135"号船的具体行政行为；责令舟山市海洋与渔业局于判决生效之日起15日内恢复对原"浙普渔41166"号船的登记等。该判决生效后，舟山市渔政渔港监督管理处于2007年8月10日发出舟渔监字2007第4号文件，于同年7月20日撤销"浙普渔61135"号船的登记，恢复对原"浙普渔41166"号船的登记，并通知第三人李绍国将"浙普渔61135"号船的全套证书上交。其后，第三人李绍国已按文件要求将"浙普渔61135"号船的全套证书上交。李毕汉、林盛雷因未能领取"浙普渔41166"号船的相关登记证书，遂诉至宁波海事法院，请求判令林亚松按50%的责任赔偿其因调换证书而产生的经济损失37 323元；并判令林亚松及第三人向其返还"浙普渔41166"号渔船的全套证书。

宁波海事法院另查明：第三人李绍国在"浙普渔61135"号船未被撤销登记期间，领取了柴油补助款119 790元；李毕汉、林盛雷领取了"浙奉渔12050"号船项下的柴油补助款45 144元。

二、一审裁判

宁波海事法院审理认为，李毕汉、林盛雷以舟山市海洋与渔业局为被告向舟山市定海区人民法院提起行政诉讼，该院已作出行政判决，责令舟山市海洋与渔业局恢复对原"浙普渔41166"号船的登记。该判决生效后，舟山市海洋与渔业局已撤销"浙普渔61135"号船的登记，并恢复了对原"浙普渔41166"号船的登记，故"浙普渔41166"号船的证书如何领取与返还，系行政主管机关的行政行为，而非民事法律调整的范畴，李毕汉、林盛雷针对第三人舟山市海洋与渔业局的诉请，不予审理。"浙普渔41166"号船的证书并非为林亚松或第三人李绍国掌控，李毕汉、林盛雷应向舟山市海洋与渔业局申请领取上述证书，故其要求林亚松及第三人李绍国返还"浙普渔41166"号渔船的全套证书的诉请，与事实不符，不予支持。李毕汉、林盛雷主张林亚松应赔偿其经济损失37 323元，该损失实际是第三人李绍国在"浙普渔61135"号船未被撤销登记期间领取的柴油补助款与其领取"浙奉渔12050"号船项下的柴油补助款之间的差价，而该款项的发放、领取均与林亚松无关，故李毕汉、林盛雷的该项诉请，证据和理由均不充分，亦不予支持。

综上，依据《中华人民共和国民事诉讼法》第64条第1款的规定，于2009年4月21日判决：

驳回李毕汉、林盛雷的诉讼请求。

案件受理费730元，由李毕汉、林盛雷负担。

三、上诉与答辩

李毕汉、林盛雷不服一审判决，向浙江省高级人民法院上诉称：

(1)"浙普渔41166"号船已被恢复登记,故该船全套证书的领取和返还,应属民事法律调整范围。

(2)宁波海事法院已认定其与林亚松之间互换证书的行为无效,故林亚松出卖了不属于其所有的船舶证书,应当赔偿其经济损失。综上,请求撤销原判,改判支持其一审诉讼请求。

针对李毕汉、林盛雷的上诉请求,林亚松答辩称:

(1)"浙普渔41166"船证书的领取、注销与返还等,均系行政主管机关的行政行为,而非民事法律调整的范畴,与其无关。

(2)李毕汉、林盛雷主张的经济损失实际属第三人李绍国领取的"浙普渔61135"船项下的柴油补助款与李毕汉、林盛雷领取的"浙奉渔12050"船项下的柴油补助款之间的差价,该款项的发放、领取均与林亚松无关,其不应承担赔偿责任。请求驳回上诉,维持原判。

原审第三人李绍国未陈述意见,亦未参与二审庭审。

原审第三人舟山市海洋与渔业局陈述称:其已依据舟山市定海区人民法院的行政判决对"浙普渔41166"船恢复登记,证书在船籍港主管部门普陀市海洋与渔业局处。因李毕汉、林盛雷无法取得该船船网工具指标,尚不能向其返还证书。

四、二审裁判

本案各方当事人对原审判决确认的事实并无争议,浙江省高级人民法院予以确认。

关于本案案由,林亚松与李毕汉、林盛雷之间虽然互换船舶证书,但双方之间并非证书买卖关系,原判认定本案案由为船舶证书买卖纠纷缺乏依据,且该案由亦非最高人民法院《民事案件案由规定》中列明的规范性案由,故二审将案由变更为海事海商纠纷。

根据各方的上诉和答辩意见,本案二审审理的焦点是:一是关于"浙普渔41166"号船证书的返还是否属于民事诉讼范畴,以及林亚松、李绍国和舟山市海洋与渔业局是否有义务返还该船证书;二是林亚松与李毕汉、林盛雷互换证书是否造成了李毕汉、林盛雷的损失,以及是否应当承担赔偿责任。

针对上述争议焦点,浙江省高级人民法院评析如下:

《中华人民共和国渔业法》第23条第1款规定:国家对捕捞业实行捕捞许可证制度。……捕捞许可证不得买卖、出租和以其他形式转让。农业部《渔业捕捞许可管理规定》第9条亦规定:制造、更新改造、购置、进口海洋捕捞渔船,必须经本规定第11条和第12条规定的审批权主管机关批准,由主管机关在国家下达的船网工具控制指标内核定船网工具指标。本案的起因即是李毕汉、林盛雷和林亚松跨渔区转让渔船及捕捞证书,因无法办理过户而互换证书进行套牌,从而规避相关法律规定,该行为属非法,应由有关行政主管部门进行查处。在"浙普渔41166"号船的违规过户和更名依法被撤销并恢复登记后,该船船舶证书如何重新颁发和返还以及涉案当事人是否应受到处罚,均属于相应的行政主管机关的职权范围,不属民事法律调整范畴。林亚松、李绍国虽对互换证书的行为存在过错,但其并非"浙普渔41166"号船的登记所有人,且在该船证书已被行政主管机关扣留的情况下,其并无能力向李毕汉、林盛雷返还证书。因此,李毕汉、林盛雷提出由林亚松和李绍国、舟山市海洋与渔业局共同返还该船证书的上诉请求浙江省高级人民法院不予采纳。

林亚松与李毕汉、林盛雷互换证书后,李毕汉、林盛雷领取了"浙奉渔12050"船项下的柴油补助款,第三人李绍国领取了"浙普渔61135"船项下的柴油补助款,对于其中存在的差价,各方在换证之时并未约定如何分配,即使应当相互返还或者弥补差价,也应在两船的所有人即柴油补助款的实际领取人之间完成。林亚松在将船舶转让给李绍国后,其并未领取过柴油款,故李毕汉、林盛雷要求林亚松赔偿由此造成的差价损失的理由于法无据,不予采纳。

综上,本案系李毕汉、林盛雷与林亚松之间为规避法律,互换船舶证书引发,现李毕汉、林盛雷的船舶证书被有关国家主管机关扣留,是否应返还不应由民事法律调整。双方由此造成的相应柴油补助款项的差价,亦应在实际领取人之间清算。李毕汉、林盛雷的上诉理由均不能成立,不予采纳。原判认定事实清楚,适用法律正确,实体处理得当。依照《中华人民共和国民事诉讼法》第130条、第153条第1款第(一)项之规定,判决如下:

驳回上诉,维持原判。

12.2 债权人主张恶意串通转让船舶股份合同无效的主体资格

2 上诉人陈文炳与被上诉人胡科君、陈立波海事海商纠纷案
案例来源:浙江省高级人民法院(2010)浙海终字第145号
主题词:船舶股东 恶意串通 股份转让 债权人 原告主体资格

裁判要旨

No. ZH-12.2-1 为逃避债务,船舶股东恶意串通,欠款股东将其对船舶的股份转让给其他股东,债权人主张船舶股份转让合同无效,其与股份转让合同有法律上的直接利害关系,具有原告的主体资格,所涉纠纷海事法院应当审理。

一、基本案情

上诉人(原审原告):陈文炳
被上诉人(原审被告):胡科君
被上诉人(原审被告):陈立波

船舶股东胡科君将其对船舶的股份转让给陈立波。协议之外的第三方陈文炳认为船舶股份转让协议的双方当事人胡科君、陈立波恶意串通、损害其利益,故请求确认胡科君、陈立波间的股份转让协议无效。

二、一审裁判

宁波海事法院审理认为,根据陈文炳诉请,陈文炳系对胡科君享有债权,现胡科君将其船舶股份转让给陈立波,如陈文炳认为该行为损害其债权,可以根据合同法下撤销权的相关规定请求撤销胡科君、陈立波间的股份转让行为来获得救济。对于陈文炳在本案主张胡科君、陈立波恶意串通损害其利益而请求确认胡科君、陈立波间的股份转让协议无效,宁波海事法院认为,陈文炳与胡科君、陈立波的股份转让并无在法律上的直接利害关系,其提出该项诉请不符合我国法律规定的起诉条件,且确认合同无效纠纷仅系我国民事领域合同法下一般纠纷,不属于《中华人民共和国海事诉讼特别程序法》及其司法解释中规定的海事法院受理案件的范围,故本案陈文炳诉讼主体不适格。依照《中华人民共和国民事诉讼法》第108条第(一)项、第(四)项,第140条第(三)项,最高人民法院《关于适用〈中华人民共和国民事诉讼法〉若干问题的意见》第139条之规定,宁波海事法院于2010年7月7日裁定:

驳回陈文炳的起诉。

三、上诉与答辩

陈文炳不服原审判决,向浙江省高级人民法院提起上诉称:

(1)宁波海事法院关于本案不属于海事法院受理案件范围认定不妥。

(2)陈文炳选择的请求权基础是适用《中华人民共和国合同法》第52条之规定,这与陈文炳是否行使债权人撤销权并不矛盾,该法第52条是从维护公共利益的角度进行的规定,当然也包括债权利益。因胡科君有巨额债务,为逃避他人追债,将其名下股份转让给陈立波,应付的转让款中120万元直接予以偿还合伙债务,实际胡科君应分担的债务仅为60万元,另60万元债务系陈立波应还,但也由胡科君实际清偿。且在股份转让时,胡科君未到场,相关手续均系陈立波一人操办。胡科君、陈立波二人恶意串通损害了陈文炳的债权,请求二审法院予以纠正。

四、二审裁判

浙江省高级人民法院经审理认为,根据陈文炳的起诉,"海丰101号"船原系胡科君、陈立波合伙经营,双方各持50%股份。2009年8月,胡科君以经营船舶及做生意为名向陈文炳借款,均由胡科君出具借条,此后,胡科君不知去向。为此陈文炳向舟山市普陀区公安分局报案,2009年9月10日,舟山市普陀区公安分局以胡科君集资诈骗案立案侦查。同年10月27日,浙江舟山普陀农村合作银行勾山支行(以下简称勾山支行)起诉胡科君、陈立波要求归还银行贷款120万元,并对"海丰101号"船进行诉讼保全。因得知陈文炳欲起诉胡科君名下债务,胡科君、陈立波恶意串通,将胡科君在"海丰101号"船上50%股份转让给陈立波,对于股权款的支付,陈立波声称退股款合计150万元,其中120万元股份款用于归还勾山支行贷款,剩余30万元现金交付给胡科君,并在法院办妥付款及解除保全等手续后于2009年12月9日将50%股份过户登记。陈立波又称,2009年12月9日办理转让登记手续时,胡科君未到场,并且转让协议是在2009年8月所签,陈文炳认为勾山支行的120万元贷款系合伙之债,不应由胡科君一人归还。加之胡科君在股份转让登记时未到场,胡科君、陈立波的股份转让行为系恶意串通转移财产行为,损害到陈文炳的利益。浙江省高级人民法院认为,从陈文炳的诉讼请求以及起诉理由可知,其并未主张胡科君、陈立波的股份转让价格过低,故不符合《中华人民共和国合同法》第74条关于撤销权的适用情形。根据该法第52条的规定:"有下列情形之一的,合同无效:……(二)恶意串通,损害国家、集体或者第三人利益……"本案陈文炳即为该法第52条第(二)项中的"第三人",陈文炳提供了初步证据证明其与胡科君、陈立波的股份转让合同有法律上的直接利害关系,故其具有原告主体资格。

综上,浙江省高级人民法院认为,陈文炳主张其为适格原告的上诉理由成立。由于"海丰101号"船系胡科君、陈立波合伙所有,陈文炳主张无效的股份转让合同标的物也系"海丰101号"船,此案应属海事法院受理案件的范围。原审裁定适用法律不当,浙江省高级人民法院予以纠正。依照《中华人民共和国民事诉讼法》第108条第(一)项、第154条之规定,裁定如下:

(1)撤销宁波海事法院(2010)甬海法舟商初字第126号民事裁定;
(2)指令宁波海事法院对本案继续审理。
本裁定为终审裁定。

12.3 不当使用不合格渔业船舶材料引起的产品质量侵权责任

3 原告金海、李静与洪国旗海事海商纠纷案
案例来源:宁波海事法院(2011)甬海法台商初字第53号
主题词:钢管的销售者　船东　产品质量侵权责任

> **裁判要旨**
>
> **No. ZH-12.3-1**　船东购得钢管之后,在明知该钢管没有规范、正确标示的产品质量证明书的情况下,不提请渔业船舶检验机构对涉案钢管进行检验,擅自制作、更换渔船吊杆,导致雇员死亡事故,船东对事故负有较大的过错。钢管的销售者,在购进钢管时疏于检查验收,出售钢管时,未对钢管不具备制作渔船吊杆品质作出说明,也未提供规范、正确标示的钢管质量证明书,同时又不能指明涉案钢管的生产者和供货者,也应承担相应的责任。因此,由船东、销售方共同分担因渔业船舶材料引起的产品质量侵权责任。

一、基本案情

原告：金海

原告：李静

被告：洪国旗

原告金海、李静起诉称：两原告系"浙嵊渔07286"船的所有权人。2009年10月10日，两原告因生产需要，向被告购买了两根规格为178mm×12mm的无缝钢管用作渔船上的吊杆。2009年10月18日凌晨2时许，"浙嵊渔07286"船在152海区8小区生产作业时，因吊杆断落致船员叶仕波头部受到重击，于早上6点左右在"浙嵊渔07286"船返航途中死亡。2010年4月10日，原告与死者家属达成赔偿协议，由原告一次性赔偿死者家属死亡赔偿金等费用40万元。另"浙嵊渔07286"船空舱返航，造成原告生产经营损失15万元。两原告认为，钢管在正常使用过程中突然断裂，产品质量明显存在缺陷，被告作为钢管的销售者，对两原告所造成的相关损失理应承担赔偿责任。为此，请求判令被告赔偿两原告经济损失554 230元。

被告洪国旗答辩称：

（1）原告于2010年3月4日登记取得"浙嵊渔07286"船的所有权，本次事故发生日是2009年10月18日，从时间上看，两原告的诉讼主体不适格；

（2）本案叶仕波的死因不明，若是渔船吊杆断落致叶死亡，那这两根已做渔船吊杆的钢管本身就是旧料，一般用于做广告牌或输送流体管道，不能用于做渔船吊杆，原告使用安装前也未进行检验，属违规使用安装不当所致；

（3）就两原告所称，从购买钢管、制作安装至使用断裂，时隔只有8日，原告提供收款收据载明的钢管是否为被告出售，被告仍持怀疑态度；

（4）两原告主张的赔偿损失额过高，赔付叶仕波家属的金额亦过高，超过法律标准，生产经营损失缺乏依据。请求驳回两原告的诉讼请求。

二、法院查明事实

宁波海事法院认定案件事实如下：

两原告于2008年3月购得"浙普渔23002"船，后未及时办理船舶所有权过户登记，仅将船名涂改为"浙嵊渔07234"，即在海上从事捕捞作业，至2010年3月，两原告在办理船舶所有权登记时，才将船名正式更名为"浙嵊渔07286"。在船舶所有权证书上载明金海占51%、李静占49%的股份。

2009年10月10日，两原告因更换涉案渔船吊杆的需要，向被告购买了两根规格为178mm×12mm、重为0.9吨的钢管（价格4 700元/吨，计人民币4 230元）。随后，两原告在未经渔业船舶检验机构检验的情况下，将购得的钢管制作成渔船吊杆，并安装到"浙嵊渔07234"船上。同月18日凌晨2时许，"浙嵊渔07234"船在海上从事捕捞作业时吊杆断落，击伤船员叶仕波的头部，致叶仕波当场昏迷。事故发生后，"浙嵊渔07234"船立即返航，在返航途中叶仕波死亡。两原告于2010年4月10日与死者叶仕波家属达成赔偿协议,向死者叶仕波家属赔付了人民币40万元。两原告因本次事故造成的经济损失:死者叶仕波的死亡赔偿金200 140元、丧葬费13 740元、被抚养人生活费6万元、钢管损失1 620元、捕捞生产损失5万元。

三、法院裁判

宁波海事法院认为,本案系不当使用渔业船舶材料引起的产品质量侵权责任纠纷。渔船吊杆系渔船上危及人身财产安全的重要设备,其制作的材料不仅有专门的规格质量要求,而且依据《中华人民共和国渔业船舶检验条例》的规定,使用前应经检验合格。两原告向被告购得钢管后,在明知该钢管没有规范、正确标示的产品质量证明书的情况下,仍不提请渔业船舶检验机构对涉案钢管是否具备制作渔船吊杆品质进行检验,擅自制作、更换渔船吊杆,在捕捞作业过程中,发生渔船吊杆断落致其雇员叶仕波死亡事故,两原告对本次事故负有较大的过错。叶仕波在本次事故中无任何过错。作为雇主的两原告,已先行赔付给叶仕波家属因叶仕波死亡造成经济损失的合理部分,应予以认定。被告作为涉案钢管的销售者,在购进钢管时疏于检查验收,向原告出售钢管时,未对钢管不具备制作渔船吊杆品质作出说明,也未提供规范、正确标示的钢管质量证明书,没有尽到销售义务,同时又不能指明涉案钢管的生产者和供货者,故应对由此发生的本次事故造成的人身伤亡和财产损失承担相应的侵权责任。两原告因本次事故已造成各项经济损失共计325 500元,综合考量本案原、被告双方在本次事故中的过错程度,被告应承担两原告上述事故损失的40%。两原告诉讼请求中的合法、合理部分,宁波海事法院予以支持。依照《中华人民共和国民法通则》第106条第2款、第119条、第131条,《中华人民共和国产品质量法》第33条、第40条第1款第(一)项,最高人民法院《关于审理人身损害赔偿案件适用法律若干问题的解释》第17条第3款和《中华人民共和国民事诉讼法》第64条第1款的规定,判决如下:

(1) 被告洪国旗于本判决生效之日起10日内赔偿原告金海、李静经济损失人民币130 200元;

(2) 驳回原告金海、李静的其他诉讼请求。

12.4 收货人的进口报关、提货等业务的转受托人对承运人的船舶代理支付滞箱费的义务

4 原告宁波海丰国际船舶代理有限公司与被告宁波外运国际集装箱货运有限公司其他海商合同纠纷案

案例来源:宁波海事法院(2007)甬海法商初字第184号

主题词:收货人　转受托人　滞箱费

> **裁判要旨**
>
> **No. ZH-12.4-1** 收货人的进口报关、提货等业务的转受托人从承运人的船舶代

理处领取涉案货物提货单和集装箱设备交接单后,船舶代理已无权再对涉案货物及集装箱另行开出提货单证交由他人提货,故收货人的进口报关、提货等业务的转受托人从领单之日起即负有及时提箱、还箱的义务,其未能及时提箱、还箱,应承担由此导致的滞箱费。

No. ZH-12.4-2　船舶代理在被告知收货人弃货时,应当知道货物进口报关、提货等业务的转受托人在收货人弃货后已失去再行报关提货的基础,应采取适当的措施防止损失扩大,而不应消极地等待直至诉讼时效临近届满时提起诉讼。船舶代理向海关咨询弃货事宜后的集装箱损失属于其未采取适当措施导致的扩大损失,应自行承担。

一、基本案情

原告:宁波海丰国际船舶代理有限公司(以下简称海丰公司)

被告:宁波外运国际集装箱货运有限公司(以下简称外运公司)

原告海丰公司诉称:2005年6月,被告向原告领取了TTNU3767170号集装箱及箱内货物的提货单等,办理了提货手续。根据原、被告的约定,被告有义务在协议规定的免费用箱期内及时领取货物并将集装箱归还原告,但是至今仍未归还,致使原告遭到损失。为此,原告请求法院判令被告返还原告TTNU3767170号集装箱(如不能返还则请求损害赔偿),并向原告支付集装箱超期使用费等119920元(暂计至2007年7月31日)及利息(按中国人民银行同期企业贷款利率从起诉之日起计至判决之日),并要求被告承担律师费及诉讼费用。诉讼中,因原告于11月22日取回了集装箱,故不再主张返还集装箱的诉讼请求,但要求将滞箱费计算至11月22日。

被告外运公司辩称:本案原、被告于2006年4月1日签订协议,而本案发生的时间为2005年6月,原告的起诉没有依据,不具备起诉的主体资格。被告没有提取和使用涉案集装箱,因此原告要求返还涉案集装箱和支付超期使用费没有事实和法律依据。即使原告存在损失,被告对此也没有过错,原告的损失应由其自己承担。综上,请求驳回原告的诉讼请求。

二、法院查明事实

宁波海事法院确认如下事实:

原告系新海丰公司在宁波港的代理人。2005年6月2日,由新海丰公司承运TTNU3767170号集装箱(内装一批橘子罐头),从日本横滨运往中国宁波,收货人为广益公司,于6月7日抵宁波港。6月15日,物流公司的业务员史丹瑜以被告名义向原告领取了提货单、集装箱设备交接单,由被告在提货单的复印件上加盖费用结算章并由史丹瑜签名后交原告留存。7月27日,因收货人广益公司弃货,物流公司通知被告,称:"由于我司不再给客户代理清关手续,因此特要求将此进口设备交接单退回。"因货物进境后一直无人报关,北仑海关于 10 月 8 日将其列入超期货物。12 月,原告向北仑海关咨询过该批货物的弃货事项。2006 年 6 月 6 日,海关将该批货物移交海关私货仓库。2007 年 6 月 7 日,原告因与被告就结算滞箱费产生纠纷,起诉至宁波海事法院。在诉讼过程中,经与海关协调,原告于 11 月 22 日取回了集装箱。

三、法院裁判

宁波海事法院认为,原、被告之间虽于 2006 年 4 月才签订书面的集装箱超期使用费结算协议,但并不表明在此之前双方没有业务往来。根据查明的事实,被告于 2005 年 6 月向原告领取了涉案集装箱的提货单、集装箱设备交接单等提箱单据,表明原、被告之间已就涉案集装箱的使用建立了合同关系。承运人新海丰公司致宁波海事法院的说明函中也认可原告以自己名义主张涉案集装箱的有关权利。因此,当原、被告双方对如何结算超期使用费产生争议时,原告提起本案诉讼并无不当,被告关于原告不具有诉讼主体地位的抗辩,理由不足,宁波海事法院不予采信。

被告辩称,因被告实际未提取集装箱,故原告主张滞箱费缺乏事实依据。宁波海事法院认为,被告从原告处领取涉案货物提货单和集装箱设备交接单后,原告已无权再对涉案货物及集装箱另行开出提货单证交由他人提货,故被告从领单之日起即负有及时提箱、还箱的义务,未能及时提箱、还箱,由此导致的滞箱费应由被告承担。被告的抗辩,理由不足,宁波海事法院不予支持。

被告主张其于 2005 年 7 月即已通知原告收货人弃货一事并返还了集装箱设备交接单,但此主张证据不足,宁波海事法院不予采信。但原告要求将滞箱费算至 2007 年 11 月 22 日止的诉讼请求,宁波海事法院亦认为理由不足。因为,从庭审中查明的事实来看,原告至迟于 2005 年 12 月之前即已知道收货人弃货一事,此时原告应当知道,被告作为涉案货物进口报关、提货等业务的转受托人,在收货人弃货后,已失去再行报关提货的基础。依据《中华人民共和国合同法》第 119 条的规定,原告从此时起应采取适当的措施防止损失的扩大,可在征得货物监管部门的同意后腾空集装箱重新投入运营,如暂时不能腾空集装箱,也应采取必要措施,例如另行购置或租用集装箱投入营运,以使包括本案集装箱使用的预期利润在内的损失降至最低,而不应消极地等待直至本案诉讼时效临近届满时提起诉讼。因此,宁波海事法院认为,原告主张的滞箱费计至 2005 年 12 月较为合理。因北仑海关未在给宁波海事法院的复函中明确原告咨询弃货一事的具体日期,宁波海事法院酌定为 2005 年 12 月 15 日,此后涉案集装箱的损失属于原告未采取适当措施导致的扩大损失,不得为此要求被告支付滞箱费。

据上述分析,在扣除 10 天的免费用箱期后,本案的滞箱费应从 2005 年 6 月 25 日计至 12 月 15 日止,按前证据分析时宁波海事法院所认定的标准,总计为 3 130 美元,按 2005 年 12 月 15 日中国人民银行美元兑人民币中间价折成人民币支付。原告主张从起诉之日起按中国人民银行同期企业贷款利率计算利息,并无不当,宁波海事法院予以支持,但利息应计至本判决确定的支付之日止。

关于原告主张的律师费损失,宁波海事法院认为于法无据,不予支持。

综上,依照《中华人民共和国合同法》第107条、第119条,《中华人民共和国民事诉讼法》第64条第1款的规定,判决如下:

(1)被告宁波外运国际集装箱货运有限公司于本判决生效后10日内支付原告宁波海丰国际船舶代理有限公司滞箱费3 130美元及利息(美元按2005年12月15日中国人民银行美元兑人民币中间价折成人民币支付,利息按中国人民银行同期贷款利率自2007年6月6日计至本判决确定的支付之日止);

(2)驳回原告宁波海丰国际船舶代理有限公司的其他诉讼请求。

12.5 侵害提单质押权的权利后果

5 原告中国银行股份有限公司丽水市分行与被告浙江缙云康华工具有限公司、福州闽丰国际物流有限公司海事海商纠纷案

案例来源:宁波海事法院(2009)甬海法事初字第56号
主题词:提单质押　托运人　无船承运人　无单放货

> **裁判要旨**
>
> **No. ZH-12.5-1**　托运人将提单质押给银行后,却出具保函指示承运人无单放货,损害了质权人的利益,应承担相应的责任。质权人在质权不能得到实现时,可以选择分别或共同起诉出质人和出质债权的债务人,而且可以选择违约或侵权之诉。
>
> **No. ZH-12.5-2**　无船承运人作为出质债权的债务人,未凭提单放货,违反了海上货物运输合同项下的义务,应承担相应的责任。以上违约行为不影响无船承运人主张诉讼时效抗辩。

一、基本案情

原告:中国银行股份有限公司丽水市分行(以下简称丽水中行)
被告:浙江缙云康华工具有限公司(以下简称康华公司)
被告:福州闽丰国际物流有限公司(以下简称闽丰公司)

原告丽水中行起诉称:2005年6月15日,被告康华公司向原告申请融资42 182美元,融资期限为35天,康华公司向原告提供了编号为CNGU05060001的提单作为融资担保。原告同意了康华公司的申请,并于当日扣除了应当由康华公司承担的部分费用后,将余款汇入康华公司的账户。融资到期后,康华公司未能按期还款。原告于2006年4月18日向丽水市莲都区人民法院提起诉讼。莲都区人民法院于2006年7月28

日作出了(2006)莲民初字第703号判决,判令康华公司归还原告融资款42 182美元及利息,原告有权以编号为CNGU05060001的提单项下货物折价或者拍卖、变卖价款优先受偿。判决生效后,康华公司未按判决履行义务,原告向法院申请强制执行。在执行过程中发现由被告闽丰公司承运的编号为CNGU05060001提单项下的货物,在目的港仅凭康华公司出具的保函,在无正本提单的情况下放货。现因康华公司无财产可供执行而导致原告债权无法实现。原告认为,被告康华公司明知编号为CNGU05060001的提单项下货物已质押给原告,仍向该货物的承运人出具保函,导致货物被他人提走而造成质押物灭失,致使原告对该货物的质押权无法实现,其行为已侵犯了原告的合法权益,对原告的损失,应根据《中华人民共和国担保法》的规定,承担赔偿责任。被告闽丰公司作为承运人,在未收回正本提单的情况下,仅凭保函交付货物,违反了法定的义务,也应当承担相应的责任。两被告的行为已构成共同侵权,侵害了提单在当时作为物权的法律地位,造成该提单项下货物所担保的原告的债权至今无法实现。对此,两被告应当承担共同的赔偿责任。故诉请法院判令两被告共同连带赔偿原告经济损失42 182美元及利息、罚息(利息、罚息从2005年6月15日起按出口融资申请书确定的标准支付至付清全部款项之日止),截至2008年5月4日折合人民币449 142.52元;由被告承担诉讼费用。

被告康华公司未作任何答辩。

被告闽丰公司答辩称:

(1)被告闽丰公司的放货行为与原告的损失没有因果关系,闽丰公司签发的是货代提单,不具有物权的性质,即使闽丰公司作为无船承运人签发提单,因该提单未在交通部备案和交纳保证金,所签提单也是无效的,不能质押,原告的损失系其在进行提单质押融资业务时审查失误所致,与闽丰公司无关。

(2)原告对闽丰公司是以承运人无单放货提起的侵权之诉,根据《中华人民共和国海商法》的规定,原告应在货物交付之日起1年内提起诉讼,现原告的起诉已超过了诉讼时效,应当驳回。

(3)原告曾于2006年在丽水市莲都区人民法院追究过被告康华公司的违约责任,并获得了生效判决,在本案中又将被告康华公司作为共同侵权人提起诉讼,两案都是基于质押权进行的诉讼,根据最高人民法院《关于适用〈中华人民共和国担保法〉若干问题的解释》第106条的规定,原告在2006年起诉行使质权时就应该同时起诉两被告,但原告选择了只向出质人提起诉讼,所以本案是重复诉讼。

综上,请求法院驳回原告的诉请。

二、法院查明事实

宁波海事法院确认如下事实:

2005年6月10日,被告康华公司委托被告闽丰公司出运一批电动工具从宁波至美国洛杉矶,闽丰公司作为无船承运人接受委托后,签发了提单,提单号为

CNGU05060001,托运人为康华公司,收货人凭指示。闽丰公司将此货物交由他人承运,中国宁波外轮代理有限公司代铁洋多式联运有限公司签发了已装船提单,提单号为NPOZ97347。同年6月13日,康华公司向原告丽水中行提出35天期限融资42 182美元的申请,丽水中行同意押汇42 182美元,康华公司将CNGU05060001号提单作为质押担保。同年6月25日,货到目的港,6月27日,康华公司向承运人出具保函要求放货,6月28日,货物在目的港被放行。2006年3月20日,丽水中行致函闽丰公司要求交付CNGU05060001提单项下货物,闽丰公司回函要求支付目的港相关费用并在目的港提货。2006年4月18日,丽水中行向丽水市莲都区人民法院提起诉讼,要求康华公司归还融资款及利息并以CNGU05060001提单项下货物承担担保责任,同年7月28日,丽水市莲都区人民法院缺席判决康华公司于判决生效后10日内归还丽水中行融资款42 182美元及利息,丽水中行有权对CNGU05060001提单项下的货物折价或者拍卖、变卖价款中优先受偿。2006年10月15日,丽水中行申请法院强制执行,12月6日,丽水市莲都区人民法院依法终结执行。2008年5月7日,丽水市莲都区法院以(2006)莲民执字第1216号民事裁定冻结了闽丰公司银行存款50万元,5月9日,闽丰公司提出案外人执行异议。2008年6月2日,丽水中行向缙云县人民法院提起诉讼,要求康华公司和闽丰公司共同承担侵权责任,连带赔偿原告的损失,并提起财产保全申请,要求冻结闽丰公司的银行存款50万元,缙云县人民法院受理后以(2008)缙民初字第761号民事裁定冻结了闽丰公司的银行存款50万元。之后,闽丰公司提出管辖权异议,经丽水市中级人民法院二审和浙江省高级人民法院再审,管辖权异议被驳回。缙云县人民法院经审理后认为本案涉及海上货物运输合同有关货物交付的法律问题,裁定移送宁波海事法院。宁波海事法院受理后,依丽水中行申请,冻结了闽丰公司银行存款50万元。

三、法院裁判

宁波海事法院认为,本案原告主张两被告共同侵犯了其质押权的实现,属侵权的法律关系。康华公司将CNGU05060001号提单质押给丽水中行融资,故丽水中行对CNGU05060001号提单享有质押权。康华公司明知提单已被质押,却出具保函指示承运人无单放货,损害了原告作为质权人的利益,应承担相应的责任。根据最高人民法院《关于适用〈中华人民共和国担保法〉若干问题的解释》第106条的规定:"质权人向出质人、出质债权人的债务人行使质权时,出质人、出质债权的债务人拒绝的,质权人可以起诉出质人和出质债权的债务人,也可以单独起诉出质债权的债务人。"因此,丽水中行在其质权不能得到实现时,可以选择分别或共同起诉康华公司和闽丰公司,而且在违约与侵权并存的情形下,作为权利人的丽水中行也可以选择而诉。由于丽水中行曾对康华公司提起过诉讼,丽水市莲都区人民法院对此作出的判决已发生法律效力,而康华公司的侵权行为和闽丰公司的无单放货行为也在该判决之前,故无论康华公司对丽水中行违约或侵权,丽水中行的质押权已得到法律保护,丽水中行再次对康华公司提起诉讼,属重复诉讼。被告闽丰公司作为无船承运人,在收到托运人康华公司的保函后,未凭正本提单放货,虽然不当,因没有证据证明丽水中行或康华公司将提单质押的情况告知了闽丰公司,也没有证据显示闽丰公司对提单质押是明知的,因此闽丰公司不存在与康华公司共同侵犯丽水中行提单质权的事实。闽丰公司的无单放货行为是依据其与康华公司提单所证明的海上货物运输合同的履行交货义务,闽丰公司作为承运人对丽水中行的起诉有权依据我国海商法的规定进行抗辩。《中华人民共和国海商法》第257条规定,就海上货物运输合同向承运人要求赔偿的请求权,时效期间为1年,自承运人交付或者应当交付货物之日起算。涉案提单项下的货物于2005年6月25日到达目的港,承运人也于同年6月28日交付了货物,因此诉讼时效应从交货时起算,至丽水中行2008年6月2日起诉闽丰公司要求赔偿已超过1年的时效期间。即便如丽水中行主张的其不知道货物何时到港,并不影响承运人以货物实际到港时间提出抗辩,但其在2006年3月20日向闽丰公司函告要求提货时应该知道交货时间,其起诉闽丰公司也已超过了1年,期间也无时效中断的情况。因此被告闽丰公司抗辩原告诉请已超过诉讼时效有理,宁波海事法院予以采信。

综上,依据《中华人民共和国海商法》第257条第1款,《中华人民共和国民事诉讼法》第64条第1款、第130条的规定,判决如下:

驳回原告中国银行股份有限公司丽水市分行的诉讼请求。

13. 海事案件的管辖与仲裁

13.1 海事法院受理案件范围

13.1.1 海上货运代理合同纠纷的管辖

1 上诉人福州宜兰港贸易有限公司与被上诉人连云港宇众国际货运代理有限公司货运代理合同纠纷管辖权异议案

案例来源:福建省高级人民法院(2011)闽民终字第573号

主题词:海事法院　专门管辖　协议管辖　原告所在地海事法院

> **裁判要旨**
>
> **No. ZH-13.1.1-1**　与海上或者通海水域的船舶运输有关的货运代理合同纠纷应由海事法院专门管辖,可由当事人协议选择的原告所在地海事法院管辖。

一、基本案情

　　上诉人(原审被告):连云港宇众国际货运代理有限公司(以下简称宇众公司)

　　被上诉人(原审原告):福州宜兰港贸易有限公司(以下简称宜兰港公司)

　　上诉人宇众公司不服厦门海事法院(2011)厦海法商初字第132号民事裁定,向福建省高级人民法院提起上诉称:

　　(1)《货物运输代理协议》是在上诉人不知情的情况下,被上诉人通过欺诈的方式让上诉人盖章传真过去的,而且上诉人加盖的是业务专用章而不是公章,不能代表公司对外发生法律效力。

　　(2)协议所述的"甲方所在地解决"明显约定不明,是甲方哪个机构？是仲裁还是法院？如果是法院是哪一法院？不能推断或猜测。

　　(3)根据特别法优于一般法的原则,海事法院不能通过约定来排斥法律的强制性规定。上诉人住所地为连云港,货物起运港为上海港,不属于《中华人民共和国海事诉讼特别程序法》第6条第2款第(二)项、《中华人民共和国民事诉讼法》第28条所规定的任何一处,本案管辖法院为上海海事法院,厦门海事法院对本案不具有管辖权。请求撤销原审裁定,将本案移送上海海事法院。

　　被上诉人宜兰港公司答辩称:《货物运输代理协议》中协议管辖的约定内容明确,符合法律规定,应为合法有效,上诉人提出其对该协议不知情、被欺骗毫无事实依据。根据《中华人民共和国民事诉讼法》第25条和《中华人民共和国海事诉讼特别程序法》

第 6 条的规定,海事案件允许当事人协议选择管辖法院。案涉当事人双方协商一致约定出现纠纷由甲方(答辩人)住所地法院即厦门海事法院管辖符合法律规定,故一审法院对本案具有管辖权。上诉人认为海事案件不能协议选择管辖法院,系对我国相关法律规定的理解错误。请求驳回上诉人的上诉。

二、法院裁判

福建省高级人民法院经审查认为,本案原审原告宜兰港公司据其与原审被告宇众公司签订的《货物运输代理协议》等证据材料提起诉讼,要求宇众公司赔偿损失。宇众公司上诉称,其在不知情的情况下,被上诉人通过欺诈方式,让其传真了《货物运输代理协议》,但没有提交相应证据证明。宇众公司以该协议上加盖的印章是业务专用章而不是公章,主张该协议对外不发生法律效力亦不能成立。就现有证据材料,初步确认本案为与海上或者通海水域的船舶运输有关的货运代理合同纠纷(确切纠纷性质应在实体审理中予以认定),根据最高人民法院《关于海事法院受理案件范围的若干规定》第 2 条的规定,本案应由海事法院专门管辖。关于协议管辖,《中华人民共和国海事诉讼特别程序法》没有特别规定,应适用《中华人民共和国民事诉讼法》的有关规定。《中华人民共和国民事诉讼法》第 25 条规定:合同的双方当事人可以在书面合同中协议选择被告住所地、合同履行地、合同签订地、原告住所地、标的物所在地人民法院管辖,但不得违反本法对级别管辖和专属管辖的规定。案涉《货物运输代理协议》第 8 条"对合作中出现的纠纷,甲、乙双方协商解决。如协商未成,则由甲方所在地解决"的约定,符合上述法律规定。甲方宜兰港公司所在地的海事法院是厦门海事法院,故厦门海事法院对本案具有管辖权。上诉人宇众公司关于协议所述的"甲方所在地解决"属约定不明,原审法院对本案不具有管辖权的上诉理由不能成立,其要求将本案移送上海海事法院审理的上诉请求,福建省高级人民法院不予支持。原审法院裁定正确,应予维持。依照《中华人民共和国民事诉讼法》第 154 条的规定,裁定如下:

驳回上诉,维持原裁定。

13.1.2 海上作业工程纠纷的管辖

❷ 上诉人厦门市晋辉疏浚工程有限公司与被上诉人广州市顺宏疏浚运输有限公司管辖权异议案

案例来源:福建省高级人民法院(2011)闽民终字第 236 号
主题词:海上作业工程　填海吹填砂工程　施工地海事法院

> **裁判要旨**
>
> **No. ZH-13.1.2-1**　利用船舶在海上进行填海造地及内湾护岸工程的吹填砂所引起的纠纷属于海上作业工程,属于海事海商纠纷,应由海事法院专门管辖,可由施工地的海事法院管辖。

一、基本案情

上诉人(原审被告):广州市顺宏疏浚运输有限公司(以下简称顺宏公司)

被上诉人(原审原告):厦门市晋辉疏浚工程有限公司(以下简称晋辉公司)

原审被告:中铁港航工程局有限公司

上诉人顺宏公司不服厦门海事法院(2011)厦海法商初字第16-2号民事裁定,向福建省高级人民法院提起上诉称:

(1)本案所涉工程是莆田市妈祖城核心区基础设施建设项目的工程分包合同,与码头建造无关联,故本案为普通的工程建设合同纠纷,不属于海事法院的管辖范围。

(2)本案工程非航道疏浚,也非港口疏浚;同时,合同的重点在于对陆地的填土工程,也不应由海事法院管辖,原审以"涉海疏浚合同纠纷由海事法院审理"属适用法律不当。请求撤销原裁定,将本案移送有管辖权的人民法院审理。

晋辉公司答辩称:

(1)案涉分包合同约定的标的是以船舶进行填海造地以及内湾护岸工程的施工,故本案属于海上发生的与船舶相关也与海上作业相关的海商合同纠纷。根据最高人民法院《关于适用〈中华人民共和国海事诉讼特别程序法〉若干问题的解释》第1条及法律或相关司法解释的规定,本案属海事法院专门管辖确切无疑。

(2)合同约定船舶"吹填"属海上疏浚作业的一种,施工地点亦属海上航道,属于《民事案件案由规定》第19条中规定的"航道、港口疏浚合同纠纷",由海事法院专门管辖。

(3)案涉合同约定的施工地点(履行地)在福建省莆田市,应由厦门海事法院管辖。请求驳回上诉,维持原裁定。

二、法院裁判

福建省高级人民法院经审查认为,原审原告晋辉公司根据其与原审被告顺宏公司签订的《绞吸吹砂工程分包合同》提起诉讼。该合同名称虽为《绞吸吹砂工程分包合同》,但合同约定的施工标的是对莆田市妈祖城核心区基础设施建设项目填海造地及内湾护岸工程的吹填砂,施工的机械是船舶,施工的地点在海上,显然案涉工程属于海上作业工程。根据最高人民法院《民事案件案由规定》第七部分的规定,本案属于海事海商纠纷,应由海事法院专门管辖。案涉合同施工地点即履行地在福建省莆田市,属于厦门海事法院管辖范围,故厦门海事法院对本案具有管辖权,原审裁定驳回顺宏公司的管辖权异议正确。上诉人顺宏公司关于案涉纠纷系普通工程建设合同纠纷,不属于海事法院管辖的上诉理由不能成立。依照《中华人民共和国民事诉讼法》第154条的规定,裁定如下:

驳回上诉,维持原裁定。

本裁定为终审裁定。

13.1.3 航道疏浚合同纠纷的管辖

3 上诉人周宏标与被上诉人福建省湄洲湾港口管理局航道疏浚合同纠纷管辖权异议案

案例来源:福建省高级人民法院(2011)闽民终字第 664 号
主题词:航道疏浚合同　专门管辖　合同履行地海事法院　被告住所地海事法院

> **裁判要旨**
>
> **No. ZH-13.1.3-1**　航道疏浚合同纠纷属于海事法院专门管辖,可由合同履行地、被告住所地海事法院管辖。

一、基本案情

上诉人(原审被告):福建省湄洲湾港口管理局(以下简称湄洲湾港管局)
被上诉人(原审原告):周宏标
原审被告:厦门市惠顺疏浚工程有限公司
原审被告:长江航道局

上诉人湄洲湾港管局不服厦门海事法院(2011)厦海法商初字第 40-2 号民事裁定,向福建省高级人民法院提起上诉。湄洲湾港管局上诉称:厦门海事法院依据《民事案件案由规定》驳回上诉人的管辖权异议,理由不成立。民事案由仅反映涉及民事法律关系的性质,不是确定管辖权的依据。案件的管辖范围应严格按照法律的相关规定,《中华人民共和国民事诉讼法》和最高人民法院《关于海事法院受理案件范围的若干规定》均未明确规定本案的争议应由海事法院管辖。本案争议的合同属于普通的建设工程施工承包合同,根据《中华人民共和国民事诉讼法》第 24 条之规定,本案应由被告住所地或合同履行地人民法院管辖,即泉州市或莆田市中级人民法院管辖。请求撤销厦门海事法院(2011)厦海法商初字第 40-2 号民事裁定,移送具有管辖权的人民法院审理。

二、法院裁判

福建省高级人民法院经审查认为,本案讼争合同内容为航道疏浚工程,根据最高人民法院《民事案件案由规定》第七部分关于海事海商纠纷之规定,航道疏浚合同纠纷由海事法院审理,亦即此类纠纷属于专门法院管辖。本案合同履行地在福建省莆田市,上诉人住所地在泉州市,均属厦门海事法院管辖的区域,根据《中华人民共和国民事诉讼法》第 24 条之规定,厦门海事法院对本案具有管辖权。上诉人福建省湄洲湾港口管理局的上诉理由不能成立。依照《中华人民共和国民事诉讼法》第 154 条之规定,裁定如下:

驳回上诉,维持原裁定。

13.1.4　海事法院管辖的船舶物料或备品纠纷的范畴

4 上诉人闽东丛贸船舶实业有限公司与被上诉人苏州大方特种车股份有限公司买卖合同纠纷管辖权异议案

案例来源：福建省高级人民法院(2011)闽民终字第 71 号
主题词：船舶物料或备品范畴　海事法院　案件受理范围

> **裁判要旨**
>
> **No. ZH-13.1.4-1**　用于装卸船上运输的动力平板运输车并不属于船舶物料或备品的范畴，由此引起的迟延交付买卖的动力平板运输车的纠纷不属于海商海事纠纷，不属于海事法院管辖的范围。

一、基本案情

上诉人（原审原告）：闽东丛贸船舶实业有限公司

被上诉人（原审被告）：苏州大方特种车股份有限公司

上诉人闽东丛贸船舶实业有限公司不服厦门海事法院(2010)厦海法商初字第319号民事裁定，向福建省高级人民法院提起上诉称：

（1）本案应由专门法院审理。上诉人购买的案涉平板车主要用于装卸船上运输的特大件物品，因此本案属于最高人民法院《关于海事法院受理案件范围的若干规定》中的"船舶物料、备品供应合同纠纷"，属于专门法院管辖的范围。被上诉人在管辖权异议申请书中也说：本案标的为特种工程车辆，而非一般车辆。

（2）上诉人住所地是案涉合同的主要履行地。案涉合同的签订地、交货地、付款地、标的物所在地均在上诉人厂内，应认定上诉人住所地为案涉合同的主要履行地，并据此确定管辖法院。

（3）本案约定管辖无效。双方当事人没有根据《中华人民共和国民事诉讼法》第24条的规定选择管辖法院。双方约定的"由原告所在地法院管辖"中的"原告"在签订合同时及发生争议时均不能确定，因此该约定不明确。而且该约定也违反了专属管辖的规定，是无效的。

请求撤销原裁定，本案由厦门海事法院继续审理。

二、法院裁判

福建省高级人民法院经审查认为，本案系上诉人以被上诉人迟延交付双方签订的供货合同项下的 DCY150 型动力平板运输车为由，诉请被上诉人赔偿经济损失。从现有的证据分析，案涉合同项下的动力平板运输车并不属于船舶物料或备品的范畴，该纠纷不属于最高人民法院《关于海事法院受理案件范围的若干规定》中的海商海事纠纷,故本案不属于海事法院管辖的范围。因被上诉人已以上诉人不履行案涉合同项下的付款义务向江苏省苏州市虎丘区人民法院起诉,该院也已立案受理,故原审裁定将本案移送该院管辖并无不当。

综上,上诉人闽东丛贸船舶实业有限公司的上诉理由不能成立,依照《中华人民共和国民事诉讼法》第 154 条之规定,裁定如下:

驳回上诉,维持原裁定。

13.1.5　船舶租用合同纠纷的管辖

5 上诉人广东华怡(集团)建筑工程有限公司与被上诉人刘红权船舶租用合同纠纷管辖权异议案

案例来源:福建省高级人民法院(2010)闽民终字第 689 号
主题词:船舶租用合同　专门管辖　交船港海事法院

裁判要旨

No. ZH-13.1.5-1　船舶租用合同纠纷由海事法院专门管辖,可由交船港海事法院管辖。

一、基本案情

上诉人(原审被告):广东华怡(集团)建筑工程有限公司

被上诉人(原审原告):刘红权

上诉人广东华怡(集团)建筑工程有限公司不服厦门海事法院(2010)厦海法商初字第 307 号民事裁定,向福建省高级人民法院提出上诉称,上诉人的住所地为广东省河源市源城区,依据被告住所地管辖原则,本案的管辖地应为广东省河源市源城区人民法院,原审裁定认定事实错误,应予撤销,请求将本案移送广东省河源市源城区人民法院管辖。被上诉人刘红权未提交书面答辩意见。

二、法院裁判

福建省高级人民法院经审查认为,原审原告刘红权据以提起本案诉讼的依据是双方于 2008 年 8 月 17 日签订的《浙普工 2025 抓斗船及其附属船舶租赁合同》,并要求原审被告广东华怡(集团)建筑工程有限公司支付拖欠的租金,因此,本案案由为船舶租用合同纠纷。根据最高人民法院《关于海事法院受理案件范围的若干规定》的规定,此类案件属海事法院专门管辖。依照《中华人民共和国海事诉讼特别程序法》第 6 条第 2 款第(三)项的规定,因海船租用合同纠纷提起的诉讼,由交船港、还船港、船籍港所在地、被告住所地海事法院管辖。而案涉船舶租赁合同约定的交船港为福建省泉州港,属于原审法院管辖范围,故原审法院对本案具有管辖权。上诉人上诉理由不能成立。

依照《中华人民共和国民事诉讼法》第154条、第158条的规定,裁定如下:

驳回上诉,维持原裁定。

13.1.6 船舶买卖合同纠纷的管辖

6 黄志坤与王保凤管辖权异议纠纷上诉案

案例来源:福建省高级人民法院(2010)闽民终字第688号

主题词:船舶买卖合同　返还燃油补贴款　被告住所地海事法院

> **裁判要旨**
>
> **No. ZH-13.1.6-1** 当事人基于船舶买卖协议书中有关石油补贴款条款的约定主张返还石油补贴款,并不是对海洋与渔业局发放石油补贴款这一具体行为有异议,不是行政争议,属于船舶买卖合同纠纷,可由被告住所地海事法院管辖。

一、基本案情

上诉人(原审被告):王保凤

被上诉人(原审原告):黄志坤

上诉人王保凤不服厦门海事法院(2010)厦海法商初字第315-2号民事裁定,向福建省高级人民法院提起上诉。王保凤上诉称:涉案石油补偿款是龙海市海洋与渔业局(以下简称海洋与渔业局)发放给"闽龙渔6608号"船舶所有人的。如果对该款项的归属有争议,应先对海洋与渔业局发放该款的行为提出异议,故本案为海事行政案件,应由当事人先提起行政复议或者由有管辖权的法院行政审判庭审理,不属于海事法院专属管辖。海洋与渔业局住所地在龙海市,本案由龙海市人民法院审理为宜。原审驳回上诉人的管辖权异议是错误的。请求撤销原裁定,将本案移送龙海市人民法院或其他有管辖权的人民法院审理。

二、法院裁判

福建省高级人民法院经审查认为,原审原告黄志坤根据其与原审被告王保凤订立的船舶买卖协议书中有关石油补贴款条款的约定,主张王保凤返还石油补贴款,而不是对海洋与渔业局发放石油补贴款这一具体行为有异议,故本案的基础法律关系是船舶买卖合同关系,本案为船舶买卖合同纠纷,而不是行政争议。根据最高人民法院《关于海事法院受理案件范围的若干规定》第14条的规定,船舶买卖合同纠纷由海事法院专门管辖。本案被告住所地在龙海市,属于厦门海事法院的管辖范围,故厦门海事法院对本案具有管辖权。王保凤以黄志坤主张的返还石油补贴款系由海洋与渔业局发放即认为本案是行政案件,应由当事人先提起行政复议或者移送海洋与渔业局所在地的龙海市人民法院审理的上诉理由不能成立。依照《中华人民共和国民事诉讼法》第

154 条的规定,裁定如下:

  驳回上诉,维持原裁定。

13.1.7　造船专用设备定作合同纠纷的管辖

7 福建新胜海船业有限公司管辖异议上诉案

案例来源:福建省高级人民法院(2010)闽民终字第 525 号
主题词:造船专用设备定作合同　海事法院　专门管辖　加工行为地海事法院

> **裁判要旨**
>
> **No. ZH-13.1.7-1**　船厂与供应商签订定作合同,定作一台 MS 门式起重机用于船体分段的拼装及船体分段翻身,以及其他船用设备和构件的吊运和吊装,定作物为造船专用设备,当事人主张相关违约损失,属海事法院专门管辖范围,可由合同履行地即加工行为地的海事法院管辖。

一、基本案情

  上诉人(原审原告):福建新胜海船业有限公司(以下简称新胜海公司)
  被上诉人(原审被告):江苏象王起重机有限公司(以下简称象王公司)
  上诉人新胜海公司不服厦门海事法院(2010)厦海法商初字第 172 号民事裁定,向福建省高级人民法院提出上诉。新胜海公司上诉称:
  (1)根据生效法律文书的认定,本案属于船坞建造合同纠纷,为海事案件受案范围,应由海事法院专门管辖。因此,象王公司所在地江苏省建湖县人民法院对本案没有管辖权。
  (2)本案由原审法院管辖符合双方当事人之间的约定。
  (3)本案的合同履行地确为新胜海公司所在地即福建省龙海市,因此即便从合同履行地管辖的角度出发,本案也应由新胜海公司所在地法院管辖。
  (4)建湖县人民法院及江苏省盐城市中级人民法院对管辖权异议所作的裁定结果,不影响原审法院对本案享有管辖权。
  综上,请求依法撤销原裁定,驳回象王公司原审中提出的管辖权异议申请。

二、法院裁判

  福建省高级人民法院经审查认为,双方当事人签有定作合同及补充合同书,约定新胜海公司向象王公司定作一台 MS 门式起重机。根据象王公司为此出具的方案设计技术规格书记载,起重机是"专为福建新胜海船业有限公司设计,它横跨船台和船体分段加工合拢区,用于船体分段的拼装及船体分段翻身,以及其他船用设备和构件的吊运和吊装"。可见,案涉定作物为造船专用设备,新胜海公司主张与此有关的违约损失,应属海事法院专门管辖范围。案涉定作合同约定,除电动机等部分品牌配套件外,起重机的大梁、支腿及小车架等均在定作人的场所内现场制作,并进行安装、调试与验收,由定作人提供现场制作的电源及焊接气割设备。因此,新胜海公司住所地即福建省龙海市可视为加工行为地,即案涉合同的履行地,厦门海事法院依法对本案享有管辖权。依照《中华人民共和国民事诉讼法》第154条的规定,裁定如下:

(1)撤销厦门海事法院(2010)厦海法商初字第172号民事裁定;
(2)本案由厦门海事法院管辖。

13.2 管辖权

13.2.1 船舶碰撞纠纷的管辖

13.2.1.1 在台湾海峡发生的船舶碰撞事故的管辖

8 上诉人南京远洋运输股份有限公司与被上诉人蓬莱京鲁渔业有限公司船舶碰撞纠纷案

案例来源:福建省高级人民法院(2011)闽民终字第652号
主题词:船舶碰撞　台湾海峡　碰撞发生地海事法院

> **裁判要旨**
>
> **No. ZH-13.2.1-1**　船舶碰撞纠纷属于海事法院专门管辖的案件。碰撞事故发生地在台湾海峡,属于厦门海事法院管辖范围,案涉纠纷应当由厦门海事法院管辖。

一、基本案情

上诉人(原审被告):蓬莱京鲁渔业有限公司
被上诉人(原审原告):南京远洋运输股份有限公司
上诉人蓬莱京鲁渔业有限公司不服厦门海事法院(2011)厦海法事初字第44民事裁定,向福建省高级人民法院提起上诉。理由是:

(1)最高人民法院《关于设立海口、厦门海事法院的决定》规定厦门海事法院管辖区域为:南自福建省与广东省交界处、北至福建省与浙江省交界处的延伸海域,其中包括东海南部、台湾省、海上岛屿和福建省所属港口。该规定并未规定台湾海峡属于厦门海事法院辖区,原审法院认定台湾海峡属于其辖区,属于认定事实错误。

(2)本案应由青岛海事法院管辖。厦门海事法院并非船舶碰撞事故发生地法院,本案只能由被告所在地法院即青岛海事法院管辖。因此,原审法院对本案不具有管辖权,请求二审撤销原裁定,将本案移送青岛海事法院管辖。

二、法院裁判

福建省高级人民法院经审查认为,最高人民法院《关于设立海口、厦门海事法院的决定》规定厦门海事法院管辖区域为南自福建省与广东省交界处、北至福建省与浙江省交界处的延伸海域,台湾海峡包括在上述海域范围内。案涉船舶碰撞事故发生地在台湾海峡,属于厦门海事法院管辖区域。根据《中华人民共和国民事诉讼法》第31条的规定,厦门海事法院对本案有管辖权。上诉人的管辖权异议不能成立,应予驳回。根据《中华人民共和国民事诉讼法》第154条之规定,裁定如下:

驳回上诉,维持原裁定。

13.2.1.2 对船舶碰撞损害赔偿进行协议管辖的效力

⑨ 上诉人防城港碧海之星海运有限公司、林立灯与被上诉人文登玖阳航运有限公司船舶碰撞损害赔偿纠纷管辖异议案

案例来源:福建省高级人民法院(2010)闽民终字第715号
主题词:船舶碰撞 约定管辖 碰撞发生地海事法院

> **裁判要旨**
>
> **No. ZH-13.2.1-2** 当事人双方可以就船舶碰撞事故引起的纠纷约定管辖法院,选择碰撞发生地的海事法院进行管辖的约定有效。

一、基本案情

上诉人(原审被告):文登玖阳航运有限公司
被上诉人(原审原告):防城港碧海之星海运有限公司
被上诉人(原审原告):林立灯

上诉人文登玖阳航运有限公司不服厦门海事法院(2010)厦海法事初字第58号民事裁定,向福建省高级人民法院提起上诉称:

(1)被上诉人与上诉人已就本案的管辖权达成一致真实意思表示,即由宁波海事法院管辖。原审法院扣押"新南海1"轮后,双方就担保函的措词,特别是碰撞损害赔偿纠纷的管辖权及由谁先行支付"星碧海58"轮沉船打捞的现金部分酬劳等进行了长达10余天的协商。最终,被上诉人确认接受宁波海事法院对碰撞损害赔偿纠纷的管辖权并于2009年8月6日签署《授权委托书及确认书》,明确接受"新南海1"轮提供由中国太平洋财产保险有限公司威海中心支公司(以下简称威海太保)签署的金额为150万元的担保函,同意宁波海事法院及其上诉法院对因碰撞事故而引起的任何纠纷的管辖权。尽管有原审法院的扣船行为,仍同意由宁波海事法院管辖本案。

(2)本案碰撞事故发生于宁波海事法院管辖海域,宁波海事法院对本案有管辖权。双方当事人就本案的诉讼管辖约定合法有效。

（3）原审法院无视双方签署的《授权委托书及确认书》的存在，在原审裁定书中回避双方的协议管辖，显然是查明事实不清。

（4）原审法院认定被上诉人接受担保函后向原审法院申请放船行为并不意味着认可管辖权指定显然无事实基础，与本案事实相左。

（5）原审法院管辖本案不能实现被上诉人原先申请原审法院扣押"新南海1"轮的目的。被上诉人诉前扣押"新南海1"轮的目的是使判决免受不能执行或难以执行等情形发生，并且因紧急情况，不立即申请财产保全将会使其合法权益受到难以弥补的损害。被上诉人在扣押"新南海1"轮及接受宁波海事法院对本案的管辖权及接受威海太保签署的担保函当时，其真实意思表示为上诉人不履行本案的生效判决时，即可执行威海太保提供的担保函。然而，威海太保提供的是有条件的担保，若担保函条件不成就，威海太保无须向被上诉人承担担保责任。如果本案由原审法院或其上诉法院管辖，必然导致担保函条件不成就，被上诉人即使拿到胜诉判决也无法执行担保函。

（6）原审法院管辖本案在逻辑上必然造成原审法院裁定扣押"新南海1"轮的行为不具有事实和法律依据。

（7）原审法院管辖本案违反《中华人民共和国海事诉讼特别程序法》第19条的规定。根据该条款的规定，因本案双方当事人存在有效的诉讼管辖协议，被上诉人不得向采取海事诉讼保全的法院（即原审法院）提起诉讼。

（8）由宁波海事法院管辖有利于案件事实的查明，更利于有效利用有限的海事审判资源。东源县晶源矿业有限公司系"星碧海58"轮所载货物的所有人，其于2010年7月9日在宁波海事法院起诉上诉人和被上诉人，"星碧海58"轮船载货物索赔案件的审理与船舶碰撞损害索赔案件中的碰撞责任比例高度相关，由宁波海事法院审理本案有更多的优势。

综上，请求撤销原审裁定，驳回被上诉人的起诉或将案件移送至宁波海事法院，并由被上诉人承担本案一、二审的全部诉讼费用。

二、法院裁判

福建省高级人民法院经审查认为，2009年8月6日，委托人防城港碧海之星海运有限公司、林立灯与受托人文登玖阳航运有限公司签订的《授权委托书及确认书》第8条约定"一俟受托人签署本《授权委托书及确认书》（由当地海事局或清除打捞单位见证受托人签署行为）确认在'星碧海58'轮沉船沉物打捞起浮后的残值作价沉船沉物清除报酬的基础上将依所签订的沉船沉物清除打捞合同的约定支付'星碧海58'轮沉船沉物所有打捞费用的现金部分，'星碧海58'轮船舶所有人即接受'新南海1'轮提供由威海太保签署的金额为150万元的担保函，同意宁波海事法院及其上诉法院对因碰撞事故而引起的任何纠纷的管辖权……"该约定应视为上诉人与被上诉人对于船舶碰撞事故引起的纠纷的管辖法院的确认。因案涉船舶碰撞事故发生在舟山海域，根据《中华人民共和国民事诉讼法》第31条的规定，作为碰撞发生地的宁波海事法院对本案有管辖权,故应认定双方当事人的该管辖约定有效,本案应由宁波海事法院管辖。原审对于双方当事人签订的《授权委托书及确认书》未予充分考虑,作出的裁定有误,应予纠正。

综上,上诉人文登玖阳航运有限公司的上诉理由成立,本案应由宁波海事法院管辖,依照《中华人民共和国民事诉讼法》第154条之规定,裁定如下:

一、撤销(2010)厦海法事初字第58号民事裁定;

二、本案移送宁波海事法院处理。

13.2.2　船舶保险合同纠纷管辖

⑩　中国人民财产保险股份有限公司武汉市硚口支公司管辖异议上诉案

案例来源:福建省高级人民法院(2010)闽民终字第154号

主题词:船舶保险合同　保险标的物　船舶登记注册地海事法院

> **裁判要旨**
>
> **No. ZH-13.2.2-1**　因船舶保险合同纠纷提起的诉讼,可由保险标的物船舶的登记注册地海事法院管辖。

一、基本案情

上诉人(原审被告):中国人民财产保险股份有限公司武汉市硚口支公司

被上诉人(原审原告):福州明发船务有限公司

原审被告:中国人民财产保险股份有限公司

原审被告:中国人民财产保险股份有限公司湖北省分公司

原审被告:中国人民财产保险股份有限公司武汉市分公司

上诉人中国人民财产保险股份有限公司武汉市硚口支公司不服厦门海事法院(2009)厦海法商初字第488号民事裁定,向福建省高级人民法院提起上诉。上诉人认为,根据《中华人民共和国民事诉讼法》第24条的规定,本案的合同履行地及被告住所地均在武汉,应由武汉海事法院管辖。

二、法院裁判

福建省高级人民法院经审查认为,本案是因为保险船舶"新明发17"轮发生沉没事故而产生的海上保险合同纠纷。根据最高人民法院《关于适用〈中华人民共和国民事诉讼法〉若干问题的意见》第25条的规定:"因保险合同纠纷提起的诉讼,如果保险标的物是运输工具或者运输中的货物,由被告住所地或者运输工具登记注册地、运输目的地、保险事故发生地的人民法院管辖。"本案的保险标的物"新明发17"轮的船籍港即登记注册地在福州,因此厦门海事法院对本案具有管辖权。本案的合同履行地及被告住所地虽均在武汉,但并不因此排除厦门海事法院对本案的管辖权,上诉人的理由不能成立。依照《中华人民共和国民事诉讼法》第152条第1款、第154条之规定,裁定如下:

驳回上诉,维持原裁定。

13.2.3 提单背面管辖条款对代位求偿的保险人的效力

11 中国平安财产保险股份有限公司福建分公司与磐泰有限公司管辖权异议纠纷案

案例来源:福建省高级人民法院(2010)闽民终字第663号

主题词:提单管辖条款　保险人　代位求偿权　约束力

> **裁判要旨**
>
> **No. ZH-13.2.3-1**　海上保险合同代位求偿纠纷中,保险人并非提单列明的当事人,提单的背面条款不是其真实意思表示,在其未明确表示接受提单背面管辖条款的情况下,提单中的管辖条款对保险人不具有法律上的约束力。

一、基本案情

上诉人(原审被告):磐泰有限公司(以下简称磐泰公司)

被上诉人(原审原告):中国平安财产保险股份有限公司福建分公司(以下简称福建平保)

原审被告:泛亚班拿国际运输代理(中国)有限公司厦门分公司(以下简称厦门泛亚)

上诉人磐泰公司不服厦门海事法院(2010)厦海法商初字第201号民事裁定,向福建省高级人民法院提出上诉。磐泰公司上诉称:案涉提单背面条款第25条(适用法律及管辖)中明确约定,"本提单(及该提单项下任何针对承运人之争议)均应适用香港特别行政区法律。承运人及提单相关人不可撤销地承认香港特别行政区议员法院对此享有的专属管辖权"。这是海运合同当事人对案涉纠纷的管辖约定,对合同各方具有约束力。

(1)案涉提单的背面条款合法有效。作为托运人的格林集团(香港)有限公司(以下简称格林公司)接受该提单且未表示任何异议,就是以实际行动同意并认可提单背面条款;由于格林公司系香港公司,提单中约定由香港特别行政区法院管辖对格林公司没有任何的不公平;对于提单背面条款是否有效,应当考虑订立海运合同时合同各方的真实意思表示,而案涉提单就管辖的约定显然是磐泰公司与格林公司的真实意思表示。

(2)保险人是否接受提单背面条款,不应影响背面条款的法律效力。作为保险人的福建平保显然不属于海运合同的当事人,提单相关条款并不直接约束承运人与保险人,因此保险人是否接受提单的相关条款并不影响该条款的有效性与约束力;本案为保险代位求偿权纠纷,保险人只是依据保险合同在其赔付被保险人后才取得代位求偿权,即代替格林公司向磐泰公司主张相关权利,因此保险人只能遵守之前海运合同双方就诉讼管辖达成的约定。

综上,磐泰公司认为本案应由香港特别行政区法院管辖,原审法院无权管辖,请求撤销原审裁定,并依法裁定准许上诉人的管辖权异议申请。被上诉人福建平保与原审被告厦门泛亚均未提交书面答辩意见。

二、法院裁判

福建省高级人民法院经审查认为,本案为海上保险合同代位求偿纠纷,作为保险人的福建平保主张其在按照保险合同赔付被保险人即格林公司案涉提单项下的货物损失后,依法取得了向承运人请求赔偿货损的代位求偿权利。因福建平保并非案涉提单列明的当事人,该提单的背面条款也就不是福建平保的真实意思表示;在保险人未明确表示接受该提单背面条款的情况下,该背面条款对保险人不具有法律上的约束力。因此,上诉人磐泰公司的上诉主张缺乏依据,不能成立。依照《中华人民共和国民事诉讼法》第154条的规定,裁定如下:

驳回上诉,维持原裁定。

本裁定为终审裁定。

13.2.4 保赔险纠纷的管辖

12 中华联合财产保险股份有限公司广东分公司管辖异议上诉案

案例来源:福建省高级人民法院(2010)闽民终字第579号
主题词:货物责任险　事故发生地海事法院　被告住所地海事法院　选择管辖

> **裁判要旨**
>
> **No. ZH-13.2.4-1** 双方当事人将船舶险与保赔险纳入同一保单一并承保,保单涉及不同的险别范畴,当事人双方对承运货物能否获得保险赔付发生争议。本案保险标的应为承运人对第三方依法应负的损害赔偿责任而非运输工具,保险标的物不是船舶,不能以船籍港所在地确定管辖法院,而应由事故发生地或被告住所地的海事法院管辖。因两个以上海事法院均有管辖权,原告未作出选定,为充分保障当事人的诉权,法院不移送管辖而驳回起诉,由原告自行择地而诉。

一、基本案情

上诉人(原审被告):中华联合财产保险股份有限公司广东分公司

被上诉人(原审原告):厦门厦经纬船务有限公司

被上诉人(原审原告):平潭县恒泰船舶服务有限公司

上诉人中华联合财产保险股份有限公司广东分公司不服厦门海事法院(2010)厦海法商初字第158号民事裁定,向福建省高级人民法院提出上诉。中华联合财产保险股份有限公司广东分公司上诉称：

（1）原审认定承运货物责任险保险标的物为船舶，该认定存在一定偏差。承运货物责任保险条款第1款明确指出，该险种保险标的物为承运人负责赔偿的经济损失，即为承运人之责任。虽然案涉承运货物责任险在投保的保单中属于船壳险的附加险，但其实质上是独立于船壳险的单独险种，其保险条款、承保范围、赔付条件等与船壳险没有任何重复或相似之处，在性质上属于独立的保赔险范畴。

（2）本案应依法移送有管辖权的法院审理。案涉承运货物责任险的保险标的为承运人之责任，而责任是没有标的物所在地之说的，故"保险标的物所在地"法院有管辖权的规定在本案中并不适用，本案应由被告所在地或原告所诉称事故发生地的海事法院审理。据此，请求撤销原审裁定，依法将本案移送至北海海事法院或广州海事法院管辖。

被上诉人厦门厦经纬船务有限公司书面答辩称：本案不存在两份保险合同，因此承运货物责任险应隶属于案涉《沿海内河船舶保险单》，不可分割，双方之间的权利义务关系应以该保单的约定为准。该保单项下保险标的物为船舶，被上诉人也是依据该保单的约定主张保险责任的，故本案保险标的物为船舶即"鸿泰868"轮。该轮的船籍港为福州，原审法院依法对本案享有管辖权，上诉人将附加险种独立于保单之外的理由不能成立。综上，厦门厦经纬船务有限公司请求依法驳回上诉，维持原裁定。

二、法院裁判

福建省高级人民法院经审查认为，本案为海上保险合同纠纷，被上诉人在原审中依据广东中华联保签发的编号为01074401601111102000108的保单起诉，主张由中华联合财产保险股份有限公司广东分公司赔偿承运货物责任险赔偿金。该保单载明的承保险别包括沿海船舶一切险与附加险，并在"特别约定"中对附加险的"其他"明确为"（船舶）承运货物责任险"。由此可知，双方当事人系将船舶险与保赔险纳入同一保单一并承保，该保单也因此涉及不同的险别范畴。仅就本案而言，双方对承运货物能否获得保险赔付发生争议，保险标的应为承运人对第三方依法应负有的损害赔偿责任而绝非运输工具。因此，原审认定保险标的物为船舶有误，本案不能以船籍港所在地确定管辖法院，而应由事故发生地或被告住所地的海事法院管辖。因福建省外的两个以上海事法院对本案均有管辖权，且被上诉人对此未作出选定，为充分保障当事人诉权，本案不宜直接移送而应在驳回起诉后交由被上诉人自行择地而诉。依照《中华人民共和国民事诉讼法》第154条的规定，裁定如下：

（1）撤销(2010)厦海法商初字第158号民事裁定；
（2）驳回厦门厦经纬船务有限公司与平潭县恒泰船舶服务有限公司的起诉。

13.2.5 提单管辖权条款的效力

⒀ International Freight Lines Limited 管辖异议上诉案

案例来源:福建省高级人民法院(2010)闽民终字第 106 号

主题词:货运代理企业　提单　实际承运人提单　提单管辖条款　约束力

裁判要旨

No. ZH-13.2.5-1　货运代理企业以承运人名义向委托人签发提单,但没有披露实际承运人和使用实际承运人的提单,委托人对实际承运人提单的内容事先并不知晓,且实际承运人提单中约定的管辖地点并非委托人所能预见,故实际承运人提单正面中的管辖条款对委托人不发生效力。

一、基本案情

上诉人(原审被告):International Freight Lines Limited(以下简称 IFL 公司)

被上诉人(原审原告):福州艺辰贸易有限公司(以下简称艺辰公司)

原审被告:福建威林国际货运代理有限公司(以下简称威林公司)

上诉人 IFL 公司不服厦门海事法院(2009)厦海法商初字第 298 号民事裁定,向福建省高级人民法院提起上诉称:案涉提单正面左下角明确载明本案应由香港特别行政区法院管辖,该条款足以引起托运人、提单持有人及收货人的注意,在此之前,双方已有过多次运输合作行为,被上诉人在接受提单时也未提出异议,且案涉提单格式已在交通部备案,案涉提单管辖条款合法有效,本案应当由香港特别行政区法院管辖。

二、法院裁判

福建省高级人民法院经审查认为,本案中威林公司是以承运人的身份签发提单,没有证据证明威林公司在接受托运时有披露实际承运人 IFL 公司和适用 IFL 公司的提单,因此,艺辰公司对案涉提单的内容事先并不知晓,案涉提单的管辖条款对被上诉人艺辰公司不发生效力。况且,提单中约定的管辖地点香港是艺辰公司设立合同时所不能预见的,该地点也不属于运输合同纠纷案件确定管辖的连接点。本案系艺辰公司因其委托威林公司承运货物从福州港运往英国引发纠纷而提起的诉讼,被告之一威林公司的住所地在厦门,根据《中华人民共和国民事诉讼法》第 28 条的规定,厦门海事法院对本案享有管辖权。

综上,上诉人 IFL 公司的上诉理由不能成立,其上诉请求应予驳回。依照《中华人民共和国民事诉讼法》第 154 条之规定,裁定如下:

驳回上诉,维持原裁定。

14 厦门华商经纬物流有限公司管辖异议案

案例来源:福建省高级人民法院(2010)闽民终字第386号
主题词:涉外合同纠纷　协议管辖　与争议有实际联系的地点的法院　管辖

> **裁判要旨**
>
> **No. ZH-13.2.5-2**　我国民事诉讼法规定的涉外合同或者涉外财产权益纠纷的当事人,可以用书面协议选择与争议有实际联系的地点的法院管辖。与争议有实际联系的地点的法院是指原告所在地、被告所在地、标的物所在地、运输始发地、目的地、合同履行地、合同签订地等。提单正面载明"由香港法院管辖",但未证明香港系与争议有实际联系的地点,不应视为有效的管辖条款。

一、基本案情

上诉人(原审被告):厦门华商经纬物流有限公司

被上诉人(原审原告):建阳市对外贸易公司

上诉人厦门华商经纬物流有限公司不服厦门海事法院(2010)厦海法商初字第113号民事裁定,向福建省高级人民法院提起上诉。上诉人认为:

(1) 原审法院受理了本案,就应当允许上诉人就本案的提单提出异议,且提单上的签章"Dragon Logistics (Xiamen) Gorp."是上诉人的英文名称。因此不能剥夺上诉人提出管辖权异议的权利。

(2) 有关管辖的条款,已在提单正面单独体现,已尽了合理提醒的义务。

(3) 案涉货物是拓亚环球物流(香港)有限公司(以下简称拓亚香港)的指定货物,提单格式也是拓亚香港在交通部备案的提单格式,因此本案与香港有实际联系,厦门海事法院没有管辖权。

二、法院裁判

福建省高级人民法院经审查认为,案涉提单上的签章"Dragon Logistics (Xiamen) Gorp."是上诉人的英文名称,因此原审法院将 Dragon Logistics (Xiamen) Gorp. 与上诉人列为共同诉讼主体不当,应予纠正。案涉提单的正面虽约定了由香港法院管辖的条款,但根据《中华人民共和国民事诉讼法》第242条的规定,涉外合同或者涉外财产权益纠纷的当事人,可以用书面协议选择与争议有实际联系的地点的法院管辖。所谓"与争议有实际联系的地点",是指原告所在地、被告所在地、标的物所在地、运输始发地、目的地、合同履行地、合同签订地等。目前在案证据不能证明香港与上述地点有实际联系。因此,提单上关于"由香港法院管辖"的约定不符合我国法律规定,不应视为有效的管辖条款。案涉提单的签发地、起运港均为厦门,上诉人的住所地也在厦门,厦门海事法院依法对本案具有管辖权。拓亚香港与本案是否有关联须进入实体审理后才能确定,在本案中不予审查。

综上,上诉人关于厦门海事法院对本案不具有管辖权的异议不能成立。依照《中华人民共和国民事诉讼法》第152条第1款、第154条之规定,裁定如下:

驳回上诉,维持原裁定。

15 A.P.穆勒–马士基有限公司海上货物运输合同管辖权异议纠纷上诉案

案例来源:福建省高级人民法院(2010)闽民终字第467号

主题词:涉外合同纠纷　协议管辖　与争议有实际联系的地点的法院　管辖　约束力

> **裁判要旨**
>
> **No. ZH-13.2.5-3**　涉外合同或者涉外财产权益纠纷的当事人,可以用书面协议选择与争议有实际联系的地点的法院管辖。所谓"与争议有实际联系的地点",是指原告所在地、被告所在地、标的物所在地、运输始发地、目的地、合同履行地、合同签订地等。提单背面条款载明"与本提单有关的所有索赔和纠纷,应由英国伦敦高等法院管辖",因英国伦敦与上述地点均无任何联系,并不是与争议有实际联系的地点,违反了《中华人民共和国民事诉讼法》的相关规定,属于无效条款,对原告不具有约束力。

一、基本案情

上诉人(原审被告):A.P.穆勒–马士基有限公司

被上诉人(原审原告):大连连蓬远洋渔业有限公司

原审被告:马士基(中国)航运有限公司

上诉人A.P.穆勒–马士基有限公司因海上货物运输合同管辖权异议纠纷一案,不服厦门海事法院(2010)厦海法商初字第124号民事裁定,向福建省高级人民法院提出上诉。上诉人认为,本案是海上货物运输合同纠纷,对方主张权利所依据的只有提单,所以其应受提单管辖条款的约束。提单背面条款明确约定"除涉及美国的运输合同,与本提单有关的所有索赔和纠纷,应由英国伦敦高等法院管辖,并适用英国法",而根据《中华人民共和国民事诉讼法》第242条的规定,涉外合同的当事人有书面选择管辖法院的权利,因此应将争议提交英国伦敦高等法院解决。涉案提单的管辖权条款仅仅约定了管辖法院以及适用法律,根本未对双方的权利义务进行任何限制,不属于《中华人民共和国合同法》第40条中所述及的例外情形,故该格式条款是有效的。请求撤销原裁定,并依法裁定管辖权异议成立。

二、法院裁判

福建省高级人民法院经审查认为,《中华人民共和国民事诉讼法》第242条明确规定:涉外合同或者涉外财产权益纠纷的当事人,可以用书面协议选择与争议有实际联系的地点的法院管辖。所谓"与争议有实际联系的地点",是指原告所在地、被告所在地、标的物所在地、运输始发地、目的地、合同履行地、合同签订地等,但本案提单中载明的英国伦敦与上述地点均无任何联系,并不是与本案争议有实际联系的地点,因而案涉提单背面"与本提单有关的所有索赔和纠纷,应由英国伦敦高等法院管辖"的条款违反了《中华人民共和国民事诉讼法》的相关规定,是无效的,对被上诉人不具有约束力。厦门是案涉货物的运输目的地,因此厦门海事法院依法对本案具有管辖权,上诉人的管辖权异议不能成立。根据《中华人民共和国民事诉讼法》第152条第1款、第154条之规定,裁定如下:

驳回上诉,维持原裁定。

16 鹏达船务有限公司管辖异议上诉案

案例来源:福建省高级人民法院(2010)闽民终字第450号
主题词:海上货物运输合同　提单管辖条款　提单持有人　约束力　运输始发地海事法院

裁判要旨

No. ZH-13.2.5-4　海上货物运输合同纠纷,承运人与提单持有人之间的权利义务关系应当适用提单的约定。虽然提单约定"如发生诉讼或仲裁,双方同意由承运人主要营业地香港的法院进行审理",但该管辖条款的约定系承运人事先以较小的字体印制在背面,且未尽到足够的提醒义务;提单持有人取得提单后,已无法更改提单,事实上排除了其作为提单关系人对争议解决方式的选择权,提单管辖条款成为承运人单方的意思表示;提单持有人在海事法院提起诉讼,表明其不认可该提单管辖条款的约定,该提单管辖条款的约定对提单持有人不具有约束力,可由运输始发地海事法院管辖。

一、基本案情

上诉人(原审被告):鹏达船务有限公司(Rich Shipping Company Limited,以下简称鹏达公司)

被上诉人(原审原告):厦门中海联合贸易有限公司(以下简称中海公司)

上诉人鹏达公司不服厦门海事法院(2010)厦海法商初字第119号民事裁定,向福建省高级人民法院提起上诉称:

(1)案涉提单管辖权条款合法有效,双方当事人应受其约束。被上诉人接受提单且未对提单内容提出异议,视为其已充分理解并默示接受所有条款,包括背面的管辖权条款。

（2）香港是上诉人的主要营业地，香港法院与本案争议有实际联系，提单约定的管辖法院为香港法院，符合《中华人民共和国民事诉讼法》第242条的规定。

（3）提单对管辖权的约定没有排除被上诉人的权利，由香港法院管辖不存在不便利的情况。

请求撤销一审裁定，驳回被上诉人的起诉。

被上诉人中海公司答辩称：

（1）提单背面管辖权条款无效。该条款实际上排除了答辩人在运输始发地起诉的权利，且上诉人未采取合理方式提请答辩人注意；案涉提单由承运人签发，事实上排除了答辩人对争议解决方式的选择权，答辩人不受该条款的约束。

（2）货物运输始发地、提单签发地均在厦门，厦门与本案具有更密切的实际联系。

（3）管辖权条款既约定诉讼又约定仲裁，应为无效，上诉人主张由香港法院审理没有法律依据。

请求驳回上诉人的上诉。

二、法院裁判

福建省高级人民法院经审查认为，根据原审原告中海公司的诉请及现有证据材料，本案系海上货物运输合同纠纷，承运人鹏达公司与提单持有人中海公司之间的权利义务关系应当适用案涉提单的约定。虽然案涉提单约定"如发生诉讼或仲裁，双方同意由承运人主要营业地香港的法院进行审理"，但该管辖条款的约定系承运人鹏达公司事先以较小的字体印制在背面，且未尽到足够的提醒义务；中海公司交付货物取得提单后，已无法更改提单，事实上排除了中海公司作为提单关系人对争议解决方式的选择权，提单管辖条款成为承运人单方的意思表示；中海公司在厦门海事法院提起诉讼，表明其不认可该提单管辖条款的约定。在没有证据证明提单持有人同意或提单持有人与承运人双方协商一致的情况下，该提单管辖条款的约定对提单持有人中海公司不具有约束力。案涉货物运输始发地在厦门，根据《中华人民共和国民事诉讼法》第28条及有关规定，厦门海事法院对本案具有管辖权。鹏达公司的各上诉理由均不能成立，其上诉请求应予驳回。依照《中华人民共和国民事诉讼法》第28条、第154条、第158条之规定，裁定如下：

驳回上诉，维持原裁定。

13.2.6 无单放货纠纷的管辖

17 Sun Cargo Container Line Ltd. 管辖异议上诉案

案例来源：福建省高级人民法院(2010)闽民终字第464号
主题词：正本提单持有人　无单放货　侵权之诉　侵权结果发生地海事法院

> **裁判要旨**
>
> **No. ZH-13.2.6-1**　正本提单持有人可以选择以侵权之诉起诉承运人无单放货。无单放货的侵权行为实施地虽然不在我国境内，但正本提单持有人在中国，其因无单放货行为丧失对提单项下货物的控制权，并由此产生损失，侵权损害结果发生于中国，故可由侵权结果发生地的海事法院管辖。

一、基本案情

上诉人(原审被告)：Sun Cargo Container Line Ltd.
被上诉人(原审原告)：泉州奎生工艺有限公司

上诉人 Sun Cargo Container Line Ltd. 不服厦门海事法院(2010)厦海法商初字第140号民事裁定，向福建省高级人民法院提起上诉称：最高人民法院《关于适用〈中华人民共和国民事诉讼〉若干问题的意见》第28条规定的"侵权结果发生地"，是指受法律保护的法益所受侵害的直接结果发生地。本案所涉无单放货行为，受保护的法益为被上诉人对货物所享有的物权，即无单放货侵权行为之直接侵权结果为货物的物权受侵害。与之相应，侵权结果发生地应为货物物权所受侵害之地，即被上诉人丧失对货物占有或控制之地，而非由此间接引致的被上诉人的经济损失发生地。因此，本案侵权行为地(发生地和结果地)及被告住所地皆非位于中国境内，原审法院对本案不具有管辖权。请求撤销原审裁定，依法驳回被上诉人的起诉。被上诉人泉州奎生工艺有限公司未提交书面答辩意见。

二、法院裁判

福建省高级人民法院经审查认为，本案为无单放货纠纷，原审原告作为正本提单持有人选择侵权之诉起诉承运人，符合最高人民法院《关于审理无正本提单交付货物案件适用法律若干问题的规定》第3条第1款"承运人因无正本提单交付货物造成正本提单持有人损失的，正本提单持有人可以要求承运人承担违约责任，或者承担侵权责任"的规定。根据《中华人民共和国民法通则》第146条的规定，"侵权行为的损害赔偿，适用侵权行为地法律"；《中华人民共和国民事诉讼法》第29条规定，"因侵权行为提起的诉讼，由侵权行为地或者被告住所地人民法院管辖"；最高人民法院《关于适用〈中华人民共和国民事诉讼法〉若干问题的意见》第28条规定，侵权行为地包括侵权行为实施地、侵权结果发生地。本案无单放货的侵权行为实施地虽然不在中华人民共和国境内,但由于作为正本提单持有人的原审原告泉州奎生工艺有限公司因原审被告 Sun Cargo Container Line Ltd. 的无单放货行为,导致其丧失了对提单项下货物的控制权,并由此产生损失,也就是说,该侵权损害结果发生于原审原告的住所地中国泉州,而泉州属原审法院辖区范围。故原审法院对本案具有管辖权。上诉人的管辖权异议理由不能成立,依法予以驳回。根据《中华人民共和国民事诉讼法》第 154 条、第 158 条的规定,裁定如下:

驳回上诉,维持原裁定。

本裁定为终审裁定。

13.3 仲裁

13.3.1 港口疏浚合同当事人约定可由仲裁机构裁决的效力

18 中交一航局管辖异议上诉案

案例来源:福建省高级人民法院(2011)闽民终字第 819 号

主题词:港口疏浚合同　仲裁条款　选择诉讼　合同履行地海事法院

裁判要旨

No. ZH-13.3.1-1 当事人的合同条款仅约定发生争议可由仲裁机构裁决,而非必须由仲裁机构裁决,原告选择诉讼作为争议解决方式,说明其放弃了仲裁的意愿,可由港口疏浚合同履行地的海事法院管辖。

一、基本案情

上诉人(原审被告):中交一航局第二工程有限公司

被上诉人(原审原告):海昶疏浚(厦门)工程有限公司

原审被告:中交第一航务工程局有限公司

原审被告:中交一航局第二工程有限公司厦门分公司

上诉人中交一航局第二工程有限公司不服厦门海事法院(2011)厦海法商初字第 231 号民事裁定,向福建省高级人民法院提起上诉称:案涉分包合同第 25 条约定"履行合同发生争议,可自行和解或要求有关部门调解,任何一方不愿和解、调解或和解、调解不成的,可由青岛仲裁机构裁决",该条款系双方真实意思表示,已经排除法院对该合同所涉争议的管辖权,根据《中华人民共和国仲裁法》的规定,任何法院对该合同所涉争议均无管辖权,请求撤销原裁定,裁定将案件移送青岛仲裁委裁决。

二、法院裁判

福建省高级人民法院经审查认为,案涉分包合同第25条约定"履行合同发生争议,可自行和解或要求有关部门调解,任何一方不愿和解、调解或和解、调解不成的,可由青岛仲裁机构裁决",该条款仅约定发生争议可由仲裁机构裁决,而非必须由仲裁机构裁决,现原告选择诉讼作为争议解决方式,说明其放弃了仲裁的意愿,可予准许。案涉合同约定的分包范围表明本案应属最高人民法院《民事案件案由规定》第七部分"海事海商纠纷"中第215条规定的港口疏浚合同纠纷,该类纠纷属于海事法院专门管辖的范围,因合同履行地点在福州,在原审法院辖区内,故原审法院对本案具有管辖权。

综上,上诉人中交一航局第二工程有限公司的上诉理由不能成立,依照《中华人民共和国民事诉讼法》第154条之规定,裁定如下:

驳回上诉,维持原裁定。

本裁定为终审裁定。

13.3.2 航次租船合同中的仲裁条款的效力

⑲ 上诉人上海优利兴国际货运代理有限公司与被上诉人厦门耀中亚太贸易有限公司租船合同纠纷管辖权异议案

案例来源:福建省高级人民法院(2011)闽民终字第818号

主题词:航次租船合同　仲裁条款　诉讼　被告住所地海事法院

> **裁判要旨**
>
> **No. ZH-13.3.2-1**　航次租船合同的仲裁条款约定"如有仲裁,在香港并且适用英国法",但并未约定合同引发的争议明确选择仲裁作为唯一的解决方式,也即未排除包括诉讼在内的其他解决方式,故原告可选择在被告住所地海事法院进行诉讼。

一、基本案情

上诉人(原审被告):厦门耀中亚太贸易有限公司

被上诉人(原审原告):上海优利兴国际货运代理有限公司

上诉人厦门耀中亚太贸易有限公司不服厦门海事法院(2011)厦海法商初字第187号民事裁定,向福建省高级人民法院提起上诉称:

(1)原审认定事实不清。FIXTRUE NOTE第18条英文"ARBITRATION IF ANY TO BE SETTLED IN HONGKONG WITH ENGLISH LAW TO APPLY",原审法院翻译为"如果仲裁,安排在香港并适用英国法"。上诉人认为,根据英文文字意思,应翻译成"如果有任何(争议)需要解决,仲裁在香港并适用英国法律"。法院是国家司法机关,非专业翻译机构,对前述英文文义有不同意见时,建议由专业翻译机构确认,在此之前,原审法院作出裁定不妥。

(2)原审裁定的理由不能成立。上诉人认为,在涉外租船合同中,适用"金康合同"范本包括选择仲裁作为纠纷解决方式是很普遍的。FIXTRUE NOTE 第19条规定"其他条款根据 GENCON94 的合约"足以印证上诉人的观点。修订后的 GENCON94 合约第19条"法律与仲裁"规定,合同双方可以选择英国法伦敦仲裁(A款)或美国法纽约仲裁(B款)或双方在合同中定明的地点和法律仲裁(C款),并规定如果不对管辖权作出选择,则该条A款自动生效。据此,原审法院认定 FIXTRUE NOTE 第18条未选择解决纠纷的方式,就应根据合同双方当事人的意思,适用"金康合同"范本,认定涉案租船合同纠纷应当选择英国法在伦敦仲裁。请求撤销原裁定,依法裁定原审法院对本案不具有管辖权。

二、法院裁判

福建省高级人民法院经审查认为,案涉 FIXTRUE NOTE 第18条"G/A ARBITRATION IF ANY TO BE SETTLED IN HONGKONG WITH ENGLISH LAW TO APPLY"的下方存在中文文本"如果仲裁在香港并适合英国法律",可见,当事人对该英文条款的中文文义已经进行了确认,即如原审法院所确认的"如有仲裁,在香港并且适用英国法",不存在再由翻译机构确认的问题。该条款仅假设在当事人选择了仲裁作为争议解决方式的情况下,则在香港仲裁并且适用英国法,其并未就租船合同引发的争议明确选择仲裁作为唯一的解决方式,也即未排除包括诉讼在内的其他解决方式,因此上诉人选择了诉讼作为争议的解决方式并无不可。虽然第18条未明确选择争议的解决方式,但其约定"如果仲裁在香港并适合英国法律"也是对争议解决方式的一种约定。第19条约定其他条款根据 GENCON94 的合约,因此在第18条对争议解决方式有约定的情况下,就不存在适用第19条确定争议解决方式的问题。因本案属航次租船合同纠纷,且上诉人住所地在厦门,根据《中华人民共和国民事诉讼法》第28条的规定,厦门海事法院对本案享有管辖权。

综上,上诉人厦门耀中亚太贸易有限公司的上诉理由不能成立,依照《中华人民共和国民事诉讼法》第154条之规定,裁定如下:

驳回上诉,维持原裁定。

13.3.3　船舶建造合同仲裁条款对口头承诺的效力

⓴ 上诉人闽东丛贸船舶实业有限公司与被上诉人天津市港海船务有限公司船舶建造合同纠纷案

案例来源:福建省高级人民法院(2011)闽民终字第 69 号
主题词:船舶建造合同　仲裁条款　口头承诺　口头承诺履行地海事法院

> **裁判要旨**
>
> **No. ZH-13.3.3-1**　虽然口头承诺与货船建造合同有关联性,但无证据证明口头承诺是书面货船建造合同的补充协议,或该口头承诺受书面货船建造合同的约束,故不论书面货船建造合同中约定的仲裁条款是否有效,因口头承诺引起的争议均不受书面合同的约束,也不受书面合同中仲裁条款的约束,口头承诺履行地的海事法院有管辖权。

一、基本案情

上诉人(原审被告):天津市港海船务有限公司(以下简称港海公司)

被上诉人(原审原告):闽东丛贸船舶实业有限公司(以下简称丛贸公司)

上诉人港海公司不服厦门海事法院(2010)厦海法商初字第 325 号民事裁定,向福建省高级人民法院提起上诉称:

(1)正如一审裁定所述,"口头承诺"是被告"为全面、及时履行书面造船合同"而作出的,明显属于履行书面造船合同范畴,应受书面造船合同中仲裁条款的约束,否则何来案由船舶建造合同纠纷?前 4 份合同约定发生争议提交上海海事法院仲裁,但该 4 份合同已于 2008 年 3 月 16 日终止,后两份合同约定发生争议提交中国海事仲裁委员会在上海仲裁,该约定有效,故本案讼争应提交中国海事仲裁委员会在上海仲裁。一审错误认定仲裁条款无效,并认为本案讼争不受书面合同中仲裁条款约束是不能成立的。

(2)即使"口头承诺"构成案涉书面建造合同之外的"船舶建造合同",本案被告人港海公司位于天津,而"口头承诺"没有履行,不存在合同履行地,依照《中华人民共和国民事诉讼法》第 24 条的规定,一审法院也没有管辖权。

(3)双方就 2008 年 3 月 16 日签订的《80100 载重吨散货船建造合同》纠纷已在中国海事仲裁委员会上海分会仲裁,而本案讼争属于该合同发生的纠纷,应提交仲裁。

综上,一审法院受理本案没有事实和法律依据,请求依法撤销一审裁定,驳回被上诉人的起诉。

被上诉人丛贸公司答辩称:

(1)答辩人诉求的 1 亿元款项,并非针对双方签订的合同中特定的单一的合同,自然不受合同中仲裁条款的约束。前4份合同中,虽使用了"仲裁"的字眼,但不是仲裁条款;后两份合同约定了仲裁条款,但本案争议事项却不能直接纳入特定的单一的合同中,因此,本案不受特定合同中仲裁条款的约束。

(2) 本案争议事项也不包含在仲裁条款约定的仲裁事项之中,中国海事仲裁委员会上海分会对此争议没有管辖权。中国海事仲裁委员会示范仲裁条款的仲裁事项是"凡因本合同引起的或与本合同有关的任何争议",而后两份合同约定的仲裁事项却仅限于合同条款或规定产生的争议。本案的争议事项不体现在后两份合同中,自然无从谈起对合同条款或规定的争议。

(3) 本案争议事项不是针对特定的单一的书面合同,但却是为全面、及时履行书面合同而引起的。船舶建造合同的履行地在福建省福安市,根据《中华人民共和国民事诉讼法》的规定,厦门海事法院对本案享有管辖权。

(4) 上诉人在中国海事仲裁委员会上海分会申请仲裁的事项是请求确认2009年4月23日其向答辩人发出解除《80100载重吨散货船建造合同》(MC6001-MC6003)通知的效力,仲裁中,答辩人虽提出1亿元款项问题,但未提出反请求,该仲裁未涉及本争议事项。

综上,上诉人的上诉没有事实和法律依据,请求驳回上诉人的上诉。

二、法院裁判

福建省高级人民法院经审查认为,2008年3月16日之前,本案当事人双方签订4份货船建造合同,后于2008年3月16日予以终止,当日双方重新签订两份货船建造合同(落款时间为2006年3月28日)。就原审原告丛贸公司诉请的款项1亿元,上述6份合同中均没有约定,不属于该6份书面合同的范畴,而是属于6份合同之外的口头承诺。虽然该口头承诺与货船建造合同有关联性,但现无证据证明该口头承诺是6份书面货船建造合同的补充协议,或该口头承诺受书面货船建造合同的约束,故不论上述6份书面货船建造合同中约定的仲裁条款是否有效,本案争议均不受该6份合同的约束,因而也不受6份合同中仲裁条款的约束。原审原告丛贸公司以双方合作初期,原审被告港海公司承诺支付1亿元作为对船舶建造设施等支持为由提起诉讼,故本案讼争的履行地在福建省福安市。根据《中华人民共和国民事诉讼法》第24条及相关规定,厦门海事法院对本案具有管辖权,原审裁定正确。上诉人关于本案受书面货船建造合同中仲裁条款约束、不存在合同履行地、厦门海事法院对本案不具有管辖权的各上诉理由均不能成立,其上诉请求应予驳回。至于原审原告丛贸公司的诉讼主张是否成立,应在实体审理中进行认定。依照《中华人民共和国民事诉讼法》第154条的规定,裁定如下:

驳回上诉,维持原裁定。

本裁定为终审裁定。

船舶建造合同・仲裁条款・口头承诺・口头承诺履行地海事法院

13.3.4 船东互保协会规则中的仲裁条款的效力

[2] 原告浙江省乐清市运鸿海运有限公司与船东责任互保协会(卢森堡)等管辖权异议案

案例来源:厦门海事法院(2003)厦海法商初字第217号

主题词:管辖权异议期间 仲裁法 首次开庭前 卢森堡互保协会2001年规则 《承认及执行外国仲裁裁决公约》

> **裁判要旨**
>
> **No. ZH-13.3.4-1** 我国民事诉讼法规定的管辖权异议时间,系针对不同法院之间管辖异议的时间限定。对仲裁与诉讼之间管辖权异议的提出时间,应适用我国仲裁法的规定,即仲裁协议之当事人对法院管辖提出异议的时间应在首次开庭之前。

一、基本案情

原告:浙江省乐清市运鸿海运有限公司

原告:虞元飞

原告:叶选美

原告:王高才

被告:达信风险管理及保险服务(香港)有限公司[Marsh(Hong Kong)Limited,以下简称马什公司]

被告:船东责任互保协会(卢森堡)[Shipowners' Mutual Protection and Indemnity Association (Luxembourg),以下简称卢森堡互保协会]

厦门海事法院于2003年9月19日受理原告浙江省乐清市运鸿海运有限公司、虞元飞、叶选美、王高才与被告马什公司、卢森堡互保协会海上保赔合同纠纷一案后,依法组成合议庭进行审理。被告卢森堡互保协会于2004年11月11日对厦门海事法院管辖权提出异议,认为原、被告之间的海上保赔保险合同中包含有仲裁协议,厦门海事法院对本案无管辖权,应裁定驳回原告对被告的起诉。

二、法院裁判

厦门海事法院认为,本裁定系对双方当事人针对本案管辖权事项提出的主张作出的处理,管辖权事项属程序性事项,但因仲裁条款包含在协会规则中,因此本案管辖权事项的判断和确定不可避免地会涉及个别实体问题。对此,双方当事人都是明知和确认的。经审查,双方针对本案管辖权事项产生的争议焦点主要在于:

1. Cover Note 的性质与马什公司的地位

原告将 Cover Note 译为承保单、保险单,并据此将马什公司视为保险人。两被告将 Cover Note 译为暂保单、保险通知单,并主张马什公司为保险经纪人,卢森堡互保协会才系保险人。

厦门海事法院认为,Cover Note 的中文名称如何翻译并不重要,关键在于其所涉条款的性质。从 Cover Note 的具体内容、两被告提交的相关材料以及有关事实判断,马什公司应为保险经纪人,Cover Note 系告知被保险人关于保险人接受投保以及相应费率等内容的通知单而非保险单本身。理由在于:

第一,根据国际保险市场的实践做法,保险人与被保险人通常并不直接发生业务联系,而由保险经纪人安排联系。保险经纪人在得到被保险人的指示或委托后,根据被保险人要求的保险项目和保险金额,选择适当的保险人,在征得保险人同意后,保险经纪人向被保险人发出一份通知单如 Cover Note 或 Slip 等,告知被保险人关于保险人同意承保以及相应的保险条款,包括保险金额、保险费率、保险责任期间等。正式的保险单则要由保险人另行签署。马什公司在本案中所为的行为符合国际保险市场的习惯做法。

第二,Cover Note 是一种与国际保险业务紧密相连的单证。英国是海上保险起源地,其 1906 年《海上保险法》第 21 条规定:"何时合同视为成立。保险人接受被保险人的投保要求后,无论当时是否已签发保险单,海上保险合同应视为已经成立;为表明该投保要求何时被接受,可以参考承保条或保险通知单或其他合同习惯的备忘录。"("21. When contract is deemed to be concluded A contract of marine insurance is deemed to be concluded when the proposal of the assured is accepted by the insurer, whether the policy be then issued or not and, for the purpose of showing when the proposal was accepted, reference may be made to the slip or covering note or other customary memorandum of the contract.")从该条文看,covering note 与 policy 在同一法律条文中出现,但法律性质及所代表的意义并不相同。policy 指保险单,covering note 则是记载投保要求是否以及何时被接受等内容的保险通知单。

第三,马什公司的正式名称即表明其只是一家保险服务机构,而非保险机构。原告诉状中称"2001 年 6 月,原告通过中国太平洋保险有限公司的洪涛先生与被告船东责任互保协会(卢森堡)联系'运鸿'轮油污责任保险事宜",表明原告的意向亦是向卢森堡互保协会投保而非向马什公司投保。因此后来马什公司收取原告支付的保险费,亦是作为保险经纪人代保险人卢森堡互保协会收取。此举符合国际保险惯例。

第四,"运鸿"轮发生事故后,卢森堡互保协会已支付了 248 276.54 美元赔款,原告主张该款是卢森堡互保协会作为保险人马什公司的保证人而支付的,但此项主张缺乏事实依据和法律依据。根据《中华人民共和国担保法》第 6 条的规定,保证是指保证人和债权人约定,当债务人不履行债务时,保证人按照约定履行债务或者承担责任的行为。该法第 13 条规定,保证人与债权人应当以书面形式订立保证合同。因此保证合同应当是一份包含了保证人、债权人以及债务人的三方法律关系的书面合同。但就原告所提交的证据来看,卢森堡互保协会并未参与所谓的"保证合同"的签订,亦无为所谓的"保险人"马什公司提供保证的意思表示,Cover Note 中关于卢森堡互保协会的规定既不具备保证合同的形式要件,亦不具备实质要件,故卢森堡互保协会不可能是保证人。

第五,Cover Note 正文第二页"Security:100.00% The Shipowners' Protection and Indemnity Association (Luxembourg)"[保障:100%船东保赔协会(卢森堡)]的内容,与 Cover Note 尾部"if any of the Insurers do not met with your approval"(如果你不同意任何上列保险人)的内容相对应,可以确定保险人系卢森堡互保协会,该条款中 security 的法律含义应为"保障"而非"担保"或"保证"。

第六,2001 年 9 月 25 日运鸿海运有限公司致卢森堡互保协会的函件中提及"'运鸿'轮向贵司投保油污责任险……"2002 年 1 月 8 日,运鸿海运有限公司及虞元飞《关于清理运鸿轮机舱残油费用的信函》中提及"上海海神航运服务公司方伟国先生转运鸿轮油污责任保险人(SHIPOWNER)及经纪人(MARSH HK)",运鸿海运有限公司及虞元飞在 2003 年 2 月 13 日致 SOP 的函件中提及"'运鸿'轮船东保留向'SOP'追索……清除油污而产生的费用的权利",上述函件中的措辞足以表明原告对承保"运鸿"轮油污责任险的系卢森堡互保协会以及马什公司仅为保险经纪人的情况是明知的。

综上六点,Cover Note 依其性质和内容应为保险通知单而非保险单,马什公司应为保险经纪人,卢森堡互保协会才是真正的保险人,运鸿海运有限公司因其投保行为而成为卢森堡互保协会的会员船东。

2. 本案仲裁条款是否有效

根据第 1 点理由,原告系向卢森堡互保协会投保油污责任险。原告在放弃国内保险机构而选择国外互保协会进行投保的情况下,应当对该互保协会规则进行适当的了解和把握,并根据该协会规则以及国际惯例进行相应的操作。卢森堡互保协会 2001 年规则第 64 条(争议程序)中规定:(1)会员与协会之间因本规则引起的或和本规则相关的,或是因会员与协会间的任何合同或其他权利义务而引起的分歧或争议或者其他问题,必须首先由委员会受理和裁决。该受理和裁决应只能书面作出,但可以根据委员会的自由裁量而放弃。(2)如果牵涉这种分歧和争议的会员不接受委员会受理和裁决后所作出的决定,则该案件应被提交伦敦仲裁庭仲裁,其中一名仲裁员由协会指定,另一名由会员指定,这两名仲裁员再共同选定一名仲裁员,案件的提交和仲裁及其所有程序应按照 1950 年、1979 年英国仲裁法及其法定修正或重新制定文本的规定执行。(3)任何会员在根据本规则先取得仲裁裁决之前,不得因任何分歧或争议对协会采取任何行动,也不得提出任何诉讼或其他法律程序。在会员和协会双方没有就纠纷解决方式另行作出约定的情况下,原告作为该互保协会的会员,应当首先依照协会规则规定的纠纷解决方式解决双方之间产生的纠纷。

根据《中华人民共和国仲裁法》第 17 条、第 18 条的规定,仲裁协议无效的事由可概括为:(1)约定的仲裁事项超出法律规定的仲裁范围;(2)无民事行为能力人或者限制民事行为能力人订立的仲裁协议;(3)一方采取胁迫手段,迫使对方订立仲裁协议;(4)仲裁协议对仲裁事项或者仲裁委员会没有约定或者约定不明确且当事人达不成补充协议。从本案仲裁协议(条款)的内容看,并不存在前述(1)—(3)种导致仲裁协议无效的事由。卢森堡互保协会规则第64条已经对仲裁事项以及仲裁员的选定等内容作了明确规定,因此前述第(4)种无效事由在本案中亦不存在。据此,本案卢森堡互保协会规则中的仲裁条款合法有效,应当得到尊重。

再者,根据《中华人民共和国民事诉讼法》第238条的规定,中华人民共和国缔结或者参加的国际条约同本法有不同规定的,适用该国际条约的规定,但中华人民共和国声明保留的条款除外。联合国《承认及执行外国仲裁裁决公约》第2条规定:(1)如果双方当事人书面协议把由于同某个可以通过仲裁方式解决的事项有关的特定的法律关系,不论是不是合同关系,所已产生或可能产生的全部或任何争执提交仲裁,每一个缔约国应该承认这种协议;(2)"书面协议"包括当事人所签署的或者来往书信、电报中所包含的合同中的仲裁条款和仲裁协议;(3)如果缔约国的法院受理一个案件,而就这案件所涉及的事项,当事人已经达成本条意义内的协议时,除非该法院查明该项协议是无效的、未生效的或不可能实行的,应该依一方当事人的请求,令当事人把案件提交仲裁。我国是联合国《承认及执行外国仲裁裁决公约》的缔约国,加入该公约时并未对上述条款声明保留,因此该公约应优先予以适用。综合以上三点理由,本案仲裁条款合法有效,应予执行。

3. 卢森堡互保协会提出管辖权异议的时间是否超过法定期限

原告于2003年9月19日起诉,厦门海事法院于同年9月23日向两被告发出应诉通知,要求其在收到起诉状副本后30日内提出答辩状。被告卢森堡互保协会提出管辖权异议的时间为2004年11月11日。原告据此认为被告提出管辖权异议的时间已经超过《中华人民共和国民事诉讼法》规定的30日提交答辩状期间。

《中华人民共和国仲裁法》第26条规定,当事人达成仲裁协议,一方向人民法院起诉未声明有仲裁协议,人民法院受理后,另一方在首次开庭前提交仲裁协议的,人民法院应当驳回起诉,但仲裁协议无效的除外;另一方在首次开庭前未对人民法院受理该案提出异议的,视为放弃仲裁协议,人民法院应当继续审理。根据该条规定,仲裁协议之当事人对法院管辖提出异议的时间应在首次开庭之前,除非仲裁协议无效。根据前述第(二)点的分析,本案仲裁条款是合法有效的。另,《中华人民共和国民事诉讼法》第38条所指的管辖权异议时间,系针对不同法院之间管辖异议的时间限定。对仲裁与诉讼之间管辖权异议的提出时间,根据"特别法优于普通法"的法律适用规则,应适用《中华人民共和国仲裁法》的规定。而《中华人民共和国仲裁法》第26条已明确规定当事人就因存在仲裁协议而对法院管辖提出异议的时间为在首次开庭之前。经查,厦门海事法院系通过外交途径将应诉材料送达至互保协会位于卢森堡的注册地址,后又转至在英国的管理机构SOP。卢森堡互保协会于2004年9月收到厦门海事法院应诉材料,于2004年11月11日提出异议。厦门海事法院首次开庭时间为2005年3月17

日。因此,被告卢森堡互保协会对本案管辖权提出异议的时间并未超过法定期限。

综上,厦门海事法院认为,本案海上保赔保险合同中所包含的仲裁条款合法有效,应予执行;被告卢森堡互保协会提出管辖权异议的时间并未超出法律规定。依照《中华人民共和国民事诉讼法》第 257 条第 1 款、《中华人民共和国仲裁法》第 26 条、联合国《承认和执行外国仲裁裁决公约》第 2 条的规定,裁定如下:

驳回原告浙江省乐清市运鸿海运有限公司、虞元飞、叶选美、王高才的起诉。

本案案件受理费 50 元,由 4 原告共同负担。

如不服本裁定,4 原告可在裁定书送达之日起 10 日内,两被告可在裁定书送达之日起 30 日内,向本院递交上诉状,并按对方当事人的人数提出副本,上诉于福建省高级人民法院。

13.3.5 仲裁条款有效时的一事不再理原则

22 余学强管辖权异议上诉案

案例来源:福建省高级人民法院(2010)闽民终字第 629 号
主题词:船舶承包合同　仲裁条款　中国海事仲裁委员会上海分会　海事法院　效力

> **裁判要旨**
>
> **No. ZH-13.3.5-1**　船舶承包合同中的仲裁条款已经被中国海事仲裁委员会和海事法院认定为有效,当事人再另行到其他海事法院申请确认仲裁条款无效的,不予受理。

一、基本案情

上诉人:余学强

上诉人余学强不服厦门海事法院(2010)厦海法告字第 1 号不予受理起诉的民事裁定,向福建省高级人民法院提起上诉。上诉人余学强上诉称:

(1)最高人民法院《关于适用〈中华人民共和国仲裁法〉若干问题的解释》第 13 条第 2 款适用的前提是针对同一起案件,而本案所针对的是田敬勇和郑金所提出的 2009 年 9 月以后的租金,与中国海事仲裁委员会上海分会(2009)海仲沪裁字第 033 号《裁决书》所裁决的上诉人向田敬勇和郑金支付从 2008 年 12 月到 2009 年 8 月所拖欠的租金不一样,原审适用该条款,裁定对上诉人的起诉不予受理是错误的。

(2)上诉人与田敬勇和郑金之间的船舶承包合同纠纷属于最高人民法院《关于海事法院受理案件范围的若干规定》中的沿海、通海水域的运输船舶的承包合同纠纷,本案属于海事法院的受案范围。根据最高人民法院《关于适用〈中华人民共和国仲裁法〉若干问题的解释》第 7 条的规定,上诉人有权向原审法院提起诉讼。故请求依法撤销原审裁定,指定厦门海事法院对本案进行管辖。

二、法院裁判

福建省高级人民法院经审查认为,2007年2月13日,船东张忠健、田敬勇与租船人余学强签订的《承包合同》中有关仲裁条款的效力,已经中国海事仲裁委员会上海分会(2009)海仲沪裁字第033号裁决和上海海事法院(2009)沪海法商初字第927号民事裁定认定为有效条款。上诉人原审的诉讼请求是确认余学强与田敬勇及案外人张忠健签订的《承包合同》中关于仲裁条款部分为无效条款。根据最高人民法院《关于适用〈中华人民共和国仲裁法〉若干问题的解释》第13条第2款的规定,原审裁定不予受理是正确的。上诉人余学强的上诉理由不能成立,依照《中华人民共和国民事诉讼法》第154条的规定,裁定如下:

驳回上诉,维持原裁定。

13.3.6 提单背面条款同时选择仲裁和诉讼的条款的效力

[23] 申请人铁行渣华有限公司、铁行渣华(香港)有限公司与被申请人华兴海运(中国)有限公司申请确认提单仲裁条款无效案

案例来源:广州海事法院(2000)广海法事字第037号

主题词:确认仲裁协议效力　准据法　提单背面条款　同时选择仲裁或诉讼　无效

裁判要旨

No. ZH-13.3.6-1　确定仲裁协议效力的准据法的基本原则是,首先应适用当事人约定的准据法,如当事人未约定准据法,则应适用仲裁地的法律。当事人确定适用中国法律认定仲裁协议效力的,法院适用中国法律。

No. ZH-13.3.6-2　在管辖权条款中,当事人既约定进行仲裁又约定进行诉讼,该仲裁协议应认定无效。因提单的背面条款对仲裁委员会没有约定,当事人事后又未达成补充协议,法院认定该条中关于仲裁程序选择的协议无效。

一、基本案情

申请人:铁行渣华有限公司(P&O NEDLLOYD LIMITED)

申请人:铁行渣华(香港)有限公司[P&O NEDLLOYD (HK) LIMITED]

被申请人:华兴海运(中国)有限公司[WAH HING SEAFREIGHT(CHINA) CO., LIMITED]

申请人铁行渣华有限公司、铁行渣华(香港)有限公司的请求及其理由:1998年5月,申请人向被申请人托运10个集装箱的货物,装于"Guang Bin Ji 74"轮由香港运到广东云浮六都,被申请人于1998年5月16日签发提单,提单号为74/9805LD02。该提单背面条款第2条规定:"所有因此提单产生的争议应按照中国法律在中国法院审理

或在中国仲裁。"申请人对该条款作为一个仲裁条款的效力有异议,认为该条款作为仲裁条款应属无效,理由如下:

(1) 根据《中华人民共和国仲裁法》第 16 条第 2 款的规定,仲裁协议应当具有以下内容:① 请求仲裁的意思表示;② 仲裁事项;③ 选定的仲裁委员会。该规定中,"应当"一词表明所列的内容是一个有效仲裁协议的构成要素,缺少任何一项都会影响仲裁协议的效力。即如果一个仲裁协议缺少上述三个要素中的任何一个,都会导致该仲裁协议无效。

(2) 在上述提单背面条款第 2 条中,请求仲裁的意思表示不明确。该条款既约定了法院管辖,又约定了仲裁,而法院管辖与提交仲裁又是相互排斥的管辖权约定,因此,上述条款规定的有关争议的管辖权不确定,请求仲裁的意思表示也不明确。

(3) 在上述条款中仅规定"在中国仲裁",并未规定应当将争议提交某一个确定的仲裁委员会,因此,该条款中未约定"选定的仲裁委员会"。

(4) 根据《中华人民共和国仲裁法》第 20 条的规定,当事人对仲裁协议的效力有异议的,可以请求仲裁委员会或者请求人民法院作出裁定。现申请人因上述理由对 74/9805LD02 号提单背面条款第 2 条作为一个仲裁条款的效力有异议,特申请法院裁定上述条款作为仲裁条款无效。

被申请人华兴海运(中国)有限公司对申请人请求的意见:1998 年 5 月,申请人向被申请人托运 10 个集装箱的货物,装于"Guang Bin Ji 74"轮由香港运到广东云浮六都,被申请人于 1998 年 5 月 16 日签发了提单,提单号为 74/9805LD02,该提单背面条款第 2 条规定:"管辖权:所有因此提单产生的争议应按照中华人民共和国法律在中华人民共和国法院审理或在中华人民共和国仲裁。"该司法管辖条款是有效的。理由如下:

(1) 该条款具有如下两个方面的意义:① 明确了法律适用问题,即所有因此提单产生的争议应适用中华人民共和国法律;② 明确了司法管辖问题,即所有因此提单产生的争议应由中华人民共和国裁判机构管辖。该条款所表达的这两个方面的含义是明确的,也不违反中华人民共和国法律的规定,因而是有效的。

(2) 该条款既约定在中华人民共和国法院审理,又约定在中华人民共和国仲裁,根据中华人民共和国法律,如果双方事后没达成明确的仲裁协议,则根据该条款,有关争议不能由仲裁机构仲裁,而只能由法院管辖。因此,对因该提单产生的争议,中华人民共和国的仲裁机构无管辖权,而中华人民共和国法院则享有管辖权。

(3) 该条款并不是一个简单的仲裁条款,而是一个法律适用及司法管辖条款。即使该条款中有关仲裁的约定部分无效,亦并不影响整个条款的效力,即这个条款关于"所有因此提单产生的争议应按照中华人民共和国法律在中华人民共和国法院审理"这部分内容仍然是有效的。基于上述各点,被申请人反请求法院裁定该提单背面条款第 2 条中关于法律适用和司法管辖部分有效。

确认仲裁协议效力・准据法・提单背面条款・同时选择仲裁或诉讼・无效

二、法院查明事实

广州海事法院认定以下事实：

经审理查明，1998年5月，申请人铁行渣华有限公司向被申请人托运10个集装箱的货物，装于"Guang Bin Ji 74"轮由香港运到广东云浮六都，被申请人于1998年5月16日在香港签发提单，提单号为74/9805LD02。该提单背面条款第2条内容为：JUR1SDICTION. All disputes arising under or in connection with this Bill of Lading shall be determined by Chinese Law in the courts of, or by arbitration in, the People's Republic of China. 中译文为："管辖权：所有因此提单产生的争议应按照中华人民共和国法律在中华人民共和国法院审理或在中华人民共和国仲裁。"本案当事人事后没有关于仲裁的补充协议，本案当事人对上述事实均确认无异。对于认定本案所涉仲裁协议效力的法律适用，本案当事人确定的准据法均是中华人民共和国法律。

三、法院裁判

广州海事法院认为，本案属涉外案件，对仲裁协议的效力作出认定，属于程序性问题，依照我国1986年12月2日加入的《承认及执行外国仲裁裁决公约》第5条第（一）项规定的精神，确定仲裁协议效力的准据法的基本原则是，首先应适用当事人约定的准据法，如当事人未约定准据法，则应适用仲裁地的法律。本案中，对于认定本案所涉仲裁协议效力的法律适用，本案当事人确定的准据法均是中华人民共和国法律，故本案应适用中华人民共和国法律。

74/9805LD02号提单背面条款第2条是一个管辖权条款，旨在确定解决该提单项下争议的途径和方法。根据我国加入的上述《承认及执行外国仲裁裁决公约》第2条规定的原则，当事人就诉讼事项订有仲裁协议者，缔约国法院受理诉讼时应依当事人一造之请求，命当事人提交仲裁。由此可见，一项争议的解决如果约定了提交仲裁，那么它本身应排斥诉讼，仲裁和诉讼不能同时进行，否则就违背了仲裁制度的根本原则。在本案所涉管辖权条款中，当事人既约定了进行仲裁又约定了进行诉讼，该仲裁协议应认定无效。至于被申请人请求法院裁定该提单中的法律适用和司法管辖条款有效问题，由于申请人并没有要求本院对此进行确认，不属本案审理范围，应另行处理。本案受理费50元由申请人承担。

广州海事法院认为，本案所涉提单背面条款第2条是一个管辖权选择条款，在该条中，当事人既进行了司法管辖权的选择，又进行了仲裁管辖权的选择，因此，该条款实际上包括了上述两个选择管辖权的协议。由于申请人没有就选择司法管辖权的协议是否有效的问题提出申请，因此，该问题不属本院的审查范围。根据一般法理，司法程序与仲裁程序是两个相互排斥不能并存的程序，当事人如果同时选择了该两个程序，则整个选择无效。在这里，整个选择无效是建立在各个选择都有效的基础之上的，正是因为各个选择都属有效，才会达到相互排斥、相互否定而导致整个选择无效的后

确认仲裁协议效力・准据法・提单背面条款・同时选择仲裁或诉讼・无效

果。也就是说，无效的司法程序选择不能排斥有效的仲裁程序选择，同理，无效的仲裁程序选择也不能排斥有效的司法程序选择。在本案中，由于司法程序选择是否有效不属本院审查范围，则司法程序与仲裁程序是否有效地构成了排斥还无法确定，则整个管辖权选择条款是否有效还无法确定。单就仲裁程序选择的效力而言，《中华人民共和国仲裁法》第 18 条规定："仲裁协议对仲裁事项或者仲裁委员会没有约定或者约定不明确的，当事人可以补充协议；达不成补充协议的，仲裁协议无效。"本案所争议的提单背面条款第 2 条对仲裁委员会没有约定，事后又未达成补充协议，因此，该条中关于仲裁程序选择的协议无效。申请人认为"该条作为一个仲裁条款是无效的"，这是在以偏概全，因为该条在事实上是一个管辖权条款，整个条文是否有效，因为未经全面审查，还不能确定，而该条中的仲裁协议是否有效，经单独审查后已经明确。因此，结论不是该条作为一个仲裁条款是无效的，而是该条之中关于仲裁协议的约定是无效的。本案受理费 50 元应由申请人承担。

综上所述，广州海事法院认为，本案所涉 74/9805LD02 号提单背面条款第 2 条管辖权条款中的仲裁协议无效。被申请人请求法院裁定该提单中的法律适用和司法管辖条款有效问题，由于申请人并没有要求本院对此进行确认，不属本案审理范围，应另行处理。依照《中华人民共和国仲裁法》第 18 条、第 20 条，《中华人民共和国民事诉讼法》第 140 条第 1 款第（十一）项的规定，裁定如下：

74/9805LD02 号提单背面条款第 2 条管辖权条款中的仲裁协议无效。

案件受理费 50 元，由申请人负担。

13.4 国外仲裁裁决的承认与执行

13.4.1 对申请执行国外仲裁裁决具有管辖权的"被执行财产所在地法院"的含义

24 不动产船舶控股公司申请执行外国仲裁裁决案
案例来源：福建省高级人民法院（2011）闽民终字第 511 号
主题词：申请执行国外仲裁裁决　被执行的财产所在地海事法院　被执行的财产　建造中的船舶

裁判要旨

No. ZH-13.4.1-1　当事人申请执行国外仲裁裁决的，被执行的财产所在地或者被执行人住所地海事法院均有管辖权。"被执行的财产"即凡属于被执行人所有的财产，包括有形财物、货币、有价证券以及其他无形财产。作为伦敦仲裁裁决争议下财产保全的标的物的建造船舶属于"被执行的财产"的范围,其所在地的海事法院据此有执行外国仲裁裁决的管辖权。①

一、基本案情

上诉人(原审被申请人):浙江圣龙海运有限公司(以下简称浙江圣龙)

上诉人(原审被申请人):温州润洋进出口贸易有限公司(以下简称润洋公司)

被上诉人(原审申请人):不动产船舶控股公司(ESTATE SHIP HOLDING S. A.,以下简称不动产公司)

上诉人浙江圣龙、润洋公司不服厦门海事法院(2011)厦海法认字第1号民事裁定,向福建省高级人民法院提起上诉称,原审法院对被上诉人的承认与执行外国仲裁裁决申请并无管辖权。理由如下:

(1)本案管辖适用法律和连接点的确定。本案为海事诉讼,所以应根据《中华人民共和国海事诉讼特别程序法》有关规定确定诉讼关系及管辖连接点。《中华人民共和国海事诉讼特别程序法》第11条明确规定,当事人申请执行海事仲裁裁决,申请承认和执行外国法院判决、裁定以及国外仲裁裁决的,向被执行的财产所在地或者被执行人住所地海事法院提出。所以,确定本案的管辖连接点有两个因素:① 被执行的财产所在地;② 被执行人住所地。原审却将船舶合同履行地及扣押地作为管辖连接点认为船舶合同履行地及扣押地在厦门海事法院的辖区内,其当然具有管辖权,这在适用法律上存在偏差。

(2)对"被执行的财产"的理解。被执行财产应指生效外国法院判决、裁定以及国外仲裁裁决书所确定的被申请执行人义务所指向的财产,而不是被申请执行人所有的财产。在涉案的伦敦海事仲裁案中,上诉人承担的是金钱给付义务,即支付267 000美元及利息,所以,被执行财产应是现金或银行存款。只有在上诉人拒不执行或无力执行该款项,法院强制执行上诉人其他财产时,执行标的才转换成被执行人的其他财产。就本案有管辖权的法院是上诉人的金钱所在地。在厦门海事法院的辖区内,上诉人并无现金或银行账户,所以厦门海事法院对本案无管辖权。

(3)关于上诉人浙江圣龙住所地问题。(2011)厦海法认字第1号民事裁定认定,上诉人浙江圣龙在福安市下白石镇有栋大楼作为其经营场所,其造船场所也位于福安下白石4807厂,所以,浙江圣龙的主要营业地为福安下白石,在厦门海事法院辖区内,厦门海事法院对此有管辖权。该裁定认定事实错误,理由如下:① 福安下白石大楼产权属于黄剑聪个人;② 浙江圣龙在该大楼没有设立办公机构,浙江圣龙的对外联系地址均是在温州;在福建圣龙船舶制造有限公司设立后,船舶建造合同不再以浙江圣龙

---

① 已由司法解释予以明确,具体参见2006年9月8日施行的最高人民法院《关于适用〈中华人民共和国仲裁法〉若干问题的解释》第16条。

名义签署。目前浙江圣龙并无所谓"造船场所"。所以,浙江圣龙主要营业地并不在福安下白石,厦门海事法院不能因此拥有管辖权。

被上诉人不动产公司答辩称:

(1) 本案是海事诉讼,可适用《中华人民共和国海事诉讼特别程序法》和《中华人民共和国民事诉讼法》作为指引本案管辖权属的法律依据。即使排除《中华人民共和国民事诉讼法》的适用,根据《中华人民共和国海事诉讼特别程序法》第11条的规定,被执行的财产所在地或者被执行人住所地的海事法院对于国外海事仲裁裁决在中华人民共和国境内承认与执行具有充分的管辖权。701轮作为涉案财产,同时又作为被上诉人在伦敦仲裁裁决争议下财产保全的标的,显然属于被执行的财产范围,而该轮位于厦门海事法院的辖区内,厦门海事法院对本案具有管辖权。

(2) 上诉人主张的"被执行的财产"是错误的过窄解释。首先,《中华人民共和国海事诉讼特别程序法》第11条中所指的"被执行的财产"是广义的财产,其包括有形财物、货币、其他有价证券等。上诉人认为这里的"财产"只是现金或银行存款明显是错误的。其次,仲裁中财产保全的目的就是在701轮的价值范围内,保证被上诉人在伦敦仲裁裁决下应有权利可以实现,不致落空。如像上诉人所言,只有在上诉人拒不执行或无力执行该款项时,通过扣押和拍卖,701轮才能成为"被执行财产"。那么,就目前情况,在上诉人至今未能履行仲裁裁决下的付款义务,并且是在被上诉人已实际启动仲裁裁决的承认和执行程序的情况下,按照上诉人的逻辑,701轮也自然转化为"被执行的财产"。由此可以看出,上诉人的论证本身就自相矛盾。

(3) 浙江圣龙对外联络地址及造船场所是福安市下白石镇。首先,在701船舶建造合同第17条卖方浙江圣龙的通讯地址为:"中国福建福安市下白石镇";其次,在合同第1页(中译文第5页)上诉人承诺在福建省福安市下白石镇建造701,完工和试航成功后出售给买方。

综上,在厦门海事法院扣押状态下的701轮作为被上诉人在仲裁中保全的财产属于本案中"被执行的财产"的范围,并且在本案中,上诉人浙江圣龙在厦门海事法院管辖范围内有建造船舶经营之实,厦门海事法院对本案具有管辖权。

二、法院裁判

福建省高级人民法院经审查认为,根据《中华人民共和国海事诉讼特别程序法》第11条的规定,被执行的财产所在地或者被执行人住所地的海事法院对本案均拥有管辖权,而"被执行的财产"即凡属于被执行人所有的财产,包括有形财物、货币、有价证券以及其他无形财产。案涉701轮系伦敦仲裁裁决争议下财产保全的标的物,其为上诉人所建造,位于福建省福安市下白石镇,属于本案"被执行的财产"的范围,而福安市下白石镇在厦门海事法院的辖区内,故厦门海事法院对本案拥有管辖权。上诉人上诉理由不能成立,其上诉请求福建省高级人民法院不予支持。依照《中华人民共和国民事诉讼法》第154条、《中华人民共和国海事诉讼特别程序法》第11条之规定,裁定如下:

驳回上诉,维持原裁定。

13.4.2　申请执行国外仲裁裁决的期限

25 申请人塞浦路斯瓦塞斯航运有限公司申请承认英国伦敦仲裁裁决案

案例来源:天津海事法院(2004)津海法确字第1号
主题词:申请承认与执行外国仲裁裁决　《承认及执行外国仲裁裁决公约》　申请执行期间

> **裁判要旨**
>
> **No. ZH-13.4.2-1**　申请承认与执行外国仲裁裁决的,应在我国民事诉讼法规定的申请执行期间内提出,逾期法院不予承认和执行。当事人申请法院撤销仲裁裁决的案件的审理和相关法院的裁决并不导致申请承认和执行仲裁裁决的期限的中断或延长。因双方当事人均为法人,申请人超过6个月后,才申请承认与执行外国仲裁裁决,超过了我国民事诉讼法规定的执行期限,法院不予承认与执行。

一、基本案情

申请人:塞浦路斯瓦塞斯航运有限公司(VYSANTHI SHIPPING COMPANY LIMITED)

第一被申请人:中国粮油饲料有限公司(原中国饲料进出口公司)

第二被申请人:中国人民财产保险股份有限公司河北省分公司(原中国人民保险公司河北分公司)

第三被申请人:中国人保控股公司(原中国人民保险公司)

申请人称:申请人与第一被申请人之间的签发日为1996年6月28日的关于"JOANNAV"轮提单纠纷于2001年3月14日由伦敦仲裁庭作出裁决。裁决裁定:申请人有权获得共同海损分担367 136.86美元以及滞留损失28 500美元;申请人有权按年利率7%获得前述款项的利息;滞留损失28 500的利息自1996年8月1日起算,共同海损分担367 136.86美元的利息起算日由申请人和第一被申请人协商(协商不成由该仲裁庭裁决),并均计算至第一被申请人实际支付申请人之日止。6月20日,伦敦仲裁庭对该海损利息作出裁决,起算日为1996年7月12日,并裁定第一被申请人应承担申请人的两次仲裁费用。2002年2月13日,伦敦仲裁庭再次就第一被申请人应向申请人支付仲裁费用作出了裁决,裁定第一被申请人承担申请人为纠纷支付的费用。3月28日,第一被申请人和作为保证人的第二被申请人共同向英国高等法院王座商业法庭提起诉讼,请求法院撤销伦敦仲裁庭于2001年3月14日所作出的裁决。7月10日,法庭作出终局判决,判令两被申请人执行伦敦仲裁庭的裁决。申请人向天津海事法院请求承认和执行伦敦仲裁庭所作的裁决,裁定被申请人支付如下费用及利息:

(1) 2001年3月14日仲裁裁决的船舶滞留损失28 500美元；

(2) 共同海损分担367 136.86美元自1996年7月12日起至2003年9月15日止的年利率为7%的利息；

(3) 滞留损失28 500美元自1996年8月1日至今的年利率为7%的利息；

(4) 申请人为伦敦仲裁和抗辩第一和第二被申请人在英国高等法院提起诉讼产生的全部费用及自费用产生之日至全部支付之日止的年利率7%的利息；

(5) 申请人为执行仲裁裁决产生的全部仲裁和诉讼费用及自费用产生之日至全部支付之日止的年利率7%的利息。

3个被申请人提出了基本一致的答辩意见：

(1) 本案申请执行的期限已经超过我国法律规定的6个月期间，应依法裁定不予执行。英国高等法院判决不能成为被异议人延长申请执行期限的理由。

(2) 申请人提出的第2.4项的请求事项并非3份伦敦仲裁裁决的内容，仲裁裁决外的请求事项没有承认及执行的依据。

(3) 第一被申请人与申请人从未有就双方关于"JOANNAV"轮救助费用分摊等纠纷事宜提交伦敦仲裁机构裁决的合意，申请人单方申请仲裁没有法律依据。

(4) 仲裁的当事人为申请人和第一被申请人，裁决书并未涉及第二、第三被申请人，不能将案外人作为被申请人。

二、法院查明事实

天津海事法院查明，1996年6月28日，申请人塞浦路斯瓦塞斯航运有限公司所属的"JOANNAV"轮在阿根廷圣劳伦斯港的Parana河Nidera泊位装载29 900吨散装豆粕，准备运往中国港口。签发的两份提单经转让，由中国粮油饲料有限公司持有。船舶驶离装货码头200米处搁浅。经救助公司救助脱浅，救助报酬175万美元，并要求申请人和中国粮油饲料有限公司共同提供担保。经伦敦劳合社仲裁，救助报酬为115万美元及利息和费用，由申请人和中国粮油饲料有限公司分摊予以支付。

船舶抵达宁波港后，中国粮油饲料有限公司在宁波海事法院申请扣押该轮，并于1996年10月24日起诉塞浦路斯瓦塞斯航运有限公司，要求赔偿中国粮油饲料有限公司分摊的救助费用。之后，中国人民财产保险股份有限公司河北省分公司支付保险赔款后，代位作为该案的原告继续诉讼。2001年9月28日，宁波海事法院作出判决，认为船舶装货过多，申请人未谨慎处理使船舶适航，判决本案申请人向中国人民保险公司河北省分公司支付分摊救助费用880 464.21美元及利息，以及律师费、担保加保费等。该案双方都没有上诉。

1999年10月19日，塞浦路斯瓦塞斯航运有限公司作为申请人依据提单仲裁条款，在伦敦仲裁庭提起对中国粮油饲料有限公司仲裁。由于中方没有指定仲裁员，最终由唐纳德·戴维斯担任独任仲裁员审理。2001年3月14日，伦敦仲裁庭作出裁决:申请人作为船东对于船舶搁浅没有过失,有权从中国粮油饲料有限公司获得共同海损分担 367 136.86 美元以及滞留损失 28 500 美元,以及按年利率7%获得前述款项的利息。2001 年 6 月 20 日,伦敦仲裁庭再次对该海损 367 136.86 美元的利息起算作出裁决,起算日为 1996 年 7 月 12 日,并裁定中国粮油饲料有限公司应承担申请人的两次仲裁费用。2002 年 2 月 13 日,伦敦仲裁庭第三次作出裁决,确定中国粮油饲料有限公司应向申请人支付律师、差旅、文件、电话费等 149 641 英镑以及仲裁费和利息。

2002 年 3 月 28 日,中国粮油饲料有限公司和中国人民财产保险股份有限公司河北省分公司共同向英国高等法院王座商业法庭提起诉讼,请求英国高等法院撤销伦敦仲裁庭于 2001 年 3 月 14 日所作出的裁决,执行宁波海事法院的判决。2003 年 4 月 10 日,英国高等法院作出判决,称宁波海事法院作出判决前,伦敦仲裁庭已经作出裁决,根据已决案件不再诉的原则,判决执行伦敦仲裁庭的裁决,不予执行宁波海事法院的判决。

三、法院裁判

天津海事法院认为,我国和英国均系 1958 年纽约《承认及执行外国仲裁裁决公约》的缔约国,在符合公约和我国相关法律规定的情况下,应当承认和执行英国仲裁庭所作的裁决。《中华人民共和国民事诉讼法》第 219 条第 1 款规定:"申请执行的期限,双方或者一方当事人是公民的为一年,双方是法人或者其他组织的为六个月。"本案中伦敦仲裁庭的 3 份裁决分别是在 2001 年 3 月 14 日、2001 年 6 月 20 日、2002 年 2 月 13 日作出,天津海事法院于 2004 年 1 月 17 日收到申请人申请承认和执行仲裁裁决的书面材料。虽然 3 份仲裁裁决均未明确履行期限,且送达时间不明,但本案中国粮油饲料有限公司和中国人民财产保险股份有限公司河北省分公司向英国高等法院提出诉讼的时间,表明 3 份仲裁裁决书已于 2002 年 3 月 28 日前送达给两被申请人,同时也可以证明该仲裁裁决书在该日前已向本案申请人进行了送达。申请人向天津海事法院提出承认和执行仲裁裁决已经超出《中华人民共和国民事诉讼法》规定的 6 个月申请执行期间。英国高等法院对仲裁裁决异议案件的审理及裁决不构成申请人申请承认和执行仲裁裁决期限中断或延长的理由。

据此,依据《中华人民共和国民事诉讼法》第 140 条第 1 款第(九)项和第 219 条第 1 款的规定,裁定如下:

对申请人塞浦路斯瓦塞斯航运有限公司提出的英国伦敦仲裁庭 2001 年 3 月 14 日、2001 年 6 月 20 日、2002 年 2 月 13 所作 3 份仲裁裁决不予承认和执行。

13.4.3 伦敦仲裁短员仲裁裁决的承认与执行

26 马绍尔群岛第一投资公司申请执行英国伦敦临时仲裁庭仲裁裁决案
案例来源：厦门海事法院(2006)厦海法认字第1号
主题词：申请承认和执行英国仲裁裁决　短员仲裁　不予执行

> **裁判要旨**
>
> **No. ZH-13.4.3-1**　当事人的选择权协议中的仲裁条款约定，因选择权协议产生的或与之有关的任何争议应由3名仲裁员适用英国法和1996年英国《仲裁法》、LMAA规则进行仲裁。1996年英国《仲裁法》既没有授权也没有禁止由所谓的缺员仲裁庭作出决定，没有关于解决和处理所谓的缺员仲裁庭的规定。英国法原则要求仲裁员必须全程参与仲裁程序，故LMAA规则第8条第(e)项适用于仲裁案件的事实条件是仲裁庭的每一名仲裁员都全程参与了仲裁程序。只有在此前提下，才存在LMAA规则下可以由多数仲裁员作出裁决、裁定和命令的情形，没有这个事实作为前提，仲裁庭的多数成员就不具有上述权力。仲裁庭虽由3名仲裁员组成，但是仲裁员之一并未参与仲裁的全过程，没有参与仲裁裁决的全部审议，仲裁庭的仲裁程序与当事人约定的仲裁协议不符，也与仲裁地英国的法律相违背，故我国法院不予承认和执行所涉仲裁裁决。

一、基本案情

　　申请人：马绍尔群岛第一投资公司(First Investment Corp.，以下简称FIC)
　　被申请人：福建省马尾造船股份有限公司(以下简称马尾公司)
　　被申请人：福建省船舶工业集团公司(以下简称福船集团)

　　申请人FIC与被申请人马尾公司、福船集团因船舶建造的选择权协议纠纷一案，申请人FIC申请称，2003年9月15日，两被申请人作为联合卖方与希腊船东雷斯缔斯(Restis)集团(以下简称雷斯缔斯集团)在马绍尔群岛共和国注册的FIC签订了关于船舶建造的选择权协议，约定两被申请人不可撤销地同意与FIC或其指定人签订最多8艘船的《选择船建造合同》，因协议产生的或与其有关的争议应在伦敦仲裁。选择权协议生效后，因两被申请人未在约定的期限内签署《选择船建造合同》，双方发生纠纷。经英国伦敦临时仲裁庭裁决，两被申请人应连带赔偿申请人FIC 2 640万美元及该款从2004年5月1日起至付款之日止按4.5%年利率计算的利息和每3个月计算一次的复息。英国和中国都是《承认及执行外国仲裁裁决公约》的成员国，据此，根据中国最高人民法院《关于执行我国加入的〈承认及执行外国仲裁裁决公约〉的通知》的规定，特向法院提出申请，请求承认该仲裁裁决在中国境内具有法律效力并予以执行。

　　被申请人马尾公司、福船集团对申请人的申请提出异议，认为根据1958年纽约

《承认及执行外国仲裁裁决公约》的有关规定,申请人提交的仲裁裁决在中国不应得到承认和执行。(1)仲裁庭在后期审议阶段出现缺员时,未给予当事人指定替代仲裁员及进行仲裁程序的适当通知;(2)仲裁庭缺员后,其组成已不符合仲裁协议关于3人仲裁的约定,两名仲裁员无权对仲裁作出裁决和裁定;(3)仲裁庭审理的是仲裁协议以外的未约定以仲裁方式解决的纠纷,构成超越仲裁管辖权;(4)仲裁庭应对《选择船建造合同》所涉及的8家被指定公司的仲裁主体资格先予处理而未处理,导致被申请人在整个仲裁过程中的抗辩方向被误导;(5)仲裁庭违反仲裁地国英国的公共政策和法律规定,接触、听取并采纳了"无损害文件"的内容;(6)仲裁庭在未对提交的所有争议进行审理的情况下即匆忙作出仲裁裁决,仲裁程序严重错误;(7)仲裁庭违反公正原则,在采信伪证的基础上所作的仲裁裁决违背了我国的公共政策。总之,本案仲裁裁决存在1958年纽约《承认及执行外国仲裁裁决公约》第5条第1款第(二)、(三)、(四)项和第2款第(二)项所规定的情形,故不应予以承认和执行。

二、法院查明事实

厦门海事法院经审查查明,2003年9月15日,被申请人马尾公司和福船集团作为联合卖方,与雷斯缔斯集团在马绍尔群岛共和国注册的FIC签订了关于船舶建造的选择权协议,约定:两被申请人不可撤销地同意与FIC或其指定人签订最多8艘船的《选择船建造合同》,前4艘选择船每艘单价1840万美元,后4艘选择船每艘单价1900万美元,FIC行使选择权的方式为在约定的宣告日前向被申请人发出书面通知;因协议产生的或与之有关的任何争议应在伦敦提交仲裁;仲裁程序包括仲裁裁决的执行应依据1996年英国《仲裁法》或其任何当前生效的修订或重订规定以及伦敦海事仲裁员协会当时的生效规则(LMAA规则);双方各指定一名仲裁员,并由指定的该两名仲裁员挑选第三名仲裁员。

2004年2月20日,FIC在选择权协议约定的声明期限内宣布8艘选择船生效,要求被申请人与其指定的8家由雷斯缔斯集团在马绍尔群岛共和国设立的单船公司签订8艘船的《选择船建造合同》,并寄送其提供的合同文本要求被申请人于2004年3月16日之前签署。后FIC将该期限延长至2004年4月30日,但两被申请人未在此期限内签署该《选择船建造合同》。

2004年5月1日,英国齐伯礼律师行(以下简称齐伯礼律师行)的李连君律师代表FIC传真被申请人,称由于被申请人没有在约定的时间签署并交付《选择船建造合同》,FIC及8家被指定公司认定被申请人违约,各方在选择权协议下的义务解除。同日,李连君律师代表FIC发出另一份传真给被申请人,通知其已指定仲裁员Bruce Harris(布鲁斯·哈利斯,以下简称哈利斯),并要求被申请人依照协议约定指定己方仲裁员。2004年5月24日,被申请人指定王生长作为仲裁员。2004年6月4日,FIC和8家被指定公司在英国伦敦提起仲裁,以被申请人违反选择权协议拒绝签订《选择船建造合同》为由,要求两被申请人连带赔偿其4540万美元的商业损失及利息。2004年6

月 18 日,哈利斯和王生长共同指定 Martin Hunter(马丁·亨特)为第三名仲裁员。因双方在选择权协议中未约定首席仲裁员,根据 LMAA 规则第 8 条第(c)项的规定,马丁·亨特应为本案的首席仲裁员。为进行仲裁,争议双方分别委托了齐伯礼律师行和英国路伟律师行(以下简称路伟律师行)的律师作为本方的委托代理人。

2004 年 7 月 6 日,被申请人提交了答辩意见,称 FIC 在仲裁申请书中披露了一些双方为解决争议而产生的在英国法上受特权保护的"无损害文件",并可能已对仲裁庭产生了影响,故仲裁庭成员应当回避。2004 年 7 月 8 日,马丁·亨特以信函的方式要求双方就提交给仲裁庭的附件中包含的所谓"无损害文件"问题进行协商并争取达成协议。至 2004 年 7 月 15 日,争议双方就仲裁员是否应当回避等程序问题相互交换并提交给仲裁庭大量答辩意见。2004 年 7 月 15 日,马丁·亨特在其传真中允许双方于 7 月 20 日前就该问题再进行一轮书面答辩,同时指示双方"不应在本阶段进一步援引争议文件,以使声称的潜在的'无损害文件'问题复杂化"。在这种情况下,被申请人最终未再坚持仲裁员应当回避的意见。2004 年 7 月 30 日,仲裁庭在综合考虑了双方意见之后,由马丁·亨特通知双方,所有仲裁员都不必回避。有鉴于此,被申请人要求仲裁庭任命一名独立评估人审阅双方有争议的文件中是否存在"无损害文件"。2004 年 11 月 17 日,仲裁庭作出第 2 号裁定,同意任命一名独立评估人对所谓的"无损害文件"进行评估。2005 年 1 月 25 日,独立评估人向仲裁庭提交了报告,认为"如果要正确地适用英国法律的原则,那么在我审阅的文件中只有一份能以无损害为由不向仲裁庭提供"。据查,该份文件的内容为 FIC 和 8 家被指定公司的仲裁申请书中所说的"再次说明了,由于他们财务上的困难,即使他们签署了合同,他们也无法履行合同"。对该评估结论,被申请人虽持异议,但仲裁庭未就此问题再作出新的决定。在此之前,被申请人还曾对 FIC 关于 8 家被指定公司在仲裁过程中是否享有仲裁请求权的观点作了答辩,并要求仲裁庭将 8 家被指定公司的仲裁主体资格作为先决问题予以处理。仲裁庭认为该问题可与实体问题一并处理,遂以第 1 号裁定驳回了被申请人的此项先决主张。

2005 年 1 月 25 日至 2005 年 6 月 5 日,仲裁双方又在独立评估人的费用承担、证据提交的形式和时间、证据和其他文件的翻译等程序问题上持续发生争议,仲裁庭为此先后作出了第 3 至第 7 号裁定。在解决和处理了上述程序方面的争议和问题之后,2005 年 6 月 20 日至 6 月 24 日,仲裁庭在伦敦国际争议解决中心举行了第一次听证会。Evan Breibart 和李连君、董敬知和陈秀香等分别作为争议双方的证人提供了口头证言。作证时,董敬知与陈秀香对钢材价格上涨、银行不肯出具保函导致被申请人出现财务困难等问题进行了陈述。2005 年 9 月 17 日,仲裁庭在路伟律师行位于伦敦的办公室举行了第二次听证会,王生长在北京通过视频参加了此次听证。路伟律师行的律师代表被申请人,齐伯礼律师行的律师代表 FIC 及 8 家被指定公司参加了听证。在听证中,路伟律师行提出了 8 家被指定公司不是仲裁协议的当事人,仲裁庭无权管辖 8 家被指定公司的主张,FIC 在本案中没有损失,其赔偿损失的要求应予驳回以及仲裁庭接触了

"无损害文件"等抗辩理由。此次听证会结束时,仲裁庭表示双方不得提交新的主张。之后,仲裁庭以不同形式在不同场合对本案裁决问题进行了审议。

2006年1月21日,马丁·亨特作出该案仲裁裁决的第一稿,并分发给王生长和哈利斯审阅。2006年2月16日,王生长提交了其保留意见的草稿。3月上旬,哈利斯也提交了他对该稿的意见。2006年3月25日,马丁·亨特又作出并分发了仲裁裁决的第二稿。该稿加入了哈利斯和王生长的补充意见,并根据王生长的保留意见草稿作了相应的修改。2006年3月31日,在采纳了哈利斯就该稿提出的一些校对性的修改意见后,马丁·亨特对该案的仲裁裁决予以定稿并发给哈利斯和王生长签字。

在此期间,两被申请人于2006年3月2日以信函形式要求仲裁庭就其新获得的不利于FIC的文件进行审理。

2006年5月3日,马丁·亨特致函仲裁双方,首先声明,"作为十分特殊的情况,我仅代表我自己和哈利斯致信双方当事人,而非代表整个仲裁庭",接着又称,"最终的仲裁裁决(包括除了费用之外的所有争议)已在我的桌面上放了一些时间。裁决已由哈利斯先生和我签署,但未标明日期。仲裁庭经过广泛的审议之后,已按照多数意见达成了有争议问题的决定。王先生全程参与了整个审议的过程,他确认将签署该仲裁裁决,但对其中的部分内容作出保留,他计划在将仲裁裁决通知当事各方时,在裁决之后附上其保留意见。王先生实际上已经在今年2月将保留意见的草稿发送给我们,此草稿也已摆在我的桌面上。但是,近两个月来,虽然我曾多次给他发传真和电子邮件,但均未得到其直接的回复。通过第三方渠道,哈利斯和我得知,王先生已被中国当局出于调查的目的拘留";"目前的状况是,多数意见的仲裁裁决只要在文件合适的位置签署日期,就可以签发出去。……因此,在哈利斯同意的情况下,如果我在文件中插入日期,我们就有了一份完整的多数意见的仲裁裁决,随之而来的是立即通知各方的义务。哈利斯和我当然希望王先生目前的处境能得以解决,并且完成签署仲裁裁决的意愿(在保留意见的情况下),提供一份包括其保留意见的最终稿以传递给双方。但是,随着时间的推移,我们更倾向于以下的观点:适当的做法是完善多数意见的裁决,并将其通知双方当事人,也许会附上王先生的保留意见的草稿。在此情况下,我们邀请双方当事人,在七天之内,对下一步我们应该怎么做发表意见或提出答辩。之后,我们将按我们认为的合适的方法进行下去。如果某一方或双方都认为,通过他们和北京或其他东亚方面的联系,他们能够获得任何相应的信息,来帮助我们对目前的形势作出判断,我们可以考虑延长上述的七天的时限;如果需要我们延长时间,双方应立即通知我们"。在该份信函中,马丁·亨特还提到了被申请人3月2日申请披露文件的问题,称"我们也没有忘记目前摆在我们桌面上的被申请人提出的请求,我们计划在合适的时候或通过多数程序,或在王先生的参与下,处理该申请"。

2006年5月10日至6月16日,仲裁双方的律师针对马丁·亨特上述信函提出的问题发表了各自的意见,并与马丁·亨特进行了交流,但未形成一致意见。

路伟律师行的主要意见和观点是:(1)1996年英国《仲裁法》第52条规定,裁决应由全体仲裁员或持一致意见的所有仲裁员签署,王生长已表示要在仲裁裁决上签字,并且协议也规定仲裁庭由3人组成,仅仅由两名仲裁员签署的裁决不能成为最终裁决;(2)在王生长参加的情况下,不排除仲裁员经过进一步讨论,对各自原有意见进行修改的可能性;(3)仲裁庭应当设法重新与王生长取得联系,以便仲裁程序能够正常进行;(4)对于被申请人2006年3月2日关于要求FIC披露某些文件的请求,因王生长未参加合议,所以仲裁庭无权作出最后裁决。

齐伯礼律师行的主要意见和观点是:(1)王生长已经参与了对案件的充分讨论,且对现有裁决稿持保留意见,此时不能适用1996年英国《仲裁法》第52条。(2)LMAA规则第8条规定,指定第三名仲裁员以后,命令或裁决可以由全体或多数仲裁员作出。据此,本案的两名仲裁员可以签署裁决和处理披露文件的申请问题。(3)本案可以适用1996年英国《仲裁法》第22条第2款,由多数仲裁员裁决。(4)本案所有问题已经审理完毕,没必要再进行审议。(5)可以考虑经过中国当局允许,让王生长继续参与合议(可能性很小),如果仲裁庭愿意,可以和天津市人民检察院联系。(6)仲裁双方对事态的进展不可能达成共识,仲裁庭应承担迅速仲裁的义务。

2006年6月19日,马丁·亨特和哈利斯在裁决上签署日期并公布了裁决,内容为:(1)8家被指定公司并非仲裁案件的适格当事人,裁决将其从仲裁案中排除;(2)被申请人应支付FIC 2 640万美元作为违反选择权协议的赔偿金;(3)被申请人应向FIC支付上述2 640万美元从2004年5月1日起至付款之日止按4.5%年利率计算的利息和每3个月计算一次的复息;(4)两个被申请人连带承担赔偿责任;(5)如果双方无法就本仲裁案所产生的费用数额及分担问题达成一致意见,仲裁庭将在未来就此争议另行作出裁决;(6)本仲裁裁决依据双方的仲裁协议,由仲裁庭的多数仲裁员作出,对双方具有终局的效力。

本案仲裁裁决公布后,仲裁双方均未提起上诉。

审查还查明,王生长原系中国国际贸易促进委员会法律部部长及中国国际经济贸易仲裁委员会秘书长,2006年3月20日因涉嫌犯罪被天津市人民检察院第一分院刑事拘留,并于2006年3月31日被该院批准逮捕。王生长自其被刑事拘留后,即与马丁·亨特和哈利斯未再发生任何联系。据此可知,其未能看到马丁·亨特2006年3月25日发给他的裁决第二稿和3月31日的定稿以及之后发给他的所有相关文件,其对该案的参与截止于上述对裁决第一稿发出的"意见草稿"。

审查另查明,本案在仲裁过程中共出现了8个关于程序问题的裁定。其中,第1号裁定作出的时间是2004年5月31日,第7号裁定作出的时间是2005年6月5日。从落款情况看,第1至7号裁定均为马丁·亨特"代表仲裁庭"签发;第8号裁定作出的时间是2006年6月19日,系马丁·亨特代表"多数成员"签发。第8号裁定除了回顾马丁·亨特2006年5月3日信函所述情况之外,主要有三个方面内容:一是对裁决的起草和修改情况以及对缺员后的仲裁庭的权力所作的分析与叙述;二是对两被申请人2006年3月2日申请的认定与处理;三是对两个段落文字的注释。

关于"缺员仲裁庭"的权限。该裁定第 4 段称:1996 年英国《仲裁法》既没有授权也没有禁止由所谓的"缺员仲裁庭"作出决定。因此,在一名仲裁员缺席了仲裁的后期阶段的情况下,必须根据仲裁双方的协议来确定其他仲裁员的权力。第 5 段称,许多现代的仲裁规则都授权缺员的仲裁庭在某些情况下审理终结一桩仲裁案件。适用于本案的 LMAA 规则第 8 条第(e)项即规定"在任命了第三名仲裁员之后,决定、裁定和仲裁裁决应由全体或多数仲裁员作出"。第 12 段称,鉴于双方提交来的答辩意见和仲裁庭已结束了对实质争议的审议的事实,多数成员认为合适的做法应是通过在签字行插入日期来完成仲裁裁决,并按本案仲裁协议的规定,立即将裁决结果通知仲裁双方。第 13 段是对王生长的"保留意见"的处理意见,即"多数成员认为,在是否应将王先生的保留意见告知仲裁双方的问题上,仲裁双方并未形成一致意见。所以,在双方对此取得进展及/或展开讨论之前,不应披露保留意见"。

关于被申请人 2006 年 3 月 2 日的申请问题。裁定第 15 段称这是一个程序问题。第 16 段称,"在 2006 年 3 月 2 日的信函中,被申请人要求仲裁庭重新回到审理程序,并裁定就其新获得的所谓雷斯缔斯集团不行使某些选择权的消息进一步披露文件。消息中提到的选择权源自雷斯缔斯集团和另外一个中国当事人签订的选择船合同,而与作为本案标的的选择权协议无关"。第 17、18、19 段则反映了如下事实:(1)2006 年 3 月 6 日、20 日、21 日、23 日,FIC 和被申请人就此问题进行了答辩;(2)马丁·亨特和哈利斯在审阅了上述答辩意见之后,认为被申请人的申请所依据的事实背景与本案责任或数量争议的决定无关,而且也不是出自同一选择权协议。裁定第 24 段是马丁·亨特和哈利斯对此问题所作的处理,即"多数成员决定被申请人的申请应被驳回。即使王生长先生参加了此决定的作出过程,结果也是如此,即使他持有不同的观点,他要说服多数成员改变既定的观点也是不可能的"。

关于两个注释。裁定第 1 段的注释主要是再次强调仲裁裁决除费用分担之外,对其他所有的争议都作了最终的裁决。第 12 段的注释意在表明一个事实:在 2006 年 2 月 16 日前,仲裁庭曾讨论举行一次会面,以便对本案进行一次审议。但王生长 2006 年 2 月 16 日发电子邮件表示,其虽然愿意参加这样的会面,但如果仲裁庭按多数意见作出的仲裁裁决附上他的保留意见,那么"仲裁裁决就能很快地被签发"。

三、法院裁判

厦门海事法院认为,本案系外国当事人在我国申请承认和执行英国仲裁裁决案。我国作为 1958 年纽约《承认及执行外国仲裁裁决公约》的成员国,应当依照公约的规定审查该裁决在我国可否被承认和执行。本案的选择权协议仲裁条款约定,因选择权协议产生的或与之有关的任何争议应由 3 名仲裁员适用英国法和 1996 年英国《仲裁法》、LMAA 规则进行仲裁。本案当事人对仲裁裁决的合法性争议主要系因王生长涉嫌犯罪被捕导致仲裁员不足 3 人而引起。王生长的问题对仲裁庭的组成所造成的缺陷,在前述第 8 号裁定中被称为"所谓的缺员仲裁庭"。该裁定称,"1996 年英国《仲裁法》既没有授权也没有禁止由所谓的缺员仲裁庭作出决定"。该结论表明,1996 年英国《仲裁法》没有关于解决和处理本案"所谓的缺员仲裁庭"的规定。第 8 号裁定同时认为,在这种情形下,"所谓的缺员仲裁庭"的权力和运行程序应依据仲裁条款的约定和 LMAA 规则第 8 条第(e)项来确定。从 FIC 和被申请人对这一问题的总体意见看,双方对第 8 号裁定概括的这一处理"所谓的缺员仲裁庭"问题的法律适用原则没有分歧。因此,当事人双方的仲裁协议和 LMAA 规则应当是判断本案"所谓的缺员仲裁庭"是否有权审议和作出裁决的依据。

本案仲裁条款虽然约定由 3 名仲裁员解决争议,但未特别约定 3 名仲裁员的权力。此项漏洞应由 LMAA 规则第 8 条第(e)项关于"在任命了第三名仲裁员之后,决定、命令和仲裁裁决应由全体或多数仲裁员作出"的规定予以并入和填补。其结果是 LMAA 规则第 8 条第(e)项对仲裁双方和仲裁庭均产生程序法的约束力。本案中,尽管马丁·亨特和哈利斯在致仲裁双方的信函和第 8 号裁定中对 LMAA 规则第 8 条第(e)项的解释存在多处矛盾,但从上述信函和裁定均着力且反复强调"王生长全程参与了整个审议的过程"的情况,并结合"仲裁员必须全程参与仲裁程序"的英国法原则可以认为,LMAA 规则第 8 条第(e)项适用于仲裁案件的事实条件是仲裁庭的每一名仲裁员都全程参与了仲裁程序。也只有在这个前提下,才存在 LMAA 规则下可以由多数仲裁员作出裁决、裁定和命令的情形。没有这个事实作为前提,仲裁庭的多数成员就不具有上述权力。

根据第 8 号裁定描述的事实,本案仲裁裁决共有 3 稿,其完成时间分别是 2006 年 1 月 21 日、3 月 25 日和 3 月 31 日。其中,王生长实际只审议了 2006 年 1 月 21 日的第一稿。王生长因为 2006 年 3 月 20 日被刑事拘留,故其对仲裁的参与也就截止于对第一稿的审阅。虽然王生长对该稿提出了修改意见并称同意签署,但在措辞中却使用了"草稿"的字眼,表明其对裁决第一稿所提出的意见并非最终观点,这当然也表明此时仲裁庭书面审议的过程在 3 名仲裁员之间尚未结束。第二稿拟出后,马丁·亨特又发给王生长和哈利斯审阅,该事实则进一步证明仲裁庭的审议仍在继续进行。因此,既然不存在王生长全程参与仲裁的事实,那么,根据仲裁条款的约定和 LMAA 规则第 8 条第(e)项的规定,多数仲裁员就无权作出仲裁裁决。

仲裁庭在 2005 年 9 月 17 日第二次听证结束时曾要求"双方不得提出新的主张"。对于仲裁庭而言,根据案件的实际情况作出该项决定本无不当。基于该项决定,仲裁庭对被申请人 2006 年 3 月 2 日的申请应当不予理会。然而,在王生长未参与的情况下,另两名仲裁员却决定由双方就此问题展开辩论,这一方面表明两名仲裁员推翻了之前由全体仲裁员作出的关于"双方不得提出新的主张"的决定,另一方面也表明该两名仲裁员认为对双方争议的相关事实仍需进行审理。随后,该两名仲裁员又在明知王生长已无法参加而事实上也没有参加的情况下,以"所提主张与本案无关"为由裁定驳回被申请人的请求。该行为同样违反了仲裁协议的约定和 LMAA 规则的规定。需要特别指出的是,第 8 号裁定称"即使王生长参加了决定的作出过程,结果也是如此",这种宣称和推理不仅置当事人关于3人仲裁的约定于不顾,而且对王生长的仲裁权也是一种漠视和侵犯。

综上所述,本案仲裁庭虽由3名仲裁员组成,但是仲裁员王生长并未参与仲裁的全过程,没有参与仲裁裁决的全部审议。因此,仲裁庭的仲裁程序与当事人约定的仲裁协议不符,也与仲裁地英国的法律相违背。被申请人就此提出的异议可以成立,至于其提出的仲裁庭采纳了"无损害文件"的内容从而违反仲裁地国的法律等其他异议,在本案中不能作为不予承认和执行该仲裁裁决的理由。据此,依照《中华人民共和国民事诉讼法》第267条和1958年纽约《承认及执行外国仲裁裁决公约》第5条第1款第(四)项的规定,裁定如下:

对英国伦敦临时仲裁庭作出的关于申请人马绍尔群岛第一投资公司与被申请人福建省马尾造船股份有限公司、福建省船舶工业集团公司选择权协议纠纷一案的仲裁裁决不予承认和执行。

14. 申请财产保全错误损害赔偿纠纷

14.1 诉讼请求被驳回后对诉前财产保全错误的认定

1 原告广州市卓兴贸易有限公司与被告中海发展股份有限公司货轮公司财产保全损害赔偿纠纷案

案例来源:广州海事法院(2006)广海法初字第146号
主题词:冻结银行存款　查封土地和房产　诉讼请求被驳回　损失　因果关系

裁判要旨

No. ZH-14.1-1 海事请求人申请财产保全后,未提供证据证明被申请人不能清偿债务,无权要求承担赔偿责任,导致诉讼请求被驳回,其在条件未成就时申请海事请求保全,行使权利不当,申请海事请求保全错误,应对因此给被申请人造成的损失承担赔偿责任。

No. ZH-14.1-2 冻结银行账户存款并非冻结账户,在账户资金满足法院裁定要求的情况下,账户仍可以正常使用,且账户被冻结后,仍可通过其他账户对外开展业务,故海事请求人申请冻结被申请人银行账户存款的行为并不影响被申请人开展正常的进出口贸易活动。被申请人在账户存款被冻结后,主动中止与他人签订的委托代理进口协议,其主张因此少收可收取的进口代理服务附加费的损失与海事请求人申请海事请求保全没有因果关系,海事请求人不应赔偿。土地和房产价值随市场波动,即使被申请人以土地和房产作抵押,银行也未必按土地和房产的评估价值全额发放贷款,被申请人未提供证据证明融资损失已实际发生或必然发生,其主张土地和房产被查封后无法以土地和房产作抵押向银行申请贷款而产生融资损失没有事实和法律依据,不予支持。

一、基本案情

原告:广州市卓兴贸易有限公司(以下简称卓兴公司)

被告:中海发展股份有限公司货轮公司(以下简称中海公司)

原告卓兴公司诉称:2003年6月2日,因中海公司与卓兴公司航次租船合同纠纷,向广州海事法院申请海事请求保全,冻结了卓兴公司的外汇账户和存款、查封了土地和房产,导致卓兴公司正在履行的代理进口协议被迫中止,卓兴公司也无法以土地和房产作抵押向银行申请贷款融资。中海公司与卓兴公司的航次租船合同纠纷,经广州海事法院和广东省高级人民法院审理,中海公司的诉讼请求被依法驳回。请求判令中海公司赔偿其申请保全错误造成卓兴公司的代理进口服务费损失449 167.7元以及土地、房产的利息损失353 357.40元(利息以土地和房产的评估价值5 353 900元在查封期内按银行贷款月利率0.55%计算)。

被告中海公司辩称：

(1) 中海公司申请海事请求保全符合法律规定的条件,没有错误。财产保全制度旨在保护请求人及时采取法律手段维护其合法权益,只要请求人对被请求人具有民事请求权即可,并不要求请求人的请求权必须转化为胜诉权。

(2) 卓兴公司的损失并不存在。卓兴公司未提供其履行与永利行签订的委托进口代理协议的有关证据,也不能证明查封土地和房产所造成的利息损失。

(3) 即使卓兴公司有损失,其损失与财产保全也没有因果关系。中海公司只是申请冻结卓兴公司的银行存款,其银行账户仍可使用,并不影响卓兴公司履行委托进口代理协议。

二、法院查明事实

广州海事法院经审理查明并确认如下法律事实：

2003年2月16日,卓兴公司与永利行签订委托代理进口协议书,约定卓兴公司从2003年3月1日至2005年2月28日代理永利行分批进口汽车零配件。货款先由卓兴公司垫付,再由永利行在卓兴公司付汇核销后90日内偿付。永利行向卓兴公司支付每批货物的货款时,须向卓兴公司支付相当于货款2%的进口代理基本服务费。永利行还须在2004年3月31日前和2005年3月31日前向卓兴公司支付2003年度(2003年3月1日至2004年2月29日)和2004年度(2004年3月1日至2005年2月28日)累计进口货值8%的进口代理服务附加费。如卓兴公司提出中止委托进口代理协议,则永利行无须支付当年度的进口代理服务附加费。为履行委托代理进口协议,卓兴公司与溢昇发展有限公司订立了汽车零配件订购合同,从2003年3月10日至6月11日,代理永利行进口汽车零配件价值合计4 492 687元。

2003年3月12日,中海公司作为船东与租船人豪辉公司订立了"海明2号"轮航次租船合同,卓兴公司作为该航次租船合同的联合签署人,保证对豪辉公司履行租约的行为负全部责任。4月24日,豪辉公司通知中海公司终止租船合同。6月2日,中海公司向法院申请冻结卓兴公司的银行存款、查封其土地使用权和房产。6月4日,法院作出(2003)广海法保字第43-2号、43-3号、43-4号民事裁定,冻结卓兴公司在中国农业银行广州经济技术开发区支行营业部账号为4910631010400017××(以下简称农行账号)的存款2 050 000元,查封卓兴公司土地证号为(2002)031016653226的土地使用权和位于广州经济技术开发区青年路104号801、802、803、804、805的5套房产。6月12日,应中海公司申请,法院解除了对卓兴公司农行账号存款的冻结。6月30日,应中海公司申请,法院作出(2003)广海法保字第51-2号民事裁定,冻结卓兴公司农行账号存款130万元,执行时该账号实际存款金额为1 427.19元。

冻结银行存款・查封土地和房产・诉讼请求被驳回・损失・因果关系

2003年6月7日,卓兴公司发函给永利行,称农行账号为其基本账号,也是在外汇管理部门登记的指定外汇往来账号,现被冻结不能正常开展进出口贸易活动,要求中止双方签订的委托代理进口协议书。同日,永利行发函给卓兴公司,同意中止代理进口协议书,并称由于是卓兴公司提出中止,按照代理进口协议书的约定,永利行无须支付进口代理服务附加费。

2003年6月20日,中海公司向法院起诉卓兴公司,要求其赔偿因豪辉公司终止租船合同给中海公司造成的损失。法院经审理认为,该案为航次租船合同保证纠纷,卓兴公司为租船人豪辉公司的履约保证人。卓兴公司为境外机构豪辉公司向境内债权人中海公司提供的保证没有履行批准和登记手续,保证条款应当认定为无效。卓兴公司向中海公司赔偿损失的金额不超过豪辉公司不能清偿部分的1/2。不能清偿指对债务人的存款、现金、有价证券、成品、半成品、原材料、交通工具等可以执行的动产和其他方便执行的财产执行完毕后,债务仍未能得到清偿的状态。中海公司未提供证据证明豪辉公司不能清偿债务,无权要求卓兴公司承担赔偿责任。据此,法院作出(2003)广海法初字第340号民事判决,驳回了中海公司的诉讼请求。中海公司上诉后,广东省高级人民法院二审维持了一审判决。

2003年10月18日,卓兴公司与湛江市霞山区海洋饲料油加工有限公司签订了委托代理进口协议书,约定卓兴公司代理湛江市霞山区海洋饲料油加工有限公司进口工业用植物油9 000吨,供应方为中佳油脂公司。同日,卓兴公司与中佳油脂公司签订了货物买卖合同。

2004年7月7日,法院作出(2003)广海法初字第340-9号民事裁定,解除了对卓兴公司农行账号存款的冻结,以及对卓兴公司土地证号为(2002)031016653226的土地使用权和位于广州经济技术开发区青年路104号801、802、803、804、805房产的查封。在卓兴公司农行账号存款冻结期间,该账号除存款利息外,没有资金进入。

2004年10月7日,中海公司在美国纽约提起仲裁,要求豪辉公司赔偿其终止租船合同给中海公司造成的损失。2005年12月14日,仲裁庭裁决支持了中海公司的请求。因豪辉公司未履行仲裁裁决,中海公司已向美国法院申请执行,但尚未执行到豪辉公司的财产。

2005年4月21日,经广州市工商行政管理局经济技术开发区分局批准,卓兴公司名称由广州市卓兴国际贸易有限公司变更为广州市卓兴贸易有限公司。

2006年3月15日,广州银信资产房地产评估咨询有限公司出具了估价报告,确定卓兴公司土地证号为(2002)031016653226的土地使用权和位于广州经济技术开发区青年路104号801、802、803、804、805的5套房产,在估价时点2006年3月7日时的抵押评估价值为7 119 800元。

三、法院裁判

广州海事法院认为,卓兴公司以中海公司申请海事请求保全错误造成其损失为由提起诉讼,本案为财产保全损害赔偿纠纷。本案双方当事人的争议焦点有:一是中海公司申请海事请求保全是否错误;二是卓兴公司的损失金额;三是卓兴公司的损失与海事请求保全有无因果关系。

关于中海公司申请海事请求保全是否错误的问题。广州海事法院认为,中海公司申请海事请求保全是否错误应根据其在申请海事请求保全后向法院提起的(2003)广海法初字第340号案的判决结果来判断。法院经审理认为,中海公司未提供证据证明豪辉公司不能清偿债务,无权要求卓兴公司承担赔偿责任,据此驳回了中海公司的诉讼请求。中海公司的诉讼请求是其申请海事请求保全的基础,诉讼请求被驳回,说明其申请海事请求保全错误。中海公司只有在豪辉公司不能清偿债务时才可向卓兴公司主张权利,该权利是附条件的,中海公司在条件未成就时申请海事请求保全,行使权利不当,应对因此给卓兴公司造成的损失承担赔偿责任。根据《中华人民共和国海事诉讼特别程序法》第22条的规定,海事请求保全是为保障请求人海事请求的实现,而对被请求人财产采取的强制措施,因此,判断中海公司申请海事请求保全是否错误,应考察其对卓兴公司是否具有海事请求权。在(2003)广海法初字第340号案中,法院认为卓兴公司向中海公司赔偿损失的金额不超过豪辉公司不能清偿部分的1/2,说明中海公司对卓兴公司具有请求权,其申请海事请求保全是依法行使诉讼权利,并没有错误,无须对因此造成卓兴公司的损失承担赔偿责任。

关于卓兴公司的损失金额问题。广州海事法院认为,卓兴公司与永利行签订委托代理进口协议书后,已实际代理进口货物价值共4 492 687元,按进口货值8%计算本可收取进口代理服务附加费359 414.96元。中海公司申请冻结了卓兴公司的农行账户存款后,卓兴公司主动中止了与永利行签订的委托代理进口协议书。按委托代理进口协议书的约定,卓兴公司无权再收取该部分货物的进口代理服务附加费,产生进口代理服务附加费损失359 414.96元。中海公司申请查封卓兴公司的土地和房产后,卓兴公司称因无法以土地和房产作抵押向银行申请贷款而产生融资损失。卓兴公司以土地和房产在2006年3月7日的评估价值为基数,按银行贷款利率计算土地和房产在2003年6月4日至2004年7月7日查封期内的损失,其计算方法不准确。土地和房产价值随市场波动,2006年3月7日的评估价值与查封期内的评估价值不尽相同,即使卓兴公司以土地和房产作抵押,银行也未必按土地和房产的评估价值全额发放贷款。而且卓兴公司未提供证据证明融资损失已实际发生或必然发生,故对其主张的融资损失不予支持。

关于卓兴公司的损失与海事请求保全有无因果关系的问题。广州海事法院认为,冻结的是卓兴公司在农行账户的存款,并非冻结账户,在账户资金满足法院裁定要求的情况下,账户仍可以正常使用。而且,该账户被冻结后,卓兴公司仍可通过其他账户对外开展业务。事实表明,在法院冻结该账户存款期间,卓兴公司还与湛江市霞山区海洋饲料油加工有限公司签订了委托代理进口协议书。因此,中海公司申请冻结卓兴公司农行账户存款的行为并不影响卓兴公司开展正常的进出口贸易活动。卓兴公司

冻结银行存款·查封土地和房产·诉讼请求被驳回·损失·因果关系

称该账户被冻结后,被迫中止与永利行签订的委托代理进口协议书,没有法律依据,其本可收取的进口代理服务附加费 359 414.96 元损失与中海公司申请海事请求保全没有因果关系。

综上,依照《中华人民共和国民事诉讼法》第 64 条第 1 款的规定,判决如下:

驳回原告广州市卓兴贸易有限公司的诉讼请求。

本案受理费 13 035 元,其他诉讼费 100 元,由原告广州市卓兴贸易有限公司负担。

14.2 诉讼请求被驳回后导致诉前申请扣船错误的法律责任

2 上诉人滕瑞彬与被上诉人毕秀岳海事保全损害赔偿纠纷案

案例来源:山东省高级人民法院(2007)鲁民四终字第 95 号

主题词:申请扣押船舶　诉讼请求被驳回　错误扣船　赔偿损失

> **裁判要旨**
>
> **No. ZH-14.2-1** 当事人不能提供船舶所有权证书,但法院在其经营船舶期间扣押该轮是事实,当事人对该船舶所享有的财产损益应予保护,包括因扣船行为而发生的看船费用、修船费用及扣押期间的保养维持费用。因无船舶渔业捕捞许可证,船舶作业损失不予支持。
>
> **No. ZH-14.2-2** 当事人申请扣押船舶后,被法院判决败诉,构成错误扣船,被扣押船舶当事人有权索赔损失。

一、基本案情

上诉人(原审原告):滕瑞彬

被上诉人(原审被告):毕秀岳

青岛海事法院查明,2006 年 3 月 30 日,毕秀岳作为申请人向海事法院提出海事诉前财产保全申请,请求法院依法扣押滕瑞彬所属的"津塘渔 03666 号"渔船,并责令其提供 35 000 元的现金担保,该申请的事实和理由是:2006 年 1 月,滕瑞彬因渔船经营的需要,由毕秀岳提供网具及油料给滕瑞彬所属渔船使用,网款及油款由滕瑞彬偿付。双方约定渔船回港后,毕秀岳负责给滕瑞彬卖鱼货,滕瑞彬不得在海上私自卖鱼,否则将承担违约责任。现滕瑞彬严重违反了协议的约定,给毕秀岳造成了重大损失。

同日,海事法院作出了(2006)青海法石保字第 25 号民事裁定,裁定准许毕秀岳提出的海事财产保全申请,并责令滕瑞彬向法院提供人民币 35 000 元的现金担保,并于同日发出扣押船舶命令,将"津塘渔 03666 号"渔船在石岛港电业码头予以扣押。2006 年 4 月 21 日,毕秀岳向法院对滕瑞彬提起诉讼,2006 年 4 月 25 日,海事法院向当事人发出受理案件通知书及应诉通知书,案由为船舶物料供应合同纠纷。

2006年6月1日,海事法院作出(2006)青海法石海商初字第87号民事判决,驳回毕秀岳的诉讼请求,该判决已发生法律效力。

2006年6月6日,海事法院发出解除扣押船舶命令,并向滕瑞彬送达通知,通知其"于接到通知之日到海事法院石岛法庭接船"。

另查明,滕瑞彬所属的渔船船体上显示的船号为"津塘渔03666号",但其并不持有"津塘渔03666号"渔船的船舶所有权证书、渔业捕捞许可证等船舶资料。滕瑞彬在第二次开庭时又称其租用了"津塘渔03666号"渔船的船牌,但未提交相关证据。

二、一审裁判

青岛海事法院认为,滕瑞彬以"津塘渔03666号"渔船的船舶所有人的身份提起诉讼,请求法院依法判令毕秀岳赔偿其船员工资31 000元、船舶保养维修费用7 500元、船舶作业损失66 500元、交通费用2 200元,滕瑞彬应首先向法院举证证明其对"津塘渔03666号"渔船依法享有与其索赔的损失项目有关的船舶经营权。

滕瑞彬在起诉时称自己是"津塘渔03666号"渔船的船舶所有人,但在审理过程中又主张其租用了"津塘渔03666号"渔船的船牌。法院认为,首先,滕瑞彬在本案中无证据证明自己是"津塘渔03666号"渔船的船舶所有人,及其对"津塘渔03666号"渔船并不拥有所有权,因此,也就不能享有与"津塘渔03666号"渔船所有权有关的索赔权,滕瑞彬亦无其他证据证明其对"津塘渔03666号"渔船享有合法的经营权。其次,滕瑞彬称其被扣押的船舶实际上是属其所有的"辽营渔35365",但经审理查明,其被扣押的船舶船体上显示的船号是"津塘渔03666号",即其船舶显示的船号与其提交的船舶登记资料不符,滕瑞彬未能证明其上述行为的合法性,因此,滕瑞彬索赔与扣押"津塘渔03666号"船舶有关的损失缺少法律依据。

综上所述,滕瑞彬请求法院判令毕秀岳赔偿其船员工资31 000元、船舶保养维修费用7 500元、船舶作业损失66 500元、交通费用2 200元的诉讼请求,证据不足,于法无据,不予支持,依照《中华人民共和国民事诉讼法》第64条的规定,判决:

驳回滕瑞彬的诉讼请求。

案件受理费3 655元,由滕瑞彬负担。

三、上诉与答辩

上诉人滕瑞彬不服上述判决,上诉称:

(1)原审判决认定事实错误。滕瑞彬是"津塘渔03666号"船舶所有人,是海事法院作出的(2006)青海法石保字第25号民事生效裁定和(2006)青海法石海商初字第87号生效民事判决书所确认的,依据最高人民法院《关于民事诉讼证据的若干规定》第9条第1款第(四)项的规定,已为人民法院发生效力的裁判所确认的事实,当事人无需举证。因此,一审法院认定事实错误,否定了已发生法律效力的判决和裁定的既判效力。

（2）原审程序违法。在本案一审中，毕秀岳无正当理由不到庭，依法应缺席判决，但青岛海事法院违法组织第二次开庭，扩大了毕秀岳的诉讼权利，青岛海事法院程序违法，导致实体不公。

（3）滕瑞彬是适格的诉讼主体，滕瑞彬只要证明损害事实发生的数额，毕秀岳就应当赔偿，青岛海事法院适用《中华人民共和国民事诉讼法》第64条规定判决驳回滕瑞彬的诉讼请求，属于适用法律错误。请求撤销原审判决，判令毕秀岳赔偿滕瑞彬船员工资31 000元、船舶保养维修费用7 500元、船舶作业损失66 500元、交通费用2 200元，共计107 200元，一、二审案件受理费由毕秀岳负担。

毕秀岳答辩称：

（1）一审法院认定事实清楚。毕秀岳申请法院扣押"津塘渔03666号"船舶，法院依据毕秀岳的申请作出了裁定。在毕秀岳和滕瑞彬（2006）青海法石海商初字第87号案件中，滕瑞彬自认是"津塘渔03666号"船舶所有人，法院没有必要审查滕瑞彬的船主身份，并且判决书中也没有认定滕瑞彬是船主。本案中，滕瑞彬也是以船主的身份起诉的，并没有提交船舶证件证明自己的船主身份，而庭审时滕瑞彬先声称租用了"津塘渔03666号"船舶，后又称被扣押的船舶是"辽营渔35365"，滕瑞彬的陈述前后矛盾，因此，滕瑞彬不享有对船舶合法的占有权和收益权。

（2）一审程序合法。在第一次开庭时，毕秀岳因时间原因未按时出庭，但毕秀岳并没有放弃抗辩，在开庭前就向法院提交了答辩状。严格讲，第一次开庭时滕瑞彬没有向法院提交合法的船舶证件，法院就应当驳回其诉讼请求，为进一步查明滕瑞彬身份的合法问题，法院传唤毕秀岳到庭，符合法律规定。

综上，青岛海事法院判决正确，应予维持。

四、二审裁判

山东省高级人民法院审理查明，滕瑞彬在以"津塘渔03666号"渔船名义经营期间，毕秀岳提出财产保全申请，并被海事法院查封，其他事实与青岛海事法院查明相同。

山东省高级人民法院认为，本案上诉人滕瑞彬是针对被上诉人毕秀岳提出财产保全申请不当造成其损失而提起的损害赔偿诉讼，2006年3月30日，青岛海事法院依据毕秀岳的诉前财产保全申请，依法扣押了"津塘渔03666号"渔船，后毕秀岳对滕瑞彬提出船舶物料供应合同纠纷，海事法院经过审理于2006年6月1日判决驳回了毕秀岳的诉讼请求，同年6月6日，海事法院作出解除扣押船舶命令并通知滕瑞彬提取船舶，至此，"津塘渔03666号"被查封扣押的时间为2个月零6天。本案中，即使滕瑞彬不能提供"津塘渔03666号"的船舶所有权证书，但扣押"津塘渔03666号"渔船是事实，该船舶作为财产所享有的物权应予保护，包括因扣船行为而发生的看船费用、修船费用及合理的交通费用。因滕瑞彬不能提供"津塘渔03666号"船舶的渔业捕捞许可证，故滕瑞彬主张的船舶作业损失，山东省高级人民法院不予支持。关于看船费用，滕瑞彬主张的31 000元是依据船长及两个船员的工资标准计算的,提供了船员吴长河和荆明出具的证明材料,同时上述两人出庭作证,证明荆明看护船舶每月工资为3 400元,吴长河看护船舶每月工资为2 000元。山东省高级人民法院认为,荆明和吴长河的看船费用证据充分应予支持,船长辛义东未出具看护船舶的证明且未出庭作证,辛义东的看船费用不予支持,故扣船期间的看船费用为11 880元。关于坞修费7 500元及4张车票记载的费用250元,属于合理支出的费用,山东省高级人民法院亦予以保护。

综上,毕秀岳应赔偿滕瑞彬三项损失合计19 630元。上诉人滕瑞彬上诉理由部分有理,应予支持;青岛海事法院认定事实基本清楚,适用法律不当,山东省高级人民法院予以纠正,根据《中华人民共和国民事诉讼法》第153条第1款第(三)项的规定,判决如下:

(1) 撤销青岛海事法院(2006)青海法海事初字第27号民事判决;

(2) 毕秀岳应于本判决生效之日起10日内向滕瑞彬支付看船费、坞修费、交通费计19 630元。

毕秀岳如果未按判决指定期间履行给付金钱义务,应当依照《中华人民共和国民事诉讼法》第232条之规定,加倍支付迟延履行期间的债务利息。

一审案件受理费3 655元,滕瑞彬负担2 924元,毕秀岳负担731元;二审案件受理费3 655元,滕瑞彬负担2 924元,毕秀岳负担731元。

本判决为终审判决。

14.3 诉讼中申请冻结存款后撤诉的赔偿责任

3 上诉人浙江前程石化股份有限公司、上诉人江苏省江海粮油贸易公司张家港储运部因错误申请海事请求保全损害赔偿纠纷案

案例来源:浙江省高级人民法院(2011)浙海终字第64号
主题词:冻结银行存款　撤回起诉　过错　申请保全错误　同期银行贷款利率损失

裁判要旨

No. ZH-14.3-1 在没有明确证据证明损失的情况下申请保全,长时间冻结他人巨额资金,随后又撤回其重复提起的诉讼,主观过错明显,应当按照冻结期内同期银行贷款利率赔偿被冻结资金企业的损失。

一、基本案情

上诉人(原审原告):浙江前程石化股份有限公司(以下简称前程公司)
上诉人(原审被告):江苏省江海粮油贸易公司张家港储运部(以下简称江海公司)
宁波海事法院审理查明,2007年4月26日,前程公司与江海公司签订《仓储保管

总合同》一份,约定在合同有效期内由前程公司委托江海公司保管货物,江海公司凭前程公司出具的盖有发货专用章的正本出库单出库等。2007 年 11 月 14 日,前程公司从案外人处购得 2 002 吨精对苯二甲酸并约定在江海公司码头交付,江海公司于同日向前程公司出具编号为 2007111401 的入库单一份,通知前程公司所有苯二甲酸已经入库,实际数量为 2 002 吨,2007 年 12 月 1 日起算仓储费用等。2007 年 12 月 24 日,前程公司支付全部货款后向江海公司出具出库单要求提取货物,但未果。前程公司遂诉至该院,请求判令江海公司交付上述货物或赔偿损失。该院于 2008 年 7 月 22 日作出一审判决,认为江海公司作为仓储人,理应按照前程公司的指示交付货物,其拒不交付货物,应承担相应的民事责任,判令江海公司向前程公司交付 2 002 吨苯二甲酸,如不能按期履行该判决内容,则应赔偿前程公司 1 480 万元。江海公司不服,向浙江省高级人民法院提出上诉,要求撤销一审判决,改判驳回前程公司的诉讼请求。浙江省高级人民法院经审理后于 2008 年 11 月 21 日判决驳回江海公司的上诉,维持原判。江海公司不服二审判决,向最高人民法院申请再审。最高人民法院于 2009 年 10 月 10 日作出提审裁定,于 2010 年 6 月 23 日作出(2010)民提字第 6 号民事判决书,判决确认 2007111401 号入库单有效,浙江省高级人民法院二审判决江海公司向前程公司交付 2 002 吨苯二甲酸并无不当,但判决江海公司应赔偿前程公司货物损失错误,应予纠正。

2009 年 5 月 21 日,江海公司在张家港市人民法院起诉前程公司,要求确认其向前程公司出具的 2007111401 号入库单无效,并要求前程公司赔偿其各项损失计 900 万元。2009 年 5 月 26 日,张家港市人民法院应江海公司申请作出(2009)张民二初字第 1076 号民事裁定书,裁定冻结前程公司银行存款 900 万元,并于 2009 年 5 月 27 日实际采取保全措施。2009 年 12 月 8 日,张家港市人民法院将该案移送宁波海事法院审理,宁波海事法院受理案号为(2009)甬海法商初字第 503 号。应江海公司申请,该院于 2010 年 5 月 24 日对前程公司上述 900 万元银行存款进行续冻,期限 3 个月,并发出续保告知书。2010 年 8 月 23 日,该院第二次对上述 900 万元存款进行续冻,冻结期限 3 个月。2010 年 9 月 7 日,江海公司就(2009)甬海法商初字第 503 号案件向该院申请撤诉,该院于 2010 年 9 月 8 日裁定准许撤诉,并于 2010 年 9 月 13 日实际解除对前程公司银行存款 900 万元的保全,应江海公司申请保全前程公司 900 万元的时间为 455 天。前程公司起诉认为,江海公司在该院(2009)甬海法商初字第 503 号案件中申请保全错误,请求法院判令江海公司赔偿各项损失合计 250 万元。该院另认定:2009 年 5 月至 2010 年 9 月间,中国人民银行关于企业 6 个月贷款年利率为 4.86%,1 年期贷款年利率为 5.31%,1—3 年期贷款年利率为 5.4%,活期储蓄年利率为 0.36%。

二、一审裁判

宁波海事法院审理认为,当事人进行民事诉讼,依据《中华人民共和国民事诉讼法》的相关规定申请财产保全的,如果申请错误,申请人应当赔偿被申请人因财产保全所遭受的损失。本案江海公司在双方纠纷所涉入库单的效力问题以及应否交付 2 002

吨货物的问题已经一、二审判决的情况下,重复就入库单效力提起诉讼[即宁波海事法院(2009)甬海法商初字第503号案件],诉讼结果为申请撤回对前程公司的起诉,其申请保全前程公司900万元财产过错明显,属申请错误,应当赔偿前程公司因此遭受的损失,其抗辩2009年5月的起诉与保全系属维权行为,证据与理由均不足,不予采信。关于前程公司的损失,宁波海事法院认为,前程公司的银行存款900万元因江海公司申请财产保全被保全冻结达455日之久,期间必然会遭受相应损失,对于具体的损失金额,前程公司主张按总资产收益率、同期银行贷款基准利率、冻结措施给前程公司造成的综合损失这三种方式计算。宁波海事法院认为,该三种方式中,唯按中国人民银行同期贷款利率计算损失的主张较为合理,但损失的计算应根据第一次冻结期限为6个月及续冻期限为3个月、冻结期间同时产生活期储蓄利息的实际情况,对利率计算标准按6个月贷款利率同时扣除活期储蓄利率的方式[900万元×455天×(4.86% - 0.36%)÷360天]进行计算。据此认定前程公司的损失为511 875元。前程公司其他关于江海公司申请财产保全给其新增贷款、上市进程等带来影响与损失的主张,证据与理由不足,不予支持。

综上,依照《中华人民共和国民法通则》第106条,《中华人民共和国民事诉讼法》第96条、第64条第1款之规定,宁波海事法院于2011年3月16日判决:

(1) 江海公司在判决生效之日起10日内赔偿前程公司人民币511 875元;

(2) 驳回前程公司的其余诉讼请求。

如果未按判决指定的期间履行给付义务,应当依照《中华人民共和国民事诉讼法》第229条之规定,加倍支付迟延履行期间的债务利息。

案件受理费26 800元,由前程公司负担21 313元,江海公司负担5 487元,诉讼保全费5 000元,由江海公司负担。

三、上诉与答辩

前程公司不服原审判决,向浙江省高级人民法院提起上诉称:冻结900万元资金时间长达455天,前程公司的实际损失超过51万余元。即使一审判决按照同期银行贷款利率计算,损失金额也应有573 300元。这是因为同期(2009年5月26日—2010年9月13日)的1—3年银行贷款基准年利率为5.4%,减去按照同期活期年利率0.36%计算的利息,损失是(900万元×455天×5.04%÷360)573 300元,而一审判决按年利率4.86%计算显系错误,少判损失61 425元,请求二审法院依法改判。

针对前程公司的上诉理由,江海公司庭审中答辩称:前程公司的上诉请求没有事实依据,其损失不存在。900万元虽然被冻结,前程公司要求按银行贷款利率计息,但贷款并没有发生。故应驳回前程公司的上诉。

江海公司不服原审判决,向浙江省高级人民法院提起上诉称:

(1) 江海公司在(2009)甬海法商初字第503号案中无任何过错,财产保全是其诉讼中的程序权利,一审判决认定江海公司是重复诉讼并存在过错,显系错误。前程公司在明知货物被查封其不具备提货条件的情况下,意图通过诉讼手段实现从江海公司提货以挽回货款损失的目的,过错方应为前程公司。

(2) 前程公司损失并不存在,前程公司主张因保全造成其 250 万元损失,在无任何证据证明损失存在的情况下,一审判决以保全必然会有损失为由,以贷款利率为计算标准认定前程公司的损失为 511 875 元,判决明显错误。财产保全损害赔偿属侵权之诉,前程公司的损失情况,应以实际已发生或必然会发生的损失来认定,前程公司 900 万元存款本金未受任何损失,存款利息亦未受影响。前程公司并非专业的金融业务机构,经营范围中也无放贷业务,前程公司也无任何证据证明,其在冻结期间有可能获取必然的商业机会,故前程公司不可能有 511 875 元的贷款收益,一审判决认定前程公司有 511 875 元贷款利息损失,违背司法公正。

(3) 一审判决认定前程公司提货的事实错误。2007 年 12 月 25 日,天津市第一中级人民法院查封 2002 吨苯二甲酸,前程公司获知该消息后,明知货物无法提取,为了转嫁经营风险,倒签出库单日期,并以出库未果为由提起诉讼。本案一审判决认定,2007 年 12 月 24 日,前程公司向江海公司出具出库单要求提货未果的事实,与本案无关,且认定完全错误。

综上,请求撤销原审判决,依法驳回前程公司全部诉讼请求。

针对江海公司的上诉理由,前程公司庭审中答辩称:

(1) 2007111401 入库单的效力诉讼已在其他案件的一、二审和最高人民法院的再审中有定论。在本案的基础案件中,2007111401 入库单不应被提起,江海公司的诉讼理由不成立。

(2) 前程公司 900 万元被冻结达 455 天,资金不能利用,损失是必然的,这是客观事实。请求二审法院依法驳回江海公司的上诉,判决支持前程公司的上诉请求。

四、二审裁判

根据双方当事人的上诉请求和理由以及答辩意见,本案二审审理的争议焦点是:一是江海公司在财产保全中是否存在申请错误;二是前程公司是否存在损失以及金额。对于浙江省高级人民法院归纳的争议焦点,双方当事人均无异议。

针对上述争议焦点,浙江省高级人民法院分析认定如下:

1. 江海公司在财产保全中是否存在申请错误

江海公司上诉认为依法诉讼是其维权的方法,财产保全是其诉讼中的程序权利。浙江省高级人民法院认为,《中华人民共和国民事诉讼法》第 92 条规定:"人民法院对于可能因当事人一方的行为或者其他原因,使判决不能执行或者难以执行的案件,可以根据对方当事人的申请,作出财产保全的裁定……"根据该规定,当事人申请财产保全的目的系为保证将来生效判决的执行。前程公司与江海公司就 2007111401 入库单项下相关货物的法律责任问题引发诉讼,涉案 2007111401 入库单的效力问题已在浙江省高级人民法院 2008 年 11 月 21 日 (2008) 浙民四终字第 44 号民事判决中作出生效判决,江海公司对该生效判决不服,其维权的途径应是申请法院再审,其在申请最高人民法院再审的同时,基于认识上的不同,又同时选择另行在张家港市人民法院提起(2009)张民二初字第1076号[即宁波海事法院(2009)甬海法商初字第503号]诉讼,并申请保全前程公司900万元资金。但随后在最高人民法院作出的(2010)民提字第6号民事再审判决中确认2007111401号入库单有效,江海公司随即对(2009)甬海法商初字第503号案件申请撤诉,这表明江海公司在此次(2009)甬海法商初字第503号案的诉讼中未取得法律认可的权利,亦即江海公司财产保全的法律基础不存在,江海公司的行为客观上造成他人经济损失,其应当承担赔偿责任。

同时,江海公司在财产保全中存在明显过错。江海公司在张家港市人民法院提起(2009)张民二初字第1076号[即宁波海事法院(2009)甬海法商初字第503号]诉讼,请求法院确认2007111401入库单无效,同时保全前程公司900万元资金。浙江省高级人民法院认为,对于一起确认之诉,尤其是2007111401入库单项下货物仍由其保管的情况下,如何能造成900万元损失,江海公司在未给予明确证明的情况下,保全他人900万元资金,金额巨大,时间长达455天,且之后未取得任何法律认可的权利,江海公司主观过错明显,根据《中华人民共和国民法通则》第106条第2款之规定,江海公司应当对前程公司承担赔偿责任。

2. 前程公司是否存在损失以及金额

江海公司上诉认为前程公司不存在损失。浙江省高级人民法院认为,企业的资金是企业赖以正常运作以及扩大再生产之必需,长期被司法保全必然造成企业资金运营效率的降低及生产经营困难,江海公司的该上诉理由不能成立。前程公司上诉认为本案资金损失应按同期中国人民银行1—3年贷款基准年利率5.4%计息。浙江省高级人民法院认为,宁波海事法院考虑资金第一次冻结期限为6个月及续冻期限为3个月的实际情况,对利率计算标准按6个月贷款年利率4.86%计算,没有明显不当。故对前程公司的上诉请求不予支持。

综上,浙江省高级人民法院认为,江海公司在(2009)甬海法商初字第503号案的诉讼中,未取得法律认可的权利,江海公司申请财产保全没有法律基础,属于申请错误。江海公司在财产保全中存在明显过错,应对前程公司的损失承担赔偿责任。江海公司上诉认为其系诉讼维权不应赔偿的理由没有法律依据,浙江省高级人民法院不予支持;对前程公司的上诉请求浙江省高级人民法院亦不予支持。原审判决认定事实清楚,适用法律正确。依照《中华人民共和国民事诉讼法》第153条第1款第(一)项之规定,判决如下:

驳回前程公司、江海公司的上诉,维持原判。

冻结银行存款・撤回起诉・过错・申请保全错误・同期银行贷款利率损失

14.4 诉前超额申请冻结银行存款的赔偿责任

4 原告惠阳恒辉染厂有限公司与被告深圳市蛇口益荣船务有限公司财产保全损害赔偿纠纷案

案例来源:广州海事法院(2001)广海法初字第 206 号

主题词:冻结银行存款　超过胜诉金额　保全错误　同期银行贷款利息与活期利息之差的损失　管辖异议期内的损失

> **裁判要旨**
>
> **No. ZH-14.4-1**　申请人请求诉前保全的财产价值高于被申请人根据生效裁判文书实际应承担的数额,由此造成被申请人损失的,应当承担赔偿责任。
>
> **No. ZH-14.4-2**　企业的流动资金是企业正常运作时必需的,当其流动资金短缺或周转困难时,企业通常会向银行贷款,被申请人可要求错误申请保全的申请人赔偿冻结期间超额冻结存款的银行同期贷款利息,但应扣除银行照常按活期存款利率支付的利息。
>
> **No. ZH-14.4-3**　被申请人提出管辖权异议,并对驳回管辖权异议的裁定提出上诉,是在诉讼中正当行使其诉讼权利,管辖权异议期间的超额冻结存款的损失应由错误申请保全的申请人承担。

一、基本案情

　　原告:惠阳恒辉染厂有限公司

　　被告:深圳市蛇口益荣船务有限公司

　　原告惠阳恒辉染厂有限公司诉称,1999 年 6 月 7 日,被告向广州海事法院申请诉前财产保全,冻结了原告的银行存款 40 万元。6 月 10 日,被告提起诉讼,要求原告偿还船期损失及运费滞纳金共计 364 400 元,该案经广州海事法院一审和广东省高级人民法院二审,终审判决原告赔偿被告运费滞纳金 14 000 元、船期损失 175 200 元及利息,三项合计人民币 214 811 元。上述 40 万元存款直至 2001 年 9 月 20 日才被解除冻结。请求判令被告支付因其超额冻结原告的银行存款给原告造成的经济损失共计 21 274.93 元(按同期银行贷款利率自 1999 年 6 月 7 日计至 2001 年 9 月 20 日),以及广州海事法院解除 40 万元银行存款冻结实际发生的执行费 1 000 元。

　　被告深圳市蛇口益荣船务有限公司辩称,一审中,广州海事法院全部支持了被告要求原告偿还船期损失和运费滞纳金的诉讼请求,广东省高级人民法院终审判决只是改变了原告应赔偿的数额,并不能说明一审判决错误,因此原告申请的诉前财产保全是正确的。此外,原告在一审中提出管辖权异议,被广州海事法院裁定驳回后,又提起上诉,广东省高级人民法院裁定驳回了原告的上诉,致使延迟 316 天广州海事法院才进行实体审理,原告无权要求这期间冻结的存款利息损失。原告被冻结的存款一直在其银行账户上,银行照样支付利息,原告并没有损失,其要求按贷款利率计算损失缺乏法律依据,请求驳回原告的诉讼请求。

二、法院查明事实

广州海事法院认定以下事实,被告因与原告运输合同纠纷,于 1999 年 6 月 4 日向广州海事法院提出诉前财产保全申请,要求冻结原告的银行存款 40 万元。广州海事法院于 6 月 7 日裁定冻结原告的银行存款 40 万元,并于同日执行了上述裁定。被告于 6 月 10 日向广州海事法院起诉原告,要求原告赔偿船期损失 350 400 元及其利息以及运费滞纳金 14 000 元。广州海事法院作出(1999)广海法深字第 46 号民事判决书判决:原告向被告支付船期损失 350 400 元及其利息和偿付运费滞纳金 14 000 元。原告不服一审判决,上诉至广东省高级人民法院。广东省高级人民法院作出(2000)粤高法经二终字第 628 号民事判决书终审判决:原告赔偿被告船期损失 175 200 元及利息(从 1999 年 6 月 10 日起至判决清还之日止按中国人民银行规定的同期同类贷款利率计)以及原告向被告偿还运费滞纳金 14 000 元,一、二审案件受理费各 8 112 元,诉前财产保全申请费 2 520 元、执行费 2 000 元,由原告、被告各承担 10 372 元。二审判决后,原告根据广州海事法院作出的(2001)广海法执字第 144-2 号执行通知书,将欠款 214 811 元、申请执行费 1 074 元,共计 215 885 元汇入广州海事法院账户后,原告被冻结的 40 万元存款于 2001 年 9 月 20 日被广州海事法院解除冻结。广州海事法院执行庭已通知原告交纳解冻的执行费 1 000 元。

另查:金融机构 1999 年 6 月 10 日前 1 年以上至 3 年的人民币中长期贷款利率年息为 7.227%,人民币活期存款利率年息为 1.44%;1999 年 6 月 10 日后 1 年以上至 3 年的人民币中长期贷款利率年息为 5.94%,人民币活期存款利率年息为 0.99%。

三、法院裁判

广州海事法院认为,本案是财产保全损害赔偿纠纷。

财产保全是为了保障申请人诉讼请求的实现,对被申请人的财产所采取的强制措施,但申请人申请保全的财产应与被申请人实际应向申请人承担的法律责任相当,如果申请人请求保全的财产价值过高,由此造成被申请人损失的,应当承担赔偿责任。

本案被告在另案中申请诉前财产保全冻结原告的银行存款 40 万元。根据该案的终审判决和广州海事法院所作出的执行通知书,本案原告实际应向被告支付 215 885 元,被告请求保全的原告银行存款数额高于原告实际应承担的数额,超出的数额为 184 115 元。

企业的流动资金是企业正常运作时必需的,当其流动资金短缺或周转困难时,企业通常会向银行贷款,因此原告要求被告赔偿冻结期间超额冻结存款的银行同期贷款利息的主张合理,应予以支持。但上述存款在冻结期间,银行仍会照常按活期存款利率支付利息,因此该部分利息应被扣除。

原告实际履行了另案的终审判决后,广州海事法院依法解除了对原告存款的冻结,发生实际执行费1000元。但即使被告申请诉前保全的财产价值没有超额,上述解冻的执行费也会正常发生,原告要求被告承担这部分费用没有法律依据,不予支持。

原告在另案中提出管辖权异议,并对驳回管辖权异议的裁定提出上诉,是原告在诉讼中正当行使其诉讼权利,被告认为其不应承担管辖权异议期间超额冻结存款的损失的主张于法无据,不予支持。

依照《中华人民共和国民事诉讼法》第96条的规定,判决如下:

(1)被告深圳市蛇口益荣船务有限公司赔偿原告惠阳恒辉染厂有限公司经济损失21 111.49元。

(2)驳回原告惠阳恒辉染厂有限公司的其他诉讼请求。

本案受理费1 114元,由原告惠阳恒辉染厂有限公司负担177元,被告深圳市蛇口益荣船务有限公司负担937元。

14.5 为索要船舶修理费扣押船舶的不构成保全错误

5 原告海南信海轮船公司与被告中山市金辉船舶修造厂有限公司扣押船舶损害赔偿纠纷案

案例来源:广州海事法院(2000)广海法商字第89号

主题词:船舶修理费 扣押船舶 非保全错误

> **裁判要旨**
>
> **No. ZH-14.5-1** 申请人对被申请人具有船舶修理费的请求权,其通过财产保全措施扣押被申请人的船舶,以维护其合法权益,符合民事诉讼法有关财产保全的规定,其申请扣押船舶没有错误,不应承担保全错误的赔偿责任。

一、基本案情

原告:海南信海轮船公司

被告:中山市金辉船舶修造厂有限公司

原告海南信海轮船公司诉称,1998年7月13日,原、被告双方签订"恒角"轮的修理合同,由原告将其所有的"恒角"轮交由被告修理,修理费用为468 985元。原告分3次向被告共支付修理费40万元。1999年12月9日,"恒角"轮的光船租赁人将该船交给被告修理时,被告以扣失踪船舶为由,报中山市公安局港口镇分局刑警大队将"恒角"轮扣押。后因刑警大队认为该轮不存在失踪或被偷等问题,准备将"恒角"轮解除扣押时,被告通过中山市人民法院扣押了"恒角"轮。在随后的诉讼中,被告将原告及珠海市恒通航运(集团)有限公司、深圳恒通船务公司、深圳市恒乾船舶管理有限公司列为共同被告,要求上述 4 被告连带清偿修理费 1 630 260 元。被告在向中山市人民法院起诉时,置原告与其他 3 个企业均为独立法人、对修理费不存在连带清偿的事实于不顾,在原告提出交付拖欠的修理费为保证金,请求放船时,仍遭到被告的拒绝,造成原告的船舶长期被扣押,无法履行光船租赁合同,造成原告租金损失 72 万元。请求法院判令被告赔偿原告租金损失 72 万元,将"恒角"轮修复至适航状态,并承担本案的诉讼费用。

被告中山市金辉船舶修造厂有限公司辩称,被告为原告修理船舶,经双方结算修理费为 535 460 元。原告先后支付 12 万元,尚有大部分修理费没有支付,原告拖欠修理费事实清楚,被告通过法院对原告的船舶进行诉讼保全是合理合法的。因此,被告申请法院扣押"恒角"轮是没有错误的。请求法院判令驳回原告的诉讼请求。

二、法院查明事实

广州海事法院认定以下事实:

关于"恒角"轮的修理费,原告主张应以双方签订合同时商定的 468 985 元为准。被告提出异议,认为该轮的修理费应为 535 460 元,并提供了"恒角"轮《工程结算单》为证。该证据表明,1998 年 8 月 28 日,被告与瞿兆斌、武斌对"恒角"轮的修理费进行结算,双方确认修理费为 535 460 元。被告加盖了公章,另一方没有盖章,只写上"恒通航运瞿兆斌、武斌"的字样。原告提出异议并认为,瞿兆斌、武斌的签名属个人行为,与原告无关,该结算不具有法律效力。合议庭认为,被告不能举证证明瞿兆斌、武斌与被告结算是得到原告的授权,因此该结算对原告不具有约束力。但鉴于被告实际上已将修理好的"恒角"轮交付原告使用,在双方无法重新对"恒角"轮进行结算的情况下,以原、被告签订修理合同时商定的修理费 468 985 元作为该轮的结算金额合理。

对 1999 年 6 月 14 日珠海市恒通航运(集团)有限公司支付 28 万元是作为哪艘船舶修理费的认定。双方提供的 1999 年 6 月 14 日的收款收据表明,珠海市恒通航运(集团)有限公司向被告支付修理费 28 万元,但没有注明船舶名称。原告认为,该收据上虽没有注明是支付哪艘船舶的修理费,但根据被告出具的承诺书及该份收款收据,可以相互印证该款是由珠海市恒通航运(集团)有限公司代原告向被告支付"恒角"轮的修理费。被告认为,虽然收据上没有注明船舶名称,但因珠海市恒通航运(集团)有限公司尚欠被告"信油 181"轮的修理费,因此应认定是珠海市恒通航运(集团)有限公司支付该轮的修理费。合议庭认为,1999 年 5 月 10 日,被告在承诺书中明确承诺在原告支付"恒角"轮修理费 28 万元后,配合原告做好"中信壹号"轮的移交工作。6 月 14 日,珠海市恒通航运(集团)有限公司向被告支付 28 万元。虽然该款没有说明支付哪艘船舶的修理费,但上述两份证据可以相互印证,且汇款人珠海市恒通航运(集团)有限公司对该款的用途已予以确认,故应认定 28 万元是支付"恒角"轮修理费的。综上,原告共支付被告"恒角"轮修理费 40 万元。

三、法院裁判

广州海事法院认为,本案是一宗扣押船舶损害赔偿纠纷案件。本案事实表明,原告尚欠被告"恒角"轮船舶修理费 68 985 元。因此,被告对原告具有修理费的请求权,被告通过财产保全措施扣押原告的船舶,以维护其合法权益,符合民事诉讼法有关财产保全的规定,其申请扣押船舶没有错误。原告主张被告扣押船舶错误,缺乏法律依据,对原告的诉讼请求不予支持。依照《中华人民共和国民事诉讼法》第 92 条第 1 款的规定,判决如下:

驳回原告海南信海轮船公司的诉讼请求。

本案受理费 12 210 元,由原告海南信海轮船公司负担。

14.6 诉前扣押船舶错误的损失认定

6 原告中国船舶燃料供应上海公司与被告深圳市嘉航船舶与海洋工程设备有限公司错误申请扣押船舶损害赔偿纠纷案

案例来源:广州海事法院(2000)广海法深字第 31 号

主题词:诉前扣押船舶　船舶修理费　船期损失的举证责任　担保金利息损失

裁判要旨

No. ZH-14.6-1　船舶因拖欠修理费被诉前扣押,申请人以扣押船舶错误造成其船期损失为由主张赔偿,其应承担相应的举证责任,在未证明船舶因扣押造成船期损失的情况下,其索赔请求不应予以支持。

No. ZH-14.6-2　被申请人为了使其被扣押的船舶获得释放,向法院提交的担保金存于法院指定的银行账户中,担保金及其利息仍属于被申请人,被申请人不会遭受利息损失,对其该部分损失,不予支持。

一、基本案情

原告:中国船舶燃料供应上海公司

被告:深圳市嘉航船舶与海洋工程设备有限公司

原告诉称:原告于 2000 年 1 月 4 日与深圳市蛇口益荣船务有限公司(以下简称益荣公司)签订《租船协议》,按该协议规定,益荣公司租用原告所有的"海供油 24"轮,每月租金 10 万元。由于被告无理申请扣押原告所有的"海供油 24"轮,造成"海供油 24"

轮两天的船期损失10 667元。请求判令被告赔偿错误申请扣船造成的船期损失10 667元和担保金的利息损失。

被告辩称：由于原告拖欠被告的修船费，被告才向法院申请诉前扣船；此外原告提供的证据不能证明其所遭受的损失。

二、法院查明事实

广州海事法院认定以下事实：

2000年1月4日，原告与益荣公司签订了《租船协议》。约定：原告将"海供油24"轮租给益荣公司，租期自2000年1月1日至12月31日；租金为每月10万元；如因船舶本身缺陷、机损、调换证书或船员等造成停航和船方在无正当理由的情况下不进行装卸作业和航行损失的时间，益荣公司有权要求原告按比例退还相应的租金。3月7日，益荣公司致函原告称：益荣公司于2000年1月21日为"海供油24"轮承揽了二虎至蛇口的运输任务，当天12时该轮靠一湾码头卸油，益荣公司要求船长下午去港监签证，但船长称由于船被广州海事法院扣押，卸完油后不能动。由此造成"海供油24"轮无法正常营运，耽误船期两天，直接损失达10 667元，希望原告予以补偿。

经过庭审质证，被告对原告提交的《租船协议》、益荣公司致原告的函的真实性予以确认，广州海事法院对上述事实予以认定。

被告于2000年1月19日以原告拖欠船舶修理费为由向广州海事法院申请诉前财产保全，广州海事法院依法于1月20日16时30分在深圳蛇口港扣押了原告所属的"海供油24"轮，原告提供了25万元现金担保后，广州海事法院于1月21日18时45分解除了对"海供油24"轮的扣押。被告在船舶扣押期间以船舶修理合同纠纷为由向广州海事法院起诉了原告（该案已另案审理）。

三、法院裁判

广州海事法院认为，本案是因申请扣押船舶引起的侵权纠纷。

原告要求被告船期损失，对船期损失负有举证义务。原告提供的两份证据均不能证明"海供油24"轮确因船舶被扣影响了船期。根据原告提供的益荣公司致原告的函记载，"海供油24"轮1月21日中午12时靠码头卸油，当日下午18时45分就被解除扣押，不可能造成两天的船期损失。因此，原告要求被告赔偿船期损失的诉讼请求，没有事实依据，不予支持。

原告为了使其被扣押的船舶获得释放，向本院提交的担保金现存于本院指定的银行账户中，该笔担保金仍属于原告，产生的利息也属原告所有，所以原告不会遭受利息损失。原告请求被告赔偿担保金利息的主张，也没有事实依据，不予支持。

依照《中华人民共和国民事诉讼法》第64条第1款的规定，判决如下：

驳回原告的诉讼请求。

本案受理费440元，由原告负担。

14.7　错误申请查封船载货物的责任

7 原告深圳市粤能船务有限公司与被告深圳市粤顺石化有限公司船载货物损害赔偿纠纷案

案例来源:广州海事法院(2001)广海法初字第 90 号

主题词:错误申请扣押船载货物　船舶滞留　停航成本支出损失

> **裁判要旨**
>
> **No. ZH-14.7-1**　申请人因与其贸易对方的纠纷,申请法院查封船舶运载的已不属于其所有的货物,以致船舶被滞留并被强行改港卸货,显属不当,应赔偿给承运人(航次租船合同出租人)造成的经济损失。
>
> **No. ZH-14.7-2**　在法院查封船载货物过程中,因载货船舶违反船舶进出港口的规定,未经申报擅自进港、油类记录簿未按规范记录,以致被主管机关扣留船舶证件,并被罚款,与侵权人申请查封货物没有必然的联系,应由承运人自行承担。

一、基本案情

　　原告:深圳市粤能船务有限公司
　　被告:深圳市粤顺石化有限公司(以下简称粤顺公司)
　　原告深圳市粤能船务有限公司诉称:2000 年 4 月 11 日,原告与广州市天河昌泰商贸有限公司(以下简称昌泰公司)签订《航次租船合同》,约定原告的"粤能002"轮为昌泰公司运载 180 号燃料油 1 000 吨,从广州港二虎锚地至东莞市东海油库,运费 10 元/吨。按合同约定,"粤能002"轮于 4 月 12 日抵广州港二虎锚地并停靠在"佳娜"轮边驳油。原告承运的燃料油是由被告出售给昌泰公司的。在"粤能002"轮驳载过程中,被告因与昌泰公司发生购销合同纠纷,以昌泰公司伙同原告诈骗为由,向东莞市公安局沙田分局(以下简称沙田公安分局)报案,致使"粤能002"轮于 4 月 14 日 1 时在东莞市沙田被该分局责令就地抛锚,并扣留船舶有关证件,至 4 月 17 日 18 时才予以退还。同日,深圳市罗湖区人民法院(以下简称罗湖区法院)根据被告的申请,对"粤能002"轮运载的 1 000 吨燃料油予以查封,责令该轮驶往广州港新造码头卸载并交予广州海运(集团)公司供贸燃料分公司新造油库代管。4 月 18 日 2 时,"粤能002"轮抵广州港新造码头,同日,广州港务监督新造监督站(以下简称新造港监站)以该轮无申报进港并且阻碍航道为由扣留船舶有关证件。4 月 19 日 20 时,"粤能002"轮在罗湖区法院监督下卸完运载的燃料油。5 月 10 日,新造港监站作出《水上安全监督违法行为通知书》及《水上安全监督行政处罚决定书》,原告被处以罚款 6 000 元。当日交付罚款后,领回被新造港监站扣留的船舶有关证件,"粤能002"轮才恢复正常营运。被告错误申请查封货物,严重侵犯了原告的合法权益。请求判令被告赔偿原告经济损失:(1)"粤能002"轮从4月14日至4月30日的停航成本支出167 530.41元;(2)本航次运费1万元;(3)新造港监站罚款6 000元。共计183 530.41元。

被告深圳市粤顺石化有限公司辩称:由于被告与昌泰公司就购销合同发生争议,被告不同意"粤能002"轮驳油交予昌泰公司。原告因担心本航次空载,遂接受被告的委托,为被告运载1 000吨燃料油从广州港二虎锚地至新造码头,运费10元/吨,双方达成运输协议并签署书面证明。但"粤能002"轮驳载燃料油1 063.262吨后,不履行原、被告之间的运输协议,擅自将货物运往东莞市准备交给他人,被告被迫向公安机关报案并申请法院财产保全。原告请求的经济损失完全是因其违约行为造成的,应由其自行承担责任。

二、法院查明事实

广州海事法院认定以下事实:

(1)根据"粤能002"轮所有权登记证书所记载的船舶价值及造船付款发票,该轮的船价为800万元。依照财政部《运输企业财务制度》的规定,"粤能002"轮的日折旧费为1 461.19元。

(2)根据"粤能002"轮《租借船员协议书》、付款发票及船员补贴清单,该轮的日船员工资为1 938元。

(3)根据"粤能002"轮船舶保险单及付款通知单,该轮的日保险费为168.49元。

(4)根据"粤能002"轮水运管理费付款通知单、收据及财务付款凭证,该轮的日水运管理费为43.46元。

(5)根据"粤能002"轮航道养护费付款通知单、收据及财务付款凭证,该轮的日航道养护费为136.99元。

(6)原告请求的船舶修理维护费、物料润滑油淡水费、管理费、燃料费等,因其提供的证据与所证明的事实不具有关联性,不能证明上述各项费用实际支出的情况,故不予认定。

以上(1)至(5)项合计,"粤能002"轮的日停航成本支出为3 748.13元。

三、法院裁判

广州海事法院认为,本案为扣押船载货物损害赔偿纠纷。

被告对昌泰公司回传的《工矿产品购销合同》上作出的数量修改未提出异议,并收取了昌泰公司支付的165万元货款。在"粤能002"轮前来驳油时,又向该轮驳油。粤顺公司的行为已表明其对昌泰公司回传合同的确认。昌泰公司按约定履行付款义务后,有权向粤顺公司驳油,故其租用的"粤能002"轮从粤顺公司驳走的1 063.262吨燃料油的所有权从双方交接之时起已由被告转移到昌泰公司。被告申请查封"粤能002"轮运载的已不属其所有的货物,以致该轮被滞留并被强行改港卸货,显属不当,应赔偿原告由此造成的经济损失。原告的经济损失以"粤能002"轮日停航成本支出3 748.13元,从4月14日1时被滞留起算至4月19日20时卸完货物止,共21 709.17元。

"粤能002"轮违反船舶进出港口的规定,未经申报擅自进港、油类记录簿未按规范记录,以致被主管机关扣留船舶证件,并被罚款,与被告申请查封货物没有必然的联系,责任应由原告自行承担。原告请求被告赔偿"粤能002"轮卸完货物后的船期损失及罚款,理由不成立,不予支持。原告已请求"粤能002"轮的船期损失,无权再请求本航次运费,对其索赔本航次运费1万元的请求不予支持。由于装上"粤能002"轮的1 063.262吨燃料油的所有权已由被告转移到昌泰公司,被告与"粤能002"轮船长签订的本航次运载被告货物的运输协议实际不能履行。因此,原告未按该协议履行,并不构成对被告的违约。被告辩称原告违反双方的运输协议,所造成的经济损失应由其自行承担的理由不成立,不予支持。

综上,依照《中华人民共和国民法通则》第106条第2款的规定,判决如下:

被告深圳市粤顺石化有限公司赔付原告深圳市粤能船务有限公司经济损失21 709.17元。

本案受理费5 181元,由原告负担4 568元,被告负担613元。

15. 申请海事赔偿责任限制

15.1 多式联运合同项下沿海运输的承运人申请海事赔偿责任

1 烟台集洋集装箱货运有限责任公司申请海事赔偿责任限制案
案例来源：青岛海事法院(2001)青海法海事初字第49号
主题词：多式联运合同项下沿海运输承运人　海事赔偿责任限制　海事赔偿责任限制基金　法律适用　诉讼时效

> **裁判要旨**
>
> **No. ZH-15.1-1**　海事法院审理海事赔偿责任限制申请案件，应适用《中华人民共和国民事诉讼法》第一审普通程序的有关规定，并以民事判决的形式作出裁决结果。
>
> **No. ZH-15.1-2**　《中华人民共和国海商法》第四章仅调整国际海上货物运输，审理沿海运输的承运人是否对托运人的货损承担责任时不能适用《中华人民共和国海商法》第四章的有关规定。
>
> **No. ZH-15.1-3**　作为规定海事赔偿责任限制制度的《中华人民共和国海商法》第十一章，适用于所有海上运输引起的责任限制纠纷，国内沿海运输的责任人也有权享受海事赔偿责任限制，但依照《中华人民共和国海商法》第210条第2款的规定，其责任限额适用我国交通主管部门制定的特别规定予以确定。
>
> **No. ZH-15.1-4**　多式联运合同项下的承运人接受委托后，将沿海运输区段的运输交由船舶所有人运输，从事了与沉没船舶营运有关的行为，因船舶沉没，其对托运人承担了货物灭失的责任，可作为船舶经营人依法享受海事赔偿责任限制。
>
> **No. ZH-15.1-5**　依照《中华人民共和国海商法》第212条规定的"一次事故一个限额"的原则，只要船舶所有人、船舶经营人等责任人中的任何一人按照法定的赔偿限额在海事法院设立海事赔偿责任限制基金，均构成对因船舶沉没引起的向所有可能因此承担责任的人提出的赔偿请求进行限制而需设立的基金的总额，该基金应视为因船舶沉没事故可以提出海事赔偿责任限制申请的所有当事人各自设立的基金。故虽然船舶经营人没有实际在任何法院设立海事赔偿责任限制基金，但因船舶所有人已经设立海事赔偿责任限制基金，故从法律上应视为船舶经营人也已设立该责任限制基金，针对船舶经营人的债权应在责任限制范围内从船舶所有人已在海事法院设立的基金中按照法律规定的基金分配方法受偿，再由船舶所有人和经营人根据内部法律关系予以追偿。

> **No. ZH-15.1-6** 向法院请求限制海事赔偿责任应该受到诉讼时效制度的约束。《中华人民共和国海事诉讼特别程序法》作为程序法可对申请设立责任限制基金的期间进行规定,不能对有关诉讼时效作出规定。依照《中华人民共和国民法通则》中有关诉讼时效的规定,并考虑海事赔偿责任限制制度的特殊性,法院酌情认定,申请海事赔偿责任限制的诉讼时效应为两年,从申请人被依法裁决(包括仲裁裁决)承担有关海事赔偿责任时起算;但由于申请责任限制并不当然构成对责任的承认,故自引起海事赔偿请求的事故发生之日起,当事人即可以申请责任限制。

一、基本案情

申请人:烟台集洋集装箱货运有限责任公司(以下简称集洋公司)

被申请人:招远市玲珑电池有限公司(以下简称玲珑公司)

申请人集洋公司诉称:1998年11月18日,山东省青岛海运总公司(以下简称海运公司)所属的"静水泉"轮,第9828航次由大连驶往黄埔港,途经厦门附近海域时,因机舱进水,抢救无效,连同货物沉没于概位24°09′6″N 118°02′8″E处。由此,海运公司于1999年3月12日在青岛海事法院设立了海事赔偿责任限制基金,并申请海事赔偿责任限制。青岛海事法院于1999年12月7日作出裁定,准许海运公司因"静水泉"轮沉没产生的海事赔偿请求而提出的海事赔偿责任限制,并先后驳回了债权人(包括被申请人)提出的异议。

1999年4月,被申请人玲珑公司在青岛海事法院提起诉讼,要求海运公司和申请人共同承担连带赔偿责任。海事法院经开庭审理,于2000年12月15日作出一审判决,判令申请人赔偿被申请人货损1 438 400元人民币及相关利息,海运公司承担连带赔偿责任。申请人不服该判决上诉至山东省高级人民法院,二审法院于2001年6月8日作出终审判决,改判申请人赔偿1 401 160元人民币及相关利息,海运公司在赔偿责任限制范围内承担连带责任。

根据《中华人民共和国海商法》第204条、第212条的规定,并参照《1976年海事赔偿责任限制公约》等国际公约的规定,鉴于山东省高级人民法院判决申请人和海运公司作为本航次的共同承运人承担连带赔偿责任,申请人就应与海运公司具有同样的权利及法律地位。既然认定申请人是承运人,那么申请人就可以上述法律规定,对其因"静水泉"轮沉没产生的海事赔偿请求,限制赔偿责任,并按照"一次事故只能有一个限额"的原则,海运公司设立的海事赔偿责任限制基金应被认为是申请人与海运公司共同设立。对于被申请人的债权请求,应参加共同设立的海事赔偿责任限制基金的分配,且被申请人也已在青岛海事法院公告的登记债权期限内申报了债权。为此,申请人依法向青岛海事法院提出如下申请:就被申请人的货损索赔请求,申请海事赔偿责任限制;申请享受海运公司设立的责任限制基金。

开庭后,申请人将其申请事项变更为:
(1)请求法院依法裁定申请人有权享受海事赔偿责任限制;
(2)请求法院依法裁定海运公司设立的责任限制基金视为申请人设立的责任限制基金;
(3)请求法院依法裁定玲珑公司的索赔应参加上述责任限制基金的分配;
(4)请求法院依法裁定中止玲珑公司执行申请人财产,并裁定玲珑公司退付已执行申请人存款 103 678.70 元人民币;
(5)请求法院依法裁定由被申请人玲珑公司承担一切申请费用。

另外,申请人补充了如下几点理由:
(1)集洋公司作为船舶经营人,具有申请责任限制主体资格。对玲珑公司与集洋公司的货损纠纷一案的审理,终审判决已认定集洋公司是门到门运输合同关系的承运人,实际上也就是确立了集洋公司"多式联运经营人"的地位。根据《中华人民共和国合同法》第 317 条的规定,多式联运(包括海运区段的)应视为船舶经营的一种方式;另外有关海商法的诸多著作都将多式联运经营人认为是船舶经营人。

《中华人民共和国合同法》第 321 条规定:"货物的毁损、灭失发生于多式联运的某一运输区段的,多式联运经营人的赔偿责任和责任限额,适用调整该区段运输方式的有关法律规定……"由此可以看出,即使海商法没有明确规定多式联运经营人可以作为海事赔偿责任限制的主体,但根据合同法的有关规定,多式联运经营人的赔偿责任和赔偿限额理应适用调整海运区段的海商法的有关规定,即也适用海商法中有关海事赔偿责任限制的规定。

即使模糊一下集洋公司多式联运经营人的身份,集洋公司作为有关航次运输的承运人,而海运公司作为实际承运人与集洋公司连带承担赔偿责任,对实际承运人——海运公司适用的赔偿责任和责任限制制度,同样也应适用于承运人——集洋公司。因为根据《中华人民共和国海商法》第 207 条的规定,其强调的是将海事赔偿责任限制的权利赋予全体责任人,而并非仅仅是船东。通过《中华人民共和国海商法》第 64 条的规定也可以看出,玲珑公司向集洋公司和海运公司索赔,即是向承运人和实际承运人索赔,而该二者享受的限额是同一且唯一的,并不是一个可以享受,另一个不能享受。

(2)通过《中华人民共和国海事诉讼特别程序法》第 101 条的规定可知,关于设立责任限制基金的规定是任意性规范,而非强制性规范。所以,集洋公司虽然未设立责任限制基金,但并不影响申请责任限制的权利。虽然《中华人民共和国海事诉讼特别程序法》规定设立责任限制基金的申请最迟应在一审判决作出前提出,但是由于一审判决作出前集洋公司的地位尚未确立,况且本案发生于《中华人民共和国海事诉讼特别程序法》实施之前,设立责任限制基金的事情根本无从谈起。

根据《中华人民共和国海商法》第 209 条的规定,只有引起赔偿请求的损失是由于责任人的故意或者明知可能造成损失而轻率地作为或者不作为造成的,责任人才丧失责任限制的权利;法律并没有规定不设立责任限制基金或者在法院判决后申请就视为放弃责任限制的权利。

（3）《中华人民共和国海商法》第212条规定,海事赔偿责任限额适用于特定场合发生的事故引起的,向责任人提出的请求的总额,此即"一次事故一个限额"原则的具体体现。按照这一原则,一个基金的限额涵盖了一次事故所产生的所有债权,而不需要每个责任限制主体都分别设有自己的限制基金。法院既然已经认定集洋公司是承运人,海运公司是实际承运人,而玲珑公司所提的海事请求又是因同一个原因所致,就不应该再要求集洋公司设立新的责任限制基金。

海商法中关于责任限制的条款来自《1976年海事赔偿责任限制公约》,该公约第11条第3款规定:由第9条第1款第(a)、(b)或(c)项或第2款所述的当事人之一或其保险人所设立的基金应视为是由第1款第(a)、(b)或(c)项或第2款所述的当事人各自设立。这里的"第1款第(a)、(b)或(c)项或第2款所述的当事人"指船舶所有人(包括船舶的所有人、承租人、经理人和经营人)、救助人、责任保险人、船东雇用人员等,既然集洋公司是船舶经营人,因此海运公司已设立的责任限制基金理应被认为是集洋公司所设立。

（4）海运公司设立的责任限制基金既然应视为是集洋公司设立,那么依据《中华人民共和国海商法》第214条的规定,玲珑公司对集洋公司的强制执行措施是错误的,理应予以中止并退还已执行的财产。至于玲珑公司关于货损的请求,应从海运公司所设立的责任限制基金中予以执行,待执行后再由集洋公司与海运公司以承运人和实际承运人的身份,按照内部的责任比例进行结算。

被申请人玲珑公司辩称:申请人不享有责任限制的权利,并且申请的时间违反了程序法的规定,应当予以驳回。理由有以下几点:

（1）集洋公司不是海商法调整的民事主体,其与运输相关的权利义务不适用海商法,无权享受海商法所规定的海事赔偿责任限制权利。

根据《中华人民共和国海商法》第2条的规定,海商法适用于一切海上运输,包括海江之间和江海之间的直达运输,但《中华人民共和国海商法》第四章海上货物运输合同的规定,不适用于我国港口之间的海上货物运输;具体到适用于何种承运人上,除第四章外,海商法将同时适用于且仅仅适用于国际海上运输承运人和国内沿海运输承运人;而对多式联运来说,由于有关其的规定是放在《中华人民共和国海商法》第四章,所以海商法仅适用于国际多式联运和国际多式联运承运人(或称多式联运经营人)。而关于申请人与被申请人之间货损纠纷的终审判决已认定集洋公司是国内多式联运经营人,因此集洋公司不是海商法所调整的民事主体,其与运输相关的权利义务不适用海商法的规定,更不用说适用海商法所规定的海事赔偿责任限制制度。

（2）即使假设集洋公司可以作为海商法所调整的主体,但集洋公司不符合责任限制的主体条件,同样无权享受海事赔偿责任限制权利。

申请人认为,多式联运是船舶经营的一种方式,由此可以推断出多式联运经营人就是船舶经营人。但显然,申请人没有搞清楚船舶经营人的真正法律内涵。对船舶经营人的概念,法律虽无明确规定,但实践中多认为船舶经营人是指依据合同约定,代船舶所有人行使船舶经营权的法人。因此判断船舶经营人的主要标准应该是看它和船舶所有人之间是否存在委托经营关系;并且依据《中华人民共和国船舶登记条例》第14条的规定,船舶经营人应记载于船舶所有权证书以公示。

根据法院对集洋公司与玲珑公司之间货损纠纷案件的事实认定,集洋公司的法律地位具有双重性,在和玲珑公司的关系中,其地位是国内多式联运经营人;在和海运实际承运人(海运公司,"静水泉"轮所有人)的关系中,其地位是托运人,而没有委托经营关系。所以,集洋公司既不是"静水泉"轮实际所有人,也不是"静水泉"轮出事航次运输的该轮船舶承租人或者船舶经营人。

(3)本案中集洋公司采用的是门到门的运输方式,根据《国内水路集装箱货物运输规则》的规定,承运人应该对在其责任期间内的集装箱货物的灭失、损害负全部赔偿责任。适用于沿海运输的《国内水路货物运输规则》对承运人的赔偿责任也作了相同的规定,二者同《中华人民共和国合同法》一样采用的都是严格责任制,而不允许对责任人的赔偿责任进行限制。

由于有关集洋公司的赔偿责任问题已经二审法院判决生效并已处于执行阶段,而该案审理时合同法并未生效,所以合同法不适用于本案。申请人企图将合同法适用于已经发生法律效力的判决,无异于对已经生效的判决进行改判。

(4)集洋公司的责任限制申请,在程序上违法。

《中华人民共和国海事诉讼特别程序法》第101条第3款规定,设立责任限制基金的申请可以在起诉前或者诉讼中提出,但最迟应当在一审判决前提出。而从《中华人民共和国海商法》第213条以及《中华人民共和国海事诉讼特别程序法》第101条第1款的规定可以看出,海事赔偿责任限制是设立责任限制基金的基础与前提,从时间上看,申请责任限制在先,设立责任限制基金在后,只有在法院准许责任限制的申请后,责任人才有可能设立基金。所以,从逻辑上讲,责任限制申请更应不迟于一审判决作出前提出。如果在一审判决作出前不提起责任限制申请,便应视为责任人对自己权利的放弃,法院应当驳回责任人在一审判决后提出的责任限制申请。

(5)集洋公司作为独立的债务人无权参加海运公司设立的基金。

《中华人民共和国海商法》第212条规定的"一次事故一个限额"是指在一次事故中每一个责任限制主体在面对众多的索赔时,可以设立一个责任限额。但这并不意味着在一次事故中所有的责任限制主体可以只设立一个限额。不同的责任限制主体之间是相互独立的,其要承担的责任和面对的索赔也可能是互不相同的,每一个责任限制主体都应针对自己的索赔设立相应的限额,而无权参加其他责任限制主体设立的责任限额。所以,如果集洋公司可以限制责任的话,也应该单独设立自己的责任限额和责任基金。

(6)玲珑公司与集洋公司的货损纠纷一案经青岛海事法院一审、山东省高级人民法院二审终审,判决集洋公司应承担全部赔偿责任,并且已处于执行阶段。现集洋公司向海事法院提出责任限制申请,如果法院支持这种请求,那么在客观上将会造成一审法院有权改判上级法院的生效判决的后果。

二、法院查明事实

青岛海事法院经审理查明,海运公司所属"静水泉"轮装载集装箱货物(包括玲珑公司的价值 1 401 600 元人民币的货物),在由大连驶往黄埔港(中途挂靠烟台港)途经厦门附近海域时,机舱大量进水,于 1998 年 11 月 18 日 7 时 20 分沉没,随船货物亦全部灭失。

2000 年 10 月 23 日,厦门海事局在其出具的《关于"静水泉"轮沉没事故调查结论的函》中称:"静水泉"轮沉没是由于船底大量进水,最终丧失浮力而造成;该轮该航次装载状态符合船舶技术要求;"静水泉"轮船底破损,可能原因仍不能排除,即"静水泉"轮在航行中发生过触底或碰撞过不明漂流物导致船底破损;由于载货和大风浪或综合多个原因造成船底开裂。

玲珑公司因其货物随同"静水泉"轮沉没,向青岛海事法院起诉了集洋公司与海运公司[(1999)青海法海商初字第 126 号案],请求法院判决该两公司赔偿其人民币 143.88 万元(包括货物损失人民币 140.16 万元,运杂费损失人民币 3.72 万元)及利息。青岛海事法院于 2000 年 12 月 15 日作出一审判决,在该判决中青岛海事法院认为,玲珑公司与集洋公司之间构成水路联运合同,集洋公司作为水路联运合同的承运人应赔偿玲珑公司货物灭失损失;海运公司作为货物的实际承运人应承担连带赔偿责任。因此判决如下:

(1) 集洋公司偿付玲珑公司货物损失人民币 1 438 400 元及该款项自 1998 年 11 月 19 日至本判决生效之日止的银行同期存款利息;

(2) 海运公司承担连带赔偿责任。

一审判决后,集洋公司提起上诉,山东省高级人民法院于 2001 年 6 月 8 日作出(2001)鲁经终字第 205 号终审民事判决书。山东省高级人民法院在该判决书中认为,"集洋公司与玲珑公司建立了'门到门'的运输合同关系,集洋公司为该合同关系的承运人,在接到玲珑公司的提货通知后,集洋公司就不同的运输区间委托相应的陆路和水路承运人(海运公司)承担相应的运输任务","一审判决认定玲珑公司与集洋公司之间为运输关系,事实认定清楚,适用法律正确,但认定玲珑公司已交付本次运输的海运费不当,应当予以纠正",并因此作出如下判决:"一、撤销青岛海事法院(1999)青海法海商初字第 126 号民事判决。二、集洋公司偿付玲珑公司货物损失人民币 1 401 600 元及该款项自 1998 年 11 月 19 日起至本判决生效之日止的银行同期存款利息。海运公司对上述债务承担连带赔偿责任。上述款项,集洋公司、海运公司应在本判决生效之日起十日内付清,逾期则加倍支付迟延履行期间的债务利息。"

集洋公司于 2001 年 6 月 27 日向青岛海事法院提出本案之申请,青岛海事法院亦于同日对该申请予以立案;玲珑公司于同年 7 月 2 日向青岛海事法院申请执行山东省高级人民法院的(2001)鲁经终字第205号民事判决书,青岛海事法院亦予以立案执行。

集洋公司在本案审理过程中提出,其曾在玲珑公司诉其货损纠纷案的一审审理过程中提出过责任限制的申请,但其未提交证据证明,青岛海事法院的该货损纠纷案案卷中也没有任何证明或记载其曾提出过责任限制申请的材料。

在本案第一次开庭审理后,集洋公司向青岛海事法院提交了两份书证:一份是《船舶代理协议》,该协议的一方为海运公司,另一方为集洋公司,协议订立时间为1998年4月16日,并盖有两公司的印章。在该协议中,双方约定,海运公司委托集洋公司作为其在烟台港的船舶代理,在其授权范围内协助其总代理大连三峰船务公司做好大连—烟台—广州沿海集装箱班轮运输船舶的代理工作。海运公司委托集洋公司在烟台港负责联系船舶的拖轮、引航、靠泊、揽货、接受订舱、收取运杂费、制作各类货运单证、签发运单和放货,并负责提供船舶物料、给养等,而集洋公司向海运公司收取船舶代理费与揽货佣金。另一份是海运公司与集洋公司于1998年6月12日签订的《舱位使用协议》,双方在上述《船舶代理协议》的基础上,就合作经营烟台至广州的集装箱内贸海运业务约定,集洋公司负责海运公司船舶在烟台港的船舶代理和货运代理业务,负责提供海运公司船舶足够的航次出港箱量,每航次出港箱量不低于60TEU。

玲珑公司认为其有理由怀疑上述两份书证是集洋公司与海运公司恶意串通后在本案审理期间补签的,其申请对该两份书证原件上印鉴的时间进行鉴定;但青岛海事法院认为,该两份书证并不能改变山东省高级人民法院在玲珑公司诉集洋公司货损赔偿纠纷案中对集洋公司在该纠纷中的法律地位的认定,因此在本案中没有必要以该两份书证的内容判断集洋公司的有关法律地位,故青岛海事法院没有准许玲珑公司的该鉴定申请。

青岛海事法院还查明,因"静水泉"轮沉没事故,根据海运公司的申请,青岛海事法院于1999年3月12日裁定[(1999)青海法海事初字第14-1号民事裁定书]准许海运公司设立责任限制基金人民币4 331 551.58元。青岛海事法院又根据海运公司的申请,于1999年12月7日裁定[(1999)青海法海事初字第41号民事裁定书]准许海运公司对"静水泉"轮沉没引起的海事赔偿请求有权享受海事赔偿责任限制。

三、法院裁判

青岛海事法院认为,本案首先要解决的问题是申请海事赔偿责任限制程序适用方面的问题。《中华人民共和国海商法》第十一章规定了海事赔偿责任限制制度,作为实体法,其没有规定有关责任人申请海事赔偿责任限制的程序;在《中华人民共和国海事诉讼特别程序法》实施以前,我国的海事法院在审理申请海事赔偿责任限制案件时,大多是以民事裁定的形式裁决申请人是否能限制其赔偿责任并不得上诉。《中华人民共和国海事诉讼特别程序法》实施后,关于海事赔偿责任限制申请案件的程序问题仍然没有得到全面解决,因为《中华人民共和国海事诉讼特别程序法》只是在第九章规定了

"设立海事赔偿责任限制基金程序"。立法者之所以仅制定了"设立海事赔偿责任限制基金程序",系基于以下考虑:责任人申请海事赔偿责任限制有两个目的:一是使其实体责任得到限制;二是通过申请设立基金使其船舶或其他财产在实体责任明确之前不受扣押。两者具有相对独立性,是可以分开的。能否设立海事赔偿责任限制基金,主要是从程序方面进行审查;而对于责任人的实体责任能否予以限制,必须要在有关债权人的参与下,经过审判程序审理才能得出结论。那么对于申请海事赔偿责任限制应适用什么样的审判程序呢?

　　青岛海事法院认为,"海事赔偿责任限制"是一种与民法损害赔偿制度相悖的特殊赔偿制度,所以申请海事赔偿责任限制,虽然也是一种权利,但却不能简单地认为其属于普通民法上的抗辩权。行使这一权利,虽然表面上也是对抗他人行使权利,但本质上为了限制损害赔偿,而不是拒绝为损害赔偿;行使这一权利,虽然也以请求权的可能存在为前提,但并不以请求权的提出为前提,也并不必然构成对已经提出的或者可能提出的请求权产生的责任的认可;行使这一权利,虽然可以与请求权的行使同时进行,但海商法也并未规定在海事赔偿请求提出时不行使这一权利即视为放弃,况且,一般来讲,责任人在明知其赔偿责任超过或者可能超过责任限额时提出责任限制申请才具有实际意义,因此,作为一种特殊的赔偿责任限制制度,该权利也可以作为在赔偿责任确定之后的救济手段来行使。所以,海事责任人可以针对特定的一个或者几个抑或不特定的海事债权人的请求(已裁决的或者未裁决的),依照海商法的规定向法院申请限制其赔偿责任,这种情形下,诉的要素已完全齐备,完全可以构成一独立之诉,诉讼标的就是责任人限制其对海事请求权人的赔偿责任的民事法律关系是否存在,所以该诉为一确认之诉。因此,责任人申请海事赔偿责任限制,应该通过提起独立之诉的形式进行。

　　具体到不同情形,责任人申请责任限制又可以采取不同的方式。一种方式是可以在特定海事请求人向责任人提起的索赔诉讼中,责任人以反诉的形式提出限制其赔偿责任的请求。尽管该本诉是一给付之诉,但提出属于确认之诉的反诉也并不违反法律的规定,而且完全符合设立反诉制度的目的;有人提出在特定海事请求人向责任人提起的索赔诉讼中,责任人应以抗辩权的形式提出限制其赔偿责任的请求,青岛海事法院认为该种主张不当,原因有二:首先,前已述请求责任限制与行使抗辩权不同;其次,该主张并不能很好地实现当事人诉讼权利平等的原则,法院很可能以责任限制与损害赔偿是两个不同的法律关系为由对未以独立之诉形式提出的责任限制请求在损害赔偿之诉中不予审理。申请责任限制的第二种方式是责任人另行提起诉讼,针对同一海事事故产生的特定的一个债权人或者特定的多个债权人抑或不特定的多个债权人提出限制其所有赔偿责任的请求,该诉讼的提出可以在债权人尚未起诉前,也可以在债权人起诉后。上述申请海事赔偿责任限制的方式,前一种比较适合于一次海事事故只产生了一项海事请求的情形;后一种适合于一次海事事故不只产生一项海事请求,甚或存在责任人不能确定的债权人的情形,因为在该情形下,如果责任人分别在不同索赔诉讼中分别提出责任限制的反诉,将有可能使基于同一海事事故提出的责任限制申请,置于不同法院、不同法官、不同案件中进行审理,这将很难保证法院对这众多的案件不作出不相抵触的判决;而且这样也达不到诉讼经济与效益的目的。

既然责任人提出的海事赔偿责任限制申请,作为独立的确认之诉,那么青岛海事法院在审理海事赔偿责任限制申请案件时,根据《中华人民共和国海事诉讼特别程序法》第2条的规定,在其没有规定的情况下,青岛海事法院在诉讼程序上就应该适用《中华人民共和国民事诉讼法》第一审普通程序的有关规定,裁决结果也以民事判决的形式作出。

当责任人不在债权人向其提出的海事索赔诉讼中提出申请海事赔偿责任限制的反诉,而是另行提起海事赔偿责任限制之诉,则该两案的审理是各自独立的,很有可能是一个案件判决责任人承担全部赔偿责任,另一个案件判决责任人有权限制其赔偿责任,如果两个判决都是生效的判决,亦不存在一个判决改变另一个判决的问题,因为从根本上说,该两案是两个不同的诉,判决结果也是经过审理不同诉讼标的后作出的两个各自独立的判决结果;只是在最终执行结果上,责任限制案的判决将影响索赔案的判决。所以对本案而言,申请人集洋公司在一审以及二审法院对玲珑公司诉集洋公司的货损纠纷一案审理完毕已作出其对玲珑公司的货损承担全部赔偿责任的判决之后,向法院提出申请限制其该赔偿责任,如果经青岛海事法院审理,认为集洋公司可以对玲珑公司的赔偿责任进行限制,则青岛海事法院的该判决并非如玲珑公司所言,是一审法院对二审法院另一案判决的改判;正如玲珑公司诉集洋公司货损纠纷一案的二审法院判决海运公司与集洋公司连带承担对玲珑公司的全部赔偿责任,而青岛海事法院早已在该二审判决前裁决(已生效裁决)准许海运公司有权限制其因"静水泉"轮沉没而引起的全部赔偿责任,这难道也是青岛海事法院在对上级法院的判决进行改判,抑或是青岛海事法院上级法院对青岛海事法院已生效裁决未经审判监督程序而作出的改判?

本案第二个要解决的问题是,申请人集洋公司是否有权限制其对玲珑公司的赔偿责任。

本案,申请人集洋公司是在一审以及二审法院对玲珑公司诉集洋公司的货损纠纷一案审理完毕并已作出其对玲珑公司的货损承担全部赔偿责任的判决之后,向法院提出申请限制其该赔偿责任的,根据生效之二审判决,集洋公司作为"门到门"运输(包括陆路与水路两个不同的运输区段)合同的经营人而对玲珑公司的货损承担赔偿责任。所谓"门到门"运输合同,实际上属于多式联运合同,所以集洋公司是作为(国内)多式联运经营人[以下所称的(国内)多式联运经营人没有特别说明,即指以两种以上不同的运输方式从事运输的自然人或者法人,其中一种运输方式是海上运输]对玲珑公司承担赔偿责任的。根据《中华人民共和国合同法》[本案可以适用合同法,因为根据最高人民法院《关于适用〈中华人民共和国合同法〉若干问题的解释(一)》第1条的规定,虽然本案中的国内多式联运合同在合同法实施以前成立,但由于合同成立当时并没有关于国内多式联运合同的法律规定,所以审理因该国内多式联运合同发生的纠纷可以适用合同法的有关规定]第321条的规定,货物的毁损、灭失发生于多式联运的某一运输区段的,多式联运经营人的赔偿责任和责任限额,适用调整该区段运输方式的有关法律规定。本案中货物灭失发生在海上运输区段,而《中华人民共和国海商法》第1条、第2条开宗明义地提出了海商法调整的法律关系为海上运输关系和船舶关系,海商法适用的范围为包括海江之间、江海之间直达的海上货物运输和海上旅客运输,只是海商法特别规定其第四章海上货物运输合同的规定不适用于我国港口之间的海上货物运输(也即在审理集洋公司是否对玲珑公司的货损承担责任时不能适用《中华人民共和国海商法》第四章的有关规定),而作为规定海事赔偿责任限制制度的《中华人民共和国海商法》第十一章,理应适用于所有海上运输(包括国内沿海运输)引起的责任限制纠纷,《中华人民共和国海商法》第十一章第210条第2款的规定(国内沿海运输引起的责任限制,其赔偿限额不适用海商法,而适用于我国交通主管部门制定的特别规定)也说明国内沿海运输引起的责任限制除责任限额的确定问题外均应适用海商法。所以因本案中的国内多式联运合同引起的责任限制纠纷应该适用海商法的有关规定,玲珑公司提出的集洋公司不是海商法所调整的民事主体,其与运输相关的权利义务不适用海商法的主张不能成立。

根据《中华人民共和国海商法》第十一章的规定,享受海事赔偿责任限制必须符合以下条件:第一,申请人符合海商法规定的可以限制赔偿责任的主体条件;第二,申请人申请限制的债权属于限制性债权;第三,经证明,申请人没有不得享受责任限制的行为。

关于责任主体问题,根据《中华人民共和国海商法》第204条、第205条、第206条的规定,船舶所有人(包括船舶承租人和船舶经营人)、救助人、船舶所有人和救助人对其行为、过失负有责任的其他人员、保险人可以享受赔偿责任限制。从这些关于责任主体的规定来看,它不是从责任主体在其与海事赔偿请求人的法律关系中的主体地位的角度来规定的,而主要是从其与船舶的关系角度来规定。本案中,集洋公司对玲珑公司(赔偿请求人)而言,是(国内)多式联运经营人,其负责组织履行多式联运合同,其对全程运输享有承运人的权利,承担承运人的义务;而集洋公司对于参加多式联运的海运区段的承运人——海运公司所属的"静水泉"轮而言,又是一个什么法律地位呢?首先可以肯定的是,集洋公司不是"静水泉"轮实际所有人、救助人或者保险人,也不属于船舶所有人对其行为、过失负有责任的其他人员;而集洋公司主张自己是船舶("静水泉"轮)经营人,那么集洋公司在本案之海上运输中,是否是船舶经营人呢?

解决这个问题,有两个思路:一是确定船舶经营人的概念(内涵与外延),然后判断集洋公司是否属于船舶经营人;二是从海事赔偿责任限制制度的基本理论出发,讨论(国内)多式联运经营人是否应该有权享受海商法规定的责任限制权利,如果其应该享受,则结合海商法已有的规定,来对其主体地位进行定性。

在我国的法律体系中,有关"船舶经营人"的规定只出现在《中华人民共和国海商法》(第 21 条、第 204 条第 2 款)与《中华人民共和国船舶登记条例》[第 14 条第 1 款第(十)项规定:船舶所有人不实际使用和控制船舶的,还应当载明光船承租人或者船舶经营人的名称、地址及其法定代表人的姓名]中,但该两法均未对"船舶经营人"下定义,从该两法中无法准确揭示"船舶经营人"这一概念的内涵。当然,青岛海事法院也注意到有关国际公约中对于"船舶经营人"的定义,《1986 年联合国船舶登记条件公约》(我国未加入该公约)规定,船舶经营人是指所有人或光船承租人,或经正式转让承担所有人或光船承租人的责任的其他任何自然人或法人。但青岛海事法院同时认为,《中华人民共和国船舶登记条例》(在我国的法律体系中属于行政法),包括《1986 年联合国船舶登记条件公约》,其立法目的主要是保证海事主管机关从行政、技术、经济等方面对船舶有效地行使管辖和控制,并确保使对船舶负责任的人的身份易于识别,所以从其对"船舶经营人"的规定推断出的船舶经营人的内涵与外延并不必然适用于海商法(在我国的法律体系中属于民法)上的"船舶经营人"。青岛海事法院以为,海商法上"船舶经营人"的外延应该大于《中华人民共和国船舶登记条例》上"船舶经营人"的外延,而且是真包含关系。对于海商法上的"船舶经营人",在没有有权解释的情况下,青岛海事法院认为,船舶经营人分为技术上的船舶经营人和商业上的船舶经营人,技术上的船舶经营人主要指负责船舶人员配备、物品供应、货物装载以及维持船舶机器设备正常运转的任何自然人或法人;商业上的船舶经营人更多地是指从事与船舶有关的订舱、商谈运费、指定挂靠港等行为的任何自然人或法人。所以,船舶经营人应该包括直接从事船舶营运的船舶所有人、船舶承租人以及与船舶营运有关且承担船舶营运引起的有关责任的其他任何自然人或法人。

根据这样的定义,集洋公司与玲珑公司成立多式联运合同后,其将海运区段的运输又委托给海运公司,装载在海运公司所属"静水泉"轮上从烟台港运往广州港,结果因"静水泉"轮沉没,集洋公司对玲珑公司承担了货物灭失赔偿责任,集洋公司从事了与"静水泉"轮营运有关的行为,并承担了"静水泉"轮营运产生的有关责任,所以集洋公司可以作为"静水泉"轮的船舶经营人。

而从海事赔偿责任限制制度的基本理论出发,青岛海事法院认为,国内多式联运经营人不论其是否同时还是船舶实际所有人、船舶承租人,都可以享受海事赔偿责任限制,理由有以下四点:

第一,国内多式联运经营人与航次租船人、船舶期租人在海上运输中的法律地位相近,对货方而言,它们的权利义务也基本一致。所以航次租船人、船舶期租人能享受海商法上的责任限制,多式联运经营人也应该能享受该责任限制,否则有违公平原则;而公平原则,正是确立海事赔偿责任限制制度的初衷之一。

第二,海事赔偿责任限制的主体范围大,能享受单位责任限制的主体都能享受海事赔偿责任限制,《中华人民共和国海商法》第四章的(国际)多式联运经营人作为承运人,可以享受单位责任限制,则也能享受海事赔偿责任限制;《中华人民共和国海商法》第四章的多式联运经营人与国内多式联运经营人不同的只是其所从事的海上运输的国际性而已，在适用海商法海事赔偿责任限制制度上不应该存在不同，所以国内多式联运经营人也能享受海事赔偿责任限制(《中华人民共和国海商法》第四章的多式联运经营人也只能属于"船舶经营人"才符合责任限制主体的要求，这从一个角度也说明国内多式联运经营人也应该属于船舶经营人)。

第三，国内多式联运经营人与参加多式联运的海运区段的承运人一般是托运人与承运人的关系(对托运人、货主来说，该二者之间是承运人与实际承运人的关系)，不管是裁判国内多式联运经营人单独赔偿货方在海运区段发生的损失，还是由国内多式联运经营人与参加多式联运的海运区段的承运人连带赔偿货方在海运区段发生的损失，都不影响国内多式联运经营人与参加多式联运的海运区段的承运人之间的互相追偿；如果海运区段的实际承运人能享受海事赔偿责任限制，而因为同一海事，该海运区段的(契约)承运人(国内多式联运经营人在海运区段即是契约承运人)却不能享受责任限制，这将造成法律救济上的失衡，也必将影响海运业的长远发展；所以，国内多式联运经营人有权依法限制其在海运区段产生的责任。

第四，从海事赔偿责任限制制度的立法本意出发，由于现代集装箱运输的飞速发展，无船承运人、货运代理人对海运业的发展也是起着举足轻重的作用，当无船承运人、货运代理人作为承运人(指契约上的承运人，不实际从事运输，很多时候也成为多式联运经营人)出现时，其也应该有权享受责任限制，否则不利于海运业的发展。

综上，国内多式联运经营人在承担海运区段的有关责任时，应该可以享受海商法上的责任限制；而根据海商法关于责任限制主体的规定，在其并非船舶实际所有人，也非船舶承租人的情况下，其完全可以"船舶经营人"的法律地位申请享受责任限制。

本案中集洋公司申请限制的债权是玲珑公司委托其运输而在"静水泉"轮上灭失的货物产生的索赔请求，依法属于《中华人民共和国海商法》第 207 条第 1 款第(一)项规定的限制性债权；而根据《中华人民共和国海商法》第 209 条的规定，证明集洋公司有不得享受责任限制的行为的责任属于被申请人——玲珑公司，而其并未举证证明货损是由于集洋公司的故意或者明知可能造成损失而轻率地作为或者不作为造成的，所以集洋公司符合上述享受海事赔偿责任限制的三个条件，其有权限制其对玲珑公司的因"静水泉"轮沉没而产生的货损赔偿责任。

同时，根据《中华人民共和国海商法》第 212 条规定的"一次事故一个限额"的原则，并参照《1976 年海事赔偿责任限制公约》(因为《中华人民共和国海商法》第四章在制定时就参照了《1976 年海事赔偿责任限制公约》的规定，而且几乎所有条款都是从该公约中移植而来，所以在审理有关海事赔偿责任限制案件时，参照该公约的有关规定，有助于对我国海商法有关规定进行沿革解释)的有关规定，海运公司按照法定的赔偿限额在青岛海事法院已设立的海事赔偿责任限制基金，已构成对因"静水泉"轮沉没引起的向所有可能因此承担责任的人提出的赔偿请求进行限制而需设立的基金的总额；即该基金应视为因"静水泉"轮沉没事故可以提出海事赔偿责任限制申请的所有当事人各自设立的基金，所以虽然集洋公司没有实际在任何法院设立海事赔偿责任限制基金,但从法律上应视为其已设立该责任限制基金。也就是说,玲珑公司对集洋公司的债权应在责任限制范围内从海运公司已在青岛海事法院设立的基金中按照法律规定的基金分配方法受偿。玲珑公司提出的集洋公司即使享受责任限制,也应该单独设立自己的责任限额和责任基金的主张没有任何法律依据,青岛海事法院不予支持。

被申请人玲珑公司还认为责任人海事赔偿责任限制的申请最迟应当在其被债权人提起的索赔诉讼一审判决作出前提出,如果责任人在该一审判决作出前未提起责任限制申请,便应视为其对自己权利的放弃。青岛海事法院认为玲珑公司的该主张不能成立。理由有以下几点:

第一,对《中华人民共和国海商法》第213条以及《中华人民共和国海事诉讼特别程序法》第101条第1款(该款规定也是源自《中华人民共和国海商法》第213条)规定进行文义解释,似乎可以推断出在时间上,申请责任限制在先,设立责任限制基金在后的结论,但追溯立法时参考的《1976年海事赔偿责任限制公约》,与《中华人民共和国海商法》第213条相关的该公约第11条第1款是这样规定的:"被指称负有责任的任何人……可设立基金。(Any person alleged to be liable may constitute a fund...)"完全得不出只有在责任人向法院申请享受责任限制后,才能提出设立责任限制基金的申请这样的推断(最高人民法院第四民事审判庭对《中华人民共和国海事诉讼特别程序法》第101条的英文翻译是这样的:"The ship-owner, charterer, operator, salvor or insurer who wishes to apply for limitation of liability in accordance with the law may ... file the application with a maritime court for constitution of a limitation fund for maritime claims."这也没有申请责任限制在先,设立基金在后的意思)。所以对上述两个条文,不应该得出申请责任限制是申请设立基金的前提与条件,二者在时间上一先一后的解释。

第二,前已述在《中华人民共和国海事诉讼特别程序法》中仅制定"设立海事赔偿责任限制基金程序"之立法者意思,即立法者认为限制实体责任与设立责任限制基金二者是相对独立、可以分开的,所以即使认为《中华人民共和国海事诉讼特别程序法》第101条规定的是申请责任限制在先,申请设立基金在后,也只能认为《中华人民共和国海事诉讼特别程序法》"设立海事赔偿责任限制基金程序"一章的第101条第3款仅适用于申请责任限制后又申请设立基金的情形,是对有关基金设立的期间进行的规定,而不涉及责任限制的申请,尤其是不需要设立基金的责任限制申请。

第三,青岛海事法院也认为,向法院请求责任限制应该受到诉讼时效制度的约束,而诉讼时效制度属于民事实体法的内容;玲珑公司称其上述主张的依据系《中华人民共和国海事诉讼特别程序法》第101条第3款之规定,而《中华人民共和国海事诉讼特别程序法》作为程序法可以对申请设立责任限制基金的期间进行规定,但却不能对有关诉讼时效作出规定。青岛海事法院认为,根据《中华人民共和国民法通则》中有关诉讼时效的规定,并考虑海事赔偿责任限制制度的特殊性,申请海事赔偿责任限制的诉讼时效应为两年,从申请人被依法裁决(包括仲裁裁决)承担有关海事赔偿责任时起算;但由于申请责任限制并不当然构成对责任的承认,所以自引起海事赔偿请求的事

多式联运合同项下沿海运输承运人·海事赔偿责任限制·海事赔偿责任限制基金·法律适用·诉讼时效

故发生之日起,当事人即可以申请责任限制。

第四,海商法中海事赔偿责任限制一章的规定系强制性条款,但由于责任限制在本质上是当事人的权利,所以只有在双方当事人明确约定排除责任限制的适用或者当事人明确表明放弃这一权利的情况下,才可以取消或不再适用当事人这一权利;除此之外,只要当事人符合享受责任限制的条件,其即有权向法院提出有关申请,而不能没有法律依据地认为当事人已放弃其这一权利。

至于集洋公司提出的裁定中止玲珑公司执行其财产并退付已执行的财产的请求,青岛海事法院认为,这是有关执行的问题,应由执行机构依法处理,集洋公司不应在本案诉讼中提出中止玲珑公司已提起的执行程序并归还已执行财产的请求。

另外,由于责任限制是需要责任人主张才有可能实际享受的权利,所以因此产生的案件受理费用应由申请人自己承担。

依照《中华人民共和国海商法》第204条、第207条、第209条、第212条的规定,判决如下:

(1) 申请人烟台集洋集装箱货运有限责任公司对因"静水泉"轮沉没而引起的对被申请人招远市玲珑电池有限公司承担的赔偿责任有权享受海事赔偿责任限制;

(2) 山东省青岛海运总公司因"静水泉"轮沉没而在青岛海事法院设立的责任限制基金也应视为申请人烟台集洋集装箱货运有限责任公司设立的基金,被申请人招远市玲珑电池有限公司对申请人烟台集洋集装箱货运有限责任公司的上述可限制债权应从山东省青岛海运总公司在青岛海事法院设立的基金中按照法律规定的基金分配方法受偿;

(3) 驳回申请人烟台集洋集装箱货运有限责任公司的其他请求。

本案受理费3 000元人民币由申请人烟台集洋集装箱货运有限责任公司全部负担。

案例索引

A

A. P. 穆勒-马士基有限公司海上货物运输合同管辖权异议纠纷上诉案 398

B

不动产船舶控股公司申请执行外国仲裁裁决案 415

F

福建新胜海船业有限公司管辖异议上诉案 388

H

黄志坤与王保凤管辖权异议纠纷上诉案 387

I

International Freight Lines Limited 管辖异议上诉案 396

M

马绍尔群岛第一投资公司申请执行英国伦敦临时仲裁庭仲裁裁决案 421

P

鹏达船务有限公司管辖异议上诉案 399

S

Sun Cargo Container Line Ltd. 管辖异议上诉案 401

上诉人包头俏牌果仁有限责任公司与被上诉人青岛明恺实业有限公司货运代理合同纠纷案 338

上诉人苍山县东珍食品有限公司与被上诉人青岛富士船务有限公司货运代理合同纠纷案 284

上诉人陈文炳与被上诉人胡科君、陈立波海事海商纠纷案 370

上诉人防城港碧海之星海运有限公司、林立灯与被上诉人文登玖阳航运有限公司船舶碰撞损害赔偿纠纷管辖异议案 390

上诉人福建省晋江市五一鞋业有限公司与被上诉人陈祥智货运代理合同纠纷案 259

上诉人福州宜兰港贸易有限公司与被上诉人连云港宇众国际货运代理有限公司货运代理合同纠纷管辖权异议案 381

上诉人甘肃同焕国际贸易有限公司与被上诉人山东元浦国际物流有限公司货运代理合同纠纷案 184

上诉人广东华怡(集团)建筑工程有限公司与被上诉人刘红权船舶租用合同纠纷管辖权异议案 386

上诉人杭州大东南高科包装有限公司与被上诉人浙江致远物流有限公司海上货运代理合同纠纷案 268

上诉人河南神火集团有限公司与被上诉人青岛新中港贸易有限公司货运代理合同纠纷案 217

上诉人河南省华兴实业有限公司与被上诉人中海集装箱运输青岛有限公司、青岛明佳货运有限公司、周明佳货运代理合同纠纷案 161

上诉人锦程国际物流集团股份有限公司与被上诉人青岛远洋大亚物流有限公司港杂费纠纷案 243

上诉人克运船务(天津)代理有限公司石家庄分公司与被上诉人厦门速传物流发展股份有限公司青岛分公司、厦门速传物流发展股份有限公司货运代理合同纠纷案 226

上诉人兰溪市方兴包装制品厂与被上诉人埃彼穆勒环球(上海)有限公司宁波分公司海上货运代理合同纠纷案 262

上诉人李毕汉、林盛雷与被上诉人林亚松及原审第三人李绍国、第三人舟山市海洋与渔业局海事海商纠纷案 367

上诉人美国戴闻信息技术公司与被上诉人青岛港运达贸易有限公司、美国戴闻信息技术公司上海代表处货运代理合同纠纷案 188

上诉人闽东丛贸船舶实业有限公司与被上诉人苏州大方特种车股份有限公司买卖合同纠纷管辖权异议案 385

上诉人闽东丛贸船舶实业有限公司与被上诉人天津市港海船务有限公司船舶建造合同纠纷案 405

上诉人南京远洋运输股份有限公司与被上诉人蓬莱京鲁渔业有限公司船舶碰撞纠纷案 389

上诉人宁波海曙巨鲸进出口有限公司、杨行祖与被上诉人宁波外运国际货运代理有限公司、原审被告杨行江海上货运代理合同纠纷案 359

上诉人宁波天航国际物流有限公司与被上诉人宁波市科技园区新华物流有限公司海上货运代理合同欠款纠纷案 198

上诉人宁波天然国际贸易有限公司与被上诉人天津泛艺国际货运代理服务有限公司宁波分公司货运代理合同纠纷案 321

上诉人宁波元亨物流有限公司与被上诉人义乌市辉运饰品有限公司海上货运代理合同纠纷案 355

上诉人宁波振鹤船业有限公司与被上诉人中国人民解放军91414部队船坞建造合同纠纷案 083

上诉人平邑展望实业有限公司与被上诉人厦门联合物流有限公司青岛分公司货运代理合同纠纷案 209

上诉人青岛安捷顺国际物流有限公司与被上诉人金乡县盛达万吨冷藏有限责任公司货运代理合同纠纷案 307

上诉人青岛耿源食品有限公司与被上诉人上海日进泰阳国际货运代理有限公司青岛分公司货运代理合同纠纷案 230

上诉人青岛华邦玻璃工业有限公司与被上诉人青岛圣和船务有限公司货运代理合同欠费纠纷案 235

上诉人青岛华美庄园食品有限公司与被上诉人青岛佳业物流有限公司货运代理合同纠纷案 155

上诉人青岛环球国际货运代理有限公司与被上诉人青岛东旺国际物流有限公司货运代理合同纠纷案 175

上诉人青岛平安达运输有限公司与被上诉人源诚(青岛)国际货运有限公司货运代理合同纠纷案 341

上诉人青岛胜邦海水网箱工程技术有限公司与被上诉人山东兴华建设集团有限公司海洋开发利用合同纠纷案 112

上诉人青岛市平度惠德蔬菜有限公司与被上诉人青岛锦海润达国际货运代理有限公司货运代理合同纠纷案 347

上诉人青岛益佳食品进出口有限公司与被上诉人青岛百盛国际货运代理有限公司货运代理合同纠纷案 194

上诉人青岛永乐农业发展有限公司与被上诉人青岛经济技术开发区裕龙国际物流有限公司货运代理合同纠纷案 172

上诉人山东昌邑美尔雅巾被有限责任公司与被上诉人天津振华物流集团有限公司青岛分公司、天津振华物流集团有限公司货运代理合同纠纷案 252

上诉人山东泸河集团有限公司与被上诉人中国外运山东有限公司青岛分公司、山东兴创纸业集团有限公司货运代理合同纠纷案 238

上诉人山东青和进出口有限公司与被上诉人青岛信风船务代理有限公司货运代理合同纠纷案 167

上诉人上海爱意特国际物流有限公司宁波分公司与被上诉人宁波市鄞州金宁家具用品厂海上货运代理合同纠纷案 318

上诉人上海冉星物流有限公司与被上诉人浙江爱玛鞋业有限公司海上货运代理合同纠纷案 149

上诉人上海优利兴国际货运代理有限公司与被上诉人厦门耀中亚太贸易有限公司租船合同纠纷管辖权异议案 403

上诉人滕瑞彬与被上诉人毕秀岳海事保全损害赔偿纠纷案 433

上诉人天津美设国际货运代理有限公司与被上诉人上海超鸿国际货物运输代理有限公司货运代理合同纠纷案 295

上诉人天津轻工业品进出口公司与被上诉人天津万联国际货运有限公司货运代理合同纠纷案 363

上诉人天津市红桥区宏川物流配货中心、郭健与被上诉人天津市天海货运代理有限公司货运代理合同纠纷案 215

上诉人天津裕佳昌国际货运有限公司与被上诉人威海锦源纺织有限公司货运代理合同纠纷案 312

上诉人天津中外运集装箱发展有限公司与上诉人中泰捷诚（天津）货运代理有限公司货运代理合同纠纷案 292

上诉人王进德、周玉华与被上诉人青岛海发国际货运有限公司货运代理合同纠纷案 180

上诉人厦门市金远东货运代理有限公司、厦门市金远东货运代理有限公司宁波分公司与被上诉人上海恒邦国际贸易有限公司海上货运代理合同违约赔偿纠纷案 300

上诉人厦门市晋辉疏浚工程有限公司与被上诉人广州市顺宏疏浚运输有限公司管辖权异议案 382

上诉人烟台洪瑞港航工程有限责任公司与被上诉人台州市航宇航道疏浚有限公司港口疏浚合同纠纷案 069

上诉人招远市大鹏石材有限公司与被上诉人青岛中远国际货运有限公司烟台分公司货运代理合同纠纷案 358

上诉人浙江德科物流有限公司与被上诉人宁波天时利国际货运代理有限公司海上货运代理合同纠纷案 353

上诉人浙江前程石化股份有限公司、上诉人江苏省江海粮油贸易公司张家港储运部因错误申请海事请求保全损害赔偿纠纷案 436

上诉人浙江三鑫造船有限公司与被上诉人浙江顺盛建设工程有限公司船坞建造合同纠纷案 088

上诉人中港第一航务工程局第二工程公司与被上诉人临沂华光建设机械施工有限责任公司海洋开发利用纠纷案 106

上诉人中国外运广东有限公司与被上诉人浙江远大进出口有限公司、原审被告中国外运广东有限公司南沙分公司货运代理合同货损赔偿纠纷案 049

上诉人中交烟台环保疏浚有限公司与被上诉人天津宝泰建设有限公司航道疏浚合同纠纷案 078

上诉人周宏标与被上诉人福建省湄洲湾港口管理局航道疏浚合同纠纷管辖权异议案 384

申请人塞浦路斯瓦塞斯航运有限公司申请承认英国伦敦仲裁裁决案 418

申请人铁行渣华有限公司、铁行渣华（香港）有限公司与被申请人华兴海运（中国）有限公司申请确认提单仲裁条款无效案 412

X

厦门华商经纬物流有限公司管辖异议案 397

Y

烟台集洋集装箱货运有限责任公司申请海事赔偿责任限制案　450

余学强管辖权异议上诉案　411

原告长江南京航道局与被告芜湖长江大桥有限责任公司航道航标养护费纠纷案　117

原告(反诉被告)黄石市长运商贸有限公司、赵有宝与被告(反诉原告)黄石市中小企业信用担保有限责任公司、黄石经济技术开发区保安服务公司非法留置船舶侵权损害纠纷案　143

原告(反诉被告)江苏海洋航务打捞有限公司与被告(反诉原告)杭州华新机电工程有限公司海上作业合同纠纷案　124

原告(反诉被告)宁波市远东水下工程有限公司与被告(反诉原告)浙江海洋工程有限公司海洋水下工程建设纠纷案　095

原告(反诉被告)舟山市运通船务有限公司与被告(反诉原告)广州市东成船舶有限公司海上拖航合同欠款纠纷案　128

原告广东东峰化工燃料有限公司诉被告东莞中谷油脂有限公司港口作业合同纠纷案　013

原告广东金东海集团有限公司诉被告珠海经济特区华南联合石油有限公司码头疏浚工程合同纠纷案　72

原告广东某某化工科技有限公司与被告广州某某国际货运代理有限公司、广东某某物流服务有限公司、陈某某、杨某某海上货运代理合同纠纷案　279

原告广东山源米业有限公司诉被告广州市堃恒货运代理有限公司货运代理合同纠纷案　334

原告广西柳州市有色冶炼进出口有限责任公司与被告广州港黄埔集装箱公司集装箱港口作业合同纠纷案　022

原告广州长江制衣印染有限公司诉被告广州中远国际航空货运代理有限公司东莞分公司、广州中远国际航空货运代理有限公司保证合同纠纷案　008

原告广州海上救助打捞局与被告钜业远东有限公司海上拖航合同纠纷案　133

原告广州航道局与被告深圳南油(集团)有限公司疏浚工程合同纠纷案　062

原告广州南沙浩业疏浚工程公司与被告广州海上救助打捞局码头工程合同纠纷案　065

原告广州市卓兴贸易有限公司与被告中海发展股份有限公司货轮公司财产保全损害赔偿纠纷案　429

原告海南恒南实业有限公司诉被告广州港务局新港港务公司、第三人五矿国际货运广东公司港口作业纠纷案　029

原告海南信海轮船公司与被告中山市金辉船舶修造厂有限公司扣押船舶损害赔偿纠纷案　443

原告杭州海陆物流有限公司宁波分公司与被告上海瀚威国际货运代理有限公司温州分公司海上货运代理合同欠款纠纷案　344

原告杭州新业进出口有限公司与被告宁波外代新华国际货运有限公司、蒋春华海上货运代理合同违约赔偿纠纷案　275

原告惠阳恒辉染厂有限公司与被告深圳市蛇口益荣船务有限公司财产保全损害赔偿纠纷案　441

原告江门国际货柜码头有限公司与被告广东高路华电视机有限公司、陈长龙、肖永潮、珠江货柜运输中心、江门国际货运代理有限公司港口作业合同纠纷案　035

原告江苏舜天国际集团有限公司与被告张家港兴菱化工储运有限公司港口作业合同纠纷案　040

原告江西省五金矿产进出口公司与被告广州港黄埔集装箱公司码头仓储保管合同纠纷案　047

原告金海、李静与洪国旗海事海商纠纷

案 372

原告某某市迅通疏浚工程有限公司与被告某某市某航道疏浚服务有限公司码头建造合同纠纷案 099

原告南通市航务工程有限公司镇海分公司与被告福建省平潭县航运公司海上打捞合同欠款纠纷案 141

原告宁波海丰国际船舶代理有限公司与被告宁波外运国际集装箱货运有限公司其他海商合同纠纷案 374

原告宁波海田国际货运有限公司与被告东方海外货柜航运(中国)有限公司宁波分公司、第三人宁波外运国际货运代理有限公司海事海商纠纷案 257

原告宁波凯州国际物流有限公司与被告宁波英煌国际货运代理有限公司海上货运代理合同纠纷案 250

原告宁波某某国际货运有限公司与被告宁波市某某对外贸易股份有限公司海上货运代理合同纠纷案 203

原告宁波某某国际贸易运输有限公司与被告绍兴市某某国际货运代理有限公司海上货运代理合同纠纷案 213

原告宁波某某进出口有限公司与被告宁波某某国际有限公司海上货运代理合同纠纷案 289

原告宁波市某某机械有限公司与被告宁波某某国际货运代理有限公司海上货运代理合同纠纷案 328

原告宁波太平洋海运有限公司与被告宁波恒富船业(集团)有限公司海事请求担保纠纷案 001

原告宁波天航国际物流有限公司与被告宁波恒良国际经贸合作有限公司海上货运代理合同欠款纠纷案 248

原告宁波外运国际集装箱货运有限公司与被告厦门高煦有限公司海上货运代理合同纠纷案 326

原告上海海陆联运公司与被告广州海上救助打捞局港口作业合同纠纷案 027

原告上海顺航进出口有限公司与被告义乌市伟航进出口贸易有限公司、欧伟、欧丽青海上货运代理合同纠纷案 303

原告深圳市粤能船务有限公司与被告深圳市粤顺石化有限公司船载货物损害赔偿纠纷案 447

原告四达(天津)船运服务有限公司与被告太原市清徐环通焦化有限公司、大连万达对外贸易公司货运代理合同纠纷案 192

原告天津港集船务代理有限公司与被告甘肃亚盛国际货运有限公司天津分公司货运代理合同纠纷案 351

原告天津开发区津海贸易有限公司与被告北京双卉新华园艺有限公司海运委托代理合同纠纷案 255

原告通城县盈立进出口有限责任公司诉被告飞越国际物流(深圳)有限公司货运代理合同纠纷案 330

原告伟航集运(深圳)有限公司诉被告汕头市中润船务代理有限公司货运代理合同纠纷案 205

原告温州高科汽车电器有限公司与被告深圳市宝加捷国际货代有限公司、宁波宏泰国际货运代理有限公司海上货运代理合同违约赔偿纠纷案 272

原告张晓霞、张乔霞与被告徐向军海上货运代理合同违约赔偿纠纷案 305

原告招商港务(深圳)有限公司诉被告阳明海运股份有限公司集装箱堆存纠纷案 058

原告浙江甲国际货运代理有限公司与被告浙江乙国际货运代理有限公司、蒋某海上货运代理合同纠纷案 211

原告浙江省乐清市运鸿海运有限公司与船东责任互保协会(卢森堡)等管辖权异议案 407

原告浙江中外运有限公司宁波明州分公司与

被告宁波华邦船务有限公司海上货运代理合同欠款纠纷案 201

原告中港四航局第四工程公司与被告汕尾红海湾东洲港天源投资有限公司港口工程合同工程款纠纷案 110

原告中国船舶燃料供应上海公司与被告深圳市嘉航船舶与海洋工程设备有限公司错误申请扣押船舶损害赔偿纠纷案 445

原告中国船东互保协会诉被告广州宏光海运有限公司、深圳市华天海运有限公司海事担保合同纠纷案 003

原告中国对外贸易运输总公司浙江省舟山公司与被告宁波市对外经济贸易公司、路已平海上货运代理合同纠纷案 153

原告中国银行股份有限公司丽水市分行与被告浙江缙云康华工具有限公司、福州闽丰国际物流有限公司海事海商纠纷案 377

Z

中国平安财产保险股份有限公司福建分公司与磐泰有限公司管辖权异议纠纷案 393

中国人民财产保险股份有限公司武汉市硚口支公司管辖异议上诉案 392

中华联合财产保险股份有限公司广东分公司管辖异议上诉案 394

中化(深圳)实业有限公司诉珠海中燃石油有限公司货物交付纠纷案 043

中交一航局管辖异议上诉案 402

主题词索引

A

按委托人指示行事义务　330
案件受理范围　385

B

保函真伪　275
保全错误　441
保险标的物　392
保险人　393
保证期间　238
保证责任　238
报酬　235
报关　295
备案登记　312,347
被告住所地海事法院　384,387,394,403
被拖方　128
被拖方的目的地选择权　133
被执行的财产　415
被执行的财产所在地海事法院　415
必要性　355
不可诉　367
不予执行　421

C

仓储保管人　040,043,047
仓储费　035
测绘资格证　072
测量数据　072
查封土地和房产　429
产品质量侵权责任　372
场站协议履行　243
超过胜诉金额　441
超期付款　351
超越权限　344

撤回起诉　436
沉船所有人　058,141
沉没集装箱　058
承包人的解约权　088
《承认及执行外国仲裁裁决公约》　407,418
承拖方的义务　133
承拖人　128
承运人　058
承运人迟延交付　358
承运人更改航线　359
承运人义务　289
迟延到港　230
迟延卸载　124
出口报关单　172
出口货运代理费用标准　235
出口收汇核销单　172
船舶保险合同　392
船舶承包合同　411
船舶登记注册地海事法院　392
船舶股东　370
船舶建造合同　405
船舶买卖合同　387
船舶碰撞　389,390
船舶物料或备品范畴　385
船舶修理费　443,445
船舶滞留　447
船舶租用合同　386
船东　372
船东互保协会　003
船期损失的举证责任　445
船坞建造合同　083,088
错交货物给货主　049
错误编码　255
错误扣船　433
错误申请扣押船载货物　447

D

打捞费 141
打捞者 141
代办保险义务 334
代位求偿权 393
担保金利息损失 445
担保人 143
担保责任 003,143
等待吊装 124
抵押提单 305
第三人 184,292
垫付仓储费 217
垫付费用 149,201,203,205,209,211,213,
 238,344,355,358,359
垫付海运费 215
垫付加收海运费 226
垫付滞箱费 353
吊装工程合同 124
订舱 328,330
订舱代理 353
冻结银行存款 429,436,441
独立法人 167
堵车 255
短员仲裁 421
堆存费 058
对公司职员起诉的效力 259
对外担保 008
对账单 213
多式联运合同项下沿海运输承运人 450

E

恶意串通 370

F

FOB 203,268
发包方 062
发包人 083
发包人的连带支付责任 078

发包人的停工权 088
发货人 194,284,318
发票 027,215
法律适用 450
法院特快专递 209
返还燃油补贴款 387
防潮坝施工合同 106
非保全错误 443
非法留置船舶 143
非明知并认可 161
分担 117
浮式深水网箱供需合同 112

G

概括委托 289
钢管的销售者 372
港口工程合同 110
港口经营人 013,022,027,029,035
港口经营人的责任区间 013
港口疏浚合同 069,402
港杂费 243
告知义务 321
个人行为 192
工程款 065
工程款支付 069,078,110
工程量 072
工程转包 099
公司混同 167
公司名称 155
公司业务员 192
股份转让 370
管辖 397,398
管辖权异议期间 407
管辖异议期内的损失 441
国际货物买卖合同 203
国际运输业专用发票 215
国内卖方 149
国外无船承运人 312
过错 248,436

过错责任　292,295

H

海上打捞合同　141
海上货物运输合同　399
海上货运代理合同　149,153,198,201,203,
　213,248,262,268,272,275
海上拖航合同　128,133
海上作业工程　382
海事法院　381,385,388,411
海事赔偿责任限制　450
海事赔偿责任限制基金　450
海洋工程勘察资质　072
海运委托代理合同　255
航标维护费用　117
航次取消　321
航次租船合同　403
航道管理部门　117
航道疏浚合同　384
合理性　355
合同解除　065
合同履行地海事法院　384,402
合同无效　095
后补建筑业企业资质证书　106
互换捕捞许可证　367
货物保管人　049
货物查扣　248
货物混淆　029
货物收据　262
货物晚到　326
货物责任险　394
货运代理　149,153,188,194,198,201,211,
　213,217,226,235,250,262,268,272,275,
　279,284,289,292,295,300,303,305,307,
　312,318,321,326,328,330,334,338,341,
　344,347,351,355,358,359,363
货运代理的员工　211
货运代理合同　155,161,167,172,175,180,
　184,188,192,194,205,209,215,217,226,
　230,235,238,243,252
货运代理企业　396
货主　153,161,284

J

及时交付报关文件义务　300
集装箱被盗　341
加工行为地海事法院　388
间接损失　040
建设工程施工合同　078
建造中的船舶　415
建筑业企业资质挂靠　099
交船港海事法院　386
交付提单　262,268,272
交易习惯　175
借用航道工程专业承包资质　078
经办人　180
举证责任　029,243
拒绝交付提单　303

K

开具发票　363
勘察单位　072
看管费　141
可得利益损失　013
口头承诺　405
口头承诺履行地海事法院　405
扣押船舶　443

L

滥用公司独立人格　167
卢森堡互保协会2001年规则　407
陆路运输　289

M

码头建造合同　099
明确目的港义务　328
目的港货物销毁费用　198

P

赔偿范围　013
赔偿损失　433
赔偿责任　008,043,047,049,124,143,305,
　　　　　307,338
碰撞发生地海事法院　389,390
拼箱错误　338

Q

企业 IC 卡丢失　230
企业法人分支机构　008
起诉之日　259
铅封更换　022
签发提单　318
签收人身份的证明责任　209
强制打捞　058
抢劫　307
桥梁管理单位　117
侵权结果发生地海事法院　401
侵权之诉　257,401

Q

倾倒废弃物　065
缺陷　112
确认仲裁协议效力　412

S

删单重报　252
涉外合同纠纷　397,398
申报义务　279
申请保全错误　436
申请承认和执行英国仲裁裁决　421
申请承认与执行外国仲裁裁决　418
申请担保　001
申请扣押船舶　433
申请执行国外仲裁裁决　415
申请执行期间　418

施工地海事法院　382
施工方　062
实际承运人提单　396
实际代理　149
事故发生地海事法院　394
事实推定　194
视为默认　083
收货人　374
首次开庭前　407
受托人　184,205
疏浚工程合同的受让人　062
双重代理　272,318
诉前扣押船舶　445
诉讼　403
诉讼请求被驳回　429,433
诉讼时效　259,363,450
损失　248,252,255,300,429
损失负担　001

T

台湾海峡　389
提单　172,312,396
提单背面条款　412
提单持有人　399
提单管辖条款　393,396,399
提单签收人　175
提单质押　377
填海吹填砂工程　382
停工损失　088
停航成本支出损失　447
同期银行贷款利率损失　436
同期银行贷款利息与活期利息之差的损
　　失　441
同时选择仲裁或诉讼　412
退关删单　295
退税迟延　252
退运损失　279
托运人　198,275,318,377

拖航费 128
拖航责任 128
妥善处理委托事务义务 326

W

外国法查明 133
外国公司 188
外国公司国内代表处 188
外贸代理 049,153
危险货物 279
违禁品 250
违约金 110
违约责任 040,303,334
违约之诉 257
未凭提货单交货 043
委托 292
委托人 149,153,155,161,167,172,175,
　180,184,201,203,205,209,211,213,230,
　248,252,255,257
委托人的偿还义务 353
委托人过错 250
无爆炸物品使用许可证 095
无船承运人 347,377
无单放货 377,401
无建筑业企业资质 095
无人交付货物 035
无授权 180,192
无效 078,099,106,412
无因管理 058

X

先予执行 001
限额 351
向存货人交货不能 047
向他人交货 040
效力 411
协议管辖 381,397,398
选择管辖 394

选择诉讼 402

Y

以法人名义委托 180
以自己名义委托 184,284
义务 262,268,272
意外事件 255
因果关系 429
印章鉴定 172
有偿代理 321,341
渔船船东 367
与争议有实际联系的地点的法院 397,398
原告所在地海事法院 381
原告主体资格 370
约定管辖 390
约束力 393,396,398,399
运输始发地海事法院 399

Z

造船专用设备定作合同 388
责任 112
炸礁清礁工程分包合同 095
债权人 370
债务偿还备忘 243
债务抵销 069
债务转让 062
正本提单持有人 401
支票 209
直接损失 040
质量保证期 112
滞港费 250
滞纳金 351
滞箱费 250,257,374
中断 259,363
中国海事仲裁委员会上海分会 411
中转储存 013
仲裁法 407
仲裁条款 402,403,405,411

专门管辖　381,384,386,388
转递提单　307
转交　312
转受托人　374
转委托　295

装箱　292
装箱理货　022
装卸费　027
追偿权　003
准据法　412

后记

司玉琢(大连海事大学原校长、教授、博士生导师)

带着全体编纂人员的期盼与诚意,《中国海事案例裁判要旨通纂》终于面世了。

自 1984 年以来,我国海事法院迄今已设立 32 年,审判的案件数以万计,其中不乏许多典型的、疑难复杂的并在国际上产生重大影响力的案件。然而,传统上认为,我国为大陆法系国家,判例并非为法律渊源,对其后案件的审理不具备法律效力,只有我国最高人民法院对具体案件作出的司法解释方与英美法系国家的判例有类似的司法效力。因此,大量的海商海事判决沉睡在浩如烟海的故纸堆中,并没有发挥其应有的司法指引作用。尤其是一些类似案件,在不同的法院判决结果可能截然不同。这既浪费了法院的审判资源,又有损司法的公正性。鉴于此,2010 年 11 月 26 日,最高人民法院颁发了《关于案例指导工作的规定》,该规定第 7 条规定:"最高人民法院发布的指导性案例,各级人民法院审判类似案件时应当参照。"2015 年 6 月 2 日,最高人民法院又印发了《〈关于案例指导工作的规定〉实施细则》。该细则进一步明确了"类似案件"的判定标准,要求具体参照指导性案例的裁判要点,并在裁判文书说理部分予以援引。究其实,在我国司法裁判中吸收借鉴英美法中的判例制度,对法院正确适用法律进行有益补充,与我国的大陆法传统并不相悖。

本书以海事、海商法调整的具体对象为标准,共分为五卷:海事卷、船舶船员卷、海上保险卷、海上货物运输卷和综合卷。有的案例可能涉及多卷内容,本书编纂时取其重者予以归类,以免重复。各分卷执行主编(侯伟负责海事卷,李晓枫负责船舶船员卷,张虎负责海上保险卷,陈敬根负责海上货物运输卷,张波负责综合卷)首先通过各种途径收集 10 个海事法院及其上诉法院、最高人民法院相关海事海商裁判文书,经过多遍筛选,选取了一些最具有代表性且能涵盖海商海事各个领域的案例进行编纂,对其争议焦点和裁判要旨予以归纳总结,最终经过各分卷执行主编对各自负责编撰的分卷反复校对以及总主编审定成书,定名为《中国海事案例裁判要旨通纂》,以求对海事海商法律工作者有所助益。

案例编纂是一项繁琐而复杂的工作,或许呈现在大家面前的只是数百页的几卷书籍,但背后却凝结着编纂者的大量心血。首先,编纂前需要将数以万计的案例一一筛选,进行归类和取舍;其次,要将案件争议焦点总结并描述出来;最后,还要将判决中的裁判要旨用凝练的语言准确地表述出来。这些工作耗费了编者大量的体力和脑力劳动,特别是我国的判决书中往往不详尽写明判决理由,因此,作者只能从法官引用的法条对其裁判要旨进行逻辑推理和提炼,这是一个二次创作过程,并非简单的"汇编"一词可以涵盖。在这里,我要对各卷的主编与编委们表示诚挚的谢意,对一直支持本项工作的最高人民法院、提供案例的各省高级人民法院和各海事法院表示感谢,对为本书的编写付出了辛勤劳动的大连海事大学法学院蒋跃川副教授、我的博士生彭先伟、刘博、曹兴国以及吴亚男女士、万仁善先生表示感谢。在此,还要特别感谢北京大学出版社蒋浩副总编,没有他的创意和坚持不懈的推动,也就没有本书的诞生!感谢北京大学出版社陆建华编辑的联络、统筹,感谢苏燕英、陈康、王建君、田鹤编辑的辛勤付出,他们为本书的最终出版付出了艰辛而富有成效的努力。

在英国,《劳氏法律报告》主要收录了自1919年以来英国各级法院审理的海事、海商判例,是为法律工作者提供的最具权威性的专业文献资料之一。希望本案例书的编纂工作像《劳氏法律报告》一样,也能一直持续下去,打造百年精品。一方面借此架起联结英美法和大陆法的桥梁,另一方面也给海商法学界提供翔实的法律实践资料,成为中国的权威海商法专业文献。若如是,编纂本书的目的也就达到了。

2016年12月26日于大连